제2판

IFRS Cost Accounting
원가회계

안일준 · 유희경 공저

형설출판사
www.hyungseul.co.kr

제2판 머.리.말.

30여 년 동안 회계학을 강의해 오면서, 몇 차례 회계 분야의 책을 써 본 경험이 있다. 그때마다 회계학에 관심이 있는 또는 회계지식을 필요로 하는 사람들에게 보다 폭넓고, 깊이가 있는 반면, 이를 쉽게 이해할 수 있는 책을 제공하려고 노력하였지만 소기의 목적을 달성하지 못하였다. 이 책 역시 이러한 저자들의 소망을 달성시킬지 모르겠다.

원가회계(cost accounting)는 회계목적과 관련하여 적합한 원가정보를 산출하고 제공하는 과정을 통하여 의사결정의 질을 제고하고자 하는 회계학의 한 분야이다. 전통적인 원가회계는 원가정보의 산출을 강조하는 원가계산의 영역을 말하며, 이는 제품원가계산을 위주로 한다. 그러므로 원가회계에서 가장 중요한 것은 원가계산 과정에 대한 체계적인 이해이다.

지난 30여 년 동안 경영환경의 변화는 기업의 경영활동에도 커다란 변화를 가져왔다. 예컨대 제품의 생산방식을 보면, 대량단일제품생산에서 소량다품종생산, 라인생산방식에서 셀생산방식으로, 푸쉬(push)방식에서 풀(pull)방식으로 바뀌어 왔다. 또한 제품생산과정에 초점을 두었던 것을 기획부터 소비자의 만족 및 재구매까지의 과정, 즉 모든 단계의 활동에 초점을 두었다. 이처럼 기업환경은 하루가 다르게 변화하고 있으며 그러한 환경변화에 적응하지 못하는 기업은 도태되는 것이 현실이다. 이에 따라 단기적 또는 장기적으로 기업성과를 증대시키기 위한 다양한 원가회계시스템이 소개되고 있으며, 많은 기업들이 새로운 원가회계시스템을 이용하여 경쟁력을 강화하려는 노력을 경주하고 있다.

본 교재는 동태적인 기업환경 하에서 목적에 적합한 원가회계시스템을 설계할 때 기본적으로 포함해야 하는 내용들을 설명하고 있다. 저자들은 원가회계 과목을 강의하면서 강조하였던 내용을 본 교재를 통하여 정리하였으며 다음과 같은 측면을 고려하였다.

첫째, 일반적으로 원가회계 교재에서 다루고 있는 주제들의 보편적 내용은 모두 담으려고 하였다. 이에 따라 회계시스템에 대한 기본적인 이해만 있으면 내용을 이해할 수 있도록 체계적으로 기술하였다. 또한 한국채택국제회계기준(K-IFRS)에 따른 우리나라 '원가계산준칙'에 의거하여 기술하였다.

둘째, 제조활동을 수행하는 제조기업의 제품원가계산 구조의 개념과 기본적인 틀에 대한 이해를 바탕으로, 기업별로 다양한 원가계산시스템에의 적용과 응용을 모색할 수 있도록 하였다. 다만 관리적 의사결정과 성과평가 등의 내용은 이 책에는 포함하지 않았으며, 저자들의 '관리회계'교재에서 다루고 있다.

셋째, 제조환경의 변화에 보다 적합한 원가정보 산출과 활용 측면을 중심으로 다루었다. 그러므로 전략적 원가계산 분야인 활동기준원가, 린(Lean)원가계산, 초변동원가계산, 품질원가와 제품수명주기 원가계산 등과 같은 내용들을 가급적 모두 담으려고 노력하였다.

넷째, 가능한 한 독자들이 스스로 공부하여도 이해할 수 있도록 내용을 알기 쉽게 설명하였으며, 설명된 내용을 종합하는 [예제]를 많이 두어 복잡한 원가계산의 구조를 체계적·논리적으로 터득할 수 있도록 하였다.

다섯째, 각 장마다 연습문제를 부여하여 복습할 수 있도록 하였고, 연습문제 해답을 별책으로 간행하여 문제풀이에 참고할 수 있도록 하였다. 연습문제는 기본적인 문제부터 공인회계사, 세무사, 감정평가사 등 자격시험의 1차뿐만 아니라 2차 시험까지도 대비할 수 있도록 보다 수준 높은 문제까지 포함하였다. 따라서 각 장의 내용 중에서도 수준이 높다고 판단되는 내용은 과감히 생략하여도 무방할 것이다.

독자들이 읽어보면 알겠지만, 본 교재는 회계원리를 수강하지 않았다 하여도 그 내용을 이해함에 있어 큰 어려움이 없을 것이다. 다만 원가회계라는 학문도 다른 학문과 마찬가지로 이론에 대한 체계적인 이해가 아주 중요하다. 그러므로 단순히 문제 푸는 요령이나 과정만을 터득하기보다는 산업계에서 어떻게 원가회계시스템이 활용될 수 있는가를 생각하면서 기본적인 체계를 이해할 수 있도록 하여야 할 것이다.

끝으로 회계학은 다른 학문과 달리 수재가 잘하는 학문 분야가 아니다. 오히려 둔재가 잘할 수 있는 학문 분야이다. 많은 학생들이 회계학 분야를 어렵다고 느끼는 것은 본인의 게으름에 원인이 있다고 본다. 새로운 언어를 습득할 때 그 언어의 문법을 이해하고 많은 어휘를 알면 남보다 더 잘 할 수 있다. 그런데 회계학은 하나의 문법에 그다지 많지 않은 어휘로 구성된 학문이다. 매일 반복해서 적은 시간을 할애하여 공부하면 된다. 자투리 시간을 활용해서 어휘를 암기하듯이 끈기와 인내를 갖고 반복하여 학습한다면 좋은 성과를 얻을 수 있을 것이다.

이 책은 저자들의 공저인 「현대 관리회계(1995」와 「현대 원가회계(1997)」를 바탕으로 계속 수정·보완한 내용들, 저자들의 강의안, 그리고 이 책들을 교재로 채택하여 강의하신 교수님들의 제안들을 반영하여 엮었다. 또한 초판의 제1장 내용을 축약하고, 제13장과 제14장을 한 개의 장으로 하여 한 학기 15주 정도에 소화할 수 있도록 하였다. 앞으로도 끊임없는 사랑을 당부드리며, 이 책을 저술하는 동안 가족들의 배려와 평소 저희들을 아끼고 사랑하는 선·후배 및 동료교수들의 격려에 감사드린다. 아울러 편집과 출판을 위해 애쓰신 형설출판사의 임직원 여러분께도 깊은 감사를 드린다.

공저자 씀

차.례.

제1장 | 원가회계 : 의사결정을 위한 원가정보

제2장 | 원가의 본질과 분류

제5장 | 부문별 원가계산

제6장 | 제조간접원가의 배분

제7장 | 개별원가계산

제8장 | 종합원가계산

제9장 | 결합원가계산

제10장 | 표준원가계산

제11장 | 변동원가계산과 전부원가계산

제12장 | 활동기준원가계산

제13장 | 전략적 원가회계

부록

제1장

원 · 가 · 회 · 계

원가회계 : 의사결정을 위한 원가정보

제1절 기업의 가치사슬과 공급사슬
제2절 정보의 역할
제3절 관리적 의사결정을 위한 원가정보
제4절 회계시스템
제5절 원가관리회계담당자

제1장

원가회계 : 의사결정을 위한 원가정보

써니는 대학을 졸업하고 서울의 문화 예술 중심지인 대학로에 (주)와플을 설립하고 운영하여 왔다. 와플과 아이스크림은 유아부터 청소년은 물론 청장년층까지 굉장히 인기가 있지만 회사는 기대만큼 이익을 내거나 성장하지 못하였다. 이에 써니는 자신이 경영학을 체계적으로 학습하지 못한데 원인이 있다고 판단하고 3년 전에 경영대학에 입학하였다.

졸업을 한 학기 남겨둔 상태에서 써니는 (주)와플을 성장시킬 방법과 수익구조 개선방법 등을 찾고자 노력 중이다. 3년 전보다 현재 대학로의 시장 상황이 많이 변해 있다. 따라서 새로운 경영기법을 도입할 필요성도 느끼고 있다. 따라서 써니는 기업의 가치창출활동에 필요한 정보를 수집하고 경영활동을 지속적으로 개선시킬 경영기법들을 알아보고자 한다.

제1절 기업의 가치사슬과 공급사슬

1 가치사슬

가치사슬(value chain)이란 기업의 제품이나 용역에 고객의 유용성을 부가하는 일련의 경영활동 집합을 의미한다. 즉, 가치사슬은 제품의 연구·개발 활동부터, 원재료매입, 제조과정, 판매유통단계, 고객에게 용역을 제공하는 활동을 일컫는다. 이 사슬의 활동들은 제품이나 용역에 가치를 부가하여야만 한다. 부가가치 활동은 기업이 매입한 재화나 용역의 효용가치를 부가하여(증가시켜) 고객에게 제공하는 것이다. 경영자는 제품의 용역(service), 품질, 가격(원가)에 기여한 활동들을 평가한다.

가치사슬의 활동단계는 [도표 1－1]과 같다.

■ 도표 1-1 가치사슬

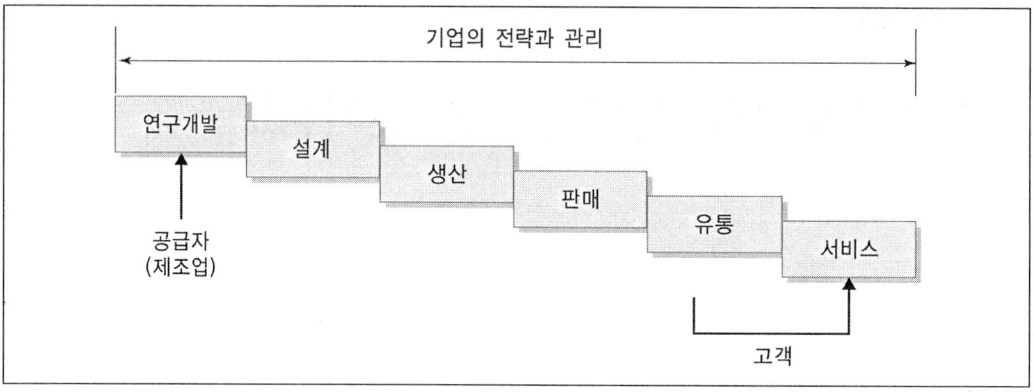

① 연구개발(research & development) : 신제품을 생산하거나 새로운 용역, 새로운 공정 등과 관련된 아이디어 창출과 실험 활동

② 설계(design) : 제품, 용역 혹은 공정에 대한 상세한 계획과 엔지니어링 활동

③ 생산(production) : 제품을 생산하거나 용역을 제공하기 위한 자원의 구입, 조정 및 조립 활동

④ 판매(marketing) : 제품이나 용역을 현재 혹은 미래의 잠재적 고객에게 광고하거나 판매하는 활동

⑤ 유통(distribution) : 제품이나 용역이 고객에게 전달되는 활동

⑥ 고객 서비스(customer service) : 제품이 판매된 후 고객에게 지원되는 활동

대부분의 기업은 R&D, 생산 및 유통과정에서 부가가치를 창출한다. 생산을 구상(idea)하기 이전단계에서는 가치가 존재하지 않지만 구상(idea)이 확립되면 상당한 가치가 발생하고, 제품에 대한 연구개발이 시작되면 가치는 증가한다. 제품의 설계활동에 이르면 계속적으로 가치는 증가하고 생산활동단계에서도 역시 지속적으로 가치가 증가한다.

여기서 주목할 것은 관리기능이 가치사슬에 나타나지 않는다는 점이다. 관리기능은 가치사슬의 각 활동단계에 모두 포함되어 있기 때문이다. 예컨대 인적자원관리는 각 가치사슬 단계에서 모두 이루어진다.

2 공급사슬

기업은 공급자로부터 자원을 구매해서 고객에게 판매한다. 기업은 제품과 용역에 대하여 공급사슬을 형성한다. 공급사슬(supply chain)이란 가치사슬의 개념을 따르면서 아이디어와 제품개발에서부터 제품의 생산, 완제품의 인도, 고객에 대한 애프터서비스 등 일체의 설비와 활동 및 공급자들 간의 상호 연결된 연계의 집합이라고 할 수 있다.

공급사슬에 걸쳐 활동들이 적절하게 계획되고, 조정되고, 통제되는 경우에만 기업은 적시구매기준을 사용하여 상품을 구매할 수 있다.

공급사슬은 고객이 기꺼이 지불할 수 있는 가치를 창출하는 것이기 때문에 중요하다. 고객은 제품이나 용역의 제공을 위해 기업이 수행한 활동에는 관심이 없다. 따라서 기업은 공급사슬에서 가장 효과적으로 고객이 지불할 수 있는 부가가치를 결정해야 한다. 예컨대 제품을 고객에게 적시에 배달하려면 가장 저렴한 가격으로 공급할 수 있는 업체를 선정할 수 있는 회계시스템이 필요하다.

가치사슬과 공급사슬에 연계된 기업의 형태는 [도표 1－2]와 같다.

[도표 1－2]는 감귤과 관련된 식품산업에 있어서 기업의 형태를 나타낸다. 기업 A는 감귤나무의 묘목부터 감귤재배는 물론 감귤을 수확하여 가공 판매하는 기업이다. 기업 B와 기업 C는 서로 협력업체로 공급사슬 관계에 있다. 기업 B는 감귤을 수확하여 기업 C에게 공급하는 회사이다. 감귤쥬스를 최종 소비자에게 전달하기까지 기업들이 각자의 역할을 하고 있다.

■ 도표 1－2 감귤과 관련된 식품 산업의 기업형태

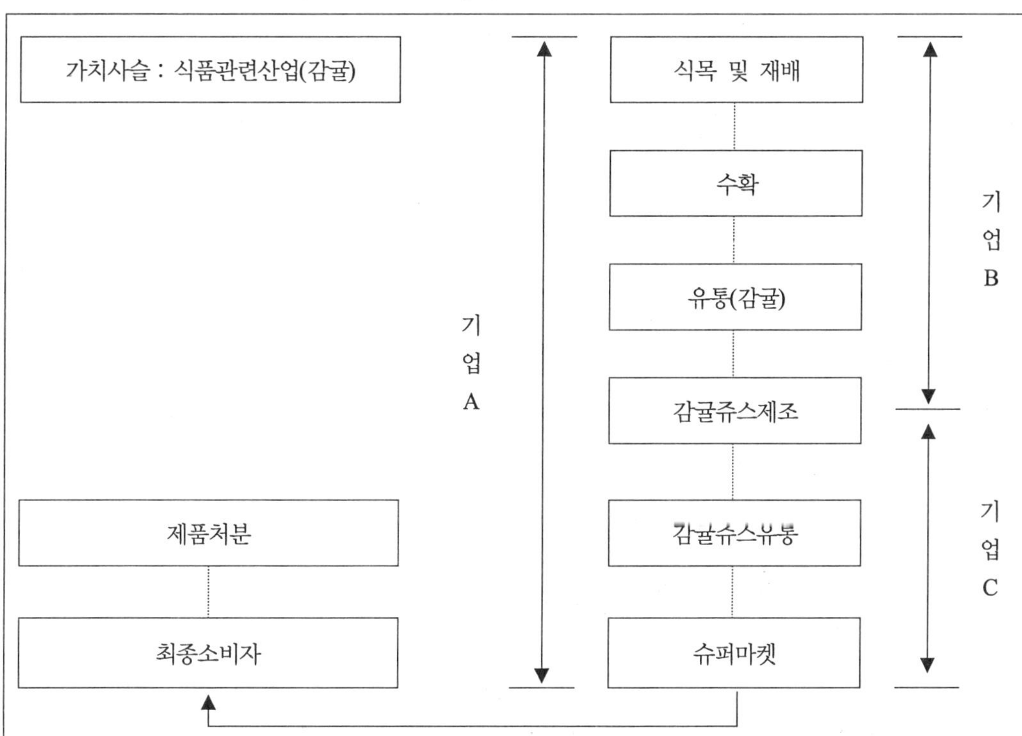

가치사슬과 공급사슬을 관리하기 위한 노력에는 많은 요인들이 영향을 끼친다. 기업은 경쟁자에 비해 낮은 비용으로 더 높은 고객가치를 창출하기 위해 노력하고 있다. 고객가치란 고객이 구입한 제품으로부터 얻는 유무형의 혜택과, 고객이 제품을 구입하기 위해 포기해야 하는 원가와 시간 및 노력의 차이이다.

제2절 정보의 역할

사람들은 어떤 특정 목적을 달성하기 위해 조직을 구성하는 경우가 있다. 조직은 영리적인 경우도 있고, 종교단체처럼 비영리적인 경우도 있다. 그러나 영리조직과 비영리조직의 목적은 모두 조직의 목표를 달성하고자 하는 데에 있다. 조직의 목적을 달성하는 데는 경영자의 능력이 중요하며 경영자의 탁월한 의사결정 능력을 필요로 한다.

1 경영자의 직무

기업은 부가가치를 창출하는 조직이다. 기업의 구성원 중 종업원은 단순히 제품이나 용역을 고객에게 제공한다. 종업원은 고객과 거래관계를 유지하지만, 경영자의 업무는 주로 관리적 의사결정을 수반하는 일이다. 의사결정은 단순하지 않으며, 모호하거나 다양하여 매우 어렵다. 그래서 경영자의 관리적 의사결정은 매우 중요하다. 경영자의 합리적 의사결정은 기업이나 경영자, 소유자 등 이해관계자 모두에게 중요하다.

때문에 관리적 의사결정에 도움을 주는 회계제도가 필요하다. 회계제도에 의해 기업의 성과와 경영자의 성과에 관한 정보를 얻게 되고, 경영자의 노력투입에 대한 정보도 얻게 된다. 기업은 경영자에게 합리적인 의사결정을 요구하고, 경영자의 노력과 합리적 의사결정에 대가를 지불한다.

2 의사결정에 필요한 정보

회계시스템은 경영자에게 필요한 정보의 주요원천으로 매우 중요하다. 의사결정에 필요한 정보는 역시 회계시스템에서 산출된다. 회계시스템은 의사결정에 유용한 최적의 정보를 제공해 준다.

정보기술의 변화로 기업이 필요한 수집된 정보자료는 회사의 모든 사업 활동을 지원해 주는 응용소프트웨어에 공급해주는 단일 data base로 형성되어 있다. 이 응용소프트웨어 시스템이 ERP(Enterprise Resource Planning)이다. 많은 기업은 가치사슬을 관리하기 위해 ERP를 도입한다. ERP는 각 가치사슬 단계로부터 발생되는 모든 정보들을 집적, 종합하여 제공하는 시스템이다.

3 원가정보의 활용과 부가가치

경영자의 의사결정 개선에 얼마만큼 원가정보를 제공하느냐에 따라 가치사슬은 기업의 부가가치 활동에 대한 원가정보를 제공한다. 원가의 측정과 보고는 경영활동에 대한 부가가치 창출에 대한 정보이다.

부가가치(value-added)란 재화 및 용역의 생산자가 생산을 위하여 구입한 원재료에 자본과 노동 등의 생산요소를 투입하여 새롭게 창출한 가치, 즉 기업이 외부에서 구입한 가치가 아닌 기업 내부에서 스스로 창출한 가치를 말한다. 부가가치 활동은 기업에 필요한 활동 중 효율적으로 수행되고 있는 활동을 뜻하며, 부가가치 원가는 이들 부가가치 활동을 수행하는 데 따르는 원가를 말한다.

원가정보가 적시에 경영자에게 제공되지 못하면 경영자의 의사결정은 유용하지 못하고, 또한 그러한 정보는 부가가치 활동에 도움을 주지 못한다.

4 비부가가치 활동의 탐색과 제거

낭비를 인식하고 제거하기 위한 기업경영철학은 비부가가치 활동을 인식하고 제거하기 위한 활동에서 출발한다. 기업은 부가가치 활동과 비부가가치 활동(nonvalue-added activities)을 구별할 수 있는 회계정보의 산출이 필요하다. 즉 부가가치 활동과 비부가가치 활동에 대한 정보가 표시되는 회계보고가 이루어진다면 이는 경영자들이 비부가가치 활동을 인식하고 제거할 수 있도록 노력하는데 매우 효과적이다.

즉, 경영자는 비부가가치 활동을 제거해야만 하고, 비부가가치 활동과 관련된 원가, 비부가가치 원가를 제거하여야만 한다. 경영자는 활동분석을 통하여 기업을 합리적으로 관리할 수 있으며, 기업의 입장에서 보면 불필요한 낭비적 요소들을 제거함으로써 원가의 절감이라는 목표를 달성할 수 있게 된다. 또한 원가관리회계 담당자는 수익을 증가시키기 위해 제조소요시간을 감소시킬 방법을 모색하여야 한다.

제조소요시간(throughput time)은 부가가치 시간과 비부가가치 시간을 합한 것이다. 제조소요시간은 재료투입으로부터 고객에게 완제품을 인도하기까지 제조공정에 체류하는 기간이다. 수익을 증가시키기 위해 원가회계담당자는 제조소요시간을 감소시킬 방법을 모색하여야만 한다.

이러한 사고의 바탕에는 '활동은 원가를 발생시킨다(activities cause cost)'라는 개념이 있고, 이 개념은 원가회계에서 매우 중요하다.

5 원가－효익분석

경영자의 주요 활동 중 하나는 합리적인 사고로 전환하느냐 하는 것이고, 또 하나는 여러 가지 경영에 관한 대안들을 평가하는 것이다. 이 대안들을 평가할 때 효율적이고 합리적으로 자원을 배분해야 하는 문제에 직면하게 된다.

자원배분 의사결정에 사용되는 기법은 원가－효익분석(Cost-Benefit Analysis)이다.

원가－효익분석은 주어진 목표를 달성하기 위하여 최소의 원가를 수반하는 방법을 발견하여, 주어진 원가로 최대의 효익을 얻을 수 있는 방법을 찾아 가는 기법이다. 자원의 원가를 고려할 때 조직목표를 보다 잘 달성할 수 있도록 의사결정에 도움을 주는 자원이 소비되어야 한다. 그러한 자원의 소비로부터 기대되는 효익은 기대되는 원가를 초과해야만 한다.

경영자가 여러 대안을 평가할 때 기본적으로 원가－효익분석 기법으로 한다. 이러한 원가－효익분석의 개념은 새로운 회계제도 이행여부에도 적용된다. 개선된 회계제도의 효익은 보다 더 합리적인 의사결정을 가져다준다. 새로운 제도 이행과 유지에 드는 원가는 효익을 초과해서는 안 된다.

6 전략적 원가분석

전략적 원가분석(Strategic Cost Analysis)은 각 가치사슬 단계에서 경영활동에 대한 원가정보와 기타 여러 가지 정보를 활용함으로써 시장에서 회사는 가격경쟁과 고품질을 유지할 수 있는 전략적 이점을 인식할 수 있다.

즉, 회사가 비부가가치 활동을 제거하면 제품가격치의 감소없이 원가를 절감할 수 있다. 원가절감을 함으로써 회사는 제품가격을 낮게 책정할 수 있기 때문에 경쟁회사보다 원가 측면에서 경쟁우위에 있을 수 있다. 그리고 비부가가치 활동을 제거함으로써 자원을 절약하여 고객에게 보다 좋은 용역(service)을 제공할 수 있다. 이 사고는 간단하다. 부가가치를 창출하지 못하는 활동을 찾아내면 된다. 그러면 기업의 경영성과도 좋아지고, 다른 회사에 대하여 경쟁우위에 있게 된다.

7 가치분석

가치분석(value analysis)이란 비용을 절감하거나 구매 또는 생산되는 제품 혹은 서비스의 성과를 향상시키는 체계적인 노력을 일컫는다. 이는 한 품목의 생산에 관련된 자재, 프로세스, 정보시스템, 자재의 흐름을 심도있게 점검하는 활동이다. 그 효과로는 생산비용, 자재비용, 유통비용의 절감, 이윤의 증가, 고객만족의 향상 등을 들 수 있다. 가치분석은 내부공급사슬에만 집중하여도 어느 정도 성공을 얻을 수 있지만 외부공급사슬까지도 적용되어야 진정한 효과를 얻을 수 있다.

제3절 관리적 의사결정을 위한 원가정보

1 의사결정에 필요한 원가정보

의사결정은 여러 대안 중에서 최선의 대안을 선택하는 과정이다. 만일 대안에 대한 정보를 수집하고 그 수집된 정보들을 경영자가 이용할 수 있다면 경영자의 의사결정은 합리적일 것이다. 대안들에 대한 재무적(화폐적 또는 계량적)정보를 산출하는 과업은 어려운 일이다. 여러 가지 대안들에 대한 각각의 원가(수익 또는 자산)를 추정하는 것 또한 어려운 문제이다. 그 이유는 각각의 대안들이 갖고 있는 속성이 다양하기 때문이다.

경영자는 미래에 발생할 사건들을 예측하여야만 한다. 미래의 사건들이 실제로 발생하든, 발생하지 않든 예측하여야만 한다. 이때 원가회계는 이미 기록된 과거원가보다는 예측되는 미래원가에 관련이 있다. 물론 과거정보는 미래를 예측하는 의사결정에 도움을 준다. 즉 원가회계의 주요 역할 중 하나는 의사결정이 용이하도록 정보를 제공하는 것이다.

써니는 (주)와플의 수익과 비용항목이 다음과 같이 변할 것으로 예측하였다.

수익은 35%, 식자재, 인건비, 전기수도료 등은 50%, 기타 제비용은 20% 인상될 것으로 예상하였고, 임차료는 현행과 같을 것으로 예상하였다.

■ 도표 1-3 (주)와플의 예산손익계산서

(주)와플 **예산손익계산서**

	(1) 기존매장	(2) 확장매장	(3) 차 액
수 익	₩6,300,000	₩8,505,000	₩2,205,000
원 가 :			
식자재료	1,800,000	2,700,000	900,000
노무원가료	1,000,000	1,500,000	500,000
전기수도료	400,000	600,000	200,000
임차료료	1,250,000	1,250,000	0
기타제비용료	1,000,000	1,200,000	200,000
총원가료	₩5,450,000	₩7,250,000	₩1,800,000
영업이익	₩ 850,000	₩1,255,000	₩405,000

[도표 1-3]의 (3)칸은 차액원가와 차액수익을 보여주고 있다. 써니가 매장을 확장함으로써 드는 총원가는 ₩7,250,000이고 총수익은 ₩8,505,000이다. 따라서 영업이익은 ₩1,255,000으로 증가하였다. 이는 기존매장으로부터 얻은 영업이익보다 ₩405,000이 증가한 금액이다. 이는 차액수익과 차액원가의 차액 ₩405,000과 동일한 금액이다. 차액원가와 차액수익은 의사결정에 영향을 미친다. 원가항목 중 임차료 항목은 변함이 없다. 즉 임차료 항목은 영업이익 변동에 아무런 영향을 미치지 않았다. 이러한 항목은 의사결정과 관련이 없기 때문에 무 관련원가라고 한다.

2 통제와 평가에 필요한 원가정보

규모가 큰 조직이나 기업은 사업 기능에 따라 몇 개의 조직단위로 나눌 수 있다. 사업 단위별로 나눈 이 조직을 부문(departments, segments) 또는 자(종속 : subsidiaries)회사라고 일컬어진다.

이 조직단위는 사업 기능, 제품, 지리적 여건 등에 기초하며, 책임부여와 권한위양을 받는다. 이 단위별 조직을 책임중심점(또는 책임단위 : responsibility center)이라고 한다. 일반적으로 회사는 조직도로 나타내 준다.

최고경영자는 이 부문에 모든 경영책임(accountability)을 부여한다. 예컨대 (주)삼성반도체의 중국공장은 그 곳에서의 경영활동 전반에 대하여 경영책임을 가진다.

(주)와플이 강남과 신촌에 지점을 개설하면 (주)와플은 강남지점과 신촌지점이라는 지리적 여건으로 두 개의 부문을 지닌 회사가 된다. (주)와플의 조직도는 [도표 1-4]와 같다.

■ 도표 1-4 (주)와플의 조직도 및 손익계산서

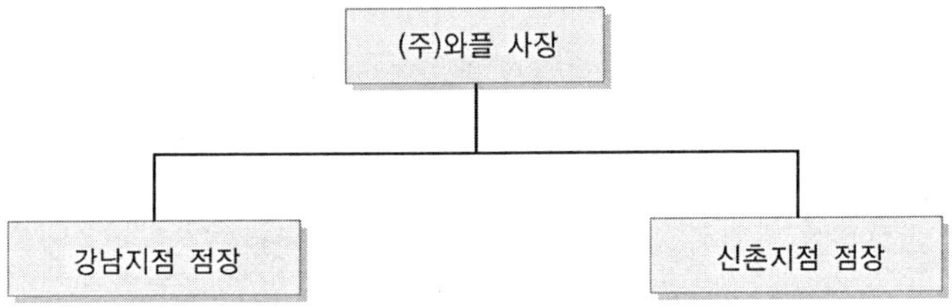

(주)와플 **손익계산서**

	강남지점	신촌지점	합 계
매출액	₩28,400,000	₩23,600,000	₩52,000,000
부문원가 :			
식자재료	13,500,000	9,800,000	23,300,000
노무원가료[1]	4,500,000	3,200,000	7,700,000
전기수도료	1,800,000	2,100,000	3,900,000
임차료	5,000,000	2,500,000	7,500,000
계	₩24,800,000	₩17,600,000	₩42,400,000
사업부문이익[2]	₩3,600,000	₩6,000,000	₩9,600,000
일반관리비 :			
본부노무원가			5,000,000
기타관리비			3,200,000
계			₩8,200,000
영업이익			₩1,400,000

1) 본부노무원가 제외
2) 부문별 수익과 비용의 자

[도표 1-4]는 두 부문의 손익계산서를 포함하고 있고, 각 부문의 경영자인 지점장은 자기 지점에 대하여 모든 경영을 책임진다. 따라서 재료원가(식자재)와 노무원가를 중점적으로 관리할 책임이 있다. 영업이익은 각 부문에 할당하지 않는다. (주)와플의 사장인 써니는 회사의 경영관리시스템을 설계할 책임과 회사 전체를 경영할 책임이 있다.

3 예산수립에 필요한 정보

예산은 특정 목표를 달성하기 위해 미래의 경영활동을 수립하는 것으로 재무적 또는 화폐적 가치로 표시하는 것이다. 즉 예산(budget)은 일정한 기간의 계획된 활동을 계량화한 것이다. 아무리 큰 부자라도 그들의 자원을 합리적으로 소비하기 위해서는 예산을 수립해야만 한다. 예산은 개인이나 기업의 재무적 성공을 위해서는 매우 중요하다.

기업의 각 책임중심점은 업무를 수행하고 재무적 목표를 달성하기 위해 예산을 가지고 있어야 한다. 예산은 설정된 목표의 달성여부와 수정여부를 결정한다. 경영자는 설정한 목표를 달성할 책임이 있다. 예산은 책임중심점과 경영자의 성과를 비교하는 데 이용된다. 실제원가와 예산을 비교하여 평가한다.

계획과 통제과정에서 경영자는 차기의 수익과 원가를 예측하여 예산을 수립한다. 예산은 미래성과를 평가하는 표준이 되기 때문에 기말에는 실제와 예산을 비교한다. 이러한 일련의 행동은 미래의 경영활동을 개선할 수 있도록 도와준다.

■ 도표 1-5 (주)와플의 예산과 실제원가 비교표

강남지점 **예산과 실제원가 비교표**

	실 제	차 이	예 산
식자재(재료원가) :			
밀가루	₩2,100,000	₩(100,000)	₩2,200,000
계 란	5,200,000	500,000	4,700,000
우 유	2,000,000	100,000	1,900,000
호 두	2,000,000	100,000	1,900,000
기 타	2,200,000	0	2,200,000
소 계	₩13,500,000	₩600,000	₩12,900,000
노무원가 :			
관리자	3,000,000	0	3,000,000
기 타 료	1,500,000	0	1,500,000
소 계 료	₩4,500,000	0	₩4,500,000
전기수도료	1,800,000	0	1,800,000
임사료	5,000,000	0	5,000,000
총원가	₩24,800,000	₩600,000	₩24,200,000
매출액	₩32,000,000	0	₩32,000,000

[도표 1-5]에 나타난 바와 같이 강남지점의 매출액은 예산과 실제액이 모두 ₩32,000,000으로 동일하다. 원가정보를 살펴보면 계란의 실제사용금액이 예산설정금액보다 훨씬 많다. 낭비가 발생하였는지 살펴보아야 한다. 우유, 호두 등의 원가요소도 낭비가 발생하였는지 살펴보아야만 한다. [도표 1-5]가 이러한 정보를 제공하여 준다.

4 서로 다른 의사결정에 서로 다른 원가정보

원가회계원칙의 하나는 다른 의사결정에 서로 다른 원가정보를 요구한다. 원가정보문제에 직면하였을 때 우선 정보를 어떻게 이용해야하는지를 알아야만 한다.

정보가 재고자산 가치에 필요한 정보인지, 경영자의 성과평가에 활용되는 정보인지 또는 의사결정에 활용되는 정보인지를 생각해 보아야 한다. 이 문제의 해결은 가장 적절한 회계자료(정보)를 선택하여 유용하게 의사결정을 하는 것이다.

제4절 회계시스템

1 회계의 목적과 체계

기업이란 동태적인 환경에서 영리추구라는 목적을 달성하기 위하여 고객이 필요로 하는 제품(product)이나 용역(service)을 생산하여 판매하는 조직이다. 이에 따라 기업의 경영자 또는 관리자들은 기업가치의 극대화를 위하여 경영계획을 수립하고 이를 실행하게 된다. 기업의 성과 및 재무상태에 관하여는 많은 이해관계자들이 관심을 갖고 있다. 기업의 성과 및 재무상태에 관한 정보는 현재 및 미래의 투자자, 채권자, 공공기관 등 다양한 정보이용자들의 의사결정에 이용된다.

회계(accounting)는 정보이용자들이 그들의 부(wealth)를 증대시키기 위하여 합리적 판단이나 경제적 의사결정을 하는 데 필요한 재무적 정보를 식별・측정・전달하는 과정이다. 즉, 회계는 정보이용자들의 의사결정 유용성을 제고시키기 위하여 기업의 영업성과 및 재무적 상태와 그 변화 등에 관한 정보를 전달하는 정보시스템(information system)이다. 그리고 회계정보를 이용하는 집단에 따라 [도표 1－6]과 같이 크게 재무회계와 관리회계로 구분한다.

재무회계(financial accounting)는 기업의 외부정보이용자들이 자신의 부(individual wealth)를 증대시키기 위한 의사결정에 유용한 정보를 제공하는 회계영역이다. 재무회계는 다양한 외부이해관계자들이 정보욕구를 보편적으로 충족시킬 수 있는 재무상태표・손익계산서 등의 기본적 재무제표작성과, 법인세 등을 계산하기 위한 세무회계가 주된 구성요소이다.

반면에 관리회계(managerial accounting)는 기업의 부(corporate wealth)를 증대시키기 위

■ 도표 1-6 회계의 체제

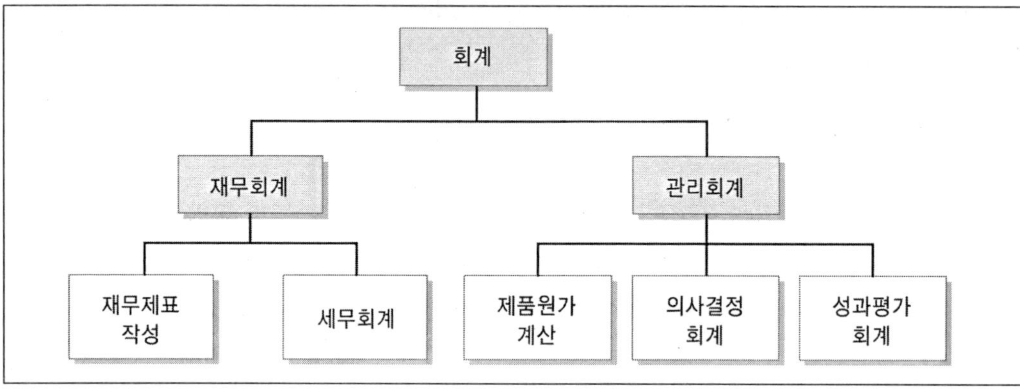

하여 기업 내부경영자들의 관리적 의사결정 및 통제활동에 유용한 정보를 제공하여 주는 것이다. 즉, 관리회계는 기업의 인적·물적 자원을 효율적이고 효과적으로 배분하고 활용할 수 있도록 관리자의 의사결정에 도움을 주는 회계 분야이다. 관리회계는 제품원가계산, 의사결정회계, 성과평가회계 등이 주된 구성 요소이다.

2 재무회계와 관리회계의 비교

재무회계와 관리회계의 가장 큰 차이는 누구를 위하여 회계정보를 제공하는가이다. 이에 따라 회계시스템의 두 축을 이루는 재무회계와 관리회계는 정보이용자집단이 상이함에 따라 여러 가지 측면에서 차이를 보인다. 두 회계시스템의 차이를 요약하면 다음과 같다.

① **정보이용자** : 재무회계는 현재 및 미래의 투자자, 채권자, 공공기관, 노동조합 등 외부정보이용자를 대상으로 한다. 반면에 관리회계는 기업의 경영자 및 관리자들인 내부정보이용자를 대상으로 한다.

② **회계원칙** : 재무회계는 일반 목적의 재무제표를 작성하기 때문에 일반적으로 인정된 회계원칙(GAAP : Generally Accepted Accounting Principles)에 따라야 한다. 그러나 관리회계는 정보생산을 위하여 통일된 회계기준을 필요로 하지 않고 의사결정의 내용과 기업의 내·외적 상황에 따라 다양한 유형의 정보가 산출·제공된다.

③ **정보의 특징** : 재무회계는 이미 발생한 역사적 원가를 측정기준으로 하여 복식부기시스템에 의하여 산출되는 화폐적 정보를 산출·제공한다. 반면에 관리회계는 주로 미래원가를 측정기준으로 미래사건을 대상으로 하며 복식부기시스템에 그다지 의존하지 아니한다. 또한 관리회계는 미래를 예측하기 위하여 역사적 원가정보 뿐만 아니라 미래에 발생가능한 사건에 대한 추정이나 예측에 관한 정보가 중심이 되며, 화

폐적 정보뿐만 아니라 비화폐적인 정성적 정보도 포함한다.

④ **정보의 정확성** : 정보이용자가 다양한 재무회계는 정보의 정확성 · 객관성 · 신뢰성이 중요하다. 특히 기업의 주식이나 채권에 투자하고자 하는 경우 보다 높은 수익률을 얻기 위하여 기업들이 제공하는 회계정보를 믿고 기업 간 비교를 통하여 특정 기업의 주식이나 채권을 구입하려 한다. 이에 따라 재무회계는 측정상 오류를 최소화하고 정보의 정확성을 높이기 위하여 외부감사제도를 도입하고 있다. 반면에 관리회계는 미래지향적인 의사결정에 목적적합한 정보의 제공이 핵심이다. 이에 따라 정보 자체의 정확성과 객관성보다는 적시성이나 신속성이 보다 강조된다.

⑤ **회계의 대상** : 재무회계는 기본적으로 기업 전체의 경영활동을 대상으로 회계보고서를 작성한다. 예외적으로 부문별 회계정보를 공시하기도 하나 기본 재무제표는 기업 전체를 대상으로 작성한다. 그러나 관리회계는 기업 전체보다는 기업 내 부문(segment), 즉 책임단위를 대상으로 회계보고서를 작성한다. 책임단위는 제품별, 판매지역별, 프로젝트별, 공장별 등 기업조직을 분할할 수 있는 어떤 단위도 가능하다. 이에 따라 관리회계에서는 기업전체의 자료도 중요하나 그보다 책임단위별 자료가 보다 더 강조된다.

이상에서 설명한 내용 이외에도 재무회계의 회계보고서는 1년 또는 반기별로 작성되나 관리회계의 회계보고서는 경영자가 필요로 할 때마다 수시로 작성된다. 또한 재무회계보고서는 정형화된 양식을 이용하나 관리회계보고서는 정형화된 양식이 없다. 재무회계와 관리회계의 차이점을 요약하면 [도표 1－7]과 같다.

■ 도표 1－7 재무회계와 관리회계의 비교

구 분	재무회계	관리회계
목 적	외부보고	내부보고
회계보고서	일반 목적의 재무제표	특정 목적의 재무제표
정보이용자	불특정 다수인의 외부정보이용자	내부정보이용자
특 성	결산보고	의사결정과 업적평가를 위한 보고
성 격	타율적 · 수동적 · 소극적	자율적 · 능동적 · 적극적
정보의 속성	객관성 강조	목적적합성 강조
회계기간	1년 또는 반기	월별, 분기별, 1년
회계대상	기업 전체	기업 전체 및 책임단위
강제성	법에 의한 강제	유용성에 따른 자발성
측정기준	역사적 원가	역사적 원가 및 미래원가
정보내용	과거에 대한 보고	미래지향적 보고
준거기준	GAAP	특별한 원칙이 없음

정보범위	화폐적 정보	화폐적 · 비화폐적 정보
제공시기	장기적	필요시마다
보고서 양식	정형화된 양식이용	정형화된 양식 없음
인간관계	중요시하지 않음	중요시함
인접학문과의 관계	교류가 거의 없음	교류가 많음

3 원가회계와 관리회계의 비교

원가회계(cost accounting)란 무엇인가에 대한 설명은 크게 두 가지로 나누어진다. 전통적 원가회계는 제품 또는 용역의 생산에 소비된 경제적 가치를 계산하는 제품원가계산(product costing)을 말한다.

반면에 현대적 원가회계는 제품원가계산뿐만 아니라 경영자의 의사결정에 필요한 원가정보의 산출과 활용으로 본다. 현대적 원가회계는 관리회계와 구분하지 않고 동일한 것으로 본다. 즉 현대적 원가회계는 외부보고목적의 재무제표작성과 경영관리활동을 위한 의사결정과 성과평가에 필요한 원가자료를 집계 · 분석하여 정보이용자에게 제공한다. 이에 따라 원가회계는 [도표 1－8]에서 보는 바와 같이 재무회계와 관리회계를 연결시키는 가교역할을 한다.

전통적 원가회계는 제품원가계산을 통한 외부보고용 재무제표작성에 주로 기여하는 것으로 보았으나, 현대의 원가회계는 오히려 경영관리활동을 위한 원가정보의 산출 · 제공을 중요시하여 관리회계를 위한 회계영역으로 분류되고 있다.

즉 광의의 개념으로 원가회계는 관리회계와 동일한 것으로 보아 원가관리회계(cost and managerial accounting)라는 용어를 사용하기도 한다. 그러나 원가회계와 관리회계를 구분하면, 원가회계가 원가의 측정과 계산을 다루는 반면에 관리회계는 계산된 원가정보를

■ 도표 1－8 원가회계의 역할

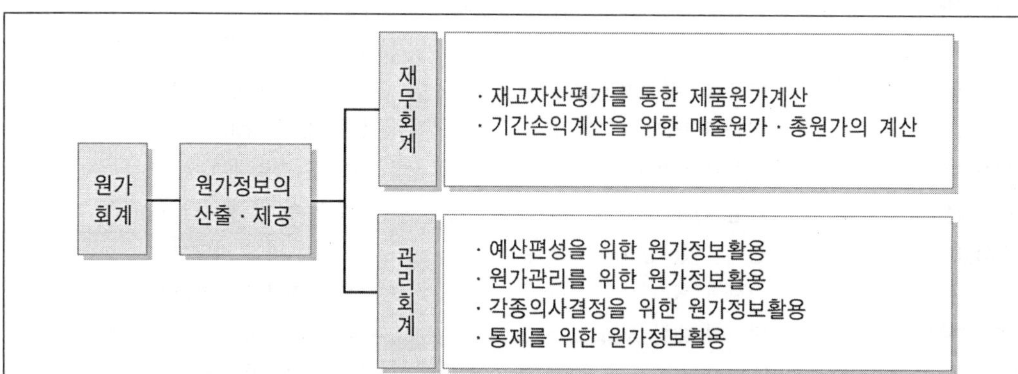

■ 도표 1-9 원가회계와 관리회계의 비교

구 분	원가회계	관리회계
목 표	원가극소화	이익극대화
강조점	통제 측면	계획 측면
정보이용자	외부와 내부정보이용자	내부정보이용자
초 점	원가의 집계 · 배분 · 요약 · 분석	효율적인 자원배분문제
주된 기능	원가정보의 집합 · 산출	산출된 원가정보의 이용

의사결정과 성과평가에 활용하는 내용을 다룬다. 두 회계영역을 비교하면 [도표 1-9]와 같이 요약된다.

결국 관리회계는 단순한 원가계산을 넘어서 계획 · 통제 등의 관리적 활동에 필요한 정보의 산출과 활용을 촉진하는 것을 지향한다.

더불어 조직이론, 행동과학이론, 정보이론, 관리경제학, OR론 등으로부터 다양한 기법을 이용하여 학제 간의 과학(interdisciplinary science)으로 발전되고 있다.

4 원가회계의 목적

원가회계는 기업의 경영환경 또는 특수성에 따라 여러 가지 목적을 위하여 적용되며 상이한 목적을 위해서는 상이한 원가(different costs for different purposes)를 제공함으로써 원가회계의 목적을 충족시킬 수 있다. 어떠한 목적에 원가를 활용하느냐에 따라 원가회계의 범위 · 방법 · 내용은 달라진다. 즉, 원가회계는 경영자의 내부적 의사결정에 필요한 정보제공과 기업의 외부이해관계자들에게 유용한 정보제공의 목적이라는 두 가지 목적을 갖는다. 이들 목적을 도표로 나타내면 [도표 1-10]과 같다.

■ 도표 1-10 원가회계의 목적

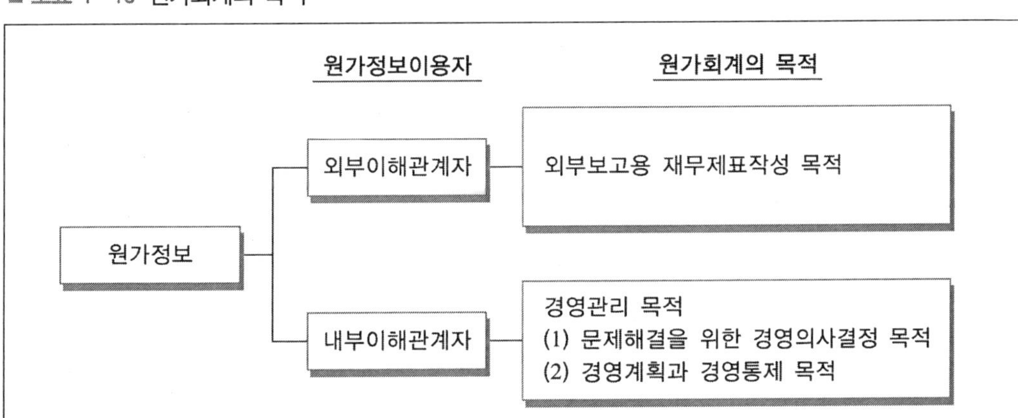

(1) 기업외부보고용 재무제표작성 목적

기업외부의 이해관계자, 즉 주주나 채권자·정부기관 및 기타 이용자에게 유용한 회계정보를 제공하는 목적과 관련하여 원가회계는 기간이익의 산정과 공시를 위한 재무제표의 작성목적을 갖는다. 이와 같은 목적을 수행하기 위하여 원가회계는 외부보고용의 재무제표작성을 위하여 역사적 원가에 의한 기말재고자산의 원가, 당기에 완성된 제품의 제조원가 및 매출원가를 계산함으로써 외부보고용 재무제표 즉 재무상태를 나타내는 재무상태표와 회계기간의 경영성과를 나타내는 손익계산서를 작성할 수 있게 해준다.

이를 [도표 1－11]과 같이 나타낼 수 있다.

■ 도표 1－11 원가회계와 재무제표

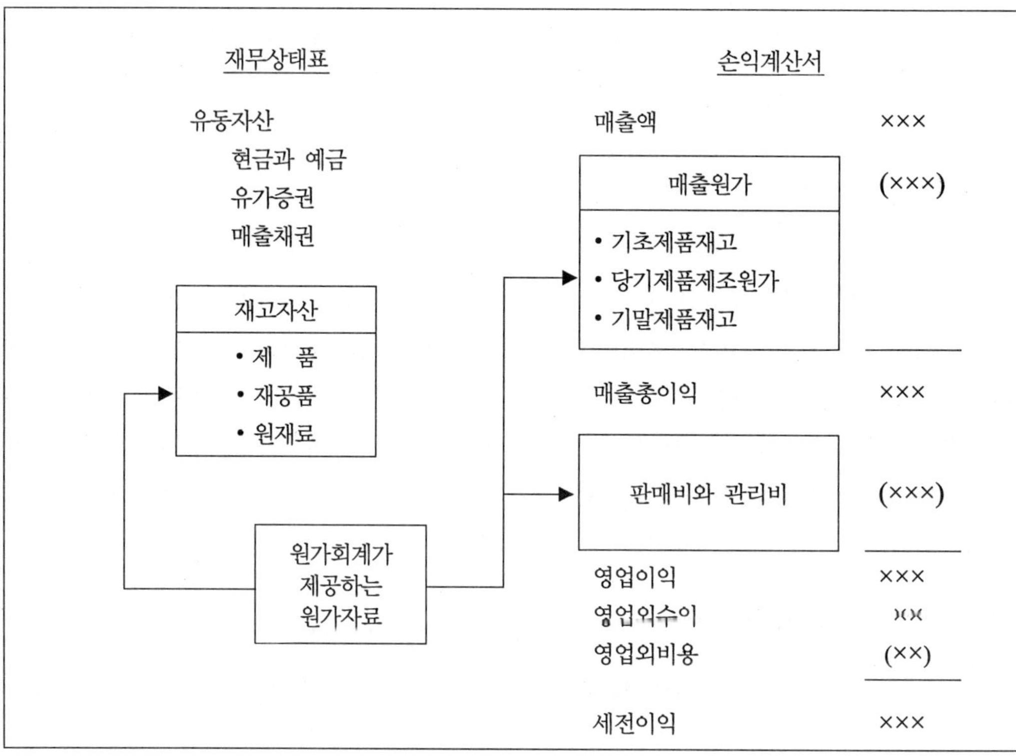

(2) 기업내부보고용 경영관리 목적

원가회계가 과거에 비해서 현저한 발전을 이룩할 수 있었던 것은 기업의 각 계층의 경영관리자에게 유용한 정보를 제공해 왔기 때문이다. 기업의 내부 이해관계자 즉 경영관리자의 관리활동은 다음 [도표 1－12]와 같다. 원가회계의 내부목적은 경영관리자의 경영관리활동에 유용한 정보를 제공하는 것이다.

■ 도표 1-12 경영관리자의 관리활동

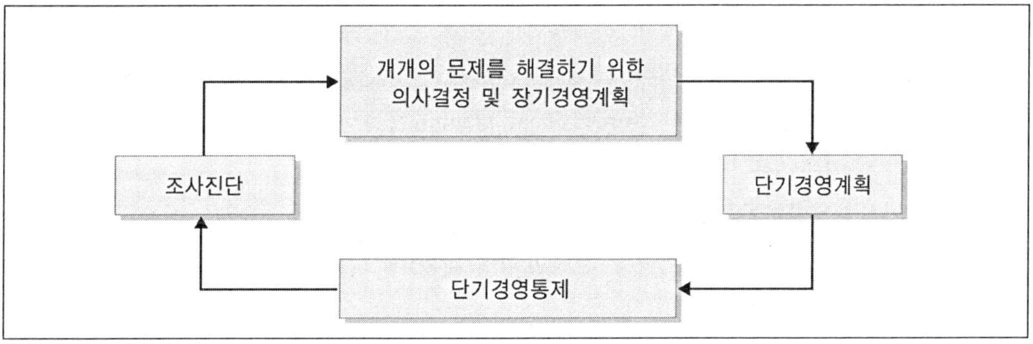

1) 문제해결을 위한 경영의사결정 목적

경영자는 기업의 현상을 조사하고 기업의 재무제표를 분석하여 문제점을 파악하고 그 문제점을 해결하고자 노력한다. 이러한 문제점을 개선하고자 여러 대체안들을 비교·분석하여 최선안을 선택한다. 이와 같이 기업외부의 이해관계자가 행하는 의사결정과 구별하여 기업내부의 경영자가 행하는 의사결정을 경영의사결정이라고 한다.

이러한 경영의사결정의 예로서 다음과 같은 것을 들 수 있다.

① 예정가격으로 상품을 특별 주문한 고객의 요청에 대한 수락여부
② 제품 또는 부문의 폐지 또는 추가결정
③ 제조 또는 구입의 결정
④ 구입 또는 임차의 결정
⑤ 제품의 판매 또는 추가가공의 결정
⑥ 제품가격의 결정
⑦ 설비투자계획 등

원가회계가 이러한 경영자의 의사결정에 필요한 회계정보를 제공하는 것이 바로 경영의사결정 목적을 위한 것이므로 경영의사결정을 행할 경우, 원가정보가 의사결정에 영향을 미친다. 이미 앞에서 논의한 바와 같이 원가회계는 경영자의 문제해결에 도움을 줄 수 있도록 차액수익 및 차액원가와 같은 정보 즉, 원가 및 이익에 관한 정보도 제공한다.

2) 경영계획과 경영통제 목적

① 경영계획 : 경영계획은 기업의 경영자가 수행하는 관리순환과정이다. 경영계획은 예측(forecasting)을 전제로 한다. 합리적인 경영계획의 설정은 예측의 정확성에 달려있다. 경영계획은 경영활동을 통하여 잠재기간에 있어서 경제환경의 제조건의 변화에 적응하여 경영을 유지·발전시키기 위해 설정되는 것이다. 경영계획을 설정하는

데에도 원가정보가 중요한 역할을 한다.

대부분의 기업은 기업의 장기적인 목표를 설정하고 전략계획(strategic planning) 즉, 장기경영계획을 수립하고 이 전략계획을 어떻게 성취할 것인가에 관한 세부사항을 정하는 업무활동계획(operational planning)을 마련한다. 일상적인 업무활동계획의 중심은 단기이익계획이다.

원가회계담당자는 손익분기점분석이나 직접원가계산의 기법을 이용하여 예산편성(즉 향후 1년간의 기업활동 전체의 이익계획)에 필요한 원가 및 이익에 관한 정보를 경영자에게 제공한다.

② **경영통제** : 기업의 경영활동은 예산편성을 기초하여 생산·판매활동이 이루어진다. 경영자는 이러한 경영활동을 계획과 계획된 활동이 실제와 일치할 수 있도록 하기 위하여 사용가능한 모든 방법과 절차 및 수단을 취한다.

예산기간 동안 원가회계담당자는 실적과 예산의 비교 및 차이분석의 결과를 경영자에게 보고함으로써 경영통제에 유용한 정보를 제공한다. 또한 표준원가계산을 이용하여 표준과 실제성과를 비교하고 그 차이분석을 행하여 경영자에게 보고함으로써 원가통제에 유용한 정보를 제공한다.

제5절 원가관리회계담당자

1 컨트롤러

기업에서 관리회계를 책임지는 사람을 컨트롤러(controller 또는 comptroller)라고 하며, 회계담당중역이다. 컨트롤러는 최고경영자의 스텝(staff)이며, 회계부문의 라인(line)관리자이다. 컨트롤러는 생산·판매기능을 수행하는 라인부문과 인사·연구 등의 기능을 수행하는 스텝부문에 대하여 회계정보를 제공하는 회계부문의 최고책임자이다. 즉 컨트롤러는 최고경영자에게 각 부문의 재무보고를 행하며, 각 부문관리자들의 계획과 통제활동에 필요한 회계정보를 수집·분류·요약하여 제공하는 서비스를 담당한다.

컨트롤러의 지위와 업무는 기업에 따라 상이하다. 다만 컨트롤러는 어느 기업에서든 기업전체에 대한 계획·분석·통제의 임무를 수행한다. 단지 라인권한적인 통제기능이 아닌 관련 정보의 보고·해석·평가를 통하여 최고경영자 및 각 부문의 관리자가 보다 적합한 의사결정을 할 수 있도록 영향력을 행사하는 스텝적인 통제기능만을 수행한다.

■ 도표 1-13 Hewlett-Packard사의 컨트롤러 조직

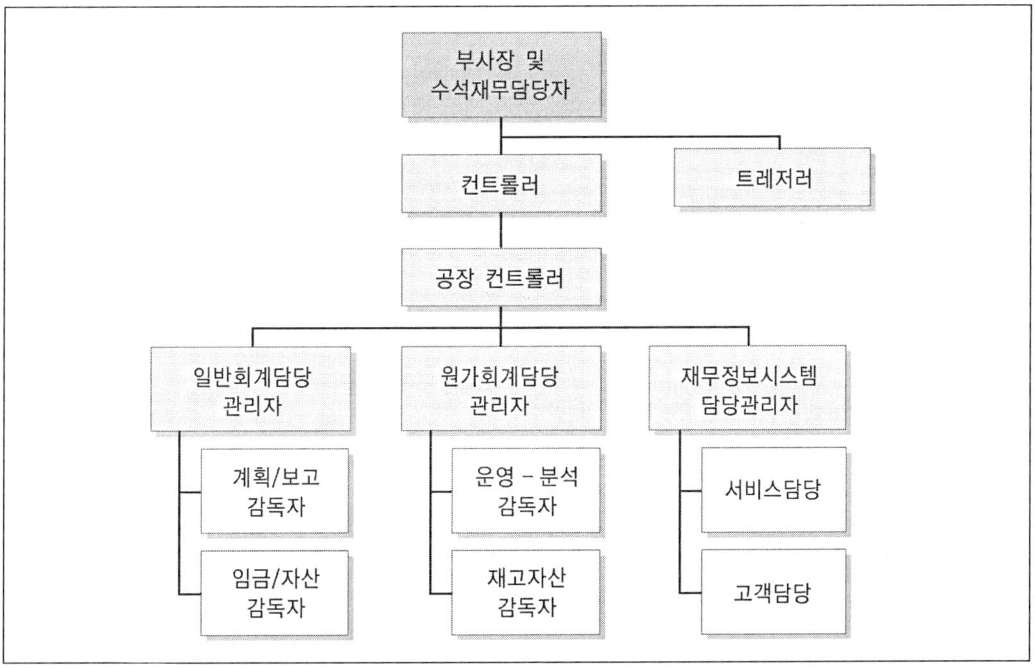

출처 : C.T. Horngren and G. Foster, Cost Accounting : A Managerial Emphasis, 7th edition, Prentice-Hall(1991), p.12.

한편 컨트롤러는 각 부문(division) 또는 각 공장(plant)별로 하위의 컨트롤러인 부문컨트롤러(division controller)를 지휘·감독하는 라인관리자로서의 역할을 수행한다. [도표 1-13]은 Hewlett-Packard사에서 컨트롤러가 어느 위치에서 어떠한 역할을 담당하고 있는가를 보여준다. 이 도표에서 수석재무담당자(CFO : Chief Financial Officer)는 회계와 재무관계를 총괄하는 임원이다. 즉 CFO는 재무에 관한 최종 의사결정권자이며 회계에 대한 지식과 정보를 바탕으로 기업의 경영전략을 수립하는 최고경영층이며 원가관리활동을 주도한다.

컨트롤러와 비교되는 것이 트레저러(treasurer)이다. 트레저러는 재무담당중역(financial executive)이며 투자자본의 조달과 현금 관리에 책임을 지는 최고책임자이다. 트레저러는 영업활동보다는 주로 자금관리(fund management)의 역할을 수행한다. 그러나 양자의 책임영역은 회사마다 상이하게 나타난다. 컨트롤러와 트레저러의 주요 기능을 비교하면 [도표 1-14]와 같다.

■ 표 1-14 컨트롤러와 트레저러의 기능 비교

컨트롤러의 기능	트레저러의 기능
1. 계획과 통제	1. 자본의 조달
2. 보고서작성·분석·보고	2. 투자자관계
3. 평가와 자문	3. 단기자금의 조달

4. 세무관리	4. 은행관계
5. 정부보고	5. 현금의 보관
6. 자산의 보호	6. 신용과 대금회수
7. 경제성 평가	7. 유가증권투자
8. 내부감사	8. 보험업무
9. 정보시스템의 설계·유지	9. 자기주식의 시가유지

2 관리회계담당자의 역할변화

기업의 경우 회계부·기획실·종합관리실·기획조정실 또는 심사부 등에서 관리회계를 담당한다. 앞서 설명한 컨트롤러가 회계부문의 최고책임자이기 때문에 컨트롤러는 일반회계, 원가의 계획과 분석, 특수의사결정, 세무, 내부감사 등의 업무에 따라 개별적인 기능을 수행하는 회계담당자들의 라인(line)의 책임자이다. 즉 회계 또는 관리회계부문의 조직은 컨트롤러를 정점으로 [도표 1－15]와 같이 조직된다.

일반적으로 회계담당자 또는 관리회계담당자의 역할은 성과기록, 주의환기, 문제해결 세 가지로 나누어진다.

① 성과기록(score keeping) : 성과기록은 경영활동에 대한 자료를 수집하여 측정·기록·정리하는 역할이다. 성과기록은 회계시스템에 의하여 회계장부를 체계적으로 작성하여 정확한 회계정보를 산출하는 과정이다. 이는 관리회계담당자의 가장 기본적인 성과기록자(scorekeeping)로서의 역할이다.

■ 도표 1－15 관리회계담당부문의 조직도

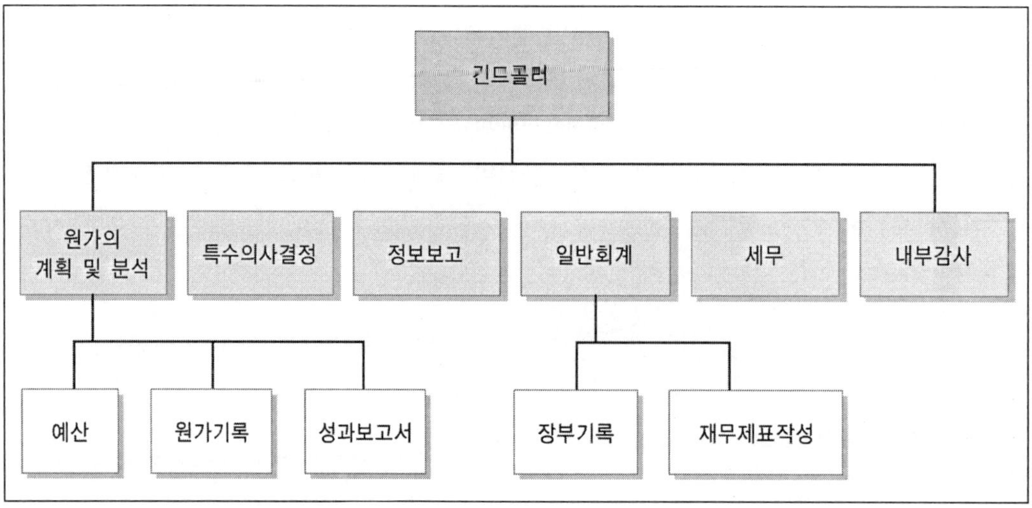

■ 도표 1-16 관리회계담당자의 역할

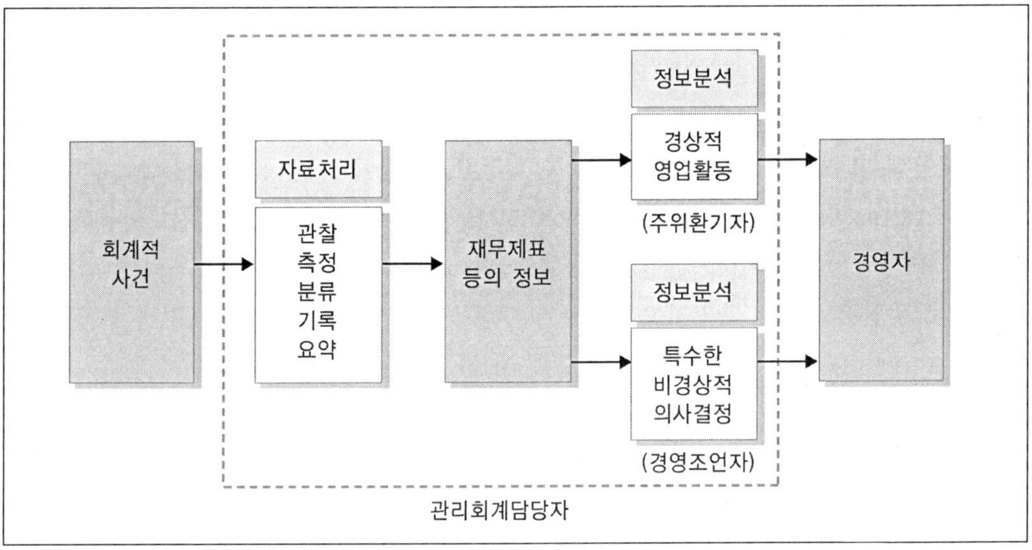

② 주의환기(attention directing) : 주의환기는 기록한 성과에 근거하여 경영자가 보다 주의를 기울여야 하는 문제점 · 비효율성 등을 지적하는 역할이다.

③ 문제해결(problem solving) : 문제해결은 의사결정에 필요한 정보를 분석하고 평가하여 대체안을 선택하도록 도와주는 역할이다. 이는 주로 비경상적 · 전략적인 계획에 따른 의사결정을 대상으로 한다. 이는 최고경영자의 의사결정에 대한 경영조언자(business advisor)로서의 역할이다.

이와 같은 세 가지 역할은 중복 · 혼합될 수 있으며, 관리회계담당자의 직위에 따라 세 가지 역할이 구분되기도 한다.

그간의 회계담당자의 주된 역할은 자료(data)를 처리하여 회계보고서를 작성하는 성과기록자였다. 그러나 경영자의 의사결정이 목적적합한 정보에 근거할 수 있도록 하기 위하여 주의환기자와 경영조언자로서의 역할이 보다 증대되고 있다. 이와 같은 관리회계담당자의 역할을 도표로 표시하면 [도표 1-16]과 같다.

3 정보의 다각화

기업의 제조 · 판매환경의 변화에 따라 전통적 관리회계시스템운영에 많은 문제점들이 지적되고 있다. 그 관리회계담당자들은 어떤 정보가 어떤 가치를 제공하는지에 대하여 정확하게 알지 못하였으며 오히려 부정확하고 불필요한 정보를 제공하기까지 하였다.

이에 따라 관리회계시스템이 경영자의 계획 및 통제활동에 보다 적합하기 위하여 제공되는 정보는 다음과 같은 방향으로 전환되어야 할 것이다.

① 그동안의 정보는 대부분 거래처리(transaction processing)관련 정보였다. 즉, 내부 관련성과 관련된 정보였다. 그러나 관리회계담당자는 내부지향적 정보뿐만 아니라 시장 및 고객별로 세분화된 정보를 제공할 수 있어야 한다. 즉 시장과 고객지향적 정보(market and consumer oriented information)의 유형으로 회계정보의 내용이 변환되어야 할 것이다.

② 그동안의 정보는 과거지향적 정보가 주종을 이루었다. 그러나 의사결정이 불확실한 미래를 대상으로 한다면 미래지향적 정보의 비중이 한층 증대되어야 한다. 미래지향적 정보(future oriented information)란 기술변화 · 국가 및 특정 산업의 경제규모 변화 · 제조공정의 진보 · 원재료시장의 변화 · 경쟁기업의 현황 · 고객욕구의 변화 · 제품의 진부화속도 등 장래의 의사결정에 유용성을 갖는 정보를 말한다.

③ 그동안의 정보는 화폐단위에 의하여 측정 가능한 재무적 정보였다. 재무적 정보의 대부분은 단기적 성과인 이익과 관련되는 수익 · 원가 등에 관한 것이었다. 그러나 변화하는 생산 · 판매환경하에서는 보다 장기적이고 실질적인 성과치를 측정할 수 있어야 한다. 즉, 제품품질 · 탄력성 · 납기준수 · 고객의 불만회수 · 종업원의 사기 및 태도 등 비재무적인 정보를 제공할 수 있어야 한다.

실질적 성과평가(positive performance evaluation)에 중요한 요소인 품질 · 납기 · 가격 · 고객 · 종업원 등 비재무적 측정치를 새롭게 개발하고 이를 의사결정과 통제활동에 활용할 수 있도록 하기 위한 시스템구축에 관리회계담당자는 관심을 기울여야 한다.

④ 관리회계담당자들은 변화하는 환경에 부응할 수 있는 다양한 원가계산시스템에 의한 원가정보를 제공할 수 있어야 한다. 다품종 소량생산, 공정의 자동화, 컴퓨터를 이용한 통합시스템의 활용, 직접노무원가의 감소와 제조간접원가 증대로 인한 원가구성의 변화, 국가 간 자유경쟁의 심화 등 제조 · 판매환경의 변화는 경영관리에 필요한 새로운 원가 · 관리시스템을 필요로 하고 있다.

이에 따라 린생산(lean production), JIT원가계산(just-in-time costing), 활동기준원가계산(activity based costing), 품질원가계산(quality costing), 제품수명주기원가계산(product life cycle costing), 원가테이블(cost table)의 작성 등 새로운 원가계산 및 관리시스템들이 그 중요성을 인정받고 있다. 그러므로 관리회계담당자들은 기업환경변화에 대처할 수 있도록 새로운 원가계산시스템을 적극적으로 도입할 수 있어야 할 것이다.

연. 습. 문. 제.

01 원가회계의 목적에는 어떤 것이 있는지를 설명하시오.

02 가치사슬에서의 사업기능을 설명하시오.

03 재무회계와 원가회계는 유사한 점과 상이한 점을 동시에 내포하고 있다. 재무회계와 원가회계의 유사점과 차이점은 무엇인가를 설명하시오.

04 "상이한 원가는 상이한 목적에 따라 사용되어야만 한다." 이 말에 동의하는가? 그 이유를 설명하시오.

05 경영자의 욕구를 충족시키기 위해서 원가회계시스템을 설계하는데 참여해야 하는 조직구성원의 예를 들어 설명하시오.

06 "회계시스템 자체는 원가관리가 아니다." 이 말에 동의하는가?

07 원가회계담당자 또는 원가회계 팀의 역할은 단순히 원가계산에 국한되는 것이 아니다. 어떠한 역할이 요구되는가?

제2장 원·가·회·계

원가의 본질과 분류

제1절 원가의 본질
제2절 원가의 분류
제3절 의사결정관련원가

제2장

원가의 본질과 분류

제1절 원가의 본질

1 원가의 의의

기업의 일상적인 활동을 보면 기업활동에 필요한 재화나 용역(service)을 구입한 후 이를 바탕으로 수익창출을 위한 재화나 용역을 생산・판매하게 된다. 즉 수익창출을 위해서는 재화나 용역을 취득하여 이용하는 과정을 거치게 되는데 이때 재화나 용역의 취득 및 이용에 따른 경제적 희생이 나타나게 된다.

원가(cost)에 대한 개념은 원가를 파악하는 목적에 따라 다르다. '상이한 목적에 따른 상이한 원가(different costs for different purposes)'라는 말처럼 원가의 개념은 의사결정의 목적에 따라 달라진다. 따라서 '원가란 무엇인가'에 대한 설명은 다양하게 나타난다. 가장 일반적인 견해는 원가란 급부창출을 위하여 소비되거나 소비될 경제적 가치를 뜻한다. 즉 원가는 급부창출이란 목적을 달성하기 위하여 희생되는 경제적 자원을 화폐액으로 측정한 것이다.

원가계산의 대상은 원가이다. 기업에서 일상적・반복적으로 행하는 제도적 원가계산은 특정의 원가대상(cost object)에 대하여 원가를 확인・집계・분류하는 절차이다. 원가대상이란 원가를 분리하여 측정할 필요가 있는 어떤 활동, 제품, 부문, 공정, 작업시간, 대상(project) 등을 말한다.

제도적 원가계산시스템은 원가를 보다 구체적으로 제한한다. 이에 따라 원가는 경영에 있어서 일정한 급부에 관련하여 파악된 재화 또는 용역의 소비를 화폐가치로 표시한 것이며 경영목적 이외의 경제가치의 소비나 이상상태하의 경제가치의 감소는 포함하지 않는다.

제도적 원가계산의 입장에서 파악한 원가의 보다 구체적인 의의를 기초로 원가의 특성을 살펴보면 다음과 같다.

① 원가는 경제가치의 소비이다. 경제가치란 유형・무형의 재화나 용역으로서 화폐가치로 계량화할 수 있는 것을 말한다.

② 원가는 일정한 급부에의 가치이전이다. 즉 원가는 급부창출의 과정에서 희생 또는 포기된 것이다. 급부란 기업이 만들어내는 재화나 용역을 말하며 급부창출의 궁극적 목적은 수익의 획득・현금의 유입 등이다.

③ 원가는 과거 뿐만 아니라 현재 또는 미래 시점을 대상으로도 파악할 수 있다. 즉 원가는 과거에 소비된 것 뿐만 아니라, 현재시점에 소비되고 있거나 미래에 소비될 것을 모두 포함한다.

④ 원가는 기업의 주된 경영활동인 구매・제조・판매 및 일반관리활동과 관련하여 나타나는 재화 및 용역의 소비액이다. 이에 따라 기업회계기준상 영업외비용, 특별손실, 법인세비용, 이익잉여금처분 등은 제도적 원가계산시 원가에 포함되지 않는 비원가항목이다.

⑤ 원가는 정상적으로 발생한 것에 한한다. 정상성에 대한 판단은 반복성을 기준으로 한다. 즉 이상상태하에서 나타나는 경제적 가치의 소비(예 : 재해손실)는 원가로 보지 않는다.

한편 원가에 대한 경제적 가치의 해석은 두 가지 견해가 있다. 첫째는 원가를 투입가치(input value) 또는 희생가치로 보는 견해이다. 즉 원가를 경제적 재화 및 용역의 희생가치를 화폐액으로 측정한 것으로 보는 것이다. 이는 원가를 유출원가(outflow cost)로 이해하는 것으로 일반적인 견해이다. 둘째는 원가를 산출가치(output value) 또는 효용가치로 보는 견해이다. 이는 경제적 가치를, 특정 목적을 위하여 희생된 경제적 재화 및 용역을 다른 용도로 이용할 경우에 얻게 될 효용을 화폐액으로 측정한 것으로 보는 것이다. 이는 원가를 기회원가(opportunity cost)로 이해하는 것이다. 제도적 원가계산하에서는 기회원가의 개념은 이용되지 않으며 유출원가의 개념을 이용하여 경제적 가치를 측정한다. 다만 기회원가개념에 대한 경제적 가치의 측정은 임시적이고 비반복적인 특수의사결정을 할 때 이용되기도 한다.

2 원가와 비용의 구분

원가와 비용은 많은 경우 동일한 개념으로 사용되고 있으나, 양자는 구분된다. 원가(cost)는 급부창출을 위한 경제적 가치의 소비이나, 비용(expense)은 일정기간 동안 수익을 창출하기 위하여 소비된 경제적 가치를 의미한다. 또한 원가는 원가계산상의 개념임에 반하여

비용은 손익계산상의 개념이다. 즉 원가가 되기 위해서는 경제적 자원의 소비에 따라 반대급부가 창출되어야 한다. 그러나 비용은 기간손익을 계산하는 과정에서 수익실현에 기여한 부분이다. 따라서 경제적 가치의 희생으로 원가가 발생하였다 하더라도 창출된 급부의 용역잠재력(service potential)이 소멸되지 않았다면 비용으로 전환되지 아니한다.

비용은 기업의 영업활동에 소요되는 모든 경제가치의 소비라는 점에서는 원가와 동일하나 원가가 주로 생산활동을 위하여 발생하는 반면에 비용은 수익창출이라는 판매활동의 결과로 발생한다. 원재료와 노무용역을 구입하여 생산과정을 거치면 제품이 완성된다. 이와 같이 제품 생산시까지의 경제적 가치 소비는 제품원가(product cost)를 구성하며, 이는 판매시점까지 재고자산으로 기록된다. 제품이 판매되면 판매된 부분은 수익에 대응되는 매출원가(cost of goods sold)라는 비용이 된다. 즉 제조과정상 재공품이나 제품의 생산을 위하여 원가가 발생하고, 판매를 통하여 원가는 비용으로 전환된다.

예제 2-1

(주)창원산업은 TV를 생산·판매하는 회사이다. 지난 5월 중 TV 150대를 생산하여 100대를 판매하였다. 총제조원가는 ₩75,000,000이 발생되었으며 판매원가는 ₩5,000,000, 일반관리원가는 ₩12,000,000이다. 또한 제조원가에는 비정상적 재료감모손실이 ₩3,000,000 포함되었다. TV의 대당 판매가격은 ₩800,000이었다.

물.음.

다음을 계산하시오.

1. 제품원가
2. 매출원가

풀.이.

1. 제품원가 : ₩72,000,000
2. 매출원가 : ₩48,000,000

$$(\text{₩}75,000,000 - \text{₩}3,000,000) \times \frac{100\text{대}}{150\text{대}} = \text{₩}48,000,000$$

제2절 원가의 분류

원가를 구성하는 요소를 원가요소(cost elements)라고 하며, 이는 원가를 구성하는 부분적인 요소를 의미한다. 원가요소는 원가의 분류기준이 무엇인가를 따라 다양하게 나눌 수 있

■ 도표 2-1 원가의 일반적 분류

분류 기준	분 류
원가의 형태	재료원가, 노무원가, 경비(기타원가)
경영활동	제조원가, 판매원가, 일반 관리원가
개별적 추적가능성	직접원가, 간접원가
자산과의 관련성	소멸원가, 미소멸원가
원가의 측정시기	실제원가, 미래원가
통제(관리)가능성	통제가능원가, 통제불능원가
수익과의 대응	제품원가, 기간원가
원가의 행태	변동원가, 고정원가, 혼합원가

다. 즉 원가는 원가계산의 대상이 되기 때문에 원가계산의 목적에 따라 다양하게 분류할 수 있다.

원가의 분류기준을 무엇으로 하느냐에 따라 원가를 분류하면 [도표 2－1]과 같이 요약할 수 있다.

1 원가의 형태별 분류

원가를 그 발생형태에 따라 분류하면 재료원가, 노무원가, 경비(기타원가)로 나눌 수 있다. 원가의 발생형태에 따른 재료원가, 노무원가, 경비를 기본적인 원가의 3요소라고도 한다. 즉, 원가요소별 분류는 일반적으로 원가의 형태별 분류를 의미한다. 원가의 형태별 분류는 외부보고용 재무제표작성을 위한 분류이며 원가계산과 재무회계를 연결시키는 기초가 된다.

(1) 재료원가

재료원가(material costs)는 재료 · 원료 등의 물리적 형태를 갖는 물품을 소비함에 따른 원가이다. 일반적으로 원재료(이는 재고자산임)로 분류되는 재료, 원료, 매입부분품, 소모품, 소모성 공구기구비품 등의 소비에 따라 재료원가가 발생한다.

(2) 노무원가

노무원가(labor costs)는 노무용역을 소비함으로써 발생하는 원가이다. 즉, 노무원가는 종업원의 노동력을 사용하는 대가로 지급하는 임금, 급료, 잡급, 제수당, 상여금, 퇴직급여 등을 말한다.

(3) 경비

경비(overhead costs)는 재료원가와 노무원가 이외의 나머지 원가를 말하며 기타 원가(other costs)라고도 한다. 감가상각비, 수선비, 보험료, 수도광열비 등이 이에 속한다.

2 경영활동별 분류

기업의 경영활동을 기능(function)별로 분류하면 제조활동, 판매활동, 일반관리활동으로 구분할 수 있으며 이에 따라 원가는 제조원가, 판매원가, 일반관리원가로 나눌 수 있다. 판매원가와 일반관리원가는 제품의 생산활동과 관련 없이 나타나는 원가이기 때문에 비제조원가라고 한다.

(1) 제조원가

제조원가(manufacturing costs)는 제품의 제조과정에서 발생하는 원가이다. 제조원가는 제조활동을 수행하는 공장에서 발생하는 원가이기 때문에 공장원가(factory costs) 또는 생산원가(production costs)라고도 한다.

(2) 비제조원가

비제조원가(nonmanufacturing costs)는 제품의 제조활동과 관계 없이 발생하는 원가로 판매원가와 일반관리원가로 구성된다.

① 판매원가(marketing costs 또는 selling costs) : 판매원가는 고객으로부터 주문을 받아 제품을 고객에게 판매함에 따르는 원가이다. 판매원가는 주문획득원가와 주문이행원가로 구분하기도 한다. 주문획득원가(ordergetting costs)는 시장조사비 · 광고선전비 · 판매촉진비 등 고객으로부터 주문을 얻기 위하여 나타나는 원가이며, 주문이행원가(order-filling costs)는 수주된 판매를 이행하기 위하여 제품의 출하 · 운송 · 대금회수 등과 관련된 원가이다.

② 일반관리원가(general administrative costs) : 일반관리원가는 기업조직을 전반적으로 관리함에 따라 발생하는 원가로 제조원가와 판매원가에 속하지 아니하는 모든 원가를 말한다. 예를 들어, 본사 스텝의 노무원가, 본사 건물의 감가상각비, 본

사의 운영경비 등이 이에 속한다. 일반관리원가에는 재료원가가 거의 나타나지 않는다.

3 추적가능성에 따른 분류

원가는 특정의 원가대상(cost object)에 대하여 그 발생을 직접적으로 추적할 수 있는가의 여부에 따라 직접원가와 간접원가로 구분할 수 있다. 직접원가와 간접원가의 구분은 어떠한 원가대상(예 : 제품, 부문, 공정, 사업부 등)을 원가계산의 기준으로 하느냐에 따라 달라질 수 있다. 즉, 어떤 원가대상에는 직접원가가 되지만 다른 원가대상에는 간접원가가 될 수 있다. 예를 들어 제품 A, B를 생산하는 부문의 관리자에 대한 급료는, 생산부문의 직접원가이나 제품 A, B의 간접원가이다.

(1) 직접원가

직접원가(direct costs)는 특정의 원가대상에 직접적으로 추적 가능한 원가이며, 개별원가(individual cost)라고 할 수 있다. 예를 들어, 자동차의 엔진이나 가구업의 목재 등은 특정 제품과 관련하여 용이하게 추적될 수 있는 직접원가이다.

(2) 간접원가

간접원가(indirect costs)는 특정의 원가대상에 직접적인 추적 가능성이 없는 원가이다. 이는 개별 원가계산대상과 간접적인 관련성을 가지며 공통적으로 인식되는 원가로 공통원가(common costs)라고 할 수 있다. 제품별 계산시 공장장의 급료, 건물의 감가상각비, 수도광열비 등이 그 예이다. 만일 제품라인별로 전력계량기를 설치하였다면 전력비는 직접원가로 구분되나, 공장 전체에 1대의 전력계량기를 설치하였다면 전력비는 간접원가로 구분된다. 간접원가는 원가배분(cost allocation)의 과정을 거쳐 개별원가대상에 부과된다.

(3) 제조원가의 분류

원가계산을 통한 원가정보의 관리적 이용 시 가장 중요한 것은 제조원가이다. 경영활동별 분류 중 제조원가만을 대상으로 원가의 형태별 분류와 추적가능성별 분류를 결합하면 [도표 2−2]에서 보는 바와 같다. 즉 원가는 직접재료원가(direct material costs), 직접노무원가(direct labor costs), 제조간접원가(factory overhead costs 또는 indirect manufacturing costs)로 나누어진다.

■ 도표 2-2 제조원가의 일반적 구분

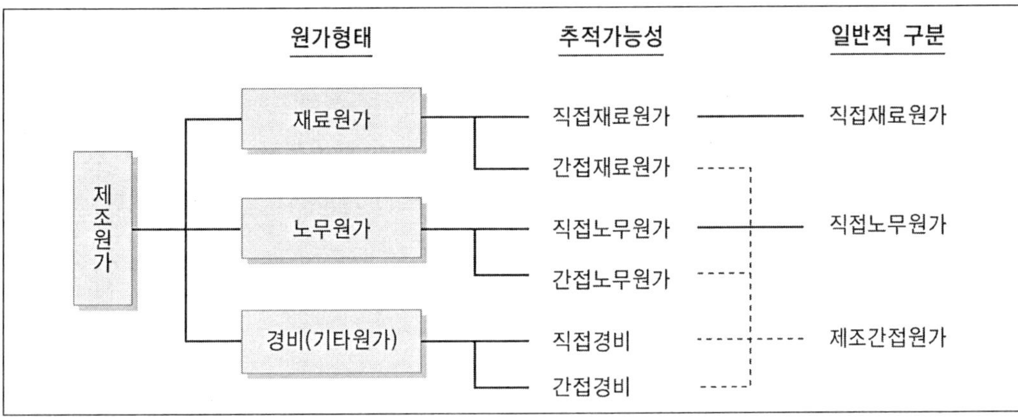

* 직접경비(direct overhead costs)의 예(특정한 제품만을 생산하는 설비의 감가상각비 · 보험료)는 아주 드물기 때문에 일반적으로 직접경비는 별도로 구분하지 않고 제조간접원가에 포함시킨다.

한편 [도표 2－3]에서 보는 바와 같이 직접재료원가와 직접노무원가의 합계를 기초원가(prime costs), 기본원가, 주요원가, 또는 제1원가(first costs)라고 부른다. 또한 직접노무원가와 제조간접원가의 합계는 가공원가(conversion costs) 또는 전환원가라고 부른다.

이러한 구분은 직접재료원가와 직접노무원가는 제조활동의 가장 기본이 되는 원가로 특정 제품에의 추적가능성이 크기 때문이며, 직접노무원가와 제조간접원가는 직접재료를 제품으로 전환(가공)함에 필요한 원가이기 때문이다.

기초원가는 제품별 원가계산시 특정 제품에의 직접적인 추적이 가능한 제조원가이다. 그러나 제조간접원가는 특정 제품에의 직접적인 추적이 어렵기 때문에 배분의 과정을 거쳐 제품별로 할당된다.

■ 도표 2-3 기초원가와 가공원가

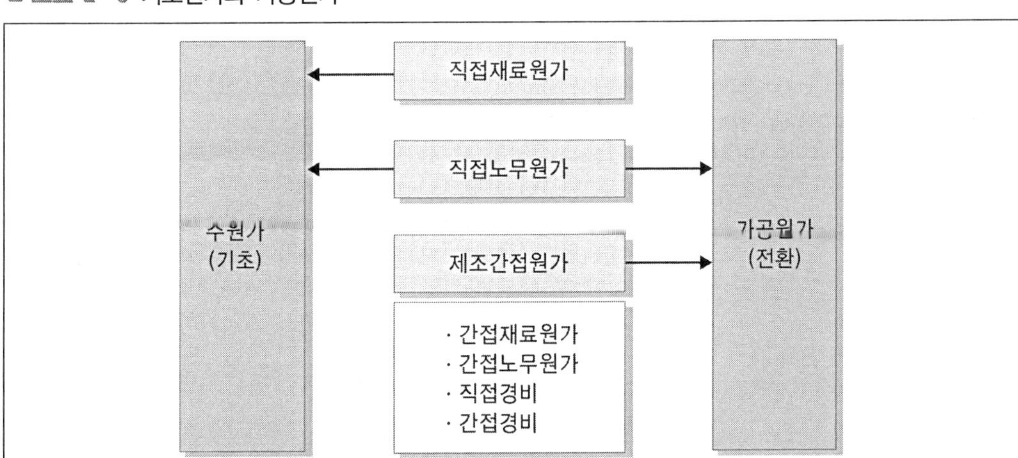

4 자산과의 관련성에 따른 분류

자산(assets)이란 과거의 경제적 사건에 따라 기업이 취득하여 그 지배하에 둠으로써 미래에 효익을 얻게 될 경제적 자원이다. 즉 자산은 미래의 경제적 효익(future economic benefits) 또는 미래의 용역잠재력(future service potentials)이다. 자산을 원가 측면에서 나누어 보면 소멸원가와 미소멸원가로 구분한다.

(1) 소멸원가

소멸원가(expired costs)는 자산의 용역잠재력이 소멸된 원가이다. 이는 미래에 더 이상 용역잠재력을 제공할 수 없으며 이미 경제적 소비가 나타난 원가이다. 예를 들어, 설비를 구입하여 이용하고 있는 경우 감가상각비의 누계액을 나타내는 감가상각충당금은 소멸원가를 의미한다. 소멸원가는 그것이 수익창출에 기여하였는지의 여부에 따라 기여원가와 상실원가로 나눈다. 기여원가(utilized costs)는 수익창출에 기여한 소멸원가로 비용(expenses)으로 기록될 수 있는 부분이다. 반면에 상실원가(lost costs)는 수익창출에 전혀 기여하지 못하고 나타난 소멸원가로 손실(losses)로 기록되는 부분이다.

(2) 미소멸원가

소멸원가가 자산의 사용부분이라면 미소멸원가는 자산의 미사용부분을 말한다. 미소멸원가(unexpired costs)란 미래에 경제적 효익을 제공할 수 있는 부분으로 용역잠재력의 소비가 미래로 이연되는 원가이다. 즉 미소멸원가는 현재 자산으로 계상될 수 있는 부분이며, 자산가치 또는 자산의 장부가치를 말한다. 예를 들어, 재고자산의 원가는 재고자산을 보유하고 있는 동안은 미소멸원가이다. 또한 설비의 취득원가에서 감가상각누계액을 차감한 장부가액도 미소멸원가이다. 자산과의 관련성에 따른 원가의 분류를 요약하면 [도표 2-4]와 같다.

■ 도표 2-4 자산관련성에 따른 원가의 분류

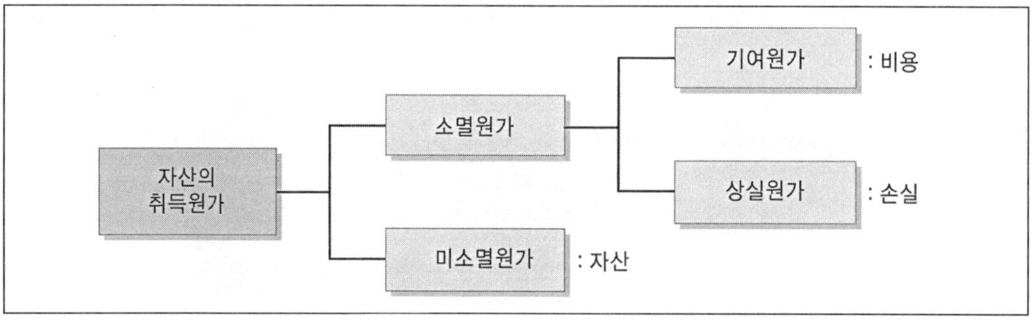

5 원가측정시점에 따른 분류

원가는 발생한 후에 계산할 수도 있고 발생하기 전에 예측을 통하여 계산할 수도 있다. 이와 같이 원가의 측정시점에 따라 원가는 실제원가와 미래원가로 분류한다.

(1) 실제원가

실제원가(actual costs)는 사후적으로 실제 발생한 원가를 말한다. 이는 재화나 용역의 소비가 이미 발생한 시점에서 교환가격 등으로 결정된 원가이다. 실제원가는 역사적 원가(historical costs), 사후원가 또는 과거발생원가라고도 한다.

(2) 미래원가

미래원가(future costs)는 특정 사상이 발생하기 전에 사전적으로 분석 및 예측 등을 통하여 발생할 것으로 기대되는 원가이다. 즉 미래원가는 미래의 상황을 바탕으로 주관적으로 결정되는 원가이며, 계획설정 등을 위하여 사전적으로 계산되는 원가이다. 미래원가는 예정원가(predetermined costs) 또는 사전원가라고도 한다.

미래원가의 가장 대표적인 것이 표준원가와 예산원가이다. 표준원가(standard costs)는 제조활동수행 전에 사전적으로 표준 또는 목표가 되는 원가로 설정한 것이며 이는 제품 단위당 개념(unit concept)으로 사전설정된다. 반면에 예산원가(budget costs)는 제조활동뿐만 아니라 판매활동, 일반관리활동 등을 대상으로 일정기간 동안에 발생할 것으로 기대되는 원가이다. 예산원가는 예산편성시 이용되며, 제조예산원가는 표준원가를 기준으로 설정된다. 예산원가는 제품 단위당의 개념이 아니라 일반적으로 일정기간의 총액개념(total concept)으로 설정된다.

실제원가와 미래원가를 혼합한 원가개념이 정상원가이다. 정상원가(normal costs)는 제조원가계산을 하면서 직접원가는 실제원가를 이용하고 제조간접원가는 미래원가를 기준으로 예정배부하는 절차에 따라 계산되는 원가이다. 정상원가는 평준화원가라고도 한다.

6 통제가능성에 따른 분류

통제가능성 또는 관리가능성에 따른 원가의 분류는 관리자 또는 부문의 성과평가를 목적으로 하는 경우 중요한 개념이다. 부문경영자의 성과평가를 위해서는 그가 통제할 수 있는 원가와 통제할 수 없는 원가로 구분하고, 통제할 수 있는 원가만을 기준으로 성과평가를 하여야 한다.

(1) 통제가능원가

통제가능원가(controllable costs)는 특정 관리자가 특정 원가를 관리할 수 있어 그 원가의 발생여부 및 금액의 크기 등에 영향력을 행사할 수 있는 원가이다. 영향력의 행사란 특정 비용을 승인(authorize)할 수 있는 권한이 있음을 말한다. 즉 통제가능원가는 특정의 관리자 자신이 관리할 수 있는 원가(costs controllable by me)를 의미한다.

(2) 통제불능원가

통제불능원가(uncontrollable costs)는 특정 관리자가 그 원가의 발생을 통제할 수 없는 원가이다. 기업에서 발생되는 모든 원가는 궁극적으로 통제가능하기 때문에 통제불능원가는 타인에 의하여 통제 가능한 원가(costs controllable by others)이다.

(3) 구분의 전제

통제가능원가와 통제불능원가의 구분은 획일적인 것이 아니다. 이는 특정 관리자에게 위양된 권한의 정도에 따라 달라지는 상대적인 개념이다. 동일한 원가라 하더라도 권한의 위양정도가 큰 경우에는 통제가능원가가 되지만 그렇지 않은 경우에는 통제불능원가가 된다. 또한 관리자의 직위가 높을수록 통제가능한 원가의 범위는 넓어진다. 통제가능성에 따른 분류는 시간적 차원도 고려되어야 한다. 왜냐하면 단기적으로 통제불가능한 원가일지라도 장기적으로 통제가능할 수 있기 때문이다.

통제가능성에 따른 분류는 책임회계제도(responsibility accounting system)를 이용하는 경우 매우 중요한 개념이다. 즉, 특정 부문 또는 특정 부문 관리자의 성과평가시 그 관리자가 통제할 수 있는 원가만을 기준으로 평가하는 것이 합리적이다. 왜냐하면 통제불능원가를 성과평가에 포함시킨다면 그 평가는 부당하다고 판단하기 때문이다. 또한 부문별 원가관리의 대상도 그 부문의 관리자가 통제할 수 있는 원가에 국한시켜야 한다.

따라서 각 경영자의 성과보고서에는 통제가능원가와 통제불능원가를 반드시 구분하여 표시하여야 한다.

7 자산화 여부에 따른 분류

우리는 앞서 경영활동에 따라 원가를 제조원가와 비제조원가로 구분하였다. 이때 제조원가는 제품이라는 재고자산으로 전환되고, 판매원가와 일반관리원가는 발생시점에서 비용화된다. 이처럼 원가는 자산(구체적으로 재고자산)화되는지의 여부에 따라 제품원가와 기간원가로 구분된다.

(1) 제품원가

제품원가(product costs)는 판매목적으로 생산하는 제품에 부과시킬 수 있는 원가이다. 제품은 판매될 때까지 재고자산으로 계상되며 판매 또는 처분되는 시점에서 매출원가(costs of goods sold)라는 비용으로 대체된다. 제품원가는 제조과정에서 발생된 원가로 재고자산화가능원가(inventoriable costs)이며 직접재료원가, 직접노무원가, 제조간접원가 등의 제조원가가 이에 속한다.

(2) 기간원가

기간원가(period costs)는 제품원가화될 수 없는 원가로 그것이 발생한 기간에 비용으로 처리되는 원가이다.

기간원가에는 판매원가와 일반관리원가가 포함된다. 기간원가는 제품이라는 재고자산의 원가를 구성하지 못하고 발생과 동시에 기간비용화되기 때문에 재고자산화불능원가(noninventoriable costs)라고도 한다. 이에 따라 일반적으로 판매원가는 판매비, 일반관리원가는 일반관리비라고도 부른다.

원가를 자산화 여부에 따라 제품원가와 기간원가로 분류하면 양자는 [도표 2－5]와 같이 처리된다.

■ 도표 2-5 제품원가와 기간원가

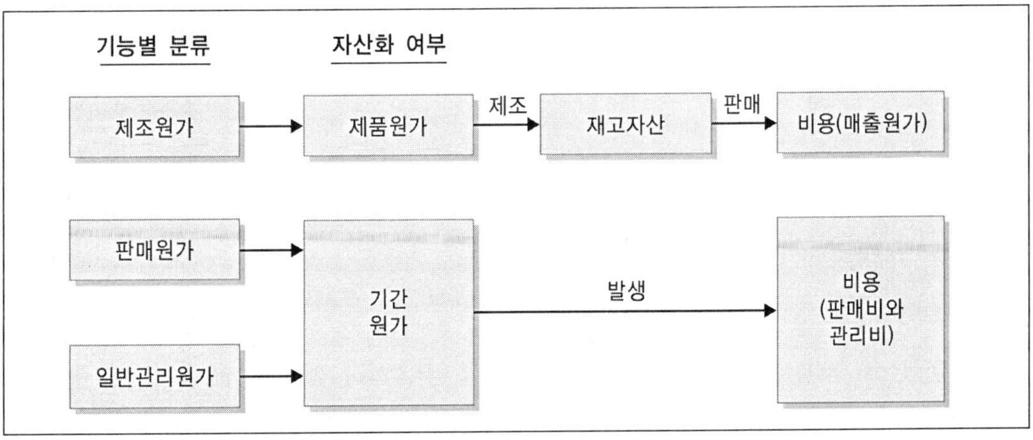

예제 2-2 다음은 (주)청원기업의 지난 3월 중 생산·판매관련 자료 중 일부이다.

직접재료원가	₩1,000,000	광고비	₩550,000
직접노무원가	₩500,000	판매원급료	₩200,000
제조간접원가	₩300,000	사장실경비	₩400,000
생산량	1,000개	판매량	800개

물.음.

다음을 계산하시오.

1. 소멸원가
2. 미소멸원가
3. 제품원가
4. 기간원가
5. 손익계산상 기간비용

풀.이.

1. 소멸원가 : $\left[(₩1,000,000 + ₩500,000 + ₩300,000) \times \frac{800개}{1,000개}\right] + ₩550,000$
$+ ₩200,000 + ₩400,000 = ₩2,590,000$

2. 미소멸원가 : $(₩1,000,000 + ₩500,000 + ₩300,000) \times \frac{200개}{1,000개} = ₩360,000$

3. 제품원가 : ₩1,000,000 + ₩500,000 + ₩300,000 = ₩1,800,000

4. 기간원가 : ₩550,000 + ₩200,000 + ₩400,000 = ₩1,150,000

5. 손익계산상 기간비용

매출원가	₩1,440,000(제품원가×0.8)
판매원가	750,000(₩550,000 + ₩200,000)
일반관리원가	400,000
합 계	₩2,590,000

8 원가행태에 따른 분류

원가행태(cost behavior)란 조업도(생산량, 판매량, 작업시간 등)의 수준에 따라 원가가 변화하는 모양을 말한다.

원가행태에 따라 원가는 변동원가, 고정원가, 혼합원가로 구분된다.

(1) 변동원가

변동원가(variable costs)는 조업도의 변동에 직접적으로 비례하여 증감하는 원가이며, 비례적(또는 순수) 변동원가, 체증적 변동원가, 체감적 변동원가 등으로 나눌 수 있다. 회계학상 변동원가는 비례적 변동원가를 말하며, 직접재료원가와 직접노무원가 등이 이에 속한다. 변동원가는 조업도가 0인 수준에서는 원가가 나타나지 않으며 조업도가 증가함에 따라 총원가도 증가하는 행태를 띤다. 변동원가는 대부분 활동원가(activity costs)로 구성된다.1)

(2) 고정원가

고정원가(fixed costs)는 일정기간 동안 조업도가 변하여도 항상 일정하게 발생하는 원가이다. 고정원가는 조업도가 0인 상태에서도 일정한 원가가 나타나지만 조업도가 증가하여도 총원가는 변하지 않는 행태를 띤다. 총원가가 일정하게 유지되는 조업도 구간을 관련범위(relevant range)라고 한다. 고정원가는 설비의 보유 및 이용에 따라 나타나는 원가가 많기 때문에 많은 부분이 설비원가(capacity costs)로 구성된다. 고정원가의 예로는 설비의 감가상각비, 재산세, 보험료, 임차료 등을 들 수 있다.

(3) 혼합원가

혼합원가(mixed costs)는 조업도의 증감과 관계없이 발생하는 일정액의 고정원가와 조업도의 변화에 따라 증감하는 변동원가로 구성된 원가를 말한다. 따라서 혼합원가는 조업도가 0인 상태에서도 일정한 고정원가가 발생하며 조업도가 증가함에 따라 총원가는 증가하는 행태를 띤다. 혼합원가의 예로는 수도료, 전력료, 수선유지비 등의 제조간접원가를 들 수 있다. 혼합원가는 준변동원가(semi-variable costs)라고도 한다.

9 원가의 구성

앞서 설명한 원가분류 중 원가행태별 분류, 경영활동별 분류, 추적가능성에 따른 분류, 자산화 여부에 따른 분류를 바탕으로 원가가 집계되는 과정을 보면 원가는 제조직접원가, 제조간접원가, 총원가로 나눌 수 있다. 이러한 원가의 집계과정은 [도표 2-6]과 같은 원가의 구성도로 표시된다.

---

1) 변동원가와 고정원가는 원가행태에 따른 분류이며, 활동원가와 설비원가의 구분은 원가발생원천에 따른 것이다.

■ 도표 2-6 원가의 구성도

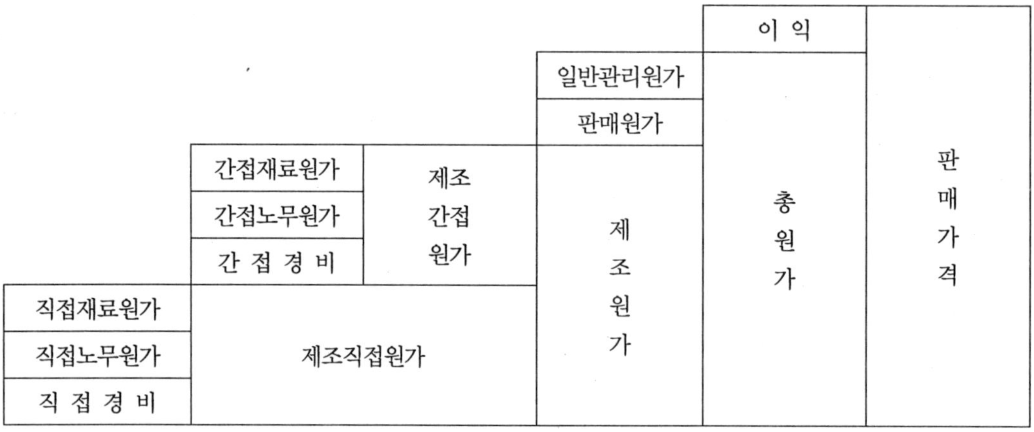

* 직접경비는 제조간접원가에 포함시키기도 한다. [도표 2-3] 참조

[도표 2-6]에서 보면 제조원가 중 직접원가인 직접재료원가, 직접노무원가, 직접경비의 합계를 제조직접원가라고 하며, 제조직접원가에 제조간접원가를 합한 것이 제조원가이다. 제조원가에 판매원가와 일반관리원가의 합계인 비제조원가를 합한 것을 총원가(total costs)라고 한다. 총원가는 판매가격결정의 기준이 되기 때문에 판매원가(selling costs)라고도 한다.

총원가는 기업의 기본적인 구매 · 제조 · 판매 · 일반 관리활동을 대상으로 계산한다. 이에 따라 복식부기의 구조하에서 일상적인 업무로 원가계산을 행하는 제도적 원가계산하에서 총원가를 계산한다.

예제 2-3 다음은 (주)중원산업의 지난 8월 중 원가자료이다.

직접재료원가	₩300,000	공장수도광열비	₩10,000
직접노무원가	₩250,000	본사건물감가상각비	₩5,000
공장건물감가상각비	₩30,000	광고선전비	₩15,000
판매원급료	₩70,000	간접재료원가	₩8,000
기계감가상각비	₩12,000	수선유지비(공장)	₩2,000
사장실경비	₩3,000	공장장급료	₩7,000

물음.

다음을 계산하시오.

1. 제조직접원가 **2.** 제조간접원가 **3.** 기간원가 **4.** 제품원가
5. 총원가 **6.** 기초원가 **7.** 가공원가

풀.이.

1. 제조직접원가 : 직접재료원가 + 직접노무원가
   ₩300,000 + ₩250,000 = ₩550,000

2. 제조간접원가 : 공장건물감가상각비 + 기계감가상각비 + 공장수도광열비 + 간접재료원가 + 수선유지비 + 공장장급료
   ₩30,000 + ₩12,000 + ₩10,000 + ₩8,000 + ₩2,000 + ₩7,000
   = ₩69,000

3. 기간원가 : 판매원급료 + 광고선전비 + 사장실경비 + 본사건물감가상각비
   ₩70,000 + ₩15,000 + ₩3,000 + ₩5,000 = ₩93,000

4. 제품원가 : 직접재료원가 + 직접노무원가 + 제조간접원가
   ₩300,000 + ₩250,000 + ₩69,000 = ₩619,000

5. 총원가 : 제조원가 + 기간원가
   ₩619,000 + ₩93,000 = ₩712,000

6. 기초원가 : 직접재료원가 + 직접노무원가
   ₩300,000 + ₩250,000 = ₩550,000

7. 가공원가 : 직접노무원가 + 제조간접원가
   ₩250,000 + ₩69,000 = ₩319,000

제3절 의사결정관련원가

이미 설명한 원가의 본질 및 분류는 반복적으로 수행되는 경영관리활동의 이용을 전제로 한 것이다. 그러나 특수한 목적의 경영의사결정을 위해서는 예외적 · 임시적 필요에 따른 제도 외 원가계산을 행하게 된다. 특수한 의사결정을 위한 제도 외 원가계산시 대상이 되는 원가를 관련원가라고 한다.

1 관련원가의 의의

경영의사결정시 경영자는 의사결정목적에 따라 대체안(alternatives)들 간의 원가를 비교하게 된다. 이때 모든 원가가 의사결정에 목적적합성을 갖는 것은 아니다. 즉 경영자는 의사

결정에 관련 있는 원가들만을 이용하여 대체안을 선택하게 된다.

관련원가(relevant costs)란 경영의사결정에 영향을 미칠 수 있는 원가를 말하며 특수원가(special costs) 또는 의사결정원가(decision making costs)라고도 한다. 관련원가의 반대개념으로 경영의사결정에 전혀 영향을 미치지 못하는 원가는 무관련원가(irrelevant costs) 또는 비관련원가라고 한다.

관련원가가 되기 위해서는 미래원가(future costs)이면서 차액원가(differential costs)이어야 한다. 즉 관련원가는 대체안들 간에 차이를 가져올 것으로 기대되는 미래원가이다. 미래원가란 어떠한 행위가 이루어지는 경우 미래에 발생할 것으로 기대되는 원가이다. 미래원가는 과거원가를 기초로 예측의 과정을 통해 계산된다. 경영의사결정은 과거가 아닌 미래를 대상으로 한다.

그러므로 과거원가 그 자체는 목적적합성이 없으나 미래원가의 예측자료로 이용될 수 있기 때문에 그 의의를 갖게 된다. 또한 차액원가는 대체안 간에 차이를 나타내는 원가를 말한다.

2 매몰원가의 무관련성

매몰원가(sunk costs)는 일정한 상황에서 과거 의사결정의 결과로 나타나는 역사적 원가이며 미래의 의사결정에 관계가 없는 원가이다.

예를 들어 구 설비를 새로운 설비로 대체하고자 하는 의사결정을 하는 경우, 구 설비의 장부가액(미상각잔액)은 새로운 설비로의 대체여부 의사결정시 고려할 필요가 없는 매몰원가이다.

또 다른 예를 들면 신제품개발에 이미 투입된 연구개발비는 신제품의 시판여부 결정시 고려해서는 안 되는 매몰원가이다. 즉, 연구개발비는 신제품의 판매의사결정에 아무런 관련이 없으며 신제품의 제조원가, 예상판매가격, 예상판매수량 등이 주요한 의사결정요소가 된다.

매몰원가는 과거의 의사결정 결과로 이미 발생한 원가이므로 경영자가 더 이상 통제할 수 없는 부분이기 때문에 미래의 의사결정에 영향을 미치지 아니한다. 의사결정관련원가의 조건은 미래원가와 차액원가이다. 그러나 매몰원가는 역사적 원가이며 의사결정시 어느 대체안을 선택하여도 변화하지 않는 원가이기 때문에 무관련원가이다. 단, 매몰원가가 미래에 납부할 법인세액에 영향을 미칠 수 있는 경우에는 세액증감에 따른 영향은 고려하여야 한다.

예제 2-4 (주)종로산업은 구 기계를 신 기계로 대체할 것을 검토하고 있다. 구 기계는 5년 전 ₩600,000에 구입하였다. 구 기계 구입시 잔존가치는 없으며, 내용연수는 6년으로 추정하였다. 신 기계의 취득원가는 ₩1,000,000, 내용연수는 5년, 잔존가치는 ₩200,000으로 예상된다. 이 회사는 정액법을 이용하여 감가상각을 행하였으며, 구 기계의 처분가치는 ₩30,000으로 예상된다.

물.음.

신 기계 구입의사 결정시 매몰원가는 얼마인가?

풀.이.

구 기계의 장부가액은 ₩100,000이다. 그러므로 매몰원가는 구 기계의 장부가액 ₩100,000이다. 다만 일부 학자는 구 기계의 처분가치를 차감한 ₩70,000(₩100,000－₩30,000)을 매몰원가로 보기도 한다.

3 관련원가의 분류

관련원가는 미래의사결정의 목적에 따라 상이한 원가들이 된다. 따라서 의사결정의 목적에 따라 관련원가는 차액원가, 기회원가, 부가원가, 현금지출원가, 회피가능원가, 연기가능원가 등으로 나눌 수 있다. 어떠한 원가라도 관련원가이기 위해서는 기대되는 미래원가(expected future costs)이어야 한다.

(1) 차액원가

차액원가(differential costs)는 대체안들 간에 발생하는 원가차이를 말한다. 차액원가는 원가요소별로 계산할 수도 있고 총원가의 차이로 계산할 수도 있다. 차액원가는 일반적으로 증분원가로 계산하나 증분원가뿐만 아니라 감분원가도 포함된다. 증분원가(incremental costs)는 기준안에 대한 비교되는 안의 원가 증가액이며, 감분원가(decremental costs)는 기준안에 대한 비교되는 안의 원가 감소액이다.

의사결정의 기준은 원가뿐만 아니라 수익까지 고려한 이익이나 순현금흐름(net cashflow)을 이용하는 것이 일반적이다. 이때 차액수익도 증분수익 또는 감분수익으로 나눌 수 있으며, 차액이익도 증분이익 또는 감분이익으로 나눌 수 있다. 대부분의 의사결정은 차액원가를 기준하기보다는 차액수익(differential revenues)에서 차액원가를 차감한 차액이익(differential profits)을 기준으로 한다.

의사결정의 방법은 대체안의 총액을 기준한 총액분석법(total analysis)과 대체안 간의 차이만을 기준으로 하는 차액분석법(differential analysis)으로 나눌 수 있다. 총액분석법은 대체안 간에 차이를 가져오는 항목뿐만 아니라 차이를 보이지 않는 항목의 금액까지 모두 합계한 총액을 기준으로 의사결정 하는 방법이며, 차액분석법은 대체안 간에 차이를 가져오는 항목만을 이용하여 의사결정을 하는 방법이다.

예제 2-5 (주)혜성산업은 품질수준이 동일하다고 판단되는 상품을 구입하기로 하고 A, B 두 구입처의 조건을 검토하고 있다. 두 구입처로부터 상품구입조건은 다음과 같으며, 예상구입량은 100개이다.

항 목	A 구입처	B 구입처
단위당 구입원가	@₩500	@₩480
운반비	₩7,000	₩10,000
수수료	₩2,000	₩3,000

물.음.

1. 차액원가를 계산하고, 의사결정을 하시오.
2. 만일 구입처에 따라 단위당 판매가격이 상이하다면(구입처 A : @₩600, 구입처 B : @₩630) 어떻게 의사결정을 하여야 하는가?

풀.이.

1.

항 목	A 구입처	B 구입처	차액원가
구입원가	₩50,000	₩48,000	(₩2,000)
운반비	7,000	10,000	3,000
수수료	2,000	3,000	1,000
합 계	₩59,000	₩61,000	₩2,000

A 구입처를 기준으로 하고 B 구입처를 비교하는 안으로 차액원가를 계산하였다. 구입원가는 ₩2,000 감분원가이며, 운반비와 수수료는 각각 ₩3,000, ₩1,000씩 증분원가로 나타난다.

이에 따라 총차액원가는 ₩2,000만큼의 증분원가로 계산되므로 A 구입처에서 상품을 구입하여야 한다.

2.

	A 구입처	B 구입처	차액원가	구 분
매출액	₩60,000	₩63,000	₩3,000	증분수익
원 가	59,000	61,000	2,000	증분원가
이 익	₩1,000	₩2,000	₩1,000	증분이익

A 구입처를 기준으로 하고 B 구입처를 비교하는 안으로 차액수익, 차액원가를 계산하였다. 이에 따라 증분수익 ₩3,000과 증분원가 ₩2,000의 계산으로 증분이익 ₩1,000이 계산된다. 따라서 B 구입처에서 구입하는 안을 선택하여야 한다.

(2) 기회원가

기회원가(opportunity costs)는 재화·용역 및 설비 등 제자원을 선택된 용도가 아니라 차선의 용도에 사용하였더라면 얻을 수 있었던 최대의 효익액을 말한다. 즉, 기회원가는 한 대체안의 선택으로 다른 대체안을 포기하는 경우 포기된 대체안으로부터 상실되는 효익의 원가를 말한다.

따라서 기회원가는 대체안이 두 가지 이상인 경우에만 나타나며, 자원의 대체적 이용에 다른 효익의 측정가치이다. 기회원가측정의 기준이 되는 효익으로는 순현금흐름(net cashflow)이 주로 이용된다. 또한 기회원가는 정규적인 회계시스템상에는 기록되지 않는다.

예를 들어 모회사가 장부가액이 ₩300,000인 진부화된 기계를 가지고 있다. 만일 ₩100,000을 들여 이 기계를 수리한다면 ₩180,000에 판매할 수 있다. 그러나 그대로 처분하는 경우에는 ₩30,000에 매각할 수 있다. 이때 수리 후 처분안의 기회원가는 ₩30,000이며, 그냥 처분하는 안의 기회원가는 ₩80,000이다. 기계의 장부가액 ₩300,000은 매몰원가로 의사결정시 고려할 필요가 없다.

기회원가는 모든 대체안별로 계산할 수 있다. 또한 포기된 대체안이 두 가지 이상인 경우에는 포기된 대체안들 중 상실되는 최대의 효익(순현금흐름)이 선택된 대체안의 기회원가가 된다. 가장 합리적인 의사결정을 한 경우, 포기된 대체안이 두 가지 이상이라면 포기된 대체안들의 기회원가는 모두 동일하다. 즉, 포기되는 대체안들의 기회원가는 선택된 대체안으로부터 얻을 수 있는 효익이다.

한편, 각 대체안의 순현금흐름에서 기회원가를 차감한 값은 순차액손익이다. 따라서 대체안의 순현금흐름이 기회원가보다 큰 경우에는 순차액이익이 나타나며, 순현금흐름이 기회원가보다 작은 경우에는 순차액손실이 나타난다. 다양한 대체안들 중 최적의 대체안은 순차액이익이 나타나는 대체안이며, 순차액이익이 나타나는 대체안은 항상 하나뿐이다.

예제 2-6

(주)성진산업은 노후화된 설비를 보유하고 있다. 이 설비의 장부가액은 ₩300,000이며 잔존내용연수는 1년, 잔존가치는 없다. 이 회사의 사장 안성진씨는 기계의 대체적 용도에 대한 분석을 하고 다음과 같은 4가지 대체안을 마련하였다.

(1) 대체안 A : 즉시 ₩200,000에 판매한다.
(2) 대체안 B : 홍길동에게 ₩160,000에 임대한다.
(3) 대체안 C : 설비를 이용하여 제품 X를 생산 · 판매한다. 이로 인한 수익은 ₩600,000, 현금지출비용은 ₩450,000으로 예상된다.
(4) 대체안 D : 설비를 이용하여 제품 W를 생산 · 판매한다. 이로 인한 수익은 ₩750,000, 현금지출비용은 ₩500,000으로 예상된다.

물.음.

기회원가와 순차액손익을 계산하고, 의사결정을 하시오.

풀.이.

설비의 장부가액 ₩300,000은 대체안 간에 차이를 가져오지 않는 무관련원가이다.

항 목	A	B	C	D
① 현금 유입	₩200,000	₩160,000	₩600,000	₩750,000
② 현금 유출	–	–	450,000	500,000
③ 순현금흐름	₩200,000	₩160,000	₩150,000	₩250,000
④ 기회원가	250,000	250,000	250,000	200,000
⑤ 순차액손익	(₩50,000)	(₩90,000)	(₩100,000)	₩50,000

따라서 대체안 D를 선택한다. 대체안 D는 순현금흐름(₩250,000)이 기회원가(₩200,000)보다 커서 순차액이익(₩50,000)이 계산된다. 그러나 대체안 A, B, C는 모두 기회원가가 순현금흐름보다 커서 순차액손실이 계산된다.

(3) 현금지출원가

현금지출원가(outlay costs 또는 out of pocket costs)는 의사결정에 따라 현재나 가까운 장래에 현금의 지출이 요구되는 원가이다. 현금지출원가는 예산편성시 현금흐름에 대한 계획을 수립하는 경우 중요시된다.

현금지출원가와 반대되는 개념이 비현금지출원가이다. 비현금지출원가는 감가상각비, 부가원가 등과 같이 원가가 발생하여도 지출을 수반하지 아니하는 원가이다. 감가상각비와 같이 과거에 현금 지출이 이루어진 원가는 현금지출원가가 아니다.

(4) 회피가능원가

회피가능원가(avoidable costs)는 특정의 대체안을 선택하지 않는 경우 회피할 수 있는 원가이다. 즉 회피가능원가는 어떠한 대체안을 포기하는 경우 더 이상 나타나지 아니하는 원가이다. 반면에 어떠한 대체안을 포기하여도 계속해서 나타나는 원가를 회피불능원가(unavoidable costs)라고 한다. 예를 들어, 해변의 Resort Hotel이 동절기에는 손실이 발생하므로 겨울 동안의 폐쇄여부를 결정하고자 한다. 이때 객실 및 식음료의 판매에 따른 직접재료원가나 직접노무원가는 회피 가능하지만, 건물의 감가상각비나 관리인의 급료 등은 호텔을 한시적으로 폐쇄하여도 계속적으로 나타나는 회피불능원가이다. 결국 회피가능원가는 대체안을 포기하는 경우 절약할 수 있는 원가이나 회피불능원가는 대체안을 포기하는 경우에도 절약할 수 없는 원가이다.

(5) 연기가능원가

연기가능원가(postponable costs)는 현재의 영업활동능률을 그대로 유지하면서도 장래로 그 발생을 연기할 수 있는 원가이다. 연기가능원가는 일시적으로 원가발생을 미래로 미룰 수 있으나 원가발생을 피할 수 없다는 점에서 회피가능원가와 차이가 있다. 설비의 수선유지비가 대표적인 예이다. 반면에 현재의 영업활동능률을 유지하기 위해서 가까운 장래로 그 발생을 연기할 수 없는 원가를 연기불능원가(unpostponable costs)라고 한다.

연. 습. 문. 제.

01 **다음은 본 장에서 소개한 용어들에 대한 설명이다. 다음의 각 문항에 가장 적합한 용어를 말하시오. 용어는 한 번 이상 사용될 수 있다.**

① 원재료 창고에서 원재료의 입고와 출고를 취급하는 사람의 급여를 (   )라 한다.

② 특정한 원가대상(제품, 부문 등)에의 직접추적이 어려운 원가를 (   )라 한다.

③ 회사는 신제품개발을 위한 연구투자를 하려고 한다. 연구개발비로 ₩ 1,000,000이 소요된다. 한편 재무담당자는 신제품연구개발을 위한 소요액으로 유가증권투자를 고려하고 있다. 이때 유가증권투자로 인한 이자 및 시세차익은 신제품연구개발 평가시 고려되어야 하는 (   )이다.

④ 원가이지만 현금지출을 수반하지 아니하는 감가상각비 등은 (   )로 분류된다.

⑤ 고정원가의 총액이 변동하지 않을 것으로 기대되는 조업구간을 (   )라고 한다.

⑥ 회사는 구형 486컴퓨터를 생산하였으나 이제는 판매가능성이 전혀 없는 것으로 판단된다. 이미 생산된 구형 컴퓨터의 제조원가는 (   )이다.

⑦ 학생들이 학교를 그만두고 취업을 하는 경우 더 이상 등록금은 발생하지 아니한다. 취업시 등록금은 (   )이다.

02 **다음은 (주)써니산업의 지난 12월 중 원가자료이다.**

직접재료비	₩100,000	공장의 감가상각비	₩60,000
직접노무비	380,000	간접노무비	47,000
판매원급료	125,000	광고선전비	30,000
공장설비재산세	8,000	영업권상각비	2,000
공장수도광열비	6,000	판매촉진비	4,000
이자비용	8,000	공장잡비	2,000
공장설비처분손실	7,500	배당건설이자상각	3,500
특허권(제품관련)상각비	1,500	비정상적 재고자산감모손실	7,000

물음

다음을 계산하시오.

1. 전환원가 **2.** 제조원가

3. 기간원가 **4.** 총원가

03 **다음 자료는 (주)진도수산의 5월 중 생산관련 자료이다.**

(1) 5월 중 제품제조원가는 ₩ 6,200,000이다.

(2) 5월 말 재공품평가액은 ₩ 2,800,000이며, 이는 5월 초 재공품평가액의 125%에 해당된다.

(3) 제조간접원가는 직접노무원가의 70%가 배부된다.

(4) 기초원가(prime cost)는 ₩ 4,800,000이다.

물음

1. 5월 중 직접재료원가는 얼마인가?

2. 5월 중 가공원가는 얼마인가?

04 **다음은 (주)미성산업의 지난 8월 중 생산관련 자료이다.**

(1) 월 초와 월 말의 재고자산

	직접재료	재공품	제 품
월 초 재고액	₩60,000	₩850,000	₩730,000
월 말 재고액	90,000	500,000	770,000

(2) 8월 중 직접재료의 매입액은 ₩1,500,000이었다.

(3) 8월 중 기초원가는 ₩3,270,000이었다.

(4) 8월 중 전환원가는 ₩2,500,000이었다.

(5) 8월 중 매출총이익률은 20%이었다.

물음

8월 중 매출액은 얼마인가?

05 **다음의 자료는 (주)고양산업의 지난 9월 중 영업활동관련 자료들이다.**

(1) 원재료의 월 초 재고액은 ₩20,000, 월 중 매입액은 ₩300,000, 월 말 재고액은 ₩50,000이며, 월 중 직접재료비는 ₩250,000으로 파악되었다.

(2) 9월 중 급여지급내역은 다음과 같다.

생산직 근로자	₩600,000	판매담당임원	₩60,000
공장관리자	50,000	판매부문근로자	500,000
생산담당임원	40,000	기타부문근로자	200,000
공장경비원	30,000	사장비서실 직원	20,000

(3) 기타의 비용내역은 다음과 같다.

공장감가상각비	₩25,000	대손상각비	₩28,000
본사감가상각비	10,000	재고자산평가손실	5,000
판매수수료	70,000	유형자산처분손실	7,000
영업권상각비	15,000	공장 수도광열비	8,000
기계설비 보험료	3,000	경상연구비	32,000

물음

다음을 계산하시오.

1. 간접재료원가 **2.** (제조)간접노무원가 **3.** 기본원가

4. 제조간접원가 **5.** 가공원가 **6.** 제조원가

7. 총원가

06 **(주)성환기업은 제품 K를 생산·판매하고 있다. 지난 8월 중의 영업활동관련 자료는 다음과 같다.**

(1) 완성품수량은 800개이며 기말재공품 수량은 500개, 진척도는 40%이다. 기초재공품은 없었다. 또한 기초제품도 없었다.

(2) 직접재료의 구입단가는 연중 안정적이었으며, 제품단위당 직접재료소비량은 2kg이다. 직접재료를 포함한 모든 제조원가는 공정 중 균등하게 소비된다.

(3) 8월 중 원가발생은 다음과 같다.

항 목	금 액	원가행태
직접재료비	₩ 1,000,000	변동원가
직접노무비	700,000	변동원가
간접재료비	300,000	변동원가
간접노무비	200,000	고정원가
수도광열비	50,000	변동원가
기타제조간접비	80,000	변동원가
기타제조간접비	100,000	고정원가
판매 · 관리비	600,000	변동원가
판매 · 관리비	500,000	고정원가

(4) 월 초 직접재료의 재고는 없었으며, 월 말 직접재료의 재고량은 500kg이다.

(5) 8월 중 매출액은 ₩2,926,000이며 8월 중 제품판매량은 770개이다.

(6) 월간 발생하는 제조고정비 중 60%는 설비 · 감독자 등과 관련된 원가이며 고정판매 · 관리비 중 70%는 설비원가, 판매원의 기본급여 등이다. 이들 원가는 조업도가 0이라도 발생할 수밖에 없는 원가이다.

물음

다음을 계산하시오.

1. 기초원가 **2.** 가공원가 **3.** 회피가능원가

4. 8월 말 제품재고액 **5.** 8월 말 총재고자산액 **6.** 매출원가율

7. 8월의 영업손익

07 **김선달 씨는 틈틈이 연구하여 필름자동현상기기를 개발하였다. 이에 따라 그간 다니던 (주)서울현상소를 사직하고 회사를 차려 독립할 것을 고려하고 있다. 김선달 씨는 의사결정을 위하여 다음과 같은 자료를 수집하였다.**

(1) 필름자동화기기의 개발비용으로 ₩5,000,000이 소요되었다.

(2) (주)서울현상소 재직시 연봉은 ₩15,000,000이다.

(3) 필름자동현상기기의 단위당 직접제조원가는 ₩10,000이며, 월간 고정제조간접비는 ₩800,000으로 추정된다.

(4) 제품생산을 위한 월간 공장건물의 임차료는 ₩230,000이며 임차보증금은 ₩20,000,000이다. 또한 설비는 (주)중부리스에서 리스하기로 하였으며, 월 설비 리스료는 ₩350,000이다.

(5) 제품판매시 판매수수료는 제품단위당 ₩800이며, 판매부문책임자의 급여는 월 ₩1,200,000이다.

물음

회사를 설립하여 독립하는 대체안을 평가하고자 한다. 다음의 원가에 해당될 수 있는 항목을 파악하시오.

1. 기회원가 **2.** 매몰원가 **3.** 변동원가

4. 회피가능원가 **5.** 기간원가 **6.** 고정원가

08 **(주)정선산업은 5년 전에 ₩1,000,000을 주고 구입한 기계를 보유하고 있다. 이 기계구입시 내용연수는 8년, 잔존가치는 없을 것으로 추정하였다. 감가상각은 정액법을 이용하였다. 이 기계는 생각보다 일찍 노후화되어 그동안 생산하던 제품 W를 더 이상 생산할 수 없게 되었다. 회사는 기계에 대한 세 가지 대체안을 고려하고 있다.**

(1) 제1안 : 고물상에 ₩100,000에 처분한다.

(2) 제2안 : 수리비용 ₩200,000을 주고 수리한 후, 중고시장에서 ₩350,000에 매각한다.

(3) 제3안 : 기계를 이용하여 제품 W 대신에 부분품 R을 생산・판매한다. 부분품 R은 연간 200단위 생산할 수 있으며, 이를 생산・판매하기 위해서는 ₩300,000의 현금지출비용이 발생할 것으로 예상된다. 부분품 R의 단위당 판매가격은 ₩1,800이다. 기계는 부분품 R을 2년간 생산할 수 있을 것이다.

물음

1. 매몰원가는 얼마인가?

2. 기회원가와 순차액손익은 얼마이며, 어느 대체안을 선택하여야 하는가?

3. 회피가능원가와 현금지출원가는 각각 얼마인가?

제3장 원·가·회·계

원가의 흐름과 집계

제1절 기업형태별 원가회계
제2절 재고자산관련 원가의 흐름
제3절 원가의 집계

제3장

원가의 흐름과 집계

경쟁시장의 제품판매철학은 초기의 제품개념 도입부터 말기의 제품배분 및 용역제공에 이르기까지의 모든 경로에서 발생되는 원가정보가 신속하게 산출되고 전달될 것을 요구한다. 경영자는 가격결정, 주문수락여부, 신제품생산여부 등과 같은 전략적 의사결정을 수행한다. 이러한 의사결정에 유용한 정보는 제품 원가정보이다. 이때 원가정보가 부정확하면 부가가치를 창출할 수 없는 제품을 기획하는 결과를 초래한다.

본장에서는 효과적인 의사결정을 수행할 수 있도록 원가흐름을 추적하는 절차와 원가흐름의 개관을 보여주는 제품제조원가명세서(제품제조원가보고서)에 대해 알아보고자 한다.

제1절 기업형태별 원가회계

정확한 원가정보는 기업의 생산활동 및 영업활동에 중요하다. 이미 앞 장에서 설명한 바 있지만 원가회계란 재무회계 뿐만 아니라 관리회계의 목적에 필요한 원가정보를 제공하기 위하여 생산활동과 영업활동에 관한 원가자료를 확인·분류·집계하는 회계분야이다. 원가회계시스템이란 원가를 집계하고 원가 목적에 따라 원가를 배분하는 일련의 절차이다. 기업은 업종에 따라 다른 특징을 갖고 있기 때문에 회계시스템은 이러한 특징을 반영해야 한다.

이 특징에 따라 기업을 상품매매, 제조, 서비스기업으로 나눌 수 있다. 이들 기업이 어떤 특징을 갖고 있든 간에 기업은 여러 가지 생산요소를 투입하여 산출물을 생산하고, 이를 일반목적의 재무제표를 통하여 회계정보이용자에게 전달한다. 즉 재무상태표, 손익계산서, 자본변동표, 현금흐름표를 통하여 전달하게 되는데 다음과 같이 상품매매, 제조, 서비스업종별로 원가회계시스템의 특징을 살펴보도록 하자.

(1) 상품매매업

이는 주로 판매기능에 종사하는 업종으로 상품의 기본적인 형태를 변화시키지 않고 재판매하기 위해 상품(merchandise)을 구입한다. 이러한 업종에서는 상품상태로 재고자산이 존재한다. 따라서 재고자산의 원가를 쉽게 파악할 수 있다.

(2) 제조업

재료를 구입하고 이를 가공하여 완성품을 생산하는 제조업은 상품매매업보다 복잡한 회계시스템을 갖고 있다. 대개의 경우 제조업에서는 다음과 같은 원재료, 저장품, 재공품, 제품 등의 재고자산 계정이 존재한다.

① **원재료**(raw materials) : 제품의 제조활동에 사용될 원료, 재료, 매입부품 등의 원가를 기록하는 계정이다.

② **저장품**(supplies) : 제품의 제조를 위해 사용하는 소모품, 소모공구기구비품, 수선용부품 등의 원가를 기록하는 계정이다.

③ **재공품**(work-in process) : 제품 또는 반제품의 제조를 위하여 제조과정에 있는 것을 말하며 재공품계정은 가공중에 있는 제품에 부과된 직접재료원가, 직접노무원가, 제조간접원가를 기록하는 계정이다.

④ **제품**(finished goods) : 생산이 완료되어 판매를 위해 대기하고 있는 재고자산으로 완성품이다. 재무상태표에 기재되는 기말재고액은 기초재고액에 당기제품제조원가를 가산한 후 매출원가를 차감하여 계산한다.

기말재고액 = 기초재고액 + 당기제품제조원가 − 매출원가

(3) 서비스업

서비스업종에서는 저장품을 제외하고는 재고자산이 거의 없다. 예를 들어 서비스업의 산출물(output)은 건강상담과 같은 무형인 용역의 경우가 많으나 회계법인처럼 감사보고서와 같은 유형의 산출물이 있는 경우도 있다. 영리 또는 비영리법인의 서비스업은 노무원가를 중요시하지만 제품재고를 거의 보유하지 않기 때문에 재고자산의 원가를 파악하지 않아도 된다. 그 이유는 서비스업의 업무는 주로 노력과 같은 입력물을 용역으로 전환시키는 것이 산출물이기 때문이다. 따라서 제품계정을 갖고 있지 않다. 서비스업에서 원가를 파악하는 경우는 매우 제한적인 경우로서 각 부문의 성과를 파악할 때이며, 이때에는 특정 과업에 대하여 책임을 지고 있는 책임중심점(responsibility centers)별로 원가를 집계한다.

제2절 재고자산관련 원가의 흐름

1 재고자산 계정의 상호관련성

상품매매업에서 재고자산과 관련된 원가는 매입가격과 운반비 등의 매입부대비용이다. 반면에 제조업에서 재고자산과 관련된 원가는 원재료매입원가와 원재료를 완제품으로 완성하는 데 소요되는 가공원가로 이루어진다고 할 수 있다. 예를 들어 생산직 종업원의 임금, 기계장치 감가상각비, 생산과정에서 사용된 전기료, 수도료와 같은 공공요금 등이 가공원가이다.

재고자산관련 원가의 계정흐름도는 기업규모, 기업의 종류에 따라 다르다. 모든 기업에 공통된 계정흐름도를 도출하는 것은 어렵지만 상품매매업과 제조업의 전반적인 원가의 흐름을 나타내면 [도표 3－1]과 [도표 3－2]와 같다.

즉 상품매매업에서는 [도표 3－1]에 나타난 바와 같이 상품재고자산계정으로부터 직접 매출원가계정에 대체되기 때문에 재고자산의 원가를 파악하기가 비교적 용이하다.

■ 도표 3－1 상품매매업의 재고자산관련 원가의 흐름

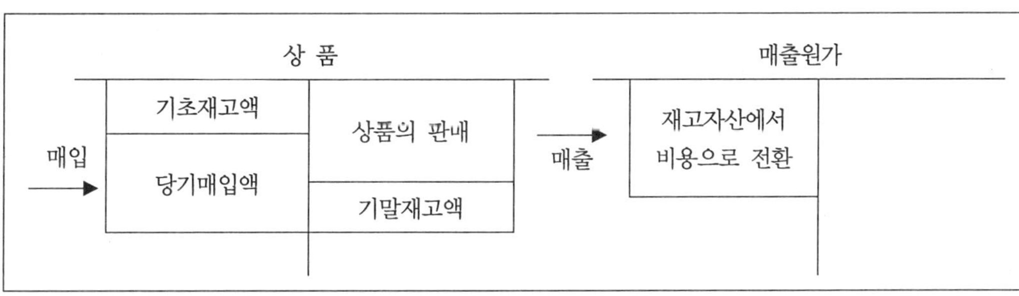

예제 3－1 의류를 판매하는 (주) 멋쟁이의 2010년 1월 1일의 상품기초재고액은 ₩154,000이고 당해연도의 상품구입액은 ₩768,000, 매입운임은 ₩62,000이다. 12월 31일 현재 기말재고액이 ₩176,000이라고 가정한다.

물음.

매출원가를 계산하시오.

풀.이.

기초재고액 + 당기매입액 + 매입운임 = 매출가능액
₩154,000 + ₩768,000 + ₩62,000 = ₩984,000
매출가능액 − 기말재고액 = 매출원가
₩984,000 − ₩176,000 = ₩808,000

반면, 제조업에 있어서 재고자산관련 원가의 흐름은 [도표 3−2]와 같은 절차로 이루어지는 것이 기본체계로서 상품매매업보다는 복잡하다.

[도표 3−2]에서 보는 바와 같이 우선 제품제조를 위하여 소비된 원가들은 제원가요소별로 분류하여 직접재료원가, 직접노무원가 및 제조간접원가계정에 분류 · 집계된다. 제조간접원가계정은 간접재료원가, 간접노무원가, 기타 제조원가항목으로 구성된다.

제조업의 직접재료원가요소는 세 가지 형태로 존재한다. 즉 생산공정에 투입하지 않은 원재

■ 도표 3−2 제조업에서의 재고자산관련 원가의 흐름

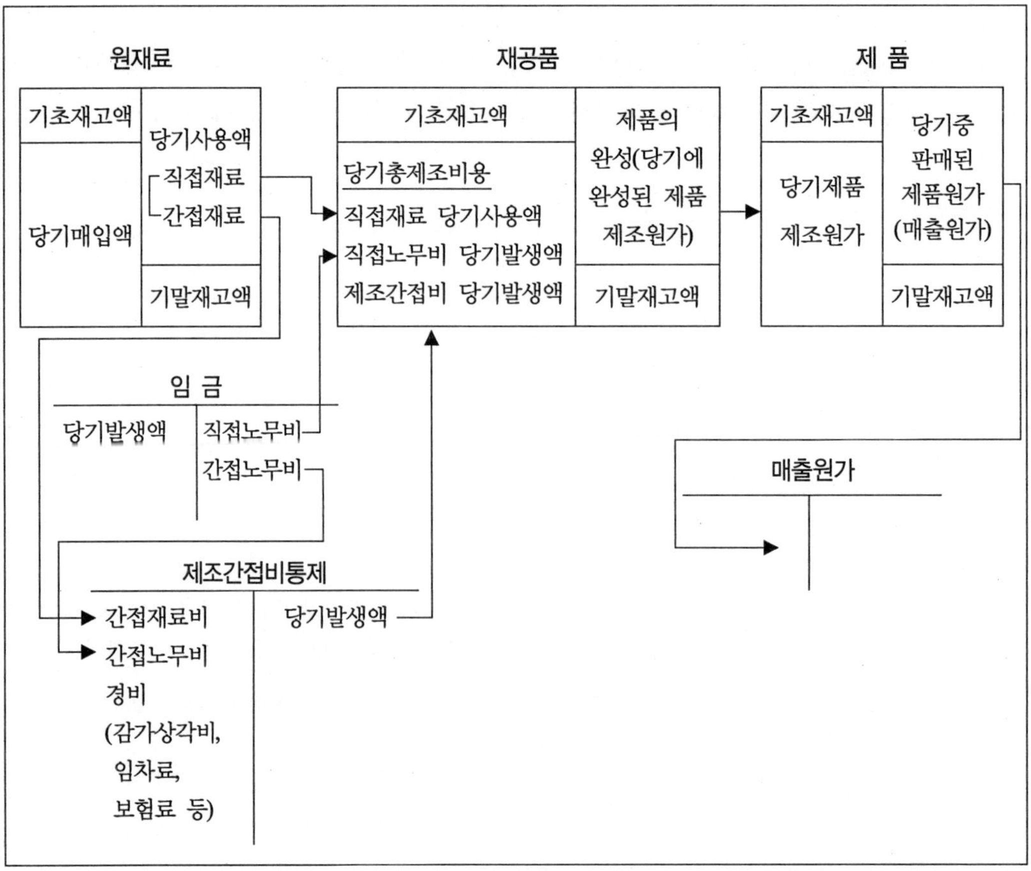

료, 생산공정에 투입되었으나 아직 완성되지 않고 가공중에 있는 재공품, 공정이 완료되어 생산된 제품으로 전환된 것들이다. 따라서 원가회계시스템은 세 가지 상이한 재고자산계정 즉, 직접재료재고자산(direct materials inventory), 재공품재고자산(work-in process inventory), 제품재고자산(finished goods inventory)계정을 갖게 된다.

2 원가의 흐름

이미 [도표 3－1]과 [도표 3－2]에서 상품매매업과 제조업의 재고자산관련 원가의 흐름을 살펴보았다. 이는 기업의 경영활동과정을 정규적인 회계시스템의 계정체계로 파악하여 보고자 하는 데 있었다.

기업의 내외부 활동인 구매과정에서부터 제품판매과정까지의 일련의 과정을 계정으로 파악한 것이 원가흐름(cost flow)이다.

기업의 경영활동 수행에 따른 구체적인 측면을 재고자산 물량의 흐름(physical flow)계정으로 파악한다. 이 기본흐름은 다음과 같은 등식으로 나타낼 수 있다.

기초잔액 + 당기매입액 = 당기사용액 + 기말잔액

이 방법은 계정의 액수를 정확하게 알지 못할 때 유용한 방법이다. 예를 들어 재고자산의 수량 및 금액을 결정하는 방법에는 계속기록법과 실지재고조사법 두 가지가 있다. 계속기록법은 거래가 발생할 때마다 재고자산계정에 즉시 기록하는 방법으로 경영자는 재고계정상태에 관한 최초의 정보를 얻을 수 있어서 재고자산계정의 통제를 용이하게 할 수 있는 반면에, 실지재고조사법은 재고자산의 변동을 거래가 발생할 때마다 기록하는 것이 아니라 1개월 혹은 분기별로 파악하므로 재고자산계정의 통제가 어렵다.

두 방법 중 계속기록법을 사용하면 경영자에게 최근의 정보를 제공하여 의사결정을 도울 수 있는 반면에 거래가 발생할 때마다 기록을 해야 하므로 비용이 많이 소요된다.

이러한 이유로 실무에서는 실지재고조사법을 많이 사용한다. 이렇게 실지재고조사법을 사용할 경우에 위의 기본원가흐름 등식은 매우 유용하게 사용된다. 요약하면 상품매매업의 손익계산서에 나타나는 매입액은 제조업의 손익계산서상의 당기제품 제조원가와 같다.

이와 같은 사실을 나타내면 [도표 3－3]과 같다.

■ 도표 3-3 상품매매업과 제조업의 원가흐름

<table>
<tr><th>상품매매업</th><th>제조업</th></tr>
<tr><td rowspan="3">상품재고액 :
기초재고액
+매입액
=판매가능한 상품
−기말재고액
=매출원가</td><td>재료재고액 :
기초재고액
+매입액
=사용가능한 재료
−기말재고액
=재료 사용액</td></tr>
<tr><td>재공품재고액 :
기초재고액
+당기총제조원가(직접재료비, 직접노무비, 제조간접비)
=당기재공품총원가
−기말재고액
=당기제품제조원가</td></tr>
<tr><td>제품재고액 :
기초재고액
+당기제품제조원가
=판매가능한 제품원가
−기말재고액
=매출원가</td></tr>
</table>

제3절 원가의 집계

1 원가의 집계

이미 앞절에서 설명하였듯이 원가흐름은 기업의 구매활동, 제조활동 및 판매활동을 회계 계정으로 파악한 것이다. 이 계정 체계를 살펴보면 원가요소계정, 원가계산계정으로 구분할 수 있다. 이 원가계산계정 중 하나인 재공품계정은 당기 총제조원가를 집계하여 미완성제품 즉, 기말재공품의 원가를 차감한 금액을 당기제품제조원가로 제품계정에 대체한다. 이와 같이 원가요소를 제품으로 전환하는 과정에서 발생하는 원가를 집계하는 일련의 과정을 원가 집계(cost accumulation)라고 한다.

■ 도표 3-4 재무회계계정과 원가회계계정의 관계(재무회계계정)

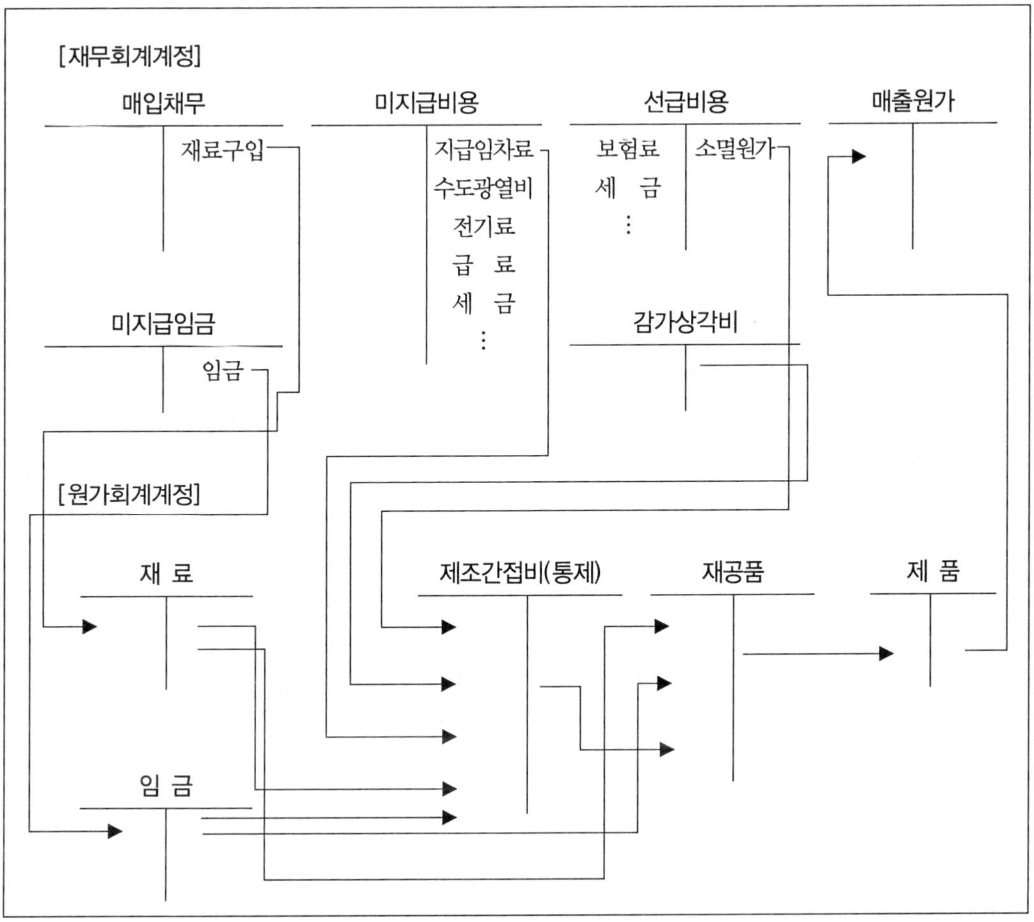

원가회계관련계정은 재무회계관련계정에서 사용하고 있는 모든 기준계정체계와 관련이 깊다. 이 계정들의 기장은 다음과 같다.

① 재료를 구입하는 경우

(차) 재 료	×××	(대) 매입채무	×××

② 원가요소계정인 재료비, 노무비, 경비계정에서 원가의 집계계정인 재공품계정(이는 제조계정으로도 표현하나 바람직하지 않음)으로 대체하는 경우

〈재료의 소비〉

(차) 재공품	×××	(대) 재 료	×××
제조간접비(통제)	×××		

제조과정중에 투입된 재료중 특정 작업에 직접적으로 추적할 수 없는 것이 있다면 이는 간접재료비로서 제조간접비(통제)계정에 대체한다.

〈임금의 발생과 대체〉

(차) 임 금	×××	(대) 미지급임금	×××

〈기타 제조간접비의 발생과 대체〉

(차) 제조간접비(통제)	×××	(대) 제비용(임차료, 수도광열비, 전기…)	×××
		재료(간접재료비)	×××
		임금(간접노무비)	×××
(차) 재공품	×××	(대) 제조간접비(통제)	×××

③ 제품으로 완성된 경우

(차) 제 품	×××	(대) 재공품	×××

④ 완성된 제품이 고객에게 판매되는 경우

(차) 매출원가	×××	(대) 제 품	×××

예제 3-2 의류업체인 (주)포미나는 실지재고조사법을 사용하고 있으며, 12월 중 직접재료의 기초잔액은 ₩16,000, 재공품의 기초잔액은 ₩40,000, 제품의 기초잔액은 ₩180,000이다. 또한 직접재료의 기말잔액은 ₩32,000, 재공품의 기말잔액은 ₩31,500, 제품의 기말잔액은 ₩114,000이며, 당기중에 다음과 같은 거래가 발생하였다.

(1) 원가 ₩55,000의 직접재료를 외상으로 구입하였다.
(2) 원가 ₩39,000의 직접재료가 생산공정에 투입되었다.
(3) 직접노무원가로 생산직 종업원에게 지급할 총인건비는 ₩10,000이다.
(4) 제조공정을 위해 공장소모품비가 ₩5,000, 간접노무원가가 ₩33,000, 공장설비감가상각비 ₩28,000과 전기료 ₩6,500이 발생하였다.

물.음.

1. 당기의 거래 내용을 분개처리하시오.
2. 원가의 흐름을 T계정을 이용하여 나타내시오.

풀.이.

1. ① 재료를 외상구입했을 때

(차) 직접재료	55,000	(대) 매입채무	55,000

② 재료를 제조공정에 투입했을 때

(차) 재공품	39,000	(대) 직접재료	39,000

③ 노무원가가 발생했을 때

(차) 임금(직접노무원가)	10,000	(대) 미지급임금	10,000
임금(간접노무원가)	33,000	미지급임금	33,000

④ 노무원가를 재공품으로 대체했을 때

(차) 재공품	10,000	(대) 임 금	10,000

⑤ 기타제조간접원가가 발생했을 때

(차) 제조간접원가(통제)	72,500	(대) 공장소모품	5,000
		임 금	33,000
		감가상각누계액	28,000
		미지급전기료	6,500

⑥ 제조간접원가를 재공품으로 대체했을 때

(차) 재공품	72,500	(대) 제조간접원가(통제)	72,500

2.

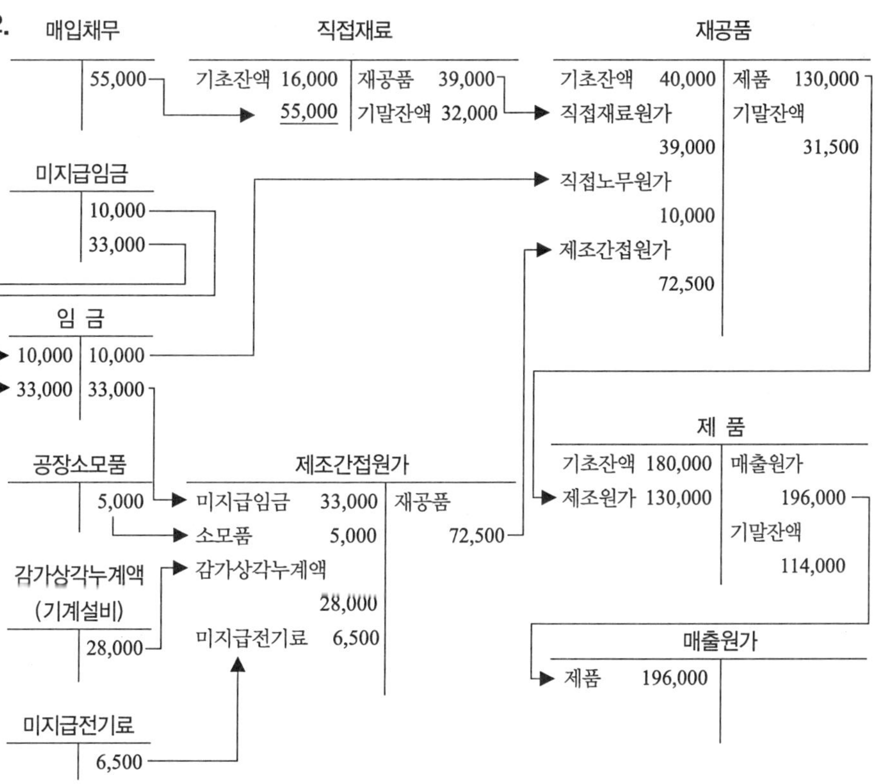

2 제조원가명세서

이미 앞 절에서 제품원가의 흐름을 통하여 제품원가가 집계되고 계산되는 과정을 살펴보았다. 일정 회계기간 동안 기업에서 발생한 총괄적인 제품원가의 흐름은 재공품계정에서 집계된 원가의 변동사항을 요약 표시한 제조원가명세서(또는 제조원가보고서 : statement of costs of goods manufactured)에 나타난다.

[도표 3－5]에 나타난 바와 같이 제조원가명세서는 재공품계정의 기초잔액에 당기에 투입된 제조원가를 가산하고 재공품의 기말잔액을 차감하여 제품계정으로 대체된 금액을 나타내는 형식으로 되어 있다. 다만 유형자산 등 타계정 대체액이 있다면 이도 차감한다.

해당기간 동안에 재공품계정에 대체된 원가요소계정의 총금액을 당기총제조원가(current manufacturing costs)라고 한다. 제조원가명세서상에는 당기 직접재료원가, 직접노무원가, 제조간접원가가 상세히 표시되어 있으며 일정기간 동안에 완성되어 제품에 대체된 총원가를 합하여 당기제품제조원가(costs of goods manufactured)라고 한다. 따라서 당기제품제조원가는 당기중에 재공품에서 제품으로 대체된 원가를 나타낸다. 때로는 이 보고서를 확대하여 재료통제계정과 재공품계정뿐만 아니라 제품계정의 변동사항을 연속하여 나타냈을 경우에는 제조원가 및 매출원가명세서(또는 매출원가보고서 : statement of costs of goods manufactured and sold)라고 한다.

■ 도표 3－5 제조원가명세서

직접재료원가 :		
기초재고액	×××	
당기매입액	×××	
사용가능액	×××	
기말재고액	(×××)	×××
직접노무원가		×××
제조간접원가		×××
당기총제조원가		×××
기초재공품원가		×××
합 계		×××
기말재공품원가		(×××)
유형자산(또는 타계정) 대체액		(××)
당기제품제조원가		×××

예제 3-3 물.음.

[예제 3-2]의 자료를 이용하여 (주)포미나의 제조원가명세서를 작성하시오.

풀.이.

제조원가명세서

(주)포미나 20×1년 12월 1일부터 20×1년 12월 31일까지 (단위 : 원)

직접재료원가 :		
기초재고액	16,000	
당기매입액	55,000	
사용가능액	71,000	
기말재고액	(32,000)	39,000
직접노무원가		10,000
제조간접원가		72,500
당기총제조원가		121,500
기초재공품원가		40,000
합 계		161,500
기말재공품원가		(31,500)
당기제품제조원가		130,000

3 제조원가명세서 · 손익계산서 · 재무상태표의 관계

제조원가명세서의 당기제품제조원가는 손익계산서의 매출원가를 계산하는 근거가 된다. 즉 고객에게 판매된 제품의 매출원가는 제품의 제조과정에서 발생한 직접재료원가 · 직접노무원가 · 제조간접원가로부터 산출된다.

따라서 제조업의 경우 손익계산서를 작성하려면 사전에 반드시 제조원가명세서를 작성해야만 한다. 이에 반해 상품매매업의 손익계산서상 매출원가는 단순히 상품의 취득원가로 구성된다.

제조업과 상품매매업의 손익계산서를 비교해보면 [도표 3-6]과 같다.

재무제표 작성목적을 위해 원가회계가 수행하는 가장 중요한 역할은 매출원가를 계산하는 항목인 당기제품제조원가를 산출한다는 것이다. 제조원가명세서에 나타난 기말재공품원가는 일반적으로 평가를 통하여 확정된다.

■ 도표 3-6 제조업과 상품매매업의 손익계산서

제조업의 손익계산서

Ⅰ. 매출액		×××
Ⅱ. 매출원가		
1. 기초제품재고액	×××	
2. 당기제품제조원가	×××	
계	×××	
3. 기말제품재고액	(×××)	×××
Ⅲ. 매출총이익		×××
Ⅳ. 판매비와 관리비		(×××)
Ⅴ. 당기순이익(영업이익)		×××

상품매매업의 손익계산서

Ⅰ. 매출액		×××
Ⅱ. 매출원가		
1. 기초상품재고액	×××	
2. 당기매입액	×××	
계	×××	
3. 기말상품재고액	(×××)	×××
Ⅲ. 매출총이익		×××
Ⅳ. 판매비와 관리비		(×××)
Ⅴ. 당기순이익(영업이익)		×××

다만 계산과정에 의하면 기초재공품원가에 당기총제조원가를 가산한 합계액에서 당기제품제조원가를 차감하여 기말재공품원가를 계산할 수 있다.

이 기말재공품원가는 재무상태표의 재고자산항목에 재공품으로 표시되며, 손익계산서의 기말제품재고액은 매출원가를 산출하기 위한 항목으로 계상되는데 재무상태표의 제품에 해당된다.

이러한 관계를 나타내면 [도표 3-7]과 같다.

■ 도표 3-7 제조원가명세서 · 손익계산서 · 재무상태표와의 관계

제조원가명세서

Ⅰ. 직접재료원가	×××
Ⅱ. 직접노무원가	×××
Ⅲ. 제조간접원가	×××
Ⅳ. 당기총제조원가	×××
Ⅴ. 기초재공품원가	×××
합 계	×××
Ⅵ. 기말재공품원가	(×××)
Ⅶ. 당기제품제조원가	×××

손익계산서

Ⅰ. 매출액		×××
Ⅱ. 매출원가 :		
1. 기초제품재고액	×××	
2. 당기제품제조원가	×××	
계	×××	
3. 기말제품재고액	(×××)	(×××)
Ⅲ. 매출총이익		×××
Ⅳ. 판매비와 관리비		(×××)
Ⅴ. 당기순이익(영업이익)		×××

재무상태표

현금과 예금	×××
매출채권	×××
⋮	⋮
원재료	×××
▶제 품	×××
▶재공품	×××
⋮	⋮

예제 3-4 7월 1일의 성원주식회사의 재고자산에 관한 자료는 다음과 같다.

	기초잔액	기말잔액
직접재료	₩8,000	₩ ?
재공품	50,000	40,000
제 품	90,000	75,000

그리고 7월에 다음과 같은 거래가 발생하였다.

(1) 원가 ₩30,000의 직접재료를 외상으로 구입하였다.

(2) 원가 ₩25,000의 직접재료가 생산공정에 투입되었다.

(3) 생산직 종업원에 대한 노무원가가 ₩80,000 발생되었으나, 급여지급일은 8월 초라고 한다.

(4) 생산담당관리자에 대한 노무원가가 ₩22,000 발생되었으나, 급여지급일은 8월 초라고 한다.

(5) 기계장치감가상각비 ₩20,000
수도광열비(8월 초 지급예정) ₩18,000
기계장치에 대한 선급보험료 중 당기해당분 ₩1,000이 사용되었다.
(6) 당기매출액은 ₩320,000이고 판매비와 관리비는 ₩28,000이다.

물.음.

1. 성원주식회사의 원가흐름을 분개하시오.
2. T계정으로 전기하시오
3. 제조원가명세서를 작성하시오.
4. 손익계산서를 작성하시오.
5. 7월 말 재무상태표상 재고자산을 표시하시오.

풀.이.

1. 원가흐름 분개

① 직접재료매입시점의 분개

(차) 직접재료	30,000	(대) 외상매입금	30,000

② 직접재료의 생산투입시점의 분개

(차) 재공품	25,000	(대) 직접재료	25,000

③ 직접노무원가 발생시점의 분개

(차) 재공품	80,000	(대) 미지급임금	80,000

④ 제조간접원가 발생시점의 분개

(차) 제조간접원가	61,000	(대) 미지급임금	22,000
		기계장치감가상각누계액	20,000
		미지급비용	18,000
		선급보험료	1,000

⑤ 제조간접원가를 재공품계정으로 대체하는 분개

(차) 재공품	61,000	(대) 제조간접원가	61,000

⑥ 재공품을 제품으로 대체하는 분개

(차) 제 품	176,000	(대) 재공품	176,000

⑦ 제품매출시의 매출원가를 인식하는 분개

(차) 매출원가	191,000	(대) 제 품	191,000

2. T계정으로 전기

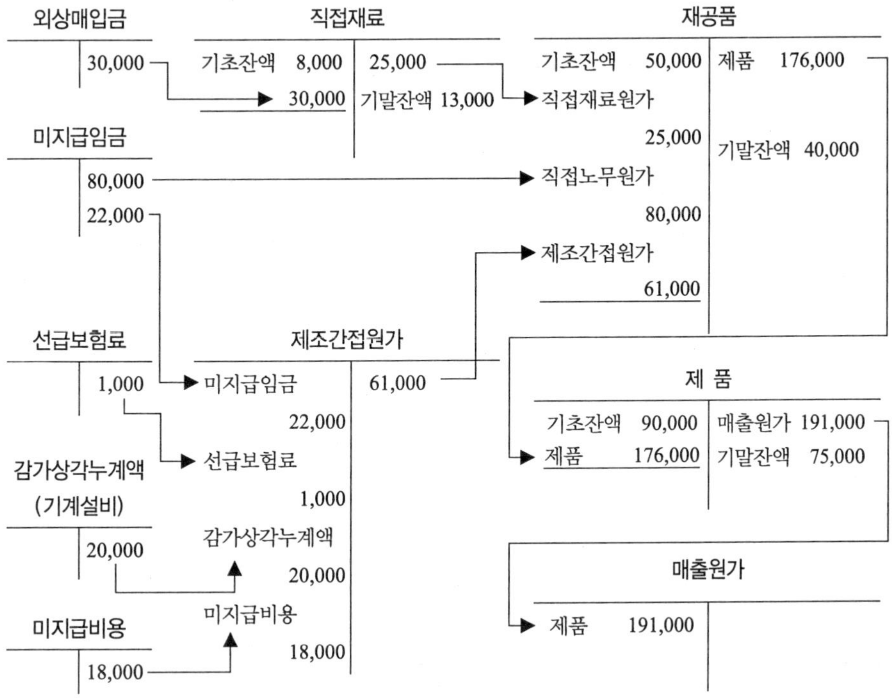

3. 제조원가명세서

제조원가명세서

(주)성원　　　　7월 1일부터 7월 31일까지　　　　(단위 : 원)

직접재료원가 :		
기초재고액	8,000	
당기매입액	30,000	
사용가능액	38,000	
기말재고액	(13,000)	25,000
직접노무원가		80,000
제조간접원가 :		
간접노무원가	22,000	
기계장치감가상각비	20,000	
수도광열비	18,000	
보험료	1,000	61,000
당기총제조원가		166,000
기초재공품원가		50,000
합 계		216,000
기말재공품원가		(40,000)
당기제품제조원가		176,000

4. 손익계산서

손익계산서

(주)성원	7월 1일부터 7월 31일까지	(단위 : 원)
매출액		320,000
매출원가 :		
기초제품재고액	90,000	
당기제품제조원가	176,000	
계	266,000	
기말제품재고액	(75,000)	(191,000)
매출총이익		129,000
판매비와 관리비		(28,000)
당기순이익(영업이익)		101,000

5. 부분재무상태표

재무상태표

(주)성원	7월 31일 현재	(단위 : 원)
재고자산 :		128,000
제　품	75,000	
재공품	40,000	
재　료	13,000	

연. 습. 문. 제.

01 **(주)금성의 제8기 제조활동과 관련된 정보는 아래와 같다.**

재료(통제)

차변	대변
기초잔액 ₩5,000	
매입 ?	
	기말잔액 ₩2,000

재공품

차변	대변
기초잔액 ?	제품 ₩35,000
직접재료원가* ?	
직접노무원가 ₩20,000	
제조간접비 ₩10,000	
	기말잔액 ₩15,000

제 품

차변	대변
기초잔액 ₩15,000	
재공품 ₩35,000	매출원가 ₩40,000
	기말잔액 ?

*직접재료원가는 당기총제조원가의 1/3이다.

물음

1. 제8기 동안의 재료매입액은 얼마인가?
2. 재공품계정의 기초잔액은 얼마인가?
3. 재료 사용액을 계산하시오.
4. 제품계정의 기말잔액을 계산하시오.

02 **(주)오성의 재고자산에 관련된 정보는 다음과 같다.**

	재고자산 기 초	재고자산 기 말
제 품	₩880,000	₩760,000
재공품	560,000	640,000
재료(통제)	720,000	760,000

〈 추가정보〉

당기에 투입된 총제조원가	₩5,232,000
제조간접원가	1,336,000
직접재료원가	1,544,000

물음

1. 당기 중 매입한 재료액을 계산하시오.
2. 직접노무원가 발생액을 계산하시오.
3. 매출원가를 계산하시오.

03 다음은 (주)화원의 4월 1일과 4월 30일의 계정잔액이다.

	4월 1일	4월 30일
직접재료	₩40,000	₩31,000
재공품	81,000	78,000
제 품	70,000	63,000

4월 동안의 직접재료구입액은 ₩51,000이고, 직접노무원가는 ₩90,000이 발생하였으며 제조간접원가는 직접노무원가의 70%만큼 발생한다고 한다.

물음

다음의 금액을 계산하시오.

1. 당기총제조원가
2. 당기제품제조원가
3. 매출원가

04 (주)패션의 3월 중의 재고자산과 생산에 관련된 자료는 다음과 같다.

	기 초	기 말
직접재료	₩20,000	₩26,000
재공품	40,000	36,000
제 품	102,000	105,000

3월 중의 직접재료매입액은 ₩110,000이고 3월 중의 매출원가는 ₩345,000이다. 재공품의 기말잔액은 기초잔액의 90%이며 제조간접원가는 직접노무원가의 50%만큼 발생한다고 한다.

물음

1. 3월 중에 발생한 기초원가(prime costs)를 계산하시오.
2. 3월 중에 재공품계정에 계상된 가공원가(conversion costs)를 계산하시오.
3. 3월 중의 제조원가명세서를 작성하시오.

05 **다음의 거래는 (주)선한의 9월 중의 거래이다.**

(1) 직접재료 ₩11,600을 외상으로 구입하다.

(2) 직접재료 중 ₩2,000을 생산공정에 투입하다.

(3) (1)번의 외상구입대금을 지급하다.

(4) 직접재료 ₩34,000을 생산공정에 투입하다.

(5) 임금이 ₩56,000 발생하였고 근로소득세 예수금 ₩18,000을 제외한 나머지를 현금으로 종업원에게 지급하다.

(6) 임금계정의 총액을 분석한 결과 60%는 직접노무원가이고 30%는 간접노무원가이며 10%는 판매비와 관리비에 속한다는 것을 발견했다.

(7) 공장운영을 위한 수도광열비가 ₩25,000, 수선유지비가 ₩18,500이다.

(8) 공장의 기계설비 감가상각비는 ₩21,000이다.

(9) (주)선한의 계정잔액은 다음과 같다.

	기초잔액	기말잔액
직접재료	₩74,100	₩ ?
재공품	16,500	?
제 품	83,000	66,400
매출원가		131,700

물음

1. 위의 거래를 분개하시오.
2. T계정을 이용하여 당기의 원가흐름을 나타내시오.

06 20X1년 5월 31일 영한사는 화재로 인하여 재공품은 전부 유실되었으나, 원재료 및 완제품에는 손실이 발생하지 않았다. 화재손실 전액은 보험금으로 충당할 수 있다. 20X1년 1월 1일의 재고자산과 화재 후의 재고자산은 다음과 같다.

	1월 1일	5월 31일
재 료	₩30,000	₩62,000
재공품	100,000	?
제 품	140,000	119,000

지금까지 회사장부의 기록을 검토해 본 결과 매출총이익률은 약 25%이고, 2010년 처음 5개월간의 매출액은 ₩340,000이었으며 5개월 동안 매입한 재료 금액은 ₩115,000이다. 이 기간 동안의 직접노무원가는 ₩80,000이고 제조간접원가의 50%가 된다.

물음

20X1년 5월 31일 화재로 유실된 기말재공품원가를 결정하시오.

07 백암사의 8월 한달간의 영업과 관련된 정보는 아래와 같다. 매출액은 ₩120,000이다. 8월 1일의 제품의 잔액은 ₩16,160, 재공품의 잔액은 ₩3,100, 직접재료의 잔액은 ₩2,850이었고 공장소모품의 재고는 ₩1,600이었다. 회사는 제조간접원가와 관련된 사항을 기록하기 위한 보조원장을 가지고 있다.

(1) 직접재료 ₩21,700을 구입하다.

(2) 직접재료 ₩16,800을 생산공정에 투입하다.

(3) 급여에 대한 세부사항은 다음과 같다.

	급 여
생산직근로자	₩60,000
감독자	4,000
공장 수선부 근로자	1,500
공장관리자	4,500
마케팅스탭	9,000
관리스탭	10,000
합 계	₩89,000

(4) 공장의 장비 ₩700을 현금으로 지급하다.

(5) 8월의 감가상각에 대한 정보는 다음과 같다.

	감가상각비
공장건물	₩2,650
공장기계설비	3,010
사무실빌딩(마케팅 스텝과 관리 스텝이 사용)	900
사무실설비(마케팅 스텝이 사용)	400
합 계	₩6,960

(6) 선급보험료계정에서 8월 중 사용된 보험료는 다음과 같다.

공장건물	₩350
공장설비	295
사무실건물	150
사무실설비	80
	₩875

(7) 8월 31일 현재 재고자산의 잔액은 다음과 같다.

직접재료	₩7,750
공장소모품	400
재공품	2,945
제 품	17,180

물음

1. 한달간의 영업활동에 관한 거래내용을 분개하시오.

2. 제조원가명세서를 작성하시오.

3. 손익계산서를 작성하시오.

08 **(주)흑성은 제10기 1월 1일에 재고자산으로 재료 ₩37,000, 재공품 ₩60,000과 제품 ₩90,000을 보유하고 있었다. 1월 중의 거래자료는 다음과 같다.**

(1) 재료 ₩40,000을 외상으로 매입하다.

(2) 생산과정에 투입된 재료는 모두 직접재료이다.

(3) 직접노무비 ₩80,000을 포함한 공장종업원의 임금과 급료는 총 ₩112,000이다.

(4) 기타 제조간접비의 내역은 다음과 같다.

공장과 설비의 감가상각비	₩20,500
수도광열비	18,500
선급보험료의 경과액	1,000

제10기 1월 31일자의 재고자산은 재료 ₩14,000, 재공품 ₩45,000과 제품 ₩80,000이라고 한다.

물음

1. 1월 중의 거래내용이 제조간접비계정과 재고자산계정에 미치는 영향을 분개로 표시하시오.
2. 1월의 제조원가명세서를 작성하시오.

09 다음 (주)청룡에 관한 자료이다.

	재고자산	
	기초잔액	기말잔액
직접재료	₩8,000	₩4,000
재공품	32,000	25,600
제 품	16,000	33,600

추가자료 :

직접재료매입액	₩16,000
사용한 직접재료액	20,000
직접노무원가	48,000
제조간접원가 :	
간접노무원가	₩9,600
감가상각비	4,000
수도광열비	3,400
소모품비	2,880

물음

1. 재고자산 계정에 필요한 분개를 하시오.
2. 제조원가명세서 및 매출원가보고서를 작성하시오.

10 **(주)금강기업에 대한 자료는 다음과 같다.**

	재고자산	
	기초잔액	기말잔액
원재료	₩120,000	₩200,000
재공품	200,000	160,000
제 품	320,000	160,000

추가자료 :

사용한 원재료원가(모두 직접재료임)	₩240,000
제조간접원가	120,000
판매가능한 제품원가	800,000

물음

1. 재고자산 계정에 대한 분개를 하시오. 모든 매입은 외상으로 이루어졌다고 가정한다.
2. 다음을 계산하시오.
   ① 기초원가(prime costs)
   ② 가공원가(conversion costs)

제4장 원 · 가 · 회 · 계

요소별 원가계산

제4장

요소별 원가계산

제1절 제조원가의 흐름과 계산절차

제품원가의 계산은 다음 [도표 4－1]과 같이 원가요소별 계산, 부문별 계산, 제품별 계산과 같은 단계를 거쳐 행하여진다.

이 3단계 중 제1단계의 원가요소별 계산은 일정기간 동안의 원가발생액을 여러 기준에 따라 원가요소별로 분류・측정・집계하는 절차로, 이 계산은 재무회계와 원가회계를 유기적으로 결합시키는 연결핀으로서 중요한 의미를 가지고 있다. 즉 재무회계에서 측정된 제조비용을 원가계산 목적에 유용하도록 원가요소를 그 발생행태에 따라 재료비, 노무비, 경비로 분류하고 이것을 다시 직접비, 간접비로 나누어 그 발생액을 인식 측정하는 것이다.

제2단계의 부문별 원가계산은 제1단계의 요소별 계산에서 파악된 원가요소를 발생장소별로 집계하여 부문비를 계산하는 절차이다. 부문별 계산의 중요성은 보다 정확한 제품별 원가계산과 더불어 성과평가와 원가관리를 위해 책임단위별로 원가를 집계하는 데 있다.

제3단계의 제품별 계산은 제품, 반제품과 같은 원가대상에 원가요소를 집계하여 제품의 단위제조원가를 산정하는 절차이다. 제품별 원가계산은 외부보고목적의 기간손익계산, 내부보고목적의 이익관리에 있어서 중요한 원가정보를 제공하는 절차이다.

원가계산의 최종목적은 제품별 계산이며, 이는 제품의 생산방법에 따라 다양한 원가계산방법이 이용된다.

이와 같이 원가계산의 시작은 원가요소별 계산이다. 원가요소별 계산은 제조원가를 재료비, 노무비, 경비의 세 가지로 구분하여 행한다. 특히 원가요소별 계산은 제원가요소의 물리적 단위(예 : 재료의 종류별 소요량, 노무용역별 작업시간 등)인 원단위의 측정결과를 이용한다.

■ 도표 4-1 제조원가의 흐름과 계산절차

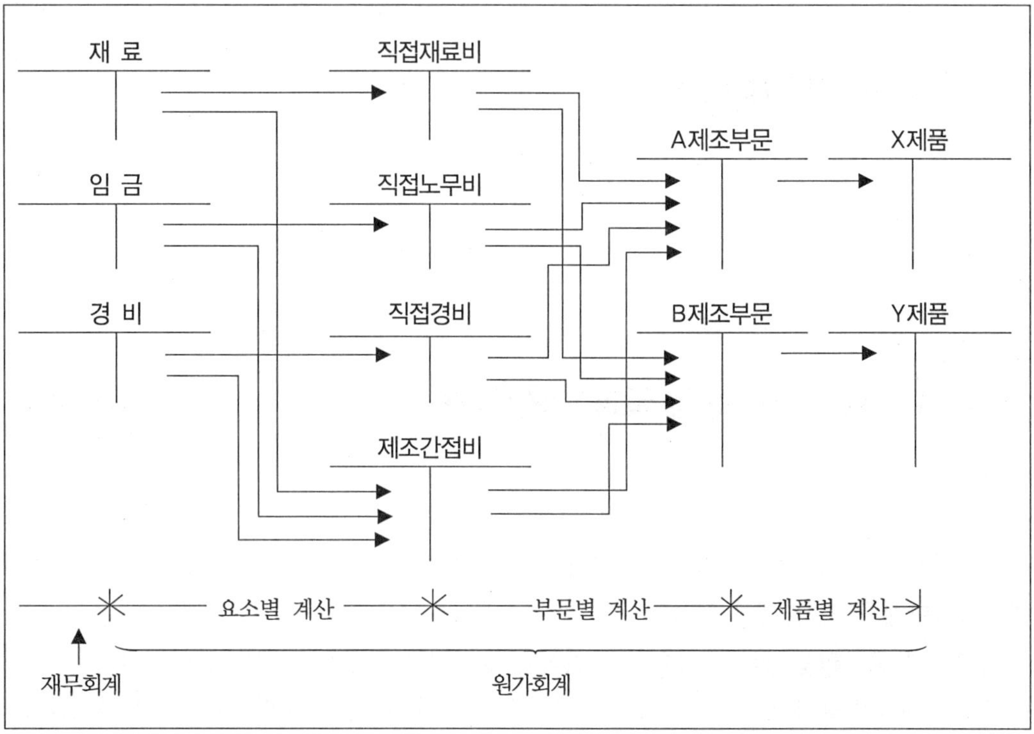

제2절 재료비의 회계

1 재료비의 의의

재료(material)란 기업이 제품의 제조에 소비할 목적으로 구입하여 보관하고 있는 물품을 말하는 것으로 재고자산의 일종이다. 재료와 비슷한 용어로 원료(raw material)라는 개념이 있어 재료와 동의어로 사용되기도 한다.

재료와 원료의 개념상 차이는 물리적인 가공에 의해서 제품의 실체를 형성하는 것을 재료라고 하고, 화학적 가공에 의해서 제품을 형성하는 것을 원료라고 구별하기도 한다. 그러나 이러한 구별은 원가계산상에서는 이루어지지 않고 있다. 이 책에서는 가급적 재료로 통일하여 사용하였다.

■ 도표 4-2 재료와 재료비의 흐름

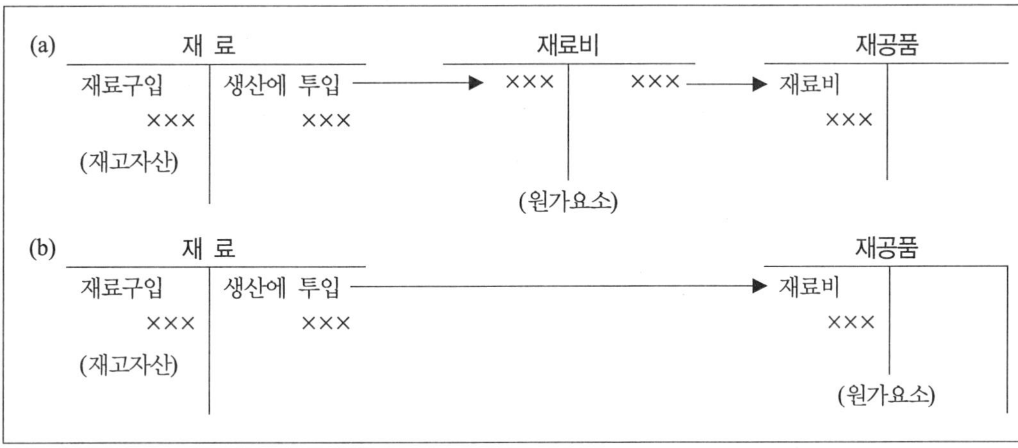

재료비 또는 재료원가(material cost)란 원가계산상의 용어로서 제품을 제조하기 위하여 소비된 재료의 경제적 가치이다. 재료가 소비된다는 것은 재료의 경제적 가치가 제품의 제조원가로 이전되는 것을 의미한다.

[도표 4-2]는 재료와 재료비의 흐름을 나타내는 것으로 재료는 자산개념이고 재료비는 원가요소로서 제조원가를 구성하는 개념이다. 따라서 이 책에서는 '재료비'와 '재료원가'라는 용어를 같이 쓰기로 한다.

[도표 4-2]의 (b)에서처럼 재료비라는 계정을 별도로 설정하지 않고 재료가 생산공정에 투입되는 시점에서 재료비를 인식하고 재료계정의 대변과 재공품계정의 차변에 기입함으로써 제조원가로 이전시키기도 한다.

2 재료비의 분류

재료비는 제품과의 관련 정도에 따라서 직접재료비와 간접재료비로 나눌 수 있는데 이는 원가계산 목적상 분류한 것이다.

(1) 직접재료비

직접재료비(direct material cost)는 특정 제품을 제조하기 위해 직접 소비된 경제적 가치이며 소비된 가치는 제품에 직접 집계할 수 있다. 재료비의 형태별 분류에 따른 주요 재료비와 부분품의 대부분은 이에 속한다.

(2) 간접재료비

직접재료비를 제외한 모든 재료비를 포함한다. 이 간접재료비(indirect material cost)는 어느 한 개의 특정 제품을 제조하는 데 재료가 소비되는 것이 아니라 여러 종류의 제품을 제조하는 데 공통적으로 사용되는 재료의 소비액이다. 제품별로 소비액을 추적하기가 곤란하므로 일정기준에 따라 배부하여 그 소비액을 집계한다.

이와 같이 재료의 소비액을 특정 제품 단위별로 집계할 수 있느냐 없느냐에 따라서 직접재료비와 간접재료비로 분류할 수 있는데, 주로 개별원가계산에서 유용하게 사용된다. 그러나 이런 분류는 종합원가계산에서도 중요하게 쓰인다.

즉 직접비는 제품단위당 표준재료소비량, 표준작업시간 등을 설정할 수 있는 데 반하여 간접비의 경우는 단위당 계산이 곤란하므로 간접비예산에 의해서 원가를 배부하여 관리할 수밖에 없다. 그러므로 이러한 사실은 원가관리를 어떻게 할 것이냐를 결정하게 하는 근거가 되기도 한다.

또한 재료비는 재료가 제품제조에 투입되는 상태에 따라 다음과 같이 분류된다.

1) 주요재료비

주요재료비(main materials)는 제품의 제조에 직접소비되고 제품의 주된 실체를 구성하는 재료의 소비액이다. 예를 들면 가구회사의 목재, 의류제조회사에서의 원단, 정유회사에서의 원유 등은 주요재료의 대표적인 예이다.

2) 보조재료비

보조재료비(subsidiary materials)는 제품제조에 직접 또는 간접으로 재료가 소비되나 그 제품의 실체를 형성하지 않는 소모성 재료비로서 제품제조에 보조적으로 소비되는 것이다. 예를 들면 포장재료비, 수선재료비, 동력용 연료 및 윤활유 등이 이에 속한다. 일반적으로 소모품비도 이에 속하나 소모품비를 구분하여 계산하기도 한다.

3) 부분품비

부분품비(parts)는 제품에 그대로 부착되어 제품의 실체를 구성하는 재료비이다. 예를 들면 자동차제조회사의 타이어, 핸들, 에어백 등 전자공업의 반도체 등이다. 이들 부분품은 기업외부로부터 구입하여 사용하는 매입부분품(purchased parts)의 소비액을 일컬으며, 자체생산하여 사용하는 자가제조부분품(manufactured parts)도 있다. 일반적으로 원가계산에서 부분품비라고 하면 매입부분품의 소비액을 일컬으며 자가제조부분품은 반제품으로 취급되어지는 경우가 많다.

4) 소모공구 · 기구 · 비품비

내용연수가 1년 미만이거나 또는 내용연수가 1년 이상이라 하더라도 가액이 상당액 미만인 소모성의 공구 · 기구 · 비품(consumable tools, instruments and equipments)는 고정자산으로 처리하지 않고 재료비로 처리한다. 공구는 제조에 사용되는 소형기구로 스패너, 드라이버, 렌치, 해머, 벤치, 절단공구 등이며 기구는 그 자체가 일정한 기능을 가지는 전력계, 전압계, 온도계, 소화기 등이고 비품은 금고, 의자, 책상, 컴퓨터 등이다.

위의 재료비의 분류형태를 요약하여 보면 [도표 4－3]과 같다.

■ 도표 4－3 재료비의 분류

- 재료비
  - 직접재료비
    - 주요재료비
    - 부분품비
      - 매입부분품비
      - 자가제조부분품비
  - 간접재료비
    - 보조재료비
    - 공장소모품비
    - 소모공구 · 기구 · 비품비

3 재료의 입고와 출고절차

기업의 제조환경이 점차 자동화되면서 최근 린생산(감량생산 : lean production), FMS(유연생산시스템 : flexible manufacturing system) 등에 의해 제조활동을 관리하고 있다. 이는 제조활동에 있어서 재료의 효율적 관리문제가 중요하다는 내용을 함께 포함하고 있다. 따라서 재료의 구입, 보관 및 출고절차가 합리적으로 수립되어 있어야 한다. 물론 기업이 처한 환경 즉 업종, 규모에 따라 재료의 구입 및 출고절차에 필요한 업무조직이나 주요 전표, 서류 및 비치 장부가 동일하지 않다. 재료가 구입, 입고, 출고되기까지의 과정 및 기장과정은 일반적으로 다음의 절차로 이루어진다.

(1) 재료의 구입과 입고

1) 재료구입청구서

재료는 항상 비치하고 있어야 하는가의 여부에 따라 상비재료와 특수재료로 나눌 수 있다. 어느 경우든 구매하려 하는 재료의 품명, 규격, 품질, 수량, 필요시기 등을 기재한 재료구입청구서(material purchase requisition)를 작성한다. 일반적으로 2통을 작성하여 1통을 구매부서에 제출하고 1통은 발행자가 보관한다. 다음 [도표 4－4]가 재료구입청구서 양식이다.

■ 도표 4-4 재료구입청구서 양식

재료구입청구서 No. ______

년 월 일

구매부장 귀하

주 문 서 No. ______
납 기 일 ______
인수장소 ______

다음 재료를 구입하여 주십시오.

품 명	적 요	수 량	비 고
	발행부문	발행책임자	

2) 주문서

재료구입청구서를 받은 재료구매부서는 통상 4통의 주문서(materials purchase order)를 작성하여 매입거래처에 1통을 보내고, 1통은 구입청구서를 보내 온 부처에, 1통은 검수계에 또 1통은 구매부서에서 보관하였다가 송장과 대조하여 본다. [도표 4−5]에 나타난 바와 같이 주문서에는 재료의 품명, 규칙, 수량・단가・금액 및 납품기일, 납품장소, 지급조건, 운송방법 등이 기재되어 있다.

■ 도표 4-5 주문서 양식

주 문 서 No. ______

년 월 일

주 소 ______
회사명 ______ 귀중

다음과 같이 주문합니다.

품 명	적 요	수 량	단 가	금 액	비 고

납품기일 ______ 운 송 방 법 ______
납품장소 ______ 대금지급방법 ______

구매청구하는 회사주소, 회사명, 사장 인

3) 검수보고서

검수부서는 도착된 재료현품과 송장(invoice)을 주문서 사본과 대조하여 이상이 없는 것을 확인한 후에 검수보고서(report of material received)를 작성한다. 보통 재료검수보고서를 3통 작성하여 1통은 현품과 함께 창고에 보내고 1통은 구매부서에 보내고 나머지 1통은 검수부서가 보관하고 있다. 그 양식은 [도표 4-6]에 나타나 있다.

■ 도표 4-6 검수보고서 양식

검수보고서 No. ________

주 문 서 No. ________ 검수장소 ________

송 장 No. ________ 매 입 처 ________

검수일자 ________

품 명	적 요	수 량	금 액	비 고

검수부서 책임자 ________ 인

4) 재료의 반송

납품된 재료를 검사한 결과 재료에 결함이 있거나 파손, 품질불량, 규격불일치 등이 발견되면 재료를 구매처에 반품하는 경우가 있다. 이 경우 검수부문은 재료반송표(returns outward invoice)를 3통 작성하여 원본은 현품과 함께 구매처로, 1통은 구매부문에 송부하고 나머지 1통은 검수계가 보관한다.

5) 구입재료의 기장

구매부서는 검수보고서와 송장, 주문서를 대조하여 이상이 없으면 송장을 회계부서에 보낸다. 그런데 여러 종류의 재료를 여러 거래처에서 각기 다른 시간에 구입하므로 일단 재료를 구입하게 되면 종류별로 재료원장(stores ledger)의 수입란에 기입하고 외상매입일 때는 거래처원장 대변에 기입한 후 일정기간 후에 총계정원장에 전기하기 위해 재료매입장에 주요재료 · 부분품 · 보조재료 · 공장소모품 · 소모공구 · 기구 · 비품으로 구분 · 집계하여 원장에 전기한다. 재료매입장(materials purchases book)은 송장번호, 매입처, 매입내역 등을 기록하고 매입한 재료를 종류별로 차변과목에, 대금지급방법별로 대변과목에 기입하는 장부이며 특수분개장의 일종이다.

재료의 구입에 따른 분개는 다음과 같다.

(차) 주요재료	×××	(대) 외상매입금	×××
보조재료	×××	제 좌	×××
부분품	×××		
소모공구기구비품	×××		

예제 4-1 (주)양지의 2월 중의 거래내역은 다음과 같다.

(1) 2월 3일 성지회사에서 A주요재료 ₩80,000(200단위 @₩400)을 외상으로 매입하다(송장 No.111).

(2) 2월 7일 성수회사에서 B보조재료 ₩120,000(400단위 @₩300)을 외상으로 매입하다(송장 No.300).

(3) 2월 10일 성호회사에서 C부분품 ₩20,000(100단위 @₩200)을 매입하고 수표를 발행하다(송장 No.129).

(4) 2월 17일 성심회사에서 D소모품 ₩50,000(200단위 @₩250)을 외상으로 매입하다(송장 No.100).

(5) 2월 19일 성내회사에서 E소모공구 ₩40,000(100단위 @₩400)을 외상으로 매입하다(송장 No.153).

(6) 2월 26일 성일회사에서 F주요재료 ₩100,000(200단위 @₩500)을 외상으로 매입하다(송장 No.135).

물.음.

1. 위의 거래를 재료매입장에 기입하시오.
2. 원장에 전기하기 위한 분개를 나타내시오.

풀.이.

1. **재료매입장** (단위 : 천원)

일자	송장 No.	매입처	적 요	차변 주요재료	차변 부분품	차변 보조재료	차변 공장소모품	차변 소모공구기구비품	원면	대변 외상매입금	대변 제좌 적요	대변 제좌 금액
2/ 3	111	성지회사	A재료200@₩400	80						80		
2/ 7	300	성수회사	B재료400@₩300			120				120		
2/10	129	성호회사	C재료100@₩200		20						당좌	20
2/17	100	성심회사	D재료200@₩250				50			50	예금	
2/19	153	성내회사	E재료100@₩400					40		40		
2/26	135	성일회사	F재료200@₩500	100						100		
				180	20	120	50	40		390		20

2.	(차) 주요재료	180,000	(대) 외상매입금	390,000
	부분품	20,000	당좌예금	20,000
	보조재료	120,000		
	공장소모품	50,000		
	소모공구・기구・비품	40,000		

(2) 재료의 출고절차

1) 재료출고청구서

재료의 출고는 원가계산상 재료의 소비를 의미한다. 기업이 구입한 재료는 출고되기 이전까지는 자산으로 취급되지만 일단 창고에서 출고되면 재료비라는 원가요소가 발생하는 것으로 인식한다.

작업현장이나 제조부문에서 재료가 필요할 때에는 그 부문의 책임자가 다음 [도표 4－7]과 같은 재료청구서(material requisition form) 또는 출고전표를 작성하여 창고계에 출고를 청구하게 된다.

2) 재료출고의 기장

재료에는 여러 종류가 있고 소비되는 장소도 제조부문, 제조간접비부문, 판매비와 관리비 등 여러 부문이 있으며 출고시기도 각각 다르다. 그러므로 재료구입 때와 마찬가지로 재료분개장에 기입하여 일정기간 집계하였다가 일괄적으로 총계정원장에 전기한다.

■ 도표 4－7 재료출고청구서 양식

재료출고청구서 No. ________

제조지시서 No. ________
부　　문 No. ________
공　　정 No. ________

발행일

<table>
<tr><td colspan="6">발행책임자</td></tr>
<tr><td>직장</td><td></td><td>계장</td><td></td><td>과장</td><td></td></tr>
</table>

출 고 재 료

<table>
<tr><td colspan="2">품 명</td><td>수 량</td><td>단 가</td><td>금 액</td><td>적 요</td></tr>
<tr><td colspan="2"></td><td></td><td></td><td></td><td></td></tr>
<tr><td rowspan="2">기
장</td><td>재료원장</td><td>재료분개장</td><td>원가계산</td><td></td><td rowspan="2">출고자　　　　　　인</td></tr>
<tr><td></td><td></td><td></td><td></td></tr>
</table>

출고재료에 대한 분개를 위해서는 출고된 재료의 소비액 중에서 간접재료비에 해당하는 것은 제조간접비 계정의 차변과 해당재료 계정의 대변에 기록한다.

(차) 재공품	×××	(대) 주요재료	×××
제조간접비	×××	보조재료	×××
		부분품	×××
		소모공구・기구・비품	×××

예제 4-2 다음 (주)혜성의 정보자료이다.

(1) 4월 1일 A주요재료 ₩80,000(40단위 @₩200)을 제조부에 출고하다.
(2) 4월 10일 B보조재료 ₩50,000(100단위 @₩500)을 동력부에 출고하다.
(3) 4월 12일 C부분품 ₩60,000(200단위 @₩300)을 제조부에 출고하다.
(4) 4월 18일 D소모품 ₩30,000(100단위 @₩300)을 수선부에 출고하다.
(5) 4월 29일 E소모공구 ₩25,000(100단위 @₩250)을 수선부에 출고하다.
(6) 4월 30일 F주요재료 ₩120,000(300단위 @₩400)을 제조부에 출고하다.

물.음.

1. 위의 자료를 분개장에 기입하시오.
2. 분개장의 내용을 총계정원장에 전기하기 위한 분개를 하시오.

풀.이.

1. **재료분개장** (단위 : 천원)

일자		청구서 No.	적 요	차 변		대 변				
				재공품	제조 간접비	주요 재료	부분품	보조 재료	공장 소모품	소모공구 기구비품
4	1		A재료40 @₩200	80		80				
	10		B재료100@₩500		50			50		
	12		C재료200@₩300	60			60			
	18		D재료100@₩300		30				30	
	29		E재료100@₩250		25					25
	30		F재료300@₩400	120		120				
				260	105	200	60	50	30	25

2.

(차) 재공품	₩260,000	(대) 주요재료	₩200,000
제조간접비	105,000	부분품	60,000
		보조재료	50,000
		공장소모품	30,000
		소모공구・기구・비품	25,000

(3) 재료의 입고와 출고에 관한 흐름도

지금까지 설명한 재료의 입고와 출고에 따른 원가의 흐름은 다음 [도표 4－8]과 같다.

■ 도표 4-8 재료의 입고와 출고의 흐름

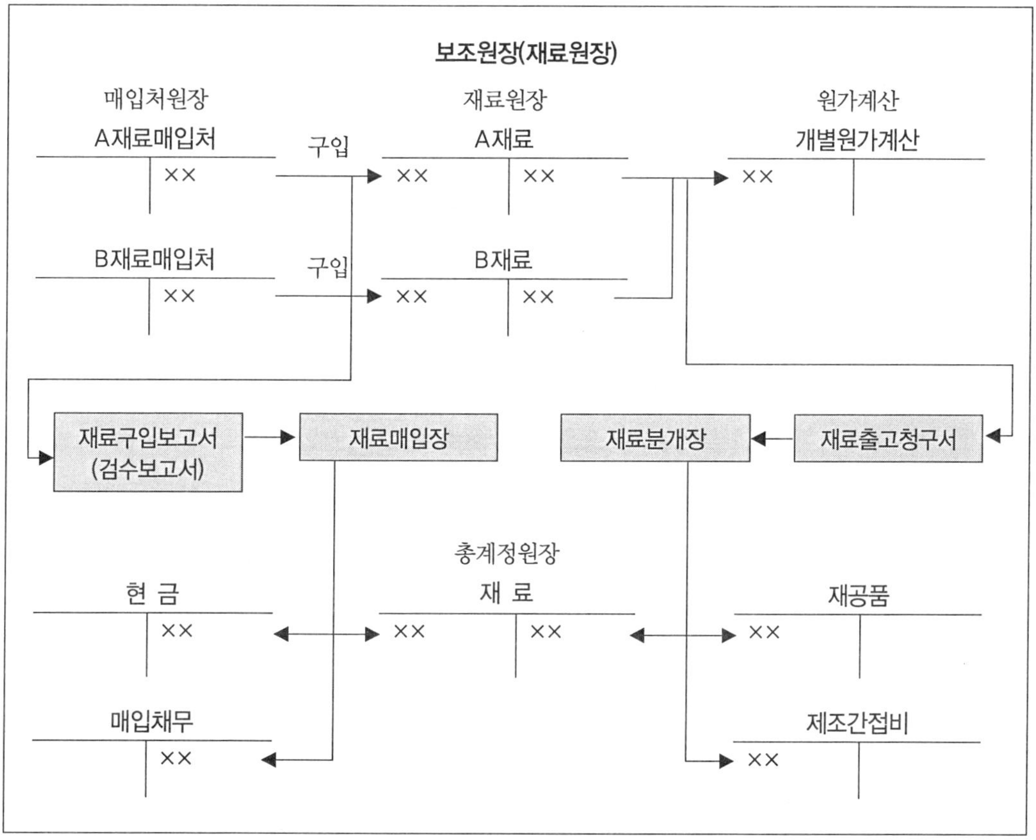

4 재료취득원가의 계산

재료의 취득원가를 어떻게 결정할 것인가는 기말재료재고액의 평가에도 영향을 미칠 뿐만 아니라 재료소비액 계산이 기본이 된다. 그러므로 재료의 취득원가는 출고가능한 상태까지 소요된 모든 원가의 합계액으로 계산하여야 한다. 즉, 재료취득원가는 재료주비와 재료부비를 합한 금액이다.

재료취득원가 = 재료주비 + 재료부비

① **재료주비** : 재료구입대가로 송장(invoice)의 가액을 말한다.

② **재료부비** : 재료구입가격 이외에 재료구입과 관련하여 발생하는 모든 부대비용을 말하며 재료가 제조공정에 투입가능상태에 이르기까지의 부수적 비용이다.

재료부비 = 외부재료부비 + 내부재료부비

- 외부재료부비 : 재료구입과 관련하여 외부에 지급하는 부대비용으로 매입수수료, 인수운임, 하역비, 운송보험료, 관세 등 재료구입에 필요한 인수비용이 해당된다.
- 내부재료부비 : 재료의 구입, 보관과 관련하여 기업 내부에서 발생하는 것으로 구입사무, 검수, 정리, 선별, 손질, 보관 등에 소요된 모든 비용이다.

위의 재료부비 중 어느 것을 취득원가(매입원가)에 산입시킬 것인가를 결정하는 데는 다음과 같은 방법이 있다.

① 재료부비를 포함시키지 않고 재료구입가격만을 취득원가로 계산하는 방법

② 재료구입가격에 외부재료부비만을 가산하여 재료의 취득원가로 계산하는 방법

③ 재료구입가격에 외부재료부비와 내부재료부비 모두를 가산하여 재료의 취득원가로 계산하는 방법

세 가지 방법 중 가장 널리 사용하고 있는 방법은 ②의 방법이다. 즉 취득원가는 재료주비에 외부재료부비만을 가산하여 계산하고, 내부재료부비는 경비로 분류한다.

재료의 취득원가 = 재료주비 + 외부재료부비

그러나 외부재료부비의 금액이 적은 경우에는 재료의 취득원가에 포함시키지 않고 경비로 처리할 수 있다. 반대로 내부재료부비의 경우 배부계산이 복잡한 때에는 경비로 처리하지 않고 재료의 취득원가에 포함시키는 경우도 있다.

5 소비재료의 원가계산

(1) 소비재료의 수량계산

제품제조를 위하여 소비된 재료비의 계산식은 다음과 같다.

재료비 = 재료소비량 × 소비단가

그러므로 재료비를 계산하기 위해서는 재료소비량을 파악하고 단가를 결정해야 한다. 먼저 재료소비량을 파악하는 방법에는 계속기록법, 실제재고조사법, 역산법의 세 종류가 있다.

1) 계속기록법

계속기록법(perpetual inventory method)은 제품을 제조하기 위하여 재료를 입고하고 출고할 때마다 재료원장에 계속 기입하여 재료의 소비량과 재고량을 명확하게 나타내 주는 방법이다. 이는 장부상에서 재료의 소비량과 기말재고량을 계산하기 때문에 장부실사법(book inventory method)이라고도 한다. 계속기록법의 장점으로는 다음을 들 수 있다.

① 제품별・재료별 정확한 소비량과 재고량을 알 수 있다.
② 원가계산을 쉽게 할 수 있다.
③ 재료의 낭비와 부정을 방지할 수 있다.
④ 장부재고량과 실제재고량을 비교할 수 있어서 재고감손을 계산할 수 있다.

> • 장부재고량 = 기초재고량 + 당기매입량 − 당기소비량
> • 재고감손량 = (기초재고량 + 당기매입량) − (당기소비량 + 기말실제재고조사량) = 장부재고량 − 실제재고량

그러나 이런 방법은 기장사무가 복잡하고 시간이 많이 소요되는 단점이 있다. 그러므로 주요재료・부분품 등 중요한 재료에 적용하고 비교적 중요하지 않은 재료에는 적용하지 않는다.

2) 실제재고조사법

실제재고조사법(physical inventory method)은 기말결산시점이나 원가계산시점에서 실제로 재고를 조사하여 전기에서 이월된 기초수량과 당기에 매입한 수량을 합산한 수량에서 실제로 조사한 재고수량을 차감하여 재료소비량을 계산하는 방법이다.

> 당기재료소비량 = 기초재고량 + 당기매입량 − 실제기말재고량

이 방법은 계산사무가 편리하다는 장점이 있으나 다음과 같은 단점이 있다.

① 재료의 부문별・제품별 소비량을 알 수 없다.
② 실제소비량과 재고감손량을 구별할 수 없다.

그러므로 재료의 감손에 해당하는 손실이 소비재료에 가산되므로 감손이 많은 고가재료에 이 방법을 적용하는 것은 타당치 못하다.

3) 역산법

역산법(retrograde method)은 완성된 제품단위당 재료의 소비수량을 추정하거나 산정하여 동기간 제품의 완성수량을 곱함으로써 파악하는 방법이다.

제품완성량 × 제품단위당 표준소비량 = 추정소비량

이 방법은 계속기록법의 적용이 곤란할 때 쓰는 방법으로, 실제소비량과 추정소비량을 비교하여 재료관리를 능률적으로 할 수 있게 한다.

위의 세 가지 방법 중 정확한 계산을 위해서는 계속기록법을 사용해야 하나 경우에 따라서는 실제재고조사법과 역산법을 적용할 수도 있다. 그러나 계속기록법을 적용하는 경우에도 실제재고조사법을 병행하여 재고감손을 정확히 파악해야 하고, 역산법을 적용하여 재료관리를 해야 할 필요가 있다.

(2) 소비재료의 단가계산

소비재료 단가계산은 구입시점의 원가를 기초자료로 하여 결정하는 데 원가법, 예정가격법, 시가법 등의 세 가지 방법이 있고, 또한 원가법에는 아래와 같은 여러 방법이 있다.

1) 원가법

원가법(cost method)은 재료의 소비단가를 재료를 구입할 당시의 취득원가를 기준하여 출고단가를 계산하는 방식이다. 그러나 동일재료라 하더라도 구입시점이 상이하기 때문에 취득단가도 달라진다. 그러므로 단가결정방법은 어떠한 원가흐름의 가정하에 계산되느냐에 따라 다음과 같이 세분된다.

① 개별법(specific identified method) : 동일한 품질, 규격을 갖춘 재료라도 취득원가가 다르면 각각 구분하여 기록・보관하고 출고할 때마다 그 취득단가를 개별적으로 추적하여 소비단가로 기록하는 방법이다. 그러나 재료의 종류가 많고 취득원가가 다양한 경우에는 실시가 곤란하다.

② 선입선출법(FIFO : first-in first-out method) : 같은 종류의 재료라도 취득단가가 다르면 재료원장상에 구분하여 기록해서, 먼저 매입한 것부터 출고하는 방법이다. 이 방법은 보관기간이 길어지면 재료의 질적 저하가 일어나는 경우에 적합하다. 그러나 계산이 복잡하고, 같은 제품이라도 상이한 단가로 인해서 제조원가가 달라지는 단점이 있다.

③ 후입선출법(LIFO : last-in first-out method) : 같은 종류의 재료라 할지라도 취득단가가 다르면 재료원장상에 구분하여 기록해서, 나중에 매입한 것부터 출고하는 방법이다. 선입선출법과 정반대의 방법인데, 이는 인플레이션하에서 가장 시가에 가까

운 원가로 제품원가를 계산하는 효과가 있으나 계산이 복잡하고 동일한 제품에 상이한 단가로 인해서 제조원가가 달라진다. 그러나 K-IFRS는 채택하고 있지 않다.

④ 이동평균법(moving average method) : 상이한 취득단가로서 재료를 매입할 때마다 가중평균원가를 계산하여 새로운 입고가 있을 때까지 소비단가로 적용하는 방법으로 계속기록법하에서만 이용될 수 있다.

$$\text{이동평균단가} = \frac{\text{현재재고액} + \text{취득원가}}{\text{현재재고량} + \text{구입수량}}$$

물가가 폭락하는 경우 제품원가에 미치는 영향을 줄일 수 있다는 장점이 있으나 구입이 빈번한 경우에는 가중평균원가를 매번 계산해야 하는 문제가 있다.

⑤ 총평균법(total average method) : 원가계산 기말에 하나의 가중평균단가를 계산한 다음 그 기간의 총출고량에 대한 소비단가로 적용하는 방법이다. 이 방법은 가중평균법이라고도 하며 실제재고조사법하에서만 적용 가능하다.

$$\text{총평균단가} = \frac{\text{기초재고액} + \text{당기 총취득원가}}{\text{기초재고수량} + \text{당기 총구입수량}}$$

총평균법은 소비된 재료에 대하여 일일이 소비단가를 계산하지 않고 원가계산 기말에 우선 재료의 전체소비량에 적용할 수 있는 총평균단가를 계산한다. 계산된 총평균단가에 총소비량을 곱하여 재료소비액을 계산하며 기말재고량을 곱하여 재료의 기말재고액을 산출한다.

K-IFRS의 재고자산원가흐름 가정에서는 선입선출법, 가중평균법을 선택하고 있으나 학생들의 이해를 돕고자 여러 가지 방법을 설명하였다.

예제 4-3 (주)상경은 주요재료 A에 대해서 계속기록법을 적용하여 회계처리를 하고 있으며, 5월의 거래자료는 아래와 같다.

5월 1일 기초재고 60개, @₩20, ₩1,200 100개, @₩22, ₩2,200

5월 5일 불량품 20개를 반품하다.

5월 10일 매입 200개, @₩25, ₩5,000

5월 13일 출고 300개

5월 18일 매입 300개, @₩26, ₩7,800
5월 25일 출고 250개

물.음.

위의 5월의 거래자료를 근거로 하여 각각

1. 선입선출법
2. 이동평균법
3. 총평균법에 의해서 재료원장을 작성하고, 주요재료 A의 당기소비액과 월말 재고액을 파악하시오.

풀.이.

1. 선입선출법

재료 A　　**재료원장**　　(금액단위 : 원)

일자		입고			출고			재고		
		수량	단가	금액	수량	단가	금액	수량	단가	금액
5	1	60	20	1,200				60	20	1,200
		100	22	2,200				100	22	2,200
	5	(20)	(20)	(400)				40	20	800
								100	22	2,200
	10	200	25	5,000				40	20	800
								100	22	2,200
								200	25	5,000
	13				40	20	800			
					100	22	2,200			
					160	25	4,000	40	25	1,000
	18	300	26	7,800				40	25	1,000
								300	26	7,800
	25				40	25	1,000			
					210	26	5,460	90	26	2,340
		640		15,800	550		13,460	90		2,340

2. 이동평균법

재료 A **재료원장** (금액단위 : 원)

일자		입고 수량	입고 단가	입고 금액	출고 수량	출고 단가	출고 금액	재고 수량	재고 단가	재고 금액
5	1	160	21.25[1]	3,400				160	21.25	3,400
	5	(20)	(21.25)	(425)				140	21.25	2,975
	10	200	25	5,000				340	23.46[2]	7,975
	13				300	23.46	7,038	40	23.46	938.4
	18	300	26	7,800				340	25.70[3]	8,738.4
	25				250	25.70	6,425	90	25.70	2,313
		640		15,775	550		13,463	90		2,313[4]

1) $\frac{1,200+2,200}{60+100}=21.25$

2) $\frac{938.4+7,800}{40+300}=25.70$

3) $\frac{2,975+5,000}{140+200}=23.46$

4) 반올림에 의하여 합계가 차이가 남

3. 총평균법

재료 A **재료원장** (금액단위 : 원)

일자		입고 수량	입고 단가	입고 금액	출고 수량	출고 단가	출고 금액	재고 수량	재고 단가	재고 금액
5	1	160	21.25	3,400				160		3,400
	5	(20)	(21.25)	(425)				140		2,975
	10	200	25	5,000				340		
	13				300			40		
	18	300	26	7,800				340		
	25				250			90		
		640	24.648[1]	15,775	550	24.648	13,556.4[2]	90	24.648	2,218.32

1) $\frac{15,775}{640}=24.648$ → 가중평균단가

2) 550개×@24.648 = 13,556.4 → 재료소비액

2) 예정가격법

예정가격법(predetermined price)은 재료원장에 기장된 취득단가를 고려하지 않는 대신, 과거의 평균단가와 예상되는 재료구입가의 상승이나 하락을 합리적으로 고려하여 예정가격을 결정한 다음 이에 실제소비량을 곱하여 재료비를 계산하는 방법이다.

그러나 예정가격을 기초로 재료비를 계산하고 제조원가를 계산한다면 실제재료원장의 원가와 차이가 발생하게 되는데, 이럴 경우에는 소비재료(또는 재료비)라는 임시적 계정을 추

가로 설정하여 그 계정 대변과 재공품계정의 차변에 예정가격으로 기입한다. 그리고 소비재료계정의 차변에 기록될 실제소비액과의 차액은 재료차액계정을 설정하여 기입하였다가 결산 때 매출원가 또는 기타손익으로 조정한다.

예제 4-4 (주)목성은 제조원가의 재료비를 계산하는데 예정가격법을 채택하기로 하였고 다음과 같이 예정가격을 정했다.

(1) 직접재료의 기중 실제소비량은 692단위, 예정소비단가는 @₩25이다. 또한 간접재료의 실제소비량은 27단위, 예정소비단가는 @₩100이다.

(2) 기말의 장부상 실제 발생된 재료비는 ₩24,000이었다.

(3) 실제재료비와 예정재료비의 차액은 ₩4,000으로 배부부족이다.

(4) 기말결산시 그 차액을 영업외손익으로 정리하다.

물.음.

위의 내역을 T계정으로 작성하여 흐름을 나타내고, 분개를 하시오.

풀.이.

	차변	금액	대변	금액
1.	(차) 재공품	17,300	(대) 소비재료(재료비)	20,000
	제조간접비	2,700		
2.	(차) 소비재료(재료비)	24,000	(대) 재 료	24,000
3.	(차) 재료비차액	4,000	(대) 소비재료(재료비)	4,000
4.	(차) 손 익	4,000	(대) 재료비차액	4,000

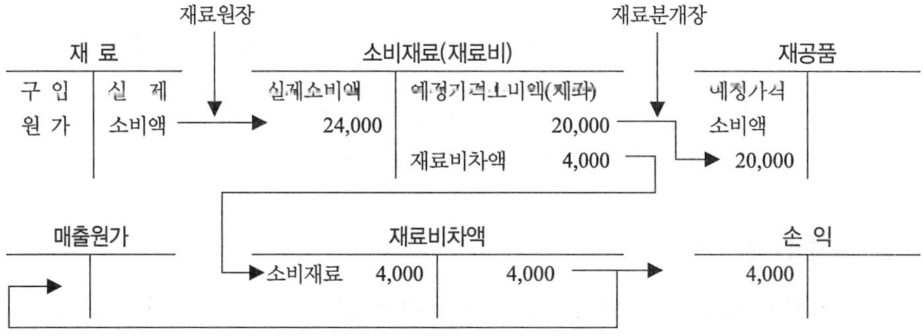

3) 시가법

시가법(market cost method)은 재료원장의 기입은 원가법을 적용하여 실제원가를 기입하고, 제품의 제조원가는 현재의 시가를 기준으로 하여 재료비를 계산하는 방법이다. 이 방법은 물가변동이 심하여 재료가격의 등락이 심하거나 시장가격의 입수가 용이한 경우에 쓰이게 되는데 시가의 결정에 자의성이 개입될 우려가 있다는 단점이 있다. 이 방법도 예정가격법과 마찬가지로 재료소비액의 결정에 시가를 적용함으로써 원장가격과의 차이가 발생되는데 그 차액은 예정가격법과 같은 방법으로 처리한다.

예제 4-5 (주)칠성은 제조원가를 계산하는 데 시가법을 채택하기로 하였다.

(1) 소비재료비의 시가는 제조직접비 ₩17,300과 제조간접비 ₩3,700이다.
(2) 기말장부상의 실제재료비발생액은 ₩24,000이다.
(3) 실제재료비와 시가의 차액은 재료평가차액계정으로 처리한다.

물.음.

위의 자료에 대하여 분개하시오.

풀.이.

(차) 재공품	17,300	(대) 재 료	24,000
제조간접비	3,700		
재료평가차액	3,000		

제3절 노무비의 회계

1 노무비의 의의와 분류

(1) 노무비의 의의

노무비(labor cost)란 제품이나 용역을 생산하기 위하여 소비된 노동력의 대가를 화폐가치로 나타낸 측정치이다. 그러나 임금, 급료, 상여금 등과는 구별되는 포괄적인 개념이다. 임금, 급료라는 것은 제품의 제조에 소비할 목적으로 구입한 노동용역의 대가이고, 노무비란 노동용역을 제품의 제조과정에서 소비되는 가치로서 원가요소이다. 그러나 노동용역은 재료처럼 보관할 수 있는 성질의 것이 아니므로 구입과 동시에 소비되기 때문에 임금 또는 급료와 그 기간의 노무비가 금액적으로 거의 일치한다.

그러므로 원가계산에서는 노무비와 임금 등의 용어를 구별하지 않고 사용하기도 하며, '노무비'와 '노무원가'라는 용어도 동일한 의미로 사용한다.

(2) 노무비의 분류

노무비는 일반적으로 다음과 같이 세 가지로 분류할 수 있다.

① 지급형태에 따른 분류 : 임금, 급료, 잡급, 종업원제수당 등

② 발생형태에 따른 분류 : 노무주비, 노무부비

③ 배부절차에 따른 분류 : 직접노무비, 간접노무비

1) 지급형태에 따른 분류

① 임금(wages) : 임금은 주로 공장의 작업현장에서 일하는 종업원에 대하여 지급되는 보수로서 육체적인 노동의 대가이다. 임금도 직접임금과 간접임금으로 구분된다. 직접임금은 제조부문에서 본래의 제조작업에 직접종사하는 직접공에 대하여 지급되는 임금을 말하며 간접임금은 직접작업과는 관계없이 공장내부의 청소, 기계의 수선, 재료의 운반, 제품의 검사 등 간접적으로 재료의 가공작업을 보조하는 공원에게 지급되는 임금이다. 임금에는 기본급 외에 가급금이 있다. 가급금에는 시간외 수당(overtime premium) 또는 특수작업수당 등이 있다. 임금의 지급형태에는 시간급제와 능률급제 등이 있다.

② 급료(salaries) : 급료는 주로 정신노동에 대한 대가로서 공장사무 또는 판매관리활동에 종사하는 직원에 대하여 지급하는 보수이다. 급료의 지급형태는 거의 정액월급제이다. 임금과 급료의 구분이 절대적인 것은 아니다. 다만 지급액과 원가발생액을 계산하는 절차에 있어서 임금은 일급이나 시간급처럼 임금형태가 복잡한 데 반해 급료는 거의 월급제로 단순하다.

③ 잡급(miscellaneous wages) : 잡급은 공장의 상용근로자가 아닌 사외인부, 일용근로자, 임시직공에 대하여 지급되는 보수로서 그 지급형태로서는 일급, 시간급, 능률급이 있다.

④ 종업원상여수당(bonus and allowances) : 종업원상여수당은 가급금과는 달리 회사 전종업원에게 지급되는 보수로서 지급기준이 작업과 직접적으로 관련되지 않는 것이 대부분이다.

상여에는 연말상여, 임시상여 등이 있고 수당에는 정근수당, 가족수당, 주택수당, 교통수당, 휴가수당 등이 있다. 상여와 수당은 임금·급료와 함께 생활급적인 성격을 지니는 동시에 능률급적·이익분배적 성격도 지니고 있다. 상여 중 연말상여는

임금적 성격이 강하지만 임시상여는 능률급적·이익분배적 성격이 강하다.

⑤ **종업원퇴직금** : 종업원퇴직금은 노사협약에 의해 정해진 퇴직급여제에 의하여 종업원이 퇴직할 때 지급하는 보수(급여)이다. 퇴직금은 임금의 추가지급, 노후의 생활보장금 등의 성격을 지니고 있지만 노동력에 대한 기업의 부담금이므로 노무비로 계산한다. 한국채택국제회계기준(K-IFRS)은 예측급여채무개념을 채택하여 보험수리적방법으로 퇴직급여로 인식할 비용을 측정하며, 결산일 현재 종업원이 퇴직할 경우 지급하여야할 퇴직일시금에 상당하는 금액을 측정하여 퇴직급여충당부채로 계상한다.

⑥ **복리비**(welfare expense) : 복리비는 법정복리비와 후생비로 분류된다. 법정복리비는 법률에 의해서 기업이 부담하여야 하는 종업원의 사회보장을 위한 비용이고, 후생비는 종업원의 의무, 위생, 보건체육, 문화오락 등에 필요한 비용으로 법정외복리비를 말한다. 이들 비용은 종업원이 제공하는 노동의 양과는 관계없이 종업원을 고용함으로써 발생하는 비용이다.

위의 노무비를 직접노무비와 간접노무비로 분류하면 아래와 같다.

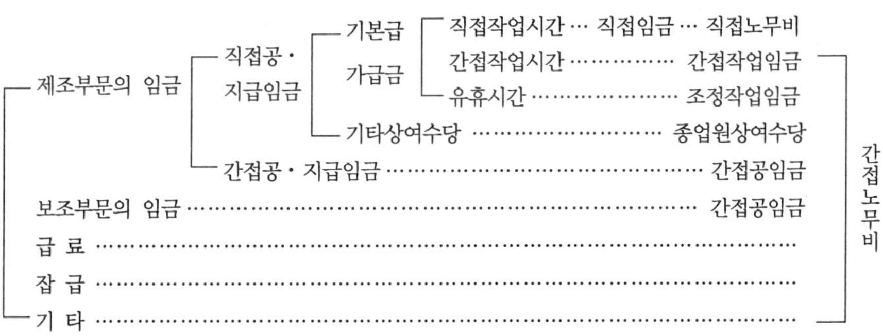

2) 발생형태에 따른 분류

① **노무주비**(main labor costs) : 노무주비는 생산활동을 위하여 직접 또는 간접으로 소비된 노동력에 대한 보수이다. 이러한 비용은 직·간접으로 노동의 양에 비례하여 계산되는 임금, 급료, 잡급, 종업원제수당 등이 여기에 속하며 특징은 이들의 비용이 종업원의 개인소득을 형성하는 점이다.

② **노무부비**(sub labor costs) : 노무부비는 종업원의 관리 및 복리증진에 관련되는 비용 중 노무주비를 제외하고 부수적으로 발생되는 경비로서 종업원의 노동의 대가와는 관계없이 고용관계에 따른 경영비용이다. 노무부비는 다음과 같이 분류할 수 있다.

- 국가법규(근로기준법, 연금법 등)에 의한 사업주 부담액
- 사내규칙, 노동협약에 의한 퇴직금, 현물급여
- 경영자의 의사에 의한 복리후생비
- 사회적 조건에 의한 사원채용비용 및 훈련비 등

노무부비의 원가계산방법은 노무주비에 가산하여 노무비로 처리하는 방법과 노무비계산에서 제외시켜, 기말에 실제발생액을 계산하고 그것을 간접경비로 취급하는 방법이 있다.

3) 배부절차에 따른 분류

① **직접노무비**(direct labor costs) : 직접노무비는 특정 제품의 제조에 직접소비되는 노동력의 대가로서 그 제품 또는 부문의 원가를 구성한다. 여기에는 특정 제품의 제조작업에 직접적으로 종사한 직접공과 현장작업원에게 지급되는 임금, 급료가 속한다.

② **간접노무비**(indirect labor costs) : 간접노무비는 노동력이 특정 제품의 제조에 개별적으로 발생하지 않고 여러 제품에 공통적으로 소비되어 일정한 기준에 의해서 배부되어야 되는 비용이다. 간접노무비에는 작업에 직접 참여하지 않는 공장장, 현장감독자 등과 같이 사무관리분야에 종사하는 종업원에 대한 임금, 급료 등이 해당된다.

2 노무비의 계산

노무비의 계산은 계산목적에 따라 지급임금(payroll)과 소비임금(labor distribution accounting)으로 구분할 수 있으며 원가계산목적을 위해서는 소비임금을 계산한다.

(1) 지급임금과 소비임금

지급임금이란 기업이 일정기간(1년 또는 주별) 동안 노동력을 제공한 종업원에게 실제로 지급한 금액이다. 지급임금을 계산할 때 임금수준은 종업원의 근속연수, 성별, 학력 등에 따라 차이가 있다. 따라서 종업원 개인별로 계산한다.

반면에 소비임금이란 기업이 구입한 노동력 중에서 제품의 제조과정에서 사용 또는 소비한 금액이다. 소비임금의 계산은 공장전체부문 또는 제품별로 작업시간이나 작업량에 일정

한 임률을 곱하여 계산한다.

지급임금과 소비임금은 반드시 일치하지 않는다. 그 이유는 아래의 산식에서 볼 수 있는 것처럼 임률 및 노동량의 계산기준이 다르기 때문이다.

	임 률		노동량
지급임금 =	노동량 단위당의 임금액	×	각 종업원의 노동량
소비임금 =	노동량 단위당의 임금액	×	각 제품의 부담노동량
	개별임률 평균임률 실제평균임률 예정평균임률		작업시간보고서 출근표 또는 성과보고서

위 식의 본질은 서로 같으나 계산과정상에서는 임률과 노동량의 계산이 다르다. 즉 지급임금의 계산은 각 종업원에 대한 지급액을 산정계산하는 것으로 재무회계 영역에 속하는 회계문제이며 소비임금의 계산은 각 제조지시서 또는 원가계산단위로서의 부문별로 소비액을 산정하여 계산하는 원가회계의 영역에 속하기 때문에 별개로 다루기 쉬우나, 실제로는 양자가 서로 밀접한 관련성을 가지고 있으므로 동시에 파악되어야 한다.

다음 [도표 4-9]는 지급임금과 소비임금의 차이를 요약한 것이다.

■ 도표 4-9 지급임금과 소비임금의 차이

구 분	지급임금	소비임금
회계영역	재무회계	원가회계
계산목적	개인별지급액 확립	공장전체, 부문 및 제품별소비액 확정
계산방법	개인별로 계산	부문, 제품별로 계산
계산시간	인위적 구분에 의함	사실관계를 기준으로 함
적용임률	개인별로 차이가 있음	부문, 작업별로 일정함
지급방법	소득세 등을 차감하고 지급	차감에 관한 사항없음

(2) 지급임금의 계산

원가계산이 일정한 급부를 계산단위로 하는 대상계산이라고 한다면 재무회계에서의 비용계산은 일정한 기간을 단위로 하는 기간계산이라고 할 수 있다.

따라서 재무회계 영역에 속하는 지급임금은 반드시 일정한 기간(월별, 주별, 일별)을 단위로 계산하게 된다. 이때 임률은 임금수준을 뜻하며 작업 1단위시간 즉 1시간 또는 1일을 단위로 정해진다. 지급임금은 종업원 개인별로 지급할 금액을 다음과 같은 산식에 의하여 계산한다.

> • 기본급 + 가급금 + 제수당 = 임금지급액
> • 기본급 = 작업시간 × 임률

위의 산식에서 보는 바와 같이 지급임금은 기본급, 가급금 및 종업원제수당으로 구성되어 있다. 기본급의 계산방법은 시간급제(time-rate plan)와 성과급제(piece-rate plan) 등이 있다.

시간급제는 작업시간에 비례하여 임금이 결정되는 방법이다.

> 시간제 기본급 = 작업시간수 × 지급임률

위의 산식의 작업시간수는 실질적인 작업시간은 물론이고 휴식시간, 작업교대시간 등의 부동시간을 포함한 취업시간이다.

취업시간은 출근카드에 기록된 시간수에 의하여 계산한다. 작업시간수는 취업시간에서 소정의 유휴시간을 차감하여 계산한다. 출근카드를 부문별 또는 직종별로 작성하고 집계함으로써 종업원별로 개인의 기본급을 계산하고, 임금계산표를 이용하여 개인별 지급임금총액을 계산한다.

성과급제는 생산량에 따라 임금을 지급하는 제도로서 능률급제라고도 한다. 성과급은 생산단위당 지급임률을 정하여 각 종업원 또는 각조의 생산량을 곱하여 계산되어진다. 성과급제의 임금계산은 성과보고서를 기초로 하여 계산한다.

> 성과기본급 = 생산량 × 지급임률

시간급제 또는 성과급제의 지급임률은 직무, 종업원의 성별, 학력, 근속연수, 경험, 기술 등의 요소에 의해 개별적으로 결정된다.

(3) 지급임금의 기장

지급임금에 필요한 장부 및 서식으로서 출근카드, 작업시간보고서, 성과보고서, 임금지급장의 양식은 다음의 [도표 4-10], [도표 4-11], [도표 4-12], [도표 4-13]과 같다.

■ 도표 4-10 출근표

<table>
<tr><td colspan="11">출 근 표
20××년 7월분</td></tr>
<tr><td>번 호</td><td colspan="2">○ ○</td><td>소속
(부문)</td><td colspan="2">제1제조부</td><td>이 름</td><td colspan="4">○ ○ ○</td></tr>
<tr><td>월 일</td><td colspan="2">오 전</td><td colspan="2">오 후</td><td colspan="2">잔 업</td><td>정규시간</td><td>잔업시간</td><td>총시간</td></tr>
<tr><td>1</td><td></td><td></td><td></td><td></td><td></td><td></td><td></td><td></td><td></td></tr>
<tr><td>2</td><td></td><td></td><td></td><td></td><td></td><td></td><td></td><td></td><td></td></tr>
<tr><td>3</td><td></td><td></td><td></td><td></td><td></td><td></td><td></td><td></td><td></td></tr>
<tr><td>…</td><td></td><td></td><td></td><td></td><td></td><td></td><td></td><td></td><td></td></tr>
<tr><td>28</td><td></td><td></td><td></td><td></td><td></td><td></td><td></td><td></td><td></td></tr>
<tr><td>29</td><td></td><td></td><td></td><td></td><td></td><td></td><td></td><td></td><td></td></tr>
<tr><td>30</td><td></td><td></td><td></td><td></td><td></td><td></td><td></td><td></td><td></td></tr>
<tr><td>31</td><td></td><td></td><td></td><td></td><td></td><td></td><td></td><td></td><td></td></tr>
<tr><td colspan="10">총 계</td></tr>
</table>

공장장 ________ ㉑

■ 도표 4-11 작업시간보고서

<table>
<tr><td colspan="7">작업시간보고서
20××년 ×월 ×일</td></tr>
<tr><td colspan="7">번 호 | ○ ○ | 소속(부문) | 제1제조부 | 이 름 | ○ ○ ○</td></tr>
<tr><td colspan="2" rowspan="2">제조지시서 또는 작업종류</td><td rowspan="2">금 액</td><td rowspan="2">임 률</td><td rowspan="2">시간수</td><td colspan="2">취 업</td></tr>
<tr><td>착 수</td><td>종 결</td></tr>
<tr><td colspan="2">지 시 서 #1</td><td>400</td><td>50</td><td>8</td><td>8 : 00</td><td>17 : 00</td></tr>
<tr><td colspan="2">〃</td><td>150</td><td>75</td><td>2</td><td>18 : 00</td><td>20 : 00</td></tr>
<tr><td colspan="2"></td><td></td><td></td><td></td><td></td><td></td></tr>
<tr><td colspan="2"></td><td></td><td></td><td></td><td></td><td></td></tr>
<tr><td colspan="2"></td><td></td><td></td><td></td><td></td><td></td></tr>
<tr><td rowspan="2">합 계</td><td>정 규</td><td>10,000</td><td>50</td><td>200</td><td rowspan="2"></td><td rowspan="2"></td></tr>
<tr><td>잔 업</td><td>2,250</td><td>75</td><td>30</td></tr>
</table>

공장장 ________ ㉑

■ 도표 4-12 성과보고서

성과보고서

20××년 ×월 ×일

작공번호 ______________

이　　름 ______________　　　　　　부문명 제1제조부

제조지시서 또는 작업종류	작업량			임 률	금 액	시 간
	총수량	불합격	합 격			
지 시 서 #1	100	5	95	100	9,500	8

공장장 ____________ ㊞

■ 도표 4-13 임금지급장

년　월　일

번호	성명	기본임금	가급금	임금합계	제수당				총지급액	공제액				지급액	영수인
					가족수당	교통수당	…	계		소득세	보험료	…	계		

[도표 4-12]의 성과보고서는 그 성질상 작업시간의 기입은 필요없으나 제조간접비의 배부율을 직접작업시간에 비례하여 배부하는 방법을 채용하고 있는 경우에는 제조지시서별 작업시간이 필요하므로 작업시간을 기입하도록 한다.

[도표 4-13]의 임금지급장은 보통 매월말에 마감하여 각난의 합계액을 총계정원장에 합계 전기하는데 보통 분개장에 기입하는 분개는 다음과 같다.

① 임금지급장에서 계산되어 기입할 때

(차) 임 금	×××	(대) 현 금	×××
종업원상여수당	×××	소득세예수금	×××
		보험료예수금	×××

② 예수금을 관련기관이 납부할 때

(차) 소득세예수금	×××	(대) 현 금	×××
보험료예수금	×××		

(4) 소비임금의 계산

원가계산상 노무비인 소비임금의 계산은 원칙적으로 실제의 작업시간 또는 작업량에 소비임률을 곱하여 계산한다.

> 소비임금(노무비) = 소비임률 × 작업시간

위의 계산식에서 작업시간의 구성내용과 소비임률의 내용을 파악하면 소비임금을 정확하게 계산할 수 있다.

1) 작업시간

작업시간은 임금지급의 대상이 되는 시간을 뜻하는 것으로 다음 [도표 4－14]에서 보는 바와 같이 근무시간을 세분하여 직접작업시간과 간접작업시간으로 구분한다. 직접작업시간이란 종업원이 특정 제품의 생산을 위하여 직접적으로 참여한 시간을 말하며 이는 실제작업시간과 작업개시 전에 필수적으로 소요되는 작업준비시간까지도 포함한다. 간접작업시간이란 비교적 장시간에 걸쳐 특정 제품을 생산하기보다는 여러 종류의 제품을 생산하기 위해 공통적으로 소비한 시간으로 제품별로 부담시킬 수 없는 작업시간이다.

■ 도표 4－14 작업시간의 구분

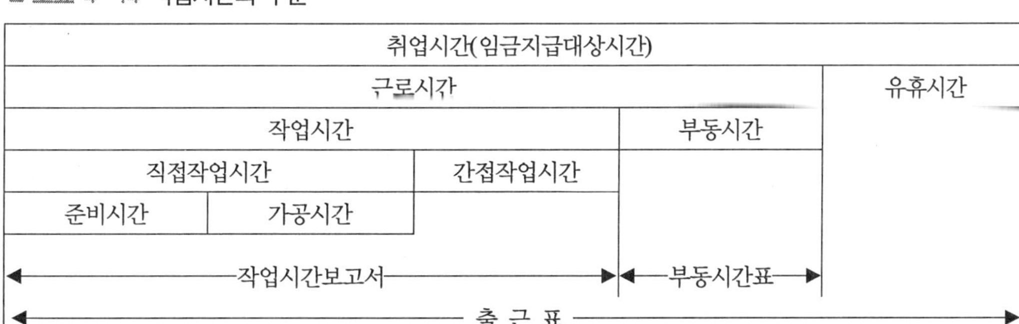

■ 도표 4−15 작업시간보고서 양식

작업시간보고서

No. ________

공　정 No. ________　　　　　　일　자 ________

작업자 No. ________　　　　　　제조지시서 No. ________

개시시각	
종료시각	
작업시각	

임 률	금 액

작업시간의 기록은 [도표 4−15]와 같이 작업시간보고서에 기록하여, 직접공의 직접작업시간과 간접작업시간을 파악한다. 직접작업시간과 간접작업시간을 구분하는 것은 노무비를 직접노무비와 간접노무비를 구분하는 판단기준이 되기 때문이다.

2) 소비임률의 계산

원가계산할 노무비를 계산하기 위해서 작업시간수가 정해지면 시간당 소비임률의 결정이 이루어져야 한다. 소비임률은 원가계산기간에 제품의 제조를 위해 소비된 임금을 계산하기 위한 임률이다. 소비임률에는 실제임률과 예정임률이 있으며 이들은 다시 개별임률과 평균임률로 나누어진다.

① **실제임률법**(actual wage rate method) : 실제임률법은 실제임금과 실제작업시간을 기초로 하여 임률을 계산하는 방법이다. 실제임률법은 실제개별임률법과 실제평균임률법으로 구분된다.

개별임률법은 각 개인별로 특정 기간의 실제임금을 그 기간의 실제작업량(생산량)으로 나누어 계산하는 방법이며, 실제평균임률법은 작업구분별로 동일기간의 실제평균임률을 계산하는 방법으로 다음과 같이 계산된다.

$$\bullet\ \text{개별임률} = \frac{\text{일정기간의 지급임금총액}}{\text{동일기간의 총작업시간}}$$

$$\bullet\ \text{평균임률} = \frac{\text{일정기간의 종업원 지급임금총액}}{\text{동일기간의 종업원 총작업시간}}$$

실제임률법을 적용할 때 원가계산기간과 지급임금계산 기간이 일치하지 않는다.

따라서 지급임금을 그대로 소비임금으로 계산할 수 없으며 지급임금의 조정을 통해야 한다.

당월 소비임금 = 당월 지급임금 + 당월 미지급임금 − 전월 말 미지급임금

실제임률법은 소비임률계산을 월말이 되어서야 할 수 있으므로 기초나 기중에는 원가계산을 할 수 없는 것이 결점이다.

② 예정임률법(predetermined wage rate method) : 예정임률법은 임률이 확정되기 전에 예상되는 실제임률을 추정하여 적용하는 방법이다.

- $\text{예정임률} = \dfrac{\text{일정기간의 예정 임금 총액}}{\text{동일기간의 예정 총작업 시간}}$
- 소비임금 = 예정임률 × 실제작업시간

이와 같은 계산을 개인별로 하면 예정개별임률법이 되고 동일작업의 한집단에 의하면 예정평균임률법이 된다.

예정임률법을 이용하는 경우에는 임시적 계정으로 소비임금(또는 노무비) 계정을 설정하여야 한다. 만일 예정임률과 실제임률이 상이하다면 지급임금과 소비임금은 일치하지 않는다. 그 차액은 임금차액계정으로 대체되며 이는 제조원가화하거나 영업외항목으로 처리된다.

(5) 소비임금의 기장

작업시간과 노무비(소비임금)와의 관계는 다음과 같다.

직접종업원의 작업시간 ┌ 직접작업시간 → 직접노무비
직접종업원의 작업시간 └ 간접작업시간 ┐
간접종업원의 작업시간 — 간접작업시간 ┘ → 간접노무비

직접노무비와 간접노무비의 구분에 있어 그 구분이 모호한 것이 초과근무수당(overtime premiums)이다. 일반적으로 특정 제품과 관련된 것이 분명하여도 초과근무수당은 간접노무비로 분류하여 제조간접비에 포함시킨다. 왜냐하면 특정 제품 또는 작업별 초과근무시간은 전반적인 조업수준 및 작업의 순서에 의해 결정되기 때문이다.

■ 도표 4-16 임금분개장

월/일	작업시간보고서	원 면	차 변			대 변
			재공품	제조간접비	판매비와관리비	소비임금

(차) 재공품	×××	(대) 소비임금	×××
제조간접비	×××		
판매비와관리비	×××		

원가계산부서는 작업시간보고서에 의해 종업원의 임금을 계산한다. 이 때 작업시간을 직접작업시간과 간접작업시간으로 구분하여 소비임금을 계산한다. 직접작업시간에 대한 소비임금은 직접노무비로 임금분개장에, 간접작업시간에 대한 소비임금은 간접노무비로 임금분개장과 제조간접원가원장에 기입한다.

위의 [도표 4-16]의 임금분개장에는 총계정원장의 노무비관계계정에 기입할 내용을 기재한다. 임금분개장은 월말에 마감하여 보통분개장을 통하여 총계정원장에 전기하여야 한다.

(6) 지급임금과 소비임금의 상호관계

이미 앞에서 설명하였듯이 지급임금은 비용요소로서 재무회계영역에 속하며 소비임금은 원가요소로서 원가회계 영역에 속한다. 그러나 원가계산은 재무회계와도 유기적인 관련성을 맺고 있다.

이와 같은 내용을 노무비의 기장흐름을 통하여 보면 다음 [도표 4-17]과 같이 나타낼 수 있고 노무비의 구성도를 보면 [도표 4-18]과 같다.

■ 도표 4-17 노무비의 기장흐름

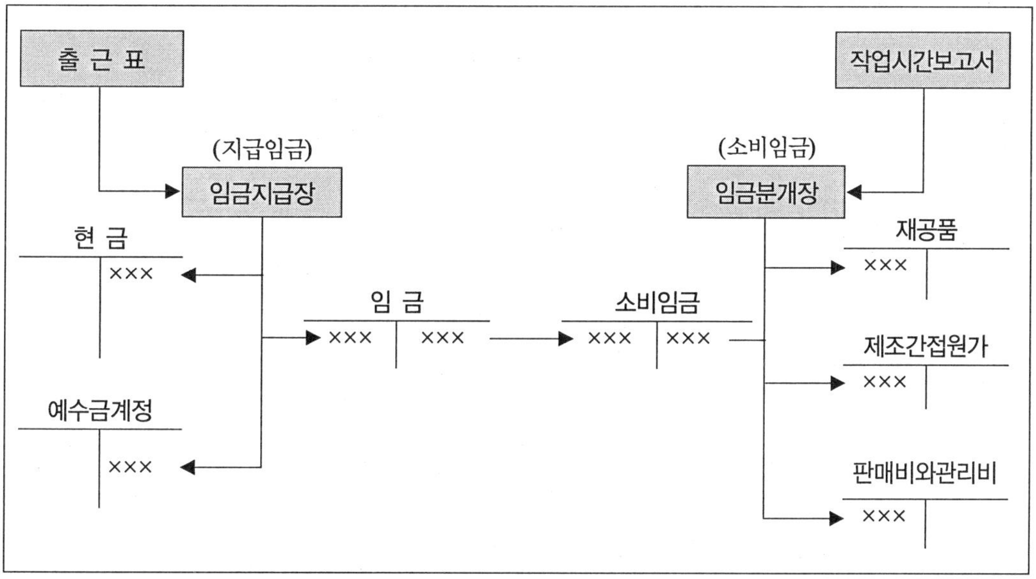

■ 도표 4-18 노무비구성도

<table>
<tr><td rowspan="5">직접작업노무비</td><td rowspan="7">직접공노무비</td><td rowspan="5">직접노무비</td><td rowspan="10">노무비</td><td rowspan="4">노무주비</td><td rowspan="2">임 금</td><td>기본급</td></tr>
<tr><td>가급금</td></tr>
<tr><td rowspan="2">상여 수당</td><td>상여금</td></tr>
<tr><td>수 당</td></tr>
<tr><td rowspan="6">노무부비</td><td rowspan="2">개별 부비</td><td>퇴직급여</td></tr>
<tr><td>간접작업노무비</td><td rowspan="5">간접노무비</td><td>법정복리비</td></tr>
<tr><td>대기노무비</td><td rowspan="4">공동 부비</td><td>복리시설부담금</td></tr>
<tr><td rowspan="3" colspan="2">간접공노무비</td><td>후생비</td></tr>
<tr><td>모집비</td></tr>
<tr><td>기 타</td></tr>
</table>

예제 4-8 다음은 (주)진이산업의 9월 중 임금에 관한 자료이다.

(1) 9월 중 임금의 지불총액은 ₩1,050,000이며 소득세 ₩40,000, 건강보험료 ₩70,000, 재형저축 ₩50,000을 공제하고 ₩890,000을 현금으로 지급하였다.

(2) 미지급임금계정의 잔액은 9월 초 ₩30,000이고 9월 말 잔액은 없다.

(3) 9월 중 예정임률에 의한 소비임금은 ₩1,300,000이다. 이 중 20%는 간접노무비로 분류된다.

물.음.

위의 자료에 의하여 예정임률법에 의한 분개를 하시오.

풀.이.

1. 지급임금의 분개

(차)	임 금	1,020,000	(대) 현 금	890,000
	미지급임금	30,000	소득세예수금	40,000
			보험료예수금	70,000
			재형저축예수금	50,000

2. 소비임금의 분개

(차)	재공품	1,040,000	(대) 소비임금	1,300,000
	제조간접비	260,000		

3. 임금차액의 분개

(차)	소비임금	1,300,000	(대) 임금차액	280,000
			임 금	1,020,000

제4절 경비의 회계

1 경비의 의의

경비(overhead cost)는 원가요소 중 재료비와 노무비를 제외한 일체의 비용을 말한다. 경비는 재료비와 노무비처럼 독립적으로 정의하기가 곤란하므로 간접적으로 정의할 수밖에 없다. 왜냐하면 경비는 재료비나 노무비처럼 어떤 특정 대상이 없으며 그 내용이 일정하지 않기 때문이다. 예를 들면 재료부비와 노무부비를 재료주비와 노무주비에 포함시키느냐에 따라서 경비의 범위가 달라진다. 또한 경비 중에는 물적 요소(감가상각비, 재고감모손실 등)와 인적 요소(복리후생비)가 포함되어 있으나, 어떤 것이 물적 원가이고 인적 원가인가를 구별하기가 확실치 않으며 경비의 대부분은 외부에서 매입된 용역(service)의 소비에서 발생한다. 경비는 제품제조를 위하여 소비되는 원가의 일부분으로 제조경비만을 의미하는 것으로 판매비와 관리비의 항목들과는 엄격히 구분할 필요가 있다. 왜냐하면 경비는 원가요소인 데 반해 판매비와 관리비는 수익에 대응되는 기간비용이기 때문이다. 또한 대부분의 경비는 간접비라는 특징을 가지고 있지만 드물게 직접비도 있다. 예를 들면 특정 제품과 관련하여 발생하는 특허권사용료, 설계비, 외주가공비 등이 이에 속한다. 다만 외주가공비는 그 성격에 따라 재료비로 계상할 수 있으며, 그 금액이 중요한 경우에는 경비나 재료비에 포함시키지 않고 별도의 과목으로 기재할 수 있다.

2 경비의 분류

경비는 그 성격과 내용이 복잡하고 다양하여 원가항목의 수도 많고, 기업의 업종, 규모 등에 따라 항목이 달라질 수도 있다. 경비는 (1) 발생형태, (2) 제품과의 관련성, (3) 원가구성요소, (4) 계산방법으로 분류할 수 있는데 이곳에서는 (1), (2), (3)을 살펴보기로 한다.

(1) 발생형태에 따른 분류

제품제조를 위하여 발생하는 경비를 그 형태별로 분류한다는 것은 원장에 설정한 계정과목을 정하는 문제와 동일하다. 왜냐하면 총계정원장의 계정과목은 대부분 발생형태에 따른 비용들이기 때문이다. 따라서 발생형태에 따른 분류가 기본적인 분류이다.

일반적으로 「제조원가명세서」 양식을 보면 경비를 ① 전력비 ② 가스수도비 ③ 운임 ④ 감가상각비 ⑤ 수선비 ⑥ 소모품비 ⑦ 세금과 공과 ⑧ 임차료 ⑨ 보험료 ⑩ 복리후생비 ⑪ 여비교통비 ⑫ 통신비 ⑬ 특허권사용료… ⑮ 잡비와 같은 항목으로 분류하고 있다. 다만 발생 빈도수가 높고 일정수준 이상의 금액에 달하는 경우에는 각각 독립된 계정과목을 설정하고, 중요하지 않은 경우에는 잡비에 포함시킨다.

(2) 제품과의 관련에 따른 분류

경비는 특정 제품의 제조를 위하여 발생된 것이냐 아니면 여러 가지 제품을 제조하기 위하여 공통적으로 발생된 것이냐에 따라 직접경비와 간접경비로 분류된다.

① 직접경비(direct expense) : 직접경비란 특정의 제품제조와 관련하여 특별히 발생한 원가요소로서 특정의 제품에 직접적으로 부과할 수 있는 경비를 말한다. 직접경비는 그리 많지 않으며 특별비에 해당된다.

예를 들면 외주가공비, 특허권사용료, 특수기계의 임차료 및 감가상각비, 금형비 및 이의 감가상각비 등이 있다.

② 간접경비(indirect expense) : 간접경비란 전체의 제품 또는 여러 종류의 제품과 관

련하여 공통적으로 발생하는 경비를 말한다. 특정 제품별로 직접 파악할 수 없고, 인위적인 배부절차를 거쳐 제품별로 집계되는 경비이다. 경비의 대부분은 간접경비이다.

(3) 원가구성요소에 따른 분류

경비의 구성요소가 한 종류로 구성되었는가 또는 여러 종류로 구성되었는가에 따라 단순경비와 복합경비로 나누어진다.

① 단순경비(simple expense) : 단순경비란 원가항목의 내용이 단일종류의 원가요소로 구성되어 있는 단순한 경비로서 앞에서 설명한 발생형태에 따라 분류되는 대부분의 경비가 이에 속한다.

② 복합경비(compound expense) : 복합경비란 두 종류 이상의 성질이 다른 원가요소가 결합되어 하나의 경비를 이루는 것을 말한다. 예를 들면 공장용 장비의 제작이나 기계의 수리를 기업내부에서 직접 담당하는 경우 그 수리작업에는 수리용의 각종 재료, 수리작업종업원의 임금, 전력・수도 등의 용역(경비)의 소비 등이 필연적으로 따른다. 따라서 수선비라고 하는 하나의 계정항목은 그 내용에 있어서 여러 종류의 원가요소가 결합되어 있는 이른바 복합경비이다. 복합경비에는 수선비 외에 수도광렬비・운반비・검사비・재료보관비・종업원훈련비・시험연구비 등이 있다.

3 경비의 계산방법

경비는 그 대부분이 간접경비라는 것을 이미 설명하였다. 경비소비액은 각 경비의 성격에 따라 계산방법이 다르다. 이러한 경비를 어떤 원가계산방법에 의해 계산할 것이냐에 따라 지급경비・월할경비・측정경비 및 발생경비로 분류하여 계산한다.

(1) 지급경비

지급경비(expense paid)란 원가계산 기간중에 실제로 발생한 경비로서 운임, 보험료, 여비교통비, 통신비, 복리후생비, 잡비 등이 이에 속한다.

지급경비는 그 기간중에 실제로 지급했다는 사실을 뜻하는 것이 아니라 발생주의에 따라 그 지급액이 결정되었다는 사실이 중요하다. 따라서 지급경비에 해당하는 당기 소비액을 계산하고자 할 때에는 선급액과 미지급액을 다음과 같은 방법에 따라 가감하여 계산한다.

① 매월 선급액이 있는 경우는 매달 지급액을 당월 지급액으로 하고 이 당월 지급액에 전월말에 남아 있던 선급액을 가산한 다음 당월 선급액을 차감하여 당월 소비액을 계산한다.

(전월말 선급액 + 당월 지급액) − 당월 말 선급액 = 당월 소비액

② 전월 미지급액이 있는 경우에는 당월 지급액에서 전월말에 남아 있던 미지급액을 차감하고 당월말 미지급액을 가산하여 당월 소비액을 계산한다.

(당월 지급액 − 전월 말 미지급액) + 당월 말 미지급액 = 당월 소비액

위의 산식을 계정흐름도로 나타내면 [도표 4−19]와 같고 지급경비의 소비액을 계산하기 위해 작성되는 경비지급표는 [도표 4−20]과 같다.

■ 도표 4−19 지급경비의 흐름

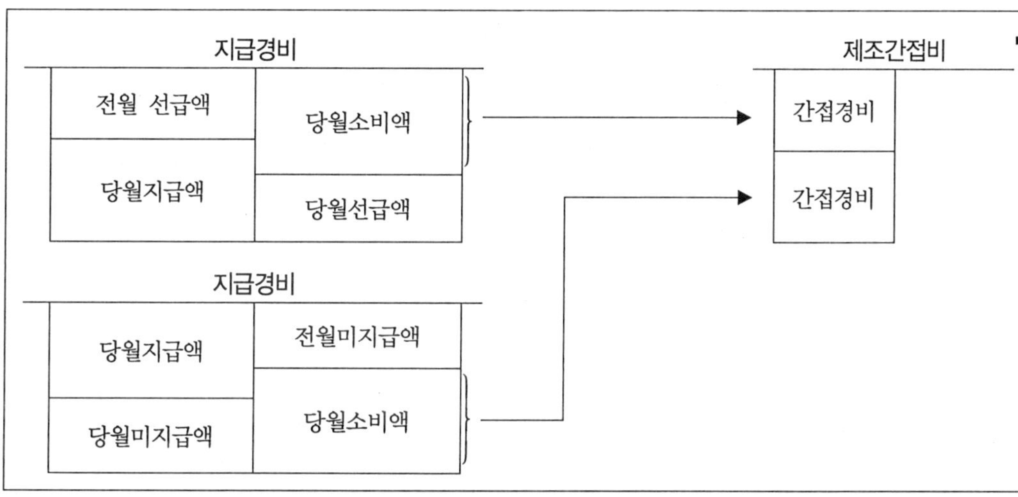

■ 도표 4−20 경비지급표

No. 17
7 월분

경비지급표

20××년 7월 31일

비 목	당월지급액	전월말		당월말		당월소비액
		미지급액	선급액	미지급액	선급액	
복리후생비	50,000	(−)30,000	(+)	(+)10,000	(−)	30,000
≈≈≈≈≈≈	≈≈≈≈≈≈	≈≈≈≈≈≈	≈≈≈≈≈≈	≈≈≈≈≈≈	≈≈≈≈≈≈	≈≈≈≈≈≈
비고		회계계	㊞	원가계	㊞	

(2) 월할경비

월할경비(expense quota by month)란 1년, 6개월, 3개월 등과 같이 일정한 기간을 단위로 그 기간 경비의 발생총액을 각 원가계산기간에 균등하게 분할하여 부담시키는 경비를 말한다. 예를 들면 감가상각비, 보험료, 수선비, 세금과 공과금, 특허권 사용료, 임차료 등이 이에 속한다. 이와 같이 여러 기간에 걸쳐서 총괄적으로 결정되는 경비에 대해서는 그 소비액을 계산하여 각 기간에 할당하여 계산한다. 월할계산방법에는 균분법과 조업도비례법이 있다.

균분법은 임차료, 보험료 등과 같이 한 기간의 발생액을 추정하여 그 기간의 달수로 나누어 원가계산기간의 경비를 산출하고 그 달의 소비액을 계산하는 방법이다.

$$\text{월할경비} = \frac{\text{1년간 예정액}}{\text{12개월}}$$

조업도비례법은 기계감가상각비, 수선비 등과 같이 경비의 발생이 시간의 경과에만 의한 것이 아니라 조업시간이나 생산량에 따라 달라지는 경우 다음과 같이 계산한다.

- $\text{조업도단위 예정액} = \dfrac{\text{1년간 예정액}}{\text{년간의 예정조업단위수}}$
- $\text{월할경비} = \text{조업도단위 예정액} \times \text{당월의 실제조업단위수}$

그리고 결산기에 이르러 그 회계연도의 실제발생액이 확정되어 조업도단위 예정액에 의해 산출한 금액과 차이가 발생하면 이 차액은 손익계정에 대체하여 당기손익으로 처리한다. 이는 다음 [도표 4−21]의 경비월할표를 이용하여 집계한다.

■ 도표 4−21 경비월할표

경비월할표

20××년 상반기

비 목	상반기 중 예정액	월할액						비고
		1월	2월	3월	4월	5월	6월	
감가상각비	600,000	100,000	100,000	100,000	100,000	100,000	100,000	
임 차 료	360,000	60,000	60,000	60,000	60,000	60,000	60,000	
≈≈≈								

비고		회계계	㊞	원가계	㊞

(3) 측정경비

측정경비(expense measured by gage)란 원가계산 기말에 재화 또는 용역의 실제소비량을 측정계기에 의하여 측정하여 그 소비량을 기준으로 하여 발생액 또는 소비액을 계산할 수 있는 경비를 말하며 전력료, 수도료, 가스료 등이 이에 속한다. 이들 경비는 각 해당 기간에 지급하게 되므로 지급경비로도 분류할 수 있다.

그러나 당월의 지급액 또는 측정액과 소비액은 일치하지 않는 경우가 보통이므로 지급경비와 구별한다. 이 경우에는 지급경비의 계산방법에 따라 조정을 해주어야 할 필요가 있다.

측정경비를 정확히 계산하기 위하여 다음 [도표 4－22]와 같은 경비측정표가 필요하다.

■ 도표 4－22 경비측정표

부문명 ×××　　　　경비측정표　　　　No.

7월분　　　　20××년 7월 31일

비 목	전 월 검침량	당 월 검침량	당 월 소비량	단 가	금 액
전력료	2,000kwh	3,500kwh	1,500kwh	150	225,000

≈≈

비고		회계계	㉧	측정계	㉧

(4) 발생경비

발생경비(expense accured)란 각 원가계산기간에 발생하였으나, 현금지출도 없고 계량기에 의해서도 측정할 수도 없는 경비로서 그 발생액을 실제조사에 의해 측정한 후에라야 제조원가에 산입할 수 있는 경비로서 재고자산감모손실, 공손비, 반품차손비 등이 있다.

이들의 경비는 발생액을 그 기간의 소비액으로 하며, 다음 [도표 4－23]과 같은 경비발생표에 의하여 계산하는 것이 편리하다. 그러나 실제로 월별로 실사를 할 수 없는 경우 그 발생액을 추정하여 월할 계산한다.

■ 도표 4-23 경비발생표

부문명 ×××	경비발생표	No.
7월분	20××년 7월 31일	

비 목	발생부문	적 요	금 액	비 고
재료감모손실	창 고	재료 60,000 (6개월)	60,000	

비고		회계계	㊞	원가계	㊞

4 경비의 기장

원가계산기간 동안 경비지급표, 경비측정표, 경비월할표 및 경비발생표의 작성이 완료되면 그 원가계산기간의 경비 소비액도 확정된다. 직접경비는 그 소비액이 확정되었을 때 제조원장의 당해 관련 제품계정에 기입한다.

■ 도표 4-24 경비분개장

경비분개장

20××년 ×월분

경비분류	비 목	원 면	차 변			대 변
			재공품	제조간접비	판매비와관리비	합 계
월할경비	임 차 료			×××	×××	×××
	감 가 상 각 비			×××		×××
	⋮					
측정경비	전 력 비			×××		×××
	가 스 수 도 비			×××		×××
	⋮					
지급경비	외 주 가 공 비		×××			×××
	잡 비			×××		×××
	⋮					
발생경비	재고자산감모손실			×××		×××
			×××	×××	×××	×××

간접경비는 간접재료비와 간접노무비와 같이 제조간접비계정에 기입되지만 일정배부기준에 의하여 관련 제품에 배부계산한 후에 제조원장의 관련 제품계정에 기입한다.

원가계산 기말에 앞의 [도표 4－24]와 같은 경비분개장을 마감하여 그 합계액을 회계계에 보고하면 회계계는 합계분개를 하여 총계정원장에 전기한다. 즉 차변의 과목란은 세 가지 계정별로 합계액을 계산하여 해당계정 차변에 전기하고 대변의 잔액은 각 항목별로 해당계정 대변에 기입한다.

(차) 재공품	×××	(대) 제 좌	×××
제조간접비	×××	(제경비 항목)	
판매비와관리비	×××		

이상에서 설명한 경비의 기장관계를 나타내면 [도표 4－25]와 같다.

■ 도표 4－25 경비의 기장관계

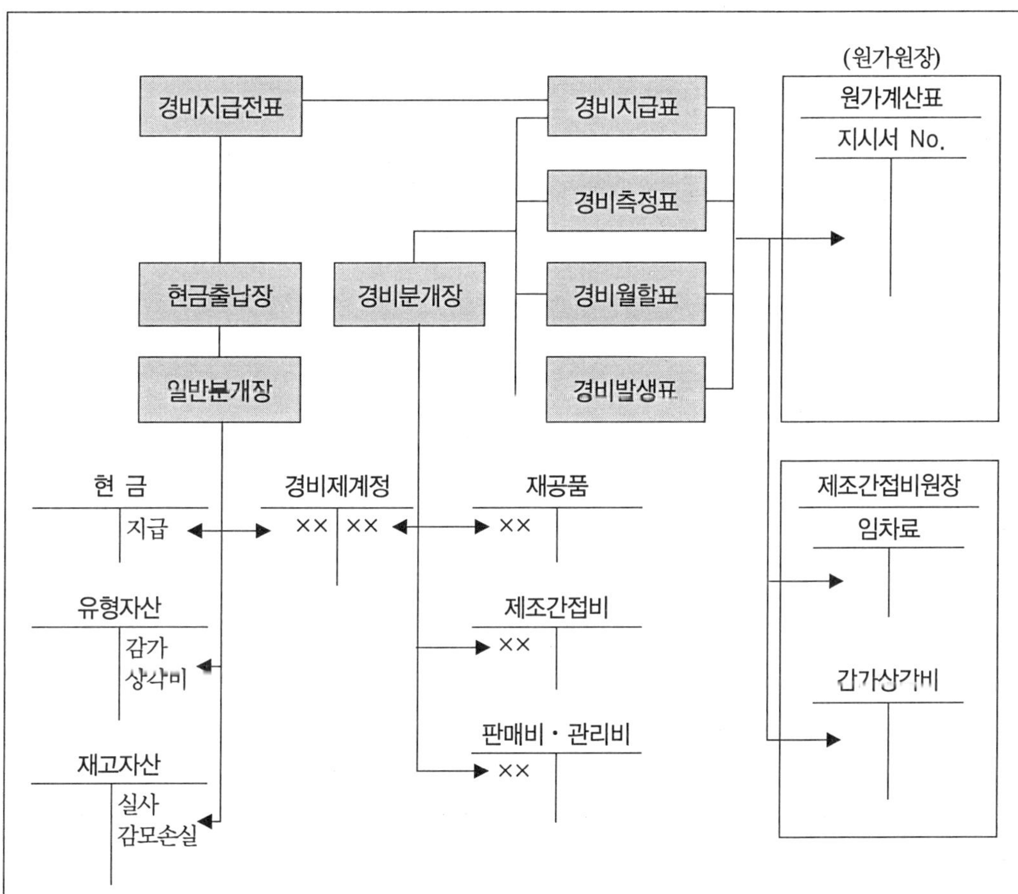

예제 4-7 (주)토성의 7월 중 경비에 대한 자료가 다음과 같다.

(1) 월할경비

과 목	연간발생액
감가상각비	₩540,000
부동산임차료	₩1,200,000
보험료	₩144,000
세금과 공과	₩96,000

(2) 측정경비

전력료	당월 지급액	₩210,000	당월 측정액	₩320,000
수도료	당월 지급액	–	당월 측정액	₩10,000

(3) 지급경비

	당월지급액	전월 미지급액	당월 미지급액
지급운임	₩20,000	₩6,000	₩9,000
예비교통비	₩16,000	₩4,000	₩6,000
복리비	₩9,000	₩6,000	₩3,000

(4) 발생경비(전액제조부문부담)

당월 말 재료장부재고액	₩560,000
당월 말 재료실지조사액	₩530,000

(5) 특별비

외주가공비	₩20,000
특허권사용료	₩600,000

물.음.

1. 8월 중 소비액을 계산하시오.
2. 경비분개장에 기입하고, 총계정원장에 전기하기 위한 분개를 하시오.
   (단, 토성회사의 회계기간은 1년을 하고 발생경비와 특별비를 제외한 나머지 경비는 제조부서와 영업부서에 80%, 20%로 배부하고 있다. 또한 특별비는 개별제품생산을 위하여 발생한 것이다.)

풀.이.

1. 월할경비 : 균분법을 사용하여 계산한다.
2. 측정경비 : 지급액과는 관련없이, 측정액을 당월 경비소비액으로 계산한다.
3. 지급경비 : '당월 경비소비액 = 당월 지급액 − 전월 미지급액 + 당월 미지급액'으로 계산한다.
4. 발생경비 : 재료의 재고감모손실을 구한다.
5. 특별비 : 직접경비이므로 직접 재공품계정에 대체한다.

경비분개장

경비분류	항 목	차 변			대 변
		재공품	제조간접비	판매비와관리비	
월할경비	감가상각비		36,000	9,000	45,000
	부동산임차료		80,000	20,000	100,000
	보험료		9,600	2,400	12,000
	세금과공과		6,400	1,600	8,000
측정경비	전력료		256,000	64,000	320,000
	수도료		8,000	2,000	10,000
지급경비	운 임		18,400	4,600	23,000
	여비교통비		14,400	3,600	18,000
	복리비		4,800	1,200	6,000
발생경비	재고감모손실		30,000		30,000
특별비	외주가공비	20,000			20,000
	특허권사용료	50,000			50,000
		70,000	463,600	108,400	642,000

〈분개〉

(차) 재공품	₩70,000	(대) 감가상각비	₩45,000
제조간접원가	463,600	부동산임차료	100,000
판매비와 관리비	108,400	보험료	12,000
		세금과공과	8,000
		전력료	320,000
		수도료	10,000
		운 임	3,000
		여비교통비	18,000
		복리비	6,000
		재고감모손실	30,000
		외주가공비	20,000
		특허권사용료	50,000

연. 습. 문. 제.

01 다음은 (주)청운의 회계자료의 일부분이다.

(1) 기말에 실제재고조사결과 재료의 실제재고액이 장부잔액보다 ₩320,000 부족함이 발견되었다.

(2) 위 부족액은 정상적인 감모로 판명되었다.

(3) 재료 ₩530,000을 외상매입하고 인수운임 ₩15,000은 현금으로 지급하다.

(4) 재료소비액(예정가격)

제조지시서 #12 : ₩36,700

기계수리용 : ₩38,300

물음

위의 거래들을 분개하시오.

02 다음 자료에 의하여 아래 물음에 답하시오.

당월 임금소비액	₩230,000(이 중 직접임금 ₩170,000)
임금순지급액	158,000(수표로 지급)
보험료공제액	12,000
소득세공제액	10,000
재형저축공제액	55,000
전기말 미지급임금액	8,000

물음

1. 임금지급에 관한 거래를 분개하시오.
2. 임금소비에 관한 거래를 분개하시오.
3. 임금계정에 기입면을 표시하시오(계정은 마감할 것).

03 **(주)신흥의 제5기 중 재료구입과 소비에 관한 자료는 다음과 같다.**

(1) 재료의 외상매입액은 다음과 같다.

주요 재료	₩540,000
인수운임	10,000
보조재료	80,000
부분품	45,000

단, 인수운임은 주요재료에 대한 것이며 현금으로 지급하였다.

(2) 재료의 예정가격에 의한 소비액은 다음과 같다.

	제조직접비	제조간접비
주요재료	₩286,000	₩84,000
보조재료	–	65,000
부분품	20,000	–

(3) 재료의 실제가격에 의한 소비액은 다음과 같다.

주요재료	₩375,000
보조재료	55,000
부분품	18,000

물음

위의 내용을 분개하고 원장에 전기하시오.

04 **(주)OK는 호빵, 찐빵 두 종류의 제품을 생산하기 위한 재료를 (주)홍성농산으로부터 구입하고 다음의 송장을 받았다.**

송장(지불표 No.100)

재료품목	수 량	금 액
호빵용	100개	₩120,000
찐빵용	300개	240,000
		₩360,000

대금은 20일 이내 지불하며, 모든 재료부비는 재료의 취득원가에 산입한다. 대금지불조건 및 재료부비의 발생액은 다음과 같다.

(1) 대금지불조건

20일 이내 현금지불의 경우 2% 할인

(2) 인수비용

지불표 No.100에 대한 운임 : ₩12,000

매입수수료 : ₩7,400

(3) 기타 부대비용(1개월간 예정배부액)

구매부 : ₩9,400

검수부 : ₩10,000

(4) 당월의 구매예정가격(기타 부대비용의 배부기준) : ₩485,000

(5) 운임은 수량을 기준으로 매입수수료는 가격을 기준으로 배부하며, 모든 거래는 현금으로 이루어졌다.

물음

1. 호빵과 찐빵의 재료구입원가를 산출하시오.

2. 각 재료의 단위당 구입원가를 계산하여 분개를 하시오.

05 다음은 (주)삼청의 경비에 대한 자료이다.

비 목	당월 지급액	전월 말		당월 말		당월 소비액
		미지급액	선급액	미지급액	선급액	
수선비	200,000	6,000		10,000		(1)
운반비	120,000	61,000			20,000	(2)
보관비	150,000		5,000	6,000		(3)
여 비	4,000	2,000		1,500		(4)
잡 비	15,000		3,000		8,000	(5)

물음

당월 경비소비액을 비목별로 계산하시오.

06 (주)수성에 관한 자료이다.

(1) 감가상각비 ₩180,000(당회계연도 6개월분 추산액)

(2) 수선비 당월 지급액 ₩50,000, 당월 말 미지급액 ₩11,000

(3) 보험료 당월 지급액 ₩288,000(단, 1년계약분)

(4) 전력비 당월 지급액 ₩120,000, 당월 측정액 ₩150,000

(5) 운반비 당월 지급액 ₩36,000, 당월 말 미지급액 ₩6,000

(6) 여비교통비 당월 지급액 ₩72,000, 전월 말 선급액 ₩12,000

(7) 수도광열비 당월 지급액 ₩100,000, 당월 측정액 ₩106,000

(8) 특허권사용료 ₩84,000(단, 1년분)

(9) 외주가공비 당월 지급액 ₩24,000, 당월 말 선급액 ₩6,000

(10) 재료감모손실 : 월 초 재고액 ₩480,000, 당월 매입액 ₩1,500,000
(장부상의) 월 말 재고액 ₩960,000, 당월 소비액 ₩1,000,000

물음

위의 경비내역을 분개장에 기입하고 마감하시오. 단, 원가계산기간은 1개월로 하고 경비배분은 직접경비(특허권사용료, 외주가공비)와 재료감모손실을 제외하고 공장과 본사의 배분비율을 60% : 40%로 한다.

07 (주)토성기업은 갑 · 을 두 종류의 재료를 구입하고 다음의 송장을 받았다.

송장(지불표 No.120)

재료품목	수 량	금 액
갑	200개	₩2,400,000
을	400개	W3,200,000
		₩5,600,000

대금지불조건 및 재료부비의 발생액은 다음과 같다. 대금은 20일 이내 지불하며, 모든 재료부비는 재료의 취득원가에 산입된다.

(1) 대금지불조건
20일 이내 지불의 경우 2% 할인

(2) 인수비용
지불표 No.120에 대한 운임 : ₩150,000 매입수수료 : ₩84,000

(3) 기타 부대비용(1개월간 예정배부액)
구매부 : ₩120,000 검수부 : ₩160,800

(4) 당월의 구매예정가격(기타 부대비용의 배부기준)은 ₩6,000,000이다.

(5) 운임은 수량을 기준으로, 매입수수료는 가격을 기준으로 배부한다.

(6) 모든 거래는 현금거래이다.

물음

갑 · 을 두 종의 1개당 구입원가를 산출하고, 분개를 하시오.

08 다음은 (주)오성기업의 임금에 관한 자료이다.

임금자료

번 호	성 명	제조지시서 또는 작업장소	작업시간 수	지급임률	차감액	
					소득세	가불액
1	호돌이	No.1 No.3	150 10	200	2,000	5,000
2	홍길동	No.2 No.3	100 30	180	1,700	5,000
3	호순이	No.2 품질검사부	80 100	150	1,800	3,000
4	갑돌이	영업부 동력부	70 130	120	1,700	4,000
5	갑순이	No.4	200	100	1,000	0

물음

임금지급장과 임금분개장에 기입하고 분개와 전기를 하시오.

제5장

부문별 원가계산

제1절 부문별 원가계산의 의의와 목적
제2절 원가부문의 설정과 배부기준
제3절 부문별 원가계산의 절차
제4절 보조부문원가의 배부방법
제5절 행태기준의 원가배부
제6절 보조부문 원가배부의 요약

제5장

부문별 원가계산

제1절 부문별 원가계산의 의의와 목적

1 부문별 원가계산의 의의

기업은 조직의 주요 목표를 달성하기 위해 직접적인 기능을 수행하는 경영부문(operating department)과 이러한 경영부문을 위하여 지원업무를 담당하는 보조부문(supporting department or service department)으로 구성되어 있다.

이때 원가요소를 그 발생장소인 부문별로 분류・집계하는 계산 과정을 부문별 원가계산(department cost accounting)이라 한다. 즉 부문별 원가계산이란 요소별 원가계산이 선행된 후에 이루어지는 것으로써 원가요소를 그 발생장소인 부문별로 분류・집계하는 계산 과정이다. 이때 원가를 분류・집계하기 위한 계산 조직상의 구분을 원가부문(cost department) 또는 원가중심점(cost center)이라 한다.

부문별 원가계산은 부문비계산(department burden)이라고도 하며 원가부문별로 집계된 부문비는 원칙적으로 그 부문을 통과한 제품에 배분된다. 직접원가에 속하는 원가요소는 직접 제품에 부과되기 때문에 제조간접원가에 속하는 원가요소만 부문비로 계산하면 된다. 그러나 부문별 원가계산이 원가관리면에서 중요성이 강조되고 있는 현재로서는, 제품원가 계산뿐만 아니라 경영관리상의 목적에서 간접원가는 물론이고 직접원가도 포함한 부문별 원가계산이 필수적이다.

이와 같은 부문별 원가계산의 결과는 각 부문에서 발생한 원가의 기간비교 또는 표준비교를 할 수 있으며, 원가효율이나 생산효율의 측정 및 부문책임자의 성과평가와 재무제표작성의 근거를 이루는 재고자산의 정확한 가격을 결정하는 데 이용된다.

2 부문별 원가계산의 목적

일반적으로 기업이 부문별로 원가계산을 실시하는 주요 목적은 다음과 같다.

(1) 합리적인 원가배분을 통한 제품원가의 계산

특정 제품의 제조와 직접 관련하여 발생한 원가(직접원가)는 원가요소를 제품별로 쉽게 파악할 수 있지만 여러 제품제조와 관련하여 공통적으로 발생한 원가(간접원가)는 쉽게 파악할 수 없다. 따라서 이 원가는 인위적인 배부기준을 사용하여 각 작업지시서(제조지시서)의 작업원가표(원가계산표)에 배부해야 한다. 이 경우 공장 전체에서 발생하는 제조간접원가를 하나의 배부기준, 즉 공장 전체의 총괄배부율에 따라 간접원가를 각 제품에 배부할 수 있다. 그러나 간접원가의 발생상태나 제품별로 이루어지는 작업내용이 원가가 발생한 장소인 부문에 따라 다르게 나타나므로 공장을 직제상 또는 기술상의 관점에서 몇 개의 원가부문으로 나누어 각 부문별로 간접원가를 분류 · 집계하고, 그 부문에서 실시한 작업의 정도에 따라 일정한 배부기준을 정하여 원가를 배부하는 것이 타당하다. 즉 단일배부율인 공장 전체의 총괄배부율보다는 각 부문별로 각각 설정한 부문별 배부율(departmental overhead rate)을 산정하여 간접원가를 제품에 배부하는 것이 보다 합리적이다.

다음 [예제 5－1]에서 보는 바와 같이 공장 전체의 총괄배부율로 제조간접원가를 배부하였을 경우와 부문별 배부율로 제조간접원가를 배부하였을 경우 각 제품에 배부된 제조간접원가에 차이가 있음을 알 수 있다.

예제 5－1 (주)삼창자동차는 제조간접원가에 관련하여 다음과 같은 정보를 갖고 있다.

	제1조립부문	제2조립부문	계
월간 제조간접원가	₩60,000	₩30,000	₩90,000
월간 작업시간			
란트라	60시간	40시간	100시간
넥시아	40시간	60시간	100시간
계	100시간	100시간	200시간

물음.

1. 공장 전체의 총괄배부율에 의할 경우 각 자동차에 배부되는 제조간접원가를 구하시오.
2. 부문별 배부율에 의할 경우 각 자동차에 배부되는 제조간접원가를 구하시오.

풀.이.

1. 공장전체의 총괄배부율에 의한 경우
   ① 제조간접원가 배부율 : ₩90,000/200시간 = ₩450/작업시간당
   ② 란트라 제조간접원가 배부액 : ₩450×100시간 = ₩45,000
   ③ 넥시아 제조간접원가 배부액 : ₩450×100시간 = ₩45,000

2. 부문별 배부율에 의한 경우
   ① 제조간접원가 배부율
   제1조립부문 : ₩60,000/100시간 = ₩600/작업시간당
   제2조립부문 : ₩30,000/100시간 = ₩300/작업시간당
   ② 란트라 제조간접원가 배부액
   제1조립부문비 배부액 : ₩600×60시간 = ₩36,000
   제2조립부문비 배부액 : ₩300×40시간 = ₩12,000
   ₩48,000
   ③ 넥시아 제조간접원가 배부액
   제1조립부문비 배부액 : ₩600×40시간 = ₩24,000
   제2조립부문비 배부액 : ₩300×60시간 = ₩18,000
   ₩42,000

(2) 효율적인 원가통제

부문별 원가계산은 원가요소의 발생장소와 누구의 책임하에 발생되었는지를 명확히 알 수 있다. 즉, 어디에서 어떤 원인으로 원가요소가 발생되었는지를 알 수 있기 때문에 부문관리자를 통하여 효율적으로 원가를 통제할 수 있다.

부문별 원가계산에서는 원가를 발생장소별, 즉 부문별(책임중심점별) 또는 그 부문의 관리자별로 집계·분류함으로써 실제원가를 파악할 수 있다. 이때 원가발생이 적절하게 발생된 것인지를 판단하고 필요한 개선조치를 취하기 위해 실제발생액을 예산이나 표준과 비교한다.

이 실제발생액과 예산이나 표준과의 차이를 원가차이라고 한다. 이 원가차이는 부문관리자가 통제할 수 있는 차이와 통제할 수 없는 차이로 분석되어진다. 이러한 일련의 과정이 곧 효율적인 원가통제시스템이다. 이 시스템이 부문별 혹은 부문관리자별 업적평가를 할 수 있는 정보를 제공해 준다.

부문별 원가계산은 보다 효율적인 원가관리 및 성과평가를 위해서 유용한 회계시스템이기는 하지만 다음과 같은 특수한 경우에는 부문별 원가계산을 실시하지 못한다.

① 부문이 하나인 경우 : 제품의 성격, 생산방법, 경영규모 등으로 인하여 부문을 나눌 수 없어 단일의 부문으로 조업하는 경우에는 부문별 원가계산을 채택하거나, 채택하지 않거나 동일한 결과가 발생한다.

② 부문별 원가계산의 효익보다 희생이 큰 경우 : 원가부문이 여러 개 존재하더라도 부문별로 원가를 계산하기 위해 소요되는 정보수집 비용이 그 제도를 택해서 얻게 되는 효익보다 크다면 이 제도는 비효율적인 것이 된다.

③ 원가계산제도가 정비되기 전에 원가계산을 한 경우 : 원가계산을 위한 제도나 직원이 갖추어지지 않은 상태에서는 체계적인 원가현황을 알기 위한 부문별 계산을 실시할 수 없을 뿐더러, 하더라도 실효성이 없다.

제2절 원가부문의 설정과 배부기준

1 원가부문의 설정과 그 기준

제품의 정확한 제조원가계산과 효율적인 원가관리 및 통제를 위해서는 원가부문을 적절히 설정하여야 한다. 원가부문을 어느 정도로 세분화해야 하느냐 하는 문제는 기업의 종류, 시설규모, 공정배치의 특성 및 관리조직의 구조 등을 고려하여 결정한다. 이에 관련된 회계적인 문제로는 부문 세분화로 얻어지는 효익과 희생되는 비용과의 상쇄관계(trade-off)를 고려해야 한다는 것이다.

부문의 세분화에 따른 효익은 처음에는 급격히 증가하다가 점점 체감하는 경향이 있다. 따라서 부문의 세분화는 이론적으로 효익과 비용의 차이가 극대화되는 점(부문이 분할수)에서 결정하는 것이 바람직하다.

즉, 부문의 분할 및 설정은 비용과 효익을 고려하여 다음과 같은 설정기준에 따라 원가부문을 정하여야 한다.

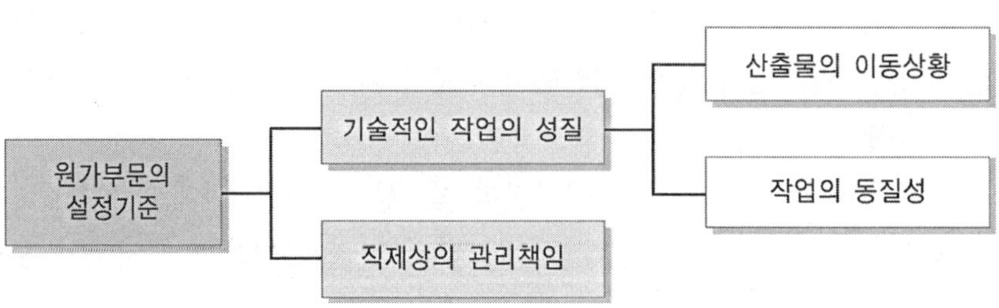

(1) 기술적인 작업의 성질

기술적인 작업의 성질에 따른다는 것은 작업구분의 원칙에 따라 설정되는 것을 의미한다. 즉, 작업의 종류와 성질을 고려하여 산출물의 이동상황과 작업의 동질성에 유의하여 생산기술적 관점에서 공정(부문)을 구분한다.

예를 들면 부문이 반제품, 부산물, 연산품의 분리점 및 제품검사점 등에서 구분되어지거나 기계가공부, 열처리부 등과 같이 작업의 성질에 따라 부문이 구분되어진다.

(2) 직제상의 관리책임

이는 경영자의 권한과 책임의 범위를 원가부문의 설정기준으로 하려는 것이다. 원가의 발생을 책임단위별로 관리하는 것이 원가중심점(cost center)이며 이는 발생원가에 대한 책임소재를 명확히 함으로써 원가관리를 효율적으로 하려는 데 있다. 이때 관리책임에 따른 원가부문의 설정이 일치되는 것이 더욱 바람직하다.

원가부문의 설정은 관리책임구분에 의한 원가부문의 설정기준과 작업의 성질에 의한 원가부문의 설정기준이 서로 일치하는 것이 이상적이다. 이들이 서로 일치될 수 없는 경우에는 전자가 후자보다 우선한다고 본다.

이는 부문별 원가계산이 본질적으로 원가계산의 정확성보다 원가관리를 중요시 하기 때문이다.

2 원가부문의 분류

원가부문은 생산부문, 영업부문, 판매부문 등으로 나누기도 하지만 제조원가계산에서는 일반적으로 원가부문을 제품의 제조작업과 관련시켜서 제조부문(production department)과 보조부문(service department)으로 나누는 것이 일반적이다.

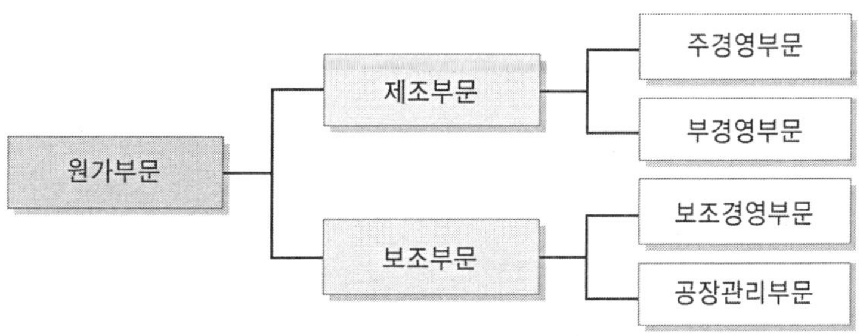

(1) 제조부문

제조부문은 원재료를 제품으로 가공하는 직접적인 활동을 수행하는 부문이다. 즉 생산활동의 목적인 제품을 직접 제조하는 부문이다. 제조부문은 주・부제품의 생산과 관련하여 주경영부문과 부경영부문으로 나뉜다. 일반적으로 제조부문이라고 할 때는 주경영부문을 의미한다.

1) 주경영부문

주된 목적인 제품의 제조를 직접 담당하는 부문이다. 주경영부문은 제품의 종류나 제조작업의 성질에 따라 여러 가지 부문으로 나누어진다. 예를 들면 자동차조립공장의 조립부문, 의장부문, 도장부문 등은 주경영부문이 된다.

2) 부경영부문

부경영부문은 주된 목적인 제품 이외의 제품이나 부차적 부품을 생산하는 부문이다. 예를 들면 부산물의 가공, 포장재료의 제조 등을 담당하는 부문이 이에 속한다.

(2) 보조부문

보조부문(service department)은 생산활동의 목적인 제품제조에 직접 관계하지 않고 작업용 공구나 기술적인 용역 등을 제조부문에 제공함으로써 생산활동을 지원하는 부문이다. 이 부문은 제공하는 용역의 내용에 따라 보조경영부문과 공장관리부문으로 분류된다.

1) 보조경영부문

보조경영부문은 제품의 제조에 직접관여하지 않으나 제조부문에 자기가 생산한 제품 또는 용역을 제공하는 부문이다. 예를 들면 동력부, 수선부, 검사부, 포장부 등이 있다

2) 공장관리부문

공장전체의 관리기능을 담당하는 보조부문이다. 예를 들면 생산관리부, 기획부, 공장사무부, 노무부 등이 이에 속한다.

제3절 부문별 원가계산의 절차

1 부문원가계산의 순서

부문별 원가계산의 기본절차는 다음과 같다.

① 원가계산 기간동안 발생한 원가요소를 제조부문과 보조부문에 분류·집계하는데, 이 절차를 부문별원가의 제1차 집계라 한다.

② 보조부문에 집계된 보조부문비를 합리적 기준에 따라 제조부문에 배부하는데, 이 절차를 부문별 원가의 제2차 집계라 한다.

③ 제조부문에 집계된 모든 간접원가를 제조간접원가 실제배부율 또는 예정배부율에 따라 그 부문에서 생산한 제품에 배부한다.

본장에서는 부문별 원가계산의 연결성을 설명하고 있으며, 이러한 과정은 [도표 5-1]과 같이 표시할 수 있다.

[도표 5-1]에 쓰인 배분(allocated)이라는 용어는 보조부문원가의 제조부문으로의 이동을 나타내기 위해 쓰이고 있으며, 배부(applied)라는 용어는 (제조부문의 원가와 함께) 보조부문의 원가를 제품이나 용역에 부착 또는 귀속시키는 것을 의미한다.

그러나 배분과 배부는 원가를 나누어준다는 개념으로 구분하지 않고 혼용하기도 한다.

■ 도표 5-1 원가배분이 제품과 용역에 미치는 영향

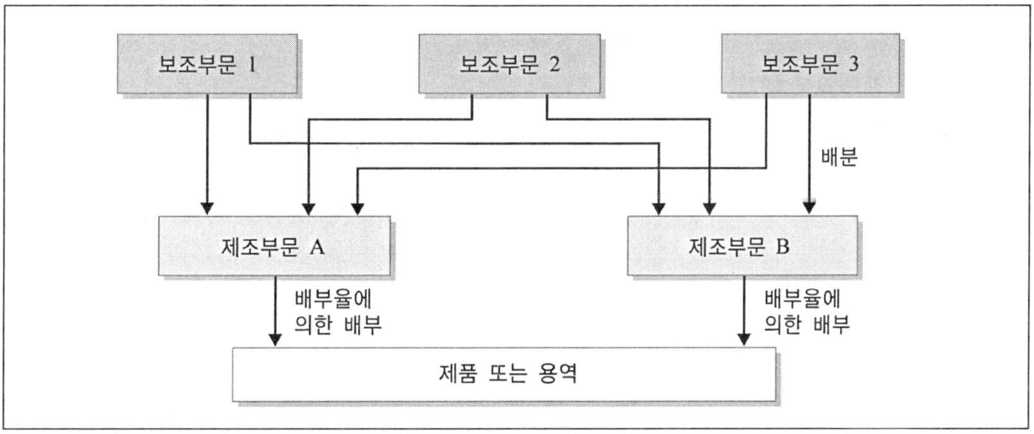

2 원가요소의 부문별 집계

(1) 원가부문에 집계되는 원가의 범위

부문별 원가계산 방법은 기업이 적용하고 있는 원가계산 제도에 따라 차이가 있으며, 특히 각 원가부문에 집계되는 원가요소의 범위는 원가계산 제도에 따라 차이가 있다. 각 원가부문에 집계되는 원가요소의 범위는 원가계산제도에 따라 다음 세 가지로 나눌 수 있으며, 도표로 표시하면 [도표 5−2]와 같다.

■ 도표 5−2 원가계산제도에 따른 원가요소의 부문별 집계

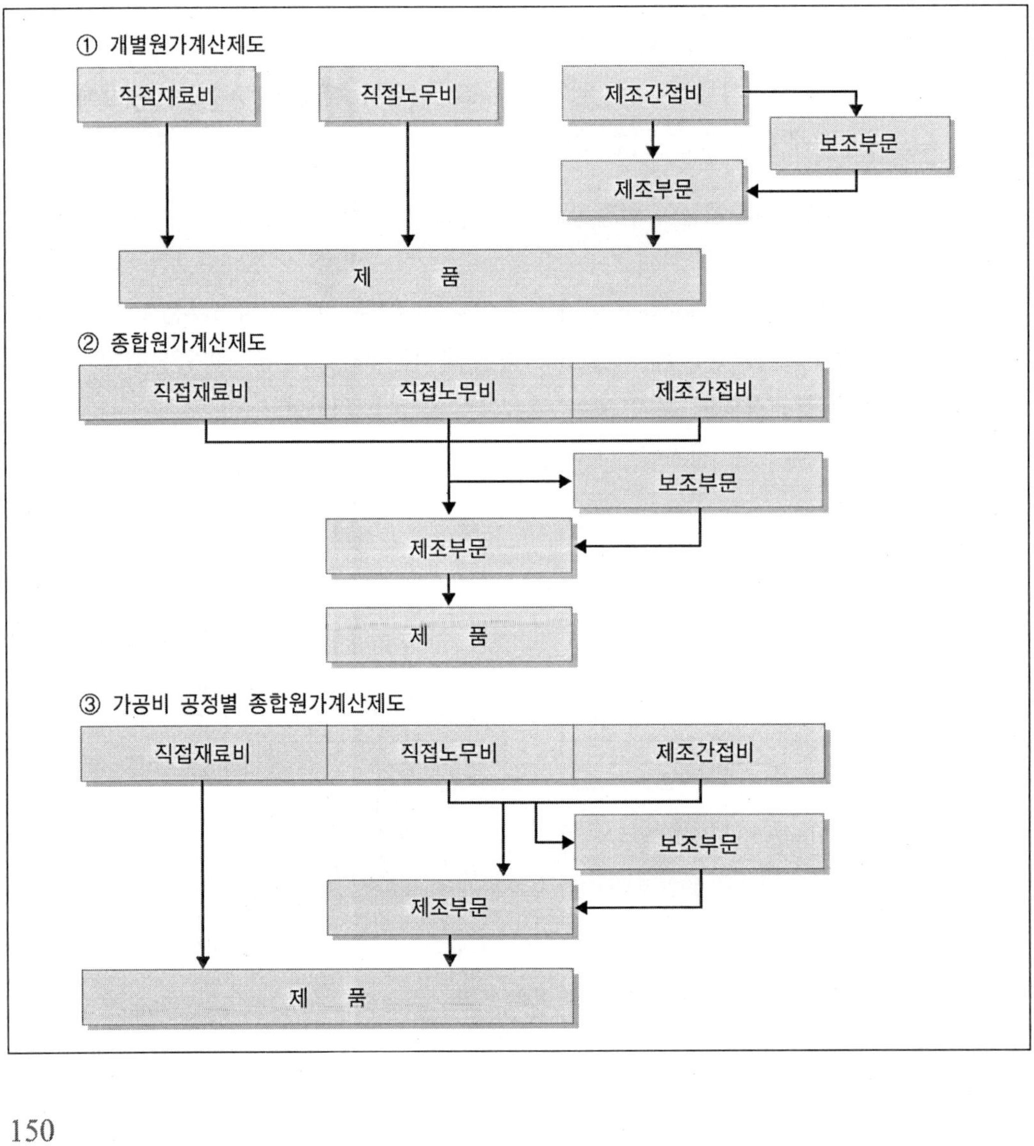

① 개별원가계산제도하에서는 제조간접비만이 부문별 원가계산의 대상이 된다.
② 가공비공정별 종합원가계산제도하에서는 주요 재료비를 제외한 가공비만이 부문별 원가계산의 대상이 된다.
③ 가공비공정별 종합원가계산을 제외한 모든 종합원가계산에서는 전원가요소를 부문별 원가계산의 대상으로 한다.

(2) 부문개별비와 부문공통비

부문별 원가계산의 대상이 되는 원가요소는 원가부문에의 추적가능성 여부에 따라 부문개별비와 부문공통비로 나누어진다.

부문개별비 또는 부문직접원가(direct department cost)는 특정 부문에서만 개별적으로 발생하고, 그 부문에 직접 부과할 수 있는 원가요소이다. 부문개별비에는 다음과 같은 범주의 원가요소가 있다.

① 감독자급료, 간접노무비(특정 부문에 소속된 기사), 초과수당
② 간접재료원가와 공장소모품비
③ 수선유지비
④ 노동에 따른 부가급부(기본급 이외의 유급휴가, 건강보험, 연금 등)
⑤ 기계설비 감가상각비

부문공통비 또는 부문간접원가(indirect department cost)는 모든 부문 또는 여러 부문에서 공통적으로 발생한 원가로서 어느 부문에서 발생한 것인가를 명확하게 파악할 수 없는 원가요소이다.

그러므로 각 부문이 그 원가요소로부터 용역을 지원받은 만큼 인위적인 배부기준에 따라서 배부율을 결정하여 배부계산을 하여야 한다. 예를 들어 공장장의 급료, 공장건물감가상각비, 세금과 공과금 등은 이에 속한다.

3 부문공통원가의 배부기준

(1) 배부기준의 요건

부문공통비는 그 성질상 여러 부문에 대하여 공통적으로 발생하는 원가요소이므로 각 부문과 원가발생의 인과관계 또는 예측의 정확성을 고려한 배부기준(allocation base)을 정하여 각 부문에 배부하여야 한다.

따라서 적절한 배부기준이 되기 위하여 배부기준이 갖추어야 할 요건은 다음과 같다.

1) 배부기준의 공통성

부문공통원가의 배부기준은 배부되는 부문에 공통되는 것이라야 한다. 예컨대 직접작업시간은 부문공통비를 제조부문에 배부할 때의 배부기준은 될 수 있지만 제조부문과 보조부문에 배부할 경우에는 적합하지 않다. 왜냐하면 보조부문은 직접제조작업에 종사하지 않으므로 직접작업시간이 발생하지 않기 때문이다.

2) 배부기준의 비례성

배부대상이 될 원가요소와 배부기준 간에는 상호비례적 관계가 있어야 한다. 예컨대 건물의 감가상각비에 대한 배부기준으로 건물의 점유면적은 비례적 관계가 있지만 직접노동시간과는 비례적 관계가 크지 않다.

3) 배부기준의 객관성

원가계산은 기본적으로 객관적인 사실관계에 의하는 것이 아니고 인위적인 계산절차에 의하는 것이기 때문에 원가계산 담당자의 자의성이 개재될 가능성이 높다. 따라서 이러한 위험을 배제하기 위하여 배부기준은 담당자의 주관적인 판단에 의한 것이 아니라 객관적인 것이어야 한다.

4) 배부기준의 용이성

이론적으로 타당한 배부기준이라 할지라도 그 자료를 현실적으로 입수하기 어려운 경우라면 배부기준으로서 적당한 것이 못된다. 따라서 배부기준은 이론적 타당성보다는 배부기준에 관한 자료를 손쉽게 얻을 수 있고 현실적으로 이용이 가능하여야 한다.

(2) 일반적인 배부기준

부문공통원가의 일반적인 배부기준을 보면 다음 [도표 5-3]과 같다.

■ 도표 5-3 부문공통원가의 배부기준

부문공통원가의 요소	배부기준
간접재료원가	각 부문의 추정소비량 또는 각 부문의 직접재료비
간접노무원가	각 부문에 있어서의 공원의 작업시간 수 또는 직접임금
임차료, 화재보험료	각 부문의 점유면적
재산세, 건물감가상각비	각 부문의 점유면적
공장소모품, 연료비	각 부문의 추정소비량
전력요금	기계의 마력수×기계시간
기계감가상각비	각 부문 기계장치의 가액
운반비	중량×운반거리

[도표 5－3]에 나타난 바와 같이 부문공통비를 제조부문에 배부할 때 배부기준을 인과관계에 근거하여 합리적으로 선택해야 한다. 그 구체적인 예는 다음 절에서 설명한다.

4 부문비배부표

제조간접원가를 부문개별비(부문직접원가)와 부문공통비(부문간접원가)로 구분하고 부문공통비의 배부기준이 선정되면 이들을 발생장소별로 집계하게 되는데, 이때 작성하는 표를 부문비배부표라 한다. 부문비배부표의 양식은 [도표 5－4]와 같다.

■ 도표 5-4 부문비배부표

비 목	금 액	제조부문		보조부문			
		A제조부문	B제조부문	동력부	수선부	시험연구부	공장사무부
부문개별비							
간접재료비							
간접노무비							
경 비							
부문공통비							
급 료							
복리후생비							
보험료							
⋮							
⋮							
부문비 합계							

예제 5-2 (주)신양은 구두를 제조·판매하는 회사이다. 이 회사에서 발생된 제조간접원가 자료는 다음과 같다.

(1) 부문개별비
A제조부문 ₩500,000, B제조부문 ₩400,000, 동력부문 ₩300,000, 수선부문 ₩100,000, 공장사무부문 ₩50,000

(2) 부문공통비
감가상각비 ₩80,000, 보험료 ₩30,000, 간접노무원가 ₩40,000

(3) 배부기준

구 분 ＼ 부 문	A제조부문	B제조부문	동력부	수선부	공장사무부
종업원 수	200명	100명	50명	70명	80명
면 적	300m^2	100m^2	200m^2	250m^2	150m^2
설비가액	₩300,000	₩200,000	₩150,000	₩200,000	₩150,000

물.음.

위의 자료에 의거하여 제조간접원가를 배부하고 부문비 배분표를 작성하시오.

풀.이.

1. 감가상각비의 배부 : 면적

A제조부문 : $₩80,000 \times \frac{300}{300+100+200+250+150} = ₩24,000$

B제조부문 : $₩80,000 \times \frac{100}{300+100+200+250+150} = ₩8,000$

동력부 : $₩80,000 \times \frac{200}{300+100+200+250+150} = ₩16,000$

수선부 : $₩80,000 \times \frac{250}{300+100+200+250+150} = ₩20,000$

공장사무부 : $₩80,000 \times \frac{150}{300+100+200+250+150} = ₩12,000$

2. 보험료의 배부 : 설비가액

A제조부문 : $₩30,000 \times \frac{300,000}{300,000+200,000+150,000+200,000+150,000} = ₩9,000$

B제조부문 : $₩30,000 \times \frac{200,000}{300,000+200,000+150,000+200,000+150,000} = ₩6,000$

동력부 : $₩30,000 \times \frac{150,000}{300,000+200,000+150,000+200,000+150,000} = ₩4,500$

수선부 : $₩30,000 \times \frac{200,000}{300,000+200,000+150,000+200,000+150,000} = ₩6,000$

공장사무부 : $₩30,000 \times \frac{150,000}{300,000+200,000+150,000+200,000+150,000} = ₩4,500$

3. 간접노무원가의 배부 : 종업원 수

A제조부문 : $₩40,000 \times \frac{200}{200+100+50+70+80} = ₩16,000$

B제조부문 : $₩40,000 \times \frac{100}{200+100+50+70+80} = ₩8,000$

동력부 : $₩40,000 \times \frac{50}{200+100+50+70+80} = ₩4,000$

수선부 : $₩40,000 \times \frac{70}{200+100+50+70+80} = ₩5,600$

공장사무부 : $₩40,000 \times \frac{80}{200+100+50+70+80} = ₩6,400$

부문비배부표

비 목	배부기준	금 액	제조부문		보조부문		
			A부문	B부문	동력부문	수선부문	공장사무부문
부문개별비		₩1,350,000	₩500,000	₩400,000	₩300,000	₩100,000	₩50,000
부문공통비							
감가상각비	면적	80,000	24,000	8,000	16,000	20,000	12,000
보험료	가액	30,000	9,000	6,000	4,500	6,000	4,500
간접노무원가	종업원 수	40,000	16,000	8,000	4,000	5,600	6,400
공통비합계		150,000	49,000	22,000	24,500	31,600	22,900
부문비합계		₩1,500,000	₩549,000	₩422,000	₩324,500	₩131,600	₩72,900

제4절 보조부문원가의 배부방법

보조부문은 제조부문뿐만 아니라 다른 보조부문에도 용역을 제공한다. 보조부문 상호간에 용역을 주고받는 관계가 있더라도 궁극적으로 모든 보조부문의 원가는 제조부문에 배부되게 된다. 그러므로 보조부문의 원가를 제조부문으로 배부할 때, 보조부문 상호간에 용역의 수수를 어느 정도 고려해야만 한다.

이때 용역수수를 제조부문에만 직접배부하는 직접배부법과 제조부문뿐만 아니라 타보조부문에도 배부하는 단계배부법과 상호배부법이 있다. 한편 자기부문이 제공하는 용역을 자기부문에서 소비하는 자기소비용역(self-service)도 있을 수 있는데, 보조부문원가의 배부에서 자기부문에 재배부되어야 한다는 견해도 있으나 보조부문을 운영하는 데에서 발생한 모든 원가는 결국 제조부문에 배부되어야 하므로 자기소비용역을 고려하지 않는 것이 일반적이다.

1 직접배부법

직접배부법(direct allocation method)은 보조부문간 용역의 수수가 무시되고 모든 배부가 제조부문들이 사용하는 용역의 상대적 비율을 기준으로 계산하는 방법이다. 이는 보조부문 상호간의 배부는 하지 않으며 제조부문에만 배부하는 방법이다. 이를 도표로 나타내면 [도표 5－5]와 같다.

■ 도표 5-5 직접배부법에 의한 보조부문의 원가배분

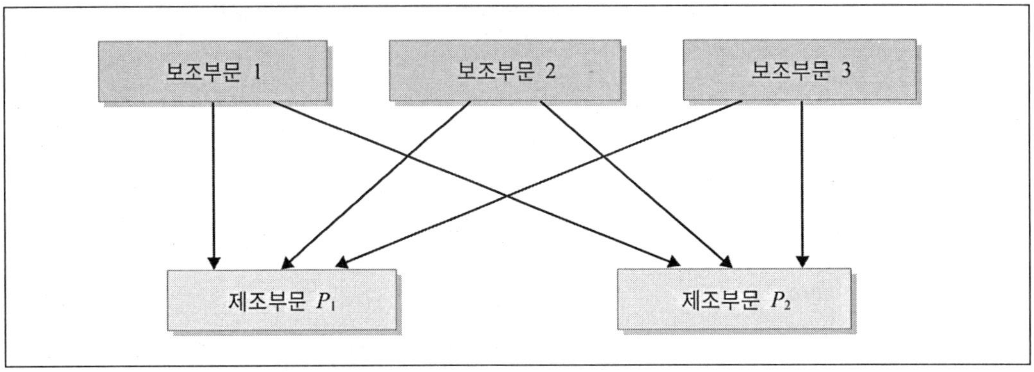

직접배부법은 가장 간편한 배부방법이지만, 보조부문이 제조부문에만 용역을 제공하는 것이 아니라 타보조부문에도 제공하는 경우에는 보조부문간의 상호관련 정도를 고려하지 않고 보조부문간 용역의 지원을 무시하고 있기 때문에 정확하지 못하다. 부정확한 제조간접원가배부율로 인하여 제품 및 용역원가의 왜곡과 가격산정의 오류를 야기시킬 수도 있다. 그렇지만 많은 조직(기업)들은 적용에 용이하다는 점 때문에 직접배부법을 사용하고 있다.

예제 5-3

(주)중원은 보조부문인 동력부문, 수선유지부문, 공장인사부문과 제조부문인 절단부와 조립부로 구성되어 있다. 각 부문직접원가 및 보조부문의 동력사용량은 다음과 같다.

	절단부	조립부	동력부문	수선유지부문	공장인사부문
부문직접원가	–	–	₩80,000	₩60,000	₩30,000
동력사용량	120kwh	80kwh	–	50kwh	–
수선시간	80시간	70시간	30시간	–	20시간
종업원 수	60명	40명	20명	30명	–

동력부문의 원가배부기준은 동력사용량이고, 수선유지부문의 원가배부기준은 수선시간, 공장인사부문의 원가배부기준은 종업원수이다.

물음.

직접배부법에 의한 보조부문원가를 제조부문에 배부하고 그 결과를 분개하시오.

풀.이.

	절단부	조립부	동력부문	수선유지부문	공장인사부문
부문직접원가	–	–	₩80,000	₩60,000	₩30,000
동력부문원가	₩48,000	₩32,000	(80,000)		
수선유지부문원가	32,000	28,000		(60,000)	
공장인사부문원가	18,000	12,000			(30,000)
총원가	₩98,000	₩72,000	0	0	0

1. 계산근거

① 동력부문원가

절단부 : ₩80,000 $\times \frac{120}{200}$ = ₩48,000

조립부 : ₩80,000 $\times \frac{80}{200}$ = ₩32,000

② 수선유지부문원가

절단부 : ₩60,000 $\times \frac{80}{150}$ = ₩32,000

조립부 : ₩60,000 $\times \frac{70}{150}$ = ₩28,000

③ 공장인사부문원가

절단부 : ₩30,000 $\times \frac{60}{100}$ = ₩18,000

조립부 : ₩30,000 $\times \frac{40}{100}$ = ₩12,000

2. 배부결과 분개

(차) 절단부	98,000	(대) 동력부문	80,000
조립부	72,000	수선유지부문	60,000
		공장인사부문	30,000

[예제 5－3]의 풀이과정에서 살펴보았듯이 부문별 원가계산은 부문계정의 설정을 필요로 한다. 보조부문원가의 제조부문별 배부액을 계산한 후 보조부문계정의 대변에 기록하고 제조부문계정의 차변에 기입하여 회계처리한다.

2 단계배부법

단계배부법(step down allocation method)은 보조부문이 다른 보조부문에 제공한 용역 제공 비율의 크기, 용역을 사용하는 다른 보조부문의 수, 원가의 크기 등에 따라 보조부문을 대상으로 일정한 배부순위를 정한다. 이 배분순위에 따라서 순차적으로 타보조부문과 제조부문에 배부하는 방법이다.

■ 도표 5-6 단계배부법에 의한 보조부문 원가배부

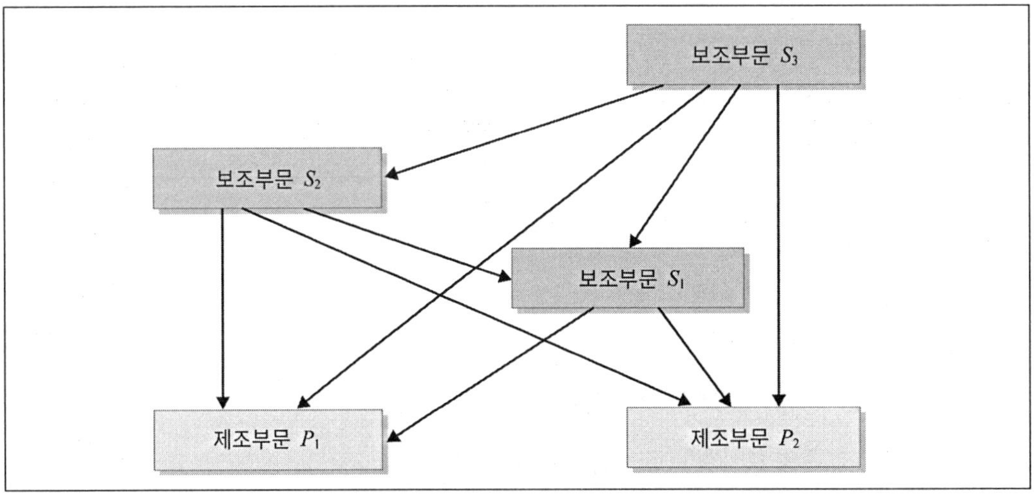

이 배부방법은 [도표 5-6]에 나타난 바와 같이 제1순위의 보조부문원가를 다른 보조부문과 제조부문에 배부하고 그 다음 제2순위와 제3순위의 보조부문원가를 차례로 다른 보조부문과 제조부문에 배부한다. 보조부문의 원가가 일단 배부되면 다른 보조부문의 원가가 역으로 재배부되거나 다시 배부받지 않는다.

이 방법은 보조부문 상호 간의 용역수수를 일부 인정하고 있다는 점에서 직접배부법보다 정확성은 증가했지만 계산이 복잡하다. 또한 계산상 무시되는 상호간에 지원되는 용역의 크기에 비례하여 불합리성이 커지며, 배부순위가 부적절할 경우 오히려 직접배부법보다 정확하지 않은 결과를 초래할 수 있다.

예제 5-4 (주)중원의 모든 정보자료는 [예제 5-3]과 같다.

물.음.

단계배부법에 의해 보조부문원가를 제조부문에 배부하시오. (단 배부순서는 공장인사부문, 수선유지부문, 동력부문으로 할 것)

풀.이.

	절단부	조립부	동력부문	수선유지부문	공장인사부문
부문직접원가	–	–	₩80,000	₩60,000	₩30,000
공장인사부문	₩12,000	₩8,000	4,000	6,000	(30,000)
수선유지부문	29,333	25,667	11,000	(66,000)	
동력부문	57,000	38,000	(95,000)		
총원가	₩98,333	₩71,667	0	0	0

① 공장인사부문원가 : 1단계

절단부 : ₩30,000 × $\frac{60}{150}$ = ₩12,000

조립부 : ₩30,000 × $\frac{40}{150}$ = ₩8,000

동력부문 : ₩30,000 × $\frac{20}{150}$ = ₩4,000

수선유지부문 : ₩30,000 × $\frac{30}{150}$ = ₩6,000

② 수선유지부문원가 : 2단계

절단부 : ₩66,000[1)] × $\frac{80}{180^{2)}}$ = ₩29,333

조립부 : ₩66,000 × $\frac{70}{180}$ = ₩25,667

동력부문 : ₩66,000 × $\frac{30}{180}$ = ₩11,000

③ 동력부문원가 : 3단계

절단부 : ₩95,000[3)] × $\frac{120}{200^{4)}}$ = ₩57,000

조립부 : ₩95,000 × $\frac{80}{200}$ = ₩38,000

1) 수선유지부문의 직접원가(₩60,000) + 1단계에서 배부받은 원가(₩6,000) = ₩66,000
2) 1단계에서 배부가 이루어진 공장인사부문에는 재배부하지 않으므로 80 + 70 + 30 = 180시간이다.
3) 부문직접원가(₩80,000) + 1단계에서 배부받은 금액(₩4,000) + 2단계에서 배부받은 금액(₩11,000) = ₩95,000
4) 1, 2단계에서 배부한 공장인사부문과 수선유지부문에는 재배부하지 않는다.
120kwh + 80kwh = 200kwh

3 상호배부법

상호배부법(reciprocal allocation method)은 보조부문 상호간에 주고받는 용역관계를 완전히 고려하여 보조부문원가를 배부하는 방법이다. 또한 이 방법은 교차배부법(cross-allocation method) 또는 이중배부법(double allocation method)이라고도 불린다.

또한 이 방법은 용역의 수수에 따라서 각 보조부문의 원가를 서로 배부한 결과 최종의 보조부문원가를 연립방정식을 수립하여 배부액을 구하기 때문에 선형대수법(linear algebra method)이라고도 한다. 상호배부법의 장점은 다음과 같다.

① 보조부문의 용역수수관계를 완전히 고려함으로써 원가배분이 정확하다.
② 배부순서를 잘못 정할 위험이 없다.
③ 배부순서를 결정하는 데 시간이 낭비되지 않는다.
④ 상호배부법을 변동원가에 대해서만 적용하는 경우 보조용역의 자가생산-외부구입 의사결정에 유용한 정보를 제공한다.

그러나 항상 이 방법을 이용하여 배부액을 결정할 수 있는 것은 아니다.

예컨대 보조부문의 수가 많아지면 연립방정식의 행렬을 이용하여 해결해야 하는데, 경우에 따라서는 역행렬(inverse matrix)이 구해지지 않기 때문에 이 방법을 사용할 수 없는 경우도 있다.

예제 5-5 (주)중원의 모든 정보자료는 [예제 5-3]과 같다.

물.음.

상호배부법에 의해 보조부문원가를 제조부문에 배부하시오.

풀.이.

부문비배부율은 다음과 같다.

	절단부	조립부	동력부문	수선유지부문	공장인사부문
부문직접원가	–	–	₩80,000	₩60,000	₩30,000
동력부문	0.48	0.32	X_1	0.20	–
수선유지부문	0.40	0.35	0.15	X_2	0.10
공장인사부문	0.40	0.27	0.13	0.20	X_3

위에서와 같이 동력부문, 수선유지부문, 공장인사부문을 거쳐가는 총원가를 X_1, X_2, X_3이라 하면, 다음과 같은 연립방정식이 설정된다.

$$X_1 = 80{,}000 + 0.15X_2 + 0.13X_3$$
$$X_2 = 60{,}000 + 0.2X_1 + 0.2X_3$$
$$X_3 = 30{,}000 + 0.1X_2$$

위의 연립방정식을 풀게 되면 $X_1 = 98{,}142$, $X_2 = 87{,}376$, $X_3 = 38{,}738$이 된다.

이에 따라 보조부문원가를 제조부문에 배부하면 다음과 같다.

	절단부	조립부	동력부문	수선유지부문	공장인사부문
부문직접원가	–	–	₩80,000	₩60,000	₩30,000
동력부문원가	₩47,108[1)]	₩31,406[2)]	(98,142)	19,628	–
수선유지부문원가	34,950	30,582	13,106	(87,376)	8,738
공장인사부문원가	15,495	10,459	5,036	7,748	(38,738)
총원가	₩97,553	₩72,447	0	0	0

* 1) ₩98,142×0.48＝₩47,108,000 2)₩98,142×0.32＝₩31,406

4 자기부문 소비용역

상호배부법은 특별히 자기부문 소비용역을 인정하고 배부할 수 있다. 자기부문 소비용역(self-service)은 특정 부문이 제공하는 용역을 그 부문 자체에서 소비하는 것을 말한다. 예를 들어, 자기부문 소비용역은 동력부문에서 사용한 전력이나 식당종업원이 소비한 음식, 용수부에서 사용하는 물과 같이 그 부문이 생산해서 스스로 소비하는 용역을 일컫는다.

한 보조부문의 원가는 전부 다른 부문에 배부되어서 궁극적으로 제조부문에 배부되어야 하므로 자기부문 소비용역은 보조부문원가의 배부대상에서 제외되는 것이 타당하다.

예제 5-6 (주)춘성산업은 두 개의 제조부문과 두 개의 보조부문으로 구성되어 있으며 각 부문에서 당기 중 발생한 원가와 보조부문이 제공한 용역단위는 다음과 같다. 전력부는 Kwh, 공장사무부는 인원수를 기준으로 배부한다.

용역사용부문 / 용역제공부문	제조부문		보조부문		합 계
	제1제조	제2제조	전력부	공장사무부	
전력부	200Kwh	500Kwh	100Kwh	300Kwh	1,100Kwh
공장사무부	40명	40명	20명	20명	120명
부문비	₩40,000	₩35,000	₩10,000	₩44,000	₩129,000

물.음.

상호배부법을 이용하여 다음의 경우에 보조부문의 원가를 각 제조부문에 배부하시오.

1. 자기부문 소비용역을 인정하지 않는 경우
2. 자기부문 소비용역을 인정하는 경우

풀.이.

1. 자기부문 소비용역을 인정하지 않는 경우

① 용역제공비율의 계산

	제1제조	제2제조	전력부	공장사무부	합 계
전력부	0.2	0.5	–	0.3	1
공장사무부	0.4	0.4	0.2	–	1

연립방정식을 설정하기 위하여 제1제조부문의 총원가를 A, 제2제조부문의 총원가를 B, 전력부문의 총원가를 X, 공장사무부문의 총원가를 Y라고 하면, 다음의 식이 성립된다.

$X=₩10,000+0.2Y$ ········· ⓐ
$Y=₩44,000+0.3X$ ········· ⓑ
$A=₩40,000+0.2X+0.4Y$ ········· ⓒ
$B=₩35,000+0.5X+0.4Y$ ········· ⓓ

식 ⓐ, ⓑ를 풀면 $X=₩20,000$, $Y=₩50,000$이 된다. 또한 X, Y를 이용하여 식 ⓒ, ⓓ를 풀면 $A=₩64,000$, $B=₩65,000$이 된다.

② 부문비 계산표

비 목	제조부문		보조부문	
	제1제조	제2제조	전력부	공장사무부
부문개별비	₩40,000	₩35,000	₩10,000	₩44,000
보조부문비배부				
전력부	4,000	10,000	(20,000)[1]	6,000
공장사무부	20,000	20,000	10,000	(50,000)[1]
합 계	₩64,000[2]	₩65,000[2]	₩0	₩0

1) 앞에서 계산한 X, Y값이다.

2) 앞에서 계산한 A, B값이다.

2. 자기부문 소비용역을 인정하는 경우

① 용역제공비율의 계산

	제1제조	제2제조	전력부	공장사무부	합 계
전력부	$\frac{2}{11}$	$\frac{5}{11}$	$\frac{1}{11}$	$\frac{3}{11}$	1
공장사무부	$\frac{1}{3}$	$\frac{1}{3}$	$\frac{1}{6}$	$\frac{1}{6}$	1

연립방정식을 설정하기 위하여 1의 경우와 같이 가정하면, 다음의 식이 성립된다.

$X=₩10,000+\frac{1}{11}X+\frac{1}{6}Y$ ········· ⓐ
$Y=₩44,000+\frac{3}{11}X+\frac{1}{6}Y$ ········· ⓑ

$A = ₩40,000 + \frac{2}{11}X + \frac{1}{3}Y \cdots\cdots\cdots ⓒ$ $B = ₩35,000 + \frac{5}{11}X + \frac{1}{3}Y \cdots\cdots\cdots ⓓ$

식 ⓐ, ⓑ를 풀면 $X = ₩22,000$, $Y = ₩60,000$이다. 또한 X, Y를 이용하여 식 ⓒ, ⓓ를 풀면 $A = ₩64,000$, $B = ₩65,000$이 된다.

② 부문비 계산표

비 목	제조부문		보조부문	
	제1제조	제2제조	전력부	공장사무부
부문개별비	₩40,000	₩35,000	₩10,000	₩44,000
보조부문비배부				
전력부	4,000	10,000	(22,000)	16,000
공장사무부	20,000	20,000	12,000	(60,000)
합 계	₩64,000	₩65,000	₩0	₩0

제5절 행태기준의 원가배부

지금까지 보조부문원가를 각각 원가행태별로 고정원가와 변동원가로 구분하지 않고 하나의 원가집합에 집계하여 용역을 사용하는 부문의 실제 용역사용비율에 따라 보조부문원가를 제조부문에 배부하는 방법을 설명하였다.

그러나 원가의 계획 및 통제를 효율적으로 하기 위해서는 가능하다면 보조부문원가를 고정원가와 변동원가로 나누어 배부해야 한다. 이러한 접근방법은 부문활동의 계획 및 통제에 좀 더 유용한 자료를 제공하기 위해서 뿐만 아니라 불공평한 배분이 일어날 가능성을 회피하기 위해서는 필수적이다.

1 변동원가

변동원가(variable costs)는 제공되는 용역의 직접원가를 말하며 일반적으로 그 총액은 제공되는 용역수준의 변동상황에 따라 비례적으로 변동한다. 변동원가는 원가발생을 좌우하는 활동기준에 따라 사용부문에 부과되어야 한다. 예를 들어 보조부문의 변동원가가 제조부문의 기계시간의 변동에 따라 발생된다면 보조부문의 변동원가는 기계시간을 기준으로 제조부문에 배부되어져야 한다. 이처럼 보조부문원가의 발생에 직접적인 책임이 있는 부문들은 관련 용역의 실제사용량에 비례하여 그 원가를 부담해야 한다.

기술적으로 보조부문의 변동원가를 사용부문에 할당하는 것은 배부라기보다는 부과(charges)라는 용어가 적합할 것이다. 그 이유는 보조부문이 실제로 사용부문에 제공하는 용역에 대하여 단위당 일정률의 금액을 사용부문에 부과하고 있기 때문이다.

2 고정원가

보조부문의 고정원가(fixed costs)는 장기적으로 용역을 제공할 수 있는 능력을 확보하는 것과 관련된 원가로서 조업도나 용역사용량에 비례하지 않고 변동하지 않는다. 이러한 보조부문의 고정원가 배부는 사전에 결정된 일정단위에 대한 금액, 즉 예정총액(predetermined lump-sum amount)을 배부기준으로 하여 사용부문에 배부하는 것이 가장 공평하다. 예정총액이란 각 사용부문에 부과하는 금액을 미리 정하고 일단 이 금액이 정해지면 기간마다 변하지 않는다는 것을 뜻한다. 일반적으로 한 부문에 부과되는 총액은 그 부문의 최대사용가능량이나 장기평균 용역필요량을 기준으로 하여 결정된다. 중요한 것은 보조부문이 고정원가를 투입하였는지 아니면 용역필요량이 최대일 경우에 대비하여 고정원가를 투입하였는지에 따라 그 배부액에 차이가 발생하기 때문에 사전에 이에 대한 정보를 확보하고 있어야 한다는 것이다.

이 개념을 이해하기 위해 예를 들면, (주)오성회사는 제조부문으로 절단, 조립, 완성부문이 있는데 이들 제조부문에서 사용되는 기계에 대한 수선유지를 담당하는 수리부문을 두고 있다고 한다면 경영자는 수리부문의 용역제공능력을 결정하기 위하여 각 제조부문에서 요구하는 최대의 수선유지 필요시간을 고려해야 할 것이다.

부 문	최대의 수선유지 필요시간	총시간에 대한 비율
절 단	900시간	30%
조 립	1,800	60
완 성	300	10
총 계	3,000시간	100%

그러므로 수리부문의 고정원가를 제조부문에 배부할 때 30%는 절단부문에 60%는 조립부문에, 그리고 10%는 완성부문에 배부되어야 한다. 이러한 총액배부는 조직의 구조변화로 인한 용역필요량에 변동이 발생하지 않는 한 매 기간 변동되지 않을 것이다.

즉 보조부문의 고정원가는 장기간 동안 제공할 설비의 능력과 관련되기 때문에 장기평균

정상조업도 또는 예정조업도를 기준으로 제조부문에 배부하는 것이 합리적이다.

이처럼 보조부문의 원가를 행태별로 즉 변동원가와 고정원가로 분류하여 각각 상이한 기준으로 배부하는 경우, 고정원가는 제조부문에서 사용할 수 있는 최대사용가능량을 기준으로 배부하고 변동원가는 실제사용량을 기준으로 하여 제조부문에 배부하는 것이 합리적이다.

따라서 부문공통원가와 보조부문의 원가를 행태별로 구분하지 않고 제조부문에 단일기준으로 배부하는 방법을 일명 단일배부율법(single rate method)이라고도 하며, 행태별로 구분하여 각각 상이한 배부기준을 이용하는 방법을 이중배부율법(dual rate method)이라고도 한다.

예제 5-7 (주)칠성항공은 목성사업부와 화성사업부를 운영하고 있는데 이 회사는 이들 두 운영부문에 대한 지원업무를 위해 중앙전산정보부를 설치・운영하고 있다. 지난달 중앙전산정보부에서 발행된 원가자료는 아래와 같다.

컴퓨터 용역(고정원가 80%)	₩254,000
건물관리비	615,000
인력관리비	104,000
합 계	₩973,000

[부문비의 배부율과 예정배부]

배부기준	목성사업부	화성사업부
점유면적	15,000m^2	40,000m^2
급 여	₩380,000	₩170,000
컴퓨터사용시간	200hrs	140hrs
컴퓨터기억용량	25Gbytes	35Gbytes
설비유지비	₩175,000	₩220,000
영업이익(배부전)	₩439,000	₩522,000

물음.

1. 컴퓨터용역 원가를 컴퓨터 사용시간을 기준으로 한 배부율을 사용하여 공통원가를 두 사업부에 배부하시오.
2. 컴퓨터용역 원가를 컴퓨터 사용시간(변동원가부분)과 기억용량(고정원가부분)을 기준으로 한 배부율을 각각 계산하여 공통원가를 두 사업부문에 배부하시오.

풀.이.

1.

	배부기준	목성사업부	화성사업부
컴퓨터용역	컴퓨터사용시간	$\frac{200}{200+140}\times254,000$ = ₩149,412	$\frac{140}{200+140}\times254,000$ = ₩104,588
건물관리비	점유율	$\frac{15,000}{15,000+40,000}\times615,000$ = ₩167,727	$\frac{40,000}{15,000+40,000}\times615,000$ = ₩447,273
인력관리비	급 여	$\frac{380,000}{380,000+170,000}\times104,000$ = ₩71,855	$\frac{170,000}{380,000+170,000}\times104,000$ = ₩32,145
합 계		₩388,994	₩584,006

* ₩388,994 + ₩584,006 = ₩973,000

2.

	배부기준	목성사업부	화성사업부
컴퓨터용역 : 변동원가	컴퓨터 사용시간	$\frac{200}{200+140}\times254,000$ ×20%[1] = ₩29,882	$\frac{140}{200+140}\times254,000$ ×20% = ₩20,918
고정원가	컴퓨터 기억용량	$\frac{25}{25+35}\times254,000\times80\%$ = ₩84,667	$\frac{35}{25+35}\times254,000\times80\%$ = ₩118,533
건물관리비[2]	점유율	₩167,727	₩447,273
인력관리비[2]	급 여	₩71,855	₩32,145
합 계		₩354,131	₩618,869

1) 컴퓨터용역의 20%가 변동원가에 해당된다.
2) 물음 1과 동일
* ₩354,131 + ₩618,869 = ₩973,000

3 보조부문원가의 통제

보조부문원가를 통제할 때 특별히 고려해야 할 사항은 보조부문원가를 배부할 때에 예산과 실제원가 중 어느 원가를 배부해야 하는가를 결정하는 것이다.

실제발생액보다는 예산에 기초하여 배부해야 한다. 그 이유는 실제발생액을 기준으로 배부하게 되면 보조부문의 비능률에 따른 추가원가 혹은 부문의 효율적인 생산으로 인한 효익 등을 제조부문에 전가시킬 수 있기 때문이다.

만약 실제원가에 기초하여 배부할 경우에는 보조부문 관리자의 원가통제능력이 부족해서 발생된 결과가 은폐되거나 효율적인 관리로 인한 성과도 보장받지 못하므로 보조부문의 효율성을 통제할 수단이 약화된다.

따라서 배부율은 예산을 기준으로 하여야 하며 사용량은 예산사용량이나 실제 발생된 사용량 중 어느 하나를 선택하여야 한다. 사용량을 예산에 의하여 배부하는 경우는 회계기간 초에 보조부문원가의 배부가 이루어질 때 이용되고, 실제발생에 의할 경우는 회계기간 말에 배부가 이루어지는 경우에 이용하는 것이 일반적이다.

예제 5-8 (주)평창산업은 A와 B 제조부문을 위한 기계수선서비스를 제공하기 위하여 수선부문을 운용하고 있다. 수선부문의 원가는 제조부문의 기계작업시간을 기준으로 제조부문에 배부하되, 이중배부율법을 이용하고 있으며 관련 자료는 다음과 같다.

(1) 수선부문의 원가

	연간예산액	실제발생액
변동원가	₩67,500	₩65,000
고정원가	70,000	76,000
	₩137,500	₩141,000

(2) 제조부문의 기계작업시간

	정상조업도	예산조업도	실제조업도
부문 A	10,500시간	6,000시간	7,000시간
부문 B	7,000시간	6,500시간	5,800시간

물.음.

1. 회계연도 초에 각 제조부문의 예산에 배부되어야 할 수선부문원가는 얼마인가?
2. 회계연도 말에 수선부문원가를 각 제조부문에 예정배부한 금액과 실제발생된 부문비 간의 배부차이를 계산하시오.

풀.이.

1. 회계연도 초의 예정배부액

(1) 예정배부율

	변동원가	고정원가
① 수선부문예산액	₩67,500	₩70,000
② 배부기준(기계작업시간)*		
부문 A	6,000시간	10,500시간
부문 B	6,500	7,000
합 계	12,500시간	17,500시간
③ 예정배부율(①/②)	₩5.40	₩4.00

* 변동원가는 예산조업도, 고정원가는 정상조업도를 배부기준으로 한다.

(2) 예정배부액 : 회계연도 초

	제조부문 A	제조부문 B	합 계
변동원가(₩5.40)/기계시간당 :			
부문 A 6,000시간	₩32,400		
부문 B 6,500시간		₩35,100	₩67,500
고정원가(₩4.00)/기계시간당 :			
부문 A 10,500시간	42,000		
부문 B 7,000시간		28,000	70,000
합 계	₩74,400	₩63,100	₩137,500

2. 회계연도 말 예정배부액

(1) 예정배부율 : 연말

	제조부문 A	제조부문 B	합 계
변동원가(₩5.40)/기계시간당 :			
부문 A 7,000시간	₩37,800		
부문 B 5,800시간		₩31,320	₩69,120
고정원가(₩4.00)/기계시간당 :			
부문 A 10,500시간	42,000		
부문 B 7,000시간		28,000	70,000
합 계	₩79,800	₩59,320	₩139,120

(2) 부문비 배부차이

	변동원가	고정원가	합 계
실제발생액	₩65,000	₩76,000	₩141,000
예정배부액	69,120	70,000	139,120
부족(초과)배부	₩(4,120)	₩6,000	₩1,880

제6절 보조부문 원가배부의 요약

부문별 원가계산의 핵심은 부문공통비의 정확한 부문별 배부와 보조부문원가의 제조부문 배부이다. 특히 보조부문원가의 제조부문배부는 배부기준의 선택, 배부범위의 결정, 보조부문 상호간의 용역수수 사실인정 등 몇 가지 측면에서의 의사결정을 전제로 한다. 보조부문원가를 제조부문에 배부할 때 고려하여야 하는 사항을 정리한다면 다음과 같다.

첫째, 가능한 한 보조부문의 변동원가와 고정원가를 명확하게 구분하여 이중배부율법을 이용할 수 있도록 한다.

둘째, 원가관리활동에 대한 유용한 정보와 제조부문에 대한 보조부문원가의 왜곡된 전가를 방지하기 위하여 예정배부율을 이용하는 것이 합리적이다.

셋째, 변동원가는 관련원가의 조업도에 따라 예정배부율을 이용하되, 원가계산의 시점에 따라 다음의 두 가지로 구분된다.

① 만약 배부가 기초에 이루어진다면 제조부문에 대한 예정조업도를 기초로 계산이 이루어지게 된다.

예정배부율 × 예정조업도 = 변동원가배부액

② 만약 배부가 기말에 이루어진다면 그 기간 동안의 실제조업도를 근거로 계산이 이루어지게 된다.

예정배부율 × 실제조업도 = 변동원가배부액

넷째, 고정원가는 용역제공능력을 반영하는 것이므로 예정배부율을 이용하여야 하며 이때 배부기준으로는 예산조업도보다 정상조업도를 이용하는 것이 바람직하다. 또한 제조부문의 배부액은 그 부문에서 필요로 하는 용역량에 비례하여 계산하여야 한다.

다섯째, 어떤 보조부문에서 변동원가와 고정원가를 명확히 구분할 수 없는 경우에는 제조부문이 사용한 용역량을 가장 정확하게 측정할 수 있는 기준에 따라 배부한다.

여섯째, 가능한 한 보조부문 상호간의 용역수수관계를 잘 반영하는 배부방법에 의하여 배부한다. 따라서 직접배부법보다는 단계배부법 또는 상호배부법이 보다 나은 방법이다.

일곱째, 보다 정확한 제품별 계산을 위하여 제조부문으로 집계되는 원가요소는 그 부문의 소공정 또는 작업단위별로 집계할 수 있도록 한다.

연. 습. 문. 제.

01 샛별방송국은 TV와 라디오 부서를 두고 있다. TV와 라디오 부서는 CNN 뉴스를 통하여 세계 뉴스를 전송받는데 연간 ₩50,000의 비용이 소요되며 두 부서에 대한 자료는 다음과 같다.

부 서	CNN뉴스 이용시간	방송시간
TV	450	100
라디오	300	460

물음

1. CNN 뉴스 이용시간을 배부기준으로 하여 공통원가를 각 부서에 배부하시오.
2. 방송시간을 배부기준으로 하여 공통원가를 각 부서에 배부하시오.

02 다음은 (주)동서의 5월 한 달 동안에 공장의 각 부문에서 발생한 원가관련 자료이다.

배부기준	보조부문			제조부문	
	관리부	전산부	수선부	기계작업부	조립부
관리부(종업원 수)		30	10	50	70
전산부(컴퓨터이용시간)	40	–	10	20	20
수선부(서비스시간)	–	–	–	200	300
배부전 제조간전원가	₩100,000	₩250,000	₩150,000	₩500,000	₩400,000

물음

1. 직접배부법을 이용하여 보조부문비를 제조부문으로 배부하시오.
2. 단계배부법을 이용하여 보조부문비를 제조부문으로 배부하시오.
3. 상호배부법을 이용하여 보조부문비를 제조부문으로 배부하시오.

03 **(주)그린정보는 하나의 전력부문과 두 개의 제조부문 갑 · 을이 있다. 다음 연도의 보조부문원가를 배분하기 위한 변동예산은 매월 ₩24,000의 고정원가와 제조부문의 기계시간당 ₩1의 변동원가로 구성되고 있다. 고정원가는 장기적으로 전력서비스가 제조부문 갑에서 75%, 제조부문 을에서 25% 사용될 것으로 예측하고 수립한 예산이다. 변동원가는 기계시간당 ₩1의 예산비율로 배부한다.**

물음

1. 보조부문원가를 제조부문에 배부하기 위한 변동예산공식을 만드시오.
2. 실제원가가 우연히 변동예산과 일치하였다고 한다. 제조부문 갑과 을에서 각각 8,000기계시간작업이 이루어졌다고 하고 보조부문원가의 배부표를 작성하시오.
3. 고정원가가 장기적인 전력사용예측이 아닌 실제사용량에 기준을 두고 배부된다고 가정하여 보조부문원가의 배부표를 작성하시오. 한편 제조부문 을의 관리자의 입장에서는 물음 2와 3의 배부방법 중 어느 것을 선호하겠는가?
4. 전력부문이 16,000시간의 조업도에서 비능률이 발생하여 실제원가가 예산보다 ₩6,000을 초과하였다면 물음 2와 3의 해답은 어떻게 달라지겠는가?

04 **신일병원은 소아과, 내과, 외과에 X-ray촬영 서비스를 제공하는 방사선과를 운영하고 있다. 방사선과의 변동원가는 각 부문을 위해 제공된 X-ray 사진 수에 따라 배분된다. 올 한 해 동안의 X-ray촬영 원가와 관련된 예산 및 실제자료는 아래와 같다.**

부 문	변동원가	
	예 산	실 제
방사선과	X-ray 사진당 ₩18	X-ray 사진당 ₩20

한 해 동안 소아과와 내과 및 외과에 제공된 예산 및 X-ray촬영 사진 수는 다음과 같다.

	소아과	내 과	외 과
예산 X-ray 사진 수	7,000장	4,500장	12,000장
실제 X-ray 사진 수	6,000	3,000	15,000

물음

금년 회계연도 말의 실제성과와 예산을 비교하고자 한다. 소아과, 내과, 외과에 배부되어야 할 방사선과의 변동원가액을 계산하시오.

05 **앞의 04의 신일병원 자료를 참조하시오. 이 병원은 방사선과 이외에 모든 부문에 서비스를 제공하는 관리부문을 운영하고 있다. 두 보조부문의 고정원가는 다음과 같은 기준에 따라 배부된다.**

부 문	배부기준	
관리부문	점유면적 :	
	방사선과	6,000m^2
	소아과	30,000m^2
	내 과	24,000m^2
	외 과	90,000m^2
방사선과	매년 필요한 장기평균 X-ray촬영 사진 수 :	
	소아과	9,000장
	내 과	6,000장
	외 과	15,000장

올 한해의 두 보조부문의 예산 및 실제고정원가는 다음과 같다.

항 목 \ 부 문	관리부문	방사선과
예산고정원가	₩375,000	₩590,000
실제고정원가	381,000	600,000

물음

1. 진료부문으로서의 제조간접원가 배부율산정을 위한 두 보조부문의 고정원가 배부과정을 보이시오.
2. 올해 말 실제성과를 예산과 비교하기 위한 두 보조부문의 고정원가 배부과정을 보이시오.

06 한국항공은 중앙컴퓨터시스템에 의해 예약, 운항계획, 수선유지, 회계 등의 업무를 처리하고 있다. 컴퓨터 사용에 관련된 원가는 사용시간을 기준으로 각 부문에 배부한다. 최근 항공사간에 가격경쟁이 심화되어 회사는 정확한 원가배부를 절대적으로 필요로 하고 있다. 이번 회계기간 동안 컴퓨터와 관련된 자료는 다음과 같다.

부 문	사용시간	기억용량
예 약	2,500시간	1,500G
운항계획	1,700시간	600G
수선유지	6,300시간	210G
회 계	5,000시간	190G

(1) 컴퓨터 사용시간과 관련된 원가 : ₩3,525,000

(2) 컴퓨터 기억용량과 관련된 원가 : ₩2,500,000

물음

1. 컴퓨터 사용시간을 기준으로 한 단일배부율에 의해 각 부문에 원가를 배부하시오.
2. 컴퓨터 사용시간과 기억용량을 기준으로 한 이중배부율에 의해 각 부문에 원가를 배부하시오.

07 (주)화성산업은 A, B제조부문을 갖고 있는데 작업은 먼저 A제조부문에서 시작되어 B제조부문에서 완성되며, 완성된 제품은 즉시 판매된다. 또한 이 회사는 두 개의 보조부문 W와 X가 있다. A제조부문의 제조간접원가는 기본원가(직접재료원가와 직접노무원가의 합계)를 기준으로 배부하고, B제조부문의 제조간접원가는 기계작업시간을 기준으로 배부한다. 당기에 추정한 제조간접원가와 조업도에 관련된 자료는 다음과 같다.

A 제조부문		B 제조부문	
추정제조간접원가	₩66,000	추정제조간접원가	₩33,000
추정기본원가	₩44,000	추정기계작업시간	30,000시간

당기 각 작업마다 실제 발생된 직접재료원가와 직접노무원가는 다음과 같다.

	작업 No.22	작업 No.28	작업 No.36
부문 A :			
기본원가	₩26,000	₩13,200	₩8,200
부문 B :			
직접재료원가	₩16,350	₩7,100	₩900
직접노무원가	₩16,000	₩18,000	0
기계작업시간	16,000시간	18,000시간	–

보조부문의 원가를 배부하기 전 각 부문별 제조간접원가는 다음과 같다.

부문 W	₩11,300
부문 X	14,000
부문 A	46,300
부문 B	21,500

보조부문의 다른 부문에 대한 용역제공비율은 다음과 같다.

용역사용부문 / 용역제공부문	W	X	A	B
W	–	20%	30%	50%
X	40%	–	45%	15%

이 회사는 보조부문의 원가를 단계배부법을 사용하여 제조부문에 배부하고 있는데 작업 No.22와 No.28은 당기에 완성되어 판매되었고 작업 No.36은 B제조부문에 재공품 상태로 남아 있다.

물음

1. 매출원가계정에 포함된 작업 No.22와 No.28에 대한 당기제조원가는 얼마인가?
2. 실제제조간접원가가 작업 No.28에 배부되었다면, 이 작업의 당기제조원가는 얼마인가?

제6장

원 · 가 · 회 · 계

제조간접원가의 배분

제6장

제조간접원가의 배분

제1절 제조간접원가의 배분과 제품원가계산

1 원가배분의 의미와 제조간접비

(1) 원가배분

거래에서 발생된 원가는 재료비 · 노무비 · 경비의 원가요소로 분류하여 측정 · 집계된다. 이러한 원가요소 중 제품별로 직접 추적시켜 제품원가계산에 반영할 수 있는 원가는 직접재료비 · 직접노무비 · 직접경비로 구성되는 직접원가이다. 간접재료비 · 간접노무비 · 간접경비 등의 제조간접비는 제품별로 직접 추적하는 것이 불가능하지만 제품의 원가를 구성하고 있음은 분명하다. 따라서 제조간접비를 공장 전체로 파악하여 제품별로 가공 또는 제조서비스를 받은 만큼 나누어 주거나, 제조부문 또는 생산라인 단위로 제조간접비를 집계한 다음 이들 부문으로부터 가공 또는 제조서비스를 받은 만큼 나누어 주는 배분절차를 통하여 제품원가계산을 실시한다.

발생된 원가 또는 비용을 나누어야 하는 원가배분(cost allocation)의 문제는 비단 회계학에서 뿐만 아니라 사회전반에 걸쳐 발생하고 있으며, 우리의 실생활에서도 빈번하게 경험할 수 있는 문제이다.

예제 6-1 대학동창 4명이 가족동반 식사모임을 가졌는데 식사비는 총 20만원이 소요되었다.

물.음.

동반한 가족의 수와 나이가 다른 경우, 식사비를 어떻게 나누어 내야 할 것인가?

풀.이.

가장 간단한 방법은 가족당 5만원씩 부담하는 것이다(공정성 기준). 이외에도 동반한 가족의 수와 나이를 적절히 고려하여 배분하는 것(수혜기준)도 공정한 방법이라고 생각해 볼 수 있으며, 참석한 가족 중 가장 넉넉하게 사는 가족이 식사비를 부담하는 것(부담능력기준)도 부의 재분배라는 측면에서 공정한 방법이라고 할 수 있다. 그렇다면 어느 방법이 가장 타당한 방법인가?

가족동반 식사모임의 목적에 부합되는 배분방법이 가장 타당할 것이다. 가령 친목도모 또는 환송목적으로 식사모임을 한 것이라면, 배부기준도 이 목적에 부합되는 것(인과관계기준)이라야 할 것이다.

예제 6-2 어느 학과에서 수학여행을 떠나기로 결정을 한 다음, 참가인원을 조사해 본 결과 40명이 참가할 것으로 집계되었다.

과대표는 이 인원수를 기준으로 전체 수학여행경비를 산출해 본 결과 400만원이 소요될 것으로 예상하였다.

상.황.

1. 과대표는 수학여행경비를 1인당 10만원씩(400만원 / 40명) 책정하여 받기로 하였다. 그런데 수학여행을 떠나는 당일 실제로 참가한 학생은 30명이었으며, 그로 말미암아 전체 수학여행경비는 400만원에서 345만원으로 줄어들 것으로 예상된다. 이 경우 수학여행경비를 종전과 같이 책정한다면 어떤 문제점이 발생하는가?
2. 만약 상황 1에서 수학여행경비를 다시 책정한다고 하는 경우, 처음부터 수학여행에 참가하기로 한 학생들의 경비가 중도에 참가하지 않기로 한 학생들 때문에 변동되어야 한다는 사실을 과대표의 입장에서는 어떻게 설명할 수 있을까?
3. 만약 상황 1에서 수학여행경비를 다시 책정하지 않고 종전과 같이 1인당 10만원씩 받는다면 300만원(10만원×30명)이 되고, 전체 수학여행경비 345만원과의 차액 45만원을 중도에 참가하지 않기로 한 학생 10명에게 부담시운다면 과연 타당한 배분방법인가?
4. 과대표가 수학여행경비의 예산을 분석해 본 결과 다음과 같은 사실을 발견하였다고 하자. 이러한 자료를 토대로 실제 수학여행을 떠나는 학생들에게 배분하여야 할 수학여행경비를 생각하여 보시오.

〈수학여행경비 예산내역(40명 기준)〉

① 전세버스 임차료 및 운행경비 (유류, 통행료, 주차료 등)	180만원(1인당 4만 5천원) …… 고정비
② 숙박비 및 식비, 입장료	220만원(1인당 5만 5천원) …… 변동비
합 계	400만원(1인당 10만원)

〈수학여행경비 예산내역(30명 기준)〉

① 전세버스 임차료 및 운행경비 (유류, 통행료, 주차료 등)	180만원(1인당 6만원) …………	고정비
② 숙박비 및 식비, 입장료	165만원(1인당 5만 5천원) ……	변동비
합 계	345만원(1인당 11만 5천원)	

이 같은 원가배분의 문제는 회계시스템 내에서도 중요한 부분을 차지하고 있다. 가령 사과주스 1병의 제조원가를 구하기 위해서는 내용물을 구성하는 재료비뿐만 아니라 공장장의 급료까지도 제품의 생산에 기여했기 때문에 나누어 쪼개야 할 것이다. 이 경우 어떻게 각 제품별로 나눌 것인가? 또한 생산되는 제품별로 차등을 두어야 할 것인가를 결정하기 위한 배분의 문제에 대해서 본 절에서는 제조간접원가의 배분을 중심으로 살펴보기로 한다.

(2) 제조간접비의 의미

① **직접원가와 원가대상** : 재료비, 노무비, 경비가 '특정 제품'의 제조를 위해서 발생되었다고 직접 관련시킬 수 있거나 추적 가능한 경우 직접원가(direct cost)라고 한다. 예컨대 과일주스 제조에 직접 소요되는 과일, 과일농축액뿐만 아니라 플라스틱 용기, 유리병의 원가도 각 제품별로 직접 관련시킬 수 있으므로 직접원가가 된다. 한편 발생된 원가를 귀속시켜야 할 대상 또는 원가를 집계하는 단위를 원가대상(cost object)이라고 한다. 따라서 원가대상이란 제품, 제품라인, 부문, 활동, 기계설비 등과 같이 원가를 부담받아야 할 대상을 의미한다.

② **간접원가** : 재료비, 노무비, 경비가 발생되었지만 특정 원가대상을 위하여 발생된 것으로 추적이 불가능하거나 특정 원가대상에 부담지우는 것이 곤란할 경우, 이러한 원가요소를 간접원가(indirect cost)라고 한다. 예를 들어 주스 병을 세척하는 과정에서 배출된 폐수처리를 위하여 매달 ₩2,000,000씩 지급하고 있는 경우, 이 같은 폐수처리비는 주스제조를 위해서 발생한 원가지만 주스라는 제품 그 자체를 구성하고 있거나 아니면 1병당 얼마씩 발생되었다는 직접 추적이 곤란하므로 간접원가라고 한다.

③ **제조간접원가의 내용** : 제품을 원가대상으로 할 경우 직접재료비, 직접노무비, 직접경비는 직접원가에 해당되고 직접원가를 제외한 공장에서 발생되는 대부분의 원가가 제조간접비(factory overhead)에 속한다. 보조재료비, 소모공기구비품비, 공장소모품비 등의 간접재료비와 공장관리자의 급료, 의료보험료, 연금부담금 등의 간접노무비, 그리고 임차료, 보험료, 감가상각비, 전력비, 상하수도료, 연료비 등의 간접경

비가 제조간접비에 속한다.

그러나 특정 원가요소가 직접원가, 간접원가로 항상 고정되어 있는 것은 아니다. 동일한 원가요소라고 하더라도 '원가대상'이 다르거나, '원가대상'에 대한 직접관련성 또는 추적가능성이 달라지는 경우 직접원가 또는 간접원가의 구분도 당연히 달라진다. 위에서 예로든 과일 주스 제조공장에서 발생된 폐수처리비는 제품을 원가대상으로 하는 경우 제조간접비가 된다. 그러나 세척부문을 원가대상으로 하는 경우 해당부문으로 직접 추적가능하기 때문에 세척부문의 직접원가가 되며 제5장 부문별 원가계산에서는 이를 부문개별비로 회계처리하였다.

(3) 제조간접원가의 배분과 원가계산체계

제품원가 중 직접재료비와 직접노무비는 제품과 직접적인 관계를 갖는다. 즉 직접재료의 물리적인 흐름은 재료출고청구서에 의해 제품에 추적가능하고, 특정 작업을 수행하는 종업원들의 근무시간도 작업전표를 통하여 각 작업별로 추적할 수 있다. 그러나 전기수도료, 감가상각비, 수선유지비, 공장관리자의 급료, 재산세, 보험료와 같은 제조간접비는 그 특성상 개별작업이나 제품과 관련시키는 것은 곤란하다. 그러나 이 같은 제조간접원가가 발생되지 않고서는 제품이 생산될 수 없기 때문에 이러한 원가들은 공장 전체로 집계되든가 아니면 제5장에서 공부한 것 같이 부문별로 집계되었다가 다시 제품에 배분되어야 한다. 이같이 제조간접비를 제품에 배부함으로써 각 제품이 어느 정도의 자원을 사용하였는지를 알 수 있으며 경영자와 공장의 관리자들은 제품선정, 가격결정, 재무제표작성, 재고관리 등에 이러한 원가정보를 활용하고 있다.

제품원가계산과정에서 제조간접원가를 배분해야 할 상황은 크게 2가지로 나누어 볼 수 있는데 ① 제조간접원가를 제품에 배부하는 경우와 ② 보조부문원가를 제조부문에 배부하는 경우를 들 수 있다. 보조부문원가의 배분에 대해서는 이미 제5장에서 살펴보았기 때문에 여기에서는 주로 제조간접비를 제품에 배부하는 절차에 대해서 살펴보기로 한다. 그리고 요소별 계산, 부문별 계산, 제조간접비의 배분을 통하여 이루어지는 제품별 원가계산 절차는 제8장 개별원가계산과 제9장 종합원가계산 등에서 다루기로 한다.

2 간접원가집합과 원가배분

제조간접비의 배분과 관련하여 제품의 원가계산과정은 크게 두 단계로 나누어 생각할 수 있다. 먼저 원가를 추적가능성에 따라 직접비와 간접비로 분류하여 제조직접비는 제품에 바로 직접부과하고, 제조간접비는 적절한 배분기준에 따라 제품별로 배부하는 것이다. 제조간접비를 제품에 배부하는 절차는 공장전체로 제조간접비를 파악하여 배부하는 방법과 부문별로 파악하여 배부하는 방법이 있다.

(1) 공장 전체의 총괄배부율에 의한 제조간접비의 배분

이 경우에는 부문별 계산을 하지 않고 모든 제조간접비를 공장 전체단위로 집계한 다음, 적절한 배부기준을 선정하여 제품에 배부한다. 다음의 [도표 6－1]에서는 공장 전체의 총괄배부율을 산출하여 원가계산을 하는 전체적인 흐름이 표시되어 있다.

■ 도표 6－1 공장 전체의 총괄배부율에 의한 제조간접비의 배분

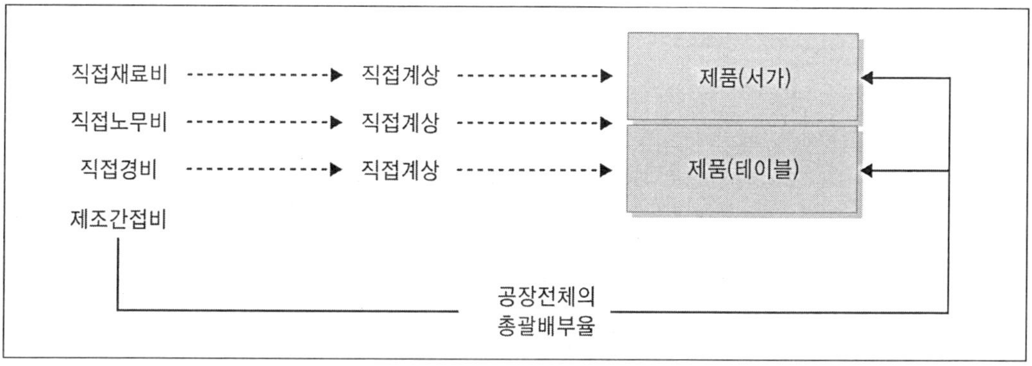

공장 전체의 총괄배부율을 적용할 수 있는 경우는 ① 제조과정이 단일의 제조공정으로 구성되어 있거나, ② 원가의 집계를 제조부문별로 인위적으로 나누는 것이 불가능할 때, ③ 필요한 원가계산자료를 집계하고 입수하는데 드는 비용이 효익을 초과하여 경제적인 실익이 없을 경우, 주로 공장 전체의 배부율을 이용한다. 따라서 계산이 간편하고 원가계산에 바로 적용할 수 있다는 장점이 있는 반면, 정확성이 떨어지는 상충관계에 있다.

예제 6－3 사무용 가구를 주문생산하여 판매하는 한일가구에서 어떻게 제조간접원가를 배분하여 원가계산을 하는지 살펴보도록 하자. 한일가구의 주요 제품인 서가와 테이블의 제작공정은 먼저 목재를 설계도면에 맞추어 자른 다음(절단작업), 각각의 조각 틀을 끼워 맞추는 조립작업이 시작되고(조립작업), 조립작업이 완료되면 표면처리와 칠을 하고 마무리 한다(도장작업). 특정 원가계산기간 동안의 직접원가자료와 공장 전체로 집계한 제조간접원가자료 중에서 공장 전체의 제조간접원가 발생액 ₩15,000,000을 어떻게 서가와 테이블의 제조작업에 나누어 줄 것이냐 하는 것이 바로 배분의 문제이며, 이 경우 어떤 배부기준을 사용하여 나눌 것이냐에 따라 제품의 원가도 달라지게 될 것이다.

배부기준에 대해서는 제2절에서 상세히 다루기로 하고 여기에서는 공장 전체에서 발생한 제조간접비를 직접노무비에 비례해서 배분하는 경우를 생각해 보자.

	서가(10set 제작)	테이블(10set 제작)	합 계
직접재료비	₩4,000,000	₩2,000,000	₩6,000,000
직접노무비	4,000,000	6,000,000	10,000,000
(직접작업시간)	600시간	400시간	1,000시간
제조간접비 :			₩15,000,000
간접재료비			(2,000,000)
간접노무비			(8,000,000)
간접경비			(5,000,000)

물.음.

1. 직접노무비를 기준으로 공장 전체의 제조간접원가배부율과 각 제품별 배부액을 구하시오.
2. 위에서 구한 총괄배부율을 적용하여 서가와 테이블의 단위당 요약제조원가명세서를 작성하시오.
3. 공장 현장에서 서가와 테이블의 작업관리를 맡고 있는 담당자들은 자신들이 공장 전체에서 발생하는 제조간접원가에 대해 직접 통제할 수 없는 경우가 많기 때문에 이 같은 비용들을 손익계산서에 곧바로 매출원가나 판매비와 관리비로 계상하는 것이 타당하다고 주장한다. 이러한 주장에 대해 논평해 보시오.

풀.이.

1. 직접노무비에 대한 공장 전체의 제조간접원가배부율 : ₩15,000,000 / ₩10,000,000 = 150%(직접노무비의)
   서가 제작에 배부된 제조간접비 : ₩4,000,000×150% = ₩6,000,000
   테이블 제작에 배부될 제조간접비 : ₩6,000,000×150% = ₩9,000,000

2. 제조원가명세서

	서 가	테이블
직접재료비	₩400,000[1)]	₩200,000[4)]
직접노무비	400,000[2)]	600,000[5)]
제조간접비	600,000[3)]	900,000[6)]
합 계	₩1,400,000	₩1,700,000

1) 4,000,000 / 10set　　2) 2,000,000 / 10set
3) 4,000,000 / 10set　　4) 6,000,000 / 10set
5) 6,000,000 / 10set　　6) 9,000,000 / 10set

3. 제품별로 추적 가능한 직접재료비와 직접노무비만을 제품원가에 반영하고 서가와 테이블 제작에 직접 추척하기 어려운 제조간접원가는 손익계산서에 매출원가나 판매비와 일반관리비로 처리한다면 어떻게 될 것인가? 이 점에 대해서는 원가배분의 목적과 관련하여 ① 제조간접비도 분명히 제품의 제조에 꼭 필요한 원가를 구성하므로 제품원가계산에 반영해야 한다. 이렇게 반영시키기 위한 절차로서 배부기준을 설정하여 인위적으로라도 제조간접비를 제품별로 나누어 주어야 한다. 물론 제조간접

원가의 발생을 잘 반영할 수 있는 배부기준의 선정이 전제되어야 한다. ② 회계기 말까지 판매되지 않고 남아 있는 제품을 재무상태표에 기말 재고자산으로 계상해야 할 경우, 제조간접원가가 제품원가에 반영되어 있지 않다면, 재고자산가액이 실제보다 낮게 평가될 것이다. ③ 제품의 판매가격을 책정하는 과정에서 제조원가를 고려하는 것이 일반적이다. 이 경우 제조간접원가를 제품원가계산에 포함시키지 아니한 원가계산자료에 의해서 제품가격을 책정하게 되면 잘못된 의사결정을 초래할 수 있다.

(2) 부문별 배부율에 의한 제조간접비의 배분

공장 전체를 원가대상으로 제조간접원가를 집계하여 제품에 배부한다면 제품원가를 정확하게 계산할 수 없다. 공장 전체 제조간접원가의 집합은 각기 다른 원가요인을 갖는 다양한 항목으로 구성되어 있어 단일의 배부기준으로는 제조간접자원의 소비와 제품과의 인과관계를 따지기 어렵기 때문이다. 따라서 생산라인이나 제조공정에 맞추어 원가부문을 설정하여 각 부문별로 제조간접비 발생액을 집계하고, 그 부문에서 가공받은 정도만큼을 배부함으로써 제품과의 인과관계를 높일 수 있으며 정확한 제품원가계산을 할 수 있다.

다음의 [도표 6－2]에서는 부문별 배부율을 적용하여 원가계산을 하는 전체적인 흐름이 표시되어 있다.

부문별로 제조간접비를 집계하고 계산하기 위해서는 공장 전체를 하나의 단위로 제조간접비 통제계정이 설정되는 대신 각 제조부문별로 제조간접비 통제계정이 설정된다. 제조간접원가 통제계정은 일반적으로 각 부문별로 설정되는데 여기에는 간접재료비와 간접노무비, 간접경비를 비롯한 기타 생산원가 항목들을 부문별 계산을 통하여 집계한다. 이와 같이 제조간접원가에 대해서 부문별 계산을 실시하고 제품에 배부하는 경우에는 제조간접원가관리에 대한 책임이 좀 더 분명해질 수 있으며 제품원가계산이 정확해질 수 있다. 또한 최고경영자

■ 도표 6-2 제조간접원가의 부문별 집계와 제품으로의 배부

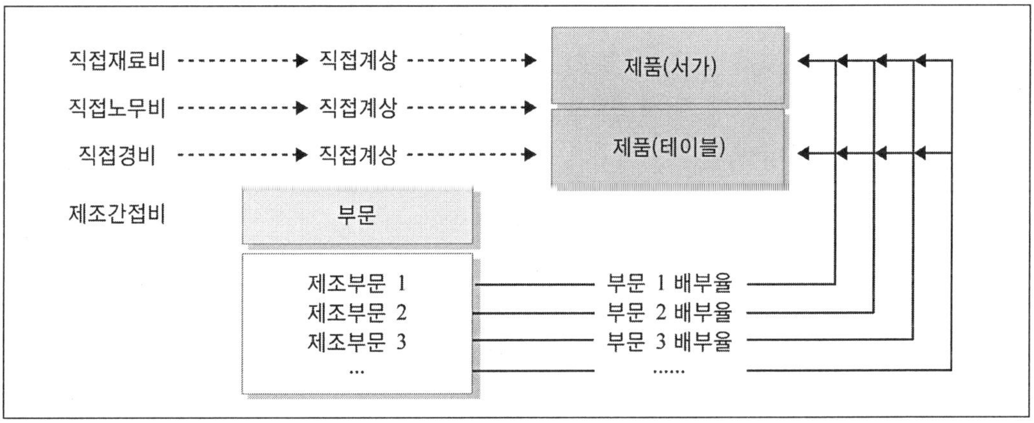

■ 도표 6-3 제조간접비의 부문별 계산과 원가계산

제 품	직접원가			제조간접원가			제품제조원가
	직접재료비	직접노무비	직접경비	절단부문	조립부문	도장부문	
서 가	■	■		■	■	■	■■■■■
테이블	■	■		■	■	■	■■■■■
원목가구*	■	■	■	■	■		■■■■■
부엌가구*	■	■	■	■	■	■	■■■■■■

* 원목가구제조에는 외부에서 디자인료를 지급하고 제작도면을 사와야 하므로 직접경비가 추가되는 반면 도장작업은 필요 없으며, 부엌가구의 설치작업은 외부에 하청을 주었기 때문에 설치비가 직접경비로 추가되어야 한다고 가정한다.

도 각 부문관리자가 어떻게 원가를 통제하였는지 성과를 평가할 수 있는 이점이 있다.

한편 제조공정의 일부를 생략하거나 추가공정이 필요한 제품을 생산하거나 특별주문을 받은 경우, 공장전체의 제조간접원가배부율을 반영한 원가계산자료는 목적적합하지 않을 것이다.

[도표 6－3]에서는 절단작업부문, 조립작업부문, 도장작업부문으로 구성된 3개의 제조부문을 통하여 사무용가구를 생산하는 한일가구에서 도장작업이 필요없는 원목가구와 설치작업비가 추가되는 부엌가구를 특별 주문받아 생산할 경우 제조간접원가를 부문별로 파악하여 제품에 배부하는 원가계산의 흐름을 살펴보기로 하자.

다음의 [예제 6－4]를 통하여 부문별 간접원가배부율을 이용한 원가계산과정을 살펴보기로 하자.

예제 6－4 다음은 3개의 제조부문으로 제조간접비를 집계하고 제품에 배부하여 원가계산을 하는 한일가구의 원가계산 및 생산자료의 일부이다.

(1) 원가자료

	서가(10set 제작)	테이블(10set 제작)	합 계
직접재료비	₩4,000,000	₩2,000,000	₩6,000,000
직접노무비	4,000,000	6,000,000	10,000,000
(직접작업시간)	600시간	400시간	1,000시간
제조간접비(부문별 계산을 통하여 집계)			₩15,000,000

(2) 제조간접비/부문

항 목	절단부문	조립부문	도장부문	합 계
간접재료비	₩500,000	₩500,000	₩1,000,000	₩2,000,000
간접노무비	2,000,000	2,000,000	4,000,000	8,000,000
간접경비	1,000,000	2,000,000	2,000,000	5,000,000
합 계	₩3,500,000	₩4,500,000	₩7,000,000	₩15,000,000
(작업시간)	350시간	300시간	350시간	1,000시간

(3) 생산자료

원가계산기간 중 서가와 테이블을 각각 10set씩 생산을 완료하였으며 서가와 테이블이 각 부문에서 가공서비스를 받은 작업시간은 다음과 같다.

	절단부문	조립부문	도장부문	계(제품별 작업시간)
서 가	150시간	200시간	250시간	600시간
테이블	200시간	100시간	100시간	400시간
(부문별 작업시간)	350시간	300시간	350시간	1,000시간

물.음.

1. 각 부문별 작업시간을 기준으로 부문별 제조간접원가배부율을 구하시오.
2. 각 제조부문에서 작업한 시간을 기준으로 제품별 제조간접원가배부액을 구하시오.
3. 제품단위별 요약제조원가명세서를 작성하시오.
4. [예제 6-3]에서 구한 공장전체의 총괄배부율(직접노무비의 150%)에 의해 계산된 단위당 제조원가와 부문별 배부율에 의해 계산된 단위당 제조원가를 비교하시오.
5. 도장작업을 생략해도 되는 원목 서가 10set를 set당 ₩1,400,000의 가격으로 판매할 수 있는 특별주문의 수락여부에 대해 검토하시오.

풀.이.

1. 부문비배부율

절단부문비배부율 : 3,500,000/350시간 = ₩10,000/작업시간

조립부문비배부율 : 4,500,000/300시간 = ₩15,000/작업시간

도장부문비배부율 : 7,000,000/350시간 = ₩20,000/작업시간

2. 제품별 제조간접비배부율

	절단부문비배부액	조립부문비배부액	도장부문비배부액	총제조간접비 배부액
서 가	10,000×150 = 1,500,000	15,000×200 = 3,000,000	20,000×250 = 5,000,000	₩9,500,000
테이블	10,000×200 = 2,000,000	15,000×100 = 1,500,000	20,000×100 = 2,000,000	₩5,500,000

3. 부문별 배부율에 의한 제조원가명세서

	서 가	테이블
직접재료비	₩400,000[1)]	₩200,000[4)]
직접노무비	400,000[2)]	600,000[5)]
제조간접비	950,000[3)]	550,000[6)]
합 계	₩1,750,000	₩1,350,000

1) 4,000,000/10set
2) 4,000,000/10set
3) 9,500,000/10set
4) 2,000,000/10set
5) 6,000,000/10set
6) 5,500,000/10set

4. 공장전체 배부율에 의한 제조원가명세서

	서 가	테이블
직접재료비	₩400,000	₩200,000
직접노무비	400,000	600,000
제조간접비	600,000	900,000
합 계	₩1,400,000	₩1,700,000

제조간접비를 공장전체의 총괄배부율에 의해 계산한 서가의 단위당 제조원가는 ₩1,400,000이며, 부문별 배부율을 적용하여 계산한 단위당 제조원가는 ₩1,750,000으로 ₩350,000이 증가하였으며, 테이블의 경우에는 부문별 배부율에 의할 경우 오히려 ₩350,000이 감소되었다. 이 경우 공장전체의 총괄배부율에 의한 원가계산 자료에 근거하여 가격을 책정한다면, 테이블에 비하여 서가의 가격이 상대적으로 낮게 책정될 것이며 이로 인하여 수익성을 왜곡시키는 위험이 초래될 수 있다. 가령 서가의 매출이 꾸준히 신장되고 있음에도 수익성이 호전되고 있지 않은 경우라면, 이같이 제품원가계산이 적절히 이루어지지 못하여 제품가격책정이 잘못되고 이로 인하여 실제적인 마진이 적게 계상될 수 있기 때문이다. 따라서 원가발생의 인과관계를 반영하여 더 정확한 원가계산을 할 수 있는 부문별 배부율을 이용하는 것이 타당할 것이다.

5. 공장 전체의 총괄배부율은 이미 도장부문에서의 간접원가까지도 포함하고 있기 때문에 이에 관한 의사결정을 하는 데 유용하지 않을 것이다. 따라서 원목가구의 제조에 소요되는 원가는 직접원가인 직접재료비와 직접노무비에 제조간접원가로서 절단부문비와 조립부문비만을 고려하면 될 것이다. 위의 자료에 의할 경우 원목서가의 제조원가는 ₩1,250,000으로 특별주문을 수락하는 것이 유리하다.

〈제조원가명세서(원목서가)〉

직접재료비	₩400,000
직접노무비	400,000
제조간접비	450,000*
합 계	₩1,250,000

* 절단부문비 + 조립부문비 = 150,000 + 300,000
= 450,000

제2절 제조간접원가의 배부기준

1 배부기준의 의미

제조간접비를 각 제품에 직접 계상하거나 부과시키는 것이 적절하지 않기 때문에 배부절차(allocation procedure)를 통해 간접적으로 나누어 줄 수밖에 없다. 배부절차를 통해 제조간접원가를 제품원가에 배부하기 위해서는 각각의 제조공정을 통과하면서 제조서비스를 수혜받은 정도를 측정하기 위한 공통의 척도가 있어야 한다. 즉 제조간접비를 작업이나 제품별로 제조서비스를 받은 만큼 공평하게 배부할 수 있는 기준을 선택해야 한다. 제조간접비를 체계적으로 배부하기 위하여 사용되는 공통분모로서의 배부기준으로 일반적으로 이용되고 있는 것은 ① 재료비와 관련하여 직접재료비, 재료투입량, 부품 수 등이 있으며, ② 노무비와 관련해서는 직접노무비, 직접작업시간, ③ 기계설비의 가동과 관련하여 기계작업시간 또는 기계가동시간이 있으며, 이외에 ④ 생산량기준, ⑤ 제조공정 체류시간기준 등이 있다.

(1) 직접노무비 또는 직접노동시간

제조부문 또는 생산라인을 통과하면서 소요되는 직접작업시간 또는 직접노무비에 비례하여 제조간접자원의 소비가 결정되는 경우에 타당한 방법이다. 그러나 직접노무비와 직접작업시간 사이의 선택은 어떤 기준이 간접제조원과의 발생과 더 밀접한 관련이 있는가에 따라 결정된다. 가령 [예제 6－3]에서 다룬 바 있는 한일가구에서 공장 전체로 파악된 제조간접비가 ₩15,000,000이고 직접노무비가 ₩10,000,000이라고 하면, 제조간접비배부율이 직접노무비의 150%가 된다. 따라서 직접노무비기준을 제조간접원가의 배부기준으로 사용한다면 시간당 임률이 ₩10,000인 작업반장이 1시간 작업을 했을 때와 시간당 임률이 ₩5,000인 작업반원이 1시간 작업을 했을 때, 각각 ₩15,000과 ₩7,500씩의 제조간접원가가 제품에 배부된다. 이 경우 숙련작업을 요하는 근로자와 단순작업을 요하는 근로자가 생산과정에서 동일한 양과 수준의 제조간접서비스나 자원을 사용한다면 직접노무비에 기초한 원가배부는 왜곡될 것이다. 만약 작업시간에 비례하여 제조간접원가가 발생하는 경우라면 동일하게 1시간씩의 작업을 한 경우, 동일한 제조간접비가 제품에 배분될 수 있도록 해주는 직접노동시간기준이 타당할 것이다. 한편 직접노무비나 직접작업시간을 배부기준으로 사용하기 전에 고려해야 할 것은 노동 위주의 제조환경과 기계위주의 제조환경을 구분하는 일이다. 노동위주의 제조환경하에서는 근로자의 숙련도와 생산성이 생산속도를 좌우하고 기계는 생산작업자를 보조해 주는 역할을 하기 때문에 노동위주의 제조환경에서는 작업이 자동화되어 있다고 하더라도 직접노무비나 직접작업시간이 제조간접비 발생의 원가요인으로 보다 밀접하게 관련되어 있다. 그러나 기계 위주의 제조환경에서는 기계장치와 컴퓨터설비는 생산의 거의 모든 단계(즉 생산라인으로 재료를 운반하거나, 생산라인에서의 조립활동, 포장 및 선적작업 등이 일관된 자동화시스템에 의해 가동되는)에서 이용된다. 이러한 환경에서 작업자는 기계의 실제운전보다는 생산라인의 감독과 전반적인 문제해결을 위주로 하기 때문에 직접노무비나 직접작업시간을 배부기준으로 사용하는 것은 부적절하다. 오히려 기계가동시간이나 기계작업시간을 배부기준으로 사용하는 것이 더 적절하다.

(2) 기계작업시간 또는 기계가동시간

정밀한 기계장치나 동력을 많이 소비하는 기계를 사용하는 경우 또는 고도로 자동화된 설비를 갖춘 생산라인에서는 기계가동시간이나 기계작업시간이 제조간접비를 발생시키는 주요인이 될 수 있으며, 제조간접비를 제품별로 배부하는 데 더 적절한 인과관계를 갖는다. 예를 들어 컴퓨터설비와 관련하여 발생한 제조간접원가는 컴퓨터 사용시간에 따라 배부하는 것이 타당하다. 그러나 각 작업에 소요된 기계가동시간이나 기계작업시간자료를 구해야 하는 추가적인 업무가 필요하므로 바코드와 같은 정보처리기술의 도입과 기업의 정보시스템이 구축된 상태에 따라 이용여부가 결정될 수 있다. 그러므로 회계정보시스템이 완비된 기계 위주의 제조환경에서 적절한 배부기준으로 이용될 수 있으며, 개별제품별로 사용된 기계시간에 관하여 보다 신뢰할 수 있고 자세한 자료, 가령 각 기계에 대한 유휴시간, 작업준비, 운영시간에 대한 세부적인 자료까지 유지할 수 있는 이점이 있다.

(3) 직접재료비 또는 원자재, 부품소요량

원자재나 부품의 구입이나 관리 및 품질검사에 소요되는 비용이 제조간접원가에서 큰 비중을 차지하고, 제조간접비의 발생이 직접재료의 사용량과 밀접하게 관련되어 있는 경우에 타당한 기준이 될 수 있다. 예를 들어 조립부문에서와 같이 원자재의 소요량이나 부품 수가 제조간접비를 발생시키는 주요 원인이라면 부품 수나 재료소요량을 배부기준으로 사용하는 것이 적절하다. 그러나 부품이나 원자재의 가격에 따라 제조간접비가 달라진다면 직접재료소비액을 배부기준으로 사용하는 것이 타당하다.

한편 각 작업이나 제품별로 소요되는 직접재료비와 원자재, 부품의 종류나 소요량은 재료출고청구서로부터 쉽게 구할 수 있으므로 이를 배부기준으로 사용하는 경우 추가적 업무처리비용은 크지 않을 것이다.

(4) 생산량

제품의 특성이 유사하고 대량 생산시스템을 갖춘 공장의 경우에는 생산량에 근거한 배부기준이 오히려 제조간접비 발생의 인과관계를 보다 잘 설명할 수 있다. 가령 앞에서 예로든 과일주스 제조업계에서는 생산되는 제품별로 가공 공정이나 생산과정이 유사하므로 생산된 제품의 양(병이나 리터)을 기준으로 제조간접비를 배분할 수 있다.

다음의 [예제 6-5]에서는 지금까지 설명한 다양한 배부기준을 통하여 제조간접비를 배부하는 과정을 살펴보고, 이렇게 상이한 배부기준으로 인하여 제조간접비배부액과 제품원가가 어떻게 변동되는지를 검토해 보자.

예제 6-5 다음은 한일가구의 특정 원가계산기간 중에 실제 발생한 원가자료와 생산자료의 일부이다.

(1)

	서가(10set 제작)	테이블(10set 제작)	합 계
직접재료비	₩4,000,000	₩2,000,000	₩6,000,000
(직접재료소요량)	400m^2	300m^2	700m^2
직접노무비	4,000,000	6,000,000	10,000,000
(직접노동시간)	600시간	400시간	1,000시간
제조간접비			₩15,000,000
간접재료비			(2,000,000)
간접노무비			(8,000,000)
간접경비			(5,000,000)
합 계			₩31,000,000

(2) 제조간접비(부문별 계산을 통하여 집계)

제조간접비 / 부문

항 목	절단부문	조립부문	도장부문	계
간접재료비	₩500,000	₩500,000	₩1,000,000	₩2,000,000
간접노무비	2,000,000	2,000,000	4,000,000	8,000,000
간접경비	1,000,000	2,000,000	2,000,000	5,000,000
합 계	₩3,500,000	₩4,500,000	₩7,000,000	₩15,000,000
(작업시간)	350시간	300시간	350시간	1,000시간

물.음.

1. 공장전체의 제조간접비배부율을 ① 직접노무비기준 ② 직접작업시간기준 ③ 직접재료비기준 ④ 생산량기준에 의해 산출하고 각 제품별 배부액을 구하시오.
2. 부문별 제조간접원가배부율을 ① 절단부문비는 각 제품별로 소요된 직접재료소요량기준 ② 조립부문비는 각 제품별 직접노무비기준 ③ 도장부문비는 각 제품별 직접노동시간기준 (서가=210시간, 테이블=140시간)에 의해 산출하고 각 제품별 배부액을 구하시오.

풀.이.

1.

배부기준	공장전체의 배부율	제품별 배부액: 서 가	제품별 배부액: 테이블
① 직접노무비 기준	$\frac{₩15,000,000}{₩10,000,000}$ = 150%	4,000,000×150% = ₩6,000,000	6,000,000×150% = ₩9,000,000
제품단위당 제조간접비배부액		₩600,000	₩900,000
② 직접작업 시간기준	$\frac{₩15,000,000}{₩1,000시간}$ = 15,000	₩15,000×600시간 = ₩9,000,000	₩15,000×400시간 = ₩6,000,000
제품단위당 제조간접비배부액		₩900,000	₩600,000

	배부율	서가	테이블
③ 직접재료비 기준	$\frac{₩15,000,000}{₩6,000,000}$ = 250%	₩4,000,000×250% = ₩10,000,000	₩2,000,000×250% = ₩5,000,000
제품단위당 제조간접비배부액		₩1,000,000	₩500,000
④ 생산량기준	$\frac{₩15,000,000}{20set}$ = 750,000/set	₩750,000×10set = 7,500,000	₩750,000×10set = ₩7,500,000
제품단위당 제조간접비배부액		₩750,000	₩750,000

2.	배부율	서 가	테이블
① 절단부문비 (직접재료소요량기준)	$\frac{₩3,500,000}{700m^2}$ = ₩5,000/m^2	₩5,000×400m^2 = ₩2,000,000	₩5,000×300m^2 = ₩1,500,000
② 조립부문비 (직접노무비 기준)	$\frac{₩4,500,000}{10,000,000}$ = 45%	₩4,000×45% = ₩1,800,000	₩6,000,000×45% = ₩2,700,000
③ 도장부문비 (직접노동 시간기준)	$\frac{₩7,000,000}{350시간}$ = ₩20,000	₩20,000×210시간 = ₩4,200,000	₩20,000×140시간 = ₩2,800,000
제조간접원가배부액		₩8,000,000	₩7,000,000
제품단위당 제조간접비배부액		₩800,000	₩700,000

2 배부기준의 선택과 원가계산

이렇게 많은 배부기준 중에서 어떤 배부기준을 선택해야 할 것인가? 원가배부기준(cost allocation base)은 원가를 발생시키는 요인과 논리적으로 타당한 것이어야 하며 경제적으로도 이용가능하고 합리적인 것이어야 한다.

(1) 원가집합과 원가대상의 인과관계

이러한 배부기준을 찾기 위해서는 원가항목 또는 원가집합과 원가대상간의 인과관계를 명확히 파악해야 한다. [예제 6−5]에서 다룬 바 있는 한일가구에서 배부된 결과를 보면 배부기준에 따라 제품단위당 제조간접비배부액은 서가의 경우 최소 ₩600,000(직접노무비기준)에서 최고 ₩1,000,000(직접재료비기준), 그리고 부문별 배부율을 이용하는 경우 ₩800,000에 이르기까지 차이가 많이 난다.

따라서 제조간접원가를 발생시키는 정도와 밀접하게 관련을 지을 수 있을 만큼 인과관계가 뚜렷하고 공정한 배부기준을 선정해야 정확한 제품원가계산이 이루어진다는 것을 알 수 있다.

한편 부문별로 집계된 제조간접원가를 최종적으로 제품에 배부하는 과정에서도 배부기준의 선정문제는 제품원가계산에 중요한 영향을 미친다. 위의 [예제 6－5]에서 보는 바와 같이 절단부문은 재료소비량, 조립부문은 직접노무비, 도장부문은 직접노동시간에 의해 배부하였지만 이 경우에도 배부기준을 달리하면 제품별 배부액과 제조원가가 달라지게 되는 것은 분명하다. 만약 각 제품라인별로 사업단위가 설정된 경우라면 배부기준을 어떻게 하느냐에 따라 사업단위의 수익성과 성과측정이 변동된다. 이 점에서 경영자와 종업원에 대한 동기부여와 자원배분을 효과적으로 하기 위한 의사결정을 위해서는 어떤 배분기준을 선택할 것이냐 하는 것을 심각하게 고려해야 한다.

이제 다음의 예제를 통하여 원가요인과 배부기준의 선택에 어떤 의미가 있는지 살펴보도록 하자.

예제 6－6

한 조사결과에 의하면, 기계위주의 제조환경에서 외부구입부품이나 재료비가 큰 비중을 차지하고 있는 미국의 전자업계에서는 품목별 제조간접원가의 배부율이 직접노무비의 500%에까지 이른다는 사실을 보여주고 있다.

이는 제조활동에 기계관련 자원의 소비가 큰 비중을 차지하는 대신 직접노무비가 상대적으로 작게 발생하기 때문이다.

물음.

기계위주의 제조환경에서 직접노무비나 직접노동시간을 배부기준으로 사용하는 경우 제품원가계산과 관련해서 어떤 문제점들이 나타날 수 있는가?

풀이.

기계 위주의 제조환경에서 직집노무비나 직집노동시간을 배부기준으로 사용하는 경우 다음과 같은 결과들이 초래될 수 있다.

1. 공장의 관리자들은 될 수 있으면 직접노무비가 많이 소요되는 작업이나 부품의 생산을 회피하고 외부의 공급업자들에게 지나치게 의존할 수가 있다. 직접노무비의 500%에 해당하는 제조간접비를 부담해야 하기 때문이다.
2. 생산현장의 관리자들은 제조원가에서 큰 비중을 차지하는 재료비나 경비에 대해 적절한 관리활동을 하는 것보다는 오히려 직집노동시간을 통제하는 데 더 많은 관심을 갖게 된다. 왜냐하면 직접노무비의 500%인 제조간접비배부율하에서는 직접노무비를 줄이는 것이 제품의 원가를 가장 효율적으로 통제하는 수단으로 잘못 인식될 수 있기 때문이다. 그러나 이러한 관리방법으로는 재료나 기계관련 원가의 실제발생을 적절히 통제하지 못할 뿐만 아니라, 생산설비가동에 소요되는 고정비를 충분히 활용하지 못할 위험이 있다.

3. 공장의 관리자들은 제조현장의 작업을 가급적이면 직접노동으로 분류하지 않고 간접노동으로 분류하여 직접노무비발생을 회피함으로써 과도한 제조간접비부담을 줄일 수 있다. 이 결과 직접노무비로 계상해야 할 부분이 간접노무비로 처리됨으로써, 오히려 다른 제품에 배부되는 결과를 초래한다.

(2) 원가배분의 목적과 배부기준

배부기준을 적용해야 할 또 다른 상황으로는 각 부문을 원가대상으로 하여 제조간접비를 귀속시키는 부문별 계산에서 찾아볼 수 있다. 가령 위의 [예제 6-5]의 한일가구에서 공장장의 급료를 어떤 배부기준에 의해서 얼마만큼씩 절단, 조립, 도장 부문에 할당시켜야 할 것인가 하는 점이다. 예컨대,

① 공장장의 급료를 각 부문에 동일하게 배부한다. 왜냐하면 공장장은 각 부문의 생산활동을 전반적으로 지휘·통제하기 때문이다.

② 공장장의 급료를 특정 부문에만 배부한다. 왜냐하면 공장장은 특정 부문의 생산방법의 개선이나 원가관리에 노력을 집중하거나, 특별주문제작으로 추가되는 공정에 대하여 집중적인 관리활동을 하기 때문이다.

③ 각 부문의 인원수, 노무비 또는 각 부문에서 소비한 자원 혹은 각 부문에서 가동한 기계작업시간을 기준으로 배부한다.

④ 각 부문별로 공장장이 관리활동을 수행한 시간을 기록하고 이를 기준으로 배부한다.

이 중 ④의 방법이 인과관계에 기초를 두고 공장장의 급료를 배분하는 방법이므로 이론적으로 가장 적절한 방법이다. 또한 요즈음은 과거와는 달리 제품원가 중 제조간접원가의 비율이 급증하여 제조간접비를 어떻게 배분할 것인가에 따라 제품원가가 크게 차이가 난다. 그러므로 각 부문에 감독자가 투입한 시간을 기록하는 데에는 많은 시간과 비용이 소요되더라도 제조간접비 중 공장관리자의 비중이 클 때에는 이 방법으로 배분하는 것이 제조부문비를 왜곡시키지 않고 올바르게 구할 수 있다. 그러나 공장장의 급료가 전체제조간접비에서 차지하는 비중이 작다면 이 방법은 비용/효익의 제약조건을 충족시켜 주지 못하므로 다른 배부방법을 모색해야 한다. 이 경우에도 공장장의 급료를 포함하여 제조간접비를 배부받는 각 부문관리자들이 수용할 수 있는 배부기준을 선정해야 한다. 이제 다음의 예제를 통하여 원가배분목적과 배부기준에 대해서 살펴보도록 하자.

예제 6-7 기계위주의 제조환경하에 있는 일본의 일부 기업은 제조원가에서 직접노무비가 가장 중요한 원가요인이 아니라는 것을 인정하면서도 종업원의 증가원을 억제하려는 목적으로 직접노동시간을 원가배부기준으로 이용하기도 한다.

물.음.

제품원가계산의 정확성을 위한 배부기준 이외에 이 같은 배부기준설정이 과연 타당한가?

풀.이.

개별제품원가의 정확성을 높이는 것이 다른 목적에 비해 중요성이 떨어지는 경우도 있다. 감량경영과 리엔지니어링을 위하여 종업원의 증가를 억제한다는 것이 기업의 목표로 분명히 설정된 경우에는 기업의 모든 정책과 수단이 이에 맞추어져야 한다. 회계시스템의 선택도 예외일 수는 없다.

따라서 모든 직원들에게 고용인원의 감소가 주목적이라는 것을 분명하게 전달하고, 자동화의 수준을 높이기 위해서는 직접노동시간이 간접원가에 대한 원가요인이 아니라는 것을 알고 있는 경우에도 직접노동시간을 원가배부기준으로 이용할 수 있다. 직접노동시간을 배부기준으로 사용함으로써 경영자들은 제품설계팀에게 제품생산공정의 직접노동작업이 감소되는 방향으로 설계하도록 동기부여를 할 수 있으며, 장기적으로 경쟁에서 살아남기 위해서는 자동화를 확대시키는 것이 전략적으로 중요하다는 것을 강조할 수 있기 때문이다.

3 배부기준의 다양성과 배부기준의 선택

(1) 배부기준의 다양성

원가요인의 변화는 관련된 원가대상의 총원가의 변동을 초래할 것이기 때문에 배부기준으로서 원가요인을 사용하여야 제품원가계산의 정확성을 높일 수 있다. 따라서 과거의 전형적인 회계시스템이 가지고 있는 것보다 더 많은 간접원가집합과 그 집합에 타당한 배부기준이 도입되고 있다.

최근 들어 생산설비가 자동화되고 이에 따라 제조간접원가가 총제조원가에서 차지하는 비중이 점차 높아지고 있기 때문에, 직접노동시간이나 직접노무비 하나만을 기준으로 하여 제조간접비를 배부하는 대신 다양한 원가요인에 맞추어 복수의 제조간접비배부기준과 제조간접원가배부율을 사용하고 있다.

한편 일부 기업에서는 제조활동에 소요되는 처리시간(throughput time)을 배부기준으로 사용하는 것도 고려하고 있다. 처리시간이란 제품이 생산라인에서 출발하여 최종제품으로 완성되기까지 제조공정에 체류하는 시간이다. 이 배부기준을 사용하는 이유는 처리시간을 많이 발생하게 하는 공정이나 단계에서 간접원가를 증가시키기 때문이다. 가령 부분적으로 조립이 완료된 제품을 재공품보관장소 또는 정리함으로 보냈다가 다음 조립작업을 위해 다시 꺼내오는 것을 반복하게 되면 처리시간과 재료취급원가를 증가시킨다. 이 기준을 사용함으로써 조립되는 제품의 처리시간을 단축시킴으로써 제품원가가 감소될 수 있다는 관리목표를 분명히 제시할 수 있다.

한편 활동기준 원가계산방법을 채택하고 있는 기업에서는 제조과정에서 이루어지는 활동자체를 분석하여 활동단계별로 세분화된 원가대상과 원가요인을 기초로 다양한 원가배부기준을 사용하고 있다. 이에 대해서는 제13장에서 상세히 다룬다.

(2) 배부기준의 선정과 실행가능성

어떤 배부기준을 적용해야 할지에 대해서는 원가배분상황에 따라서 실행가능성 여부를 검토해 보아야 한다. 인과관계기준이 더 우수하다고 하더라도 원가요인 변수에 관한 정보를 신뢰성 있게 지속적으로 측정할 수 없기 때문에 이를 적용할 수 없는 경우도 있다. 예를 들어 기계준비작업의 횟수가 제조간접원가의 발생요인이라고 하더라도 체계적으로 기록하지 않고 있다면 이용할 수 없는 경우도 있기 때문이다.

한편 다양한 원가집합과 배부기준을 가지고 있는 회계시스템을 개발·실행하고, 사용자들을 교육하기 위해서는 간단한 원가집합과 배부기준을 가진 회계시스템을 운영하는 것보다 더 많은 비용이 소요되는 경우도 있다.

또한 공장자동화가 잘되어 있는 기업일수록 직접재료비와 제조간접비에 비해서 직접노무비가 상대적으로 감소하고 있다. 따라서 직접노무비가 전체원가에서 차지하는 비중이 낮아지게 되어 제품별로 직접 추적하는 데 소요되는 업무처리부담만 가중되는 결과를 초래하는 경우도 있다.

다음의 예제를 통하여 이러한 현상을 살펴보도록 하자.

예제 6-8 미국의 유명한 모터사이클 조립회사인 Harley-Davidson사는 회계시스템 내에서 제조원가구성요소별로 원가자료를 수집, 검사, 보고하는 데 소요되는 관리비용을 조사한 결과 다음과 같은 사실을 발견하였다.

	제조원가구성요소	원가관리비용
재료비	54%	25%
제조간접비	36%	13%
노무비	10%	62%*

* 직접노무비를 파악하고 집계하는 데 소요되는 관리비용에는 다음과 같은 것들이 포함된다.
  - 작업시간표를 작성하는 직원의 시간
  - 작업시간표를 검토하는 관리자의 시간
  - 작업 관련 자료를 입력하고, 보고자료의 오류여부를 검토하는 회계담당자의 시간
  - 직접노무비 차이를 검토하는 원가담당자의 시간

물.음.

이 경우에 전통적인 원가계산방법대로 직접노무비를 별도로 집계하여 원가계산을 하는 것이 실익이 있는가?

풀.이.

원가와 원가대상의 인과관계를 파악했다고 하더라도 언제나 배부기준을 명확하게 선택할 수 있는 것은 아니다. 왜냐하면 배분기준을 적용하는 업무처리절차와 원가자료를 준비하는 데 소요되는 비용을 고려해야 하기 때문이다. 위의 경우에 직접노무비는 전체 제조원가의 10%에 불과하지만, 직접원가로서 별도로 파악하여 집계하고 원가계산자료를 준비하는 데에는 관리활동의 62%의 노력을 요구한다. 따라서 Harley-davidson사의 입장에서는 직접노무비를 제품에 직접 추적시키는 것이 비용/효익의 제약조건을 충족시키지 못하기 때문에 제조간접비 집합에 포함시켜 적절한 배부기준에 의해 제품별로 배부해야 할 것이다.

최근 정보처리기술의 발달과 기업의 정보처리시스템의 완비에 따라 정보를 수집하고, 처리하는 데 추가로 소요되는 비용의 절감으로 좀 더 정교한 원가배분시스템을 채택하는 기업이 늘고 있다. 따라서 점점 더 많은 회사들이 전산화된 데이터베이스를 사용함에 따라 부문활동의 원가들과 그 부문들을 통과하는 제품들과의 인과관계를 더욱 밀접하게 추적할 수 있게 되었다.

실제로 많은 기업에서는 주어진 원가대상에 대하여 추적가능한 직접원가의 비중을 높임으로써 원가발생의 책임과 원가관리활동을 위해서 노력하고 있다. 그뿐만 아니라 제조공정의 어느 한 부문에 여러 종류의 기계장치가 설치되어 있고, 기계장치별로 동력비, 수선유지비, 감가상각비, 작업자의 숙련도와 수 등의 기계관련 원가에 큰 차이가 있을 경우에는 부문별 배부기준보다는 오히려 기계중심점별로 원가집합을 사용하여 배부함으로써 더 정확한 원가계산을 할 수 있게 되었다.

결론적으로 제조간접비는 제조지원원가(manufacturing support cost)로서 제품생산에 필수적인 기능이며 여러 개의 제품라인 생산을 돕는다. 그러므로 원가배분이 정확하고 공평하게 이루어지도록 하기 위해서는 원가배분의 목적과 이 목적에 적합한 접근방법 즉 인과관계(cause and effect), 수혜 정도(benefit received), 공평성과 공정성(fairness and equity), 부담능력(ability to bear)을 고려하여 배부기준을 선정하여야 한다.

제3절 제조간접원가의 예정배부

1 제조간접비 실제배부의 문제점

우리는 앞에서 제품원가계산을 위해서 제조간접비를 배분해야 할 필요성과 제품에 나누어 주기 위한 배부기준에 대해 설명하였다. 또한 배부기준에 따라 제조원가가 변동되므로 원가발생요인과의 인과관계를 갖는 적절한 배부기준을 선택하여 적용하는 것이 중요하다는 점을 공부하였다. 여기에서는 앞에서 설명한 배부기준 뿐만 아니라 제조간접비 자체에 대해서도 실제발생액을 배부할 경우에는 조업도에 따라 제조원가가 변동된다는 문제점과 회계기말이 되어서야 원가계산을 마무리할 수 있기 때문에 원가계산이 적시에 이루어지지 않는 문제점에 대해서 살펴보기로 하자.

(1) 제조원가의 변동

실제 발생된 제조간접비를 제품에 배부함으로써 어떤 배부기준을 사용하든 조업도의 변화에 따라 제품별 실제배부액이 현저하게 변동한다는 점이다. 특히 제조간접비를 구성하는 원가항목 중에서 고정비부분이 크면 클수록 제조간접비배부율이 조업도에 따라 크게 변동된다는 사실이다. 다음의 예제를 통하여 이 문제를 검토해 보자.

예제 6-9 다음은 한일가구에서 특정 원가계산기간(1개월) 동안 표준규격의 서가와 테이블을 제작하는 데 소요되는 직접원가자료와 공장전체로 집계한 제조간접원가자료의 일부이다.

	서가(10set 제작)	테이블(10set 제작)	합 계
직접재료비	₩4,000,000	₩2,000,000	₩6,000,000
직접노무비	4,000,000	6,000,000	10,000,000
(직접작업시간)	600시간	400시간	1,000시간
제조간접비 :			₩15,000,000
간접재료비			(2,000,000)
간접노무비			(8,000,000)
간접경비			(5,000,000)

한편 제조간접원가 중 간접재료비는 매월 ₩1,000,000씩 발생하는 고정비와 직접작업시간당 ₩1,000씩 제품의 생산에 비례하여 발생하는 변동비로 구성되어 있다. 그리고 간접경비는 모두 고정비라고 한다. 특정 원가계산기간 중 다음과 같은 세 가지 생산계획을 고려하여 작업이 수행된다고 한다.

(1) 서가 10seet만을 생산
(2) 테이블 10set만을 생산
(3) 서가 10set와 테이블 10set를 동시에 생산

물.음.

실제 발생된 제조간접비를 직접작업시간을 기준으로 배부한다고 가정할 때, 각각의 생산계획별로 제품별 제조간접비 배부액을 구하고 요약제조원가명세서를 작성하시오.

풀.이.

1. 제조간접비 배부액

	제조간접원가의 배분			
	서가 10set 생산	테이블 10set 생산	서가 10set와 테이블 10se t생산	
조업도(직접작업시간기준)	600시간	400시간	1,000시간	
고정비배부 14,000/000	₩14,000,000	₩14,000,000	₩8,400,000*	₩5,600,000**
변동비배부(1,000/시간)	600,000	400,000	600,000	400,000
합 계	14,600,000	14,400,000	9,000,000	6,000,000
제품단위 제조간접비배부액	1,460,000	1,440,000	900,000	600,000

* 직접노동시간을 기준으로 고정제조간접비를 배부하는 것으로 가정하는 경우
고정제조간접비배부율 : ₩14,000,000 / 1,000시간 = ₩14,000 / 시간
서가생산작업에 대한 배부액 : ₩14,000×600 = ₩8,400,000
** 테이블생산작업에 대한 배부액 : ₩14,000×400 = ₩5,600,000

2. 제조원가명세서

제품명 / 원가항목	서 가 (서가 10set만을 생산한 경우)	테이블 (테이블 10set만 생산한 경우)	서 가 (서가와 테이블을 각 10set씩 생산한 경우)	테이블 (서가와 테이블을 각 10set씩 생산한 경우)
직접재료비	₩400,000	₩200,000	₩400,000	₩200,000
직접노무비	400,000	600,000	400,000	600,000
제조간접비	1,460,000	1,440,000	900,000	600,000
변동비	60,000	40,000	60,000	40,000
고정비	1,400,000	1,400,000	840,000	560,000
합 계	₩2,260,000	₩2,240,000	₩1,700,000	₩1,400,000

이제 테이블의 제조간접비 실제배부액을 살펴보기로 하자. 테이블만을 생산하는 경우 고정제조간접비 전액이 테이블 생산작업에 배부된 결과 ₩14,000,000이 계상되는 반면, 테이블 이외에 서가에 대한 작업도 진행하는 경우 고정비가 서가작업에도 분산되므로 테이블 생산작업에 배부될 고정제조간접비배부액은 ₩5,600,000으로 줄어든다. 이같이 테이블의 원가가 서가의 수주여부라든지 서가제조에 투입되는 시간에 따라 영향을 받는다는 것은 공장

관리자의 입장에서 볼 때 바람직한 현상은 아니다. 이러한 문제점을 개선하기 위하여 제조간접비발생액과 조업도의 수준을 미리 예상하여 제조간접비 예정배부율을 책정하고 원가계산에 적용함으로써 고정제조간접비배부액이 조업도에 따라 큰 폭으로 변동되는 것을 예방할 수 있다.

(2) 원가계산의 지연

한편 실제 발생되거나 소비된 간접재료비, 간접노무비, 간접경비 등은 월말 또는 회계기말이 되어서야 비로소 파악하여 집계할 수 있으므로, 월중 또는 회계기간 중에 완성된 제품이라고 할지라도 이러한 회계기록의 집계가 완료되는 월말이나 회계기말까지 원가계산이 늦추어질 수밖에 없다. 따라서 공장관리자의 입장에서는 시간이 지난 다음에라야 원가정보를 입수하게 되므로 적시성있는 의사결정과 적절한 원가관리활동을 수행하는 데 어려움이 따른다.

2 예정배부절차

(1) 공장 전체의 제조간접비 예정배부율

제조간접비를 실제 발생된 금액을 기준으로 배부하게 되면 조업도의 변동에 따른 제품원가의 변동과 원가계산이 적시에 이루어지지 않는 문제점이 있다. 이를 해결하기 위하여 제조간접비배부율을 미리 산정해 두고 이 배부율에 따라 각 제품별로 예정배부액을 계산하면 될 것이다. 여기에서는 예정배부 절차를 알기 쉽게 설명하기 위해서 공장 전체의 제조간접비 예정배부율을 적용하여 제품별로 예정배부액을 산출한다고 가정한다. 그러나 더 정확한 원가계산과 제조간접비의 관리와 통제를 위해서는 부문별 예정배부율을 설정하고, 적절한 배부기준에 의해 제품별로 배부계산하는 것이 더 합리적이며 이에 대해서는 제3절 4. 공장 전체의 예정배부율과 부문별 예정배부율에서 설명한다. 제조간접비의 예정배부를 통하여 원가계산을 하는 과정과 장부기록 절차를 요약하면 다음과 같다.

① 공장 전체에서 발생된 제조간접비를 개별제품에 배부하는 데 적절한 원가배부기준(cost allocation basis)을 선택한다. 배부기준은 제조공정을 통과하면서 받은 제조서비스나 소비한 제조간접자원과의 인과관계를 가장 정확하게 반영하는 측정치여야 한다. 예를 들면 생산공정이 자동화된 부문이라면 감가상각비, 수선유지비, 전력비 등의 원가들이 특히 중요한 비중을 차지하므로 배부기준으로 직접노동시간보다는

기계시간을 사용하는 것이 더 적절하다. 왜냐하면 제조간접비가 노무활동보다는 기계의 사용에 의해서 더 영향을 받기 때문이다.

② 연간 또는 특정 원가계산기간 동안의 제조간접비 예산과 예정조업도를 설정한다. 이를 위해서 과거의 제조간접비발생액과 조업도에 대한 자료들을 이용할 수 있다. 제조간접비 예정배부율의 결정은 바로 이 두 가지 요소에 달려 있으며, 구체적인 과정은 다음에 제시되어 있다.

③ 제조간접비 예정배부율을 구한다.

제조간접비 예정배부율 = 총제조간접비 예산 / 총예정조업도

④ 예정배부율에 실제로 발생한 배부기준 예컨대 직접노동시간 또는 직접기계작업시간 등을 곱하여 작업이나 제품에 대한 제조간접원가배부액을 구한다. 이 단계에서 주의할 것은 예정배부율에 각 제품이나 작업별로 실제 발생한 배부기준을 곱하여 제조간접비 예정배부액 또는 정상배부액을 구해야 한다는 것이다. 이 점에서 예정(또는 표준)배부율에 표준배부기준을 곱하여 제조간접비 표준배부액을 구하는 절차인 표준원가계산과는 개념적인 차이가 있다. 표준원가계산에 대해서는 제11장에 소개되어 있다.

제품별 예정(정상)배부액 = 제조간접비 예정배부율 × 각 제품별 실제배부기준

⑤ 회계기 말에 실제 발생한 제조간접비와 제품별로 예정배부된 제조간접비와의 차액을 구하고, 차이에 대한 분석을 한 다음 관련 기록을 한다.

이러한 단계별 과정을 통하여 제조간접비를 예정배부하고 원가계산을 하는 절차를 다음의 [예제 6－10]을 통하여 살펴보기로 하자.

예제 6－10 다음은 한일가구에서 특정 원가계산기간 동안(1개월간)의 원가자료이다. 단 실제 발생된 제조간접비는 회계기 말이나 월말에 가서야 파악되므로, 공장전체의 총괄배부율을 이용하여 원가계산을 한다.

공정전체의 제조간접비의 예산으로 연간 15,000 작업시간을 기준으로 ₩180,000,000을 책정하였다고 한다.

	서가(10set 제작)	테이블(10set 제작)	합 계
직접재료비	₩4,000,000	₩2,000,000	₩6,000,000
직접노무비	4,000,000	6,000,000	10,000,000
(직접작업시간)	600시간	400시간	1,000시간

물.음.

1. 공장전체의 제조간접비 예정배부율을 구하고, 요약제조원가명세서를 작성하시오.
2. 원가계산기간 말에 실제 발생된 제조간접비가 ₩15,000,000으로 집계되었다고 하면 예정배부액과의 차이는 얼마인가?
3. 원가계산의 정확성과 부문별 원가관리활동을 효율적으로 수행하는 데 공장전체의 제조간접비 예정배부율이 적절한가?

풀.이.

1. ① 제조간접비 예정배부율은 공장전체의 총괄배부율로서 다음과 같이 계산한다.

제조간접비 예정배부율 = 총제조간접원가 예산 / 총예정조업도

= ₩180,000,000 / 15,000시간 = 작업시간당 ₩12,000

② 제품별 제조간접비 배부액

원가항목	서가(10set 제작)	테이블(10set 제작)	합 계
직접재료비	₩4,000,000	₩2,000,000	₩6,000,000
직접노무비	4,000,000	6,000,000	10,000,000
직접작업시간	600시간	400시간	1,000시간
제조간접비예정배부액	₩7,200,000*	₩4,800,000**	₩12,000,000

* 12,000×600시간 = ₩7,200,000
** 12,000×400시간 = ₩4,800,000

② 제조원가명세서

	서 가	테이블
직접재료비	₩400,000 1)	₩200,000 4)
직접노무비	400,000 2)	600,000 5)
제조간접비(예정배부액)	720,000 3)	480,000 6)
합 계	₩1,520,000	₩1,280,000

1) 4,000,000/10set
2) 4,000,000/10set
3) 7,200,000/10set
4) 2,000,000/10set
5) 6,000,000/10set
6) 4,800,000/10set

2. ₩15,000,000(실제발생액) − ₩12,000,000(예정배부액) = ₩3,000,000(초과사용)

3. 좀 더 정확한 원가계산과 제조간접비의 관리와 통제를 위하여 제품별로 배부계산하는 것이 더 합리적이다.

(2) 제조간접비 예정배부율 산정의 두 요소

제조간접비의 예정배부율은 ① 기준조업도와 ② 제조간접비 예산의 2가지 요소에 의해서

산출된다. 먼저 기준조업도의 선정에 대해서 살펴보기로 한다.

1) 기준조업도의 선정

조업도는 모든 작업의 특성을 공통적으로 측정할 수 있는 것이어야 할 뿐만 아니라, 제조간접원가의 발생과 높은 상관관계를 지녀야 하고 측정이 용이해야 한다. 일반적으로 조업도 수준의 측정치로는 직접노동시간, 직접노무비, 기계작업시간 등을 많이 사용하며, 기대(예정)조업도는 과거 연도의 조업도를 토대로 다음 연도의 조업도수준에 대한 경영자의 기대를 반영하여 설정한다.

이외에도 이론적 조업도, 실제적 조업도, 평균조업도의 개념이 있다. 다음의 예제를 통하여 제조간접비의 예정배부에 사용할 수 있는 조업도의 종류와 의미에 대해 살펴보도록 하자.

예제 6-11 한일가구는 제조간접비 예정배부율 산정을 위한 연간 조업도 선정을 위하여 이론적 조업도, 실제적 조업도, 장기평균조업도를 고려하고 있다.

물.음.

1. 한일가구는 모두 8대의 목공기계를 갖추고 있다. 1일 8시간씩 가동하고 있으며, 연간 작업 가능일수가 300일이라고 한다면 이론적 조업도는 얼마인가?
2. 기계점검 및 정비, 고장, 청소 등으로 불가피하게 작업이 중단되는 경우는 연간 450기계작업시간이라고 추정된다. 실제로 작업 가능한 시간을 나타내는 실제적 조업도는 얼마인가?
3. 사무용가구 제조업계에 있어 장기적인 수요변동과 판매실적의 추이를 고려한다면 실제적 조업도의 80% 정도를 가동할 수 있을 것으로 예측된다. 이 경우 장기 평균조업도는 얼마인가?

풀.이.

1. 이론적 조업도 : 8시간×300일×8대＝19,200시간
2. 실제적 조업도 : 19,200－450시간＝18,750시간
3. 장기평균조업도 : 18,750시간×80%＝15,000시간

이 같은 조업도의 종류와 의미를 감안하여 제조간접비 예정배부율 책정을 위한 조업도의 선정은 대체로 정상적으로 조업이 가능한 수준의 장기평균조업도와 다음 회계연도에 실제로 달성할 수 있을 것으로 예측되는 기대(예정)조업도 사이에서 결정되는 것이 일반적이다.

2) 제조간접비 예산편성

제조간접비 예산편성은 예정조업도 또는 예정생산량을 생산하는 데 소요되는 직접재료비와 직접노무비 및 직접경비를 제외한 모든 간접원가에 대하여 예산허용액을 설정하는 과정이다.

또한 제조간접비 예산은 예상되는 조업도수준의 생산능력을 가동하는 데 기본적으로 소요되는 고정비예산과 제품의 생산량이나 조업도의 증가에 따라 비례적으로 증가하는 변동비예산으로 구분하여 편성하는 것이 일반적이다.

이를 위해서 과거의 원가자료를 분석하여 개별원가항목을 고정비부분과 변동비부분으로 나누어 변동제조간접비 예산과 고정제조간접비 예산을 편성하는 계정분석법을 이용할 수 있다.

또한 제조간접비와 조업도수준과의 관계를 파악한 다음 개별원가집합 또는 유사한 원가요인을 갖는 원가집합을 종속변수로, 조업도를 독립변수로 하여 다음과 같은 원가추정식을 회귀분석을 통해서 유도할 수 있다.

이렇게 구한 원가추정식을 토대로 다음 연도의 가격변동추세나 제조공정의 변화를 고려하여 제조간접비 예산편성을 할 수도 있다.

제조간접비 예산 =	고정제조간접비 예산 +	변동제조간접비율 ×	조업도
(종속변수)	(절편)	(회귀계수)	(독립변수)

한편 제조간접비 예산은 예정배부율을 구하는 데에도 유용하게 이용할 수 있지만 실제발생액과 비교하여 제조간접비를 통제하기 위한 원가관리목적에도 활용할 수 있다. 다음의 예제를 통하여 제조간접비 예정배부율을 구하는 과정을 살펴보도록 하자.

예제 6-12 한일가구의 연간 제조간접비 발생내역을 분석한 결과 다음과 같다고 한다.

(1) 간접재료비는 공장을 가동하기 위해서 기본적으로 소요되어야 할 고정비부분으로 연간 ₩12,000,000이 발생할 것으로 예상되고, 제품의 생산이나 조업도의 증가에 따라 증가하는 변동비부분은 직접작업시간당 ₩1,000씩 발생한다.

(2) 공장장의 급료를 포함한 간접노무비는 ₩96,000,000으로 예정조업도범위 내에서 일정하게 발생하므로 고정비라고 할 수 있다.

(3) 공장건물의 감가상각비나 기계의 감가상각비를 포함한 간접경비는 ₩57,000,000으로 예정조업도의 범위 내에서 일정하게 발생하는 고정비라고 할 수 있다.

(4) 기준(예정)조업도 또는 정상조업도는 연간 15,000작업시간이라고 한다.

물.음.

기준(정상)조업도에서의 제조간접비 예산을 작성하고 예정배부율을 구하시오.

풀.이.

1. 제조간접비 예산(15,000작업시간 기준)

	변동비 예산	고정비 예산	합 계
간접재료비	₩15,000,000	₩12,000,000	₩27,000,000
간접노무비		96,000,000	96,000,000
간접경비		57,000,000	57,000,000
합 계	₩15,000,000	₩165,000,000	₩180,000,000

2. 제조간접비 예정배부율

₩180,000,000 / 15,000시간 = ₩12,000/시간

3 회계처리와 배부차이 분석

(1) 제조간접비의 장부기록

지금까지는 제조간접비 예정배부율을 구하고 제품별 예정(정상)배부액을 구하여 원가계산을 하는 절차에 대해서 살펴보았다.

이제는 제조간접비 실제 발생액과 제조간접비 예정배부액을 계정에 기록하는 절차와 예정배부된 제조간접비와 실제 발생된 제조간접비가 상이할 경우 이를 처리하는 방법을 살펴보기로 하자.

원가계산기간 중 실제 발생된 간접재료비, 간접노무비, 간접경비 등이 [도표 6－4]와 같이 제조간접비 통제계정의 차변에 집계되어 기록된 다음, 여기에서 예정배부액만큼 재공품계정으로 대체된다.

따라서 원가계산기간 중 재공품계정으로 대체된 제조간접비 예정배부액과 회계기 말에 제조간접비 통제계정의 차변에 집계되어 있는 실제 발생액과는 일치하지 않는 것이 일반적이다.

■ 도표 6-4 제조간접비와 재공품계정

제조간접비계정		
간접재료비 (실제 발생액)	×××	제조간접비 예정배부율에 의하여 계산된 금액을 원가계산기간 동안 정기적으로 재공품계정에 대체한다.
간접노무비 (실제 발생액)	×××	
간접경비 (실제 발생액)	×××	재공품(서가, 테이블) ×××

재공품계정(서가)	
제조간접비 예정배부액	

재공품계정(테이블)	
제조간접비 예정배부액	

다음의 예제를 통하여 제조간접비 통제계정과 재공품계정의 기록을 살펴보도록 하자.

예제 6-13 다음은 한일가구의 제조간접비 실제 발생액과 제품별 예정배부액이다.

건접재료비 실제 발생액 : ₩2,000,000
간접노무비 실제 발생액 : ₩8,000,000
간접경비 실제 발생액 : ₩5,000,000

제품별 예정배부액
서 가 : ₩7,200,000
테이블 : ₩4,800,000

물.음.

제조간접비계정과 재공품계정에 기록해 보시오.

풀.이.

제조간접비계정			
간접재료비	₩2,000,000	재공품(서가)	₩7,200,000
간접노무비	₩8,000,000	재공품(테이블)	₩4,800,000
간접경비	₩5,000,000		

재공품계정(서가)		
제조간접비	₩7,200,000	

재공품계정(테이블)		
제조간접비	₩4,800,000	

(2) 제조간접비 배부차이 분석

위의 한일가구에서 제조간접비계정의 차변과 대변의 차이 ₩3,000,000은 실제 발생액과 예정배부액과의 차이를 나타낸다. 이미 발생된 제조간접비보다 재공품계정에 예정배부된 금액이 적게 나타났기 때문에 이 차이를 추가로 인식해야 한다. 그렇게 하지 아니하면 재무제표상에 실제로 발생된 비용 또는 실제로 발생된 제품의 원가를 전부 비용으로 인식하지 않게 되는 결과를 초래하기 때문이다.

반대로 이미 발생되어 제조간접비 통제계정 차변에 계상되어 있는 금액보다 예정배부한 금액이 큰 경우에도 이 차이를 조정해 주어야 한다. 이와 같이 예정(정상)배부액과 실제 발생액을 비교함으로써 관리자에게는 원가관리와 통제라는 측면에서 장래의 관리활동을 위한 방향제시와 함께 좋은 피드백자료를 제공한다. 한편 이 배부차이는 발생원인에 따라 ① 예산차이와 ② 조업도차이로 나누어진다.

1) 예산차이

예산차이(budget variance)는 소비차이(spending variance)라고도 하는데, 실제 발생된 제조간접비와 실제 작업한 시간 또는 실제 생산한 수량에 대응되는 조업도에서의 예산과 차이를 말하며 다음과 같이 계산된다.

예산차이 = 실제 발생액 − 실제조업도(작업시간 또는 생산량)에 대한 예산액

따라서 이 차이로부터 제조간접비에 대한 예산을 초과하여 사용하였는지 아니면 예산을 절감하였는지를 알 수 있다.

2) 조업도차이

조업도차이(volume variance)는 실제 작업한 조업도와 기준조업도가 서로 일치하지 않으면 고정제조간접비 예산과 고정제조간접비 배부액이 서로 달라지게 되어 발생한다. 만일 기준조업도수준 이하로 작업을 수행하더라도 기준조업도수준까지의 생산설비를 가동하는 데 소요되는 생산능력유지비로서 고정비는 일정하다.

그런데 기준조업도수준까지 생산설비를 가동하지 못할 경우에도 부담해야 할 고정비용은 동일하므로, 결과적으로 생산설비를 가동하지 않은 시간에도 이 고정비용은 계속 발생한다.

따라서 이미 발생된 고정비를 생산활동에 활용하지 못하는 낭비를 초래하게 되며, 이같은 조업도차이는 다음과 같이 구할 수 있다.

조업도차이 = (기준조업도 − 실제조업도) × 고정제조간접비 예정배부율

한편 기준조업도 이상 작업을 수행한 경우 주어진 고정비수준에서 추가적인 비용을 들이지 아니하고서, 생산설비를 더 많이 가동한 것이므로 오히려 유리한 결과를 가져온다. 이제 다음의 예제를 통하여 배부차이에 대한 분석을 하여보자.

예제 6-14

앞의 [예제 6-10]의 한일가구는 특정 원가계산기간 동안(1개월간) 1,000시간의 작업을 수행한 결과 실제 발생된 제조간접비는 ₩15,000,000이며, 공장전체의 예정배부율을 이용하여 원가계산을 한다. 한편 연간 15,000작업시간을 기준으로 편성된 예산은 다음과 같다.

제조간접비 연간예산(15,000작업시간기준)

	변동비 예산	고정비 예산*	합 계
간접재료비	₩15,000,000	₩12,000,000	₩27,000,000
간접노무비		96,000,000	96,000,000
간접경비		57,000,000	57,000,000
합 계	₩15,000,000	₩165,000,000	₩180,000,000

* 월간 고정비 예산은 연간 고정비 예산을 12개월로 나누어 구한다.

물.음.

1. 제조간접비 실제 발생액과 예정배부액의 차이를 구하고, 배부차이를 예산차이와 조업도차이로 분석하시오.
2. 예산차이와 조업도차이가 발생한 이유에 대해 설명하시오.

풀.이.

1. ① 제조간접비 예정배부율 : ₩180,000,000 / 15,000시간 = ₩12,000/시간 또는 변동제조간접비배부율(1,000 = ₩15,000,000 / 15,000시간) + 고정제조간접비배부율(11,000 = ₩165,000,000 / 15,000시간)

   ② 제조간접비 예정배부액 : 제조간접비 예정배부율×실제 조업도 또는 배부기준(작업시간)
   = ₩12,000×1,000시간 = ₩12,000,000

   ③ 배부차이 : 실제 발생액(₩15,000,000) − 예정배부액(₩12,000,000)
   = ₩3,000,000(초과 사용)

   ④ 차이분석

실제 발생액	실제 작업시간에 대한 예산		제조간접비 예정배부액	
₩15,000,000	고정비 예산*	₩13,750,000	고정간접비배부율 ₩11,000×1,000작업시간	₩12,000,000
	변동비 예산**	1,000,000	변동간접비배부율 ₩1,000×1,000작업시간	
		₩14,750,000	(또는 제조간접비배부율 ₩12,000×1,000시간)	

예산차이 ₩250,000(초과사용) / 조업도차이 ₩2,750,000(불리)

* 월간고정제조간접비 예산 = 연간고정제조간접비(₩12,000,000 + ₩96,000,000 + ₩57,000,000) / 12개월 = ₩13,750,000

** 변동제조간접비 예산 = 변동제조간접비비율(₩15,000,000 / 15,000작업시간)×실제 조업도 또는 배부기준 = ₩1,000×1,000시간 = ₩1,000,000

2. ① 예산차이 ₩250,000은 1,000시간 작업을 하는 경우 예산으로 사용할 수 있도록 허용된 금액이 ₩14,750,000인데 실제로는 ₩15,000,000의 제조간접비를 사용하였으므로 예산 초과사용을 나타낸다.

② 조업도차이 ₩2,750,000은 연간조업도 15,000작업시간에서 월평균조업도 1,250작업시간(15,000/12개월)을 구할 수 있다. 그런데 1,250작업시간까지는 월 ₩13,750,000의 고정비로 생산설비를 가동할 수 있다. 이 경우 실제로 1,000시간 밖에 작업을 하지 못했다고 하더라도 동일한 월 ₩13,750,000의 고정비가 소요된다. 따라서 작업을 하지 못한 250시간에 대해서도 고정비를 부담하는 결과를 초래하므로, 이 부분만큼은 생산활동에 기여를 하지 못한 비효율이라고 할 수 있다.

> 조업도차이 = (기준조업도 − 실제조업도) × 고정제조간접비 예정배부율
> = (1,250시간 − 1,000시간) × ₩11,000 = ₩2,750,000*(불리)
>
> * 실제로 양의 값을 갖지만 불리한 차이를 뜻한다.

한편 기준조업도 이상 작업을 수행하여 실제 조업도가 기준조업도보다 큰 경우라면, 주어진 고정비수준에서 추가적인 비용을 들이지 아니하고서 생산설비를 더 많이 가동한 것이므로 오히려 유리한 결과를 가져온다. 가령 이 경우에 월 1,350시간을 가동하였다면, 기준조업도인 1,250시간의 고정비인 ₩13,750,000으로 1,350시간까지 가동하였기 때문에 고정비를 효율적으로 활용했다고 할 수 있다. 따라서 유리한 조업도차이가 발생하며 다음과 같이 계산할 수 있다.

> 조업도차이 = (기준조업도 − 실제조업도) × 고정제조간접비 예정배부율
> = (1,250시간 − 1,350시간) × ₩11,000 = ₩1,100,000*(유리)
>
> * 실제로는 음이지만 '−'로 표시하지 않는 대신 그 의미는 유리한 차이를 뜻한다.

(3) 배부차이의 회계처리

제조간접비 예정배부율을 사용하여 배부한 제조간접비와 그 기간 동안에 실제로 발생한 제조간접비가 일치하는 경우는 거의 없다. 그러나 외부 보고 목적을 위한 재무제표작성에 있어서는 실제로 발생된 제조간접비를 반영해야 하기 때문에 회계기 말에 제조간접비계정에 남아 있는 과대 또는 과소배부액을 다음과 같이 처리한다.

1) 기타손익으로 회계처리

과대 또는 과소 배부액이 특정 원가요소의 급격한 가격변동이나 파업과 같은 당기의 비경상적 사건이나 비능률로부터 발생되어 원가성이 없다고 인정되는 경우에는 손익계산서상에 기타손익으로 계상한다.

2) 매출원가와 기말재고자산에 배부

배부차이를 제품원가로 간주해서 매출원가와 기말재고(제품 및 재공품)에 안분하는 방법이다. 이 방법은 가장 논리적이며 제조간접비를 예정배부한 결과를 각 계정별로 실제제조간접원가로 거의 일치화시킬 수 있다. 가령 배부차이의 원인이 예산편성단계에서 기준조업도 설정에 변화가 있거나, 생산방법의 변경이나 새로운 설비의 도입으로 변동비와 고정비의 원가발생 구조가 변할 수 있기 때문이다. 또 개별 제조간접원가 집합을 구성하는 각 항목에 대한 원가추정에 오류가 있었고, 또 그 금액이 중요한 경우에도 배부한다.

한편 매출원가와 기말재고자산에 배부하는 경우에도 어떤 기준에 의해 배부차이를 안분하는 것이 타당한가 하는 점도 고려해야 한다. 가령 ① 원가계산과정을 통하여 이들 계정에 이미 예정배부되어 있는 제조간접비의 비례로 추가배부하거나, ② 매출원가, 재공품계정, 제품계정에 이미 계상되어 있는 총원가를 기준으로 배부차이를 안분할 수 있다. 이외에 ③ 배부차이를 매출원가에 전액계상하는 방법도 사용되고 있다.

3) 우리나라의 기준

우리나라의 원가계산준칙 제33조에서는 배부차이에 대해서 회계연도의 매출원가와 기말재고자산에 배부하며, 원가차이의 배부를 보다 정확히 하기 위하여 원가요소별로 다른 배부기준을 적용할 수 있도록 하고 있다. 그리고 비정상적으로 발생한 원가차이는 영업외수익 또는 영업외비용으로 처리하도록 규정되어 있다.

이제 다음의 [예제 6－15]를 통하여 배부차이의 회계처리절차를 알아보도록 하자.

예제 6－15 한일가구제조에서는 고급 및 표준 2가지 종류의 사무용가구를 생산・판매하고 있다. 두 제품은 재질 즉 사용되는 목재의 종류만 다를 뿐 제조공정에 근본적인 차이가 없기 때문에 제조간접비 예정배부율도 동일하게 적용하고 있다. 한편 두 제품 모두 이번 원가계산기간 중 생산을 완료하였기 때문에 재공품은 없으며 고급제품은 이미 판매되었지만, 표준제품은 아직 재고로 남아 있다. 다음의 원가계산 자료를 토대로 물음에 답하시오.

	직접재료비	직접노무비	제조간접비 예정배부액	총원가	제조간접비 실제 발생액
표준제품	₩400,000	₩2,200,000	₩1,400,000	₩4,000,000	
고급제품	4,400,000	2,200,000	1,400,000	8,000,000	
					₩3,100,000

물음.

1. 배부차이를 매출원가에 재배부하고 분개하여 보시오.

2. 배부차이를 매출원가와 제품에 이미 예정배부되어 있는 제조간접비의 비례로, 매출원가와 제품재고액에 안분하여 재배부하고 분개하시오.
3. 배부차이를 매출원가와 제품의 제조에 소요된 총원가의 비례로 매출원가와 제품에 안분하여 재배부하고 분개하시오.
4. 배부차이를 회계처리하기 위한 이들 방법을 비교하고 그 타당성을 설명하시오.

풀.이.

1.

	총원가	재배부액
표준제품(기말제품재고)	₩4,000,000	₩0(0%)
고급제품(매출원가)	₩8,000,000	₩300,000(100%)

분개 : (차) 매출원가	300,000	(대) 제조간접비*	300,000

* 또는 제조간접비(배부) 차이계정을 이용한다.

2.

	제조간접비 예정배부액	재배부액
표준제품(기말제품재고)	₩1,400,000(50%)	₩150,000(50%)
고급제품(매출원가)	₩1,400,000(50%)	₩150,000(50%)

분개 : (차) 매출원가	150,000	(대) 제조간접비	300,000
제 품	150,000		

3.

	총원가	재배부액
표준제품(기말제품재고)	₩4,000,000(33%)	₩100,000(33%)
고급제품(매출원가)	₩8,000,000(67%)	₩200,000(67%)

분개 : (차) 매출원가	200,000	(대) 제조간접비	300,000
제 품	100,000		

4. 배부차이를 매출원가에 조정하는 방법은 간편하기 때문에 실무에서 많이 사용하고 있다. 한편 각 제품에서 제조간접비가 차지하는 비중이 유사한 경우에는 총제조원가를 기준으로 안분하는 것이 타당하지만, 물음2와 물음3에서 보는 것처럼 고급목재를 사용하는가 아니면 일반목재를 사용하는가에 따라 총제조원가에 큰 차이가 있다. 그러나 제조과정에서 두 작업의 직접노동시간이나 기계시간이 유사한 경우에는 관련된 제조간접원가 발생에 큰 차이가 없다. 따라서 이와 같은 경우에는 고급제품과 표준제품에 각각 부족배부액의 50%씩 할당하는 것이 타당하다. 물음3에서와 같이 총제조원가를 기준으로 배부하면 제조간접원가의 발생패턴이 유사함에도 불구하고 재료비의 차이로 인하여 오히려 67%, 33%로 배부되는 왜곡된 결과를 가져온다.

4 공장 전체 예정배부율과 부문별 예정배부율

지금까지는 공부한 제조간접비배부율은 다음의 [도표 6－5]와 같이 정리할 수 있다. 이 도표의 Ⅰ. 공장 전체의 총괄배부율과 Ⅱ. 부문별 실제배부율은 제1절 제조간접원가의 배분과 제품원가계산에서 살펴보았으며, 지금까지는 Ⅲ. 공장 전체의 제조간접비 예정배부율을 중심으로 원가계산의 흐름을 살펴보았다.

■ 도표 6－5 제조간접비배부율의 유형

집계대상/금액	실제 발생액기준	예산기준
공장 전체	Ⅰ. 총괄배부율	Ⅲ. 공장 전체의 예정배부율
부문 또는 생산라인, 활동*	Ⅱ. 부문별 실제배부율	Ⅳ. 부문별 예정배부율 (활동별 예정배부율*)

* 활동기준원가계산에서 이용된다.

현실적으로 다양한 항목으로 구성되어 있는 제조간접비를 공장 전체로 집계하여 단일의 배부기준을 적용해서는 제조간접자원의 소비와 제품과의 인과관계를 연계시키기 어렵다. 따라서 정확한 원가계산과 제조간접비의 관리와 통제를 위해서는 부문별 예정배부율을 설정하고, 적절한 배부기준에 의해 제품별로 배부계산하는 것이 더 합리적이다. 왜냐하면 생산라인이라든지 제조공정에 맞추어 원가부문을 설정하여 각 부문별로 제조간접비발생액을 집계하고, 그 부문에서 가공 받은 정도만큼을 배부함으로써 제품과의 인과관계를 높일 수 있기 때문이다. 또한 제조간접비관리에 대한 책임이 좀 더 분명해질 수 있으며 최고경영자도 각 부문관리자가 어떻게 원가를 통제하였는지 성과를 평가할 수 있다.

따라서 개별 부문마다 제조간접비와 배부기준으로 사용되는 변수들 사이에 인과관계가 뚜렷하지 않거나, 각 제품마다 제조부문을 이용하는 정도에 차이가 있을 때에는 각 부문별로 제조간접비 예정배부율을 적용하여 제조간접비를 배부하고 원가계산을 하는 것이 적합하다. 이 경우 기계집약적인 부문에서는 기계시간을, 노동집약적인 부문에서는 노동시간 또는 직접노무비를 조업도수준으로 사용할 수 있다. 부문별 제조간접비배부율을 사용할 때, 각 제조부문은 자신의 제조간접비 통제계정을 가지게 될 것이며, 부문별 제조간접비배부율은 다음과 같이 계산한다.

부문별 제조간접비 예정배부율 = 부문별 제조간접비 예산 / 부문별 기준조업도

부문별 예정배부율을 이용하여 원가계산을 하는 과정을 다음의 예제를 통하여 살펴보도록 하자.

예제 6-16 사무용가구를 생산·판매하는 한일가구는 원자재취급부문, 수동조립부문, 기계조립부문, 품질검사부문의 4개의 제조부문을 통하여 사무용가구와 가정용가구를 생산해 오고 있다. 공장이 처음 건설되었을 때에는 수동조립이 공장에서 제일 중요한 공정이었으므로, 수년간 한일가구는 수동조립부문의 직접작업시간을 배부기준으로 공장 전체의 제조간접비를 예정배부하여 원가계산을 하였다. 그러나 최근에는 기계조립라인을 증설함에 따라 수동조립분야의 규모는 상대적으로 축소된 상태이다.

다음의 원가계산자료와 생산자료를 토대로 물음에 답하시오.

(1) 원가자료(제조간접비)

각 부문별 기준조업도와 제조간접비 예산

부 문	원자재취급부문	수동조립부문	기계조립부문	품질검사부문	계
제조간접비예산	₩30,000,000	₩200,000,000	₩320,000,000	₩450,000,000	₩1,000,000,000
조업도(배부기준)	3,000,000개	10,000직접작업시간	20,000가동시간	15,000검사시간	
부문별 예정배부율	₩10/개	₩20,000/시간	₩16,000/시간	₩30,000/시간	

(2) 생산자료(제품단위당 실제 소요된 작업시간이나 기계가동시간)

부 문	가정용가구	사무용가구
원자재취급부문(취급개수)	200개	150개
수동조립부문(직접작업시간)	0.6시간	0.8시간
기계조립부문(기계가동시간)	4시간	1.5시간
품질검사부문(검사시간)	3시간	0.4시간

물.음.

1. 공장 전체의 총괄예정배부율(직접작업시간기준)과 제품별 배부액을 구하시오.
2. 부문별 제조간접비 예정배부율과 제품별 배부액을 구하시오.
3. 한일가구에서는 사무용가구의 매출이 지속적으로 증가하고 있음에도 수익성은 호전될 기미를 보이고 있지 않다. 원가계산방법과 관련하여 그 이유를 제시해 보시오.

풀.이.

1. ① 공장 전체의 제조간접비 예정배부율 : 제조간접비 예산총액(₩1,000,000,000)/기준조업도하의 직접작업시간(10,000작업시간) = ₩100,000/직접작업시간

② 제품별 제조간접비 예정배부액

가정용가구 : ₩100,000×0.6시간＝₩60,000

사무용가구 : ₩100,000×0.8시간＝₩80,000

2.

	부문별 예정배부율	가정용가구		사무용가구	
		배분기준	배부액	배부기준	배부액
원자재취급부문(취급개수)	10/개	200개	₩2,000	150개	₩1,500
수동조립부문(직접작업시간)	20,000/시간	0.6시간	12,000	0.8시간	16,000
기계조립부문(기계시간)	16,000/시간	4시간	64,000	1.5시간	24,000
품질검사부문(검사시간)	30,000/시간	3시간	90,000	0.4시간	12,000
			₩168,000		₩53,500

3. 가정용가구는 부문별 예정배부율이 사용되었을 때 각 제품단위에 배부되는 간접생산원가가 상당히 증가한다. 왜냐하면 가정용가구는 부문별 제조간접비배부율이 상대적으로 높은 품질검사부문과 기계조립부문을 많이 이용하기 때문이다. 이와 반대로 사무용가구는 각 제품에 배부되는 간접생산원가가 상당히 감소한다. 왜냐하면 직접작업시간을 기준으로 할 때에는 가정용가구보다 직접작업시간을 더 사용하기 때문에 공장전체의 총괄배부율을 많이 배부받지만, 부문별 배부율에 의할 경우에는 상대적으로 부문비배부율이 높은 기계조립과 품질검사부문을 비교적 덜 이용하기 때문이다.
한일가구에서는 공장 전체의 원가집합보다는 부문별 원가집합이 더 바람직하다는 것을 알 수 있다. 왜냐하면 두 제품은 각 부문들의 제조서비스를 사용하는 정도에 있어서도 차이를 보이고 있으며, 제조부문 역시 원가발생 요인이 다르기 때문에 부문별 원가집합을 통하여 각 제품과 인과관계를 보다 잘 파악할 수 있기 때문이다. 또한 각 부문에서의 인과관계를 분석한 후 적절한 원가배부기준(부품 수, 작업시간, 기계시간, 검사시간)을 사용하는 것도 중요하다.

연. 습. 문. 제.

01 제조간접비 예정배부와 원가계산의 전반적인 과정은 다음의 5가지 절차로 요약할 수 있다.

(1) 제조간접비 예산편성
(2) 예정배부율의 계산
(3) 예정배부액과 실제 발생액의 비교
(4) 배부차이의 원인분석
(5) 배부차이의 회계처리

이같은 절차를 토대로 한일공업은 기대조업도를 기준으로 공장 전체의 제조간접비 총괄배부율을 구한 다음 예정배부하여 원가계산을 한다. 예정배부액과 실제 발생된 제조간접비와의 차이에 대해서는 예산차이와 조업도차이로 나누어 회계처리하고, 배부차이는 총원가를 기준으로 매출원가와 기말재고자산에 재배부해 준다. 단, 매출원가는 ₩140,000, 기말제품은 ₩100,000, 기말재공품은 ₩30,000이다.

(1) 제조간접비 예산

제조간접비 예산은 과거의 생산실적과 원가자료를 토대로 변동비 예산과 고정비 예산으로 편성하였으며 실제 발생된 제조간접비와 비교표시하였다. 단, 고정제조간접비 월간 예산은 "연간 예산/12개월"로 추정한다.

<제조간접비 연간 예산(48,000기계작업시간기준)> <실제 발생된 제조간접비>

원가항목	고정제조간접비	변동제조간접비용 (기계작업시간당)	
간접재료비 :			
보조재료비 및 부품비	₩48,000,000	₩6,000	₩29,500,000
소모공기구비품비	24,000,000	2,000	12,800,000
공장소모품비	54,000,000	3,000	16,100,000
간접노무비 :			
간접공임금	84,000,000	7,000	39,600,000
급 료	200,000,000	–	16,700,000
상여수당	72,000,000	–	6,000,000
간접경비 :			
수도광열비	54,000,000	9,000	44,550,000

공장건물감가상각비	21,000,000	−	1,750,000
기계장치감가상각비	48,000,000	−	4,000,000
기계 및 공장보험료	18,000,000	−	1,500,000
수선유지비	21,000,000	−	2,000,000
세금과 공과	15,600,000	−	1,300,000
지급임차료	14,400,000	−	1,200,000
복리후생비	27,600,000	−	2,500,000
연료비	18,000,000	3,000	18,500,000
합 계	₩720,000,000	₩30,000/시간	₩198,000,000

(2) 특정 원가계산기간 동안(1개월) 3,800시간 작업을 진행하여 1,000개의 제품을 생산하였다.

물음

1. 위의 자료에 의하여 제조간접비 예정배부율과 예정배부액을 구하시오.
2. 제조간접비 예정배부액과 실제 발생액의 분개와 계정기입을 하시오.
3. 제조간접비의 배부차이를 계산하고 분석하시오.
4. 배부차이를 회계처리하고 분개하시오.

02 **한일가구의 종업원들은 회사 내에 세차설비를 마련하여, 저렴한 가격으로 서비스를 받을 수 있도록 하였다. 월말이 되면 세차설비를 이용한 실적을 토대로 부서별로 세차설비의 운영비를 부담하기로 하였다. 단 세차횟수는 1대당 월 10회를 초과할 수 없다고 한다. 다음의 자료를 이용하여 물음에 답하시오.**

	차량보유대수	세차횟수	최대세차가능 횟수	세차설비 운영비	
생산부	40대	100회	400회	고정비	₩1,800,000/월
영업부	14대	60회	140회	변동비	₩90,000/월
관리부	6대	40회	60회	계	₩2,700,000/월

물음

1. 단일배부기준에 의해서 부서별로 세차설비의 운영비를 배부하시오.
2. 변동비와 고정비에 대한 배부기준을 달리하여 세차설비의 운영비를 배부하시오.

03 **앞서 02 한일가구의 각 부서에서는 세차설비의 운영비배부액에 대해서 큰 불만을 표시하고 있다. 생산부에서는 차량가격을 기준으로, 영업부에서는 배기량을 기준으로, 관리부에서는 주행거리를 기준으로 배부해야 한다고 주장한다. 이 세 가지 기준이 모두 타당하다고 가정하고, 이 세 가지 배부기준의 평균을 이용하여 세차설비의 운영비를 배부하시오.**

	생산부	영업부	관리부	계
차량가격기준 비율	70%	20%	10%	100%
배기량기준 비율	60%	12%	28%	100%
주행거리기준	50%	40%	10%	100%
합 계	180%	72%	48%	300%

04 **한일과학에서는 의료기기를 제조 · 판매하고 있으며, 대부분의 공정이 고가의 정밀기계설비에 의해서 구성되어 있는데, 기계설비의 종류와 가격은 부문간에는 물론 부문 내에서도 매우 상이하다. 다음은 특정 원가계산기간 동안의 정밀가공부문의 원가자료이다.**

(1) 기계설비관련 원가집합(단위 : 천원)

설비명	감가상각비	수선유지비	정기점검비	보험료	동력비	엔지니어급료	계	가동시간
MX1	₩1,100	₩200	₩100	₩110	₩40	₩250	₩1,800	900시간
MX2	5,400	400	300	500	60	340	7,000	1,400시간
MS1	8,000	800	500	800	80	820	11,000	1,100시간
MS2	4,500	500	600	400	50	350	4,200	600시간
합 계							₩24,000	4,000시간

(2) 제품별 기계작업시간

제품/설비	MX1	MX2	MS1	MS2	계
CT	700시간	800시간	300시간	260시간	2,060시간
NMR	200	600	800	340	1,940시간
합 계	900시간	1,400시간	1,100시간	600시간	4,000시간

물음

1. 정밀가공부문의 제조간접비배부율을 기계작업시간기준으로 구하여 각 제품에 배부하시오.
2. 기계설비별 제조간접비배부율을 구하여 각 제품에 배부하시오.
3. 부문전체의 배부율과 기계설비별배부율을 적용하여 배부한 결과를 비교하시오.

05 한국콘도의 영업본부에서는 전국의 유명 관광지에 위치한 5개 이익중심점(사업장)에 대한 전화예약업무를 효율적으로 처리하기 위하여 통합전화예약시스템을 설치하였다. 다음의 자료를 토대로 물음에 답하시오.

(1) ① 통합전화예약시스템의 운영비 예산(기준조업도 : 120,000통화), ② 실제 발생된 운영비(100,000통화처리)

	① 통합전화예약시스템의 운영비 예산	② 실제 발생된 운영비
고정비 예산 :		
시스템 리스트	₩85,000,000	85,000,000
전화선 사용료	18,000,000	18,000,000
관리자급여	20,000,000	20,000,000
변동비 예산 :		
교환원급여	60,000,000	58,500,000
예약확인우송료	21,000,000	18,000,000
광고선전비	15,000,000	17,000,000
일반관리비	6,000,000	6,500,000

(2) 각 사업장별 자료

	통합시스템이용현황		가동현황(연간)	시스템가동 후	과거의	객실당
	통화횟수	예약건수	판매가능한 총객실수	평균판매율	평균판매율	평균요금
용 인	14,200회	5,200건	30,000실	70%	50%	₩60,000
양 평	8,800	4,000	35,000	80%	65%	80,000
설악산	23,000	8,000	48,000	85%	72.5%	50,000
지리산	7,000	2,800	40,000	95%	89.5%	100,000
제주도	47,000	20,000	100,000	75%	45%	90,000
합 계	100,000회	40,000건	253,000실			

물음

각 사업장별 통합전화예약시스템 운영비를 배부하시오. 단, 배부기준의 선정에 대한 타당성을 제시하시오.

06 **한일세무정보에서는 세무자문업무를 전문적으로 수행하고 있으며 3명의 전문공인회계사로 조직되어 있다. 고객으로부터 상담료는 공인회계사로부터의 시간당 자문료와 사무실운영 및 보조인력에 대한 관리비명목으로 자문료의 30%를 포함하여 책정한다. 다음의 관련자료를 이용하여 물음에 답하시오.**

직급 및 경력	시간당 자문료	고 객	
		세동해운	삼일건설
대표 공인회계사(20년)	₩200,000	15시간	2시간
총괄 공인회계사(10년)	120,000	3	8
책임 공인회계사(5년)	80,000	22	30
계		40시간	40시간

물음

1. 세동해운과 삼일건설에 청구해야 할 상담료를 계산하시오.
2. 관리비를 자문료의 30% 대신, 자문시간당 ₩35,000씩 계상할 경우, 위의 삼일건설과 세동해운에 청구해야 할 금액은 각각 얼마인가?
3. 위의 2가지 방법을 비교하고 어떤 방법이 더 적절한지를 평가하시오.

07 **한일전자에서는 외부에서 구입된 부품을 조립하여 자동차의 컴퓨터 제어장치를 생산하고 있는데, 최근 자동화된 설비로 공정을 대폭 개선하였다. 이에 따라 원가계산시스템도 보완하려고 계획하고 있다. 다음의 원가자료를 토대로 물음에 답하시오.**

(1) 생산 및 원가계산자료(단위당)

	연료분사제어장치	타이밍제어장치	브레이크제어장치
직접재료비	₩168,000	₩125,000	₩207,000
직접노무비	20,000	10,000	15,000
(직접노동시간)	4시간	2시간	3시간
조립부품수	128개	86개	260개
조립처리시간	5시간	4시간	20시간

(2) 공장전체의 직접노무비 예산은 12,000작업시간기준 ₩60,000,000이며, 제조간접비는, 각 제품별로 직접노무비의 400%를 배부한다.

(3) 새로운 시스템하에서는 제조간접비를 재료취급간접비와 조립생산간접비의 2가지 원가집합으로 분류하고 재료취급간접비는 부품수로, 조립생산간접비는 조립라인에

서 출발하여 완성되는 데까지 소요되는 조립처리시간을 기준으로 배부하기로 하였으며 관련자료는 다음과 같다.

재료취급간접비집합		조립생산간접비집합	
재료처리간접비 예산	₩80,000,000	조립생산간접비 예산	₩120,000,000
취급예상부품 수	400,000개	제품별 조립처리시간 예산	24,000시간

물음

1. 직접노무비를 기준으로 제조간접비를 배부하여 계산한 원가와 새로 구성한 원가집합별 배부율에 의해 계산한 원가와 비교한 다음, 새로운 원가계산시스템의 타당성에 관하여 설명하시오.
2. 직접노무비의 추적과 집계에 소요되는 비용에 비하여 제조원가에서 차지하는 중요성이 떨어지기 때문에 직접노무비를 조립생산 제조간접비로 통합하여 배부할 것을 고려하고 있다. 이때의 제조원가를 구하고, 통합의 타당성을 설명하시오.

제7장

원·가·회·계

개별원가계산

제7장

개별원가계산

원가계산의 절차를 간단히 살펴보면 ① 재료비・노무비・경비 등을 각 원가요소별로 집계하는 요소별 계산, ② 요소별로 집계된 원가를 원가의 발생장소별로 파악해 보는 부문별 원가계산, ③ 부문별로 집계된 원가요소를 최종적으로 각 제품에 배부하는 제품별 계산의 3단계로 나누어 볼 수 있다. 이 장에서는 제품별 원가계산에 대하여 살펴보기로 한다.

제품별 원가계산의 형태는 원가요소의 집계방법에 따라 특정 제조지시서별로 원가요소를 집계하는 개별원가계산(job costing system)과 일정기간에 소비된 원가요소를 종합적으로 파악해 보는 종합원가계산(process costing system)으로 나눌 수 있다.

제1절 개별원가계산의 본질

1 개별원가계산의 의의

개별원가계산(job costing)이란 종류를 달리하는 제품을 개별적으로 생산하는 업종에서 적용하는 원가계산의 한 방법으로 각 제품을 생산할 때 제조지시서에 의하여 생산을 하고, 또한 원가도 제조지시서별로 집계를 하기 때문에 이를 제조지시서별 원가계산이라고도 한다. 예를 들면 조선업・건설업・가구제조업・항공기산업 등과 같이 주문생산형태의 기업에서 적용하는 방법이다.

이들 기업이 생산하는 제품은 발주자의 주문에 따라 규격・양식・품질 등이 다르며 생산량도 주문수량에 의해서 결정되는 것이 특징이다.

예를 들면 고객으로부터 생산주문을 받았을 때 생산계획을 담당하는 부서(예를 들면 생산담당이사)에서 제조지시서를 공장장에게 시달하면 제조지시서의 내용에 따라 생산을 수행한다. 이때 원가의 집계는 제조지시서의 번호별로 하게 되는데 이 경우 제품별로 확인이 가능한 직접비는 제조지시서별로 직접 부과하여 집계하지만 모든 제품에 공통적으로 소비된 제조간접비는 제조지시서별로 직접 부과할 수 없기 때문에 원가계산기간 중에 발생한 총제조간접비를 집계하여 적절한 배부기준에 따라 각 지시서별로 배부하는 형식으로 계산한다.

그러므로 개별원가계산에서는 기말재공품의 평가는 특별히 문제되지 않는다. 왜냐하면 원가가 제조지시서별로 집계되기 때문에 완성된 제품제조지시서를 집계하게 되면 완성품원가가 되고, 미완성된 제조지시서의 제품은 곧 기말재공품의 가액이 되므로 특별한 평가계산의 절차를 밟지 않아도 되기 때문이다.

그러나 제조지시서별로 원가를 집계할 때 제조간접비는 인위적인 기준에 의하여 배부하기 때문에 제조간접비의 배분시스템에 따라 각 제품별 원가에 미치는 영향이 크므로 제조간접비의 합리적 배분이 중요하다.

이상과 같은 개별원가계산의 특징을 간략히 요약하면 다음과 같다.

① 특정 제품의 생산을 위한 제조지시서가 발행되며, 특정 제조지시서에 따라 원가계산표를 작성한다.
② 모든 원가는 제품별로 직접비와 간접비로 분류하며, 직접비는 제조지시서에 직접 집계하고 제조간접비는 합리적인 배분기준에 따라 각 제조지시서에 배분한다.
③ 인위적인 기말재공품의 평가과정을 거치지 않는다. 즉, 기말까지 미완성된 제품의 원가계산표의 집계된 금액이 기말재공품의 평가액이 된다.
④ 원가계산기간은 중요하지 않으며, 언제라도 원가계산을 행할 수 있다.
⑤ 직접비는 실제원가를 이용한다. 반면에 제조간접비는 실제원가 또는 예정원가를 이용하여 제조지시서별로 배부하기 때문에 제조간접비의 배부과정이 가장 중요한 원가계산과정이다.

2 개별원가계산과 종합원가계산의 비교

개별원가계산과 종합원가계산은 원가계산방법상의 구분이며 생산기술상의 구분은 아니다. 다만 기업의 생산형태에 적합한 원가계산시스템을 채택하는 것이 중요하다. 왜냐하면 원가계산시스템은 개별원가계산과 종합원가계산으로 이원화되기보다는 다음에서 보는 것처럼 각 기업의 생산양식에 따라 연속선상의 한 부분에 위치하고 있기 때문이다.

개별원가계산시스템	혼합원가계산시스템*	종합원가계산시스템
개별제품, 서비스의 주문생산에 적용		동종제품, 서비스의 대량생산에 적용

* 혼합원가계산시스템에 대해서는 제8장 종합원가계산에서 설명한다.

이와 같이 원가계산시스템의 양 극단에 있는 개별원가계산과 종합원가계산을 비교하면 [도표 7－1]과 같이 요약할 수 있다.

■ 도표 7-1 개별원가계산과 종합원가계산의 비교

구 분	개별원가계산	종합원가계산
생산형태	다종제품의 개별생산(주문생산)	동종제품의 대량생산(시장생산)
제조지시서의 종류	특정제조지시서	계속제조지시서
생산수량	주문 수량에 의한 결정	판매 계획에 따른 수량
직·간접비의 구분	반드시 필요함	원칙적으로 불필요함
기말재공품의 평가	원가계산표에 집계된 원가를 기초로 계산함	별도의 안분계산이 필요함
원가집계단위	개별제품(개별제조지시서)	기간 생산량
단위당 원가의 계산	원가계산표별로 집계된 제조원가를 완성품 수량으로 나누어 계산함	일정기간(대개 1개월)의 총제조원가를 완성품과 기말재공품원가로 배분하고, 완성품원가를 완성품 수량으로 나누어 계산함
원가계산의 초점	제조간접비의 제품별 배부	기말재공품의 평가

3 제조지시서

(1) 제조지시서의 의의

제조지시서(production order)란 제품의 제조 또는 특정의 작업을 제조부문에 지시하기 위한 서식이다. 즉 특정의 제품을 어디서, 어떻게, 언제까지, 얼마만큼 제조할 것인가를 생산기획을 담당하고 있는 부서가 생산부문에 생산명령을 내리는 것이다. 제조지시서는 제조명령서·제조지령서 또는 작업지시서라고도 하는데 공장에서는 이 지시서에 의하여 비로소

■ 도표 7-2 제조지시서의 양식

<table>
<tr><td colspan="6">제조지시서 　　　　　　　　　　　　　　　　　　　　　　　　　　제3호
20××년　월　일　발행

주 문 자 ____________　　　　　　　　　　　　납품장소 ____________
주문서번호 ____________　　　　　　　　　　　　납품기일 ____________
주문일자 ____________　　　　　　　　　　　　인도방법 ____________</td></tr>
<tr><td>품 명</td><td>수 량</td><td>착수일</td><td>완료예정일</td><td>완료일</td><td>비 고</td></tr>
<tr><td></td><td></td><td></td><td></td><td></td><td></td></tr>
<tr><td colspan="4">××부 귀하</td><td>발행자</td><td>인</td></tr>
</table>

생산이 시작된다. 제조지시서를 발행하는 경우에는 반드시 제조지시서 번호를 기입하여야 한다.

이 번호는 원가계산을 하는 데 필요할 뿐만 아니라 공장의 내부서류는 모두 이 번호에 의하여 작성되며 생산관리·원가관리 등도 이 지시서별로 이루어진다. 일반적인 제조지시서의 양식을 표시하면 [도표 7-2]와 같다.

(2) 제조지시서의 유형

제조지시서는 업종이나 지시하는 목적에 따라 여러 가지로 나누어 볼 수 있는데 그 중에서 주요한 것은 다음과 같다.

1) 특정제조지시서와 계속제조지시서

특정제조지시서는 개개의 작업이나 특정 제품의 생산을 위하여 개별적으로 발행되는 제조지시서로서 개개의 작업이나, 특정 제품의 생산이 완료되면 자동적으로 제조지시서의 명령이 완료된다. 따라서 새로운 작업이 시작될 때마다 제조지시서도 다시 발행된다.

이에 비하여 계속제조지시서는 동종의 제품을 계속 생산할 때 발행되는 제조지시서로서 한번 발행되면 일정기간 동안 효력을 발생한다. 따라서 특정제조지시서는 개별원가계산의 형태에 주로 쓰이고, 계속제조지시서는 종합원가계산의 형태에 사용된다.

2) 주제조지시서와 부제조지시서

제품생산을 몇 개의 구분작업으로 나누어 생산을 할 경우 전체 생산에 대한 제조지시서를 주제조지시서라 하고, 각 구분작업에 대한 제조지시서를 부제조지시서라 한다. 이때 제조원가는 먼저 부제조지시서의 원가를 집계한 후 주제조지시서에 총괄한다.

제2절 개별원가의 집계와 계산절차

1 원가계산표의 작성

원가계산표(cost sheet)란 재료비 · 노무비 · 경비의 각 제조원가를 요소별로 집계하고 각 제품의 원가를 계산하기 위한 서식을 말한다. 제조지시서가 발행되면 공장에서는 제품생산에 착수하고, 동시에 원가계산에서는 그 원가를 집계하기 위하여 원가계산표를 작성한다.

원가계산표에는 개별원가계산표(job-cost sheet)와 종합원가계산표(process-cost sheet)가 있는데 여기서는 개별원가계산표에 대하여만 알아보기로 한다. 개별원가계산표의 양식을 보면 [도표 7－3]과 같다.

■ 도표 7－3 원가계산표의 양식

<u>원가계산표</u>

제품명 ________ 완료요구일 년 월 일 주 문 자 ________

제조지시서 번호 ________ 제조착수일 년 월 일 주문서번호 ________

완성수량 ________ 제조완료일 년 월 일 인도예정일 ________

직접재료비					직접노무비					제조간접비				요 약	
일자	청구서 번호	품명	수량	금액	일자	부문	작업시간표 번호	시간	금액	일자	부문	배부표 No.	금액	적 요	금 액
														직접재료비	
														직접노무비	
														제조간접비	
														제 조 원 가	
														판 매 비 일반관리비	
														총 원 가	
														이 익	
합 계					합 계					합 계				판 매 가 액	

■ 도표 7-4 원가계산표와 재공품계정의 관계

원가 \ 지시서	No. 1 완 성	No. 2 완 성	No. 3 미 완 성	계
기초재공품	₩2,000	₩1,000	₩3,000	₩6,000
직접재료비	₩3,000	₩4,000	₩5,000	₩12,000
직접노무비	₩4,000	₩2,000	₩2,000	₩8,000
제조간접비	₩1,000	₩2,000	₩1,000	₩4,000
합 계	₩10,000	₩9,000	₩11,000	₩30,000

→

재공품

차변		대변	
전기이월	6,000	제 품	19,000
직접재료비	12,000		
직접노무비	8,000		
제조간접비	4,000	차기이월	11,000
합 계	30,000	합 계	30,000

개별원가계산서에서는 원가계산을 제조지시서별로 집계하기 때문에 개별원가계산표도 제조지시서를 기초로 하여 직접재료비 · 직접노무비 · 직접경비 및 제조간접비로 구분하여 기재한다.

이때 직접비는 각 제조지시서별로 직접 파악하기 때문에 원가계산표에 바로 집계하고 공통으로 발생한 제조간접비는 일정한 기준에 의하여 각 제조지시서에 배부하여 제조지시서별 원가계산표에 기재한다.

각 원가계산표에 기재된 원가의 총합계액은 당기제조원가를 나타내며, 이 중 미완성된 원가계산표의 원가합계액은 기말재공품재고액을 나타낸다.

원가계산표는 특정 제품(각 지시서별)마다 1매씩 작성되어 원가가 각각 기록되므로 원가계산표상에 기록된 금액을 모두 합계한 것은 총계정원장의 재공품계정의 금액과 같다.

또한 원가계산표는 총계정원장의 재공품계정의 명세를 나타내는 보조원장의 역할을 하므로 이를 제조원장 또는 원가원장이라고도 한다.

원가계산서상의 제조지시서별 원가계산 내역을 재공품계정의 기입과 연결시키면 [도표 7-4]와 같다.

2 개별원가계산의 절차

개별원가계산을 위한 기본적인 증빙서류들의 흐름을 보면 [도표 7-5]와 같다.

즉, 주문에 따라 제조지시서를 발행하며 제조지시서에 의한 작업을 위하여 ① 재료출고청구서에 의한 직접재료의 소비액, ② 작업시간표에 의한 직접노무비의 소비액, ③ 제조간접비배부율표에 의한 제조간접비배부액을 작업지시서별 원가계산표에 집계하여 당기제품제조원가와 기말재공품원가를 계산한다.

■ 도표 7-5 개별원가계산의 기본적 문서흐름

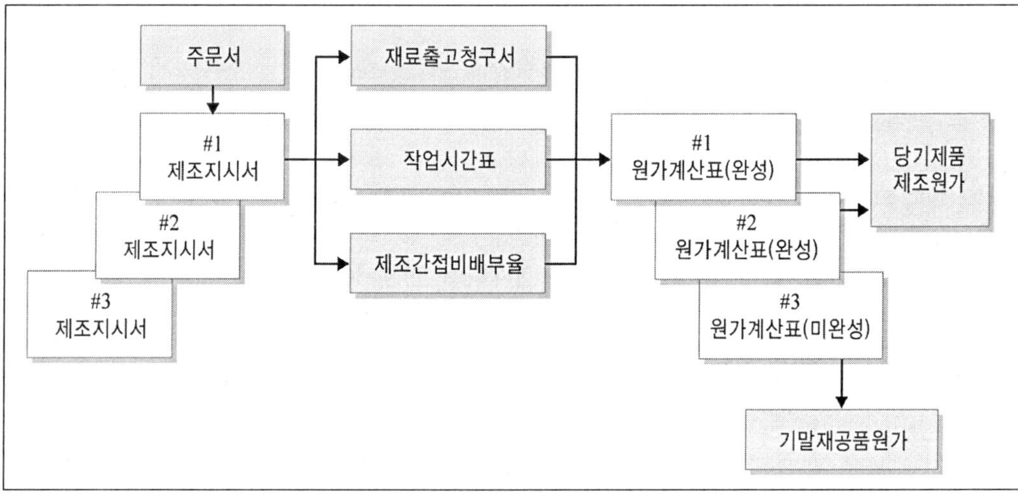

3 직접제조원가의 집계

(1) 직접재료비

개별원가계산에서 직접재료비의 소비액은 제조지시서의 번호별로 재료청구서(혹은 재료출고전표)의 합계를 냄으로써 지시서별 원가를 집계할 수 있다. 기업에 있어서 모든 원재료의 구입은 원재료재고원장에 기록된다.

■ 도표 7-6 원재료출고전표의 양식

원재료출고전표

년 월 일

제조지시서번호 ____________

재료비 분류 ____________ 청구부서 ____________

품 명	규 격	수 량	단 가	금 액

비고		원가계산계	㉥	창고계	㉥	청구부문	㉥

작업에 사용하기 위하여 원재료를 출고할 때에는 반드시 제조지시서번호가 부여된 재료청구서에 의하여 원재료출고전표가 발행되며 이 출고전표에 의하여 원재료출고가 이루어진다. 그 후 원가계산기 말에 지시서별로 원재료출고전표를 집계하여 직접재료의 소비액을 계산한다. 원재료출고전표의 양식은 [도표 7－6]과 같다.

(2) 직접노무비

직접노무비를 제조지시서번호별로 분류・집계하기 위해서는 작업시간표를 제조지시서 번호별로 분류・정리하여 직접노무비를 집계한다. 작업시간표는 제조현장의 반장이 그 지휘하에 있는 작업원별로(실제로는 직접공만을 대상으로 함) 개별작업종류(제조지시서번호별로 표시하는 것이 보통임)를 구분, 각각의 작업시간을 식별하도록 작성하는 전표이다. 작업시간표의 양식은 [도표 7－7]과 같다.

■ 도표 7-7 작업시간표의 양식

작업시간표 제3호

년 월 일

제조지시서번호 ________ 소속부문 ________
품 명 ________ 납 기 ________
착 수 수 량 ________ 작업수량 ________

작업자명 및 번호	오 전	오 후	계

작업반장 : ________

제3절 제조간접비의 집계와 배부

1 제조간접비의 집계와 원가계산절차

제조간접비의 제조지시서별 배부는 개별원가계산의 가장 중요한 부분이다. 제품 또는 제조지시서를 원가대상으로 하는 경우, 발생된 원가요소 중 직접재료비와 직접노무비는 제품과 직접적인 관계를 갖는다. 즉, 직접재료의 물리적인 흐름은 재료출고청구서에 의해 제품별로 추적가능하고, 특정 사업을 수행하는 종업원들의 근무시간도 작업전표를 통하여 각 작업별로 추적할 수 있기 때문에 제조지시서의 원가계산표에 직접 부과할 수 있다. 그러나 전기수도료, 감가상각비, 수선유지비, 공장관리자의 급료, 재산세, 보험료 등과 같은 제조간접비는 그 특성상 개별제조지시서나 제품과 관련시키는 것은 곤란하다. 따라서 제품제조를 위한 공통원가인 제조간접비를 각 제조지시서나 제품별로 나누어 주기 위해서는 인위적인 원가배분시스템에 따라서 할 수밖에 없으며 이는 제6장에서 이미 상세히 설명하였다.

한편 개별원가계산시스템은 제조간접비를 각 제조지시서별로 배부하는 방법에 따라 공장전체단위로 제조간접비를 집계하여 배부하는 단순원가계산절차와 부문별로 제조간접비를 집계하여 배부하는 부문별 개별원가계산절차로 나누어 볼 수 있다.

(1) 단순개별원가계산의 절차

단순개별원가계산은 부문별 계산의 과정을 거치지 않고 원가요소별 계산의 결과를 바로 제조지시서별로 집계한다. 이를 위해서 모든 제조간접비를 하나의 제조간접비계정에 집계하여 공장 전체의 단일배부율을 계산하고, 이를 각 제조지시서별로 배부하여 제품별 원가계산을 하는 방법이다. 이 방법에 따른 원가계산과정과 분개절차를 요약하면 다음과 같다.

① 제조직접비를 제조지시서별(재공품계정)에 집계한다.

(차)	재공품 #1	×××	(대) 직접재료	×××
	재공품 #2	×××	직접노무비	×××

② 원가요소별 계산을 통하여 제조간접비발생액을 파악한다.

(차)	제조간접비	×××	(대) 간접재료비	×××
			간접노무비	×××
			간접경비	×××

③ 제조간접비를 적절한 배부기준에 의해 제조지시서별(재공품계정)에 배부한다.

(차)	재공품 #1	×××	(대) 제조간접비	×××
	재공품 #2	×××		

④ 당기완성품의 제조원가를 계산한다. 이때 완성된 제품에 대한 제조지시서의 원가계산표에 집계된 금액을 제품계정으로 대체한다.

(차)	제품 #1	×××	(대) 재공품 #1	×××
	제품 #2	×××	재공품 #2	×××

■ 도표 7-8 단순개별원가계산의 원가흐름

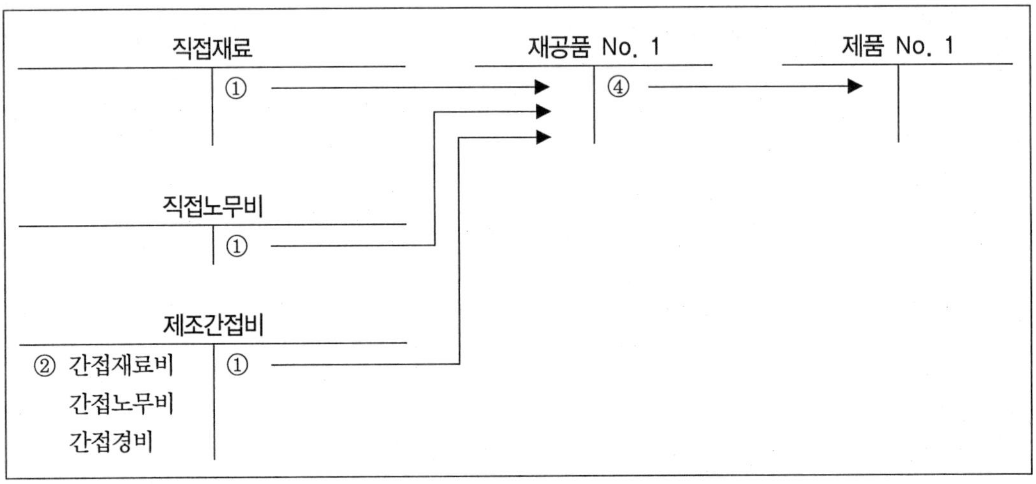

* 실제로는 생산에 착수한 제조지시서의 수만큼 재공품계정과 제품계정이 나타날 수 있다.

위와 같은 단순개별원가계산을 위한 분개과정에서 총계정원장의 재공품통제계정을 사용하여 기록하는 대신에 제조지시서별 재공품계정(예 : 재공품 #1) 또는 제조지시서계정(예 : 제조지시서 #1)을 이용할 수 있다. 이상의 단순개별원가계산에 따른 원가의 흐름을 요약하면 [도표 7-8]과 같다.

단순개별원가계산 절차를 다음의 [예제 7-1]을 통하여 살펴보도록 하자.

예제 7-1 사무용가구를 주문·생산하는 한일가구의 특정 원가계산기간(1개월)의 원가자료와 생산자료를 토대로 물음에 답하시오.

〈기초재고〉

(1) 원재료 및 부품

구 분	단 가	수 량	금 액
주요재료 a	₩10,000	150m	₩1,500,000
b	20,000	50m	1,000,000
c	30,000	40m	1,200,000
부 품	5,000	80개	400,000

(2) 재공품(제조지시서 #401) ································ ₩2,490,000

직접재료비	1,000,000
직접노무비	840,000
제조간접비	650,000

(3) 제품재고액(제조지시서 #301) ································ ₩13,200,000

(4) 원가계산기간 중의 원재료 및 부품의 매입(전액 외상매입)

구 분	단 가	수 량	금 액
주요재료 a	₩10,000	500m	₩5,000,000
b	20,000	350m	7,000,000
c	30,000	240m	7,200,000
부 품	5,000	280개	1,400,000

(5) 원재료 사용내역(제조지시서번호별로 재료출고전표를 분류하여 집계)

구 분	단 가	제조지시서 #401	제조지시서 #501	제조지시서 #502	계
주요재료 a	₩10,000	250m	200m	150m	600m
b	20,000	150m	100m	50m	300m
c	30,000	100m	80m	60m	240m
부 품	5,000	80개	80개	60개	220개

(6) 직접작업시간과 노무비의 발생(제조지시서번호별로 작업시간표를 분류하여 집계하였으며, 임금 및 급여지급일은 다음 원가계산기간의 처음날이라고 가정)

작업자	평균임률	제조지시서 #401	제조지시서 #501	제조지시서 #502	계
반 장	₩8,000/시간	70시간	50시간	40시간	160시간
a	7,000/시간	150시간	100시간	80시간	330시간
b	6,000/시간	100시간	120시간	120시간	340시간
c	5,000/시간	50시간	150시간	150시간	350시간
총직접작업시간		370시간	420시간	390시간	1,180시간

(7) 원가계산기간 중 공장 전체에서 발생된 제조간접비 내역(간접경비는 아직 지급하지 못하였으나, 나머지 비용은 전액 현금지급)

간접재료비	₩1,160,000
간접노무비	2,200,000
간접경비	4,900,000
계	₩8,260,000

(8) 제조간접비의 제조지시서별 배부는 총직접작업시간을 기준으로 한다.

(9) 제품의 생산현황

제조지시서 #401 및 #501은 이번 원가계산기간 중 생산을 완료하였으며, $502는 아직 작업을 완료하지 못하였다.

(10) 제품의 판매현황과 영업비

제조지시서 #301 및 #401은 이번 원가계산기간 중 제조원가에 20%의 이익을 가산하여 외상매출하였다. 그리고 본사 영업부의 일반관리비와 판매비로 ₩3,800,000이 발생하였으나, 다음 원가계산기간 중 지급할 예정이다.

물.음.

1. 제조지시서별 직접재료비를 계산하시오.
2. 제조지시서별 직접노무비를 계산하시오.
3. 제조간접비배부율을 구하고, 제조지시서별 배부액을 계산하시오.
4. 이번 원가계산기간 중 완성된 제조지시서 #401 및 #501의 요약원가계산표를 작성하시오.
5. 기말재공품(#502)가액을 계산하시오.
6. 이번 원가계산기간 동안의 영업이익을 구하시오.
7. 이번 원가계산기간 동안의 거래내용을 분개하시오.

풀.이.

1.

품 목		단 가	제조지시서 #401	제조지시서 #501	제조지시서 #502	계
주요재료	a	₩10,000	×250m＝₩2,500,000	×250m＝₩2,000,000	×150m＝₩1,500,000	₩6,000,000
	b	20,000	×150m＝ 3,000,000	×100m＝ 2,000,000	× 50m＝ 1,000,000	6,000,000
	c	30,000	×100m＝ 3,000,000	× 80m＝ 2,400,000	× 60m＝ 1,800,000	7,200,000
부 품		5,000	×80개＝ 400,000	× 80개＝ 400,000	× 60개＝ 300,000	1,100,000
합 계			₩8,900,000	₩6,800,000	₩4,600,000	₩20,300,000

2.

작업자	평균임률	제조지시서 #401	제조지시서 #501	제조지시서 #502	계
반 장	₩8,000/시간	× 70＝₩560,000	× 50＝₩400,000	× 40＝₩320,000	₩1,280,000
a	7,000/시간	×150＝ 1,050,000	×100＝ 700,000	× 80＝ 560,000	2,310,000
b	6,000/시간	×100＝ 600,000	×120＝ 720,000	×120＝ 720,000	2,040,000
c	5,000/시간	× 50＝ 250,000	×150＝ 750,000	×150＝ 750,000	1,750,000
직접노무비합계		₩2,460,000	₩2,570,000	₩2,350,000	₩7,380,000

3. 제조간접비배부율 : ₩8,260,000/1,180작업시간＝₩7,000/작업시간

제조지시서별 배부액

배부율/제조지시서	제조지시서 #401	제조지시서 #501	제조지시서 #502	계
₩7,000/시간	×370＝₩2,590,000	×420＝₩2,940,000	×390＝₩2,730,000	₩8,260,000

4.

	제조지시서 #401	제조지시서 #501
기초재공품	₩2,490,000	–
직접재료비	8,900,000	₩6,800,000
직접노무비	2,460,000	2,570,000
제조간접비	2,590,000	2,940,000
총제조원가	₩16,440,000	₩12,310,000

5.

	제조지시서 #502(기말재공품)
직접재료비	₩4,600,000
직접노무비	2,350,000
제조간접비	2,730,000
합 계	₩9,680,000

6. 영업이익

매출액 : #301 및 #401(₩13,200,000 + ₩16,440,000)×(1 + 20%) ₩35,568,000
매출원가 : ₩13,200,000 + ₩16,440,000 ₩29,640,000
매출총이익 : ₩5,928,000
판매비와 관리비 : ₩3,800,000
영업이익 : ₩2,128,000

7.

		차변	금액		대변	금액
①	(차)	원재료	20,600,000	(대)	외상매입금	20,600,000
②	(차)	재공품	20,300,000	(대)	원재료	20,300,000
③	(차)	재공품	7,380,000	(대)	미지급급료 및 임금	7,380,000
④	(차)	간접재료비	1,160,000	(대)	현 금	3,360,000
		간접노무비	2,200,000		미지급비용	4,900,000
		간접경비	4,900,000			
⑤	(차)	제조간접비	8,260,000	(대)	간접재료비	1,160,000
					간접노무비	2,200,000
					간접경비	4,900,000
⑥	(차)	재공품	8,260,000	(대)	제조간접비	8,260,000
⑦	(차)	제 품	28,750,000	(대)	재공품	28,750,000
⑧	(차)	매출원가	29,640,000	(대)	제 품	29,640,000
⑨	(차)	외상매출금	35,568,000	(대)	매 출	35,568,000
⑩	(차)	판매비와 관리비	3,800,000	(대)	미지급비용	3,800,000

위의 예제와 같이 공장전체의 제조간접비배부율(plant-wide overhead) 또는 총괄배부율(blanket rate)을 적용하여 원가계산을 하는 경우에는 공장전체에서 발생한 제조간접비 총액과 배부기준만 알면 쉽게 적용할 수 있다. 그러나 상이한 제조활동을 수행하는 여러 개의 제조부문이 있는 경우에는 정확한 원가계산과 효율적인 원가관리를 위한 원가정보를 제공해 주지 못하는 문제점이 있다.

(2) 부문별 개별원가계산절차

정확한 원가계산과 보다 효율적인 원가관리활동을 위해서는 부문별 개별원가계산을 실시하는 것이 일반적이다. 부문별 개별원가계산이란 제조직접비는 바로 제조지시서별로 집계하는 단순원가계산을 행하고, 제조간접비는 제5장에서 살펴본 부문별 계산절차를 통하여 제조지시서별로 배분하여 제품별 원가계산을 하는 방법이다. 따라서 단순개별원가계산과의 차이는 제조간접비에 대해 부문별 계산을 실시한다는 점이다.

이 방법은 각 제조부문별로 상이한 배부율을 적용하여 제조부문의 제조간접비를 제조지시서별로 배부하기 때문에 제조부문별로 가장 합리적이라고 판단되는 개별적인 배부기준을 이용할 수 있다. 예컨대 기계중심의 제조부문에서는 기계가동시간을 기준으로 하고, 노동집약적인 제조부문은 직접작업시간이나 직접노무비를 기준으로 하여 각 제조부문의 제조간접비를 제조지시서별로 배부할 수 있기 때문에 보다 정확한 원가계산을 할 수 있다는 이점이 있다. 이와 같은 부문별 개별원가계산절차와 분개과정을 요약하면 다음과 같다.

① 제조직접비를 제조지시서별(재공품계정)에 집계한다.

(차) 재공품 #1	×××	(대) 직접재료비	×××
재공품 #2	×××	직접노무비	×××

② 원가요소별 계산을 통하여 제조간접비 발생액을 파악한다.

(차) 제조간접비	×××	(대) 간접재료비	×××
		간접노무비	×××
		간접경비	×××

③ 제조간접비를 부문별로 집계한다. 이때 부문공통비는 합리적인 배부기준을 이용하여 부문별로 배분한다(절단 및 조립의 2개 제조부문과 동력 및 공장관리의 2개 보조부문이 있는 것을 가정하여 분개한다).

(차) 절단부문	×××	(대) 제조간접비	×××
조립부문	×××		
동력부	×××		
공장관리부	×××		

④ 보조부문에 집계된 제조간접비를 제조부문으로 다시 배부한다.

(차) 절단부문	×××	(대) 동력부	×××
		공장관리부	×××
(차) 조립부문	×××	(대) 동력부	×××
		공장관리부	×××

⑤ 제조부문에 집계된 제조간접비를 적절한 배부기준에 의해 제조지시서별(재공품계정)에 배부한다.

(차) 재공품 #1	×××	(대) 절단부문	×××
		조립부문	×××

(차) 재공품 #2	×××	(대) 절단부문	×××
		조립부문	×××

⑥ 당기완성품의 제조원가를 계산한다. 이때 완성된 제품에 대한 제조지시서의 원가계산표에 집계된 금액을 제품계정으로 대체한다.

(차) 제품 #1	×××	(대) 재공품 #1	×××
(차) 제품 #2	×××	(대) 재공품 #2	×××

한편 개별원가계산의 원가흐름을 기록하기 위하여 총계정원장의 재공품통제계정을 사용하여 기록하는 대신에 위의 분개와 같이 제조지시서별 재공품계정(예 : 재공품 #1) 또는 제조지시서계정(예 : 제조지시서 #1)을 이용하는 것이 바람직하다.

이상의 부문별 개별원가계산에 따른 원가의 흐름을 요약하면 다음의 [도표 7-9]와 같다.

■ 도표 7-9 부문별 개별원가계산의 원가흐름

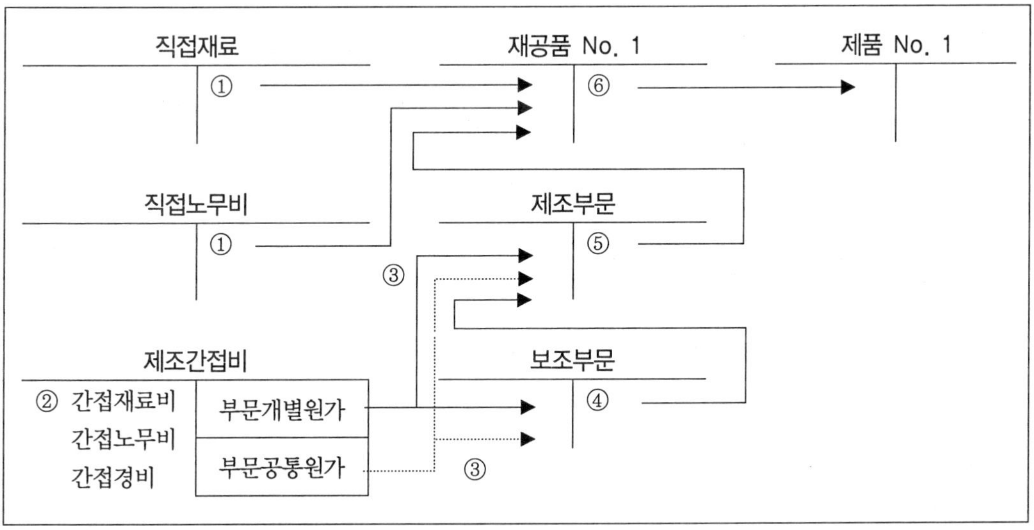

이제 부문별 개별원가계산절차를 다음의 [예제 7-2]를 통하여 보다 구체적으로 살펴보도록 하자.

예제 7-2 사무용 가구를 주문생산하는 한일가구는 절단, 조립, 도장부의 세 개의 제조부문과 공장관리 및 수선부의 두 개 보조부문을 가지고 있다. 다음 특정 원가계산기간(1개월)의 원가자료와 생산자료를 토대로 물음에 답하시오.

(1) 원재료 및 부품사용 내역

품 목	제조지시서 #501	제조지시서 #502	제조부문			보조부문		계
			절 단	조 립	도 장	수 선	공장관리	
직접재료 a*	250m	200m				20m	–	470m
직접재료 b	150m	100m				15m	–	265m
간접재료 및 부 품			₩1,623,000	₩2,044,000	₩2,683,000	₩1,000,000	–	₩7,350,000

* 재료 a의 단가 : ₩20,000/m, 재료 b의 단가 : ₩10,000/m

(2) 직접작업시간과 노무비의 발생

구 분	절단부문	조립부문	도장부문	합 계
제조지시서 #501	150시간	200시간	150시간	500시간
제조지시서 #502	250시간	200시간	50시간	500시간
부문별 평균임률	₩6,000/시간	₩8,000/시간	₩7,000/시간	₩1,000/시간

(3) 원가계산기간 중 발생된 제조간접비 내역

구 분	절단부문	조립부문	도장부문	수선부	공장관리부	합 계
부분개별비						
간접재료비*						₩7,350,000*
간접노무비	1,500,000	2,000,000	1,500,000	1,500,000	3,500,000	₩10,000,000
간접경비	800,000	1,100,000	1,200,000	400,000	500,000	₩4,000,000
부문공통비						₩2,400,000

* (1)원재료 및 부품사용 내역 참조

(4) 부문공통비는 각 부문의 간접경비에 비례하여 배부한다.

(5) 보조부문비의 제조부문으로의 배부는 각 제조부문의 간접노무비를 기준으로 직접 배부한다.

(6) 제조부문비의 제조지시서별 배부는 직접작업시간을 기준으로 한다.

(7) 각 제조지시서의 작업은 이번 원가계산기간 중 완성되었다.

물음.

1. 부문별 계산을 하고, 부문비계산표를 작성하시오.
2. 제조간접비 부문별 배부율과 각 제조지시서별 배부액을 구하고, 공장 전체의 제조간접비 배부율을 적용하여 배부액을 계산하는 경우와 비교하시오.
3. 제조지시서별 원가계산표를 작성하시오.

풀.이.

1. 부문비계산표

원가항목	제조부문			보조부문		계
	절 단	조 립	도 장	수 선	공장관리	
간접재료비[①]	₩1,623,000	₩2,044,000	₩2,683,000	₩1,550,000	–	₩7,900,000
간접노무비	1,500,000	2,000,000	1,500,000	1,500,000	3,500,000	10,000,000
간접경비	800,000	1,100,000	1,200,000	400,000	500,000	4,000,000
부문개별비 합계	3,923,000	5,144,000	5,383,000	3,450,000	4,000,000	21,900,000
부문공통비 배부[②]	480,000	660,000	720,000	240,000	300,000	2,400,000
부문비 소계	4,403,000	5,804,000	6,103,000	3,690,000	4,300,000	24,300,000
수선부비 배부액[③]	1,107,000	1,476,000	1,107,000	←		
공장관리부비 배부액[④]	1,290,000	1,720,000	1,290,000	←		
제조부문비 합계	₩6,800,000	₩9,000,000	₩8,500,000	←		

① 재료비 계산표

품 목	제조지시서 #501	제조지시서 #502	제조부분			보조부문		계
			절 단	조 립	도 장	수 선	공장관리	
직접재료 a	₩5,000,000	₩4,000,000				₩400,000	–	₩9,400,000
직접재료 b	1,500,000	1,000,000				150,000	–	2,650,000
간접재료 및 부품			1,623,000	2,044,000	₩2,683,000	1,000,000	–	7,350,000
합 계	₩6,500,000	₩5,000,000	₩1,623,000	₩2,044,000	₩2,683,000	₩1,550,000		₩19,400,000

② 부문공통비배부 계산 : ₩2,400,000 / ₩4,000,000 = 60%(각 부문의 간접경비발생액의)

절단부문배부액 : ₩800,000×60% = ₩480,000

조립부문배부액 : ₩1,100,000×60% = ₩660,000

도장부문배부액 : ₩1,200,000×60% = ₩720,000

수선부문배부액 : ₩400,000×60% = ₩240,000

공장관리부문배부액 : ₩500,000×60% = ₩300,000

③ 수선부비의 제조부문으로의 배부

$$\text{절판} : ₩3,690,000 \times \frac{1,500,000}{(1,500,000+2,000,000+1,500,000)} = ₩1,107,000$$

$$\text{조립} : ₩3,690,000 \times \frac{2,000,000}{5,000,000} = ₩1,476,000$$

$$\text{도장} : ₩3,690,000 \times \frac{1,500,000}{5,000,000} = ₩1,107,000$$

④ 공장관리부의 제조부문으로의 배부

$$\text{절단} : ₩4,300,000 \times \frac{1,500,000}{5,000,000} = ₩1,290,000$$

조립 : $₩4,300,000 \times \frac{2,000,000}{5,000,000} = ₩1,720,000$

도장 : $₩4,300,000 \times \frac{1,500,000}{5,000,000} = ₩1,290,000$

2. ① 제조간접비 부문별 배부율

절단부문비배부율 : ₩6,800,000 / 400시간=₩17,000 / 직접작업시간

조립부문비배부율 : ₩9,000,000 / 400시간=₩22,500 / 직접작업시간

도장부문비배부율 : ₩8,500,000 / 200시간=₩42,500 / 직접작업시간

② 제조지시서별 배부액

	절단부문비배부액	조립부문비배부액	도장부문비배부액	총배부액
제조지시서 #501	₩17,000×150 =₩2,550,000	₩22,500×200 =₩4,500,000	₩42,500×150 =₩6,375,000	₩13,425,000
제조지시서 #502	₩17,000×250 =₩4,250,000	₩225000×200 =₩4,500,000	₩42,500×50 =₩2,125,000	₩10,875,000
합 계	₩6,800,000	₩9,000,000	₩8,500,000	₩24,300,000

③ 공장 전체의 제조간접비배부율 : ₩24,300,000 / 1,000시간=₩24,300 / 시간

제조지시서 #501 : ₩24,300×500=₩12,150,000

제조지시서 #502 : ₩24,300×500=₩12,150,000

이 결과에서 알 수 있는 것은 제조지시서 #501이나 #502가 직접작업시간을 동일하게 500시간 소비하였기 때문에, 공장 전체의 총괄배부율을 적용하는 경우 배부액도 동일하게 계산된다. 그러나 부문별 계산과정에서 밝혀진 것처럼 제조지시서 #501의 경우 부문비배부율이 상대적으로 높은 도장부문의 제조서비스를 많이 소비하였기 때문에 제조간접비배부액이 증가할 수밖에 없다. 이같이 공장 전체의 총괄배부율에 의해 제조간접비배부액을 계산하는 것보다는, 각 부문별로 상이한 원가발생요인을 반영한 부문별 배부율에 의해 제조간접비를 배분함으로써 좀더 정확한 원가계산을 할 수 있게 된다.

3.

원가계산표

원가항목\제조지시서	#501	#502
직접재료비	₩6,500,000	₩5,000,000
직접노무비[1)]	3,550,000	3,450,000
제조간접비 합계	10,050,000	8,450,000
절단부문비배부액	2,550,000	4,250,000
조립부문비배부액	4,500,000	4,500,000
도장부문비배부액	6,375,000	2,125,000
제조간접비 합계	13,425,000	10,875,000
총 제조원가	₩23,475,000	₩19,325,000

1) 직접노무비 계산표

구 분	절단부문비배부액	조립부문비배부액	도장부문비배부액	총배부액
제조지시서 #501	₩900,000	₩1,600,000	₩1,050,000	₩3,550,000
제조지시서 #502	1,500,000	1,600,000	350,000	3,450,000
합 계	₩2,400,000	₩3,200,000	₩1,400,000	₩7,000,000

지금까지는 실제 발생된 제조간접비를 공장 전체로 집계하여 제조지시서 또는 제품별로 배부하는 단순개별원가계산절차와 부문별 계산에 의한 부문별 제조간접비배부율을 적용하여 제조지시서 또는 제품별로 배부하는 부문별 개별원가계산절차에 대해 설명하였다. 다음에서는 제조간접비 실제 발생액을 배부하여 이같이 원가계산을 하는 실제배부법의 문제점을 검토해 보기로 하자.

2 제조간접비 실제배부와 문제점

제5장 제조간접비배분에서 설명한 것처럼 제조간접비의 배부는 실제배부법과 예정배부법으로 구분된다. 실제배부법은 일정기간 동안 실제 발생한 제조간접비와 배부기준의 실제총수를 이용하여 실제배부율을 구하고 실제 발생한 제조간접비를 각 제조지시서별로 배부하는 것이다.

제조지시서별로 제조직접원가뿐만 아니라 제조간접비도 실제배부율에 의하여 배부하는 원가계산방법을 실제개별원가계산(actual job-order costing)이라고 한다. 제조간접비의 실제배부액을 계산하는 공식은 다음과 같다.

- $\text{제조간접비 실제배부율} = \dfrac{\text{일정기간의 제조간접비 실제액}}{\text{동기간의 실제배부기준총수*}}$
- 제조지시서별 실제배부액 = 제조간접비 실제배부율 × 제조지시서별 실제배부기준수*

* 수는 금액 · 시간 · 수량 등을 의미한다.

그러나 제조간접비의 실제배부는 다음과 같은 문제점을 갖는다.

① 원가계산기 말 이전에는 제조간접비실제배부율을 계산할 수 없어 원가계산이 지연된다.

② 제조간접비 실제배부율은 제조간접비의 실제액과 조업도(배부기준총수)의 변동에 따라 달라지게 된다.

③ 다른 제품생산에 따른 조업도의 변화에 따라 제조간접비배부액이 변화된다.

이와 같은 제조간접비의 실제배부에 따른 문제점으로 인하여 제조간접비를 실제배부하기 보다는 예정배부하는 것이 합리적이며 일반적이다.

3 제조간접비의 예정배부

(1) 예정배부의 의의와 절차

제조간접비를 실제배부함에 따른 문제점을 극복하기 위한 방법은 제조간접비를 예정배부하는 것이다. 제조간접비의 예정배부는 제조간접비 예정원가인 예산액을 이용하여 제조간접비 예정배부율을 계산하고 이를 적용하여 각 제조지시서별로 배부하는 것이다. 우리나라의 원가계산준칙 제18조 ②에서도 제조간접비를 예정배부율에 의하여 제품별로 배부할 수 있도록 규정하고 있다. 제조간접비의 실제배부보다 예정배부가 선호되는 이유를 요약하면 다음과 같다.

① 제조간접비배부를 미리 책정된 예정배부율에 의해 계산하므로 제조원가의 신속한 계산이 가능하다.

② 특정 제품별로 제조간접비의 배부액을 매기 균등하게 유지할 수 있다.

③ 제조간접비의 대부분은 고정비형태이므로 예정배부시 제조간접비배부율은 거의 일정하게 나타난다.

④ 예정배부율은 계절변동·조업도변동 등 배부기준의 변동에 영향을 받지 않고 매기 일정하게 유지되므로 보다 정확한 원가계산이 가능하다.

앞에서 설명한 바와 같이 각 제조지시서별로 제조간접비를 실제배부하고 제조원가를 계산하는 방법을 실제개별원가계산이라고 하였다. 이에 반하여 제조지시서별로 제조직접원가는 실제원가로 계산하고 제조간접비는 예정배부율에 의하여 배부하는 원가계산방법을 정상개별원가계산(normal job-order costing)이라고 한다. 정상원가계산(normal costing)은 평준화원가계산이라고도 하며 제조직접비는 실제원가로 계산하나 제조간접비는 예정배부율에 실제 발생한 기준수를 곱하여 예정배부하는 원가계산방법이다. 정상개별원가계산에 의한 제조간접비의 예정배부과정을 제조간접비의 정상배부절차라고 하며 이를 요약하면 다음과 같다.

① 일정기간 동안의 제조간접비예산액과 예정조업도를 설정한다.

② 제조간접비 예정배부율을 계산한다.

③ 각 제조지시서별로 제조간접비의 예정배부액을 계산하고 배부한다.

④ 제조간접비실제액과 제조간접비 예정배부총액을 비교하여 제조간접비 배부차이를 계산한다.

⑤ 제조간접비 배부차이의 원인을 분석하고, 배부차이에 대한 회계처리(조정)를 한다.

제조간접비의 예정배부에 대한 지금까지의 내용은 예정배부 절차를 알기 쉽게 설명하기 위해서 공정 전체의 제조간접비 예정배부율을 적용하여 제품별로 배부액을 산출하는 것을 가정하였다. 그러나 좀 더 정확한 원가계산과 제조간접비의 관리와 통제를 위해서는 부문별 예정배부율을 설정하고, 적절한 배부기준에 의해 제품별로 배부계산하는 것이 더 합리적이며, 이에 대해서는 다음에 설명하기로 한다.

(2) 공장 전체의 제조간접비 예정배부율과 제조지시서별 배부

제조간접비를 예정배부하기 위해서는 제조간접비 예정배부율을 설정하여야 한다. 제조간접비 예정배부율은 예정제조간접비배부율(predetermined factory overhead rate)이라고도 하며, 이는 장래 일정기간 동안의 제조간접비예산액과 그 배부기준이 되는 조업도를 예정하여 산출한다.

한편, 제조간접비 예정배부율을 계산하기 위해서는 제조간접비와 조업도수준과의 관계를 파악한 후 예정조업도를 설정하여야 한다. 예정조업도는 기준조업도라고도 하며 제조간접비의 예산편성과정에서 기준이 되는 조업도를 말한다. 조업도의 기준은 직접작업시간・기계시간 등 조업시간이 일반적으로 이용된다. 예정조업도와 예산액이 결정되면 다음의 식에 의하여 제조지시서별 제조간접비 예정배부액을 계산할 수 있다.

• 제조간접비 예산액 = 고정제조간접비 예산액 + 변동제조간접비 예산액*

• $\text{제조간접비 예정배부율} = \dfrac{\text{일정기간중의 제조간접비 예산액}}{\text{동기간의 예정조업도(배부기준 예정총수)}}$

• 제조지시서별 예정배부액 = 제조간접비 예정배부율 × 제조지시서별 실제배부기준수**

* 변동제조간접비 예산액은 '변동제조간접비 예정배부율×예정조업도'로 구한다

** 정상원가계산에 의한 예정배부는 제조지시서별 예정배부기준수가 아닌 실제배부기준수를 이용해야 한다는 점에 유의할 것

예제 7-3 다음 자료를 토대로 물음에 답하시오.

(1) 제조간접비배부는 직접작업시간을 기준으로 한다.

(2) 예정제조간접비

고정비 : ₩15,000,000

변동비 : ₩500/시간

(3) 예정조업도 : 직접작업시간 10,000시간

(4) 제조지시서 No.5
직접재료비 : ₩3,200,000
직접노무비 : ₩1,800,000
직접작업시간 : 800시간

물.음.

1. 제조간접비 예정배부율을 계산하시오.
2. 제조지시서 No.5의 제조간접비 예정배부액 및 제조원가를 계산하시오.

풀.이.

1. 제조간접비 예정배부율 계산

$$\text{제조간접비 예정배부율} = \frac{₩15,000,000 + (₩500 \times 10,000\text{시간})}{10,000\text{시간}} = ₩2,000/\text{시간}$$

2. 제조지시서 No.5의 계산
제조간접비 예정배부액 = ₩2,000×800시간* = ₩1,600,000
No.5의 제조원가 = ₩3,200,000 + ₩1,800,000 + ₩1,600,000 = ₩6,600,000
* 실제 발생한 직접시간을 적용하는 점에 유의할 것

이제 다음의 [예제 7－4]를 통하여 공장 전체의 예정배부율을 적용하여 정상개별원가계산을 하는 과정을 살펴보도록 하자.

예제 7－4 (주)해원산업은 2010년 1월 1일에 A제품 10개(제조지시서 #110), B제품 5개(제조지시서 #120), C제품 20개(제조지시서 #130)를 주문받아 생산을 시작하였다.
다음은 1월 중의 거래내용이다. 단, 월초 재고자산은 없다.

1월 5일 : 재료 ₩9,000,000을 외상매입하다.
10일 : 생산을 위하여 재료를 다음과 같이 출고하다.

제조지시서 #110	₩1,200,000
제조지시서 #120	₩1,500,000
제조지시서 #130	₩900,000
간접재료비	₩600,000

15일 : 생산을 위한 노무비 발생액은 다음과 같다.

제조지시서 #110	₩1,200,000
제조지시서 #120	₩2,250,000
제조지시서 #130	₩1,680,000
간접노무비	₩900,000

31일 : 제조간접비를 직접작업시간에 따라 예정배부하다. 단, 월초에 편성했던 제조간접비 예산액은 ₩4,500,000이고, 이때 기준조업도로서 예정직접작업시간은 900,000시간이었다. 그리고 1월 중의 실제 직접작업시간은 다음과 같다.

제조지시서 #110	300,000시간
제조지시서 #120	450,000시간
제조지시서 #130	420,000시간

31일 : 간접재료비 및 간접노무비 이외에 1월 중 발생한 기타 제조간접비는 ₩2,400,000이었다.

31일 : A제품과 C제품이 완성되었다(단, 제조간접비 배부차이는 제품원가를 구성하지 않는 것으로 함).

31일 : A제품 6개, C제품 4개를 총 제조원가에 20%의 이익을 가산하여 외상으로 판매하다.

물.음.

1. 1월 중의 모든 거래를 분개하시오.
2. 1월 말 기말재공품원가를 계산하시오.
3. 1월 말 제품재고액을 계산하시오.
4. 제조간접비 배부차이를 계산하시오.
5. 제조지시서별 원가계산표를 작성하시오.

풀.이.

1. 분 개

1월 5일 :	(차) 재 료	9,000,000	(대) 외상매입금	9,000,000
1월 10일 :	(차) 재공품 #110*	1,200,000	(대) 재 료	4,200,000
	재공품 #120	1,500,000		
	재공품 #130	900,000		
	제조간접비	600,000		

* '재공품 #110'계정 대신에 '제조지시서 #110'계정 또는 '제조 #110'계정도 사용 가능

1월 15일 :	(차) 재공품 #110	1,200,000	(대) 노무비	6,030,000
	재공품 #120	2,250,000		
	재공품 #130	1,680,000		
	제조간접비	900,000		

1월 31일 : 〈제조간접비의 분개〉

(차) 제조간접비	2,400,000	(대) 경 비	2,400,000

〈제조지시서별 제조간접비 예정배부의 분개〉

(차)	재공품 #110	1,500,000	(대) 제조간접비	5,850,000
	재공품 #120	2,250,000		
	재공품 #130	2,100,000		

〈완성품으로의 대체분개〉

(차)	제 품(A)	3,900,000	(대) 재공품 #110	3,900,000
	제 품(C)	4,680,000	재공품 #130	4,680,000

〈매출의 분개〉

(차)	외상매출금	3,931,200*	(대) 매 출	3,931,200

* A제품 ₩2,340,000×1.2＝₩2,808,000
C제품 ₩936,000×1.2＝₩1,123,200

〈매출원가계정으로의 대체분개〉

(차)	매출원가	3,276,000*	(대) 제 품(A)	2,340,000
			제 품(C)	936,000

* A제품 ₩3,900,000×6/10＝₩2,340,000
C제품 ₩4,680,000×4/20＝ ₩936,000

〈제조간접비계정의 마감〉

(차)	제조간접비	1,950,000	(대) 제조간접비 배부차이	1,950,000

2. 기말재공품계산(미완성된 제조지시서 #120의 원가)

직접재료비	₩1,500,000
직접노무비	2,250,000
제조간접비	2,250,000
합 계	₩6,000,000

3. 기말제품재고액계산

A제품 : ₩3,900,000×4/10개 ＝₩1,560,000
C제품 : ₩4,680,000×16/20개 ＝₩3,744,000
합 계 : ₩5,304,000

4. 제조간접비 배부차이 계산

제조간접비 #110＝@₩5×300,000시간＝₩1,500,000
예정배부액 #120＝@₩5×450,000시간＝₩2,250,000
#130＝@₩5×420,000시간＝₩2,100,000 ₩5,850,000
제조간접비 실제 발생액 : 간접재료비 …… ₩600,000
간접노무비 ………₩900,000
기타제조간접비…₩2,400,000 ₩3,900,000
제조간접비 배부차이 ₩1,950,000 (유리)

5. 원가계산표

항 목	제조지시서			합 계
	#110	#120	#130	
직접재료비	₩1,200,000	₩1,500,000	₩900,000	₩3,600,000
직접노무비	1,200,000	2,250,000	1,680,000	5,130,000
제조간접비	1,500,000	2,250,000	2,100,000	5,850,000
합 계	₩3,900,000	₩6,000,000	₩4,680,000	₩14,580,000
구 분	완 성	미완성	완 성	

(3) 제조간접비 배부차이의 회계처리

제조간접비를 예정배부하는 경우에는 제조간접비의 예정배부총액과 실제 발생액이 일치하지 않는 경우가 일반적이다. 이것을 제조간접비 배부차이, 제조간접비차이, 또는 제조간접비 배부차액이라고 한다. 배부차이는 다음의 두 가지 경우로 나타난다.

① 실제발생액 < 예정배부총액 : 배부초과 · 과대배부 또는 유리한 차이

② 실제발생액 > 예정배부총액 : 배부부족 · 과소배부 또는 불리한 차이

이때 예정배부총액은 각 제조지시서별 예정배부액을 모두 합계한 금액을 말한다. 배부부족시의 차액은 배부부족액(underapplied factory overhead) 또는 과소배부액이라고 하며 배부초과시의 차액은 배부초과액(overapplied factory overhead) 또는 과대배부액이라고 한다.

제조간접비 배부차이는 원가계산시점 또는 결산시점에서 그 차이에 대한 원인을 분석하고 차이에 대한 조정을 하여야 한다. 이는 외부 보고 목적의 재무제표는 실제 원가를 바탕으로 작성하기 때문이다. 일반적으로 제조간접비 배부차이가 정상적인 것으로 인정되는 경우에는 제조원가에 반영하며 비정상적인 것으로 인정되는 경우에는 기타손익으로 처리한다. 제조간접비 배부차이의 일반적인 조정방법은 [도표 7－10]과 같이 요약할 수 있다.

■ 도표 7－10 제조간접비 배부차이의 회계처리

배부차이의 원인	조정방법	제조간접비	
		배부부족시	배부초과시
정상적인 경우 (원가성이 있는 경우)	매출원가가감법	매출원가에 가산	매출원가에서 차감
	비례배분법	기말재공품, 기말제품, 매출원가에 가산	기말재공품, 기말제품, 매출원가에서 차감
비정상적인 경우 (원가성이 없는 경우)	기타손익법	기타비용	기타수익

한편 우리나라의 원가계산준칙 제33조에서는 배부차이에 대해서 회계연도의 매출원가와 기말재고자산에 배부하며, 원가차이의 배부를 보다 정확히 하기 위하여 원가요소별로 다른 배부기준을 적용할 수 있도록 하고 있다. 이 규정은 매출원가가감법과 비례배분법 모두를 허용하고 있는 것으로 해석한다. 또한 비례배분이란 각 계정의 제조간접비배부액이나 총원가항목의 상대적인 금액비율에 비례하여 제조간접비 배부차이를 나누어주는 것이다. 그리고 비정상적으로 발생한 원가차이는 영업외수익 또는 영업외비용으로 한다라고(기타손익법) 규정되어 있다.

그러나 K-IFRS은 '원가를 비용으로 인식한다'라고만 규정하고 비용을 상세하게 분류하고 있지 않다. 이는 손익계산서 양식을 ① 성격별 표시방법과 ② 기능별 표시방법으로 제시하여 기업이 선택할 수 있게 하는 것과 일관성이 있다.

이제 각각의 방법에 의한 분개절차를 정리하면 다음과 같다.

1) 매출원가가감법에 의한 회계처리절차

① 배부부족시

(차) 매출원가	×××	(대) 제조간접비 배부차이	×××

② 배부초과시

(차) 제조간접비 배부차이	×××	(대) 매출원가	×××

2) 비례배분법에 의한 회계처리절차

① 배부부족시

(차) 재공품	×××	(대) 제조간접비 배부차이	×××
제 품	×××		
매출원가	×××		

② 배부초과시

(차) 제조간접비 배부차이	×××	(대) 재공품	×××
		제 품	×××
		매출원가	×××

3) 기타손익법에 의한 회계처리절차

① 배부부족시

(차) 기타비용	×××	(대) 제조간접비 배부차이	×××

② 배부초과시

(차) 제조간접비 배부차이 ×××　　(대) 기타수익 ×××

다음의 [예제 7－5]와 [예제 7－6]을 통하여 제조간접비 배부차이의 회계처리절차를 살펴보도록 하자.

예제 7－5 (주)연천기업의 20×1년 말 원가계산시 제조간접비의 실제액은 ₩90,000이었다. 또한 기말시점에서 각 계정의 자료는 다음과 같았다.

계 정	직접재료비	직접노무비	제조간접비배부액	합 계
재공품	₩100,000	₩70,000	₩30,000	₩200,000
제 품	80,000	100,000	20,000	200,000
매출원가	350,000	200,000	50,000	600,000
합 계	₩530,000	₩370,000	₩100,000	₩1,000,000

물.음.

1. 제조간접비의 과대 또는 과소배부액을 계산하시오.
2. 제조간접비 배부차이를 ① 매출원가가감법, ② 총원가비례배분법, ③ 제조간접비비례배분법, ④ 기타손익법을 이용하여 분개하시오.

풀.이.

1.

제조간접비 예정배부액	₩100,000
제조간접비 실제발생액	90,000
제조간접비 과대배부액	₩10,000

2. ① 매출원가가감법

(차) 제조간접비 배부차이 10,000　　(대) 매출원가 10,000

② 총원가비례배분법

계 정	총제조원가	배분비율	배분액
재공품	₩200,000	20%	₩2,000
제 품	200,000	20	2,000
매출원가	600,000	60	6,000
합 계	₩1,000,000	100%	₩10,000

차변	금액	대변	금액
(차) 제조간접비 배부차이	10,000	(대) 재공품	2,000
		제 품	2,000
		매출원가	6,000

③ 제조간접비 비례배분법

계 정	제조간접비배부액	배분비율	배분액
재공품	₩30,000	30%	₩3,000
제 품	20,000	20	2,000
매출원가	50,000	50	5,000
합 계	₩10,000	100%	₩10,000

(차) 제조간접비 배부차이	10,000	(대) 재공품	3,000
		제 품	2,000
		매출원가	5,000

④ 기타손익

(차) 제조간접비 배부차이*	10,000	(대) 손 익	10,000

* 이는 기타수익 항목이 된다.

예제 7-6 (주)구미중공업은 기계를 주문제작하는 기업으로 정상개별원가계산을 채택하고 있다. 직접노무비를 기준한 제조간접비 예정배부율은 연초의 제조간접비 예산편성에 의해 결정되며, 20×1년 중 예산은 다음과 같다.

- 직접노무비 : ₩280,000
- 제조간접비 : ₩168,000

20×1년 말에 미완성된 제조지시서는 두 개이며 그 내용은 다음과 같다.

	#510	#710
직접재료비	₩22,000	₩42,000
직접노무비	11,000	39,000
기계시간	287시간	647시간

제조간접비 실제 발생액은 ₩186,840, 직접노무비발생액은 ₩400,000이며, 직접노동시간은 20,000시간이다. 기초재공품은 없으며, 기말제품재고액 ₩72,000, 매출액 ₩2,700,680, 매출원가 ₩648,000, 판매관리비 ₩1,857,870이다(단, 제조간접비 배부차이 조정 전 금액임).

이 회사는 제조간접비 배부차이를 재고자산과 매출원가에 배분하는 비례배분법을 이용하여 회계처리하고 있다.

물음.

1. 제조간접비 배부차이를 조정한 후의 기말재공품 · 기말제품 · 매출원가를 계산하시오.
2. 만일 제조간접비 배부차이를 비례배분법이 아닌 매출원가가감법을 이용한다면, 이 회사의 영업이익은 얼마가 되는가? 또한 물음1에 의한 비례배분법 이용시의 영업이익과 차이가 나는 이유를 설명하시오.

풀.이.

1. ① 제조간접비 예정배부율 : $\frac{₩168,000}{₩280,000}=0.60$

따라서 직접노무비 ₩1당 ₩0.60을 배부하거나, 직접노무비액의 60%를 배부

② 기말재공품 원가계산

항 목	#510	#710	합 계
직접재료비	₩22,000	₩42,000	₩64,000
직접노무비	11,000	39,000	50,000
합 계	6,600*	23,400**	30,000
	₩39,600	₩104,000	₩144,000

* ₩11,000×0.6=₩6,600
** ₩39,000×0.6=₩23,400

③ 제조간접비 배부차이의 배분

㉠ 제조간접비 배부차이의 계산

실제발생액	₩186,840
제조간접비배부액	240,000(₩400,000×0.6)
과대배부액	₩53,160

기말재공품 ₩144,000, 기말제품 ₩72,000, 매출원가 ₩648,000의 총원가 기준으로 제조간접비 과대배부액 ₩53,160을 배분한다.

제조간접비기준은 제품과 매출원가에 배부된 제조간접비를 알 수 없으므로 적용할 수 없다.

㉡ 배부차이 분개

(차) 제조간접비 배부차이	53,160	(대) 재공품	8,860*
		제 품	4,430**
		매출원가	39,870

* $53,160\times\frac{₩144,000}{₩864,000}=₩8,860$

** $₩53,160\times\frac{₩72,000}{₩864,000}=₩4,430$

따라서 배부차이 조정 후의 기말재고자산과 매출원가는 다음과 같다.

	차이조정 전 금액	차이조정	차이조정 후 금액
재공품	₩144,000	₩8,860	₩135,140
제 품	72,000	4,430	67,570
매출원가	648,000	39,870	608,130
합 계	₩864,000	₩53,160	₩810,840

2.

	① 배부차이를 매출원가에서 조정하는 경우		② 배부차이를 비례배분법을 이용하여 조정하는 경우	
매 출		₩2,700,680		₩2,700,680
매출원가	648,000		648,000	
매출원가조정	(53,160)	594,840	(39,870)	608,130
매출총이익		2,105,840		2,092,550
판매관리비		1,857,870		1,857,870
영업이익		₩247,970		₩234,680

영업이익 차이 ₩13,290(₩247,970－₩234,680)은 비례배분법 이용시 기말재공품(₩8,860)과 기말제품(₩4,430)에 배분되어 차기로 이월되는 반면에, 매출원가가감법에서는 모두 20×1년의 매출원가에 배분하였기 때문에 나타난다.

(4) 부문별 예정배부율과 제조지시서별 배부

개별원가계산의 전체적인 체계는 제조간접비를 어떻게 배부할 것이냐에 따라 다음과 같이 구분지어 볼 수 있다. ① 실제 발생된 금액을 기준으로 배부할 것인가? ② 제조간접비 예산을 편성하여 발생할 것으로 예상되는 금액을 기준으로 할 것인가? ③ 공장전체로 제조간접비를 집계하여 제조지시서 또는 제품별로 배부하여 원가계산을 할 것인가? ④ 부문별 계산을 통하여 제조부문 또는 부문 내의 소공정 또는 작업단위별로 제조간접비배부율을 산출하여 제조지시서 또는 제품별로 배부하여 원가계산을 할 것인가?

이같이 제조간접비의 배부방법에 따라 개별원가계산절차가 상이한데, 이를 정리하면 [도표 7－11]과 같다.

지금까지는 실제개별원가계산과 Ⅲ. 공장전체의 제조간접비 예정배부율을 이용한 정상원가계산절차를 공부하였다.

현실적으로 다양한 항목으로 구성되어 있는 제조간접비를 공장 전체로 집계하여 단일의 배부기준을 적용한다면 제조간접자원의 소비와 제품과의 인과관계를 따지기 어렵다. 따라서 정확한 원가계산과 제조간접비의 관리와 통제를 위해서는 부문별 예정배부율을 설정하고,

■ 도표 7－11 제조간접비배부율과 개별원가계산시스템

집계대상 \ 금액	실제발생액기준 : 실제개별원가계산	예산기준 : 정상개별원가계산
공장 전체	Ⅰ. 공장 전체의 총괄배부율	Ⅲ. 공장 전체의 예정배부율
부문 또는 부문 내의 소공정, 활동*, 작업단위**	Ⅱ. 부문별 실제 배부율	Ⅳ. 부문별 예정배부율

* 활동기준 원가계산에서 이용된다.
** 작업별 원가계산에서 이용된다.

적절한 배부기준에 의해 제품별로 배부계산하는 것이 더 합리적이다. 왜냐하면 생산라인이라든지 제조공정에 맞추어 원가부문을 설정한 다음, 각 부문별로 제조간접비 발생액을 집계하고, 그 부문에서 가공받은 정도만큼을 배부함으로써 제품과의 인과관계를 높일 수 있기 때문이다. 또한 제조간접비 관리에 대한 책임이 좀 더 분명해질 수 있으며, 최고경영자도 각 부문관리자가 어떻게 원가를 통제하였는지 성과를 효율적으로 평가할 수 있다.

따라서 각 개별부문마다 제조간접비와 배부기준으로 사용되는 변수들 사이에 인과관계가 다를 때 또는 각 제품마다 제조부문을 이용하는 방법에 차이가 있을 때에는 각 부문별로 제조간접비 예정배부율을 적용하여 제조간접비를 배부하고 원가계산을 하는 것이 적합하다. 이 경우 기계집약적인 부문에서는 기계시간을, 노동집약적인 부문에서는 노동시간 또는 직접노무비를 조업도수준으로 사용할 수 있다. 한편 부문별 제조간접원가배부율을 사용할 때, 각 제조부문은 자신의 제조간접원가 통제계정을 가지게 될 것이며, 부문별 제조간접원가배부율과 제조지시서별 예정배부액은 다음과 같이 계산할 수 있다.

- 부문별 제조간접비 예정배부율
  = 부문별 제조간접비 예산 ÷ 부문별 기준조업도
- 제조지시서별 예정배부액
  = 부문별 제조간접비 예정배부율 × 제조지시서별 실제배부기준수

부문별 예정배부율을 이용하여 원가계산을 하는 과정을 다음의 예제를 통하여 살펴보도록 하자.

예제 7-7 주방용기기를 생산, 판매하는 한일전기는 원자재취급부문, 수동조립부문, 기계조립부문, 품질검사부문 등 4개의 제조부문을 통하여 식기세척기와 가스오븐을 주문생산하고 있다. 공장이 처음 건설되었을 때에는 수동조립이 공장에서 제일 중요한 공정이었으므로, 수년간 한일가구는 수동조립부문의 직접작업시간을 배부기준으로 공정전체의 제조간접비를 예정배부하여 원가계산을 하였다. 그러나 최근에는 공장자동화의 일환으로 기계조립라인을 증설함에 따라 수동조립분야의 규모는 상대적으로 축소된 상태이다. 이같은 제조환경하에서 수동조립부문 이외의 각 부문의 원가발생요인으로 직접작업시간이 적합하지 않은 것으로 드러났다.

다음의 원가계산자료와 생산자료를 토대로 물음에 답하시오.

(1) 원가자료

제조직접비	제조지시서 #C－10(식기세척기)	제조지시서 #G－10(가스오븐)
직접재료비	₩4,800,000	₩3,600,000
직접노무비	2,400,000	2,200,000
제조직접비계	₩7,200,000	₩5,800,000

(2) 제조간접비예산과 기준조업도

부 문	공장 전체	원재료취급부문	수동조립부문	기계조립부문	품질검사부문
제조간접비예산	₩2,000,000,000	₩60,000,000	₩400,000,000	₩640,000,000	₩900,000,000
조업도(배부기준)	10,000직접작업시간	300,000개	10,000직접작업시간	20,000가동시간	15,000검사기간
예정배부율	₩200,000(공장전체)	₩200/개	₩40,000/시간	₩32,000/시간	₩60,000/시간

(3) 생산자료

특정 원가계산기간 중 식기세척기 10대(제조지시서 #C－10)와 가스오븐 10대(제조지시서 #G－10)를 생산완료하였으며, 다음은 제조지시서별 실제 소요된 작업시간과 기계가동시간 등에 관한 자료이다.

	제조지시서 #C－10(식기세척기)	제조지시서 #G－10(가스오븐)
원자재취급부문(취급개수)	2,000개	1,500개
수동조립부문(직접작업시간)	16시간	20시간
기계조립부문(기계가동시간)	40시간	30시간
품질검사부문(검사시간)	25시간	15시간

물.음.

1. 공장 전체의 총괄예정배부율(직접작업시간기준)과 제품별 배부액을 구하시오.
2. 부문별 제조간접비 예정배부율과 제품별 배부액을 구하시오.
3. 위의 두 방법에 의한 제조지시서별 원가계산표를 작성하고 단위당 원가를 계산하시오.
4. 한일전기는 식기세척기의 매출이 지속적으로 증가하고 있음에도 수익성은 호전될 기미를 보이고 있지 않는 반면, 가스오븐은 경쟁사의 동종제품에 비하여 가격이 비싸다는 이유로 수주실적이 저조하다. 원가계산방법과 관련하여 그 이유를 설명하시오.

풀.이.

1. ① 공장 전체의 제조간접비 예정배부율 : ₩200,000/직접노동시간＝제조간접비 예산총액(₩2,000,000,000)/기준조업도하의 직접노동시간(10,000작업시간)

   ② 제조지시서별 제조간접비 예정배부액

제조지시서 #C－10(식기세척기)	제조지시서 #G－10(가스오븐)
₩200,000×16시간＝₩3,200,000	₩200,000×20시간＝₩4,000,000

2.

	부문별 예정배부율	제조지시서 #C－10 (식기세척기)		제조지시서 #G－10 (가스오븐)	
		배부기준	배부액	배부기준	배부액
원자재취급부문(취급개수)	₩200/개	2,000개	₩400,000	1,500개	₩300,000
수동조립부문(직접노동시간)	₩40,000/시간	16시간	640,000	20시간	800,000
기계조립부문(기계시간)	₩32,000/시간	40시간	1,280,000	30시간	960,000
품질검사부문(검사시간)	₩60,000/시간	25시간	1,500,000	15시간	900,000
			₩3,820,000		₩2,950,000

3. 원가계산표

	제조지시서 #C-10 (식기세척기)		제조지시서 #G-10 (가스오븐)	
	총괄배부	부문별 배부	총괄배부	부문별 배부
직접재료비	₩4,800,000	₩4,800,000	₩3,600,000	₩3,600,000
직접노무비	2,400,000	2,400,000	2,200,000	2,200,000
제조직접비계	7,200,000	7,200,000	5,800,000	5,800,000
제조간접비배부액	3,200,000	3,820,000	4,000,000	2,960,000
총제조원가	₩10,400,000	₩11,020,000	₩9,800,000	₩8,760,000
단위당제조원가	₩1,040,000	₩1,102,000	₩980,000	₩876,000

4. 식기세척기는 부문별 예정배부율이 사용되었을 때 각 제품단위에 배부되는 간접생산원가는 단위당 ₩320,000에서 ₩382,000으로 증가한다. 왜냐하면 식기세척기는 부문별 제조간접비배부율이 상대적으로 높은 품질검사부문과 기계조립부문을 많이 이용하기 때문이다.

이와 반대로 가스오븐은 각 제품에 배부되는 간접생산원가가 단위당 ₩400,000에서 ₩296,000으로 감소하였다. 왜냐하면 공장 전체의 총괄배부율을 적용하여 배부하게 되면 식기세척기보다 더 많은 직접작업시간이 소요되기 때문에 많이 배부받지만, 부문별 배부율에 의할 경우에는 상대적으로 부문비 배부율이 높은 기계조립과 품질검사부문을 비교적 덜 이용하기 때문이다.

한일전기에서는 공장 전체의 원가집합보다는 부문별 원가집합을 이용하는 것이 더 바람직하다는 것을 알 수 있다. 왜냐하면 두 제품은 각 부문들을 사용하는 정도에 차이를 보이고 있으며, 제조부문 역시 원가발생 요인이 다르기 때문에 부문별 원가집합을 통하여 각 제품의 인과관계를 보다 잘 파악할 수 있다. 또한 각 부문에서의 인과관계를 분석한 후 적절한 원가배부기준(부품 수, 노동시간, 기계가동시간, 검사시간)을 사용하는 것도 중요하다.

한편 공장 전체의 배부율로 계산된 원가계산자료에 근거하여 가격을 책정한다면, 가스오븐에 비하여 식기세척기의 가격이 상대적으로 낮게 책정될 것이며, 가스오븐의 경우에는 반대로 가격이 높게 책정되어 가격경쟁력을 상실할 위험이 있다.

이로 인하여 식기세척기의 매출이 꾸준히 신장되고 시장점유율이 높다고 하더라도, 제품원가계산이 적절히 이루어지지 못하여 제품가격의 책정이 잘못되고, 이로 인하여 실제적인 마진이 적게 계상되기 때문에 수익성이 호전되지 않을 수 있다.

제4절 공손품과 작업폐물의 회계처리

1 공손품과 회계처리

(1) 공손품의 의의와 분류

공손품(spoilage)이란 제조과정이 진행 중(재공품)이거나 완료된 것(제품)으로 작업자의 부주의, 재료 및 기계설비 등의 결함으로 인하여 표준규격이나 표준품질 등에 미달하는 불합격품이다. 즉 공손품은 사전에 설정한 품질수준에 미달하는 불량품 및 파손품을 말한다. 공손품은 추가작업이나 보수작업의 실시 가능여부에 따라 다음 두 가지로 구분한다.

1) 보수가능 공손품

보수가능 공손품(defective unit)이란 공손의 정도가 작아 추가적인 보수작업에 의하여 정상적인 제품이나 하급품으로 생산될 수 있는 공손품이며 회복가능 공손품이라고도 한다. 즉 공손검사결과 불합격품이지만 재작업을 통하여 합격품이 될 수 있는 경미한 공손이 나타난 불량품이다.

2) 보수불능 공손품

보수불능 공손품(spoiled unit)이란 공손의 정도가 심하여 추가적인 보수작업을 할 수 없는 공손품이며 회복불능 공손품이라고도 한다. 보수불능 공손품은 그 대체품을 생산하거나 그대로 처분하게 된다.

(2) 공손의 구분 및 회계처리

공손품은 원재료의 불량, 작업설비의 미비, 작업자의 부주의나 미숙 등으로 나타난다. 그러나 제조활동을 효율적으로 관리하여도 제조과정에서 공손이 불가피하게 나타나기도 한다. 공손은 그 발생원인에 따라 정상공손과 비정상공손으로 구분된다.

1) 정상공손

정상공손(normal spoilage)은 현재의 능률적인 작업여건하에서도 불가피하게 발생하는 공손으로 단기적인 통제가 불가능하기 때문에 회피불가능공손(unavoidable spoilage)이라고도 한다. 정상공손은 사전에 계획된 공손이며, 대개 정상공손율을 이용하여 그 허용수준을 설정하고 이 허용수준 내의 공손을 말한다.

정상공손원가는 제조원가에 포함시킨다. 만일 정상공손원가가 제조지시서별로 추적가능한 경우에는 해당 제조지시서로 대체시키고, 추적이 불가능한 경우에는 제조간접비로 회계처리한다.

2) 비정상공손

비정상공손(abnormal spoilage)이란 능률적인 작업여건하에서는 발생하지 않아야 되는 공손으로 정상공손율에 의한 허용수준을 초과하여 발생하는 공손이다. 이는 현재의 작업여건하에서 통제가 가능하므로 효율적인 생산활동을 수행한다면 회피할 수 있는 회피가능공손(avoidable spoilage)이다. K-IFRS에서는 비정상공손원가를 제조원가 중 비정상적인 부분의 금액으로 당기발생기타비용(기간비용)으로 처리하여 재무제표에 공시하도록 규정하고 있다.

이상에서 설명한 공손을 회계처리하는 과정을 요약하면 [도표 7－12]와 같다.

■ 도표 7－12 공손의 회계처리과정

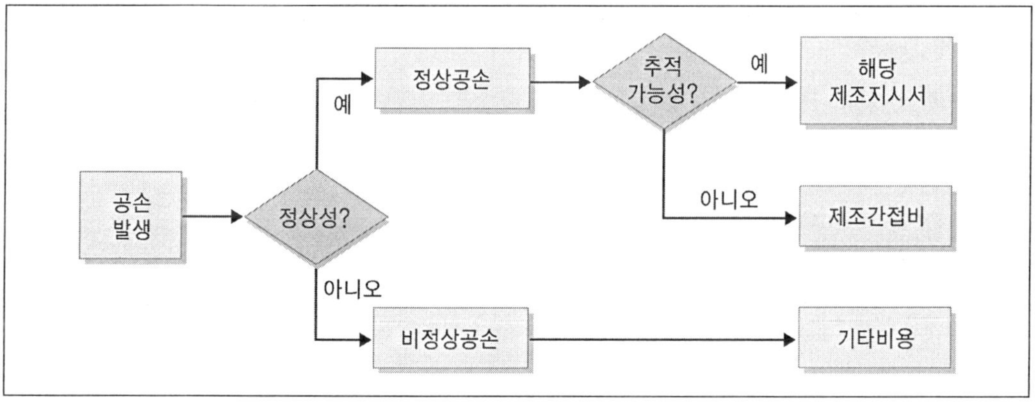

(3) 공손비의 계산

공손비는 공손원가 또는 공손품원가로 표현되기도 하는 발생경비항목이다. 개별원가계산에서의 공손비계산은 보수가능 여부에 따라 상이하다.

한편 우리나라의 원가계산준칙 제25조에서도 공손비는 ① 공손이 보수에 의하여 회복될 경우에는 보수비용으로, ② 공손이 보수로서 회복되지 않고 그 전부를 다시 생산할 경우, 공손비는 기발생된 공손품제조원가에서 공손품의 평가액을 차감한 가액으로, ③ 공손이 보수로서 완전 회복되지 않고 그 일부를 다시 생산하는 경우, 공손비는 추가적으로 발생하는 제조원가에서 공손품의 평가액을 차감한 가액으로 하도록 규정되어 있다.

여기에서 공손품의 평가는 추정매각가격에서 판매비와 관리비 및 정상이윤을 공제한 순실현가능가치로 평가하되, 추정매각가격은 최근의 거래가격 또는 권위 있는 물가조사기관의 물가조사표에 의한 시가를 적용한다. 그리고 판매비와 관리비 및 정상이윤은 유사제품의 최근 평균매출원가율을 적용하도록 하고 있다. 이러한 평가방법은 부산물의 평가방법을 그대로 준용한 것이다.

이와 같이 계산된 공손비가 정상적으로 발생한 것이라면 당해 제품 또는 제조지시서별 제조원가에 부과하거나 원가발생부문의 간접비용으로 한다. 만약 비정상적인 공손비라면 기타비용으로 손익계산서에 계상한다.

다음에서는 위에서 설명된 공손품의 회계처리내용을 보수가능 공손품의 경우와 보수불능 공손품의 경우로 나누어 구체적으로 살펴보도록 하자.

1) 보수가능 공손품의 경우

보수가능 공손품은 추가적인 보수지시서에 의하여 추가작업을 하게 되므로 보수지시서에 집계된 원가를 공손비로 한다. 만일 공손이 정상공손이고 보수작업으로 본래의 제품을 생산하게 되는 경우에는 원제조지시서로 공손비를 대체하게 되므로, 원제조지시서의 제조원가는 증가하게 된다.

이 과정을 분개하면 다음과 같다.

① 공손비의 계산

(차) 공손비	×××	(대) 제원가요소	×××

② 공손비를 보수지시서에 대체

(차) 보수제조지시서 #N	×××	(대) 공손비	×××

③ 보수지시서 집계원가의 원제조지시서로의 대체

(차) 재공품 #A	×××	(대) 보수제조지시서 #N	×××

2) 보수불능 공손품의 경우

보수불능 공손품에 대한 회계처리절차는 일부를 다시 생산하는 경우와 전부를 다시 생산하는 경우로 나누어진다.

① 일부를 다시 생산하는 경우 : 이 경우의 공손비는 일부 대체품의 제조를 위하여 추가

적으로 발생하는 제조원가에서 공손품의 평가액을 차감한 가액이다. 이 과정을 분개하면 다음과 같다.

〈추가적으로 발생하는 제조원가를 집계하고, 공손품 평가액을 차감하여 순공손비를 산출〉

(차) 공손비	×××	(대) 제원가요소	×××
(차) 공손품	×××	(대) 공손비	×××

〈정상적인 공손비 : 공손비를 당해 제품 또는 제품지시서에 부과하거나 원가발생부문의 간접비용으로 계상〉

(차) 재공품(혹은 제조지시서) 또는 제조부문	×××	(대) 공손비	×××

〈비정상적인 공손비 : 공손비를 기타비용으로 계상〉

(차) 기타비용(영업외비용)	×××	(대) 공손비	×××

② 전부를 다시 생산하는 경우 : 이 경우의 공손비는 기발생된 공손품제조원가에서 공손품의 평가액을 차감한 가액이다. 이 과정을 분개하면 다음과 같다.

〈공손품제조원가를 집계하고, 순공손품 평가액을 차감하여 순공손비를 산출〉

(차) 공손비	×××	(대) 재공품	×××
(차) 공손품	×××	(대) 공손비	×××

〈정상적인 공손비 : 공손비를 당해제품 또는 제품지시서에 부과하거나 원가발생부문의 간접비용으로 계상〉

(차) 재공품(혹은 제조지시서) 또는 제조부문	×××	(대) 공손비	×××

〈비정상적인 공손비 : 공손비를 기타비용으로 계상〉

(차) 기타비용(영업외비용)	×××	(대) 공손비	×××

이와 같이 공손이 보수로서 완전 회복되지 않고 그 일부를 대체품으로 제조하는 경우에는 원초 보수불능 공손품제조를 위하여 발생한 원가는 정상제품의 제조원가로 구분한다. 반면에 전부를 대체품으로 제조하는 경우, 공손품의 기발생 제조원가 중 그 평가액을 차감한 가액은 공손비를 구성한다.

지금까지 설명한 우리나라의 원가계산준칙에 의한 공손품비의 계산과 회계처리내용을 요약하면 다음의 [도표 7－13]과 같다.

■ 도표 7-13 공손비의 계산과 회계처리

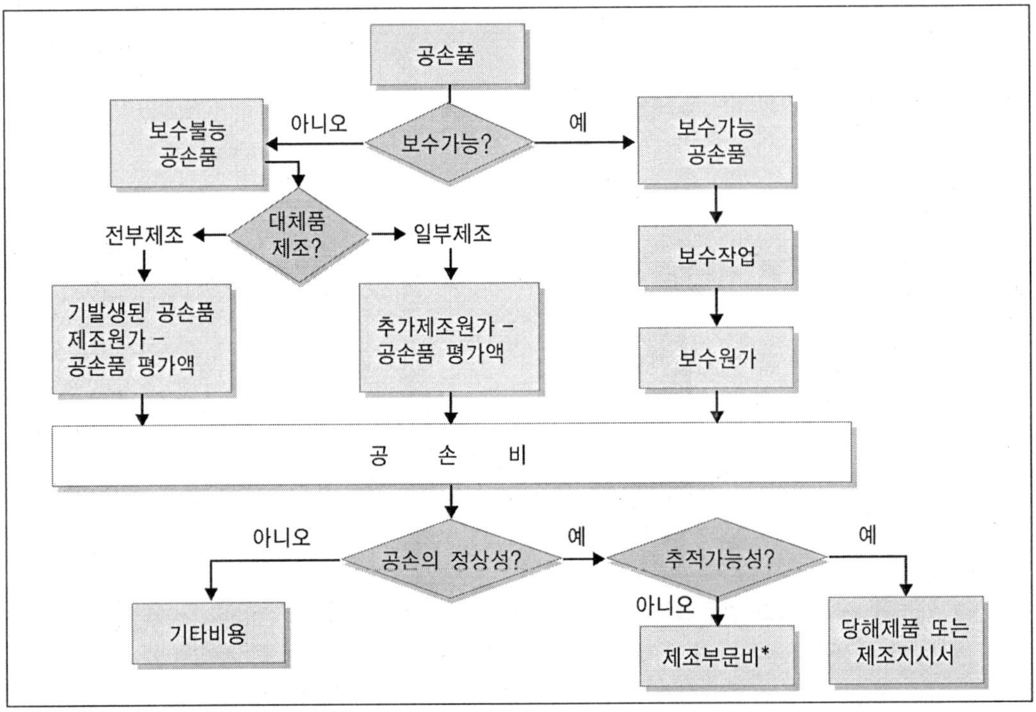

* 이는 제조간접비로 대체하여도 무방함.

다음의 [예제 7-8]을 통하여 공손비의 회계처리사례를 살펴보도록 하자.

예제 7-8

한일공업은 특정 원가계산기간중 200개의 제품(제조지시서 #101)을 생산하고, ₩200,000의 제조원가가 발생하였으나 공손품 20개가 발생하였다. 완성품의 단위당 판매가는 ₩1,500이며, 공손품의 추정판매가격은 ₩550이라고 한다. 공손비의 회계처리를 위하여 다음과 같은 대안을 고려하고 있다.

대안 ① : 보수작업지시서 #101-1을 발행하여 공손을 회복시키는 경우에는 ₩5,000의 추가제조원가가 소요된다.

대안 ② : 공손품은 추후 매각하기로 하고, 공손품의 일부(10개)만을 다시 생산하는 경우로 가정하며, ₩18,000의 추가 제조원가가 소요된다.

대안 ③ : 공손품은 추후 매각하기로 하고, 공손품의 전부를 다시 생산하는 경우로 가정하며, ₩32,000의 추가제조원가가 소요된다.

물음.

1. 각 대안에서의 공손비를 계산하시오.
2. 공손비가 정상적이고, 당해 제품의 제조원가에 부과할 경우 제품단위당 원가를 계산하고, 분개하시오.
3. 공손비가 비정상적일 경우의 제품단위당 원가를 계산하고, 분개하시오.

풀.이.

1. 공손비의 계산
대안 ① : ₩5,000
대안 ② : ₩18,000 − (₩550×20) = ₩7,000
대안 ③ : 공손품의 제조원가 ₩200,000 / 200 = ₩1,000
공손비 (₩1,000 − ₩550)×20 = ₩9,000

2. ① 정상공손의 경우 제품단위당 원가계산
대안 ① : (₩200,000 + ₩5,000) / 200개 = ₩1,025
대안 ② : (₩200,000 + ₩7,000) / 190개 = ₩1,089
대안 ③ : 정상품의 제조원가 ₩180,000 + 대체품제조원가 ₩32,000 + 공손비 ₩9,000 = ₩221,000
₩221,000 / 200개 = ₩1,105

② 정상공손의 경우 각 대안별 분개

〈대안 ①〉

	차변	금액		대변	금액
(차)	보수지시서 #101 − 1	5,000	(대)	제원가요소	5,000
	재공품			보수지시서 #101 − 1	5,000
	(또는 제조지시서 #101)	5,000		재공품	205,000
	제품 #101	205,000		(또는 제조지시서 #101)	

〈대안 ②〉

	차변	금액		대변	금액
(차)	공손비	18,000	(대)	제원가요소	18,000
	공손품	11,000		공손비	11,000
	재공품			공손비	7,000
	(또는 제조지시서 #101)	7,000		재공품	207,000
	제품 #101	207,000		(또는 제조지시서 #101)	

〈대안 ③〉

	차변	금액		대변	금액
(차)	공손비	20,000	(대)	재공품	20,000
	공손품	11,000		공손비	11,000
	재공품	9,000		공손비	9,000
	(또는 제조지시서 #101)			재원가요소	32,000
	재공품	32,000		재공품	221,000
	제품 #101	221,000		(또는 제조지시서 #101)	

3. ① 비정상공손의 경우 제품단위당 원가계산
대안 ① : ₩200,000/200개 = ₩1,000
대안 ② : ₩200,000/190개 = ₩1,053
대안 ③ : 정상품의 제조원가 ₩180,000 + 대체품제조원가 ₩32,000 = ₩212,000
₩212,000/200개 = ₩1,060

② 비정상공손의 경우 각 대안별 분개

〈대안 ①〉

(차)	기타비용(공손비)	5,000	(대) 제원가요소	5,000
	제품 #101	200,000	재공품	200,000
			(또는 제조지시서 #101)	

〈대안 ②〉

(차)	기타비용(공손비)	7,000	(대) 제원가요소	18,000
	공손품	11,000	재공품	200,000
	제품 #101	200,000	(또는 제조지시서 #101)	

〈대안 ③〉

(차)	기타비용(공손비)	9,000	(대) 재공품	20,000
	공손품	11,000	제원가요소	32,000
	재공품	32,000	재공품	212,000
	(또는 제조지시서 #101)		(또는 제조지시서 #101)	
	제품 #101	212,000		

2 작업폐물의 회계처리

(1) 작업폐물의 의의와 분류

작업폐물(scrap 또는 scrap material)이란 원재료를 가공하는 과정에서 생기는 폐물로 원재료의 찌꺼기나 조각 등이다. 작업폐물은 대부분 원재료와 동질적인 것이다. 예를 들면 가구제조업의 나무토막, 금속가공업의 철편, 방직공업의 실 부스러기 등을 말한다. 작업폐물은 공손품과는 상이한 것으로, 양자는 [도표 7－14]와 같은 차이를 보인다.

■ 도표 7－14 작업폐물과 공손품의 비교

항 목	작업폐물	공손품
발생원인	비정상상태뿐만 아니라 정상상태하에서도 발생가능	작업자・원재료 설비 등의 결함
발생시점	작업과정 중	주요단계별 작업완료시
발생의 확인 유무	별도의 확인을 요하지 않음	별도의 확인을 요함
통계가능정도	통제불능이거나 극히 미약한 통제가능	통제가능성 높음
추가보수작업	하지 않음	할 수 있음

작업폐물은 그 처분가치 또는 대체적 사용가치가 있는가의 여부에 따라 가치가 있는 작업폐물과 가치가 없는 작업폐물로 구분된다.

① **가치가 있는 작업폐물** : 이는 처분가치 또는 대체적 사용가치가 있는 작업폐물이다. 이는 제조과정에서 나오는 재료의 찌꺼기 · 부스러기 등으로 매각가치나 이용가치가 있는 작업폐물이다.

② **가치가 없는 작업폐물** : 이는 처분가치 또는 대체적 사용가치가 전혀 없는 작업폐물이다. 이는 제조과정에서 없어지거나 증발되는 원재료이며 때로는 추가적인 처분비용이 요구되기도 한다. 경제적 가치가 전혀 없는 작업폐물을 감손이라고도 한다.

감손(waste)은 제조과정 중 증발(evaporation) 등으로 제조과정에 투입된 원재료의 소실부분이다. 감손은 원재료를 얼마나 효율적으로 이용하였는가를 측정하는 지표이며, 감손율을 이용하여 측정한다.

감손율(waste ratio)은 감손량과 원재료투입량의 비율이며, 감손율과 상대적인 개념이 수율이다. 수율(yield ratio)은 원재료의 효율적인 이용 정도를 나타내는 지표로 1에서 감손율을 차감한 것이다. 정상적인 수량의 감손은 제품생산과정에서 불가피하게 발생된다. 그러므로 기업은 정상감손율을 설정하고 이를 초과하는 감손에 대하여는 관리활동을 수행하게 된다.

- 원재료투입량 = 완성품생산에의 이용량 + 감손량
- 감손율 $= \dfrac{\text{감손량}}{\text{원재료투입량}} = 1 - \text{수율}$
- 수율 $= \dfrac{\text{완성품생산에의 이용량}}{\text{원재료투입량}} = 1 - \text{감손율}$

(2) 작업폐물의 회계처리

작업폐물의 회계처리는 원칙적으로 매각가치가 있는 경우만을 고려하면 된다. 다만 작업폐물의 가치를 정확한 계산과정을 통하여 평가하는 것은 경제적 실익이 없기 때문에 처분가치 또는 순실현가능가치로 평가한 다음, 이 평가액을 작업폐물이 발생한 장소의 제조부문비에서 차감하거나, 당해 제품 또는 제조지시서별로 추적할 수 있는 경우에는 제품제조원가에서 차감한다.

한편 우리나라의 원가계산준칙 제24조 제4항에 의하면 작업폐물은 추정매각가격에서 판매비와 관리비 및 정상이윤을 공제한 가액으로 평가한 다음, 이를 발생한 부문의 제조원가에서 차감하거나, 필요에 따라 당해 제품의 제조원가에서 차감할 수 있도록 규정되어 있다.

여기에서 추정매각가격은 최근의 거래가격 또는 권위있는 물가조사기관의 물가조사표에 의한 시가를 적용하며, 판매비와 관리비 및 정상이윤은 유사제품의 최근 평균매출원가율을 적용하도록 하고 있다. 이상과 같은 작업폐물의 회계처리절차를 요약하면 다음과 같다.

① 당해 제품(또는 제조지시서)의 제조원가에서 차감하는 경우

(차) 작업폐물	×××	(대) 재공품 (또는 제조지시서)	×××

② 발생부문의 제조원가에서 차감하는 경우

(차) 작업폐물	×××	(대) 제조부문	×××

③ 매각하는 경우

(차) 현 금	×××	(대) 작업폐물	×××

다음의 [예제 7-9]를 통하여 작업폐물 회계처리 사례를 살펴보도록 하자.

예제 7-9 한일가구는 절단, 조립, 도장의 제조부문을 통하여 사무용가구를 주문생산하고 있다. 이번 원가계산기간 중 제조지시서 #701과 #702의 생산을 하는 과정에서 톱밥과 나무토막, 합판조각 등의 작업폐물이 발생하였으며, 그 평가액은 ₩50,000이라고 한다. 이를 토대로 다음의 물음에 답하시오.

물.음.

1. 작업폐물이 제조지시서 #701에서 발생하였다고 가정하여 분개하시오.
2. 작업폐물의 발생을 제조지시서별로 추적하는 것이 현실적으로 어렵기 때문에, 작업폐물이 주로 절단부문에서 발생한 것으로 가정하여 분개하시오.

풀.이.

1.	(차) 작업폐물	50,000	(대) 재공품 #701 (또는 제조지시서 #701)	50,000
2.	(차) 작업폐물	50,000	(대) 절단부문비	50,000

제5절 비제조업의 개별원가계산

지금까지 설명한 개별원가계산시스템은 제조업뿐만 아니라 서비스업, 도소매업, 건설업, 병원 등의 비영리법인에서도 이용되고 있다. 가령 법률회사나 병원에서는 '작업' 대신 '사례' 또는 '사건' 및 '공사', 그리고 경영자문회사나 회계법인에서는 '계약'이란 용어를 사용할 뿐이지 그 내용과 절차는 동일하다. 다만 제조업의 경우에는 직접재료비가 주된 원가요소라고 할 수 있지만 서비스업의 경우에는 직접노무비가 가장 큰 비중을 차지하고 있다.

예컨대 회계법인에서 감사계약을 체결하고, 감사업무를 진행하는 데 개별원가계산시스템이 어떻게 적용되고 있는지 살펴보도록 하자. 먼저 회계법인의 파트너인 책임공인회계사가 전반감사계획과 세부감사계획을 수립한 다음, 이 계획에 기초하여 감사업무진행에 소요될 공인회계사의 배정과 소요시간을 산출한다.

이를 토대로 감사업무에 소요될 원가를 개별원가시스템에 의해 계산할 수 있다. 감사현장에 투입될 공인회계사의 시간계획으로부터 직접비를 산출하고, 여기에 감사지원업무라든지, 회계법인의 사무실운영비 및 일반관리비 등의 간접비를 배부하여 감사업무에 소요될 총비용을 산출할 수 있다.

이와 같이 개별원가시스템은 회계감사에 소요될 비용을 산출하는 것뿐만 아니라, 계획과 통제를 위한 관리활동에도 유용하게 사용될 수 있다. 가령 감사계약금액과 소요된 감사비용을 비교함으로써 수익성을 분석할 수 있고, 특정일 현재까지 감사에 소요된 실제 시간과 예산시간을 비교하고 앞으로 더 소요될 시간을 추정함으로써 감사업무의 진행상황을 감독할 수 있다. 또한 이러한 원가자료를 토대로 다른 감사계약이나 자문계약 또는 고객에 대한 감사보수를 책정하거나 소요시간을 예측하고 투입인력을 할당하는 데 유용하게 이용할 수 있다.

한편 이들 업종에 있어서 개별원가계산시스템을 채택하는 경우에 고려해야 할 것은 개별 '사건'이나 '계약' 및 '공사'별로 직접 추적할 수 있는 직접비항목과 간접비집합을 어떻게 설정하느냐에 따라 원가계산의 정확성은 물론 경영계획과 통제목적의 달성 정도가 영향을 받게 된다는 점이다. 한편 [도표 7－15]에서와 같이 개별 '사건'이나 '사례' 또는 '계약'별로 간접비의 사용 정도가 다르다면

① 개별 '사건'이나 '사례' 또는 '계약' 및 '공사'별로 직접 추적할 수 있는 직접비항목을 증가시키고,

■ 도표 7-15 개별원가계산시스템(서비스업-회계법인)의 단계별 정교화과정

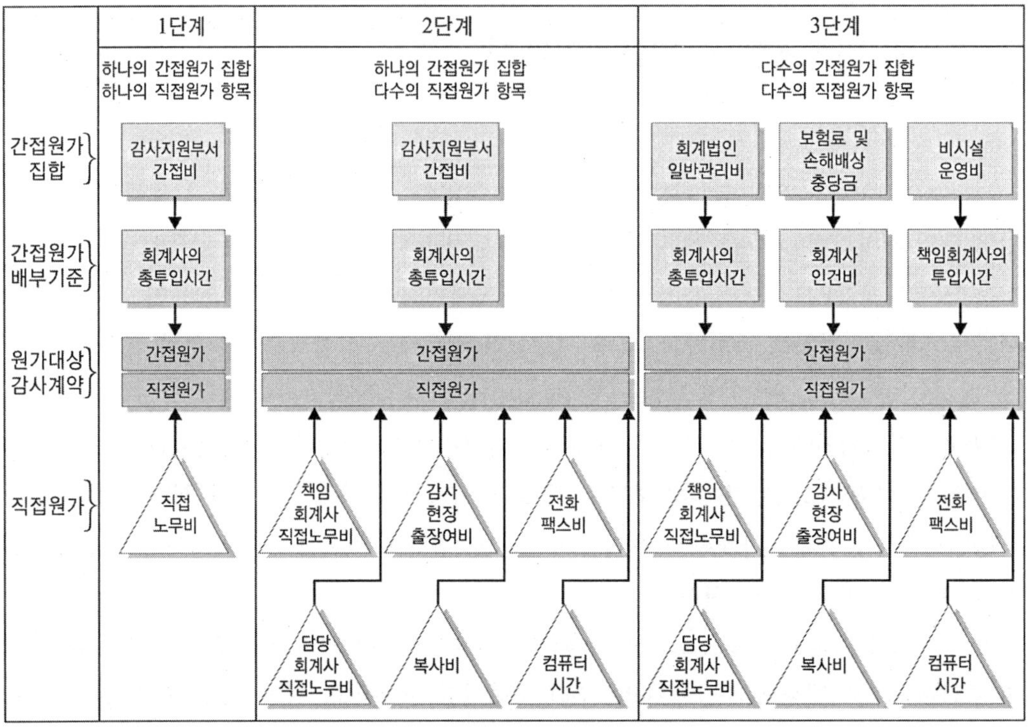

② 원가발생요인이 유사한 항목으로 제조간접비집합을 세분하고,

③ 인과관계나 수혜 정도를 잘 반영할 수 있는 배부기준을 선정하여 적용함으로써 간단한 원가계산시스템으로부터 점차 정교한 원가계산시스템으로 진전시킬 수 있다. 그러나 정교한 원가계산시스템을 도입하기 위해서는 추가적인 비용이 소요되며, 그 효익이 비용보다 클 경우에만 경제적으로 실행가능하다는 점을 고려해야 한다.

이제 다음의 예제를 통하여 감사계약에 대한 개별원가계산시스템을 채택하고 있는 한일회계법인이 정교한 개별원가계산시스템으로 진전시키는 과정을 살펴보도록 하자.

예제 8-10 한일회계법인은 [도표 7-15]의 1단계와 같이 간단한 개별원가계산시스템에 의해 감사비용을 산출하고 있었다. 이 경우에는 단일의 직접비집합(공인회계사의 투입시간에 대한 직접노무비)과 단일의 간접비집합(건사지원간접비)을 이용하였다. 그런데 감사계약별 또는 고객별은 물론 계속감사일 경우와 초도감사일 경우에도 책임공인회계사와 담당회계사의 투입시간에 현저한 차이를 가져올 뿐만 아니라 간접비 사용규모도 다르다는 것이 밝혀졌다.

따라서 지금까지 사용하여 오던 개별원가계산시스템을 정교화하기로 하고, 공인회계사의 감사현장에의 투입시간도 책임회계사와 담당회계사로 분리하였다. 그리고 감사지원부서의 모든 비용을 하나의 간접비집합으로 하여 배부하던 것을, 감사계약별로 추적할 수 있는 항목은 직접비로 전환하였다. 따라서 종전에는 간접비로 분류되던 전화, 팩스비 및 인쇄, 복사비 그리고 감사현장 출장여비 등의 항목은 정보수집기술의 발달로 직접비로 집계할 수 있게 되었다. 이러한 상황하에서 다음의 원가자료를 토대로 물음에 답하시오.

〈자료 A〉 단일의 직접비집합(공인회계사의 투입시간에 대한 직접노무비)과 단일의 간접비집합(감사지원간접비)을 이용한 원가계산시스템하에서의 예산자료

(1) 직접비(직접노무비)

구 분	인원수	연간투입가능시간(조업도)	연간급여
책임회계사	30명	1,600시간×30명=48,000시간	30명×₩80,000,000=₩2,400,000,000
담당회계사	150명	1,600시간×150=240,000시간	150명× 32,000,000= 4,800,000,000
계		288,000시간	₩7,200,000,000

(2) 간접비 : ₩7,200,000,000(연간 288,000공인회계사 투입시간기준)

〈자료 B〉 복수의 직접비집합(공인회계사의 투입시간에 대한 직접노무비)와 복수의 간접비집합을 이용한 원가계산시스템하에서의 예산자료

(1) 직접비

① 직접노무비

구 분	인원수	연간투입가능시간(조업도)	연간급여
책임회계사	30명	1,600시간×30명=48,000시간	30명×₩80,000,000=₩2,400,000,000
담당회계사	150명	1,600시간×150=240,000시간	150명× 32,000,000= 4,800,000,000
계		288,000시간	₩7,200,000,000

② 전화, 팩스비 : 월말에 실제사용액을 감사계약별 집계

③ 복사, 인쇄비 : 월말에 실제사용액을 감사계약별 집계

④ 감사현장 출장여비 : 월말에 실제사용액을 감사계약별 집계

⑤ 컴퓨터 가동 및 운영비 : 감사계약별로 실제사용시간에 비례하여 감사계약별 집계
단, 컴퓨터운영비는 연간 28,800가동시간기준 ₩504,000,000의 예산이 소요된다.

(2) 간접비

회계법인 일반관리비(공인회계사 투입시간에 비례하여 배분)	₩3,600,000,000
보험료 및 손해배상충당부채(공인회계사 직접노무비에 비례하여 배분)	1,080,000,000
비서실 운영비(책임공인회계사 투입시간에 비례하여 배분)	432,000,000
계	₩5,112,000,000

(3) 원가자료

세동해운의 감사계약과 관련하여 실제 발생된 공인회계사의 투입시간은 600시간이라고 한다.

물.음.

1. 세동해운의 감사계약과 관련하여 단일의 직접비집합(회계사의 투입시간)과 단일의 간접비 집합을 이용하여 개별원가계산을 하는 경우 총 감사비용을 구하시오. 단, 책임공인회계사의 담당공인회계사의 투입시간배정은 그 인원수에 비례한다고 가정한다.
2. 세동해운의 감사계약과 관련하여, [도표 7-15]의 2단계와 같이 다수의 직접비집합과 단일의 간접비집합을 이용하여 개별원가계산을 하는 경우 총 감사비용을 구하시오. 단, 직접비의 집합도 위의 예산자료 B와 같이 상세히 분류되어 집계되었다고 한다.
   책임회계사 투입시간 : 80시간
   담당회계사 투입시간 : 520시간
   전화, 팩스비 : ₩400,000
   복사, 인쇄비 : ₩550,000
   감사현장 출장여비 : ₩1,250,000
   컴퓨터 가동 및 운영비 : 40시간
3. 세동해운의 감사계약과 관련하여 [도표 7-15]의 3단계와 같이 다수의 직접비집합과 다수의 간접비집합을 이용하여 개별원가계산을 하는 경우, 총 감사비용을 위의 예산자료 B를 이용하여 구하고 1과 2의 총 감사비용과 비교하시오.

풀.이.

1. 간접비배부율의 계산 : ₩7,200,000,000 / 288,000시간 = ₩25,000/시간
   간접비배부액의 계산 : ₩25,000×(100 + 500시간) = ₩15,000,000

요약원가계산표

직접비 :		
책임회계사인건비	100시간(= 600시간×30명 / 180명)×₩50,000* =	₩5,000,000
담당회계사인건비	500시간(= 600시간×150명 / 180명)×₩20,000** =	10,000,000
간접비	600시간×₩25,000 =	15,000,000
계		₩30,000,000

* ₩2,400,000,000/48,000시간 = ₩50,000/시간, ** ₩4,800,000,000/240,000시간 = ₩20,000/시간

2. **요약원가계산표**

직접비 :		
책임회계사인건비	80시간×₩50,000 =	₩4,000,000
담당회계사인건비	520시간×₩20,000 =	10,400,000
전화, 팩스비		400,000
복사, 인쇄비		550,000

감사현장 출장여비	1,250,000
컴퓨터 가동 및 운영비	40시간×17,500 = 700,000
간접비	600시간×17,750 = 10,650,000
계	₩27,950,000

* B자료에 의한 제조간접비 예산과 배부율 : ₩5,112,000,000/288,000시간 = ₩17,750/시간

3. **요약원가계산표**

직접비	
책임회계사인건비	80시간×₩50,000 = ₩4,000,000
담당회계사인건비	520시간×₩20,000 = 10,400,000
전화, 팩스비	400,000
복사, 인쇄비	550,000
감사현장 출장여비	1,250,000
컴퓨터 가동 및 운영비	40시간×17,500 = 700,000
간접비	
회계법인 일반관리비	₩12,500×600시간 = 7,500,000*
보험료 및 손해배상충당부채	₩14,400,000×15% = 2,160,000**
비서실 운영비	₩9,000×80시간 = 720,000***
합 계	₩27,680,000

* 회계법인 일반관리비(공인회계사 투입시간기준 배부율) = ₩3,600,000,000/288,000시간 = ₩12,500/시간

** 보험료 및 손해배상충당부채(공인회계사인건비기준 배부율) = ₩1,080,000,000/₩7,200,000,000 = ₩15%

*** 비서실운영비(책임공인회계사 투입시간기준 배부율) = ₩432,000,000/48,000시간 = ₩9,000/시간

이렇게 원가시스템을 정교하게 발전시킴으로써 좀 더 정확한 원가계산과 의사결정에 유용한 원가정보를 산출할 수 있게 된다. 가령 정교하지 못한 원가계산시스템하에서 산출된 원가자료를 이용하여 서비스료를 책정한다면, 가격책정에 오류를 초래함으로써 가격경쟁력을 상실하거나 수익성을 악화시키는 결과를 가져올 수 있기 때문이다.

연. 습. 문. 제.

01 **다음 원가계산자료에 의하여 을 제품의 제조원가를 계산하고 재공품계정에 기입한 후 마감하시오. 단, 제조간접비의 배부는 직접재료비법에 의한다.**

① 재료소비액 : 직접소비액 ₩100,000, 간접소비액 ₩12,000

② 임금소비액 : 직접소비액 ₩70,000, 간접소비액 ₩18,000

③ 경비소비액 : 간접소비액 ₩17,000

④ 을제품의 직접재료비 ₩60,000, 직접임금 ₩26,000

⑤ 갑제품의 제조원가 ₩81,000

⑥ 갑제품의 기초재공품 ₩21,000

⑦ 을제품은 모두 완성되었다.

02 **다음 자료에 의하여 1. 원가계산표를 작성하고 2. 필요한 분개를 하시오.**

(1) 재료에 관한 정보

	갑 재료	을 재료	보조재료
월초재고액	5,000kg@₩80	6,000kg@₩70	₩150,000
당월구입액(외상매입)	20,000kg@₩70	24,000kg@₩75	₩200,000
당월소비액	?	?	₩190,000
제조지시서 #1	12,000kg	14,000kg	
제조지시서 #2	10,000kg	12,000kg	

갑 재료와 을 재료의 출고 예정원가는 각각 ₩70이다. 또한 재료의 실제출고단가 결정은 총평균법에 의한다.

(2) 노무비에 관한 정보

직접노무비는 예정임률(1시간당 ₩800)을 사용해서 계산한다.

당월의 직접작업시간은 제조지시서 #1은 350시간, 제조지시서 #2는 450시간이었다. 당월의 임금 ₩900,000(그 중에 직접임금 ₩700,000)과 급료 ₩280,000을 현금으로 지급하다.

(3) 제조간접비에 관한 정보

제조간접비는 예정임률을 사용하여 직접작업시간에 의해서 제품별로 배부한다.

당년도의 제조간접비 예정액은 ₩1,040,000이고 동기간의 예정직접작업시간은 650시간이다. 또한 당월의 제조경비로 ₩600,000을 현금으로 지급하였고, 감가상각비는 ₩40,000을 계상하였다.

(4) 제조지시서 #1 및 #2의 생산은 당월 말로서 완료하였다.

03 다음의 제조원가 정보에 의하여

1. 주요재료비, 임금소비액 및 제조간접비를 계산하고

2. 원가계산표(제조지시서 No.1, No.2)의 기입면을 표시하시오.

단, 제조지시서 No.1만이 완성되었다.

(1) 재 료

	주요재료	보조재료
기초재고액	₩400,000	₩80,000
당기매입액	860,000	350,000
기말재고액	290,000	90,000
제조지시서 No.1 직접비	550,000	40,000
제조지시서 No.2 직접비	400,000	

(2) 임 금

전기말미지급액	₩90,000
당기순현금지급액	620,000
소득세 기타차감액	125,000
당기말미지급액	70,000
제조지시서 No.1 직접비	325,000
제조지시서 No.2 직접비	225,000

(3) 경 비

당기소비액	₩195,000

(4) 제조간접비는 직접임금에 비례하여 배부한다.

04 다음 원가자료에 의하여 재료계정 · 미지급임금계정 · 제조간접비계정 · 재공품계정 · 제품계정 · 매출원가계정 · 제조간접비 배부차이계정에 필요한 기입을 하고 마감을 하시오.

(1) 월 초와 월 말 사항

구분	재 료	미지급임금	제조간접비	재공품	제 품	매출원가
월초	?	–	–	₩96,000	₩200,000	–
월말	₩72,000	₩60,000	₩80,000	₩80,000	₩240,000	₩520,000

(2) 당월 재료총매입액은 ₩200,000이다. 단, 매입액은 전부 외상매입이며 매입환출이나 매입에누리는 없다.

(3) 당월 임금소비액은 ₩360,000이다.

(4) 당월 제조간접비 예정배부액은 직접노무비의 20%이다.

(5) 당월 소비한 간접재료비는 ₩8,000이다.

(6) 당월 생산에 투입된 간접노무비는 ₩40,000이다.

(7) 당월 중 매출제품의 환입이나 에누리는 없다.

(8) 제조간접비 배부차이는 전부 영업외손익으로 처리한다.

05 (주)동해기업에서는 제조간접비를 배분하는데 있어 A제조부문비에 대해서는 직접노무비, B제조부문비에 대해서는 기계작업시간을 각각 기준으로 하여 제조간접비 예정배부율을 적용하고 있다. 제18기 중 이 회사는 다음과 같은 생산작업이 이루어질 것으로 예정하고 있다.

항 목	A부문	B부문
직접노무비	₩256,000	₩70,000
제조간접비	₩288,000	₩300,000
직접노동시간	32,000시간	10,000시간
기계작업시간	2,000시간	40,000시간

물음

1. A부문과 B부문에 적용할 제조간접비 예정배부율은 각각 얼마인가?
2. 1월 중에 제조지시서 No.400에 나타난 바에 의하면 다음과 같은 생산작업이 수행되었다.

항 목	A부문	B부문
재료청구액	₩40	₩80
직접노무비	₩64	₩42
직접노동시간	8시간	6시간
기계작업시간	2시간	26시간

이 경우 제조지시서 No.400의 제조간접비 배부액은 얼마인가?

3. 제조지시서 No.400은 제품 20단위를 생산하도록 되어 있다. 이 경우 제품단위당 원가는 얼마인가?

4. 제18기 말에 A제조부문에서 발생한 실제 제조간접비는 ₩320,000이고 B제조부문에서 발생한 실제 제조간접비는 ₩276,000이었다. 이 경우 A, B 두 부문에서 나타난 제조간접비의 과대 또는 과소배부액은 각각 얼마인가? 단, 실제의 총 직접노무비와 기계작업시간은 처음에 예상했던 것과 일치했다고 가정한다.

06 **용인산업은 개별원가계산제도를 채택하고 있다. 회사는 제조간접비를 배부하기 위하여 직접노동시간을 기준으로 하는 예정배부법을 사용하고 있다.**

(1) 20×1년도의 원가 및 조업에 관한 추정자료는 다음과 같다.

직접노동시간	60,000시간
직접노무비	₩270,000
제조간접비	₩240,000

(2) 20×1년 12월 말에 밝혀진 실제원가 및 조업상황은 다음과 같다.

직접노동시간	40,000시간
직접노무비	₩240,000
제조간접비	₩172,000
원재료재고액	₩8,000
재공품재고액	₩25,000
제품재고액	₩50,000
매출원가	₩175,000

물음

1. 제조간접비 예정배부율을 계산하시오.

2. 20×1년의 제조간접비 배부차이를 계산하시오.

3. 제조간접비 배부차이는 매출원가가감법을 이용하여 조정한다. 제조간접비와 관련된 모든 분개를 하시오.

4. 제조간접비 배부차이를 (총원가)비례배분법을 이용하는 경우 제조간접비 배부차이를 조정하는 분개를 하시오.

5. 제조간접비 배부차이를 매출원가가감법과 (총원가)비례배분법을 이용하는 경우의 20×1년 순이익을 비교하시오.

07 **(주)울진산업은 P_1, P_2 두 개의 제조부문과 동력부·수선부·관리부 세 개의 보조부문으로 구성되어 있다. 이 회사는 정상개별원가계산제도를 채택하고 있으며, 제10기 6월 중의 생산관련 자료는 다음과 같다.**

(1) 월초재고액 : 재료 ₩510,000 재공품 ₩985,000

(2) 월말재고액 : 재료 ₩480,000 재공품 ₩1,076,000

(3) 당월재료매입액 : ₩1,520,000

(4) 기초재공품원가의 작업지시서별 내역

지시서 번호	직접재료비	직접노무비	제조간접비	합 계
#11	₩241,000	₩89,000	₩76,000	₩406,000
#12	191,000	52,000	56,000	299,000
#13	156,000	63,000	61,000	280,000
합 계	₩588,000	₩204,000	₩193,000	₩985,000

(5) 당기중 직접재료비·직접노무비 및 직접노동시간은 다음과 같다.

지시서 번호	직접재료비	직접노무비	직접노동시간	
			P_1 부문	P_2 부문
#11	₩450,000	₩352,000	600시간	400시간
#12	280,000	411,000	550시간	300시간
#13	350,000	295,000	400시간	200시간
#14	470,000	386,000	950시간	100시간
합 계	₩1,550,000	₩1,444,000	2,500시간	1,000시간

(6) 각 지시서의 제조부문비는 직접노동시간을 기준으로 배부한다.

P_1부문 예정배부율 @₩200/시간

P_2부문 예정배부율 @₩300/시간

(7) 당월 중 제조간접비 실제 발생액은 다음과 같다.

	P_1 부문	P_2 부문	동력부	수선부	관리부	합 계
간접재료비	₩80,000	₩70,000	₩55,000	₩40,000	₩35,000	₩280,000
간접노무비	90,000	60,000	60,000	30,000	30,000	270,000
경비(개별비)	50,000	45,000	30,000	20,000	25,000	170,000
경비(공통비)	40,000	30,000	12,000	18,000	4,000	104,000

(8) 보조부문비의 제조부문에의 배부는 다음 자료에 의거하여 직접배부법을 이용한다.

	배부기준	P_1 부문	P_2 부문
동력부문비	기계마력수	1,500	2,500
수선부문비	수선횟수	10	20
관리부문비	종업원수	14	11

(9) 6월 중 제조지시서 #11과 #13은 제조완료되었다.

물음

1. 부문비배부표를 작성하시오.
2. 제조지시서별 원가계산표를 작성하고, 완성품원가와 기말재공품원가를 계산하시오.

08 **개별원가계산제도를 채택하고 있는 (주)나주산업은 직접노동시간에 따라 제조간접비를 예정배부하고 있다. 이 회사가 설정한 월별 제조간접비예산은 ₩600,000이며 예정직접노동시간은 80,000시간이다. 제조간접비 월별 배부차이는 매년 말에 비례배분하고 있다.**

(1) 9월 30일 현재 미완성된 작업은 제조지시서 #107이며, 9월 말 제조지시서 #107의 작업원가표에 기록된 제조원가는 ₩145,000이었다. 제조지시서 #108과 #109는 10월 중 착수된 것이며, 이들 작업의 내용은 다음과 같다.

제조지시서	#107	A제품	500개 제조
제조지시서	#108	B제품	250개 제조
제조지시서	#109	C제품	750개 제조

(2) 10월 중 발생한 거래는 다음과 같다.

① 원재료 ₩500,000을 외상으로 매입하다.

② 제품생산을 위하여 다음과 같이 재료를 출고하였다.

제 조	#107	₩60,000
제 조	#108	180,000
제 조	#109	120,000
간접재료비		90,000

③ 노무비 발생액은 다음과 같다.

제 조	#107	₩100,000
제 조	#108	250,000
제 조	#109	165,000
간접노무비		120,000

④ 실제 직접노동시간은 다음과 같다.

제 조	#107	12,000시간
제 조	#108	40,000
제 조	#109	26,000

⑤ 10월 중 발생한 기타 제조경비는 ₩362,000이었다.

(3) 10월 중 제조지시서 #107과 #109는 완성되었다. 이 중 A제품 350개와 C제품 500개를 제조원가에 30%이익을 가산한 가격으로 판매하였다.

물음

1. 제조지시서별 원가계산표를 작성하고 제품단위당 원가를 계산하시오.
2. 제조간접비 배부차이를 계산하시오.
3. 10월 중의 분개를 하시오,

09 **개별원가계산제도를 채택하고 있는 (주)홍천기업의 제12기 5월의 월초 잔액 및 영업활동은 다음과 같다.**

(1) 월초 재고자산

원재료	₩12,000
재공품(제조지시서 #1004)	₩20,000
제 품(제조지시서 #1002)	₩45,000

(2) 이 회사는 원재료와 소모품을 재료계정으로 처리하며, 5월 중 원재료 및 소모품 매입액은 ₩65,000이다.

(3) 원재료 및 소모품 사용액

	부문 Ⅰ	부문 Ⅱ	계
제조지시서 #1005	₩11,000	₩4,000	₩15,000
제조지시서 #1006	13,000	5,000	18,000
제조지시서 #1007	10,000	6,000	16,000
제조지시서 #1008	5,000	1,000	6,000
계			₩55,000
소모품비			4,500
합 계			₩59,500

(4) 5월의 급여 및 임금은 다음과 같다.

	직접노동시간	급여 및 임금
제조지시서 #1004	250시간	₩1,500
제조지시서 #1005	2,500	15,000
제조지시서 #1006	2,000	11,500
제조지시서 #1007	1,800	9,000
제조지시서 #1008	400	2,200
계	6,950시간	₩39,200
감독자급여 및 간접노무비	1,000	6,000
판매관리비	2,000	12,000
합 계	9,950시간	₩57,200

(5) 제12기 공장관련 총 제조간접비 예산액은 ₩600,000이며 예산직접노동시간은 75,000시간이다. 제조간접비는 직접노동시간기준을 이용하여 배부한다.

(6) 5월의 기타 제조간접비는 다음과 같다.

감가상각비	₩14,000
수도광열비	20,000
보험료	2,000
재산세	3,000
잡 비	2,000
합 계	₩41,000

(7) 제조지시서 #1004, #1005, #1006, #1007이 완성되어 제품으로 대체되었고, 제조지시서 #1002, #1004, #1005는 총 ₩155,000에 판매되었다.

(8) 기중의 제조간접비 배부차이는 회계연도 말인 12월 31일에 매출원가에 가감한다.

물음

1. 5월 중 제품의 제조지시서별 원가계산표를 작성하시오.
2. 5월 중 매출원가는 얼마인가?
3. 5월 말 재고자산평가액을 계산하시오.
4. 5월 중 제조간접비 배부차이를 계산하시오.

10 **(주)담양산업은 제조부문인 X, Y와 보조부문인 동력부 · 수선부로 구성된 회사로서 19×5년 6월 중 제조지시서 #101과 #102의 작업을 시작하였고, 이에 대한 자료는 다음과 같다.**

(1) 6월 재료소비액

재 료	#101	#102	부문 X	부문 Y	동력부	수선부	계
주재료A (kg당 ₩100)	1,000kg	800	–	–	10	20	1,830kg
주재료B (kg당 ₩200)	900kg	600	–	–	–	–	1,500kg
보조재료	–	–	₩10,000	₩8,000	₩5,000	₩7,000	₩30,000

(2) 6월의 직접노동시간(시간당 임률 ₩40)

	부문 X	부문 Y	합 계
#101	1,200시간	1,100시간	2,300시간
#102	800	750	1,550
계	2,000시간	1,850시간	3,850시간

(3) 각 부문에서 발생한 기타원가는 다음과 같다.

	부문 X	부문 Y	동력부	수선부	합 계
간접노무비	₩30,000	₩35,000	₩52,000	₩33,000	₩150,000
제조경비	25,000	28,000	35,000	30,000	118,000
계	₩55,000	₩63,000	₩87,000	₩63,000	₩268,000

(4) 작업폐물의 산출량

#101 : 35kg(kg당 처분가치 ₩20)

#102 : 40kg(kg당 처분가치 ₩25)

(5) 부문공통비는 ₩40,000이며 부문 X, Y 및 동력부, 수선부에 4 : 5 : 6 : 5로 배분한다.

(6) 보조부문비의 배부는 직접배부법에 의하여 용역제공비율은 다음과 같다.

보조부문	부문 X	부문 Y
동력부	40%	60%
수선부	50%	50%

(7) 제조간접비는 각 제조지시서에 직접노동시간을 기준으로 배부하고, 작업폐물은 그 처분가치를 각 제조지시서별 제조원가에서 차감한다.

(8) 제조지시서 #101, #102는 모두 6월 중 완성되었으며, 생산된 수량은 #101이 20단위, #102가 40단위이다.

물음

1. 제조지시서별 원가계산표를 작성하고, 제품단위당 제조원가를 계산하시오.
2. 작업폐물과 관련된 분개를 하시오.

제8장 원 · 가 · 회 · 계

종합원가계산

제8장 종합원가계산

제품원가계산이란 원재료가 제품으로 전환됨에 따라 재고자산에 원가를 배분하는 과정을 말한다. 제7장의 개별원가계산에서는 특정의 제품이나 제조지시서에 원가를 집계하는 과정을 설명하였는데 본장에서는 종합원가계산제도에 대하여 설명하려고 한다. 여기서 우리가 기억해야 할 것은 개별원가계산제도에서 나타났던 문제들이 동일하게 종합원가계산에서도 나타날 수 있다는 점이다.

예를 들면, 종합원가계산제도하에서도 실제 또는 예정제조간접비배부율을 이용할 수 있으며 예정제조간접비배부율을 이용할 경우에 과대 또는 과소배부된 제조간접비를 처리하는 문제도 역시 동일하게 발생한다는 점이다.

제1절 종합원가계산의 의의와 분류

1 종합원가계산의 의의

종합원가계산(process costing)이란 동일 또는 다른 종류의 제품을 연속적으로 반복하여 생산하는 기업에 적합한 원가계산방법이다. 제조지시서별로 특정제품의 원가를 계산하는 개별원가계산과는 달리 종합원가계산은 원가계산기간 동안 제품제조활동에 소비된 총원가를 집계하여 완성품수량으로 나누어 단위당 제품의 제조원가를 산출하는 원가계산제도이다. 즉 제품이 연속적으로 생산되는 경우에 행하여지는 원가계산이므로 원가를 제품단위별로 계산할 필요는 없고 일정기간 동안의 제품제조원가를 산출하여 이것을 총 생산량으로 나누어 단위당 제품원가를 계산하는 것이다.

특정 규격에 의한 수주생산 또는 개별생산의 형태에서는 생산에 소요된 제조원가를 파악하여 개별적으로 원가를 계산할 수 있다. 그러나 연속적이고 반복적으로 생산하는 형태에서는 생산을 종료하기 전까지는 생산량을 파악하기가 곤란하다. 그러므로 종합원가계산의 형태에서는 일정기간(보통 1개월)을 두고 생산량과 총제조비용을 파악하여 원가계산을 하는 것이다.

그런데 여기서 생산의 개시시점에서 생산의 종료시점까지를 원가계산기간(costing period)으로 정한다면 원가계산기말에 미완성품은 존재하지 않을 것이다. 그러나 생산종료시점과 원가계산기간의 종료시점과는 일치하지 않으므로 원가계산기말에는 공정 중에 있는 미완성품인 기말재공품이 존재하게 된다. 원가계산기말에 기말재공품이 없다고 하면 당해 기간의 총제조비용은 모두 완성품의 원가로 되나 기말재공품이 있다면 총제조비용은 완성품과 기말재공품의 양자가 부담하여야 한다.

그러므로 기말재공품의 부담액이 결정되지 못하면 완성품의 부담액인 당기제품제조원가를 결정할 수 없게 된다. 따라서 종합원가계산에서는 기말재공품의 부담분, 즉 기말재공품의 평가가 매우 중요한 과정이다. 종합원가계산과 개별원가계산의 구체적인 차이는 제7장의 [도표 7－1]을 참고하도록 한다.

한편 제7장에서 다룬 개별원가계산에서는 직접재료비, 직접노무비, 제조간접비의 세 가지 원가요소를 중심으로 원가계산을 하였으나, 종합원가계산에서는 직접노무비가 총원가에서 차지하는 비중이 상대적으로 작기 때문에 간접노무비, 감가상각비, 전기수도료 등의 제조간접비와 함께 가공비로 묶어서 회계처리한다.

따라서 종합원가계산에서는 직접재료비와 가공비(직접노무비＋제조간접비 : conversion costs)의 2가지 중요한 범주로 분류하여 원가계산을 하는 특징을 찾아 볼 수 있다.

2 종합원가계산의 분류

표준화된 제품의 연속생산이나 대량 생산품의 연속생산이라도 업종에 따라서는 생산공정이 다를 수가 있다. 그리고 동일 공정이나 동일 설비라 하더라도 동일 품종만을 생산하는 경우도 있고 타품종을 교대하여 생산하는 경우도 있다. 이와 같이 생산형태가 상이함에 따라 원가계산의 형태가 달라지게 된다. 즉 종합원가계산은 동일 공정에서 생산하는 완성품(제품, 완제품)의 종류, 제품별 부담액의 계산방법, 공정의 수와 공정에 집계되는 원가요소의 범위에 따라 다음과 같이 분류할 수 있다.

① 공정의 수에 따라

- 단순종합원가계산 : 제조공정이 하나인 경우
- 공정별 종합원가계산 : 제조공정이 2개 이상인 경우

② 공정별 계산대상이 되는 원가요소의 범위에 따라
- 전원가요소 공정별 종합원가계산 : 모든 제조원가를 공정별로 집계하여 원가계산
- 가공비 공정별 종합원가계산 : 가공비만을 공정별로 집계하여 원가계산

③ 제품의 종류에 따라
- 단일제품 종합원가계산 : 단일종류의 제품을 생산하는 경우 적용
- 조별 종합원가계산 : 다른 종류의 제품을 조별로 연속하여 생산하는 형태에 적용
- 등급별 원가계산 : 동일 종류의 제품이 동일 공정에서 연속적으로 생산되나, 그 제품의 품질 등이 다른 경우에 적용
- 연산품 원가계산 : 동일 재료로 동일 공정에서 생산되지만, 서로 다른 종류의 제품으로서 주산물과 부산물을 명확히 구분하기 곤란한 경우 적용

여기에서는 종합원가계산의 가장 기본적인 형태인 단순종합원가계산절차와 공정별 종합원가계산절차를 통하여 종합원가계산의 기본원리에 대해서 살펴본 다음, 제품의 종류에 따른 종합원가계산방법 등에 대해서는 다음 절과 제9장에서 살펴보기로 한다.

3 종합원가계산의 절차

(1) 단순종합원가계산

단순종합원가계산(single process cost system)이란 단일공정에서 단일제품을 반복해서 계속 생산하는 형태의 기업에 적용할 수 있는 원가계산의 형태로서 제분업 · 채탄업 · 제빙업 · 채광업 · 제철업 등에서 주로 사용하고 있는 가장 기본적인 종합원가계산 방식이다. 여기서 단일공정이란 원가계산 및 관리면에서 책임중심점이 하나인 것을 의미한다.

예를 들면, 중소기업에서는 엄격한 원가계산을 할 필요가 적기 때문에 실제 여러 생산공정이 있더라도 원가계산상 공정을 구분할 필요가 없을 뿐만 아니라 큰 효과도 얻기 힘들다. 이에 따라 여러 공정이 있더라도 하나의 공정으로 취급하여 계산하는 것이 일반적이다.

종합원가계산절차를 이해하기 쉽도록 하기 위해서 하나의 제조공정으로 이루어진 생산라인에서 제품생산에 착수하여 특정 원가계산기간 동안 모두 완성하여 미완성품인 기말재공품이 없는 경우를 먼저 살펴본 다음, 실제 제조상황에 맞추어 단계적으로 공부해 나가도록 하자. 이를 위해서 단순종합원가계산의 예제를 통하여 종합원가계산의 원리를 알아보는 것에서부터 출발한다.

예제 8-1 한일화학은 자동차부품으로 사용되는 각종 볼트와 나사못의 부식방지를 위한 다크로 도금 전문업체로서 단일의 도금공정을 통하여 제품을 생산하고 있다. 생산되는 제품 중 드레인플러그는 폐엔진오일을 배출하기 위하여 자동차의 오일탱크 밑바닥에 부착되어 있는 볼트의 한 종류이다. 다음의 생산공정과 원가자료를 토대로 물음에 답하시오.

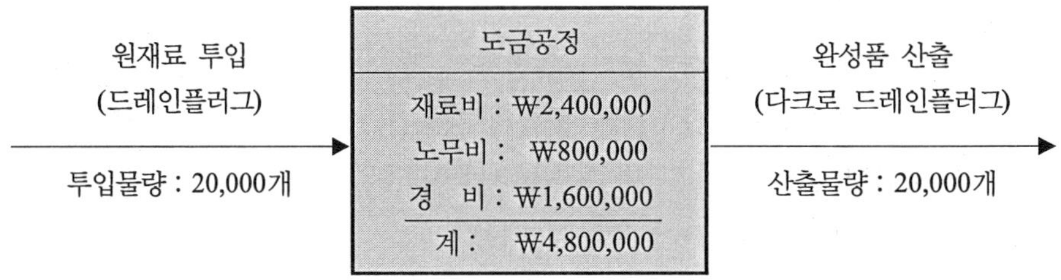

물.음.

다크로도금 드레인플러그의 단위당 제조원가를 계산하시오.

풀.이.

재료비 :	₩2,400,000/20,000개 = ₩120/개
가공비 :	(₩800,000 + ₩1,600,000)/20,000개 = ₩120/개
단위당 제품제조원가 :	₩240/개

(2) 공정별 종합원가계산

공정별 종합원가계산은 여러 공정을 거쳐 생산되는 제품의 경우, 원가를 각 공정별로 집계하여 단위당 제조원가를 산출하는 원가계산방법이다. 이는 동종의 제품을 수 개의 공정을 거쳐 반복적으로 생산하는 시멘트공업 · 제지업 · 제당업 · 화학공업 등에서 주로 이용하는 원가계산형태이다.

이 방법에 의한 원가계산은 각 제조공정마다 행해지며, 반제품(중간제품)으로서의 원가가 제조공정마다 계산되어 최후의 공정에서 계산되는 값이 완성품의 제조원가를 표시하게 된다. 그러므로 이것은 결국 각 공정에 대하여 단순종합원가계산법이 반복되는 형태라고 할 수 있다.

여기서 말하는 제조공정이란 원가부문에 설정된 작업상의 구분을 말하며 원칙적으로 제조공정상에서 판매 또는 저장 가능한 반제품이나 구분 가능한 재공품(중간단계제품)이 형성되는 단계마다 설정한다. 따라서 공정이란 원가부문(cost center)으로서의 제조부문이다. 이에 따라 공정별 종합원가계산은 부문별 종합원가계산이라고도 볼 수 있다.

이와 같이 원가를 각 공정별로 파악하는 목적은 ① 보다 정확한 원가계산, ② 효율적인 원가관리, ③ 부문관리자의 업적평가 등을 위한 것이다. 공정별 종합원가계산은 공정별 계산의 대상이 되는 원가범위에 따라 전원가요소공정별 종합원가계산과 가공비공정별 종합원가계산으로 분류된다.

한편 여러 공정을 거쳐서 제품이 생산되는 경우 한 공정의 산출물(완성품)은 연속되는 다음 공정의 투입물이 되어 가공활동을 수행하게 된다. 이 때 앞 공정의 완성품은 공정완성품이며 최종 공정의 입장에서는 완성품이 아닌 재공품이다. 한 공정의 완성품이 다음 공정에 대체되면 이에 따른 원가도 대체되며 이를 전공정대체원가라고 한다.

전공정대체원가(transferred-in costs 또는 previous department costs)는 전공정에서 다음 공정으로 대체되는 원가이며 단순히 전공정비라고도 한다. 물량대체에 따른 원가의 대체로 제2공정에서부터는 원가를 전공정에서 대체된 원가(전공정비)와 자체 공정에서 새로이 투입된 원가(자공정비)로 구분한다.

이번에는 각종 볼트와 나사못을 2개의 제조공정을 통하여 생산하고 있는 한일공업의 공정별 종합원가계산절차를 다음의 예제를 통하여 살펴보도록 하자. 앞의 한일화학의 예제와 비교하여 제조공정이 2개라는 점을 제외하고는, 기초재공품과 기말재공품이 없다는 점에서 동일하다.

예제 8-2 한일공업은 각종 공업용 볼트와 나사못을 절단공정과 절삭공정을 통하여 대량생산하는 전문업체로서, 다음의 생산공정과 원가자료를 토대로 물음에 답하시오.

(1) 절단공정

절단공정에서는 직경 5mm의 철봉이 투입되어, 5cm규격의 철봉으로 절단한 다음, 열처리작업과 단조작업을 거쳐 다음 공정인 절삭공정에 투입한다. 이번 원가계산기간 동안 1,000m의 철봉에 대한 절단공정이 완료되어 산출된 5cm규격의 철봉 20,000개는 다음 공정에 전부 투입되었다.

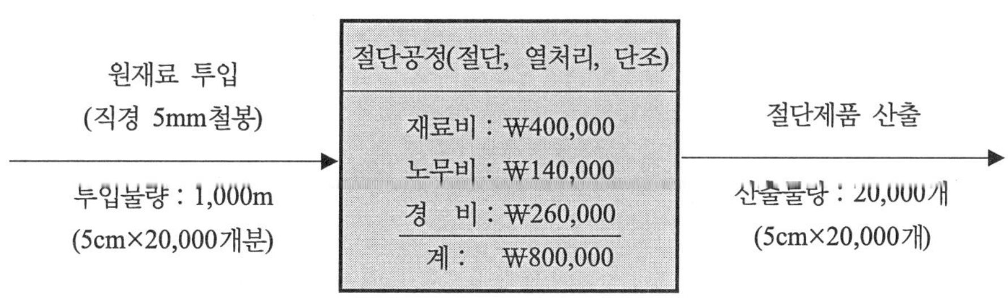

(2) 절삭공정

절삭공정에서는 5cm규격으로 절단된 철봉을 가공하여, 볼트의 머리부분과 나사 산을 깎는 작업을 한다.

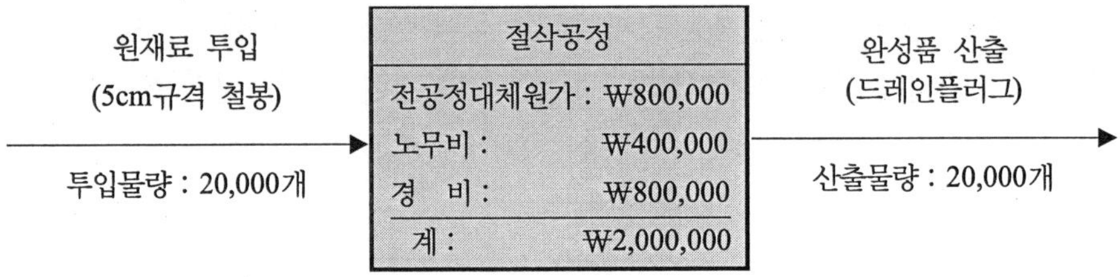

물.음.

1. 절단공정을 완료한 산출물의 총제조원가와 단위당 원가를 계산하시오.
2. 절삭공정을 완료한 완성품 드레인플러그의 단위당 원가를 계산하시오.

풀.이.

1. ① 절단공정 총제조원가 : 재료비(₩400,000) + 가공비(₩140,000 + ₩260,000)
   = ₩800,000

   ② 절단공정 단위당 원가

재료비 :	₩400,000/20,000개 =	₩20/개
가공비 :	(₩140,000 + ₩260,000)/20,000개 =	₩20/개
계		₩40/개

2. 절삭공정 제조원가

전공정대체원가(절단공정에서 대체된 5cm규격 철봉)	₩800,000
자공정비	
가공비(절삭공정에서 투입된 노무비, 경비)	₩1,200,000
계	₩2,000,000
단위당 원가 : ₩2,000,000/20,000개 =	₩100/개

제2절 기말재공품평가와 완성품환산량

기업의 생산·판매활동은 시간의 흐름에 따라 계속되고 있지만, 일정기간 동안의 경영성과와 원가관리를 위해서는 인위적으로 원가계산기간을 나누어 놓고 그 기간 동안의 원가계산과 기간손익을 계산하는 것이 보편적이다. 이 경우 기말 현재시점에서 모든 생산라인이나 공정의 작업이 완료된 제품도 물론 있지만 공정에서 가공 중인 상태에 있는 재공품도 있기 마련이다. 가령 오후 1시쯤(원가계산기말) 식당 앞에 가보면, 식사를 마치고 나오는 사람도(완성품) 있는 반면 주문을 하기 위해 기다리고 있는 사람, 주문을 해놓고 음식이 나오기를 기다리는 사람, 식사 중에 있는 사람, 식사는 완료하였지만 음료수를 마시기 위해 기다리는 사람 등(재공품)으로 다양한 모습을 관찰할 수 있는 것과 마찬가지다. 이같이 좀더 일반적인 제조상황에서의 원가계산절차는 어떻게 달라져야 하는가? 바로 기말재공품의 평가와 완성품환산량의 계산절차가 필요하다는 점이다.

1 기말재공품평가의 중요성

재공품(work in process)이란 원가계산기말에 공정의 제조작업이 완료되지 못하고 더 가공되어야 완성품이 되는 것으로 아직 공정 중에 있는 미완성품을 의미한다. 이는 반제품과는 구별된다. 즉 반제품(semi-finished goods)이란 아직 미완성품이라는 점에서는 재공품과 다를 바 없다. 다만 반제품은 일정한 공정이 끝나고 다음 공정에 이전되지 않고 그대로 판매되거나 저장되는 중간제품 또는 부분품이라는 점에서 재공품과 구별된다.

개별원가계산에서는 제조지시서에 집계된 원가의 합계만으로 재공품을 쉽게 평가할 수 있으나 종합원가계산에서는 장부의 기록만으로 기말재공품의 원가를 파악한다는 것은 쉬운 일이 아니다. 그러므로 인위적인 기준을 정하여 기말재공품을 평가하여야 한다. 또한 종합원가계산에서는 기말재공품이 계산되지 아니하면 당기의 완성품원가를 계산할 수가 없다. 왜냐하면 종합원가계산에는 다음과 같은 공식에 의해서 완성품원가를 계산하기 때문이다.

완성품원가 = 당기제조비용 + 기초재공품원가 − 기말재공품원가

여기서 기초재공품원가는 전기말에 미완성품으로 이월된 것이기 때문에 당기에 평가의 문제는 일어나지 않는다. 그러나 상기의 공식에서 보는 바와 같이 기말재공품의 평가액이 결정되지 아니하면 완성품원가는 계산할 수 없다.

또한 기말재공품의 원가를 평가함에 있어서 실제보다 과대평가하였다고 가정하면, 당기의 완성품원가와 매출원가는 그만큼 과소평가되어 당기의 순이익은 그만큼 과대계상된다. 반대로 기말재공품이 과소평가되면, 완성품원가와 매출원가는 그만큼 과대표시되므로 당기의 순이익은 그만큼 과소계상된다. 따라서 기말재공품의 정확한 평가는 당기손익의 정확성을 의미하는 것이므로 기말재공품 평가의 중요성이 강조되는 것이다.

2 완성품환산량의 계산

완성품환산량은 종합원가계산에서 가장 기본적인 요소의 하나로서 완성되었거나 현재진행 중인 작업의 양을 측정하는 데 이용된다. 완성품환산량(equivalent units)은 일정기간 동안 투입된 모든 노력을 그 기간 동안에 완성품만을 생산하는 데 투입했을 경우의 완성품 수량을 말하며, 등가생산량 · 유효생산량 · 등가환산량 · 유효환산량이라고도 한다.

여기서 기초재공품과 기말재공품에 대하여 완성품환산량으로 나타내보면 기말재공품 수량이 1,000단위이고 이 재공품의 직접재료원가가 60%정도 완성되었을 경우 기말재공품의 직접재료원가에 대한 완성품환산량은 600단위(1,000×0.6)가 된다.

완성품환산량을 계산하는 경우 직접노무원가와 제조간접원가는 가공원가(conversion cost)로 합하여 계산할 수 있지만, 재료원가와 가공원가를 구분하여 환산량을 고려하는 것이 일반적이다. 이는 재료원가와 가공원가가 투입되는 비율이 공정의 진행에 따라 서로 동일하지 않기 때문이다.

예를 들어 재료원가는 공정의 시점에서 전부 투입되고 가공비는 공정의 진행에 따라서 투입이 되는 경우, 기말재공품이 500단위라면 재료원가는 이미 공정의 시점에서 전부 투입되었기 때문에 기말재공품의 완성품에 대한 비율은 100%이며 재료원가의 환산량은 500(500×100%)단위가 된다. 그러나 가공비는 속성상 작업의 진행에 따라 투입되므로 재료원가와 가공원가 사이에는 항상 완성도에 차이가 생기는 것이 일반적이다.

완성품환산량 계산에서 중요한 점은 기말재공품의 완성도(진척도 또는 완성품환산율)를 추정하는 데 있다. 이러한 추정은 보통 공학적인 방법이나 관찰을 기초로 하여 이루어진다. 완성품이란 진척도가 100%인 경우이며, 재공품은 진척도가 100%미만인 경우이다.

(1) 단순종합원가계산(기말재공품이 있는 경우)

이제 다음의 [예제 8－3], [예제 8－4]를 통하여 기말재공품이 있는 경우, 기말재공품의 평가와 완성품환산량의 의미를 살펴보도록 하자.

예제 8－3 [예제 8－1]의 한일화학은 원가계산기간 말일 현재 도금공정이 완료된 드레인플러그도 있지만, 도금공정에 착수되어 도금작업이 완전히 끝나지 않은 상태로 도금탱크 안에 남아 있는 기말재공품이 있다. 기말재공품은 건조작업과 열처리작업을 남겨 두고 있으며 20%의 도금공정이 진행되었다.

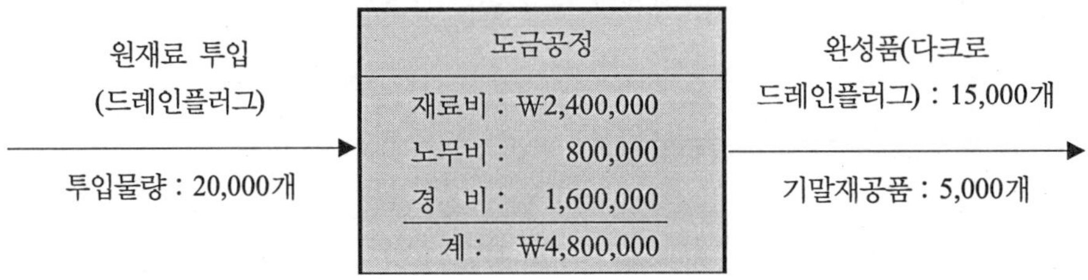

물.음.

1. 당기에 투입된 제조원가는 총 ₩4,800,000이며, 15,000개가 완성되었고 기말재공품은 5,000개로 도금탱크 안에 남아 있다. 이 경우 완성품 단위당 원가를 ₩320(₩4,800,000/15,000개)으로 볼 수 있는가?
2. 도금공정 초에 투입되는 재료비(드레인플러그)를 기준으로 보면, 기말재공품 1단위는 완성품 몇 단위와 동일한가?
3. 가공받은 정도에 비례하여 투입되어 있을 가공비를 기준으로 보면, 기말재공품 1단위는 완성품 몇 단위와 동일한가?
4. 기말재공품의 완성품환산량을 직접재료비기준, 가공비기준으로 계산하시오.
5. 다크로도금 드레인플러그 완성품의 단위당 제조원가를 계산하시오.

풀.이.

1. 당기에 투입된 제조원가는 완성품뿐만 아니라, 기말재공품을 가공하는 경우에도 기여를 했기 때문에 배분해 주어야 한다. 이 경우 완성품과 재공품에 1 : 1의 비율로 배분해서는 안된다. 그 대신 가공을 받은 정도(진척도 또는 완성도)에 비례하여 배분해 주어야 한다. 따라서 당기에 투입된 총 제조원가를 완성품수량만으로 나누어 주어서는 정확한 원가계산을 할 수 없다.

2. 1단위(1단위×100%)

3. 0.2단위(1단위×20%)

4. 완성품환산량

직접재료비(또는 주요 재료비)와 가공비의 진척도가 상이한 경우에는 직접재료비(주요 재료비)와 가공비로 나누어서 기말재공품원가를 계산해야 한다. 또한 직접재료가 생산개시시점에서 모두 투입되면 완성품환산량 계산에 있어서도 진척도는 100%로 해야 한다.

① 재료비 기말재공품 완성품환산량 : 5,000단위×100% = 5,000단위
② 가공비 기말재공품 완성품환산량 : 5,000단위×20% = 1,000단위

5. 기말재공품평가

재료비 : $\dfrac{₩2,400,000}{(15,000+5,000\times100\%)}$ = ₩120 5,000단위×₩120 = ₩600,000

가공비 : $\dfrac{₩2,400,000}{(15,000+5,000\times20\%)}$ = ₩150 1,000단위×₩150 = ₩150,000

계 : ₩750,000

완성품 제조원가 : 당기총투입원가(₩4,800,000) − 기말재공품(₩750,000) = ₩4,050,000

완성품 단위당 원가 : ₩4,050,000 / 15,000단위 = ₩270/개

(2) 공정별 종합원가계산(기말재공품이 있는 경우)

다음의 [예제 8－4]를 통하여 2개의 제조공정을 통하여 각종 볼트와 나사못을 생산하고 있는 한일공업에서 기말재공품이 있는 경우의 공정별 원가계산절차를 살펴보도록 하자.

예제 8－4 이번 원가계산기간 동안 절단작업이 완전히 끝난 철봉 12,000개는 다음 공정에 전부 투입되었으며, 열처리작업과 단조작업을 남겨 두고 있는 기말재공품 8,000개는 50%의 진척도를 달성한 것으로 평가된다. 한편 절삭공정에 투입된 5cm규격의 철봉 12,000개 중 8,000개는 작업이 완료되어 완성품으로 산출되었지만, 4,000개는 나사산 깎기 작업을 남겨 두고 있는 기말재공품으로서 50%의 진척도를 보이고 있다. 다음의 생산자료와 원가자료를 토대로 물음에 답하시오.

(1) 절단공정

5cm규격의 철봉으로 절단한 다음, 열처리작업과 단조작업 후에 절삭공정에 투입한다.

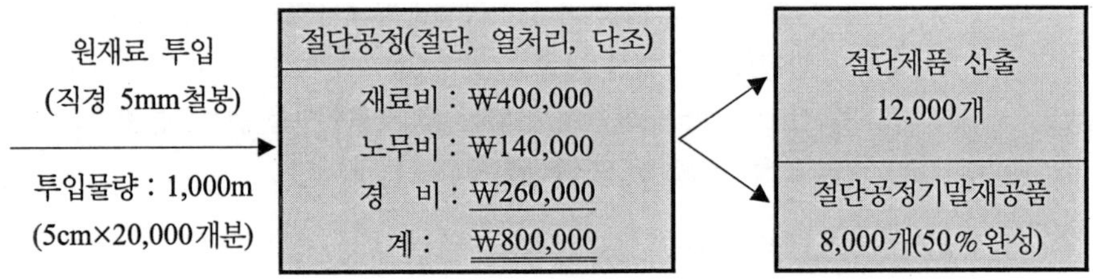

(2) 절삭공정

5cm규격의 철봉을 가공하여 볼트의 머리부분과 나사산을 깎는 작업을 하고 완성품 드레인플러그를 생산한다.

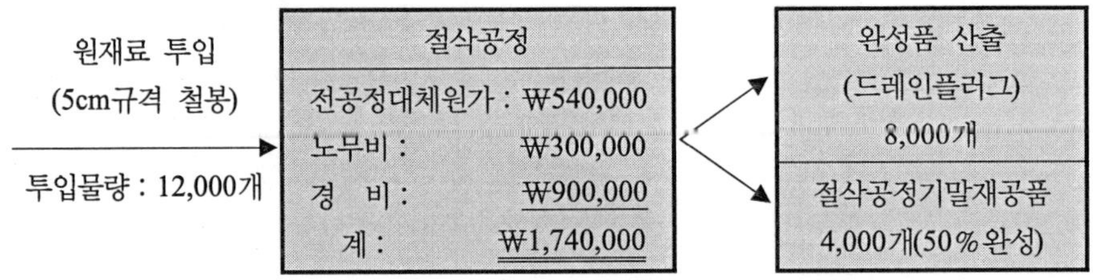

물음.

1. 기말재공품에 투입되어 있는 가공비를 기준으로 보면, 절단공정의 기말재공품 1단위에는 완성품 몇 단위에 해당하는 가공비가 투입되어 있는가?
2. 기말재공품에 투입되어 있는 재료비를 기준으로 보면, 절단공정의 기말재공품 1단위에는 완성품 몇 단위에 해당하는 재료비가 투입되어 있는가?
3. 절단공정의 기말재공품을 평가하고, 절단제품의 단위당 원가를 계산하시오.

4. 기말재공품에 투입되어 있는 가공비를 기준으로 보면, 절삭공정의 기말재공품 1단위에는 완성품 몇 단위에 해당하는 가공비가 투입되어 있는가?
5. 기말재공품에 투입되어 있는 전공정대체원가를 기준으로 보면, 절삭공정의 기말재공품 1단위에는 완성품 몇 단위에 해당하는 전공정대체원가가 투입되어 있는가?
6. 절삭공정의 기말재공품을 평가하고, 드레인플러그 완성품의 단위당 제조원가를 계산하시오.

풀.이.

1. 0.5단위(1단위×50%)

2. 1단위 : 기말재공품에도 완성품과 동일한 재료(5cm규격의 철봉)가 투입되어 있기 때문이다.

3. 기말재공품의 평가

① 재료비 : $\frac{8,000}{(12,000+8,000)} \times ₩400,000 = ₩160,000$

② 가공비 : 기말재공품 완성품환산량 = 8,000×50% = 4,000

$\frac{4,000}{(12,000+4,000)} \times ₩400,000 = ₩100,000$

계 : ₩260,000

완성품 제조원가 : 당기총투입원가(₩800,000) − 기말재공품원가(₩260,000) = ₩540,000

완성품 단위당 원가 : $\frac{₩540,000}{12,000개} = ₩45/개$

4. 0.5단위(1단위×50%)

5. 1단위 : 기말재공품에도 완성품과 동일한 재료(절단제품)이 투입되어 있다.

6. 기말재공품의 평가

① 재료비 : $\frac{4,000}{(8,000+4,000)} \times ₩540,000 = ₩180,000$

② 가공비 : 기말재공품 완성품환산량 = 4,000×50% = 2,000

$\frac{2,000}{(8,000+2,000)} \times ₩1,200,000 = ₩240,000$

계 : ₩420,000

완성품 제조원가 : 당기총투입원가(전공정대체원가 ₩540,000 + 당기신규투입원가 ₩1,200,000) − 기말재공품원가(₩420,000) = ₩1,320,000

완성품 단위당 원가 : $\frac{₩1,320,000}{8,000개} = ₩165/개$

제3절 원가흐름에 대한 가정과 기말재공품평가

지금까지는 원가계산기말에 공정 중 미완성인 상태로 남아있는 기말재공품을 평가하여 원가계산을 하는 절차를 살펴보았다. 한 원가계산기간의 기말재공품은 다음 원가계산기간에서는 이를 기초재공품으로 인식하게 된다. 따라서 지금부터는 전기말의 기말재공품으로서, 이번 원가계산기간으로 이월되어온 기초재공품과 이번 원가계산기말에 가공 중인 상태로 원가계산기말을 맞이한 기말재공품이 모두 존재하는 보다 실제적인 제조상황에서의 종합원가계산절차를 공부하도록 하자.

이를 위해서 단순종합원가계산과 공정별 종합원가계산에서의 원가의 흐름을 요약하면 다음의 [도표 8－1], [도표 8－2]와 같다.

■ 도표 8－1 단순종합원가계산의 계정흐름도

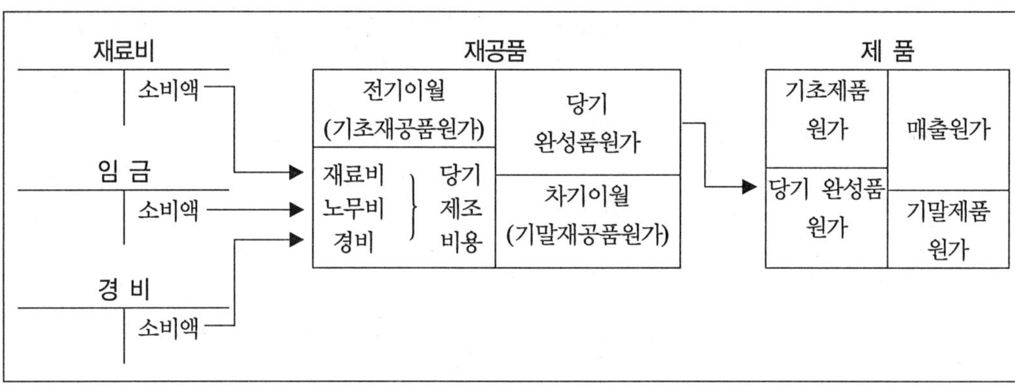

■ 도표 8－2 공정별종합원가계산의 계정흐름도

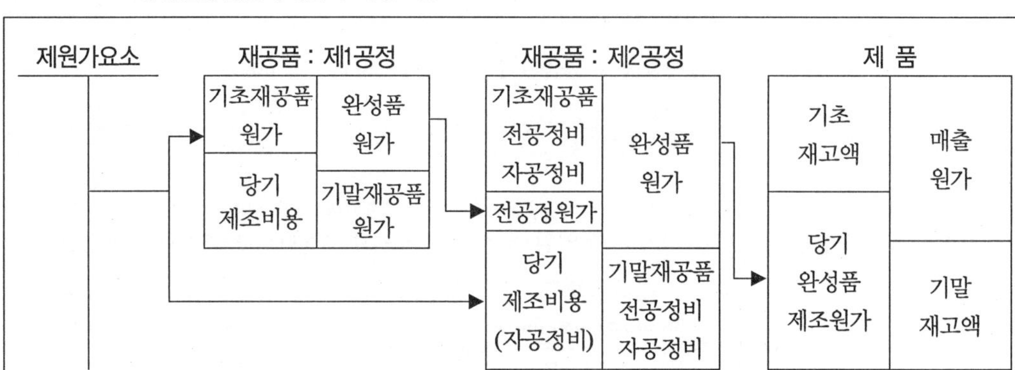

이와 같이 기초재공품이 존재하는 경우 당기의 기말재공품 안에 기초재공품가액이 포함되었는지 여부를 가려내야 하므로, 기말재공품을 평가할 때에는 제조공정이나 원가흐름에 대한 가중평균법, 선입선출법, 후입선출법의 세 가지 가정을 이해하고 있어야 하나 K-IFRS에서는 가중평균법과 선입선출법을 재고자산원가흐름가정으로 채택하고 있다.

1 가중평균법

가중평균법(weighted average method)은 기초재공품원가와 당기신규투입원가(당기제조비용)를 구별하지 않고 이를 가중평균하여 당기완성품과 기말재공품에 원가를 배분하는 방법이다. 가중평균법은 재고자산을 계속기록법으로 기록하는 경우에는 이동평균원가법(moving average cost method)이 되고, 실지재고조사법으로 기록하는 경우에는 총평균법(total weighted average method)이 된다. 가중평균법에 의하면 당기 이전에 이미 착수된 기초재공품(전기말재공품)도 당기에 투입된 원가와 동등하다고 보기 때문에 기초재공품원가는 당기의 완성품과 기말재공품에 균등하게 영향을 미친다고 가정한다. 따라서 가중평균법은 기초재공품의 진척도를 0%로 가정한다. 이 방법은 원가관리 입장에서 보면 한기간 동안 각 공정의 업적을 정확하게 표시하지 못한다는 단점이 있으나 계산과정이 간단하므로 실무에서는 널리 사용되고 있다.

이 관계를 도표로 표시하면 다음과 같다.

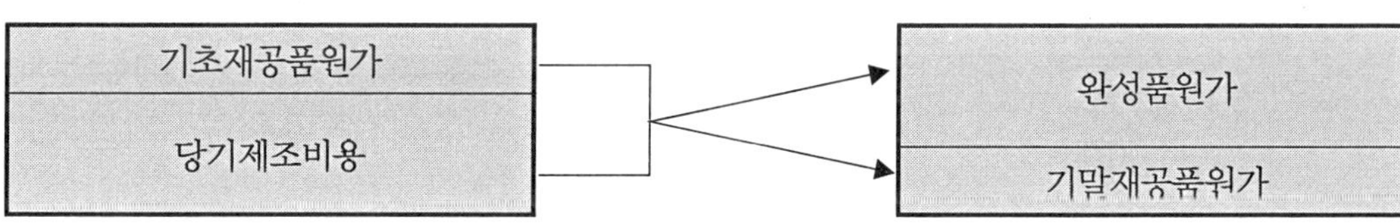

다음의 [예제 8－5]를 통하여 평균법의 원가흐름에 대한 가정과 원가계산절차를 알아보도록 하자.

예제 8－5 한일식품에서는 고급원두커피로 '블루마운틴' 브랜드를 생산하고 있다. 원가자료는 다음과 같다.

한일식품의 원가자료

〈투입원가〉

기초재공품 :

- 재료비 ₩40,000
- 가공비 ₩80,000
- 계 ₩120,000

분쇄공정			
기초재공품 (20% 진척)	20kg	완성품 (블루마운틴)	150kg
당기신규투입재료 (커피원두)	180kg	기말재공품(60% 진척)	50kg
계	200kg	계	200kg

당기신규투입원가

재료비	₩800,000
가공비	₩1,000,000
계	₩1,800,000

물.음.

평균법의 원가흐름을 가정할 때 기말재공품 평가액과 완성품의 kg당 단가를 계산하시오.

풀.이.

기말재공품의 평가 : 평균법의 원가흐름을 가정하면, 기초재공품에 투입되어 있던 원가와 당기에 신규로 투입된 원가가 합해져서 완성품과 기말재공품 가공에 골고루 배분되기 때문에 다음과 같이 계산할 수 있다.

재료비(공정초에 전부 투입되므로) : $\frac{50}{(150+50)} \times (₩40,000 + ₩800,000) = ₩210,000$

가공비(기말재공품환산량) : 50kg×60% = 30kg

$\frac{30}{(150+30)} \times (₩80,000 + ₩1,000,000) = ₩180,000$

계 ₩390,000

완성품제조원가 : 기초재공품원가(₩120,000) + 당기신규투입원가(₩1,800,000) − 기말재공품원가(₩390,000) = ₩1,530,000

단위당 제조원가 : ₩1,530,000/150kg = ₩10,200/kg

2 선입선출법

선입선출법(FIFO)은 말 그대로 먼저 투입된 것(기초재공품)이 먼저 완성된다는 전제하에서 기초재공품은 당기중에 모두 완성품이 되고 기말재공품 안에는 기초재공품이 전혀 존재하지 않는다는 가정하에 이루어지는 계산방법이다.

이를 도표로 표시하면 다음과 같다.

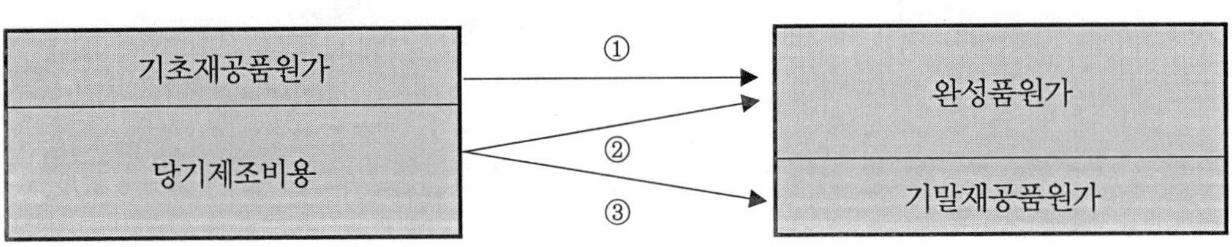

이제 선입선출법의 원가흐름을 이해하기 위하여 앞의 한일공업의 [예제 8－4]를 기말재공품과 기초재공품이 모두 있는 경우를 가정하여 다시 살펴보기로 하자.

예제 8－6 한일공업이 생산하고 있는 볼트의 제작공정은 절단작업이 완전히 끝난 철봉이 다음 공정인 절삭공정에 투입되어 생산된다. 따라서 열처리작업과 단조작업을 남겨 두고 있는 절단공정의 기말재공품부터 다음 원가계산기간중에 작업이 착수되어 완성된다. 그리고 절삭공정에 투입된 5cm규격의 철봉 12,000개 중 8,000개는 작업이 완료되어 완성품으로 산출되었지만 4,000개는 나사산 깍기 작업을 남겨 두고 있는 기말재공품으로서, 다음 원가계산기간중에는 이 부분부터 작업이 착수된다.

물.음.

이와 같은 제조공정하에서는 어떤 원가의 흐름을 가정하는 것이 타당한가?

풀.이.

선입선출법의 원가흐름을 가정하는 것이 합리적이다.

이제 다음의 원가계산자료를 토대로 선입선출의 원가흐름을 가정하고, 기말재공품과 기초재공품이 모두 있는 경우의 원가계산절차를 살펴보도록 하자.

예제 8－7 [예제 8－6]에서 예로 든 한일공업의 생산자료와 원가자료 중 기초재공품과 기말재공품의 내역은 다음과 같다고 가정한다.

(1) 절단공정

5cm규격의 철봉으로 절단한 다음, 열처리작업과 단조작업 후에 절삭공정에 투입한다.

〈투입원가〉

기초재공품 :	
재료비	₩108,000
가공비	₩84,000
계	₩192,000
당기신규투입원가 :	
재료비	₩480,000
가공비	₩456,000
계	₩936,000

〈절단공정〉

기초재공품 (60% 진척)	4,000개	완성품(절단제품)	14,000개
당기신규투입재료 (5cm×16,000개분)	800m	기말재공품 (60% 진척)	6,000개
계	20,000개	계	20,000개

(2) 절삭공정

5cm규격의 철봉으로 가공하여 볼트의 머리부분과 나사산을 깍는 작업을 하고 완성품 드레인플러그를 생산한다.

〈투입원가〉

기초재공품 :

전공정대체원가	₩80,000
가공비	₩120,000
계	₩200,000

당기신규투입원가

가공비	₩1,280,000
전공정대체원가	₩840,000
계	₩2,120,000

〈절삭공정〉

기초재공품 (40% 진척도)	2,000개	완성품 (드레인플러그)	12,000개
당기신규투입재료 (5cm규격 철봉)	14,000개	기말재공품 (40% 진척)	4,000개
계	16,000개	계	16,000개

물.음.

1. 선입선출의 원가흐름을 가정하여 절단공정의 기말재공품을 평가하고, 절단공정산출품의 단위당 원가를 계산하시오.
2. 선입선출의 원가흐름을 가정하여 절삭공정의 기말재공품을 평가하고, 완성품의 단위당 원가를 계산하시오.

풀.이.

1. 절단공정의 기말재공품 평가

다음에 제시한 물량흐름과 가공공정에 대한 도표를 참고한 다음, 이해하고 생각해서 문제를 해결하라. 기말재공품 평가를 위하여 계산공식에 의지하는 순간부터 종합원가계산은 영영 어려울 수밖에 없다.

〈절단공정〉

기초재공품 (60% 진척)	4,000개	기초재공품으로부터 가공되어 완성된 제품 :	4,000개	완성품 14,000개
당기신규투입	16,000개	당기에 착수된 부분에서 완성된 제품 :	10,000개	
		기말재공품 (60% 진척)	6,000개	
계	20,000개	계	20,000개	

① 재료비

기초재공품, 기말재공품 모두 재료비의 진척도가 100%이므로, 선입선출의 원가흐름 가정하더라도, 기초재공품으로부터 가공에 착수하여 완성된 4,000개에 대해서는 당기에 신규투입된 재료비가 제품완성에 기여할 여지가 없다. 따라서 당기에 신규투입된 재료비는 당기에 착수되어 완성된 제품 10,000개와 기말재공품 6,000개의 작업에만 해당된다.

기말재공품 재료비 : $\frac{6,000}{(10,000+6,000)} \times ₩480,000 = ₩180,000$

② 가공비

기초재공품의 진척도가 60%이므로, 기초재공품으로부터 가공에 착수하여 완성시키기 위해서는 나머지 40%의 완성을 위해서 당기의 신규투입 가공비가 쓰여져야 한다. 따라서 기초재공품 4,000개에 대해서 40%에 해당하는 가공작업에 당기의 신규투입 가공비가 사용되었으며, 또 당기에 착수하여 완성된 10,000개에 대해서도 100%의 당기신규투입 가공비가 사용되었을 것이다.

기말재공품 6,000개에 대해서도 60%의 가공상태에 이르게 할 수 있을 정도의 당기신규투입 가공비가 소요되었을 것이다. 결국 당기의 신규투입 가공비는 기초재공품 중 당기에 완성시킨 부분에 해당하는 4,000×40%, 당기에 착수하여 완성된 부분에 해당하는 10,000×100%, 그리고 기말재공품을 60%까지 완성시킨 부분에 해당하는 6,000×60%의 3부분의 가공작업에 투입되었을 것이다. 따라서 기말재공품 가공비는 ₩108,000이다.

기말재공품 가공비 : $\frac{₩456,000 \times (6,000 \times 60\%)}{(4,000 \times 40\%) + 10,000 + (6,000 \times 60\%)} = ₩108,000$

③ 기말재공품 평가액 : ₩180,000 + ₩108,000 = ₩288,000

④ 완성품 제조원가 : 당기 총투입원가(기초재공품 ₩192,000 + 당기신규투입원가 ₩936,000) − 기말재공품평가액(₩288,000) = ₩840,000

⑤ 완성품 단위당 원가 : $\frac{₩840,000}{14,000개} = ₩60/개$

2. 절삭공정의 기말재공품 평가

다음에 제시한 물량흐름과 가공공정에 대한 도표를 참고한 다음, 이해하고 생각해서 문제를 해결하라. 기말재공품 평가를 위하여 계산공식에 의지하는 순간부터 종합원가계산은 영영 어려울 수밖에 없다.

〈절삭공정〉

기초재공품 (40% 진척)	2,000개	기초재공품으로부터 가공되어 완성된 제품 :	2,000개	완성품 12,000개
당기신규투입	14,000개	당기에 착수된 부분에서 완성된 제품 :	10,000개	
		기말재공품 (40% 진척)	4,000개	
계	16,000개	계	16,000개	

① 전공정대체원가

절삭공정에서의 전공정대체원가는 절단공정에서 5cm규격의 철봉으로 절단가공된 산출품으로서 절삭공정의 입장에서 보면 재료비와 다를 것이 없다. 한편 절삭공정에서의 기말재공품이나 기초재공품 모두 5cm규격의 철봉재료는 그대로 갖고 있기 때문에 기초재공품, 기말재공품 모두 재료비의 진척도는 100%라고 할 수 있다. 따라서 선입선출법의 원가흐름을 가정하더라도, 기초재공품으로부터 가공에 착수하여 완성된 2,000개에 대해서는 당기에 신규투입된 전공정대체원가가 제품완성에 기여할 여지가 없다. 따라서 당기에 신규투입된 전공정대체원가는 당기에 착수하여 완성된 제품 10,000개와 기말재공품 4,000개의 작업에만 해당된다.

$$\text{기말재공품 전공정대체원가}: \frac{₩840,000 \times 4,000}{(10,000+4,000)} = ₩240,000$$

② 가공비

기초재공품의 진척도가 40%이므로 기초재공품으로부터 가공에 착수하여 완성시키기 위해서는, 나머지 60%의 완성을 위해 당기의 신규투입 가공비가 쓰여져야 한다. 따라서 기초재공품 2,000개에 대해서 60%에 해당하는 가공작업에 당기의 신규투입 가공비가 사용되며, 또 당기에 착수하여 완성된 10,000개에 대해서는 100%의 당기 신규투입 가공비가 사용되어야 한다. 기말재공품 4,000개에 대해서도 40%의 가공상태에 이르게 하기 위해서는 역시 당기의 신규투입 가공비가 소요되었을 것이다. 결국 당기의 신규투입 가공비는 기초재공품중 당기에 완성시킨 부분에 해당하는 2,000×60%, 당기에 착수하여 완성된 부분에 해당하는 10,000×100%, 그리고 기말재공품을 40%까지 완성시킨 부분에 해당하는 4,000×40% 만큼 가공작업에 투입되었다. 따라서 기말재공품 가공비는 ₩160,000이다.

$$\text{기말재공품 가공비}: \frac{₩1,280,000 \times (4,000 \times 40\%)}{(2,000 \times 60\%) + 10,000 + (4,000 \times 40\%)} = ₩160,000$$

③ 기말재공품 평가액 : ₩240,000 + ₩160,000 = ₩400,000

④ 완성품 제조원가 : 당기 총투입원가(기초재공품 ₩200,000 + 당기신규투입원가 ₩2,120,000) − 기말재공품평가액(₩400,000) = ₩1,920,000

⑤ 완성품 단위당 원가 : $\frac{₩1,920,000}{12,000\text{개}} = ₩160/\text{개}$

3 종합원가계산의 단계적 접근

지금까지 공부한 원가흐름의 가정에 따른 기말재공품의 평가와 종합원가계산절차를 다음과 같이 정리함으로써 체계적으로 이해할 수 있을 것이다.

(1) 물량흐름 파악(제1단계)

제조과정의 물량흐름을 추적하여 수량을 파악하고 필요하다면 생산공정에 대한 물량흐름을 도표로 작성한다. 예를 들어 (공손품 등이 없다고 가정하면) 기초재공품수량과 당기제조착수량을 합한 수량은 완성품수량과 기말재공품수량을 합계한 수량과 일치한다.

이렇게 제조의 착수에서부터 최종생산물이 나오기까지의 과정을 수량을 기준으로 파악해 보는 단계이다.

(2) 원가흐름의 가정과 완성품 환산량의 계산(제2단계)

제1단계에서 파악된 물량을 직접재료비, 가공비 등의 원가요소별로 기초재공품과 기말재공품환산량을 계산한 다음 원가흐름의 가정을 적용하여 배부해 주어야 할 부분을 결정한다.

① 총평균법을 적용하는 경우의 배부대상 : 완성품환산량(A)+(B)

기초재공품	완성품	…	환산량(A)
당기신규투입			
	기말재공품	…	환산량(B)

② 선입선출법을 적용하는 경우의 배부대상 : 완성품환산량(A)+(B)+(C)

기초재공품	기초재공품에 추가로 가공을 하여 완성된 제품	…	환산량(A)
당기신규투입	당기에 착수하여 완성된 제품	…	환산량(B)
	당기에 착수된 부분 중 미완성된 기말재공품	…	환산량(C)

(3) 배분될 원가의 집계와 기말재공품 평가(제3단계)

① 평균법을 적용하는 경우 : 원가요소별(직접재료비, 가공비 등) 기초재공품원가+당기신규투입원가

② 선입선출법을 적용하는 경우 : 원가요소별(직접재료비, 가공비 등) 당기 신규투입원가

(4) 완성품제조원가의 계산(제4단계)

완성품제조원가는 「기초재공품원가+당기신규투입원가−기말재공품원가」로 어느 경우에나 동일하게 계산된다. 이제 다음의 [예제 8−8]을 통해 종합원가계산의 원리를 체계적으로 정리해 보도록 하자.

예제 8-8 다음 원가계산자료를 이용하고 단계적 접근법을 통해 기말재공품을 평균법, 선입선출법의 원가흐름을 각가 가정하여 평가하고 완성품원가를 계산하라.

(1) 기초재공품 : 수량 300개 ………… ₩117,840

원가	주요재료비	₩58,240	진척도	80%
	가공비	₩59,600	진척도	50%

(2) 당기제조비용 : ……………………… ₩1,372,160

주요재료비	₩661,760
가공비	₩710,400

(3) 당기완성품수량 : 3,600개

(4) 기말재공품 : 수량 500개(재료투입비율 : 80% 가공비 진척도 : 50%)

물.음.

1. 총평균법으로 원가흐름을 가정하고, 완성품원가를 계산하시오.
2. 선입선출법으로 원가흐름을 가정하고, 완성품원가를 계산하시오.

풀.이.

1. 총평균법

		완성품	기말재공품
① 1, 2단계 : 완성품환산량	주요재료비	3,600×100%=3,600	500×80%=400
	가공비	3,600×100%=3,600	500×50%=250

② 3단계 : 기초재공품 주요재료비(₩58,240)+당기신규투입재료비(₩661,760) =₩720,000

기초재공품 가공비(₩59,600)+당기신규투입가공비(₩710,400) =₩770,000

③ 4단계 : 기말재공품 주요재료비배분 : $\frac{₩720,000 \times 400}{(3,600+400)}$ =72,000

기말재공품 가공비배분 : $\frac{₩770,000 \times 250}{(3,600+250)}$ =₩50,000

계 ₩122,000

완성품원가 : 기초재공품원가(₩117,840)+당기신규투입 원가(₩1,372,160) −기말재공품평가액(122,000) =₩1,368,000

완성품단위당 원가 : $\frac{₩1,368,000}{3,600개}$ =₩380/개

2. 선입선출법

① 1, 2단계 :	기초재공품중 완성품	당기신규투입 완성품	기말재공품
완성품환산량−주요재료비	300×20%=60	3,300×100%=3,300	500×80%=400
−가공비	300×50%=150	3,300×100%=3,300	500×50%=250

② 3단계 : 당기신규투입 재료비 = ₩661,760
당기신규투입 가공비 = ₩710,400

③ 4단계 : 기말재공품 주요재료비배분 : $\frac{₩661,760 \times 400}{(60 + 3,300 + 400)}$ = 70,400

기말재공품 가공비배분 : $\frac{₩710,400 \times 250}{(150 + 3,300 + 250)}$ = ₩48,000

계 ₩118,400

완성품원가 : 기초재공품원가(₩117,840) + 당기신규투입 원가(₩1,372,160)
− 기말재공품평가액(118,400) = ₩1,371,600

완성품단위당 원가 : $\frac{₩1,371,600}{3,600개}$ = ₩381/개

제4절 공손품의 평가와 회계처리

1 공손품, 재작업품, 작업폐물의 의의

공손품, 감손품, 재작업품, 작업폐물에 관한 의미는 각 기업마다 상이하게 사용되고 있지만, 종합원가계산에서의 회계처리를 위해서는 다음과 같이 정리할 수 있다.

(1) 공손품

기초재공품수량과 당기 착수수량을 합계한 투입물량 총계는 당기완성품수량과 기말재공품수량을 합한 수량과 일치하는 것이 원칙이다. 그러나 가공 중에 감손이나 공손의 발생으로 인하여 투입량보다 산출량이 적은 것이 보통이다. 이 때 제조과정에서 작업을 제대로 완성하지 못한 불완전한 생산물을 공손품(spoilage)이라 한다.

(2) 감손품

제조과정에 투입된 원재료가 가공공정을 거치면서 증발, 분산, 수축되거나, 먼지, 가스 연기 등으로 없어지거나 무가치한 작업폐물을 감손품(waste)이라고 한다.

(3) 재작업품

재작업품(reworked units)이란 규격 또는 품질표준에 미달되어 보수작업에 의하여 회복되

어 정상품 또는 이등급품으로 판매될 수 있는 제품을 의미한다. 이 점에서는 공손품과 구별되지만, 우리나라의 원가계산준칙에 의한 회계처리에 있어서는 공손비의 회계처리절차를 준용한다.

(4) 작업폐물

작업폐물(scrap)이란 제조공정에서 원재료를 가공하는 과정에서 생기는 찌꺼기로, 대부분 원재료와 동질적인 것으로 극히 적은 매각가치를 지닌다. 우리나라의 원가계산준칙 제24조 4항에서는 매각가치가 있는 경우의 평가액을 발생부문(제조공정)의 제조원가에서 차감하거나 필요에 따라 당해제품의 제조원가에서 차감할 수 있도록 규정되어 있다.

(5) 공손품의 관리적 의미

공손품 발생의 문제는 종합원가계산의 제품원가계산 측면에서도 중요하지만, 경영계획과 통제의 측면에서 더욱 중요하다. 왜냐하면 생산관리자의 입장에서는 이상적 목표로서 무결점(zero defects)인 생산방법이나 생산공정을 고려할 수 있지만, 이 상태에 도달하기 위해서는 생산설비, 종업원의 교육훈련 등에 소요될 투자의 경제성과 실현가능성이 뒷받침되어야 하므로 실행가능한 생산방법이나 생산공정 중에서 가장 경제적이고 능률적인 생산방법이나 생산공정을 선택하게 된다.

일단 선택된 생산조건하에서 작업을 할 때 경영자는 그에 따른 품질관리 목표를 설정하고 정상적이라고 간주되는 공손을 설정하여야 한다. 정상적 공손이란 특정 공정이나 생산방법을 선택한 결과이며, 능률적인 작업조건하에서도 발생되는 계획된 범위 내의 공손을 말한다. 단기적으로 생산방법이나 공정을 일시에 바꿀 수는 없으므로 생산현장에서는 미리 설정된 범위 내에서 공손이 통제되고 있는지를 살펴야 한다. 이러한 의미에서 정상적 공손은 주어진 생산요소의 선택으로 경영자가 기꺼이 수용할 수 있는 품질관리 목표 내의 공손율을 의미한다. 따라서 양품(good units)을 생산하려면 공손품의 발생이 수반되는 것으로 보아 정상적 공손의 원가는 전형적으로 제품(양품)제조원가의 일부분으로 간주한다. 이 점에서 정상공손의 범위 또는 수량을 검사를 통과한 양품의 일정비율, 가령 1% 또는 0.5%로 설정하는 것이 합리적이다.

한편 품질향상과 공손율의 저하가 총비용을 감소시키고 매출액을 증가시키는 데 대단히 중요하므로, 기업에서는 전사적 품질관리(total quality control : TQC) 등을 통하여 품질을 향상시키기 위한 활동과 함께 품질관리원가를 분석하여 이러한 관리적 노력을 뒷받침하고 있다. 비정상적 공손은 능률적인 작업조건에서는 발생하지 않을 것으로 기대되는 부분으로 대부분 불량재료사용, 기계의 고장, 사고 및 작업자나 감독자의 비능률, 또는 교육훈련의 부족 등으로 인하여 발생된다. 따라서 생산관리자에 의해 선택된 생산공정이나 생산방법하에서는 허용되지 않는 부분이며, 경영자에 의해 사전에 방지할 수 있거나 통제할 수 있다고 간주된다. 따라서 정상적인 공손과는 구분되어 관리되고 회계처리되어야 한다.

2 공손품의 회계처리

(1) 회계처리의 일반적 방법

① **정상적인 공손** : 정상적 공손품은 양질의 제품을 만드는 데 필연적으로 생기는 공정 중의 공손품수량이며, 정상적 공손품원가는 완성품에 부담시키거나 완성품과 기말재공품에 배분한다.

② **비정상적인 공손** : 비정상적으로 생긴 공손은 완성품 생산을 위하여 당연히 생기는 것이 아니므로 제조원가에서 배제하여 처리한다. 비정상 공손품원가는 따로 계산하여 제조비용 중 비정상적인 부분의 금액으로 당기비용 처리한다.

한편 정상적인 공손원가를 완성품과 기말재공품에 배분할 것인가 아니면 완성품에만 부담시킬 것인가의 일반적인 의사결정은 기말재공품의 진척도와 공손품의 진척도를 비교하여 한다. 즉 만일 기말재공품 진척도가 공손 진척도보다 큰 경우에는 공손원가는 완성품과 기말재공품에 배분하며, 반대로 기말재공품 진척도가 공손 진척도보다 작은 경우에는 공손원가는 완성품에만 부담시킨다.

왜냐하면 검사시점에서 공손품과 양품으로의 판별이 가능하므로, 기말재공품의 진척도가 검사시점의 진척도보다 큰 경우에는 이미 검사를 통과한 양품이 완성품과 기말재공품을 구성하기 때문이다. 반면 기말재공품의 진척도가 검사시점의 진척도에 이르지 못한 경우, 검사를 통과한 양품은 오직 완성품밖에 없고 공손은 양품의 생산에 관련되기 때문이다.

(2) 우리나라의 원가계산준칙에 의한 방법

한편 우리나라의 원가계산준칙 제25조에서도 공손비는 ① 공손이 보수에 의하여 회복될 경우에는 보수비용으로, ② 공손이 보수로서 회복되지 않고 그 전부를 다시 생산할 경우 공손비는 기발생된 공손품제조원가에서 공손품의 평가액을 차감한 가액으로, ③ 공손이 보수로서 완전회복 되지 않고 그 일부를 다시 생산하는 경우 공손비는 추가적으로 발생하는 제조원가에서 공손품의 평가액을 차감한 가액으로 하도록 규정되어 있다. 여기에서 공손품의 평가는 추정매각가격에서 판매비와 관리비 및 정상이윤을 공제한 순실현가능가치로 평가하되, 추정매각가격은 최근의 거래가격 또는 권위있는 물가조사기관의 물가조사표에 의한 시가를 적용한다.

그리고 판매비와 관리비 및 정상이윤은 유사제품의 최근 평균매출원가율을 적용하도록 하고 있다. 이와 같이 계산된 공손비가 정상적으로 발생한 것이라면 당해제품의 제조원가에 부과하거나 원가발생부문(제조공정)의 간접비용으로 하도록 규정되어 있다. 만약 공손비라면 당기비용으로 손익계산서에 계상하도록 하고 있다.

(3) 공손품이 있는 경우의 완성품환산량의 계산

① **완성품에만 부담시키는 경우** : 기말재공품의 진척도가 검사시점에 이르지 못한 경우와 우리나라의 원가계산준칙에 의한 경우에는 완성품에만 정상공손비를 부담시킨다. 이 경우 비정상공손비는 분리하여 기타비용으로 처리한다.

② **기말재공품과 완성품에 부담시키는 경우** : 기말재공품의 진척도가 검사시점의 진척도를 넘어선 경우에는 완성품과 기말재공품에 정상공손비를 안분한다. 왜냐하면 기말재공품은 검사시점을 통과한 상태이고, 정상공손은 양품의 일정비율로 품질관리목표가 설정되기 때문이다. 이 경우에도 비정상공손비는 분리하여 기타비용으로 처리한다.

③ 공손품의 환산량은 검사시점, 또는 감손발생시점의 진척도를 기준으로 계산한다. 이 경우에도 원재료가 공정초에 투입되는 경우에는 재료비 환산량을 구할 때 100%의 진척도를 적용하여 계산한다.

이같이 완성품환산량을 구하고 원가의 배분대상을 구하는 과정을 다음의 예제를 통하여 살펴보자.

예제 8-9 어느 학과의 동문들이 졸업 5주년을 기념하여 저녁식사 모임을 가졌는데, 이 중에는 기혼인 동문(완성품)이 40명, 미혼인 동문(재공품)이 10명 참석하였다. 저녁식사 후 식사비 내역을 살펴보니 다음과 같다.

뷔페 : 50인분×₩20,000	=₩1,000,000
기본 맥주 : 25병×₩5,000	=₩125,000(정상공손품)
추가 맥주 : 13병×₩5,000	=₩65,000(비정상공손품)
담배 : 10갑×₩1,000	=₩10,000(감손품)
계 :	₩1,200,000

* 맥주병은 1개당 ₩120씩 돌려받을 수 있다고 한다(공손품의 매각가치 또는 공손품 평가액)

물.음.

1. 추가한 맥주는 회장이 부담하기로 하고, 담배를 포함한 식사와 음료 등을 참석한 동문 모두가 골고루 나누었다고 하자. 이 경우 식사비를 1인당 얼마씩 부담해야 하는가? (기말재공품과 완성품에 부담시키는 경우)
2. 식사는 참석한 인원이 골고루 하였지만, 담배와 술은 기혼인 동문(완성품)들이 주로 먹었다고 하자. 이 경우에도 추가한 맥주는 회장이 부담하기로 한다면, 기혼인 동문과 미혼인 동문은 1인당 얼마씩 식사비를 부담해야 하는가? (완성품에만 부담시키는 경우)

풀.이.

1. 기말재공품평가에 정상공손비와 감손비가 배분된다. 따라서 총식사비 중 추가 맥주(비정상공손품) 원가를 제외한 비용이 기말재공품에 배분되어야 한다.

① 기말재공품평가액(미혼인 동문이 부담해야 할 식사비)

식사비 : $\dfrac{₩1{,}000{,}000 \times 10}{(40+10)}$ = ₩200,000

정상공손비 부담액 : $\dfrac{(₩125{,}000 - ₩120 \times 25\text{병}) \times 10}{(40+10)}$ = ₩24,400

감손비 부담액 : $\dfrac{₩10{,}000 \times 10}{(40+10)}$ = ₩2,000

계 ₩226,400

따라서 1인당 ₩22,640(₩226,400÷10명)씩 부담해야 한다.

② 완성품원가(기혼인 동문이 부담해야 할 식사비)

식사비 : $\dfrac{₩1{,}000{,}000 \times 40}{(40+10)}$ = ₩800,000

정상공손비 부담액 : $\dfrac{(₩125{,}000 - ₩120 \times 25\text{병}) \times 40}{(40+10)}$ = ₩97,600

감손비 부담액 : $\dfrac{₩10{,}000 \times 40}{(40+10)}$ = ₩8,000

계 ₩905,600

따라서 1인당 ₩22,640(₩905,600÷40명)씩 부담해야 한다. 단, 동문회장은 ₩22,640 + 비정상공손비(₩63,440 = ₩65,000 − ₩120×13병) = ₩86,080을 부담하면 된다.

2. 기말재공품평가에 공손비나 감손비가 배분되어서는 안 된다. 따라서 총식사비 중 맥주(공손품)와 담배(감손품)의 원가를 제외한 비용이 기말재공품에 배분되어야 한다.

① 기말재공품평가액(미혼인 동문이 부담해야 할 식사비)

식사비 : $₩1{,}000{,}000 \times \dfrac{10}{(40+10)} = ₩200{,}000$

따라서 1인당 ₩20,000씩 부담해야 한다.

② 완성품원가(기혼인 동문이 부담해야 할 식사비)

식사비 : ₩1,000,000 × $\frac{40}{(40+10)}$	= ₩800,000
정상공손비 부담액 : [₩125,000 − (₩120×25병)]	= ₩122,000
감손비 부담액 :	= ₩10,000
계	₩932,000

따라서 1인당 ₩23,300씩 부담해야 한다. 단, 동문회장은 ₩23,300 + 비정상공손비(₩63,440 = ₩65,000 − ₩120×13병) = ₩86,740을 부담하면 된다.

(4) 공손품의 회계처리(기말재공품만 있는 경우)

이제 다음의 [예제 8−10]으로 기초재공품이 없는 경우를 먼저 살펴본 다음, [예제 8−11]에서는 기초재공품이 있는 경우를 살펴봄으로써 공손과 감손의 회계처리를 단계적으로 살펴보도록 하자. 어느 경우에나 비정상공손품이나 감손품의 원가를 분리해내는 것을 가장 먼저 계산해야 한다는 사실을 기억하기 바란다. 그렇게 하지 않으면 정상감손비가 비정상공손품이나 감손품에 배부될 오류가 발생할 수 있기 때문이다.

예제 8−10 한일공업은 각종 공업용 볼트와 나사못을 절단공정과 절삭공정을 통하여 대량생산하는 전문업체로서, 다음의 절단공정과 원가자료를 토대로 물음에 답하시오.

〈절단공정〉

절단공정에서는 직경 5mm의 철봉 1,000m(5cm×20,000개분)이 투입되어, 5cm규격의 철봉으로 절단한 다음, 열처리작업과 단조작업을 거쳐 절단제품을 산출하여 다음 공정인 절삭공정에 투입한다. 이번 원가계산기간 동안 절단공정이 완료된 5cm규격의 철봉은 15,000개이며, 열처리작업과 단조작업을 남겨 두고 있는 기말재공품 4,500개는 50%의 진척도를 달성한 것으로 평가된다. 한편 가공 중에 500개의 공손품이 발생하였으며, 검사를 통과한 양품 중 2%만이 정상공손이라고 한다. 단, 공손품은 보수작업에 의해 회복되지 않기 때문에 개당 ₩10에 매각한다.

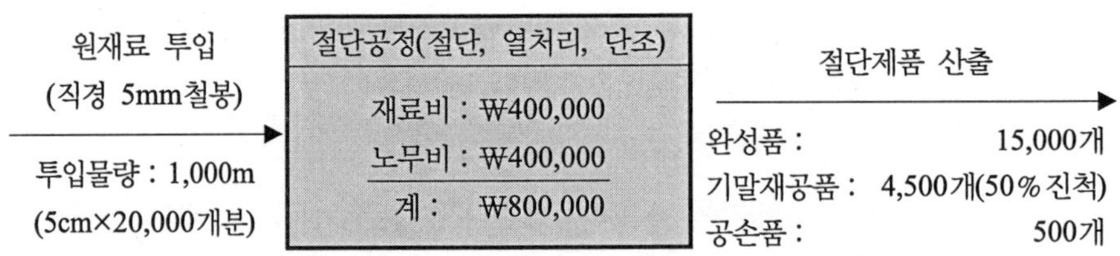

물.음.

1. 검사시점이 40%, 100%의 가공단계에서 이루어지는 경우를 각각 가정하여 정상공손품수량과 비정상공손품수량을 계산하시오.

2. 검사시점이 40%, 100% 가공단계에서 이루어지는 경우를 각각 가정하여 공손품원가를 계산하고, 공손비를 계산하시오.
3. 기말재공품을 평가한 다음 완성품 제조원가와 단위당 원가를 계산하시오.

풀.이.

1. ① 40% 가공단계에서 검사하는 경우

완성품 (15,000개) 검사통과(양품)
기말재공품 (4,500개) 검사통과(양품)
계 19,500개

19,500×2% = 390개(정상공손품)
500개(총공손품) − 390개(정상공손품) = 110개(비정상공손품)

② 100% 가공단계에서 검사하는 경우

완성품 (15,000개) 검사통과(양품)
기말재공품 (4,500개) 검사단계에 이르지 못함(따라서 양품인지 아닌지는 다음 원가계산기간에 검사를 통하여 알 수 있고, 생산공정에 부수되는 공손비도 양품으로 판명될 다음 원가계산기간에 배분받게 된다. 따라서 이번 원가계산기간에는 공손비를 배부하지 않는다.)

15,000×2% = 300개(정상공손품)
500개(총공손품) − 300개(정상공손품) = 200개(비정상공손품)

2. ① 40% 가공단계에서 검사하는 경우의 정상공손품원가의 공손비

재료비 : $\dfrac{₩400,000 \times 390}{(15,000 + 4,500 + 390 + 110)}$ = ₩7,800

가공비 : $\dfrac{₩400,000 \times (390 \times 0.4)}{(15,000 + 4,500 \times 0.5 + 390 \times 0.4 + 110 \times 0.4)}$ = ₩3,576

계 ₩11,376

정상공손비 : 공손품원가(₩11,376) − 공손품평가액(₩3,900 = 390개×₩10)
= ₩7,476

② 40% 가공단계에서 검사하는 경우의 비정상공손품원가의 공손비

재료비 : $\dfrac{₩400,000 \times 110}{(15,000 + 4,500 + 390 + 110)}$ = ₩2,200

가공비 : $\dfrac{₩400,000 \times (110 \times 0.4)}{(15,000 + 4,500 \times 0.5 + 390 \times 0.4 + 110 \times 0.4)}$ = ₩1,008

계 ₩3,208

비정상공손비 : 공손품원가(₩3,208) − 공손품평가액(₩1,100 = 110개×₩10)
= ₩2,108

③ 100% 가공단계에서 검사하는 경우의 정상공손품원가의 공손비

재료비 : $\dfrac{₩400,000 \times 300}{(15,000 + 4,500 + 300 + 200)}$ = ₩6,000

$$\text{가공비} : \frac{₩400,000 \times (300 \times 100\%)}{(15,000 + 4,500 \times 0.5 + 300 \times 100\% + 200 \times 100\%)} = ₩6,760$$

계 ₩12,760

정상공손비 : 공손품원가(₩12,760) − 공손품평가액(₩3,000 = 200개×₩10)

= ₩9,760

④ 100% 가공단계에서 검사하는 경우의 비정상공손품원가의 공손비

$$\text{재료비} : \frac{₩400,000 \times 200}{(15,000 + 4,500 + 300 + 200)} = ₩4,000$$

$$\text{가공비} : \frac{₩400,000 \times (200 \times 100\%)}{(15,000 + 4,500 \times 0.5 + 300 \times 100\% + 200 \times 100\%)} = ₩4,507$$

계 ₩8,507

비정상공손비 : 공손품원가(₩8,507) − 공손품평가액(₩2,000 = 200개×₩10)

= ₩6,507

3. 공손품과 감손품이 있는 경우, 기말재공품을 평가하기 위해서는 다음의 물량흐름의 도표를 먼저 분석한 다음, 정상공손품비를 완성품과 기말재공품에 안분해야 할 것인지의 여부를 결정해야 한다. 이 경우 비정상공손비는 당기비용으로 계상되기 때문에 기말재공품과 완성품 원가에 미치는 영향을 배제시키기 위해서 제일 먼저 계산해야 한다.

〈절단공정〉

당기신규투입재료 (5cm×20,000개분)	1,000m	완성품(절단제품)	15,000개
		공손품(500개) 정상공손품	390개
		비정상공손품	110개
		기말재공품 (50% 진척)	4,500개
계	20,000개	계	20,000개

(1) 40% 가공단계에서 검사하는 경우

기말재공품이 이미 검사시점을 통과한 양품이므로 정상공손비를 완성품과 같이 배부받아야 한다. 이 경우 앞의 2.에서 계산된 정상공손비를 배분하여 기말재공품을 평가해 보도록 하자.

① 정상공손비 : 공손품원가(₩11,376) − 공손품평가액(₩3,900 = 390개×₩10)

= ₩7,476

② 기말재공품 평가

$$\text{기말재공품 재료비} : \frac{₩400,000 \times 4,500}{(15,000 + 4,500 + 390 + 110)} = ₩90,000$$

$$\text{기말재공품 가공비} : \frac{₩400,000 \times (4,500 \times 0.5)}{(15,000 + 4,500 \times 0.5 + 390 \times 0.4 + 110 \times 0.4)} = ₩51,576$$

정상공손비배부 : $\dfrac{₩7,476 \times 4,500^*}{(15,000+4,500)}$ = ₩1,725

계 ₩143,301

* 검사시점을 통과한 양품이라는 점에서 완성품과 동일한 기준에 의해 정상공손비를 배부하기 때문이다.

③ 완성품 제조원가

완성품 재료비 : $\dfrac{₩400,000 \times 15,000}{(15,000+4,500+390+110)}$ = ₩300,000

완성품 가공비 : $\dfrac{₩400,000 \times 15,000}{(15,000+4,500 \times 0.5+390 \times 0.4+110 \times 0.4)}$ = ₩343,840

정상공손비배부 : $\dfrac{₩7,476 \times 15,000}{(15,000+4,500)}$ = ₩5,751

계 ₩649,591

④ 완성품 단위당 원가 : ₩43.3/개(=₩649,591/15,000)

⑤ 기타비용(비정상감손비) : 비정상공손품원가(₩3,208) − 비정상공손품평가액(₩1,100) = ₩2,108

(2) 100% 가공단계에서 검사하는 경우

기말재공품이 검사시점을 통과하지 못하였으므로 완성품만이 양품을 구성한다. 따라서 정상공손비를 완성품에만 배부시켜야 한다. 이러한 경우 아래의 물량흐름도표를 기초로 기말재공품을 평가해 보도록 하자.

〈절단공정〉

당기신규투입재료 (5cm×20,000개분)	1,000m	완성품(절단제품)	15,000개
		공손품(500개) 정상공손품	300개
		공손품(500개) 비정상공손품	200개
		기말재공품 (50% 진척)	4,500개
계	20,000개	계	20,000개

총원가 중 비정상공손품과 정상공손품에 투입된 원가요소를 분리한 다음, 정상공손비는 완성품에만 배부하고 비정상공손비는 기타비용으로 계상한다.

① 정상공손비 : 공손품원가(₩12,760) − 공손품평가액(₩3,000 = 300개×₩10) = ₩9,760

② 기말재공품 평가

기말재공품 재료비 : $\dfrac{₩400,000 \times 4,500}{(15,000+4,500+300+200)}$ = ₩90,000

기말재공품 가공비 : $\dfrac{₩400,000 \times (4,500 \times 50\%)}{(15,000+4,500 \times 0.5+300 \times 100\%+200 \times 100\%)}$ = ₩50,704

계 ₩140,704

③ 완성품 제조원가

완성품 재료비 : $\frac{₩400,000 \times 15,000}{(15,000+4,500+300+200)}$ =₩300,000

완성품 가공비 : $\frac{₩400,000 \times 15,000}{(15,000+4,500 \times 0.5+300 \times 100\%+200 \times 100\%)}$ =₩338,028

정상공손비배부 : 공손품원가(₩12,760) − 공손품평가액(₩3,000=300개×₩10) =₩9,760

계 ₩647,788

④ 완성품 단위당 원가 : ₩43.2/개(=₩647,788/15,000)

⑤ 기타비용(비정상감손비) : 비정상공손품원가(₩8,507) − 비정상공손품평가액(₩2,000)=₩6,507

(5) 공손품의 회계처리(기초재공품, 기말재공품이 전부 있는 경우)

이제 다음의 [예제 8−11]을 통하여 기초재공품이 있는 경우에 공손의 회계처리를 살펴보도록 하자. 앞에서와 마찬가지로 비정상공손품의 원가를 분리해내는 것을 가장 먼저 계산해야 한다는 사실을 기억하기 바란다. 그렇게 하지 않으면 정상공손비가 비정상공손품에 배부될 오류가 발생할 수 있기 때문이다. 그리고 기초재공품과 기말재공품이 모두 있는 경우에는 물량흐름과 원가흐름의 가정을 이해하고 있어야 한다.

예제 8−11 한일공업은 각종 공업용 볼트와 나사못을 절단공정과 절삭공정을 통하여 대량생산하는 전문업체로서, 선입선출법을 적용하여 기말재공품을 평가하고 있다. 절단공정초에 재료비가 전부투입되는 것을 가정하여 다음의 물량흐름과 공손발생자료를 토대로 물음에 답하시오.

(1) 원가자료

기초재공품원가		당기신규투입원가	
재료비 :	₩108,000	재료비 :	₩480,000
가공비 :	₩84,000	가공비 :	₩456,000
계 :	₩192,000	계 :	₩936,000

(2) 생산자료

〈절삭공정〉

차변		대변		
기초재공품 (25% 진척)	4,000개	기초재공품으로부터 가공되어 완성된 제품 :	4,000개	완성품 15,000개
당기신규투입 (5cm×16,000개분)		당기에 착수하여 완성된 제품 :	11,000개	
		공손품(500개) ……… 정상공손품(?) / 비정상공손품(?)		
		기말재공품 (60% 진척)	4,500개	
계	20,000개	계	20,000개	

(3) 공손발생자료

가공중에 500개의 공손품이 발생하였으며, 검사를 통과한 양품 중 2%만이 정상공손이라고 한다. 단, 공손품은 보수작업에 의해 회복되지 않기 때문에 ₩10/개에 매각한다.

물.음.

1. 검사시점이 20%, 50%, 100%의 가공단계에서 이루어지는 경우를 각각 가정하여 정상공손품수량과 비정상공손품수량을 계산하시오.
2. 검사시점이 20%, 50%, 100%의 가공단계에서 이루어지는 경우를 각각 가정하여 공손품원가를 계산하고, 공손비를 계산하시오.
3. 기말재공품을 평가한 다음 완성품 제조원가와 단위당 원가를 계산하시오.

풀.이.

1. ① 20% 가공단계에서 검사하는 경우

기초재공품으로부터 가공되어 완성된 제품 :	4,000개*	전기에 검사통과
당기에 착수하여 완성된 제품 : 11,000(15,000－4,000)		검사통과(양품)
기말재공품 :	4,500	검사통과(양품)
당기검사통과수량 합계	15,500개	

15,500개×2%＝310개(정상공손품)

500개(총공손품)－310개(정상공손품)＝190개(비정상공손품)

* 기초재공품의 진척도는 25%로서 전기에 이미 검사를 완료하여 양품으로 통과되었을 것이며 이때 정상공손비를 배부받았을 것이다.

② 50% 가공단계에서 검사하는 경우

기초재공품으로부터 가공되어 완성된 제품 :	4,000개*	검사통과(양품)
당기에 착수하여 완성된 제품 : 11,000(15,000－4,000)		검사통과(양품)
기말재공품 :	4,500	
당기검사통과수량 합계	19,500개	

* 기초재공품의 진척도는 25%로서 당기에 착수되어 완성된 제품과 함께 검사를 통과하였을 것이며, 기말재공품의 진척도는 60%로서 역시 검사를 통과하여 양품으로 판정되었을 것이다.

19,500개×2%＝390개(정상공손품)

500개(총공손품)－390개(정상공손품)＝110개(비정상공손품)

③ 100% 가공단계에서 검사하는 경우

기초재공품으로부터 가공되어 완성된 제품 :	4,000개	검사통과(양품)
당기에 착수하여 완성된 제품 : 11,000(15,000－4,000)		검사통과(양품)

기말재공품 : 4,500* 다음기에 검사통과 예정

당기검사통과수량 합계 15,500개

* 기말재공품의 진척도는 60%로서 검사단계에 이르지 못함(따라서 양품인지 아닌지는 다음 원가계산기간에 검사를 통하여 알 수 있고, 생산공정에 부수되는 공손비도 양품으로 판정되는 다음 원가계산기간에 배분받게 된다. 따라서 이번 원가계산기간에는 공손비를 배부하지 않는다.)

15,000개×2% = 300개(정상공손품)

500개(총공손품) − 300개(정상공손품) = 200개(비정상공손품)

2. (1) ① 20% 가공단계에서 검사하는 경우의 정상공손품원가와 공손비

재료비 : $\frac{₩480,000 \times 310}{(11,000 + 4,500 + 310 + 190)}$ = ₩9,300

가공비 : $\frac{₩456,000 \times (310 \times 0.2)}{(4,000 \times 0.75 + 11,000 + 4,500 \times 0.6 + 310 \times 0.2 + 190 \times 0.2)}$ = ₩1,683

계 ₩10,983

정상공손비 : 공손품원가(₩10,983) − 공손품평가액(₩3,100 = 310개×₩10) = ₩7,883

② 20% 가공단계에서 검사하는 경우의 비정상공손품원가와 공손비

재료비 : $\frac{₩480,000 \times 190}{(11,000 + 4,500 + 310 + 190)}$ = ₩5,700

가공비 : $\frac{₩456,000 \times (190 \times 0.2)}{(4,000 \times 0.75 + 11,000 + 4,500 \times 0.6 + 310 \times 0.2 + 190 \times 0.2)}$ = ₩1,031

계 ₩6,731

비정상공손비 : 비정상공손품원가(₩6,731) − 공손품평가액(₩1,900 = 190개×₩10) = ₩4,831

(2) ① 50% 가공단계에서 검사하는 경우의 정상공손품원가와 공손비

재료비 : $\frac{₩480,000 \times 390}{(11,000 + 4,500 + 390 + 110)}$ = ₩11,700

가공비 : $\frac{₩456,000 \times (390 \times 0.5)}{(4,000 \times 0.75 + 11,000 + 4,500 \times 0.6 + 390 \times 0.5 + 110 \times 0.5)}$ = ₩5,246

계 ₩16,946

정상공손비 : 공손품원가(₩16,946) − 공손품평가액(₩3,900 = 390개×₩10) = ₩13,046

② 50% 가공단계에서 검사하는 경우의 비정상공손품원가와 공손비

재료비 : $\frac{₩480,000 \times 110}{(11,000 + 4,500 + 390 + 110)}$ = ₩3,300

가공비 : $\frac{₩456,000 \times (110 \times 0.5)}{(4,000 \times 0.75 + 11,000 + 4,500 \times 0.6 + 390 \times 0.5 + 110 \times 0.5)}$ = ₩1,480

계 ₩4,780

비정상공손비 : 비정상공손품원가(₩4,780) − 공손품평가액(₩1,100 = 110개×₩10) = ₩3,680

(3) ① 100% 가공단계에서 검사하는 경우의 정상공손품원가와 공손비

재료비 : $\frac{₩480,000 \times 300}{(11,000+4,500+300+200)}$ =₩9,000

가공비 : $\frac{₩456,000 \times (300 \times 100\%)}{(4,000 \times 0.75+11,000+4,500 \times 0.6+300+200)}$ =₩7,953

계 ₩16,953

정상공손비 : 공손품원가(₩16,953) − 공손품평가액(₩3,000 = 300개×₩10)
=₩13,953

② 100% 가공단계에서 검사하는 경우의 비정상공손품원가와 공손비

재료비 : $\frac{₩480,000 \times 200}{(11,000+4,500+300+200)}$ =₩6,000

가공비 : $\frac{₩456,000 \times (200 \times 100\%)}{(4,000 \times 0.75+11,000+4,500 \times 0.6+300+200)}$ =₩5,302

계 ₩11,302

비정상공손비 : 비정상공손품원가(₩11,302) − 공손품평가액(₩2,000 = ₩10×200개) =₩9,302

3. 공손품과 감손품이 있는 경우, 기말재공품을 평가하기 위해서는 물량흐름도표를 먼저 분석한 다음 정상공손품비를 완성품과 기말재공품에 안분해야 할 것인지의 여부를 결정해야 한다. 이 경우 비정상공손비는 기타비용으로 계상되기 때문에 기말재공품과 완성품 원가에 미치는 영향을 배제시키기 위해서 제일 먼저 계산해야 한다.

(1) 20% 가공단계에서 검사하는 경우

기말재공품이 이미 검사시점을 통과한 양품이므로 정상공손비를 완성품과 같이 배부받아야 한다. 이 경우 물량흐름도표를 기초로 하여 기말재공품을 평가해 보도록 하자. 기초재공품의 진척도는 20%로 이미 전기에서 검사를 통과한 양품이므로 전기에서 정상공손비를 배부받았다. 따라서 당기의 정상공손비를 배부하는 대상에서 제외되어야 한다.

〈절단공정〉

투입		산출	
기초재공품(25% 진척)	4,000개	완성품 : 15,000개 …………… 기초재공품으로부터 가공되어 완성된 제품	4,000개
당기신규투입 : 800m (5cm×16,000개분)		당기에 가공에 착수하여 완성된 제품	11,000개
		공손품(500개) …………… 정상공손품	310개
		비정상공손품	190개
		기말재공품(60% 진척)	4,500개
계	20,000개	계	20,000개

기초재공품은 전기에 양품으로 판정되어, 정상공손비를 배부받은 상태에 있기 때문에 당기에 신규로 가공에 착수하여 완성된 제품과 기말재공품에 당기의 정상공손비를 안분한다.

① 20% 가공단계에서 검사하는 경우의 정상공손품원가와 공손비

정상공손비 : 공손품원가(₩10,983) − 공손품평가액(₩3,100 = 310개×₩10)

= ₩7,883

② 20% 가공단계에서 검사하는 경우의 비정상공손품원가의 공손비

비정상공손비 : 비정상공손품원가(₩6,731) − 공손품평가액(₩1,900 = 190개 ×₩10) = ₩4,831

③ 기말재공품 평가

기말재공품 재료비 : $\frac{₩480,000 \times 4,500}{(11,000+4,500+310+190)}$ = ₩135,000

기말재공품 가공비 : $\frac{₩456,000 \times (4,500 \times 0.6)}{(11,000+4,000 \times 0.75+4,500 \times 0.6+310 \times 0.2+190 \times 0.2)}$

= ₩73,286

정상공손비 배분 : $\frac{₩7,883 \times 4,500^{*}}{(11,000+4,500)}$ = ₩2,289

계 ₩210,575

* 검사시점을 통과한 양품이라는 점에서 완성품과 동일한 기준에 의해 정상공손비를 배부하기 때문이다.

④ 완성품 제조원가

기초재공품원가 = ₩192,000

기초재공품추가 가공비 : $\frac{₩456,000 \times 4,000 \times 0.75}{(11,000+4,000 \times 0.75+4,500 \times 0.6+300 \times 0.2+190 \times 0.2)}$

= ₩81,429

당기착수완성품 재료비 : $\frac{₩480,000 \times 11,000}{(11,000+4,500+310+190)}$ = ₩330,000

당기착수완성품 가공비 : $\frac{₩456,000 \times 11,000}{(11,000+4,000 \times 0.75+4,500 \times 0.6+310 \times 0.2+190 \times 0.2)}$

= ₩298,571

정상공손비 배분 : $\frac{₩7,883 \times 11,000}{(11,000+4,500)}$ = ₩5,594

계 ₩907,594

⑤ 완성품 단위당 원가 : ₩60.5 / 개(= ₩907,594 / 15,000개)

⑥ 기타비용(비정상감손비) : 비정상공손품원가(₩6,731) − 비정상공손품평가액 (₩1,900) = ₩4,831

(2) 50% 가공단계에서 검사하는 경우

기초재공품의 진척도는 20%이므로, 추가가공하여 완성품이 된 부분과 당기에 착수하여 완성된 제품 모두 검사시점을 통과한 양품이므로 정상공손비를 배부해야 한다. 또한 기말재공품의 경우에도 검사시점을 통과하였으므로 정상공손비를 배부받아야 한다. 이 경우 물량흐름도표를 기초로 하여 기말재공품을 평가해 보도록 하자.

〈절단공정〉

차변	수량	대변	수량
기초재공품(25% 진척)	4,000개	완성품 : 15,000개 — 기초재공품으로부터 가공되어 완성된 제품	4,000개
당기신규투입 : 800m (5cm×16,000개분)		완성품 — 당기에 가공에 착수하여 완성된 제품	11,000개
		공손품(500개) — 정상공손품	390개
		공손품(500개) — 비정상공손품	110개
		기말재공품 (60% 진척)	4,500개
계	20,000개	계	20,000개

기초재공품은 전기에 검사시점을 통과하지 못하였기 때문에, 당기에 추가가공되어 완성된 부분과 당기에 착수하여 완성된 제품, 기말재공품에 당기의 정상공손비를 안분한다.

① 50% 가공단계에서 검사하는 경우의 정상공손품원가와 공손비

정상공손비 : 공손품원가(₩16,946) − 공손품평가액(₩3,900 = 390개×₩10) = ₩13,046

② 50% 가공단계에서 검사하는 경우의 비정상공손품원가의 공손비

비정상공손비 : 비정상공손품원가(₩4,780) − 공손품평가액(₩1,100 = 110개 ×₩10) = ₩3,680

③ 기말재공품 평가

기말재공품 재료비 : $\frac{₩480,000 \times 4,500}{(11,000 + 4,500 + 390 + 110)}$ = ₩135,000

기말재공품 가공비 : $\frac{₩456,000 \times (4,500 \times 0.6)}{(11,000 + 4,000 \times 0.75 + 4,500 \times 0.6 + 390 \times 0.5 + 110 \times 0.5)}$ = ₩72,637

정상공손비 배분 : $\frac{₩13,046 \times 4,500}{(11,000 + 4,000 + 4,500)}$ = ₩3,011

계 ₩210,648

④ 완성품 제조원가

기초재공품원가 = ₩192,000

기초재공품 추가가공비 :

$\frac{₩456,000 \times 4,000 \times 0.75}{(11,000 + 4,000 \times 0.75 + 4,500 \times 0.6 + 390 \times 0.5 + 110 \times 0.5)}$ = ₩80,708

당기착수완성품 재료비 : $\frac{₩480,000 \times 11,000}{(11,000 + 4,500 + 390 + 110)}$ = ₩330,000

당기착수완성품 가공비 :

$\frac{₩456,000 \times 11,000}{(11,000 + 4,000 \times 0.75 + 4,500 \times 0.6 + 390 \times 0.5 + 110 \times 0.5)}$ = ₩295,929

정상공손비 배분 : $\frac{₩13,046 \times 15,000}{(11,000 + 4,000 + 4,500)}$ = ₩10,035

계 ₩908,672

⑤ 완성품 단위당 원가 : ₩60.6 / 개(= ₩908,672 / 15,000개)

⑥ 기타비용(비정상감손비) : 비정상공손품원가(₩4,780) − 비정상공손품평가액 (₩1,100) = ₩3,680

(3) 100% 가공단계에서 검사하는 경우

기초재공품의 진척도는 25%이므로, 추가가공하여 완성품이 된 부분과 당기에 착수하여 완성된 제품 모두 검사시점을 통과한 양품이므로 정상공손비를 배부해야 한다. 그러나 기말재공품의 경우에는 검사시점을 통과하지 못하였기 때문에 양품인지의 여부가 판정되지 않은 상태에 있다. 따라서 다음 원가계산기간에 정상공손비를 배부해야 할 것이다. 이 경우 물량흐름도표를 기초로 하여 기말재공품을 평가해 보도록 하자.

〈절단공정〉

투입		산출		
기초재공품(25% 진척)	4,000개		기초재공품으로부터 가공되어 완성된 제품	4,000개
		완성품 : 15,000개	당기에 가공에 착수하여 완성된 제품	11,000개
당기신규투입 : 800m (5cm×16,000개분)		공손품(500개)	정상공손품	300개
			비정상공손품	200개
		기말재공품 (60% 진척)		4,500개
계	20,000개	계		20,000개

기초재공품이 전기에 검사시점을 통과하지 못하였기 때문에, 당기에 추가가공되어 완성된 부분과 당기에 착수하여 완성된 제품에 당기의 정상공손비를 안분한다. 그러나 기말재공품은 검사시점을 통과하지 못하여 양품으로 판명되지 아니하였기 때문에, 당기의 정상공손비를 배분하지 않는다.

① 100% 가공단계에서 검사하는 경우의 정상공손품원가와 공손비

정상공손비 : 공손품원가(₩16,953) − 공손품평가액(₩3,000 = 300개×₩10) = ₩13,953

② 100% 가공단계에서 검사하는 경우의 비정상공손품원가의 공손비

비정상공손비 :

비정상공손품원가(₩11,302) − 공손품평가액(₩2,000 = 200개×₩10) = ₩9,302

③ 기말재공품 평가

기말재공품 재료비 : $\dfrac{\text{₩}480{,}000 \times 4{,}500}{(11{,}000 + 4{,}500 + 300 + 200)} = \text{₩}135{,}000$

기말재공품 가공비 : $\dfrac{\text{₩}456{,}000 \times (4{,}500 \times 0.6)}{(11{,}000 + 4{,}000 \times 0.75 + 4{,}500 \times 0.6 + 300 + 200)} = \text{₩}71{,}581$

계 ₩206,581

④ 완성품 제조원가

기초재공품원가 = ₩192,000

기초재공품 추가가공비 : $\dfrac{\text{₩}456{,}000 \times 4{,}000 \times 0.75}{(11{,}000 + 4{,}000 \times 0.75 + 4{,}500 \times 0.6 + 300 + 200)}$

= ₩79,535

당기착수완성품 재료비 : $\dfrac{\text{₩}480{,}000 \times 11{,}000}{(11{,}000 + 4{,}500 + 300 + 200)} = \text{₩}330{,}000$

당기착수완성품 가공비 : $\dfrac{₩456,000 \times 11,000}{(11,000+4,000 \times 0.75+4,500 \times 0.6+300+200)}$

=₩291,628

정상공손비 배분 : =₩13,953

계 ₩907,116

⑤ 완성품 단위당 원가 : ₩60.5 / 개(=₩907,116 / 15,000개)

⑥ 영업외비용(비정상감손비) : 비정상공손품원가(₩11,302) − 비정상공손품평가액(₩2,000) = ₩9,302

제5절 공정별종합원가계산의 종합예제

공정별종합원가계산은 공정에 집계되어 계산되는 원가요소의 범위에 따라 구분할 수 있는데, 모든 제조원가를 공정별로 집계하여 계산하는 전원가요소 공정별종합원가계산과 가공비만을 공정별로 집계하여 계산하고 재료비는 최초 공정에서만 계산하는 가공비공정별종합원가계산으로 나눌 수 있다.

1 전원가요소 공정별종합원가계산

지금까지 공부한 종합원가계산의 내용이 전원가요소 공정별종합원가계산에 해당된다. 이제 다음의 [예제 8−12]를 통하여 전원가요소 공정별종합원가계산 절차에서 고려해야 할 요소로서 ① 원가흐름에 대한 가정과 기말재공품평가, ② 공손품과 감손품의 회계처리, ③ 전공정대체원가와 기말재공품평가에 관한 문제를 정리해 보기로 한다.

예제 8−12 (주)삼성화학의 다음 자료에 의하여 공정별원가계산표를 작성하고 필요한 분개를 하시오.

(1) 기초재공품에 관한 자료

	제1공정	제2공정
수 량	40개	50개
완성도	50%	60%
원 가 :		
전공정비	0	₩50,000
자공정비	₩80,000	₩60,000

(2) 당기제조작업에 대한 자료

	제1공정	제2공정
완성량	500개	480개
기말재공품 :		
수 량	40개	40개
완성도	40%	50%
감손량	50개	30개
당기제조비용	₩500,000	₩450,000

(3) 기말재공품평가는 제1공정은 평균법, 제2공정은 선입선출법으로 한다.

(4) 감손은 정상적인 것이며 공정의 완료시점에서 확인된다. 따라서 감손비는 완성품에만 부담시킨다.

물.음.

1. 공정별 물량흐름을 계산하시오.
2. 기말재공품을 평가하시오.
3. 원가계산표를 작성하시오.
4. 관련계정에 대한 회계처리를 하시오.

풀.이.

1. 물량흐름의 계산

제1공정

기초	40개(50%)	완성	500개
당기투입	550개	감손	50개
		기말	40개(40%)
합 계	590개	합 계	590개

제2공정

기초	50개(60%)	완성	480개
전공정대체	500개	감손	30개
		기말	40개(50%)
합 계	550개	합 계	550개

2. 기말재공품의 평가

(1) 제1공정(평균법)

기말재공품원가 : $(₩80,000 + ₩500,000) \times \dfrac{40 \times 0.4}{(500 + 50 + 40 \times 0.4)} = ₩16,396$

완성품원가 : ₩80,000 + ₩500,000 − ₩16,396 = ₩563,604

※ 완성품원가는 다음과 같이 곧 바로 계산할 수도 있다.

$(₩80,000 + ₩500,000) \times \dfrac{500 + 50}{(500 + 50 + 40 \times 0.4)} = ₩563,604$

(2) 제2공정(선입선출법)

① 전공정비기말재공품원가 : $₩563,604 \times \dfrac{40}{500} = ₩45,088$

② 자공정비기말재공품원가 : $₩450,000 \times \dfrac{40 \times 0.5}{(430 + 50 \times 0.4 + 30 + 40 \times 0.5)}$

$= ₩18,000$

③ 제2공정기말재공품원가 : 전공정비기말재공품원가 + 자공정비기말재공품원가
= ₩45,088 + ₩18,000 = ₩63,088

④ 완성품원가의 계산

㉠ 전공정비완성품원가 : ₩50,000 + ₩563,604 − ₩45,088 = ₩568,516

㉡ 자공정비완성품원가 : ₩60,000 + ₩450,000 − ₩18,000 = ₩492,000

제2공정 완성품원가 : ₩1,060,516

※ 완성품원가는 다음과 같이 바로 계산할 수도 있다.

㉠ 전공정비완성품원가 : $₩50,000 + ₩563,604 \times \frac{500-40}{500}$ = ₩568,516

㉡ 자공정비완성품원가 : $₩60,000 + ₩450,000 \times \frac{(430 + 50 \times 0.4 + 30)}{(430 + 50 \times 0.4 + 30 + 40 \times 0.5)}$ = ₩492,000

제2공정 완성품원가 : ₩1,060,516

3. 원가계산표의 작성

원가계산표

항 목	제1공정	제2공정	합 계
기초재공품원가	₩80,000	₩110,000	₩190,000
당기제조비용	500,000	450,000	950,000
전공정비	−	563,604	−
소 계	₩580,000	₩1,123,604	₩1,140,000
기말재공품원가	(16,396)	(63,088)	(79,484)
완성품원가	₩563,604	₩1,060,516	₩1,060,516
완성량	500개	480개	480개
단위당 제조원가	@₩1,127.2	@₩2,209.4	@₩2,209.4

4. 분 개

① 제1공정 발생원가의 재공품계정 대체

(차) 재공품 : 제1공정	500,000	(대) 제 좌	500,000

② 제1공정원가의 제2공정으로 대체

(차) 재공품 : 제2공정	563,604	(대) 재공품 : 제1공정	563,604

③ 제2공정 발생원가의 재공품계정 대체

(차) 재공품 : 제2공정	450,000	(대) 제 좌	450,000

④ 최종완성품원가의 제품계정 대체

(차) 제 품	1,060,516	(대) 재공품 : 제2공정	1,060,516

2 가공비공정별종합원가계산

가공비공정별종합원가계산은 직접재료(주요재료)는 공정의 시발점에서 투입되고 그 뒤에는 가공비만 투입하여 생산하는 제분업·방적공업·전선제조업·석유정제업 등에서 사용하는 원가계산방식이다. 즉 직접재료비는 공정별 계산의 대상이 되지 않고 가공비만을 공정별 계산의 대상으로 삼는다.

이 경우 직접재료비는 단일공정종합원가계산을 적용하는 셈이다. 이에 따라 직접재료비의 기말재공품평가에는 다음과 같은 사항을 유의하여야 한다.

① 직접재료가 최초공정의 시점에서 투입되면 주요 재료비의 기말재공품 진척도는 항상 100%이다.

② 직접재료비의 기말재공품수량은 개별공정의 기말재공품수량을 모두 합계한 것이다.

③ 직접재료비의 기초재공품수량은 개별공정의 기초재공품수량을 모두 합계한 것이다.

④ 직접재료비의 완성품수량은 최종공정의 완성품수량을 이용한다.

한편 가공비공정별종합원가계산의 원가흐름도는 다음과 같다.

이에 [도표 8-3]을 토대로 가공비공정별원가계산 절차를 다음의 [예제 8-13]을 통하여 살펴보도록 하자.

■ 도표 8-3 가공비공정별종합원가계산의 원가흐름도

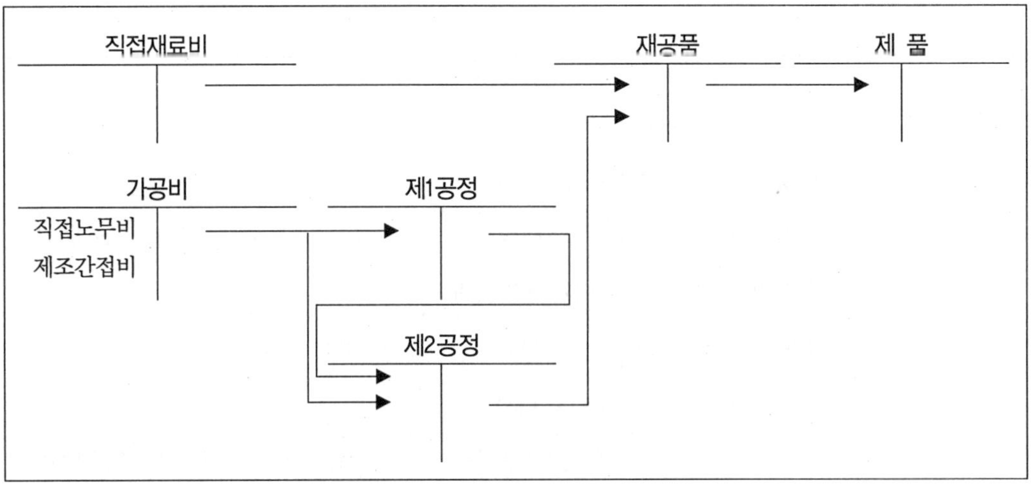

예제 8-13 다음 자료에 의하여 가공비공정별원가계산표를 작성하시오(단, 누가법에 의할 것).

(1) 기초재공품

	제1공정	제2공정
수 량	120개	10개
완성도	50%	50%
가공비	₩4,000	₩960
직접재료비	₩23,000	–

(2) 당기의 작업보고

	제1공정	제2공정
완성품량	800개	700개
기말재공품량	100개	80개
완성도	50%	40%
감손량	10개	30개
당기가공비	₩64,000	₩56,000
당기직접재료비	₩100,000	–

(3) 기말재공품원가는 선입선출법에 의하여 계산한다.

(4) 감손은 각 공정의 종점에서 확인되므로 완성품에만 부담시킨다.

(5) 직접재료는 제1공정 시점에서 모두 투입된다.

물.음.

1. 가공비의 기말재공품원가를 구하시오.
2. 직접재료비 기말재공품원가를 구하시오.

풀.이.

1. 가공비의 기말재공품원가

① 제1공정가공비

$$₩64,000 \times \frac{100 \times 0.5}{680 + 120 \times 0.5 + 10 + 100 \times 0.5} = ₩4,000$$

② 제2공정가공비

자공정비 : $₩56,000 \times \frac{80 \times 0.4}{690 + 10 \times 0.5 + 30 + 80 \times 0.4} = ₩2,367$

전공정비 : $₩64,000 \times \frac{80}{800} = ₩6,400$

제2공정 기말재공품원가 : ₩2,367 + ₩6,400 = ₩8,767

2. 직접재료비 기말재공품원가

$$₩100,000 \times \frac{180}{700-130+40+180} = ₩22,785$$

* 직접재료비는 공정의 시발점에서 투입되기 때문에 환산량이 아닌 수량을 이용한다.

가공비공정별원가계산표

원가항목	제1공정	제2공정	직접재료비	합 계
기초재공품원가	₩4,000	₩950	₩23,604	₩28,564
당기제조비용	64,000	56,000	100,000	220,000
소 계	68,000	56,960	123,604	248,564
전공정대체원가	–	64,000	–	–
기말재공품원가	(4,000)	(8,767)	(22,785)	(35,552)
공정완성품원가	₩64,000	₩112,193	₩100,819	₩213,012
완성품 수량	800	700	700	700
단위당 제조원가	@₩80	@₩160.27	@₩144.03	@₩304.30

제6절 혼합원가계산

1 혼합원가계산의 의의

지금까지 공부한 개별원가계산과 종합원가계산은 원가계산시스템의 양극단을 의미한다. 실제로 기업에서 채택하고 있는 원가계산시스템은 그 기업의 생산형태에 적합하도록 종합원가계산의 특성과 개별원가계산의 특성을 적절히 조합하여 사용하는 경우가 많다. 다음의 [도표 8－4]에서 보는 것처럼 개별원가계산과 종합원가계산은 원가계산방법상이 구분이며 생산기술상의 구분이 아니기 때문에, 개별원가계산과 종합원가계산으로 이원화 되기보다는 각 기업의 생산양식에 따라 연속선상의 한부분에 위치하는 것이 일반적이다.

■ 도표 8－4 생산공정과 원가계산시스템

개별원가계산시스템	혼합원가계산시스템	종합원가계산시스템
개별 제품, 서비스의 주문생산에 적용	뱃치별로 생산, 가공되는 제조공정에 적용	동종 제품, 서비스의 대량생산에 적용

가령 의류제조업계에서는 제품의 소재가 면이나 울 혹은 폴리에스터냐 하는 것만 차이가 날뿐 이러한 소재를 가공하는 공정(즉 직접노무비와 제조간접비가 투입되는)은 제품라인 간에 큰 차이가 없을 것이다.

식품가공업계에 있어서도 동종 제품, 서비스의 대량생산에 적용고급제품과 일반제품간에는 투입되는 재료의 품질이나 가격에만 차이가 있을뿐 조리, 가공, 캔 포장 등에 있어서는 동일한 경우를 볼 수 있다.

자동차생산업계에서는 동일한 생산공정을 통하여 기본모델의 생산을 계속하면서, 한편으로는 소비자들의 주문에 의하여 색상, 인테리어, 에어백, ABS 등의 옵션품목을 추가하는 작업을 한다.

이같이 주문생산의 성격과 연속 대량생산의 성격을 갖는 제품의 제조환경에서, 투입되는 직접재료비에는 차이가 있지만 가공공정은 다양한 제품라인에 걸쳐 유사하거나 동일할 경우, 종합원가계산과 개별원가계산의 요소가 가미된 형태의 혼합원가계산시스템이 적절하다.

이 절에서는 혼합원가계산시스템(hybrid product costing systems) 중에서 작업별 원가계산의 기본원리에 대해 다루기로 하고, 다음 절에서는 조별원가계산에 대해 설명하기로 하자.

2 뱃치공정에 대한 작업별 원가계산

위에서 예로든 의류제조업계, 식품가공업계 또는 자동차생산업계의 제조공정을 '뱃치(batch)제조공징'이라고 한다. 이러한 공정은 공동의 생산공정과 상이한 공정을 서치는 몇개의 제품라인을 대량생산한다는 특징이 있다.

이같은 뱃치생산작업에서는 개별원가계산과 종합원가계산의 특성을 모두 갖기 때문에 혼합원가시스템이 요구되는 것이다. 그 중에서도 작업별 원가계산(operation costing)은 제품라인 또는 뱃치별로 가공공정이 유사하지만, 투입되는 직접재료가 상이한 경우에 흔히 사용되는 방법이다.

따라서 가공비는 부문 또는 공정별로 집계되고, 이러한 원가들을 제품에 배부하는 데에는 종합원가계산방법이 사용된다.

이와는 대조적으로 직접재료비는 뱃치 또는 작업지시서별로 집계되며, 따라서 직접재료비를 제품에 부과하는 데에는 개별원가계산절차를 적용한다. 전반적인 작업별 원가계산체제는 다음의 [도표 8－5]와 같다.

■ 도표 8-5 작업별 원가계산체제

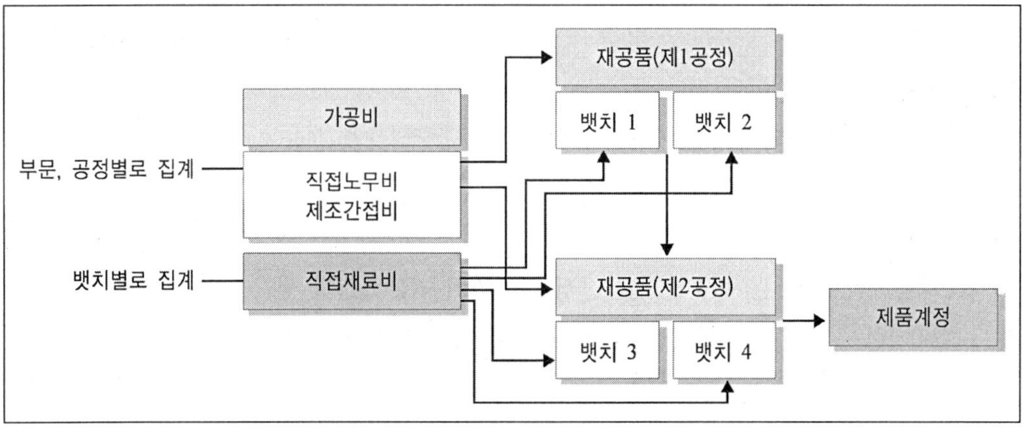

이 도표에서 보는 것처럼 제품은 순차적으로 제조부문(공정) 1, 2를 통과하여 가공되며, 직접재료비는 뱃치별로 직접 추적하여 집계한다. 그러나 가공비는 가공서비스를 제공받은 공정 또는 제조부문을 기준으로 배부한다. 또한 종합원가계산과 마찬가지로 여기에서는 직접노무비가 개별적으로 파악되어 집계되지 아니하고, 제조간접비와 함께 가공비라는 하나의 원가집합으로 묶어서 배부된다.

또한 제품별로 배부되는 가공비는 미리 결정된 예정배부율에 의해 계산되는 것이 일반적이다. 이렇게 미리 결정된 배부율을 예산가공비배부율이라고 하며 개별원가계산의 제조간접비 예정배부절차와 동일한 방법으로 계산된다.

$$\text{가공비예정배부액} = \frac{\text{예산가공비(직접노무비 + 제조간접비)}}{\text{예산원가요인(또는 활동기준)}}$$

이제 다음의 [예제 8-14]와 [예제 8-15]를 통하여 작업별 원가계산절차를 알아보도록 하자.

예제 8-14

한일스포츠는 가죽을 소재로 사용한 시합용 농구공과 합성피혁을 소재로 사용한 연습용 농구공을 제조판매하고 있다. 농구공의 제조공정은 소재의 절단공정과 박음질공정으로 동일하지만 시합용 농구공의 경우에는 별도의 포장공정이 추가된다는 점만이 다를 뿐이다. 따라서 직접재료비는 별도로 뱃치별로 집계되며, 직접노무비와 제조간접비로 구성된 가공비는 절단공정, 박음질공정, 포장공정별로 집계된다. 특정 원가계산기간 동안 2종류의 뱃치(시합용 농구공 1,000개와 연습용 농구공 3,000개)가 생산에 착수되어 완성되었으며 기초, 기말재공품은 없다고 한다.

다음의 원가계산자료를 토대로 물음에 답하시오.

(1) 직접재료비

뱃치 P－1,000(시합용 농구공) :	₩20,000,000(포장재료비 ₩1,000,000포함)
뱃치 E－3,000(연습용 농구공) :	₩30,000,000
계	₩50,000,000

(2) 가공비

	공정별 예산	기준조업도
절단공정	₩30,000,000	4,000개
박음질공정	₩24,000,000	4,000개
포장공정	₩500,000	1,000개
계	₩54,500,000	

물.음.

1. 원가계산에 관련된 분개를 하시오.

2. 제품별 단위당 요약제조원가명세서를 작성하시오.

풀.이.

1. (단위 : 천원)

	차변	금액	대변	금액
①	(차) 재공품(절단공정)	19,000	(대) 원재료	19,000
②	(차) 재공품(절단공정)	30,000	(대) 원재료	30,000
③	(차) 재공품(절단공정)	30,000	(대) 가공비	30,000
④	(차) 재공품(박음질공정)	79,000	(대) 재공품(절단공정)	79,000
⑤	(차) 재공품(박음질공정)	24,000	(대) 가공비	24,000
⑥	(차) 재공품(포장공정)	32,500	(대) 재공품(박음질공정)	103,000
	제품(연습용)	70,500		
⑦	(차) 재공품(포장공정)	1,500	(대) 원재료	1,000
			가공비	500
⑧	(차) 재공품(시합용)	34,000	(대) 재공품(포장공정)	34,000

회계기 말에 예정배부된 가공비와 실제 발생한 가공비에 차이가 발생한 경우 과소, 과대배부된 만큼의 배부차이를 매출원가 또는 매출원가와 기말재고자산에 재배부하여야 한다. 이는 제6장의 제조간접비 배부차이의 회계처리과정과 동일하다.

2.

	시합용 농구공	연습용 농구공
직접재료비	₩20,000[1)]	₩10,000[2)]
가공비 :		
절단공정	7,500[3)]	7,500
박음질공정	6,000[4)]	6,000
포장공정	500[5)]	–
계	₩34,000	₩23,500

1) ₩20,000,000/1,000 = ₩20,000
2) ₩30,000,000/3,000 = ₩10,000
3) ₩30,000,000/4,000 = ₩7,500
4) ₩24,000,000/4,000 = ₩6,000
5) ₩5000,000/1,000 = ₩500

예제 8-15 한일가구는 다음과 같은 뱃치제조공장에 의하여 서가를 생산, 판매하고 있으며 작업별 원가계산을 하고 있다.

(1) 절단공정

원목을 규격대로 절단하여 판재로 가공한다. 여기에서 생산된 판재는 서가를 조립하는 데 필요한 수량과 규격대로 절단되어, 서가 하나를 조립할 수 있는 set단위로 조합하여 다음의 조립공정에 투입하거나, 백화점 등의 자가제작코너(Do it Yourself)에 판매된다.

(2) 조립공정

절단공정에서 넘어온 판재set를 조립하여 원목서가를 제작한다. 이 상태로 도서관 장서용, 또는 사무용 가구로 판매하거나 다음의 도장공정에 투입된다.

(3) 도장공정

조립된 서가에 니스 또는 락카칠을 하여 가정용 또는 고급 사무용 가구로 판매하거나 다음의 마무리공정에 투입된다.

(4) 마무리공정

도장작업이 완료된 서가에 유리문을 장착하여 고급 혼례용 가구로 판매한다.

(5) 원가계산 및 생산자료

① 직접재료비 발생내역

	생산된 단위	원 목	조립용 자재 및 부품	니스 및 락카 등의 페인트재료	유리 및 연결부품
판재 set	5,000단위	₩60,000,000			
원목서가	6,000	72,000,000	₩24,000,000		
가정용서가	3,000	36,000,000	12,000,000	₩9,000,000	
혼례용서가	2,000	24,000,000	8,000,000	6,000,000	₩12,000,000
계	16,000단위	₩192,000,000	₩44,000,000	₩15,000,000	₩12,000,000

② 특정 원가계산기간 동안의 공정별 직접노무비와 제조간접비 예산과 조업도는 다음과 같다.

	절단공정	조립공정	도장공정	마무리공정
직접노무비	₩152,000,000	₩60,000,000	₩30,000,000	₩18,000,000
제조간접비	240,000,000	72,000,000	39,000,000	24,000,000
계(가공비)	₩392,000,000	₩132,000,000	₩69,000,000	₩42,000,000
조업도	15,000단위작업	10,000단위작업	5,000단위작업	2,000단위작업

물.음.

1. 각 제품별 총원가와 단위당 원가를 구하시오.

2. 제조원가를 기록하기 위한 분개과정을 표시하시오.

풀.이.

1.

	절단공정	조립공정	도장공정	마무리공정	합 계
생산된 단위	16,000	11,000	5,000	2,000	
직접재료비	₩192,000,000	₩44,000,000	₩15,000,000	₩12,000,000	₩263,000,000
단위당 재료비	₩12,000	₩4,000	₩3,000	₩6,000	
가공비*	₩392,000,000	₩132,000,000	₩69,000,000	₩42,000,000	₩635,000,000
단위당 가공비	₩24,500	₩12,000	₩13,800	₩21,000	

* 직접노무비 + 제조간접비

	판재 set	원목서가	가정용서가	혼례용서가	합 계
직접재료비 :	₩12,000	₩12,000	₩12,000	₩12,000	
절단공정		4,000	4,000	4,000	
조립공정			3,000	3,000	
도장공정			6,000		
마무리공정					
가공비 :					
절단공정	₩24,500	₩24,500	₩24,500	₩24,500	
조립공정		12,000	12,000	12,000	
도장공정			13,800	13,800	
마무리공정				21,000	
총 단위당 원가	₩36,500	₩52,500	₩69,300	₩96,300	
생산량	5,000단위	6,000단위	3,000단위	2,000단위	
총 생산원가	₩182,500,000	₩315,000,000	₩207,900,000	₩192,600,000	₩898,000,000

2. (단위 : 천원)

① (차) 재공품(절단공정)	584,000	(대)	원재료	192,000
			가공비	392,000

② (차) 제품(판재set)	182,500	(대) 재공품(절단공정)	182,500
③ (차) 재공품(조립공정)	577,500	(대) 재공품(절단공정)	401,500
		원재료	44,000
		가공비	132,000
④ (차) 제품(원목서가)	315,000	(대) 재공품(조립공정)	315,000
⑤ (차) 재공품(도장공정)	346,500	(대) 재공품(조립공정)	262,500
		원재료	15,000
		가공비	69,000
⑥ (차) 제품(가정용가구)	207,900	(대) 재공품(도장공정)	207,900
⑦ (차) 재공품(마무리공정)	192,600	(대) 재공품(도장공정)	138,600
		원재료	12,000
		가공비	42,000
⑧ (차) 제품(혼례용서가)	192,600	(대) 재공품(마무리공정)	192,600

제7절 조별종합원가계산

1 조별종합원가계산의 의의

조별종합원가계산(class cost system 또는 lot cost system)이란 여러 종류의 이종제품을 연속적으로 대량생산하는 경우에 적용할 수 있는 종합원가계산으로서 제품의 종류마다 조를 설정하여 각 조마다 종합원가를 산정하고 이것을 그 조의 완성수량으로 나누어 각 조의 단위원가를 산정하는 방법이다.

따라서 여러 종류의 제품을 동시에 생산하고 있다는 점에서는 개별원가계산의 형태와 같고 또한 동일 종류의 제품을 계속해서 대량생산하고 있는 경영형태에서 사용된다는 점에서는 종합원가계산과 같다.

즉 조별종합원가계산은 개별원가계산과 종합원가계산의 절충형이라고 할 수 있는데, 이는 앞에서 설명한 혼합원가계산시스템(hybrid product costing systems)의 한부분으로 간주된다.

한편 이같은 원가계산의 형태를 취하고 있는 업종에는 식품제조업 · 제지업 · 자동차공업 · 공작기계제조업 · 타이어 제조업 등이 있다.

2 조별종합원가계산의 분류

조별종합원가계산에서 조별집계는 개별원가계산의 방법에 준하면 된다. 개별원가계산에서 특정제조지시서에 부과 혹은 배부하는 방법과 동일하게 제조비용을 조별로 발행된 계속제조지시서에 집계하는 것이다.

다만 이때에 조별제조비용을 원가계산기간별로 집계하는 점이 제조지시서별로 집계하는 개별원가계산과는 다르다.

조별종합원가계산은 공정별 계산을 하는가의 여부에 따라 다음과 같이 분류할 수 있다.

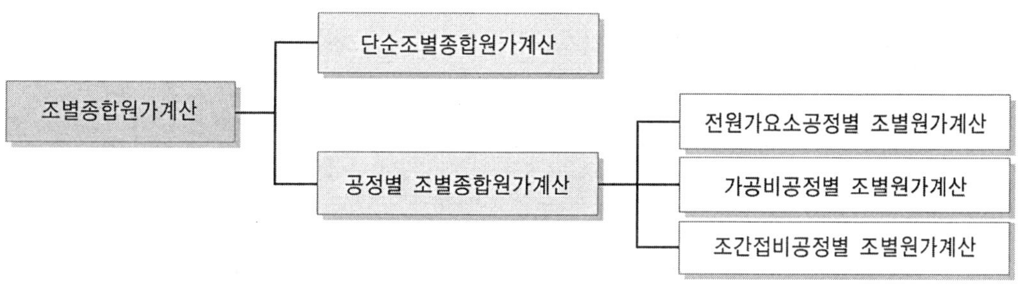

3 단순조별종합원가계산

단순조별종합원가계산은 단일공정조별종합원가계산이라고도 하는데 공정을 여러 개로 구분하지 않고 단일공정으로 하여 조별로 원가계산을 하는 것이다.

이 경우 모든 원가요소를 조직접비와 조간접비로 구분하고 조직접비는 각 조의 제조지시서에 의해 직접 부과하고, 조간접비는 개별원가계산의 경우처럼 적절한 배부기준에 의하여 각 조에 배부한다.

이렇게 조별로 파악된 제조비용은 종합원가계산방법에 의하여 완성품과 기말재공품에 안분 계산하게 된다.

이 방법은 작업이 단순하여 공정을 구분할 필요가 없거나, 공정구분이 어려운 조별생산형태의 경우에 적용된다.

단순조별종합원가계산의 원가흐름은 [도표 8－6]과 같다.

■ 도표 8-6 단순조별종합원가계산의 원가흐름

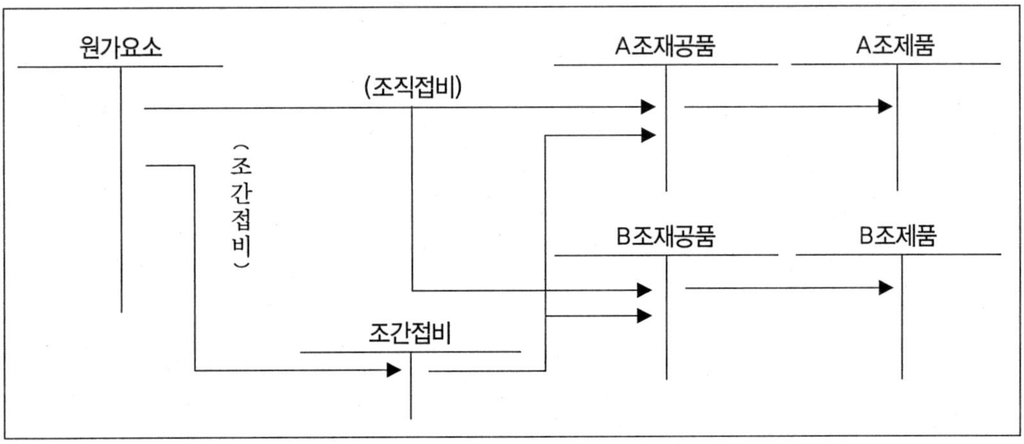

이제 단순조별종합원가계산의 원가흐름을 토대로 다음의 [예제 8-16]를 살펴보도록 하자.

예제 8-16 다음 자료에 의하여 제품 A, B의 단위당 제조원가를 계산하시오.

(1) 당기의 작업보고

제 품	완성품	기말재공품		직접노동시간	조직접비		조간접비
		수 량	완성도		직접재료비	가공비	
A제품	500kg	40kg	50%	2,200시간	₩506,000	₩308,000	₩684,000
B제품	400kg	50kg	60%	1,800시간	601,000	257,000	

(2) 기초재공품

제 품	수 량	직접재료비	가공비	합 계
A제품	30kg	₩36,000	₩64,000	₩100,000
B제품	40kg	51,000	54,000	105,000

(3) 조간접비는 직접노동시간을 기준으로 배부한다.

(4) 직접재료비는 모두작업의 시초에 투입된다.

(5) 기말재공품의 계산은 평균법에 의한다.

물음.

1. 조간접비의 배부액을 계산하시오.
2. 기말재공품원가를 계산하시오.

풀.이.

1. 조간접비의 배부액 계산

$$₩684,000 \times \frac{2,200}{2,200+1,800} = ₩376,200$$ ……… A제품 부담분

$$₩684,000 \times \frac{1,800}{2,200+1,800} = ₩307,800$$ ……… B제품 부담분

2. 기말재공품원가의 계산

① A제품

직접재료비 $(₩36,000 + ₩506,000) \times \frac{40}{500+40} = ₩40,148$

가공비 $(₩64,000 + ₩308,000 + ₩376,200) \times \frac{40 \times 0.5}{500 + 40 \times 0.5} = ₩28,777$

A제품 기말재공품원가 = ₩40,148 + ₩28,777 = ₩68,925

② B제품

직접재료비 $(₩51,000 + ₩601,000) \times \frac{50}{400+50} = ₩72,444$

가공비 $(₩54,000 + ₩257,000 + ₩307,800) \times \frac{50 \times 0.6}{400 + 50 \times 0.6} = ₩43,172$

B제품 기말재공품원가 = ₩72,444 + ₩43,172 = ₩115,616

조별원가계산표

항 목	A 제품	B 제품	합 계
기초재공품원가 :			
직접재료비	₩36,000	₩51,000	₩87,000
가공비	64,000	54,000	118,000
조직접비 :			
직접재료비	506,000	601,000	1,107,000
가공비	308,000	257,000	565,000
조간접배부액	376,200	307,800	684,000
합 계	₩1,290,000	₩1,270,800	₩2,561,000
기말재공품원가	(68,925)	(115,616)	(184,541)
조별제품원가	₩1,221,275	₩1,155,184	₩2,376,459
완성품수량	500kg	400kg	
단위당 제조원가	@₩2,442.55	@₩2,887.96	

4 공정별조별종합원가계산

공정별조별종합원가계산은 두 개 이상의 공정을 설정하여 공정별 계산을 하면서 동시에 조별종합원가를 계산하는 방법이다. 이는 주요 재료비·가공비·조간접비 등 전원가요소를 공정별로 계산하는 경우(전원가요소 공정별조별원가계산), 조별간접비만을 분리하여 공정별로 계산하는 경우(조간접비 공정별조별원가계산), 가공비만을 공정별·조별로 계산하는 경우(가공비 공정별조별원가계산)로 분류된다. 이 중에서 가공비 공정별조별원가계산은 제7절에서 다룬 바 있는 혼합원가계산시스템의 뱃치공정에 대한 작업별 원가계산 절차와 유사하다.

공정별조별종합원가계산의 절차는 공정별로 조직접비와 조간접비를 구분하여 조직접비는 개별원가계산에서 직접비를 집계하는 방법과 동일하게 제조지시서별로 직접 집계하고, 조간접비는 일정한 배부기준에 따라 각 조에 배부한다. 이렇게 하여 각 조별로 당기제조비용이 확정되면 완성품과 기말재공품에 안분 계산한다.

또한 앞공정의 완성품원가는 차공정에 대체되고 차공정에서는 그것을 조별 전공정 대체원가로 하여 여기에 자공정의 조직접비와 간접비를 계산하여 이를 기말재공품과 완성품원가로 안분 계산한다.

공정별 조별계산시 꼭 기억해야 할 점은 보조부문비 등의 조간접비를 우선 공정별로 배분한 후 다시 각 공정별 집계액을 조(제품)별로 안분하는 것이다.

(1) 전원가요소 공정별조별원가계산

이는 주요 재료비를 포함하여 모든 제조원가를 공정별조별로 계산하는 방법이다. 이 방법에서는 조직접비를 공정별조별로 파악하고 조간접비는 부문별 개별원가계산의 방법에 의하여 공정별조별로 계산한다.

그리하여 공정별조별로 파악된 전원가요소에 대하여 각 조마다 전원가요소 공정별종합원가계산의 방법을 적용하여 제품단위원가를 계산한다. 이 방법은 조별생산을 하는 경우에 제조공정이 분리되어 주요 재료가 각 공정에서 투입되거나 각 공정에서 공손이 많이 발생하는 경우에 이 방법이 적용된다. 이와 같은 계산절차를 도표로 나타내면 [도표 8-7]과 같다.

■ 도표 8-7 전원가요소 공정별조별원가계산의 원가흐름

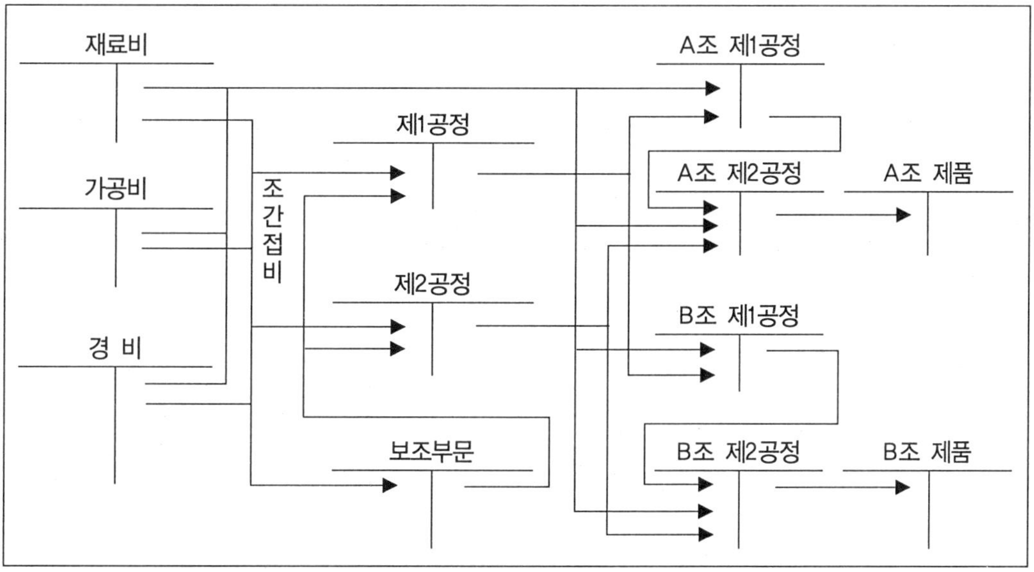

(2) 가공비 공정별조별원가계산

이 방법은 직접재료비(주요재료비)를 제외한 원가요소, 즉 가공비만을 공정별조별로 계산하는 방법이다. 이에 따라 직접재료비는 직접 각 조에 부과하고 공정별 계산을 하지 아니한다.

■ 도표 8-8 가공비 공정별조별종합원가계산의 원가흐름

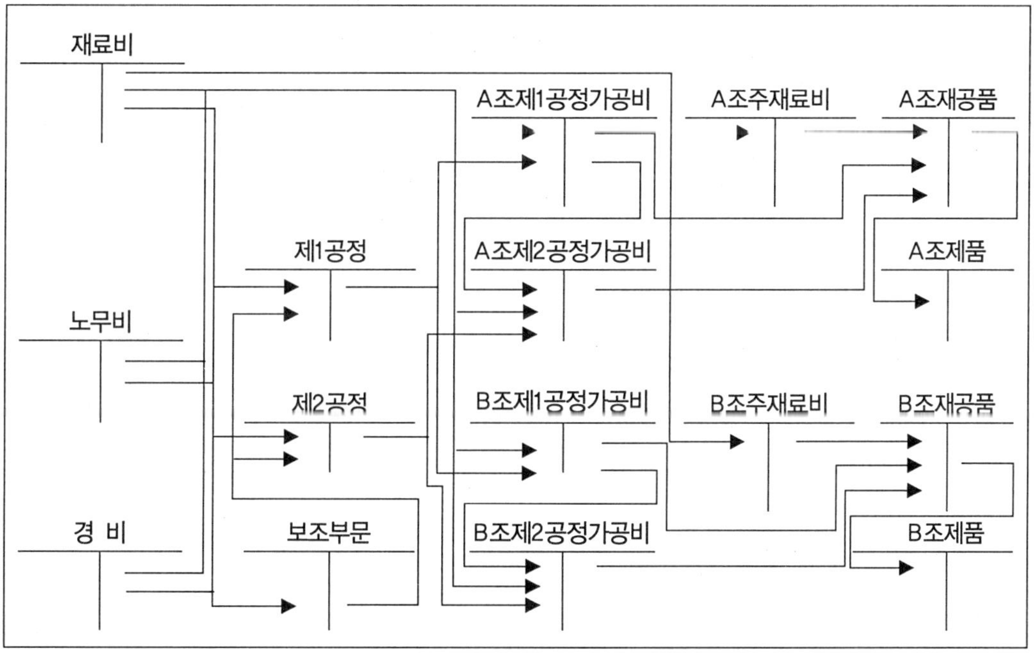

가공비는 다시 조직접비와 조간접비로 구분하여 조직접가공비는 공정별조별로 파악하고, 조간접비는 부문별 원가계산의 방법을 적용하여 공정별조별로 배부한다. 그리고 공정별조별로 파악된 가공비에 대해서는 각 조별로 가공비 공정별종합원가계산의 방법을 적용하여 제품단위원가를 계산한다. 이를 도표로 나타내면 [도표 8-8]과 같다.

이제 위의 가공비 공정별조별종합원가계산의 원가흐름과 다음의 [예제 8-17]을 통하여 가공비 공정별조별종합원가계산 절차를 살펴보도록 하자.

예제 8-17 다음 자료에 의하여 가공비 공정별조별원가계산을 행하시오.

(1) 작업보고

구 분		기초재공품		완성량	기말재공품		직접 작업시간
		수 량	진척도		수 량	진척도	
A제품	제1공정	30kg	20%	200kg	40kg	25%	200시간
	제2공정	40	25	210	30	20	250
B제품	제1공정	50kg	40%	4000kg	60kg	50%	300시간
	제2공정	60	50	410	50	40	250

(2) 기초재공품원가

구 분		제1공정	제2공정	합 계
A제품	직접재료비	–	–	₩14,000
	가공비	₩3,240	₩28,000	31,240
B제품	직접재료비	–	–	₩33,000
	가공비	₩16,000	₩67,800	83,800

(3) 당기제조비용

구 분		제1공정	제2공정	합 계
A제품	직접재료비	–	–	₩42,000
	가공비	₩57,120	₩70,040	127,160
B제품	직접재료비	–	–	₩123,000
	가공비	₩164,000	₩136,000	300,000
간접비	공정개별비	₩90,000	₩120,000	₩210,000
	갑보조부문비	₩100,000		₩100,000
	을보조부문비	130,000		130,000

(4) 보조부문비배부율

구 분	제1공정	제2공정
갑보조부문비	3	2
을보조부문비	7	6

(5) 기타 자료

① 간접가공비의 조별배부는 직접작업시간을 기준으로 한다.

② 직접재료는 제1공정 시점에서 투입되었으며, 기말재공품의 평가는 선입선출법에 의한다.

물.음.

다음 단계별로 가공비 공정별조별원가를 계산하시오.

1. 조간접비배부계산 **2.** A제품원가계산 **3.** B제품원가계산

풀.이.

1. 조간접비배부계산

① 갑보조부문비(₩100,000) 배부

제1공정 : $₩100,000 \times \frac{3}{3+2} = ₩60,000$

제2공정 : $₩100,000 \times \frac{2}{3+2} = ₩40,000$

② 을보조부문비(₩130,000) 배부

제1공정 : $₩130,000 \times \frac{7}{7+6} = ₩70,000$

제2공정 : $₩130,000 \times \frac{6}{7+6} = ₩60,000$

③ 제1공정비(₩220,000) 배부

A제품 : $₩220,000 \times \frac{200}{200+300} = ₩88,000$

B제품 : $₩220,000 \times \frac{300}{200+300} = ₩132,000$

④ 제2공정비(₩220,000) 배부

A제품 : $₩220,000 \times \frac{250}{250+250} = ₩110,000$

B제품 : $₩220,000 \times \frac{250}{250+250} = ₩110,000$

간접비배부표

항 목	제1공정	제2공정	합 계
공정개별비	₩90,000	₩120,000	₩210,000
갑보조부문비	60,000	40,000	100,000
을보조부문비	70,000	60,000	130,000
합 계	₩220,000	₩220,000	₩440,000
A제품간접가공비	₩88,000	₩110,000	₩198,000
B제품간접가공비	132,000	110,000	242,000
합 계	₩220,000	₩220,000	₩440,000

2. A제품원가계산

① 제1공정 기말재공품평가

$$₩145,120 \times \frac{40 \times 0.25}{170 + (30 \times 0.8) + (40 \times 0.25)} = ₩7,114$$

② 제2공정 기말재공품평가

자공정비 : $₩180,040 \times \frac{30 \times 0.2}{170 + (40 \times 0.75) + (30 \times 0.2)} = ₩5,244$

전공정비 : $₩141,246 \times \frac{30}{200} = ₩21,187$

합 계 $= ₩26,431$

③ 직접재료비 기말재공품평가

$$₩42,000 \times \frac{70}{210 - 70 + 70} = ₩14,000$$

④ 원가계산표작성

A제품 가공비공정별 원가계산표

항 목	제1공정	제2공정	직접재료비	합 계
기초재공품원가	₩3,240	₩28,000	₩14,000	₩45,240
직접가공비	57,120	70,040	42,000	169,100
간접가공비	88,000	110,000	–	198,000
전공정비대체액	–	→ 141,246	–	–
계	₩148,360	₩349,286	₩56,000	₩412,400
기말재공품원가	7,114	26,431	14,000	47,544
완성품원가	₩141,246	₩322,855	₩42,000	₩364,856
완성량	200kg	210kg	210kg	210kg
단위당원가	@₩706.23	@₩1,537.40	@₩200	@₩1,737.40

3. B제품원가계산

① 제1공정 기말재공품평가

$$₩296,000 \times \frac{60 \times 0.5}{350 + (50 \times 0.6) + 50 \times 0.5)} = ₩21,659$$

② 제2공정 기말재공품평가

자공정비 : $₩246,000 \times \frac{50 \times 0.4}{350 + (60 \times 0.5) + 50 \times 0.4)} = ₩12,300$

전공정비 : $₩290,341 \times \frac{50}{400} = ₩36,293$

합 계 $= ₩48,593$

③ 직접재료비 기말재공품평가

$$₩123,000 \times \frac{110}{410 - 110 + 110} = ₩33,000$$

④ 원가계산표작성

B제품 가공비공정별 원가계산표

항 목	제1공정	제2공정	직접재료비	합 계
기초재공품원가	₩16,000	₩67,800	₩33,000	₩116,800
직접가공비	164,000	136,000	123,000	423,000
간접가공비	132,000	110,000	–	242,000
전공정비대체액	–	290,341	–	–
계	₩312,000	₩604,141	₩156,000	₩781,800
기말재공품원가	21,659	48,593	33,000	103,252
완성품원가	₩290,341	₩555,548	₩123,000	₩678,548
완성량	400kg	410kg	410kg	410kg
단위당원가	@₩725.85	@₩1,354.99	@₩300	@₩1,654.99

(3) 조간접비 공정별조별원가계산

이 방법은 조간접비만을 공정별로 계산하고 조직접비는 단순조별계산의 경우와 같이 공정별 계산을 하지 않고 각 조의 제조지시서에 직접 부과하는 방법이다. 조간접비의 공정별 계산은 개별원가계산에 있어서 제조간접비의 부문별 계산과 동일한데 조간접비의 제조지시서별 배부를 보다 합리적으로 할 수 있다.

여기서 조간접비 공정별계산이라고 해서 조간접비를 공정단위별로 종합계산하는 것은 아니다. 따라서 이것은 공정별조별계산이라기보다는 간접비부문별계산이라고 하는 편이 보다 타당할 것이다.

이 방법은 조직접비와 배부된 조간접비와의 합계에 의하여 각 조별제조원가를 파악하고, 각 조마다 단일공정종합원가계산의 방법을 적용하여 제품원가와 기말재공품원가에 안분한다.

그러므로 조간접비 공정별종합원가계산은 부문별 개별원가계산의 방법과 단일공정종합원가계산의 방법을 결합한 것이라 할 수 있다.

[도표 8－9]는 조간접비 공정별조별원가계산의 원가흐름을 나타낸 것이다. 이 도표에서 제1공정간접비로 집계된 원가는 제2공정간접비로 대체되는 것이 아니라 바로 각 조별로 배부된다는 것을 알 수 있다.

■ 도표 8-9 조간접비 공정별조별원가계산의 원가흐름

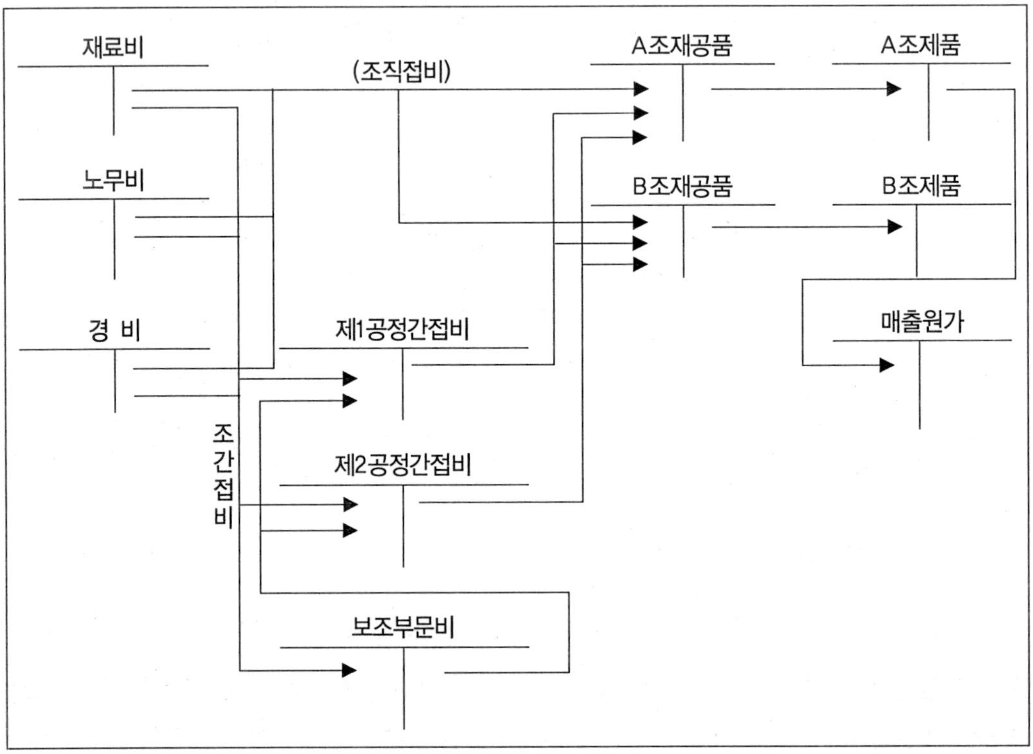

이제 위의 원가흐름과 다음의 [예제 8－18]을 통하여 조간접비 공정별조별원가계산 절차를 살펴보도록 하자.

예제 8-18 다음 자료에 의하여 제품 A, B의 단위당 제조원가를 조간접비 공정별조별원가계산에 의하여 계산하시오.

(1) 당기의 작업보고

품 종	완성품량	기말재공품		조직접비		직접작업시간	
		수 량	진척도	직접재료비	가공비	제1공정	제2공정
A	500kg	40kg	50%	₩106,080	₩150,000	800시간	700시간
B	600kg	50kg	60%	₩146,400	₩220,000	1,200시간	800시간

조간접비				합 계
제1공정	제2공정	갑 보조부문	을 보조부문	
₩60,000	₩30,000	₩50,000	₩28,000	₩168,000

(2) 기초재공품

품 종	수 량	직접재료비	가공비	진척도
A	30kg	₩6,000	₩9,000	60%
B	40kg	₩9,600	₩14,000	50%

(3) 보조부문비배부율

구 분	제1공정	제2공정
갑 보조부문비	3	2
을 보조부문비	4	3

(4) 기타자료

① 직접재료는 제1공정 시점에서 투입된다.

② 공정비의 조별배부는 직접작업시간을 기준으로 한다.

③ 기말재공품 평가는 평균법에 의한다.

물.음.

다음 단계별로 조별원가를 계산하시오.

1. 조간접비의 배부
2. 공정비의 제품별 배부
3. 기말재공품원가의 계산
4. 원가계산표작성

풀.이.

1. 조간접비의 배부

조간접비배부표

항 목	제1공정	제2공정	합 계
공정직접비	₩60,000	₩30,000	₩90,000
갑보조부문비	30,000	20,000	50,000
을보조부문비	16,000	12,000	28,000
합 계	₩106,000	₩62,000	₩168,000

2. 공정비의 제품별 배부

① 제1공정비 – A제품 : $₩106{,}000 \times \dfrac{800}{800+1{,}200} = ₩42{,}400$

B제품 : $₩106{,}000 \times \dfrac{1{,}200}{800+1{,}200} = ₩63{,}600$

② 제2공정비－A제품 : $₩62{,}000 \times \frac{700}{700+800} = ₩28{,}933$

B제품 : $₩62{,}000 \times \frac{800}{700+800} = ₩33{,}067$

3. 기말재공품원가의 계산

① A제품

직접재료비 : $(₩6{,}000 + ₩106{,}080) \times \frac{40}{500+40} = ₩8{,}302$

가공비 : $(₩9{,}000 + ₩150{,}000 + ₩42{,}400 + ₩28{,}933) \times \frac{40 \times 0.5}{500 + 40 \times 0.5} = ₩8{,}859$

합 계 ₩17,161

② B제품

직접재료비 : $(₩9{,}600 + ₩146{,}400) \times \frac{50}{600+50} = ₩12{,}000$

가공비 : $(₩14{,}000 + ₩220{,}000 + ₩63{,}600 + ₩33{,}067) \times \frac{50 \times 0.6}{600 + 50 \times 0.6}$

$= ₩15{,}746$

합 계 ₩27,746

4. 원가계산표작성

가공비 공정별원가계산표

항 목	A 제품	B 제품	합 계
기초재공품원가 :			
직접재료비	₩6,000	₩9,600	₩15,600
가공비	9,000	14,000	23,000
조직접비 :			
직접재료비	106,080	146,400	252,480
가공비	150,000	220,000	370,000
조간접비배부액 :			
제1공정	42,400	63,600	106,000
제2공정	28,933	33,067	62,000
계	342,413	486,667	829,080
기말재공품원가	17,161	27,746	44,907
조별제품원가	₩325,252	₩458,921	₩784,173
완성품량	500kg	600kg	
단위원가	@₩650.5	@₩764.87	

5 주요산식 요약

(1) 기말재공품의 평가방법(기본식)

1) 평균법

- 기말재공품원가 = (기초재공품원가 + 당기제조비용) × $\frac{\text{기말재공품환산량}}{(\text{완성품수량} + \text{기말재공품환산량})}$
- 당기제품제조원가 = 기초재공품원가 + 당기제조비용 − 기말재공품원가

2) 선입선출법

기말재공품원가 = 당기제조비용 × $\frac{\text{기말재공품환산량}}{(\text{완성품수량} - \text{기초재공품환산량} + \text{기말재공품환산량})}$

단, 완성품수량이 기초재공품환산량보다 적을 경우에는 다음과 같은 산식을 이용한다.

기말재공품원가 = 당기제조비용 + $\left[\text{기초재공품원가} \times \frac{(\text{기초재공품환산량} - \text{완성품수량})}{\text{기초재공품환산량}}\right]$

(2) 기말재공품 평가시 정상적 공손품(또는 감손품)이 있는 경우

1) 완성품과 기말재공품에 부담시키는 경우

'기본식'을 이용한다.

2) 완성품에만 부담시키는 경우

① 평균법 이용시

- 기말재공품원가 = (기초재공품원가 + 당기제조비용) × $\frac{\text{기말재공품환산량}}{(\text{완성품수량} + \text{기말재공품환산량} + \text{공손품환산량})}$
- 완성품원가 = 기초재공품원가 + 당기제조비용 − 기말재공품원가

② 선입선출법 이용시

$$\text{기말재공품원가} = \text{당기제조비용} \times \frac{\text{기말재공품환산량}}{(\text{완성품수량} - \text{기초재공품환산량} + \text{기말재공품환산량} + \text{공손품환산량})}$$

3) 공손품의 잔존가치가 있는 경우

① 완성품과 기말재공품에 부담시킬 경우

- $\text{기말재공품원가} = (\text{기초재공품원가} + \text{당기제조비용} - \text{공손품잔존가치}) \times \frac{\text{기말재공품환산량}}{(\text{완성품수량} + \text{기말재공품환산량})}$
- 완성품원가 = 기초재공품원가 + 당기제조비용 − 공손품잔존가치 − 기말재공품원가

② 완성품에만 부담시키는 경우

- $\text{기말재공품원가} = (\text{기초재공품원가} + \text{당기제조비용}) \times \frac{\text{기말재공품환산량}}{(\text{완성품수량} + \text{기말재공품환산량} + \text{공손품환산량})}$
- 완성품원가 = 기초재공품원가 + 당기제조비용 − 공손품잔존가치 − 기말재공품원가

(3) 비정상적 공손 · 감손이 발생한 경우

① 평균법 이용시

- $\text{기말재공품원가} = (\text{기초재공품원가} + \text{당기제조비용}) \times \frac{\text{기말재공품환산량}}{(\text{완성품수량} + \text{기말재공품환산량} + \text{공손품환산량})}$
- $\text{공손품원가} = (\text{기초재공품원가} + \text{당기제조비용}) \times \frac{\text{공손품환산량}}{(\text{완성품수량} + \text{기말재공품환산량} + \text{공손품환산량})}$
- 완성품원가 = 기초재공품원가 + 당기제조비용 − 기말재공품원가 − 공손품원가

② 선입선출법 이용시

$$\text{• 기말재공품원가} = \text{당기제조비용} \times \frac{\text{기말재공품환산량}}{(\text{완성품수량} - \text{기초재공품환산량} + \text{기말재공품환산량} + \text{공손품환산량})}$$

$$\text{• 공손품원가} = \text{당기제조비용} \times \frac{\text{공손품환산량}}{(\text{완성품수량} - \text{기초재공품환산량} + \text{기말재공품환산량} + \text{공손품환산량})}$$

$$\text{• 완성품원가} = \text{기초재공품원가} + \text{당기제조비용} - \text{기말재공품원가} - \text{공손품원가}$$

* 감손이 발생한 경우에는 공손품환산량 대신에 감손환산량을 이용하여 감손원가와 기말재공품원가를 계산한 후, 완성품원가를 계산한다. 만일 공손품과 감손이 동시에 발생한 경우에는 공손품환산량·감손환산량을 동시에 이용하며 계산과정은 동일하다.

(4) 공정별 종합원가계산의 기말재공품 평가

1) 제1공정

앞의 '기본식'을 이용한다.

2) 제2공정 이후

자공정비는 앞의 '기본식'을 이용하고, 전공정비는 다음과 같이 계산한다.

① 평균법 이용시

$$\text{• 기말재공품원가(전공정비)} = (\text{기초재공품전공정비} + \text{당기전공정대체원가}) \times \frac{\text{기말재공품환산량}}{(\text{기초재공품수량} + \text{당기전공정대체수량})^{*}}$$

* 공·감손이 없는 경우라면 분모는 「완성품수량+기말재공품수량」으로 계산해도 된다. 또한 전공정의 완성품이 모두 대체되었다면 당기전공정대체수량은 전공정의 완성품수량이다.

② 선입선출법 이용시

$$\text{기말재공품원가(전공정비)} = \text{당기전공정대체원가} \times \frac{\text{기말재공품수량}}{\text{당기전공정대체수량}}$$

연. 습. 문. 제.

01 다음 자료에 의해 원가계산을 한 다음 요약원가계산표를 작성하고, 여기에 필요한 분개를 하시오.

(1) 기초재공품	수 량	100kg
	원재료비	₩10,000
	가공비	₩4,000
	진척도	50%
당기제조비용	원재료비	₩26,000
	가공비	₩14,000
당기투입수량		250kg
주산물완성수량		150kg
부산물완성수량		50kg
공손품	수 량	30kg
	진척도	20%
	매출가격추정액	@₩40
작업폐물	수 량	10kg
	매출가격추정액	@₩20
기말재공품	수 량	100kg
	진척도	40%

(2) 부산물은 공정의 끝에서 생긴다. 부산물의 매각추정가격은 @₩110이며 보관비·판매관리비 및 정상이윤의 합계는 @₩10이다. 또한 부산물의 원재료비와 가공비의 비율은 1 : 1로 가정한다.

(3) 작업폐물은 진척도 30%에서 생긴다.

(4) 기말재공품은 선입선출법에 의하여 평가한다.

(5) 공손품 평가액은 원재료비에서 차감한다.

(6) 원재료는 공정이 시작될 때에 모두 투입된다.

02 **A, B의 두 가지 제품을 생산하고 있는 경원상사의 다음 자료에 의하여 단순 조별종합원가계산표를 작성하시오.**

(1) 기초재공품

품 종	수 량	직접재료비	가공비	진척도
A 제품	30kg	₩6,000	₩9,000	60%
B 제품	40kg	₩9,600	₩14,000	50%

(2) 작업상황

품 종	완성품량	기말재공품		조직접비		조간접비	직접 작업시간
		수 량	진척도	재료비	노무비		
A	500kg	40kg	50%	₩106,080	₩150,000	₩168,000	1,500시간
B	600kg	50kg	60%	₩146,400	₩220,000		2,000시간

(3) 기타 자료

① 조간접비는 직접작업시간을 배부기준으로 하며, 주요 재료는 모두 작업의 최초 단계에서 투입된다.

② 기말재공품평가는 선입선출법에 의한다.

03 **다음 자료에 의해서 공정별원가계산표를 작성하시오.**

(1) 생산자료 및 원가자료

적 요 \ 공 정		제1공정 자공정비	제2공정	
			전공정비	자공정비
월초 재공품	수 량	40kg	40kg	120kg
	원 료	₩20,000	₩20,000	₩67,200
	가공비	20,800	44,260	86,400
	진척도	50%	?	60%
당월 제조	투입량	530kg	400kg	1,200kg
	원료비	₩254,400	?	₩720,000
	가공비	577,200	?	1,564,000
월말 재공품	수 량	50kg	50kg	150kg
	진척도	40%	?	50%
완성품량		500kg	380kg	1,140kg
감손량		20kg	10kg	30kg

(2) 원료는 각 공정의 시점에서 투입된다. 제2공정에서는 제1공정으로부터의 대체량에 다 원료가 추가 투입되며, 그 투입비율은 1 : 3이다. 또한 투입 후에는 양자의 구분은 불가능하다.

(3) 감손은 각 공정의 종점에서 발생하였으나 모두 정상적인 것이다.

(4) 기말재공품의 평가는 선입선출법에 의한다.

(5) 원 미만의 단수는 사사오입한다.

04 다음 자료에 의하여 공정별원가계산표를 작성하시오.

	제1공정	제2공정
(1) 기초재공품		
수 량	20개	20개
원 가		
전공정비	–	₩8,000
자공정비	₩16,000	₩9,600
완성도	70%	80%
(2) 당기제조비용	₩80,000	₩64,000
(3) 기말재공품		
수 량	20개	24개
완성도	20%	50%
(4) 완성품량	200개	192개
(5) 감손량	10개	4개

(6) 기말재공품은 선입선출법에 의하여 평가한다.

(7) 감손은 정상적이며 공정종점에서 발생하고 완성품에만 부담시킨다.

05 다음 자료에 의하여 부문비계산표 및 공정별 종합원가계산표를 작성하시오.

(1) 당기제조비용

① 부문개별비

제1공정	제2공정	제3공정	동력부	수선부	공장사무부
₩1,988,000	₩1,656,000	₩1,532,000	₩200,000	₩120,000	₩80,000

② 부문공통비의 합계는 ₩800,000이고, 배부비율은 다음과 같다.

제1공정	제2공정	제3공정	동력부	수선부	공장사무부
5	5	6	2	1	1

③ 보조부문비의 배부는 다음 비율에 의하여 직접배부법으로 행한다.

구 분	동력부	수선부	공장사무부
제1공정	4	4	3
제2공정	3	4	3
제3공정	3	2	4

(2) 당기작업보고내용

구 분	제1공정	제2공정	제3공정
완성품수량	1,000개	980개	950개
기말재공품수량	100개	130개	140개
진척도	40%	60%	50%
감 손	–	10개	–
공손품	20개(진척도 50%)	–	–

(3) 기초재공품

구 분	제1공정	제2공정	제3공정
수 량	150개	120개	130개
진척도	40%	40%	40%
원 가	₩330,000	₩462,000	₩360,000

(4) 제2공정의 감손은 제2공정 완성품에만 부담시키고, 제3공정의 감손은 완성품과 기말재공품 양쪽에 부담시킨다. 단, 감손의 진척도는 100%로 한다.

(5) 공손품은 모두 비정상적으로 발생한 것이며, 공손비는 영업외비용으로 처리한다.

(6) 기말재공품평가에 있어서 제1공정은 평균법, 제2공정과 제3공정은 선입선출법에 의하여 계산한다.

(7) 제2공정 기초재공품원가 ₩462,000 중에는 전공정대체원가 ₩320,000이, 제3공정 기초재공품원가 ₩360,000 중에는 전공정대체원가 ₩240,000이 포함되어 있다.

06 (주)오산석유화학은 A, B 두 공정을 통하여 단일제품을 생산하고 있다. A공정의 완성품 1파운드를 제조하기 위하여 X원료 2단위가 소요되며, X원료는 A공정의 시발점에서 전량 투입된다. B공정의 최종시점에서 완성품 1갤론당 Y원료가 3g 투입된다. B공정의 시점에서는 완서움 1갤론당 A공정의 완성품 2파운드가 투입된다. 공손품은 B공정에서 평균적으로 발생한다. 그리고 A공정과 제품계정은 재료비 · 가공비 · 전공정대체원가로 분리 기장되어 있으며, A공정과 제품계정의 재고자산평가방법에는 선입선출법을 사용하고 B공정에 대하여는 평균법을 사용한다. 이외의 제7기 7월의 생산관련 자료는 다음과 같다.

(1) A공정으로부터 B공정에 대체된 수량은 2,200파운드이다.

(2) B공정으로부터 제품계정에 대체된 수량은 900갤론이다.

(3) 제품계정으로부터 매출원가계정에 대체된 수량은 600갤론이다.

(4) B공정의 공손품수량은 100갤론이다.

(5) 원료의 단가 : X원료, @₩151(1단위당)
Y원료, @₩200(1g당)

(6) 가공비 발생액 : A공정, ₩334,400
B공정, ₩401,000

(7) 공손품의 평가액은 ₩10,000이며, 이것은 원가절감으로 간주하여 전공정대체원가에서 차감하는 것으로 처리한다.

(8) 공손비는 완성품과 기말재공품에 공동으로 부담시키는 것으로 한다.

(9) 재고자산에 관한 자료

항 목	A 공정		B 공정		제 품	
	월 초	월 말	월 초	월 말	월 초	월 말
수 량	200lbs	300lbs	200갤론	300갤론	700갤론	1,000갤론
가공비, 완성도	$\frac{1}{2}$	$\frac{1}{3}$	$\frac{1}{2}$	$\frac{2}{3}$		

항 목	A 공정		B 공정		제 품	
	월 초	월 말	월 초	월 말	월 초	월 말
총평가액					₩1,330,000	
재료비	₩56,000		0			
가공비	₩10,800		₩39,000			
전공정대체원가			₩220,000			

물음

1. 7월의 공정별 원가계산표를 작성하고 기말재공품 평가과정을 상세히 계산표시하시오.
2. 7월 중 A공정으로부터 매출원가계정에 이르기까지의 원가흐름을 분개하시오.

07 **(주)밀양기업은 시장생산품에는 조별종합원가계산방법을, 수주생산품에는 개별원가계산방법을 적용하고 있다. 7월의 생산량자료는 아래 자료 (1)과 같다.**

갑제품 및 을제품은 시장생산품이며, #550 및 #551은 수주생산품을 제조하기 위한 작업지시서이다. #551의 생산은 월말 현재 미완료상태이다. 제조원가자료는 아래 (2)와 같다. 갑, 을 양 제품의 월말 재공품과 완성품에의 원가배분은 평균법에 의한다. 감손에 대하여는 완성품과 월말 재공품에 공동부담시키되, 전공정대체원가에 대한 감손은 독립계산하여 월말재공품과 완성품에 유효생산량을 기준으로 부담시키기로 한다. 감손의 가공진척도는 없다(0%).

(1) 생산량에 대한 자료(재공품수량에 표시한 ( ) 내 숫자는 가공진척도를 표시한 것이다.)

	갑제품	을제품	#550	#551
제1공정 월초재공품	(1/2)2,500kg	(2/3)1,200kg	–kg	–kg
제1공정 시점투입재료	12,500	7,000	10,000	5,000
계	15,000	8,200	10,000	5,000
제1공정 월말재공품	(3/4)2,000	(1/2)1,000	–	–
제 2 공 정 대 체	13,000	7,200	10,000	5,000
제2공정 월초재공품	(1/2)2,000	(1/2) 800	–	–
계	15,000	8,000	10,000	5,000
제 2 공 정 감 소	800	400	600	200
제2공정월말재공품	(1/2)1,800	(1/3) 600	–	4,800
완 성 품	12,400kg	7,000kg	9,400kg	–

(2) 제조원가에 대한 자료(금액은 각자 계산할 것)

	갑제품	을제품	#550	#551
제1공정 월초재공품원가				
재료비	₩1,700,000	₩436,000	₩–	₩–
가공비	250,000	160,000	–	–
제1공정 시점투입재료비	8,650,000	3,500,000	8,500,000	3,000,000

제1공정 가공비배부액				
유효생산량 1kg당 @₩200	?	?	?	?
제2공정 월초재공품원가				
전공정비	₩1,630,000	₩464,000	–	–
감손비	45,000	15,000	–	–
가공비	38,000	28,600	–	–
제2공정 기계운전시간수	1,520시간	850시간	1,180시간	470시간
제2공정 가공비배부액				
기계운전 1시간당 @₩500	?	?	?	?

물음

위의 자료를 토대로 각 제품의 제조원가를 계산하기 위한 원가계산표를 작성하시오.

08 **A조, B조 두 종류의 제품을 제조하고 있는 (주)안성공업의 7월 중 원가자료는 다음과 같다.**

(1) 월초 재고액

① 주요재료 1,500개 @₩1,000 ₩1,500,000

② 공장소모품 200개 @₩300 ₩60,000

③ 재공품

제 품	수 량	주요재료비	가공비	진척도
A조	500개	₩450,000	₩410,000	60%
B조	600개	₩580,000	₩530,000	50%

(2) 소비액의 계산방법은 다음과 같다.

주요재료 ·· 이동평균법

공장소모품 ·· 실지재고조사법

(3) 주요 재료는 전부 제조개시 때 투입되어 소비되고, 가공비는 제조진행에 따라 소비되는 것으로 한다.

(4) 7월 중의 거래 내역은 다음과 같다.

7월 6일 A조를 위하여 주요 재료 1,000개를 소비하다.

9일 주요 재료와 공장소모품을 외상으로 매입하다.

주요재료	2,000개	@₩1,100	₩2,200,000
공장소모품	100개	@₩330	₩33,000

16일 B조를 위하여 주요 재료 1,500개를 소비하다.

31일 ① 공장소모품의 월말 재고액은 ₩63,000이었다. 당월 소비액은 조간접비로 한다.

② 노무용역을 다음과 같이 소비하다

A조 ₩780,000, B조 ₩943,000, 조간접비 ₩140,000

③ 조간접비인 경비를 다음과 같이 소비하다.

전력비 ₩90,000 감가상각비 ₩110,000

보험료 ₩10,000 잡 비 ₩20,000

④ 조간접비는 A조 40%, B조 60%의 비율로 배부한다.

⑤ 당월의 제조수량은 다음과 같다.

제 품	완성품수량	기말재공품수량
A 조	1,000개	300개(진척도 80%)
B 조	1,500개	700개(진척도 70%)

⑥ 기말재공품평가에 있어 A조제품은 선입선출법, B조제품은 평균법에 의하여 계산한다.

물음

위의 자료에 의하여 조별원가계산표를 작성하고, 관계되는 각 계정(A조제조 · B조제조 · A조제품 · B조제품 · 조간접비)에 기입하여 마감하시오.

09 **A, B 두 가지 제품을 생산하는 거제산업의 9월 중 원가자료는 다음과 같다.**

(1) 당월의 작업보고

제 품	완성품 수량	월말재공품		당월직접재료비		당월직접노무비		부산물 수량	공손품	
		수 량	가공 진척도	수 량	금 액	직접작업 시간	금 액		수 량	가공 진척도
	kg	kg	%	kg	₩	시간	₩	kg	kg	%
A	1,850	220	75	1,940	1,144,800	2,210	541,900	50	–	–
B	2,000	300	50	2,260	1,445,000	2,600	667,500	–	200	60

(2) 월초 재공품

제 품	수 량	직접재료비	가공비	합 계
A 제품	180kg	₩106,000	₩82,000	₩188,000
B 제품	240	155,000	121,000	276,000

(3) 원가계산자료

① 직접재료는 제조작업의 시초에 전부 투입되었다.

② 제조간접비는 직접작업시간을 기준으로 한 예정배부율에 의해 각 제품에 예정배부한다. 당년도의 제조간접비 예산은 ₩14,575,000이고 동기간의 기준조업도는 직접작업시간으로 27,500시간이다.

③ 부산물의 평가액(kg당 ₩290)은 당해 완성품원가에서 공제한다. 단, 부산물에 투입된 직접재료의 수량은 감손(가공비환산량은 공정에서 평균적으로 발생한 것으로 한다)으로 취급하며, 그 원가는 완성품에만 부담시킨다.

④ B제품의 공손품 중 150kg은 상징적인 것으로 완성품에만 부담시키고, 나머지는 이상적인 것으로 원가에 산입하지 않는다.

⑤ 기말재공품은 평균법에 의하여 평가한다.

물음

이상의 자료에 의하여 A, B의 원가계산표를 작성하고 월말 재공품 평가의 계산과정을 표시하시오.

10 A제품과 B제품을 제조하고 있는 (주)사천산업의 원가자료는 다음과 같다.

(1) 기초재공품

제 품	수 량	주요재료비	가공비	진척도
A 제품	300개	₩249,000	₩300,000	80%
B 제품	500개	₩450,000	₩400,000	60%

(2) 작업보고

제 품	완성량	기말재공품		조직접비		공손품	
		수 량	진척도	주요재료비	임 금	수 량	진척도
A 제품	1,400개	400개	40%	₩1,200,000	₩930,000	100개	30%
B 제품	2,000개	600개	60%	₩1,302,000	₩956,000	20개	50%

(3) 조간접비 ₩700,000은 A제품 60%, B제품 40%로 배부한다.
(4) 주요 재료는 전부 제조개시 때 투입되어 소비된다.
(5) A제품 제조에서 생긴 공손품은 모두 이상적인 공손이므로, 기타비용으로 처리한다.
(6) B제품 제조에서 생긴 공손품은 정상적인 공손이므로, 공손비는 기말재공품과 완성품의 양쪽에 부담시킨다.
(7) 기말재공품 평가에 있어서 A제품은 선입선출법, B제품은 평균법에 의하여 계산한다.

물음

위의 자료에 의하여 조별원가계산표를 작성하고 관련계정(A조 제조 · B조 제조 · A조 제품 · B조 제품 · 조간접비)에 기입하시오.

제9장

원 · 가 · 회 · 계

결합원가계산

제9장

결합원가계산

제1절 결합원가계산의 기초

1 결합제품과 결합원가계산

기업이 의도한 단일의 제품을 생산하려고 해도 부수적으로 다른 제품의 생산이 동시에 수반되는 경우가 있다. 다음의 [예제 9－1]을 통해 이러한 상황에서 적절한 원가계산방법이 어떤 것인지 생각해 보자.

예제 9－1 숯불갈비를 전문으로 하는 포천의 이동갈비집에서는 한우를 직접 구입하여 필요한 갈비부위를 재료로 사용하고 있다. 다음의 원가자료를 통하여 물음에 답하시오.

(1) 한우의 구입원가와 갈비부위의 생산원가 자료(1마리당)
  한우의 구입비 : ₩4,000,000
  가공비(도살 및 처리) : ₩400,000
  갈비부위의 산출량 : 80kg

(2) 숯불갈비 1인분의 원가자료
  직접재료비(갈비부위) : 200g×(?)＝(?)
  보조재료비(양념, 반찬 등) : 20g×₩100＝₩2,000
  간접비(인건비 및 경비) 예정배부액 : ₩2,000

물음.

1. 갈비부위의 kg당 생산원가를 구하시오.
2. 위에서 구한 갈비부위의 생산원가를 토대로 숯불갈비 1인분의 원가를 구하시오.
3. 위와 같은 방법으로 갈비부위의 생산원가를 구하는 것이 적절한가?

4. 한우의 가공단계(도살 및 처리)에서 갈비부위 이외에 부수적으로 산출되는 품목의 평가액이 한우 1마리당 ₩2,000,000에 이른다고 할 경우, 갈비부위의 kg당 생산원가와 숯불갈비 1인분의 원가를 구하시오.

풀.이.

1. (₩4,000,000 + ₩400,000)/80kg = ₩55,000/kg

2. 갈비부위 200g의 생산원가 = (₩55,000/1,000)×200g = ₩11,000

숯불갈비 1인분의 원가

직접재료비(갈비부위) 200g	₩11,000
보조재료비(양념, 반찬 등)(20g×₩100)	2,000
간접비(인건비 및 경비) 예정배부액	2,000
계	₩15,000

3. 갈비부위만이 필요하다고 해서 쇠고기의 가공단계에서 산출되는 갈비 이외의 부분을 버리거나 판매가치를 고려하지 않는 것은 생각할 수 없다. 따라서 갈비부위의 산출을 위해 투입된 한우의 구입비와 가공비는 갈비부위의 생산과 동시에 생산되는 부위별 쇠고기, 내장, 비계, 기름, 뼈, 가죽, 털 등의 공통생산원가로 배분해야 할 것이다.

4. (₩4,000,000 + ₩400,000 − ₩2,000,000)/80kg = ₩30,000/kg

갈비부위 200g의 생산원가 = (₩30,000/1,000)×200g = ₩6,000

숯불갈비 1인분의 원가

직접재료비(갈비부위) 200g	₩6,000
보조재료비(양념, 반찬 등)(20g×₩100)	2,000
간접비(인건비 및 경비) 예정배부액	2,000
계	₩10,000

이같이 둘 또는 그 이상의 제품이나 서비스를 생산하는 경우 결합원가는 동시에 여러 제품을 생산하는 단일공정의 원가를 말한다. 위의 [예제 9−1]에서 한우의 구입비와 가공비가 결합원가에 해당된다.

한편 분리점이란 한우의 가공단계(도살 및 처리과정)에서 각 부위별 쇠고기, 내장, 비계, 기름, 뼈, 가죽, 털 등으로 분리되는 것처럼 제품 하나하나를 구분할 수 있게 하는 제조공정 중의 한 점이다. 이 시점 이후에 분리된 각 제품의 상품화를 위하여 추가적으로 가공할 경우 발생될 원가를 개별원가라고 하는데, 그 이유는 이들 비용이 개별제품에 추적될 수 있기 때문이다.

한편 [예제 9−1]과 같이 특정 제품을 생산하려고 할 때, 다른 제품을 동반하지 않고서는 생산될 수 없으며, 단지 생산량의 비율만을 변화시킬 수 있는 공정이나 제조환경을 많이 볼 수 있다. 이와 같이 결합제품(joint products)이란 동일한 원재료를 사용하여 동일한 공정에서 두 종류 이상으로 생산되는 제품을 말한다. 결합제품은 연산품이라고도 하나, 넓은 의미의 결합제품은 연산품뿐만 아니라 등급품 및 부산물까지도 포함하는 것으로 본다. 결합제품은 분리시점에 이를 때까지는 개별제품으로 구분되지 않고 특정 단계에 이르러서야 비로소 개별제품으로 확인되며 다음과 같은 특성을 갖는다.

① 결합제품은 일정한 단계(분리점)에 도달할 때까지는 개별제품으로 나누어지지 않는다.
② 결합제품은 대체로 동종 또는 유사제품인 개별제품으로 나누어진다.
③ 한 제품을 생산하는 과정에서 다른 제품의 생산이 수반된다.
④ 결합제품은 주로 주제품을 뜻하나 부산품이 생산되기도 한다.
⑤ 결합제품은 제조기술상 부득이한 경우, 의도적으로 생산하는 경우, 소비자욕구의 변화에 따라 새로운 시장이 형성되는 경우, 기존의 제조공정을 변경시키는 경우 등 다양한 이유에서 생산된다.

한편 결합제품을 구성하는 각 개별제품의 원가를 어떻게 합리적으로 결정할 것인가? 즉 결합공정에서 발생한 총원가를 어떻게 각 제품에 합리적으로 배분하여야 할 것인가? 하는 것이 결합원가계산의 과제라고 할 수 있다. 이를 위해서는 결합제품을 구성하는 개별제품의 분류와 그 의미를 분명히 해두어야 한다. 결합제품에는 상대적 판매가치를 기준으로 연산품, 등급품, 주산물, 부산물 및 작업폐물로 나눌 수 있으며 다음의 [도표 9-1]과 같이 정리할 수 있다.

[도표 9-1]에서 보는 것처럼 연산품은 상대적으로 높은 판매가치를 지니고 있는 것으로서 분리점에 이르기까지는 개별제품으로 서로 구분할 수 없는 제품이다. 한편 단일공정에

■ 도표 9-1 연산품, 주산물, 등급품 및 작업폐물의 관계

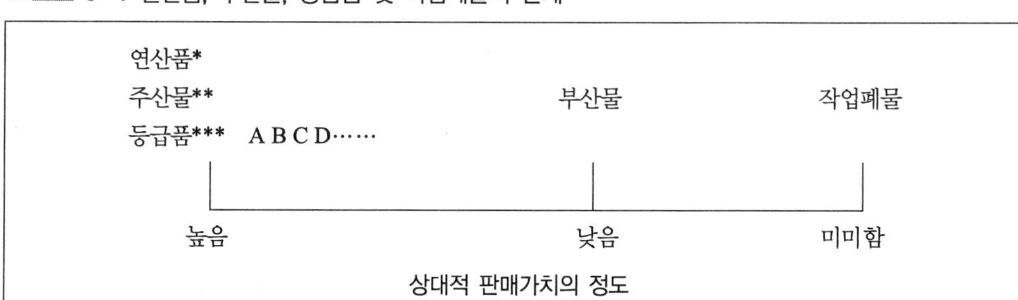

* 주산물과 부산물을 명확히 구분하기 곤란할 정도로 생산되는 제품들 간에 상대적인 판매가치가 높은 경우
** 단지 한 가지 제품만이 주산물로서 상대적으로 높은 판매가치를 갖는 경우
*** 의도적으로 제품구성을 조성하여 규격, 품질 등에서 구분되는 제품을 생산하는 경우

■ 도표 9-2 결합제품의 분류와 의미

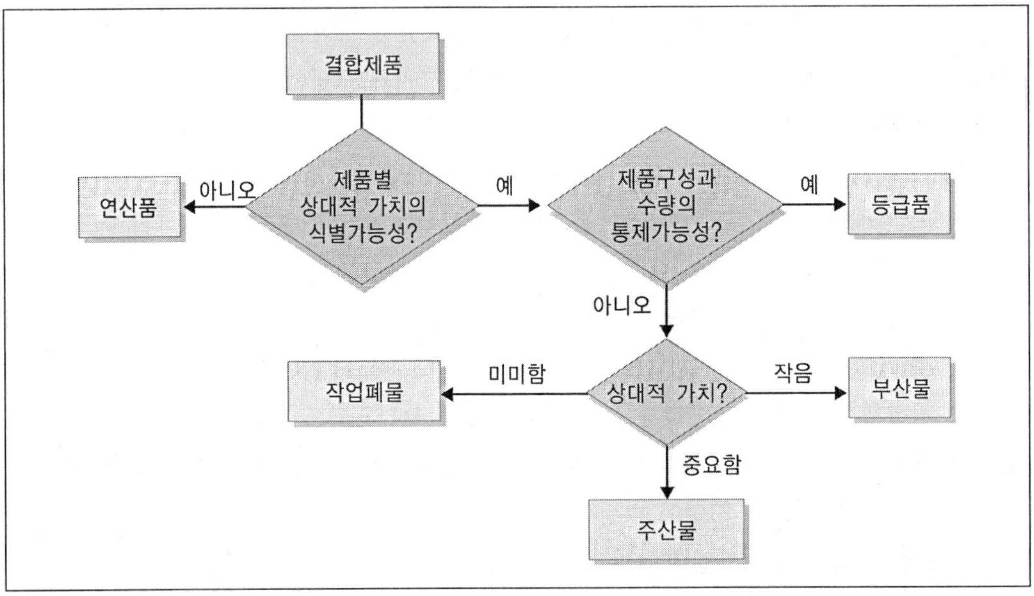

서 둘 이상의 제품을 생산할 때 단지 하나의 제품만이 상대적으로 높은 판매가치를 지니고 있다면 그 제품을 주산물이라고 한다. 부산물은 주산물 또는 연산품에 비해 상대적으로 낮은 판매가치를 지닌 제품이다. 등급품은 결합제품을 구성하는 개별제품의 종류와 수량 등을 사전에 통제할 수 있다는 점에서, 동종의 제품이지만 등급별로 구별되는 제품을 의미한다. 작업폐물은 주산물 또는 연산품과 비교할 때 극히 미미한(거의 0에 가까운) 판매가치를 지닌 제품제조과정의 찌꺼기에 해당된다.

결합제품에 대한 수익과 비용을 기록하기 위한 회계처리방법은 이와 같은 결합제품의 분류와 의미에 따라 상이하다. 또한 결합제품과 결합원가에 명백한 인과관계를 식별할 수 없기 때문에 인위적인 배부기준에 의존할 수밖에 없다. 가령 주산물과 부산물의 구분에 따라 제품의 단위당 생산원가가 영향을 받을 수 있기 때문에 결합제품을 상대적인 판매가치에 의하여 적절하게 분류하는 것이 결합원가계산의 출발점이 된다. 이 점에서 연산품, 등급품, 주산물, 부산물, 작업폐물에 대한 의미를 정리하면 [도표 9-2]와 같다.

2 결합제품의 분류

결합제품은 대체로 주제품인 연산품을 의미하나, 광의의 결합제품은 다음과 같이 분류할 수 있다.

(1) 연산품과 등급품

연산품(joint products)은 앞서의 결합제품과 같이 정의된다. 즉 연산품은 동일한 공정에서 동일한 원재료를 이용하여 생산되는 복수의 유사한 제품을 말한다. 따라서 결합원가계산은 일반적으로 연산품원가계산을 말한다. 연산품의 예로는 낙농업(우유·버터·크림 등), 정유업(휘발유·등유·경유·중유 등), 제련업(금·은·동 등), 정육업(부위별 고기·뼈·가죽·내장 등), 수산물가공업(북어·명란젓·창란젓 등) 등을 들 수 있다.

반면에 등급품(class products)은 동일한 공정에서 동일한 원재료를 이용하여 생산되는 동종의 제품이지만 규격·순도·굵기·크기·품질 등에서 등급별로 구별되는 제품을 뜻한다. 등급품의 예로는 굵기가 다른 철근이나 철사를 생산하는 제강업, 규격이 다른 신발을 생산하는 제화업, 두께가 다른 합판을 생산하는 목재업, 품질이 상이한 종이를 생산하는 제지업 등을 들 수 있다.

연산품과 등급품은 동일재료·동일공정을 거쳐 생산되는 결합제품이기 때문에 경우에 따라서는 연산품과 등급품이 동시에 생산되기도 한다. 예를 들어 제련업에서 금·은·동을 생산하면서 순도에 따라 상이한 금을 생산하는 경우도 있다. 연산품과 등급품은 동일재료·동일공정에서 생산되는 복수의 제품이지만 양자는 다음과 같은 차이점을 보인다.

① 연산품은 인위적으로 제품구성(product mix)을 조정하기가 곤란하지만, 등급품은 생산계획에 따라 제품구성의 조정이 가능하다.

② 연산품은 주로 유사제품이나, 등급품은 주로 동종제품이다.

③ 연산품은 분리점에 이를 때까지는 개별제품으로 식별할 수 없으나, 등급품은 경우에 따라 개별제품(예 : 크기가 상이한 신발)으로 추적이 가능하다.

④ 연산품의 결합원가배분은 어떠한 배분기준을 이용하더라도 인위적인 배분임에 비하여, 등급품은 보다 정확한 결합원가배분을 행할 수 있다. 등급품의 결합원가배분은 경우에 따라 조별종합원가계산의 형태를 이용할 수 있다.

(2) 주산물과 부산물

결합제품은 생산되는 개별제품의 상대적 중요성에 따라 주산물과 부산물로 구분되는데 상대적 중요성은 대개 판매가치를 기준으로 하며 판매가치는 생산량과 단위당 판매가격에 의하여 결정된다. 그러나 새로운 시장의 개발이나 제조기술의 발전 등에 따라 부산물이 주산물로 바뀔 수도 있기 때문에 주산물과 부산물의 구분은 고정되어 있는 것이 아니다.

주산물(main products 또는 major products)은 결합제품 중 수익에 대한 상대적인 중요성이 큰 제품이며 주제품이라고도 한다. 주산물은 기업이 생산·판매의 주된 대상으로 삼는 제품이며 수익에의 공헌도가 중요하고 크다.

반면에 부산물(by-products 또는 minor products)은 주산물의 생산과정에서 부수적으로 생산되는 제품이며 부산품이라고도 한다. 부산물은 주산물에 비하여 상대적 판매가치가 아주 작은 제품이다.

주산물과 부산물을 명확히 구분하기란 그리 쉬운 일이 아니다. 그 구분은 회사의 제조설비 · 시간의 변화 · 수요의 변화 등에 따라 달라진다. 따라서 주산물과 부산물을 구분하는 일반적 기준인 상대적 판매가치를 계산하고 판단하여야 한다. 상대적 판매가치를 기준하는 경우 생산량과 단위당 판매가격이 모두 낮은 것을 부산물로 분류한다.

3 결합원가와 분리원가

(1) 결합원가

결합제품은 일정한 생산단계에 이르면 개별제품으로 식별될 수 있는데 이 시점을 분리점이라 한다. 분리점(split-off point)은 결합제품을 개별적인 제품으로 식별할 수 있는 제조과정 중의 일정시점을 말한다. 이 분리점에 이르기 전에는 결합제품을 개별적인 제품으로 구분할 수 없다. 결합제품은 분리점에서 개별제품화되며 분리점에서 판매되기도 하고, 추가가공을 거친 후에 판매되기도 한다.

결합제품의 원가는 결합원가라 불리운다. 결합원가(joint costs 또는 joint product costs)는 분리점에 도달하기까지 결합제품을 생산하는 과정에서 발생하는 제조원가이다. 결합원가는 결합제품의 제조를 위하여 투입된 직접재료비 · 직접노무비 · 제조간접비의 금액이며 개별제품별로 추적이 불가능하기 때문에 인위적인 배분대상이 되는 원가이다. 결합원가계산의 핵심은 결합제품의 결합원가를 개별제품별로 배분하는 과정이며, 이 점에서 제6장 원가배분의 개념을 잘 기억해 두기 바란다.

(2) 분리원가

때에 따라서 분리점에서 개별제품으로 분리된 이후에 추가가공이 이루어진다. 개별제품의 추가가공을 위하여 발생하는 원가를 분리원가라고 한다. 분리원가(separable costs)는 분리점 이후에 개별제품의 생산을 위한 추가원가이며 개별원가(individual costs) 또는 추가가공원가(additional processing costs)라고도 한다. 따라서 분리원가는 개별제품에의 개별적인 추적이 가능한 원가이며, 주로 추가적인 가공활동을 위한 가공원가(conversion costs)이다.

■ 도표 9-3 결합원가와 분리원가

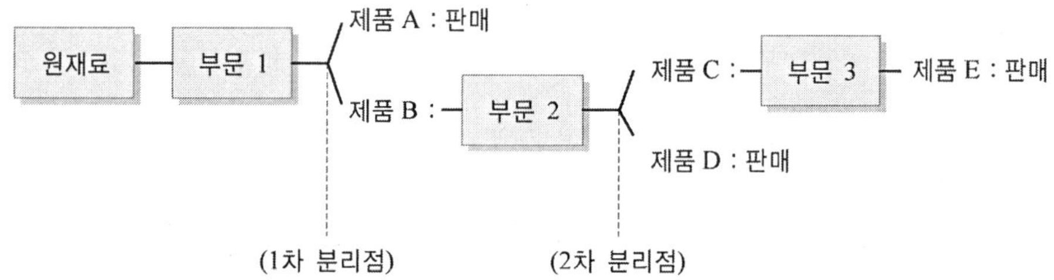

원재료원가, 부문 1의 원가 : 결합원가
부문 2의 원가 : 제품 B의 분리원가이면서 제품 C와 제품 D의 결합원가
부문 3의 원가 : 제품 E의 분리원가

만일 수 개의 분리점이 있는 경우에는 앞의 분리점(1차분리점)에서는 분리원가로 간주되지만 그 다음의 분리점(2차분리점)에서 보면 결합원가가 되어 역시 인위적인 배분의 대상이 된다.

결합원가와 분리원가의 예를 보면 [도표 9－3]과 같다. 즉 원재료를 부문 1에 투입하여 결합제품을 생산하고 1차분리점에서 A와 B제품으로 구분된다. 제품 A는 그대로 판매되나 제품 B는 시장에서 판매할 수 있는 상태가 아니기 때문에 부문 2에서 추가적인 가공을 하여 제품 C와 D로 구분된다. 2차분리점에서 제품 D는 그대로 판매되나 제품 C는 부문 3에서 추가가공하여 제품 E로 판매된다.

원재료원가와 부문 1의 원가는 제품 A와 B에 배분되어야 할 결합원가이다. 부문 2의 원가는 제품 B의 분리원가이면서 제품 C와 D의 결합원가이다. 따라서 원재료원가와 부문 1의 원가 중 제품 B에의 배분액과 1차분리점과 2차분리점 사이의 부문 2에서 발생한 원가를 합계한 금액은 다시 제품 C와 D에 배분될 결합원가이다.

(3) 결합원가계산의 절차

결합원가계산이란 결합제품의 원가를 합리적인 기준을 이용하여 개별제품별로 배분하여 개별제품별로 제조원가를 계산하는 것이다. [도표 9－3]에서 개별제품별로 원가계산을 하는 과정을 요약하면 다음과 같다.

1) 제품 A

① 원재료원가와 부문 1의 가공원가를 합한 결합원가 중 제품 A에의 배분액이 제품 A의 총제조원가이다.

② 제품 A에의 결합원가배분액을 제품 A의 생산량으로 나누어 제품 A의 단위당 제조원가를 계산한다.

2) 제품 D

① 원재료원가와 부문 1의 가공원가를 합한 결합원가 중 제품 B에의 배분액을 계산한다.

② ①에서 계산된 제품 B에의 배분액과 부문 2의 가공원가를 합계한 금액 중 제품 D에의 배분액을 계산한다. 이것이 제품 D의 총제조원가이다.

③ ②에서 계산된 제품 D에의 배분액을 제품 D의 생산량으로 나누어 단위당 제조원가를 계산한다.

3) 제품 E

① 제품 D의 ①에서처럼 제품 B에의 배분액을 계산한다.

② ①에서 계산된 제품 B에의 배분액과 부문 2의 가공원가를 합계한 금액중 제품 C에의 배분액을 계산한다.

③ ②에서 계산된 제품 C에의 배분액에 부문 3의 가공원가를 합하여 제품 E의 총제조원가를 계산한다.

④ 제품 E의 총제조원가를 생산량으로 나누어 단위당 제조원가를 계산한다.

결국 결합원가계산은 합리적인 기준을 이용하여 각 분리점에서의 결합원가를 개별제품별로 배분하는 과정이 초점이다. 문제는 결합원가와 개별제품간의 명백한 인과관계를 나타내주는 합리적인 기준을 파악하기가 어렵다는 점이다. 다음 절에서는 결합원가를 개별제품별로 어떠한 기준을 이용하여 배분할 수 있는가 하는 결합원가의 배분방법을 살펴보기로 한다.

제2절 결합원가의 배분방법

결합원가를 개별제품별로 배분하는 방법은 크게 두 가지로 나눌 수 있다. 첫째는 개별제품의 상대적인 물리적 특성(relative physical characteristics)에 따라 배분하는 물량기준방법이다. 물량기준방법은 단순평균법과 가중평균법으로 나눌 수 있다. 둘째는 개별제품의 시장판매가치를 기준으로 결합원가를 배분하는 방법으로 상대적 판매가치법 · 순실현가치법 · 균등이익률법이 있다.

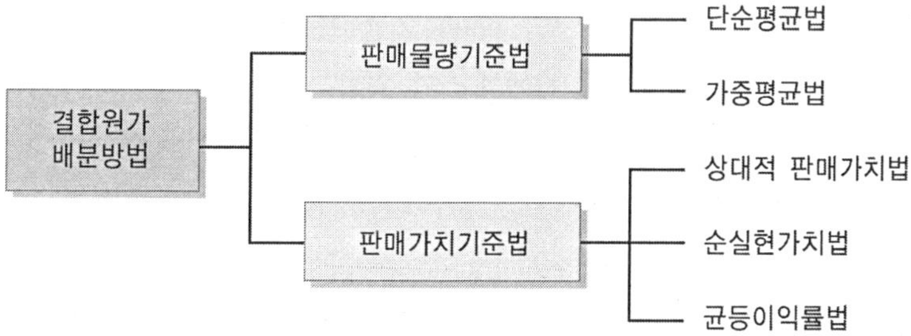

1 물량기준법

물량기준법(physical quantities method)은 분리점에서 개별제품의 생산수량·무게·면적·중량 등과 같은 물리적 측정단위를 기준으로 결합원가를 배분하는 방법이다. 이 방법은 개별제품의 수혜 정도(benefits-received)에 따른 결합원가의 배분을 강조한다. 그러나 배분기준인 물량단위가 상대적 판매가치 등의 진실한 경제적 가치를 제대로 반영하지 못하는 경우에는 적용할 수 없다. 따라서 이 방법은 개별제품의 물량단위와 판매가격 사이에 밀접한 관계가 있는 경우에 이용되는 방법이다. 물량기준법을 이용한 결합원가의 배분방법은 단순평균법과 가중평균법으로 나누어진다.

(1) 단순평균법

단순평균법(simple average unit cost method)은 결합원가를 결합제품의 총생산량으로 나누어 단순평균단위원가를 계산하고 단순평균단위원가에 개별제품의 생산량을 곱하여 결합원가의 배분액을 계산하는 방법이다. 이는 단순히 결합제품의 생산량만을 기준으로 결합원가를 배분하는 방법이므로 단순생산량기준법이라고 한다.

- 개별제품의 결합원가배분액＝개별제품의 생산량×단순평균단위원가
- 단순평균단위원가 $= \dfrac{\text{결합원가}}{\text{개별제품의 생산량총계}}$
- 개별제품의 결합원가배분액 $= \text{결합원가} \times \dfrac{\text{개별제품의 생산량}}{\text{개별제품의 생산량총계}}$

(2) 가중평균법

가중평균법(weighted average unit cost method)은 개별제품 상호간의 원가부담 정도를 나타낼 수 있는 여러 가지 관련 요소를 고려하여 가중치(이를 등가계수라 함)를 결정하고 생산량

에 가중치를 곱한 적수(이를 등가적수라 함)를 기준으로 결합원가를 배분하는 방법이다.

등가계수(equivalent coefficient)란 개별제품의 원가부담능력에 관한 상대적 비중을 말하며 결합원가발생액과 합리적인 상관관계를 갖는 것을 이용하여야 한다. 등가계수를 설정하는 경우에는 개별제품생산과 관련한 가중요소(weighted factor)를 고려하여야 하기 때문에 가중평균법을 가중요소법(weighted factor method)이라고도 한다. 가중요소는 단위크기 · 재료소비량 · 제조난이도 · 제조소요시간 · 노동의 질 등 개별제품생산에 따른 기술적 · 물리적 조건들이다. 가중평균법이용시의 결합원가의 배분액은 다음과 같은 절차를 거쳐 계산한다.

① 개별제품의 등가계수를 설정한다.

② 개별제품의 등가적수를 계산한다.

개별제품의 등가적수 = 개별제품의 등가계수 × 개별제품의 생산량

③ 개별제품의 등가적수를 합하여 총적수를 계산한다.

총적수 = 개별제품의 등가적수총계

④ 결합원가를 개별제품에 배분한다.

$$\text{개별제품의 결합원가배분액} = \text{결합원가} \times \frac{\text{개별제품의 등가적수}}{\text{총적수}}$$

결합원가의 배분액을 계산하는 ④식에서 결합원가를 총적수로 나눈 것은 가중평균단위원가가 되며 이에 등가적수를 곱하여 개별제품에의 결합원가배분액을 계산할 수 있다.

- $\text{가중평균단위원가} = \frac{\text{결합원가}}{\text{총적수}}$
- 개별제품의 결합원가배분액 = 개별제품의 등가적수 × 가중평균단위원가

예제 9-2 (주)제주산업은 연산품 X, Y, Z를 생산하고 있다. 8월중의 직접재료비와 가공비는 총 ₩200,000이었다. 모든 제품은 분리점에서 판매되며 관련 자료는 다음과 같다.

연산품	생산량	가중치	단위당 판매가격
X	500개	2	@₩250
Y	200	6	₩400
Z	300	1	₩150
합 계	1,000개		

물.음.

1. 단순평균법과 가중평균법을 이용하여 결합원가를 배분하고, 단위당 제조원가 및 매출총이익을 계산하시오.
2. 단순평균법과 같은 물량기준법의 한계점에 대해 설명하시오.

풀.이.

1. ① 단순평균법

연산품	생산량	결합원가배분액	단위당 제조원가	단위당 매출총이익
X	500개	₩200,000×0.5 = ₩100,000	@₩200	@₩ 50
Y	200	₩200,000×0.2 = ₩ 40,000	₩200	₩200
Z	300	₩200,000×0.3 = ₩ 60,000	₩200	(₩50)
합 계	1,000개	₩200,000		

따라서 단순평균법이용의 경우는 모든 제품의 단위당 제조원가는 ₩200으로 동일하다.

② 가중평균법

연산품	생산량	가중치(등가계수)	등가적수	배분율
X	500개	2	1,000	40%
Y	200	6	1,200	48
Z	300	1	300	12
합 계	1,000개		2,500	100%

연산품	결합원가 배분액	단위당 제조원가	단위당 매출총이익
X	₩80,000	@₩160	@₩90
Y	96,000	480	(₩80)
Z	24,000	80	₩70
합 계	₩2000,000		

2. 결합원가배분에 사용된 물리적 기준은 개별제품의 수익창출능력과는 아무런 관련이 없을 경우가 있다. 예를 들어 금, 은, 납을 동시에 함유하고 있는 원광석을 캐내는 광산을 생각해 보자. 공통의 물리적 측정치인 무게(가령 톤)를 사용하면, 이 중 가장 무겁지만 수익창출능력이 가장 낮은 제품인 납에 거의 모든 결합원가 즉 공통원가가 배분되는 결과가 초래된다. 또 다른 예로서 육가공업체에서 쇠고기를 도살하여 가공하면서 결합원가를 무게를 기준으로 여러 제품에 배분한다면 갈비부위의 kg당 원가는 소머리, 안심, 등심, 내장, 사태, 뼈 등의 원가와 동일하게 산출될 것이다. 만일 제품별 수익성을 계산하는 경우라면 단위당 판매가치가 높은 제품(가령, 안심이나 등심 등)은 상당히 큰 매출총이익이 계상되지만, 판매가치가 상대적으로 낮은 제품에서는 항상 손실이 발생될 것이다.

2 상대적 판매가치법

상대적 판매가치법은 분리점에서 개별제품이 갖는 상대적 판매가치(relative sales value : RSV)를 기준으로 결합원가를 배분하는 방법이다. 판매가치는 생산량에 단위당 판매가격을 곱하여 계산한다.

즉, 개별제품의 생산량 중 일부가 기말재고로 남는 경우에는 기중판매량이 아니라 생산량에 예상판매가격을 곱한 금액을 기준으로 결합원가를 배분한다. 이 방법의 논리적 근거는 판매가치가 높으면 생산에 투입된 원가도 클 것이므로 판매가치가 낮은 것보다 많은 원가가 배분되어야 한다는 것이다. 원가의 부담능력(ability to bear the cost)을 대표하는 것이 판매가치이므로 판매가치를 기준한 결합원가의 배분은 수익과 비용의 대응개념에 적절한 방법이다.

또한 이 방법은 물량기준법의 가중평균법에서 등가계수로서 단위당 판매가격을 이용하는 방법과 동일한 개념이다.

상대적 판매가치법은 분리점 이후에 추가적인 가공으로 인한 분리원가가 발생하지 않고 분리점에서 모든 결합제품이 판매되는 경우에 이용가능한 방법이다. 그러나 이 방법은 원가를 토대로 판매가격을 책정하는 것이 아니라 판매가격을 토대로 결합원가를 배분하여 개별제품의 원가를 산출한다는 논리적 모순이 있지만, 원가부담능력을 대표하는 판매가치를 기준한 방법이므로 가장 간단하고 많이 사용되는 방법이다.

예제 9-3 앞의 [예제 9-2]의 자료를 이용한다.

물.음.

상대적 판매가치법에 의하여 결합원가를 배분하고, 단위당 제조원가 및 매출총이익을 계산하시오.

풀.이.

연산품	생산량	단위당 매가	상대적 판매가치	배분율	결합원가배분액
X	500개	₩250	₩125,000	50%	₩100,000
Y	200	400	80,000	32	64,000
Z	300	150	45,000	18	36,000
합 계	1,000개		₩250,000	100%	₩200,000

연산품	단위당 제조원가	단위당 매출총이익
X	@₩200	@₩50
Y	320	80
Z	120	30

이와 같이 상대적 판매가치법을 이용하여 결합원가를 배분하는 경우 제조원가에 대한 매출총이익의 비율은 25%(또는 매출총이익률은 20%)로 모든 연산품에 동일하게 나타난다. 다만 이런 결과는 분리점 후에 추가가공을 하지 않는 경우에 한한다.

3 순실현가치법

대부분의 경우 결합제품은 분리점에서 판매가능하지 않기 때문에, 판매가능한 개별제품을 만들기 위하여 추가적인 가공을 필요로 한다. 즉 추가가공 후 판매되기 때문에 분리점에서의 상대적 판매가치를 알 수 없는 경우에는 순실현가치를 이용하여 결합원가를 배분하는 것이 합리적이다.

순실현가치(NRV : Net Realizable Value)란 제품의 최종판매가치에서 추가적인 가공원가와 판매비를 차감한 잔액이다. 추가적인 가공원가와 판매비를 개별원가 또는 분리가능원가라고 하며, 순실현가치는 순실현가능가치 또는 순판매가치(net sales value)라고도 한다.

순실현가치법도 상대적 판매가치법과 마찬가지로 원가의 부담능력(ability to bear the cost)에 따른 배분방법이다. 또한 결합원가를 배분하기 전에 개별제품의 최종판매가치를 알아야 하기 때문에 판매가격책정 의사결정에 결합원가배분액을 이용하기 위해서는 논리적인 모순에 빠지는 문제점이 있다.

만일 하나의 제품은 분리점에서 판매되고 다른 제품은 추가가공 후 판매된다면, 한 제품에 대해서는 상대적 판매가치로 다른 제품에 대해서는 순실현가치를 기준으로 결합원가를 배분하여야 한다. 이런 경우에는 상대적 판매가치법과 순실현가치법을 병용할 수밖에 없다.

이제 다음의 [예제 9－4]를 통하여 순실현가치법에 의한 결합원가의 배분과정을 살펴보도록 하자.

예제 9－4 (주)김제산업은 원재료 A를 이용하여 연산품 X와 Y를 생산하고 있다. 원재료의 가공은 부문 1에서 수행한다. 연산품 X는 분리점에서 판매되나, 연산품 Y는 부문 2에서 추가가공하여 제품 W로 판매한다. 지난 6월 중의 원가자료는 다음과 같다.

(1) 부문 1 : 원재료 A소비량 1,000kg　　단위당 원가 @₩900
　　　　　　가공원가 ₩1,000,000

(2) 부문 2 : 가공원가 ₩200,000

한편 6월 중의 각 연산품의 생산 및 판매자료는 다음과 같다.

	X	Y	W
생산량	800kg	200kg	200kg
판매단가	@₩2,250	?	@₩4,000

물.음.

결합원가를 순실현가치법에 의하여 배분하는 경우 각 연산품의 단위당 제조원가를 계산하시오.

풀.이.

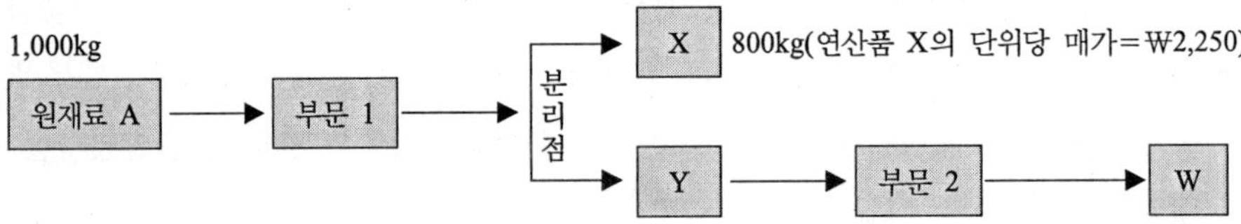

결합원가 : 원재료비	₩900,000
가공비	1,000,000
합 계	₩1,900,000

200kg 가공비 : ₩200,0000 200kg
(연산품 Y의 단위당 매가=₩4,000)

연산품 X의 분리점에서의 판매가치 : ₩1,800,000
연산품 Y의 분리점에서의 순실현가치 :

제품 W의 최종판매가치	₩800,000
부문 2의 가공원가	(200,000)
연산품 Y의 순실현가치	₩600,000

따라서 결합원가는 다음과 같이 배분된다.

연산품	순실현가치	배분율	결합원가배분액
X	₩1,800,000	0.75	₩1,425,0000
Y	600,000	0.25	475,000
계	₩2,400,000	1.00	₩1,900,000

또한 제품별 단위당 제조원가는 다음과 같다.

연산품	생산량	결합원가배분액	분리원가	총제조원가	단위당 제조원가
X	800kg	₩1,425,000	–	₩1,425,000	@₩1,781.25
W	200kg	475,000	₩200,000	675,000	₩3,375

4 균등이익률법

순실현가치를 기준으로 한 결합원가의 배분은 분리원가가 발생되는 추가가공과정에서는 이익을 창출하지 않는다고 가정한다. 더불어 분리원가의 차이로 인하여 개별제품의 매출총이익률이 상이해진다. 이 같은 점을 위의 [예제 9－4]를 통하여 살펴보도록 하자.

분리점에서의 연산품 X의	결합원가배분액	: ₩1,425,000
	결합원가의 수익창출액	: ₩1,8000,000
	매출총이익(률)	: ₩375,000(20.8%)
분리점에서의 연산품 Y의	결합원가배분액	: ₩475,000
	결합원가의 수익창출액	: ₩600,000(분리시점에서 판매가치를 알 수 없거나 고려하지 않기 때문에 추가가공후의 판매가치에서 추가가공비를 차감하여 결합원가의 수익창출액을 계산한다.)
	매출총이익(률)	: ₩125,000(20.8%)

이와 같이 분리점에서 결합원가가 수익창출에 기여한 몫은 동일하게 20.8%의 매출총이익률로 나타난다. 이제 추가가공 후의 상황을 생각해 보자.

여기에서 연산품 Y의 결합원가배분액(₩475,000)과 연산품 Y의 개별원가(₩200,000)를 합한 총원가는 ₩675,000이며, 이 총원가의 수익창출액은 추가가공 후의 판매가치인 ₩800,000이다.

이 결과에서 개별원가(₩200,000)의 수익창출액은 추가가공 전 결합원가의 수익창출액 ₩600,000과 추가가공 후의 총 수익창출액 ₩800,000과의 차액 ₩200,000이 됨을 알 수 있다. 결국 개별원가(₩200,000)는 동일한 액수의 수익만을 창출하기 때문에 이익이 발생하지 않음을 알 수 있다. 이 결과 추가가공 후의 매출총이익률은

$$15.625\% \left[\frac{₩800,000 - (₩475,000 + ₩200,000)}{₩800,000} \right]$$

로 분리점에서의 매출총이익률 20.8%와는 상이하게 계산된다. 순실현가치법의 이러한 문제점을 극복하기 위한 방법이 균등이익률법이다.

균등이익률법(uniform percentage contribution method)은 개별제품의 매출총이익률이 동

일하도록 결합원가를 배분하는 방법이다. 즉 개별제품은 결합생산과정과 추가가공과정을 거치는 동안 항상 일정한 이익률을 창출할 수 있다는 전제로 결합원가를 배분하는 방법이며, 불변매출총이익률법(constant grossmargin percentage method)이라고도 한다.

균등이익률법을 이용한 결합원가의 배분은 다음과 같이 4단계로 구할 수 있다.

① 결합제품들의 최종판매가치총액에서 결합원가총액과 분리원가총액을 차감하여 전체매출총이익을 계산한다.

② 전체매출총이익을 최종판매가치총액으로 나누어서 평균매출총이익률을 계산한다.

③ 개별제품의 최종판매가치에 평균매출총이익률을 곱하여 개별제품의 매출총이익을 계산한다.

④ 개별제품의 최종판매가치에서 개별제품의 매출총이익과 분리원가를 차감하여 개별제품에 대한 결합원가배분액을 계산한다.

한편 연산품의 단위당 제조원가는 다음과 같이 구할 수 있다.

① 개별제품에의 결합원가 배분액과 개별제품의 분리원가를 합계하여 개별제품의 총제조원가를 계산한다.

② 개별제품의 총 제조원가를 생산량으로 나누어 개별제품의 단위당 제조원가를 계산한다.

예제 9-5 앞의 [예제 9-4]의 자료를 이용한다.

물.음.

1. 균등이익률법을 이용하여 결합원가를 배분하고, 제품단위당 제조원가를 계산하시오.
2. 순실현가치법과 균등이익률법을 이용하는 경우의 매출총이익률을 비교하시오.

풀.이.

1. ① 전체매출총이익
(₩1,800,000+₩800,000)−(₩1,900,000+₩200,000)=₩500,000

② 전체매출총이익률=₩500,000÷₩2,600,000=19.2308%

③

제 품	a) 최종판매가격	b) 매출총이익*	c) 분리원가	d) 결합원가배분액**
X	₩1,800,000	₩346,154	−	₩1,453,846
W	800,000	153,846	200,000	446,154
합 계	₩2,600,000	₩500,000	₩200,000	₩1,900,000

* b)=a×19.2308%
** d)=a−b−c

④

제 품	e) 총 제조원가	f) 생산량	g) 단위당 제조원가
X	₩1,453,846	800kg	@₩1,817.3075
W	646,154	200	₩3,230.77
합 계	₩2,100,000	1,000kg	

2. 매출총이익률의 비교

제 품	순실현가치법	균등이익률법
X	20.833%	19.2308%
W	15.625%*	19.2308%

$* \frac{₩800,000-(₩475,000+₩200,000)}{₩800,000}$

예제 9-6 (주)경북실업은 결합공정을 통하여 연산품인 A, B, C를 생산·판매하고 있다. 11월 중의 결합원가로 직접재료가 4,800ℓ 사용되었으며 직접재료의 ℓ당 구입원가는 ₩10, 결합공정의 가공비는 ₩42,000이었다. 11월 중의 생산관련자료는 다음과 같다.

제 품	생산량	추가가공원가	분리점에서의 판매단가	추가가공후의 판매가치
A	300ℓ	₩8,000	@₩20	₩15,000
B	1,200	20,000	40	72,000
C	3,300	10,000	20	73,000
합 계	4,800ℓ	₩38,000		₩160,000

물.음.

1. 물량기준법 이용시 제품별 총 제조원가는 얼마인가?
2. 상대적 판매가치법 이용시 제품별 총 제조원가는 얼마인가?
3. 순실현가치법 이용시 제품별 총 제조원가는 얼마인가?
4. 균등이익률법 이용시 제품별 총 제조원가는 얼마인가?
5. 각각의 결합원가배분법 이용시 매출원가율을 비교하시오.

풀.이.

1. 물량기준법(단순평균법)

제 품	생산량	배분율	결합원가배분액	추가가공원가	총 제조원가
A	300ℓ	3/48	₩5,625	₩8,000	₩13,625
B	1,200	12/48	22,500	20,000	42,500
C	3,300	33/48	61,875	10,000	71,875
계	4,800ℓ		₩90,000	₩38,000	₩128,000

2. 상대적 판매가치법

제 품	생산량	분리점의 판매단가	RSV	배분율	결합원가배분액
A	300ℓ	@₩20	₩6,000	5%	₩4,500
B	1,200	40	48,000	40	36,000
C	3,300	20	66,000	55	49,500
계	4,800ℓ		₩120,000	100%	₩90,000

제 품	분리원가	총 제조원가	단위당 제조원가
A	₩8,000	₩12,500	@₩41.67
B	20,000	56,000	46.67
C	10,000	59,500	18.03
계	₩38,000	₩128,000	

3. 순실현가치법

제 품	최종판매가치	분리원가	NRV	배분율
A	₩15,000	₩8,000	₩7,000	7/122
B	72,000	20,000	52,000	52/122
C	73,000	10,000	63,000	63/122
계	₩160,000	₩38,000	₩122,000	100%

제 품	결합원가배분액	총 제조원가	단위당 제조원가
A	₩5,164	₩13,164	@₩43.88
B	38,361	58,361	48.63
C	46,475	56,475	17.11
계	₩90,000	₩128,000	

4. 균등이익률법

$$* \text{ 평균매출총이익률} = \frac{₩160,000 - ₩90,000 - ₩38,000}{₩160,000} = 20\%$$

제 품	최종판매가치	매출총이익	분리원가	결합원가배분액
A	₩15,000	₩3,000	₩8,000	₩4,000
B	72,000	14,000	20,000	37,600
C	73,000	14,600	10,000	48,400
계	₩160,000	₩32,000	₩38,000	₩90,000

제 품	총 제조원가	생산량	단위당 제조원가
A	₩12,000	300ℓ	@₩40
B	57,600	1,200	48
C	58,400	3,300	17.70
계	₩128,000	4,800ℓ	

5. 매출원가율의 비교

제 품	물량기준법	상대적 판매가치법	순실현가치법	균등이익률법
A	90.83%	83.33%	87.76%	80%
B	59.03%	77.78%	81.06%	80%
C	98.46%	81.51%	77.36%	80%

* 매출원가율의 계산은 총제조원가를 최종판매가치로 나눈다.

5 복수의 분리점이 있는 경우의 결합원가배분

복수의 분리점이 존재하는 경우에도 결합원가배분의 기본원리는 동일하나 계상과정이 다소 복잡하다. 물량기준법을 이용하는 경우에는 물량의 흐름(physical flow)과 원가의 흐름(cost flow)이 일치하도록 결합원가를 배분한다. 즉, 1차 분리점에서는 생산량을 기준으로 결합원가를 배분하고, 2차 분리점에서는 결합원가배분액과 분리원가를 생산량을 기준으로 배분을 하는 순차적인 배분과정을 거치게 된다.

반면에 순실현가치법을 이용하는 경우에는 최종판매가격으로부터 역으로 후순위 분리점에서의 순실현가치를 계산한 후 1차 분리점에서의 개별제품별 순실현가치를 계산하는 과정을 거쳐야 한다. 복수의 분리점이 있는 경우 순실현가치법을 이용한 결합원가의 배분절차는 다음과 같다.

① 개별제품들의 물량흐름과 모든 결합원가와 개별원가의 발생시점을 명확하게 나타내는 물량의 흐름을 도표로 작성한다.

② 개별제품들의 최종판매가치를 파악한다.

③ 최종분리점에서 시작하여 각 분리점에서의 순실현가치(이는 판매가치에서 분리원가를 차감하여 계산함)를 계산하고 결합원가배분율을 구한다.

④ ③의 과정을 후순위 분리점에서 앞순위 분리점으로 계속하여 1차 분리점에 도달할 때까지 반복한다.

⑤ 1차 분리점에서 시작하여 상대적 순실현가치를 기준으로 각 분리점에서의 결합원가를 배분한다.

예제 9-7 (주)수원기업은 화학원료를 투입하여 연산품을 생산하고 있다. 제1공정을 통하여 제품 A · B · C를 생산하며, 제2공정에서는 제품 A를 추가가공하여 제품 X · Y · Z를 생산한다. 지난 5월 중 제1공정에서는 원료 4,400ℓ 를 투입하여 제품 A를 1,500ℓ, 제품 B를 2,000ℓ, 제품 C를 900ℓ 생산하였다. 중간 제품으로 판매할 수 없는 제품 A는 제2공정에서 추가적인 가공비를 투입하여 제품 X · Y · Z를 생산하였으며, 각 제품의 분리원가가 다음과 같이 발생하였다.

제 품	B	C	X	Y	Z
생산량	2,000ℓ	900ℓ	500ℓ	400ℓ	600ℓ
추가가공비	–	₩9,000	₩80,000	₩20,000	₩12,000
단위당판매가격	@₩150	₩190	₩200	₩180	₩300

5월 중 제1공정에서 발생된 원가는 원료비가 단위당 ₩50이었으며, 가공비가 ₩187,400 발생하였다. 또한 제2공정에서의 가공비는 ₩120,000이었다.

물음.

1. 물량기준법을 이용하여 제품별 제조원가를 계산하시오.
2. 순실현가치를 이용하여 단위당 제조원가를 계산하시오.
3. 물음2를 전제로 분개하시오.

풀.이.

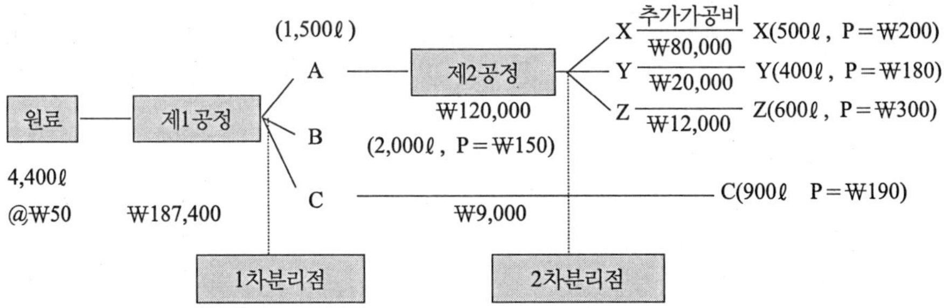

1. 물량기준법

제 품	생산량	제1공정원가 배분액	추가가공비	총 제조원가
A	1,500ℓ	₩138,886	–	–
B	2,000	185,182	–	₩185,182
C	900	83,332	₩9,000	92,332
합계	4,400ℓ	₩407,400	₩9,000	₩277,514

제 품	생산량	제1・2공정원가 배분액	추가가공비	총 제조원가
X	500ℓ	₩86,295	₩80,000	₩166,295
Y	400	69,036	20,000	89,036
Z	600	103,555	₩12,000	115,555
합계	1,500ℓ	₩258,886	₩112,000	₩370,886

따라서 개별제품의 총 제조원가는 제품 B : ₩185,182, 제품 C : ₩92,332, 제품 X : ₩166,295, 제품 Y : ₩89,036, 제품 Z : ₩115,555이다.

이와 같이 물량기준법은 제1차 분리점에서의 결합원가인 원재료비와 제1공정원가를 제품 A, B, C에 배분하고, 제2차 분리점에서의 결합원가인 제품 A에 대한 1차 분리점에서의 배분액과 제2공정원가의 합계액(₩258,886)을 제품 X, Y, Z에 배분한다. 즉 물량의 흐름과 동일하게 원가를 순차적으로 배분한다.

2. 순실현가치법

1) 분리점에서의 상대적 순실현가치

① 2차 분리점

제 품	판매가치	분리원가	NRV	배분율
X	500×₩200	₩80,000	₩20,000	20/240
Y	400×₩180	20,000	52,000	52/240
Z	600×₩300	12,000	168,000	168/240
합계			₩240,000	100%

② 1차 분리점

제 품	판매가치	분리원가	NRV	배분율
A	₩240,000	₩120,000	₩120,000	120/582
B	2,000×₩150	–	300,000	300/582
C	900×₩190	9,000	162,000	162/582
합계			₩582,000	100%

2) 결합원가의 배분 및 단위당 제조원가계산

① 1차 분리점

제 품	결합원가 배분액	분리원가	총 제조원가	단위당 제조원가
A	₩84,000	₩120,000	₩204,000	추가가공
B	210,000	–	210,000	₩105
C	113,400	9,000	122,000	136
합계	₩407,400			

② 2차 분리점

제 품	결합원가 배분액	분리원가	총 제조원가	단위당 제조원가
X	₩17,000	₩80,000	₩97,000	₩194
Y	44,200	20,000	64,200	160.50
Z	142,800	12,000	154,800	258
합계	₩204,000		₩316,000	

③ 결합원가배분과정의 요약

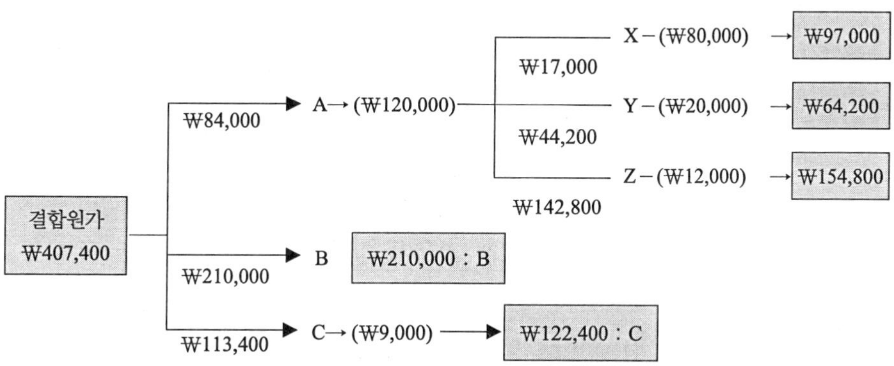

3. 분개(순실현가치법을 이용)

	차변	금액	대변	금액
①	(차) 재공품 – 제1공정	407,000	(대) 원재료	220,000
			가공비	187,400
②	(차) 재공품A – 제2공정	84,000	(대) 재공품 – 제1공정	407,400
	제 품B	210,000		
	재공품C	113,400		
③	(차) 재공품A – 제2공정	120,000	(대) 가공비	129,000
	재공품C	9,000		
④	(차) 제 품C	122,400	(대) 재공품C	122,400
⑤	(차) 재공품X	17,000	(대) 재공품A – 제2공정	204,000
	재공품Y	44,200		
	재공품Z	142,800		

⑥ (차)	재공품X	80,000	(대) 가공비	112,000
	재공품Y	20,000		
	재공품Z	12,000		
⑦ (차)	제 품X	97,000	(대) 재공품X	97,000
	제 품Y	64,200	재공품Y	64,200
	제 품Z	154,800	재공품Z	154,800

6 등급품원가계산

(1) 등가계수

앞서 설명한 바와 같이 등급품(class products)이란 동일한 원재료를 투입하여 동일한 제조공정을 거쳐 생산되는 동종제품이지만 규격 · 순도 · 중량 · 면적 · 모양 · 크기 등이 서로 다른 제품을 말한다. 등급품원가계산은 등급품 상호간의 상대적 원가부담 정도를 나타내는 가중치인 등가계수(equivalent coefficient)를 이용한다는 점에서 앞에서 설명한 결합원가의 배분방법 중 가중평균법을 이용한 절차와 동일하다.

등가계수는 등가율 또는 등가비율이라고도 하며 결합원가를 부담하는 상대적 비중을 말한다. 등가계수는 원가발생과 합리적인 인과관계를 갖는 기준으로 설정하여야 한다. 등가계수를 결정하는 요소로는 다음과 같은 것들이 있다.

① **수량기준** : 각 등급품의 길이 · 중량 · 면적 · 순도 · 표준작업시간 · 표준재료소비량

② **원가기준** : 시작(test-run) 및 표준조사에 의한 표준재료비 · 표준직접노무비 등

③ **시가기준** : 예정판매단가 · 정상시가

일반적으로 등가계수는 하나의 요소를 기준으로 하기보다는 다양한 요소들을 적절히 결합하여 결정한다. 또한 등급품 중에서 기준이 되는 제품을 1(즉 100%)로 하고, 다른 제품은 그것의 상대적인 비율로 표시한다.

등급품원가계산방법은 등가계수를 단일로 설정하는가 또는 원가요소별로 각각 설정하는가에 따라 일괄배분법과 요소별 배분법으로 구분된다.

① **일괄배분법** : 전원가요소에 대하여 총괄적으로 하나의 등가계수를 적용한다.

② **요소별 배분법** : 원가요소별로 복수의 등가계수를 적용하며, 대개 재료비와 가공비로 나누어 등가계수를 적용한다.

한편 등급품원가계산 절차는 완성품의 원가를 대상으로 등가계수를 적용하는 방법과 당기제조비용을 대상으로 등가계수를 적용하는 방법으로 구분된다. 일반적인 등급품원가계산

은 먼저 등급품 전체에 대한 완성품 제조원가를 계산한 후 이를 개별 등급품에 배분하는 방법이다.

(2) 완성품원가를 대상으로 한 배분방법

결합제품전부를 하나의 완성품으로 간주하여 완성품원가를 구한 다음, 등급품별로 배분하는 방법이다. 이와 같이 완성품원가를 대상으로 등가계수를 적용하여 각 제품별로 배분하는 방법은 앞서 설명한 가중평균법을 이용한 결합원가의 배분방법과 동일하며, 이때 완성품원가가 결합원가가 되는 것이다. 따라서 등급품 전체의 완성품원가를 구한 후 등가계수에 생산량을 곱한 등가적수의 비율을 이용하여 각 제품별로 완성품원가를 배분하게 된다. 이 방법은 분리점까지 개별제품을 개별적으로 식별할 수 없고 이에 따라 각 등급품의 기초등급품수량 및 원가, 기말등급품수량 등을 개별적으로 파악할 수 없는 경우에 이용되는 방법이다. 완성품원가를 대상으로 등가계수를 적용하는 경우, 일괄배분법과 요소별 배분법을 이용한 원가의 흐름과정은 [도표 9－4]와 같다.

■ 도표 9－4 완성품원가를 배분하는 방법의 원가흐름

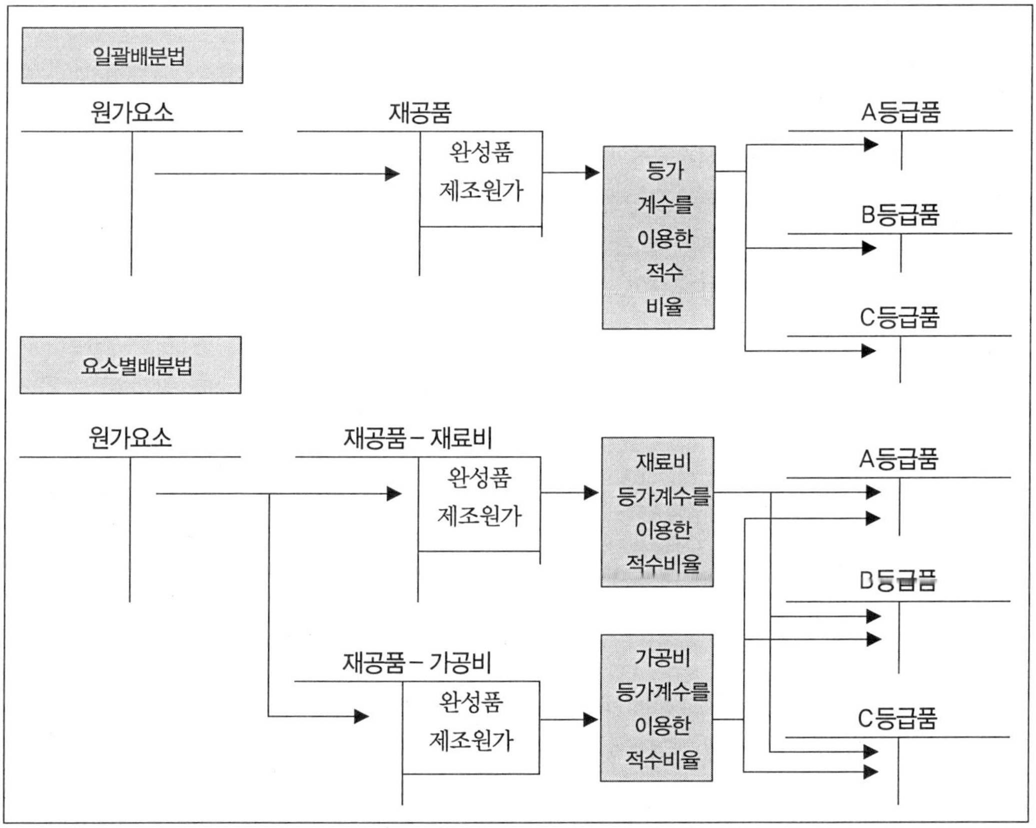

한편 우리나라의 원가계산준칙 제22조 제2항에서도 등급품별 단위당 원가는 각 등급품에 대하여 합리적인 배부기준을 정하고 당해기간의 완성품총원가를 정한 배부기준에 따라 안분하여 계상하도록 규정함으로써 완성품원가를 대상으로 한 배부방법을 이용하도록 하고 있다.

또한 연산품의 경우에도 이 같은 등급품의 원가계산절차를 준용하도록 하고 있으며, 부산물과 작업폐물의 평가에는 이 같은 등급품의 원가계산절차를 준용하거나 추정매각가격을 산정하여 평가하도록 하고 있다. 이와 같이 우리나라의 원가계산준칙에 의한 결합제품의 원가계산에서는 등급품의 원가계산 절차가 중심을 이루고 있다.

이제 다음의 [예제 9－8]을 통하여 완성품원가를 대상으로 한 배분방법을 이용하여 등급품원가계산 절차를 살펴보도록 하자.

예제 9－8 (주)영주산업은 동일원료・동일공정을 거쳐 공정의 마지막에서 등급품 甲・乙・丙을 생산하고 있다.

9월 중의 원가자료는 다음과 같다.

(1) 기초재공품 : 수량 500kg(가공비 완성도 60%)
재료비 ₩5,260 가공비 ₩2,700

(2) 당기착수량 : 3,500kg

(3) 당기제조비용 : 재료비 ₩43,400 가공비 ₩52,350

(4) 기말재공품 : 수량 700kg(가공비 완성도 70%)

재료는 공정의 시점에서 모두 투입되며, 생산과정에서 감손이나 공손은 발생하지 않으며, 공정의 종점에서 등급품 甲・乙・丙은 수량을 식별할 수 있다. 9월중 생산량은 갑제품 1,000kg, 을제품, 1,500kg, 병제품 800kg이었다.

원가의 상대적 부담 정도 등을 고려한 각 제품 1단위의 원가요소별 등가계수는 다음과 같다.

	갑제품	을제품	병제품
재료비	1.0	1.2	1.5
가공비	0.8	1.6	1.0

이 회사는 선입선출법을 적용하여 기말재공품 평가를 하고 있다.

물음.

1. 완성품환산량 단위(kg)당 제조원가는 얼마인가?
2. 기말재공품원가를 평가하고 완성품원가를 계산하시오.
3. 결합원가(완성품원가)를 배분하여 각 등급품의 단위당 제조원가를 계산하시오.

풀.이.

1. 환산량 단위당원가 : FIFO

① 완성품환산량의 계산

	물량의 흐름	완성품환산량 재료비	완성품환산량 가공비
기초재공품	500kg(60%)	500kg	300kg
당기착수량	3,500		
합 계	4,000kg		
당기완성품(3,300kg) :			
기초재공품에서 완성된 제품	500kg(40%)	–	200kg
당기착수 완성품	2,800	2,800kg	2,800
기말재공품	700 (70%)	700	490
합 계	4,000kg		
당기완성품환산량		3,500kg	3,490kg

② 환산량 단위당 원가의 계산

	합 계	완성품환산량 재료비	완성품환산량 가공비
당기제조비용	₩95,750	₩43,400	₩52,350
환산량		÷3,500	÷3,490
환산량 단위당 원가	₩27.40	₩12.40	₩15.00

2. 완성품원가(결합원가)의 계산

	재료비	가공비	합 계
기초재공품원가	₩5,260	₩2,700	₩7,960
당기제조비용	43,400	52,350	95,750
총원가	48,660	55,050	103,710
기말재공품원가[1]	(8,680)	(7,350)	(16,030)
완성품원가[2]	₩39,980	₩47,700	₩87,680

1) 기말재공품원가

재료비 : 700×₩12.40	₩8,680
가공비 : 490×₩15.00	7,350
합 계	₩16,030

2) 완성품원가

₩103,710(총원가) − ₩16,030 = ₩87,680*

* 구성내용 − 기초재공품 전기완성분 : ₩5,260 + ₩2,700	₩7,960
당기완성분 : 200×₩15	3,000
당기착수완성품 : 2,800×₩27.40	76,720
합 계	₩87,680

3. 완성품원가의 제품별 배분 – 등급별 원가계산

① 완성품 재료비의 배분

등급품	생산량	등가계수	등가적수	배분율	결합원가 배분액
갑	1,000kg	1.0	1,000	0.25	₩9,995
을	1,500	1.2	1,800	0.45	17,991
병	800	1.5	1,200	0.30	11,994
합계	3,300kg		4,000	1.00	₩39,980

② 완성품 가공비의 배분

등급품	생산량	등가계수	등가적수	배분율	결합원가 배분액
갑	1,000kg	0.8	800	0.2	₩9,540
을	1,500	1.6	2,400	0.6	28,620
병	800	1.0	800	0.2	9,540
합계	3,300kg		4,000	1.0	₩47,700

③ 당기제품제조원가

		완성품원가			
등급품	생산량	재료비	가공비	제조원가	단위원가
갑	1,000kg	₩9,995	₩9,540	₩19,535	₩19.5
을	1,500	17,991	28,620	46,611	31.1
병	800	11,994	9,540	21,534	26.9
합계	3,300kg	₩39,980	₩47,700	₩87,680	

(3) 당기제조비용을 대상으로 한 배분방법

당기제조비용을 대상으로 한 배분방법은 당기제조비용을 대상으로 등가계수를 적용하여 등급품별로 당기제조비용을 안분하고 원가계산을 한다는 점에서 조별종합원가계산과 유사하다. 이 방법은 각 등급품별로 기초재공품의 수량 및 원가, 기말재공품수량을 파악할 수 있는 경우에 적용가능하다. 즉 재공품이 등급품별로 구성되어 있음을 확인하고, 이를 원가계산에 반영할 수 있을 때 이용할 수 있다. 이 방법을 이용하는 경우에 다음 계산과정을 거친다.

① 기말재공품의 평가방법(평균법 · 선입선출법 등)을 정한다.
② 당기작업량의 완성품총환산량을 계산한다.
③ 완성품총환산량에 등가계수를 적용하고 당기제조비용을 각 등급품별로 배분한다. 이 때 일괄배분법 또는 요소별 배분법을 이용한다.
④ 각 등급품별로 기말재공품원가를 평가하고, 완성품원가를 계산한다.
⑤ 각 등급품별 완성품원가를 완성품수량으로 나누어 단위당 제조원가를 계산한다.

예제 9-9 다음은 단일공정에서 두 가지의 등급품을 생산하고 있는 (주)군산산업의 8월 중 생산 관련 자료이다.

	A제품	B제품
기초재공품 : 수량(완성도)	300kg(60%)	172kg(50%)
원가	₩180,000	₩83,600
기말재공품 : 수량(완성도)	328kg(50%)	300kg(60%)
당기완성량	2,520kg	880kg

8월 중의 감손량은 총 60kg이며, 8월 중의 제조비용은 ₩2,146,000이다.

한편 이 회사는 기말재공품을 평균법으로 평가하고 있다. 감손은 공정의 마지막과정에서 일시에 발생되는 정상적인 것으로 완성품에만 부담시킨다. 재료비와 가공비의 완성도는 동일하며, 등급품 A와 B의 등가계수는 1 : 1.2이다.

물.음.

등급품 A, B의 단위당 제조원가를 계산하시오.

풀.이.

1. 적수와 적수의 단위원가계산

	수 량	완성도	완성품환산량	등가계수	적 수
완성품 A	2,520kg	100%	2,520kg	1.0	2,520
완성품 B	880	100%	880	1.2	1,056
기말재공품 A	328	50%	164	1.0	164
기말재공품 B	300	60%	180	1.2	216
감 손	60	100%	60	1.0*	60
합 계	4,088kg		3,804kg		4,016

* 간편법을 이용하여 감손의 등가계수는 1.0으로 하였다(아래 참조).

적수의 단위원가 : $\frac{(₩180,000 + ₩83,600 + ₩2,146,000)}{4,016} = ₩600$

2. 완성품원가와 기말재공품원가의 계산

① 완성품원가

A제품 : 2,520×(@₩600 + @₩10.067*) = ₩1,537,369

B제품 : 1,056×(@₩600 + @₩10.067*) = ₩644,231

② 기말재공품원가

A제품 : 164×@₩600 = ₩98,400

B제품 : 216×@₩600 = ₩129,600

* 감손의 단위원가계산 : 60×₩600 = ₩36,000

₩36,000÷(2,520 + 1,056) = ₩10.067

3. 당기제조비용의 계산

당기제조비용 = 완성품원가 + 기말재공품원가 − 기초재공품원가

A제품 : ₩1,537,369 + ₩98,400 − ₩180,000	₩1,455,769
B제품 : ₩644,231 + ₩129,600 − ₩83,600	690,231
합 계	₩2,146,000

원가계산표

항 목	A제품	B제품	합 계
기초재공품원가	₩180,000	₩83,600	₩263,600
당기제조비용	1,455,769	690,231	2,146,000
합 계	₩1,635,769	₩773,831	₩2,409,600
기말재공품원가	98,400	129,600	228,000
완성품원가	₩1,537,369	₩644,231	₩2,181,600
완성품량	2,520kg	880kg	
완성품단위원가	₩610.07	₩732.08	

※ 감손품의 등가계수 결정방법

감손이 발생하는 경우 감손품의 등가계수를 결정하는 방법은 다음의 세 가지 방법이 있다.

① **간편법** : 감손품의 등가계수를 1로 하는 방법

② **단순평균법** : 등급품들의 등가계수를 단순평균한 값을 감손품의 등가계수로 하는 방법

$$\text{감손품등가계수} = \frac{\sum_{i=1}^{n} \text{등급품 } i\text{의 등가계수}}{\text{등급품수}(n)}$$

③ **가중평균법** : 등급품의 총완성품환산량을 이용하여 등급품 등가계수의 가중평균을 구하고 이를 감손품 등가계수로 하는 방법

$$\text{감손품등가계수} = \frac{\sum_{i=1}^{n}(\text{등급품 } i\text{의 총완성품환산량} \times \text{등급품 } i\text{의 등가계수})}{\sum_{i=1}^{n} \text{등급품 } i\text{의 총완성품환산량}}$$

이때 총완성품환산량은 기말재공품 평가방법에 따라 상이하게 된다. 이는 기말재공품 평가시의 완성품환산량을 계산하는 과정과 동일하다.

① **평균법**

등급품 i의 총완성품환산량 = 등급품 i의 완성품수량 + 등급품 i의 기말재공품환산량

② **선입선출법**

등급품 i의 총완성품환산량 = 등급품 i의 완성품수량 + 등급품 i의 기말재공품환산량 − 등급품 i의 기초재공품환산량

제3절 결합제품과 경영의사결정

1 결합제품의 추가가공의사결정

결합제품이 분리점에서 시장가치를 가지며 동시에 추가가공을 할 수 있는 경우에는 추가가공여부에 대한 의사결정을 하여야 한다. 즉 분리점에서 판매할 것인가, 추가가공을 한 후에 판매할 것인가를 결정하여야 한다.

추가가공여부(sell or process further)를 결정함에 있어 결합원가는 분리점에서 판매하는 방안과 추가가공 후 판매하는 방안 간에 차이가 없는 비관련원가이다. 왜냐하면 결합원가는 이미 발생하여 되돌이킬 수 없는 역사적 원가인 매몰원가(sunk cost)이기 때문이다. 추가가공여부의 의사결정에 영향을 미치는 적합요소는 미래의 원가와 미래의 수익에 한정된다. 따라서 추가가공여부의 의사결정에 관련되는 적합한 요소는 ① 분리점에서의 판매가치 ② 분리원가 ③ 추가가공 후의 판매가치이다.

추가가공여부의 의사결정은 분리점에서의 판매가치와 추가가공 후의 판매가치에서 분리원가(추가가공원가)를 차감한 순실현가치(NRV : Net Realizable Value)를 비교하여 다음과 같이 의사결정을 해야 한다.

분리점에서의 판매가치 > 순실현가치* ⇒ 추가가공하지 않음 분리점에서의 판매가치 < 순실현가치* ⇒ 추가가공함 *순실현가치 = 추가가공 후의 판매가치 − 분리원가

예제 9-10 (주)진주기업은 제1부문에서 연산품 A와 B를 제조하고 있다. 이들 제품은 그대로 판매할 수 없으므로 제2부문과 제3부문에서 추가가공하여야 한다.

중간제품 A는 제2부문에서 판매 가능한 제품 C와 D로 가공되며, 중간제품 B는 제3부문에서 제품 E와 F로 가공된다. 이때 제품 D는 부산물로서 추가가공비용은 kg당 ₩5이다. 당사에서는 부산물을 생산시점에서 인식한다.

6월의 제조원가에 관한 자료는 다음과 같다.

	부문 1	부문 2	부문 3
직접재료비	₩15,000	₩2,000	₩6,000
직접노무비	₩20,000	₩22,000	₩10,000
제조간접비	₩5,000	₩11,000	₩9,000

6월 1일과 6월 30일 재공품은 없으며, 결합원가는 순실현가치를 기준으로 배분하고 있다. 6월 중 생산된 각 제품의 생산량과 판매가격은 다음과 같다. 이들 제품은 당월에 모두 판매되었다.

제 품	생산량	판매가격(kg당)
C	1,000kg	₩73
D	200	15
E	800	50
F	1,500	30

물.음.

1. 각 제품의 매출총이익을 계산하시오.

2. 만일 6월에 생산된 연산품 B를 ₩46,000에 판매할 수 있다면, 추가가공을 하여야 하는가?

풀.이.

1. 매출총이익의 계산

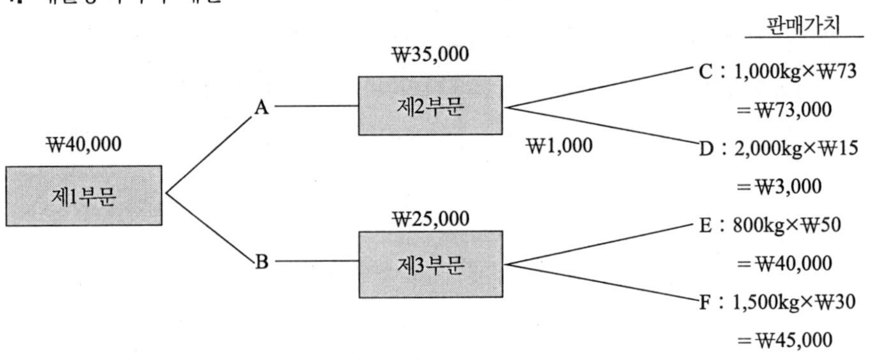

① 제품 A의 순실현가치

제 품	판매가치	결합원가	분리원가	순실현가치
C	₩73,000	–	–	₩73,000
D	3,000	–	₩1,000	2,000
합 계	₩76,000	₩35,000	₩1,000	₩40,000

② 제품 B의 순실현가치

제 품	판매가치	결합원가	순실현가치
E	₩40,000	–	–
F	45,000	–	–
합 계	₩85,000	₩25,000	₩60,000

③ 제1부문의 결합원가배분

제품 A : ₩40,000× $\frac{40,000}{40,000+60,000}$ =₩16,000

제품 B : ₩40,000× $\frac{60,000}{40,000+60,000}$ =₩24,000

합 계 ₩40,000

④ 제2부문의 결합원가배분

결합원가 배분대상액 :

부문 2의 개별원가	₩35,000
부문 1에서 배분받은 원가	16,000
부산물 D의 순실현가치	(2,000)*
제품 C의 제조원가	₩49,000

* 부산물 D의 순실현가치=부산물 판매가치－부산물 추가가공비용
부문품의 순실현가치는 부산물에의 결합원가배분액이 된다. 따라서 제품 C에의 결합원가 배분액은 ₩50,000이다. 부산물의 회계처리는 제4절에서 설명한다.

⑤ 제3부문의 결합원가배분

결합원가배분대상액 :

부문 3의 개별원가	₩25,000
부문 1에서 배분받은 원가	24,000
합 계	₩49,000

제품 E : ₩49,000× $\frac{₩40,000}{₩40,000+₩45,000}$ =₩23,059

제품 F : ₩49,000× $\frac{₩45,000}{₩40,000+₩45,000}$ =₩25,941

합 계 ₩49,000

⑥ 각 제품들의 매출총이익

	제품 C	제품 E	제품 F	D(부산물)
매출액	₩73,000	₩40,000	₩45,000	₩3,000
매출원가	49,000	23,059	25,941	3,000
매출총이익	₩24,000	₩16,941	₩19,059	₩0*

* 부산물 D의 판매시 매출총이익계산
매출총이익=매출액－결합원가배분액－추가가공비용
=₩3,000－₩2,000－₩1,000=₩0

2. 연산품 B의 추가가공여부 결정

분리점에서 B의 판매가치 : ₩46,000

추가가공 후의 순실현가치 : ₩40,000+45,000－₩25,000=₩60,000

따라서 제품 B를 제3부문에서 추가가공하여 제품 E와 F로 판매하는 것이 ₩14,000 유리하다.

2 결합제품의 배분에 관한 의사결정

결합제품을 생산하는 경우에는 많은 분리점들이 나타날 수 있으며 각 분리점에서의 추가 가공여부에 따라 투입요소에 대한 여러 가지 대체안이 존재한다. 많은 분리점이 존재하는 경우에는 개별제품의 이익최적화가 아니라 전체 결합제품의 이익최적화를 이룰 수 있도록 생산요소를 배분하는 것이 중요하다.

지금까지의 설명은 모든 결합제품이 고정된 비율로 생산되는 것을 전제하였다. 그러나 때로는 생산되는 제품의 비율이 변화될 수도 있다. 이처럼 분리원가의 증감으로 결합제품의 제품배합률이 변화될 수 있는 경우에도 전체 결합제품의 이익최적화를 이룰 수 있도록 최적 생산비율을 결정하여야 한다.

이러한 결합제품의 배분은 결합제품생산을 위한 개별생산요소의 제약조건하에서 최적배합비율을 결정하는 의사결정이다. 생산요소의 제약조건하에서 결합제품의 최적배합비율을 결정하는 문제는 선형계획법을 이용하여 해결할 수 있다. 이에 대한 상세한 설명은 「관리회계」 교재를 참고하기로 한다.

제4절 부산물회계

1 부산물의 의의

부산물(by-product 또는 minor product)은 하나의 결합생산공정에서 주산물과 함께 생산되는 제품으로 주산물과 비교하여 가치나 수량면에서 상대적으로 중요성이 작은 제품이다. 부산물과 주산물의 구분은 대체로 상대적인 판매가치를 기준으로 한다. 부산물도 분리점에서 개별제품으로 구분되며, 추가적인 가공 과정을 거쳐서 판매될 수 있다.

부산물은 주산물보다는 상대적 판매가치가 작지만 판매가치가 거의 없는 작업폐물과는 구분된다. 작업폐물(scrap)은 결합공정에 투입되었던 원재료의 남은 찌꺼기로, 때로는 미미한 처분가치를 갖기도 한다.

다음의 [도표 9－5]를 통하여 주산물, 부산물, 작업폐물의 관계를 다시 한번 살펴보자.

■ 도표 9-5 주산물, 부산물 및 작업폐물의 상대적 가치

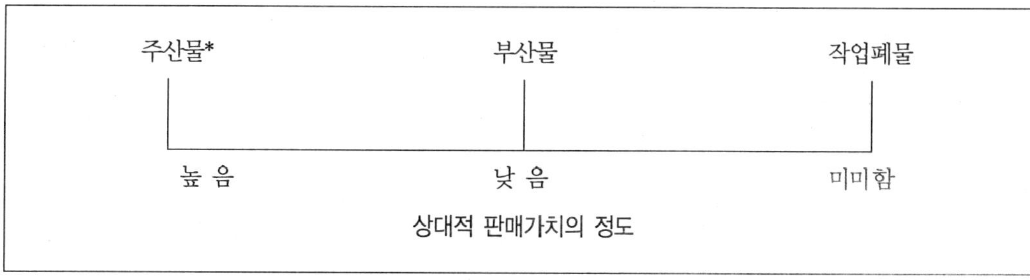

* 단지 한 가지 제품만이 주산물로서 상대적으로 높은 판매가치를 갖는 경우

이같은 부산물의 특성을 요약하면 다음과 같다.

① 생산공정에서는 그 가치가 불확실하다.

② 분리점에서 주산물과 함께 개별제품으로 구분된다.

③ 주산물에 비하여 상대적 판매가치가 낮다.

④ 부산물만을 생산하기 위한 공정이 수행되지는 않는다.

⑤ 제조공정의 변화, 소비자의 기호변화 등에 따라 부산물은 주산물으로 전환되기도 한다.

⑥ 작업폐물은 원재료의 찌꺼기이나, 부산물은 원재료의 물리적 특성이 변화될 때 나오는 부수적인 산물이다.

⑦ 부산물은 때로는 기타 재료로 자가소비하기도 한다.

주산물과 부산물의 구분은 절대적인 것이 아니라 기업의 상황에 따라 상대적인 것이다. 한 회사에서 부산물로 간주되는 제품이 다른 회사에서는 주산물로 분류될 수도 있다.

2 부산물의 회계처리방법

(1) 회계처리방법의 기본틀

부산물의 주산물에 대한 상대적 중요성이 큰 경우에는 주산물과 동일하게 간주하고 결합원가를 배분한다. 즉 부산물이 독립적인 제품으로 취급될 수 있을 만큼 중요하게 인식되는 경우에는 결합원가의 배분시 부산물도 주산물처럼 취급한다. 그러나 부산물의 가치가 주산물에 비하여 상대적으로 낮은 경우에는 부산물에 대한 회계처리는 중요성과 원가효익의 측면에서 고려되어야 한다.

부산물회계처리방법은 크게 두 가지 측면에서 구분된다. 첫째는 부산물의 인식시점으로

■ 도표 9-6 부산물 회계처리방법의 구분

회계처리방법 / 회계처리유형	인식시점	부산물 평가액의 손익계산서상 보고방법	부산물 기말재고의 재무상태표상 보고방법
A*	생산시점	제조원가에서 차감	평가액으로 계상한다.
B	생산시점	매출 또는 영업외수익항목	평가액으로 계상한다.
C	판매시점	제조원가에서 차감	계상하지 않는다.
D	판매시점	매출 또는 영업외수익항목	계상하지 않는다.

* 우리나라의 원가계산준칙에 규정된 방법과 동일한 방법이다.

생산시점과 판매시점으로 나눌 수 있다. 둘째는 부산물의 분리점에서의 평가액 또는 순실현가치를 어떻게 처리하는가에 따라 원가차감법과 수익계상법으로 나눌 수 있는데, 이를 정리하면 [도표 9-6]과 같다.

(2) 부산물평가액의 계상방법

부산물의 장부상 계상방법은 원가차감법과 수익계상법으로 구분된다.

1) 원가차감법

원가차감법은 부산물의 분리점에서의 평가액 또는 추가가공시의 순실현가치를 주산물의 원가에서 차감하는 방법이며, 부산물을 생산시점에서 인식하는 경우 많이 이용한다. 우리나라의 원가계산준칙에서는 생산시점에서 원가차감법을 이용하도록 규정되어 있다.

2) 수익계상법

수익계상법은 부산물의 순실현가치를 부산물 판매수익으로 기록하는 방법이다. 따라서 부산물의 인식시점을 판매시점으로 하는 판매기준법을 이용하는 경우 합리적인 방법이다. 이 방법은 부산물의 순실현가치가 중요하지 않아서 재고자산이나 이익에 중대한 영향을 미치지 않는 경우에 이용되는 방법이다. 이 방법에 의할 경우 결합원가는 모두 주산물에만 배분되며, 부산물의 회계처리가 주산물의 제조원가에 전혀 영향을 미치지 않는 간단한 방법이다. 부산물의 수익, 즉 순실현가치는 기타 매출계정으로 기록하거나 잡이익계정을 이용하여 계상된다. 두 방법 중 어느 것을 이용할 것인가의 판단은 부산물 판매가치의 상대적 비중에 의하여 결정한다.

(3) 부산물의 인식시점

부산물을 인식하는 시점은 부산물의 판매시점과 생산시점으로 구분된다.

1) 판매기준법

판매기준법은 부산물을 매각하는 시점에서 회계처리하는 방법이다. 따라서 부산물에는 결합원가를 전혀 배분하지 않기 때문에 기말에 부산물 재고가 남아 있다고 하더라도 이를 재무상태표상에 인식하지 않는다. 결과적으로 부산물 기말재고는 부외자산으로 남게 된다. 따라서 판매기준법을 이용한다면 수익계상법을 적용하는 것이 합리적이다.

한편 분리점 이후에 추가되는 개별원가는 당연히 부산물의 원가로 기록되어야 하지만, 판매시점에서 부산물을 인식하는 경우에는 이를 기록할 여지가 없기 때문에 개별원가를 발생된 기간의 비용으로 처리할 수밖에 없다. 왜냐하면 결합원가와 개별원가를 배분해야 할 대상으로 부산물 재고를 인식하지 않기 때문이다.

2) 생산기준법

생산기준법은 부산물의 순실현가치 또는 평가액을 분리점에서의 부산물 제조원가로 생산시점에서 기록하는 방법이다. 따라서 생산시점에서 부산물은 순실현가치 또는 평가만큼 결합원가를 배분받게 되며 여기에 분리점 후의 개별원가를 가산한 금액이 부산물 재고가액이 된다. 이 방법은 부산물의 장부상 계상방법 중 원가차감법을 이용하는 것이 합리적이다. 이 방법은 부산물의 상대적 가치가 커서 재고자산이나 이익에 미치은 부향이 큰 경우에 이용되는 방법이다. 이 방법 이용시 생산시점에서 부산물의 평가액 또는 순실현가치를 재고자산으로 인식하며 이에 따라 주산물의 재고자산평가액은 줄어들게 된다.

한편 원가차감법과 수익계상법에 대한 분개과정을 표시하면 다음과 같다.

① A : 생산기준법+제조원가차감법

〈부산물 생산시〉

(차) 부산물	×××	(대) 재공품	×××

〈부산물 판매시〉

(차) 현 금	×××	(대) 부산물	×××

② D : 판매기준법 + 영업외수익계상법(또는 기타 매출로 계상)

〈부산물 생산시〉

분개없음

〈부산물 판매시〉

(차) 현 금	×××	(대) 잡이익*	×××

* 금액이 상대적으로 중요한 경우 기타 매출수익으로 계상할 수 있다.

이제 위에서 제시한 각각의 방법에 대한 회계처리를 다음의 [예제 9-11]을 통하여 살펴보도록 하자.

예제 9-11

한일식품회사는 이번 원가계산기간 중 동일한 재료와 가공과정을 통하여 다음과 같이 주산물과 부산물을 생산하였다. 주산물과 부산물 모두 추가가공되지 아니하고 모두 분리점에서 판매되며, 이 부문의 생산·판매자료는 다음과 같다.

	생 산	판 매	기초재고	기말재고	판매단가
주산물	500kg	400kg	0	100kg	₩60,000/kg
부산물	100kg	30kg	0	70kg	₩4,000/kg

이들 결합제품이 주산물과 부산물로 분리되기까지 소요된 총제조비용은 ₩25,000,000이라고 한다.

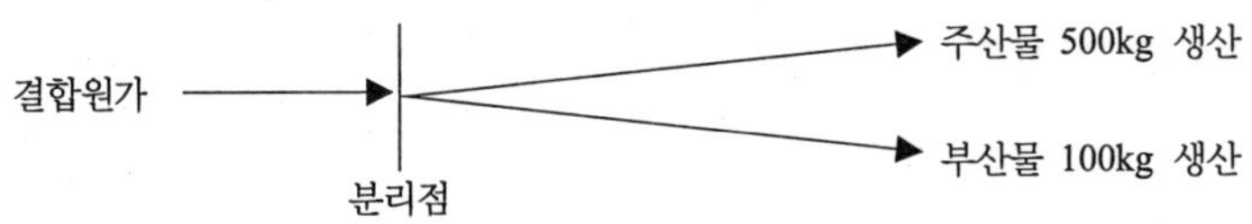

물.음.

1. 위의 [도표 9-6]에서 제시한 각각의 방법에 의해 부산물을 평가한 다음, 주산물의 총원가, 매출원가를 표시하는 요약손익계산서를 작성하시오.
2. 위의 각 방법에 대해 논평하시오.

풀.이.

1. 손익계산서

부산물의 회계처리방법

	A	B	C	D
인식시점	생산시점	생산시점	판매시점	판매시점
보고방법	원가에서 차감	수익으로 계상	원가에서 차감	수익으로 계상
수 익 :				
주산물 : 400kg×₩60,000	₩24,000,000	₩24,000,000	₩24,000,000	₩24,000,000
부산물 : 30kg×₩4,000	–	120,000	–	120,000
계	₩24,000,000	₩24,120,000	₩24,000,000	₩24,120,000
매출원가 :				
총제조원가	25,000,000	25,000,000	25,000,000	25,000,000
－부산물평가액(30kg×₩4,000)	(120,000)	–	(120,000)	–
당기제품제조원가	₩24,880,000	₩25,000,000	₩24,880,000	₩25,000,000
＋기초제품(주산물)재고	0	0	0	0
＋기초제품(부산물)재고	0	0	0	0

− 기말제품(주산물)재고	4,976,000*	5,000,000	4,976,000*	5,000,000
− 기말제품(부산물)재고(70kg×₩4,000)	280,000	280,000	−	−
매출원가	19,624,000	19,720,000	19,904,000	20,000,000
매출총이익	₩4,376,000	₩4,400,000	₩4,096,000	₩4,120,000
매출총이익률	18.23%	18.24%	17.07%	17.08%

*(₩24,880,000÷500kg)×100kg = ₩4,976,000

2. 부산물의 상대적 가치가 중요하지 아니한 경우 부산물에 대한 복잡한 회계처리절차는 비용면에서 정당화되지 않을 수 있기 때문에, 이들 방법 가운데 C와 D의 방법이 중요성의 원칙과 원가−효익 측면에서 정당화될 수 있다. 한편 부산물의 기말재고를 인식할 수 있는 A, B방법은 개념적으로 더 우수하지만, 매각가치로 기말재고를 계상한다는 점에서 미실현이익이 계상될 위험이 있다. 따라서 정상이윤과 판매비를 차감한 순실현가치로 기말재고를 계상하는 수정된 방법을 고려해야 한다.

(4) 부산물 회계처리방법의 선택

부산물의 회계처리방법으로 어느 방법을 선택하느냐에 따라 부산물의 재고평가액 및 주산물의 제조원가가 상이하여진다. 다만 부산물의 회계처리방법에는 유일한 최선의 방법이 존재하는 것이 아니기 때문에 기업에 따라 가장 합리적이고 손쉬운 방법을 선택하는 것이 바람직하다.

부산물 회계처리방법의 선택을 위한 기준을 요약하면 다음과 같다.

① 부산물의 판매가능성이 불확실하거나 판매시장이 불안정한 경우에는 판매기준법이 적절할 것이다.

② 판매기준법 이용시에는 수익계상법을 이용하도록 한다.

③ 부산물의 경제적 가치가 크거나 상당한 중요성이 인정되는 경우에는 생산기준법이 적절할 것이다.

④ 생산기준법 이용시에는 원가차감법을 이용하도록 한다.

⑤ 부산물이 추가적인 가공을 거쳐 판매될 경우에는 생산기준법을 이용하는 것이 보다 타당하다. 왜냐하면 부산물의 개별원가는 부산물재고액으로 계상되어야 하기 때문이다.

⑥ 수익계상법에서는 기타수익인 잡이익으로 기록하는 방법(이를 잡이익법이라고 함), 원가차감법에서는 결합원가인 제조원가에서 차감하는 방법(이를 순실현가치법이라고도 함)이 가장 널리 이용되고 있다.

⑦ 부산물의 판매에 추가적인 노력이 필요한 경우에는 생산기준법을 이용하는 것이 적절하다.

이제 다음의 [예제 9−12]를 통하여 부산물에 대한 회계처리방법을 정리해 보도록 하자.

예제 9-12

(주)오산기업은 단일공정 · 단일재료를 이용하여 연산품 A, B와 부산물 R을 생산 · 판매하고 있다. 지난 회계기간 동안의 자료는 다음과 같다.

(1) 기초재공품 : 5,000개(진척도 30%)

(2) 기말재공품 : 4,000개(진척도 60%)

(3) 당기 착수량 : 15,000개

(4) 당기의 원가자료

항 목	재료비	가공비	합 계
기초재공품	–	₩10,800	₩10,800
당기제조비용	₩64,000	118,000	182,000

(5) 당기생산제품의 현황

항 목	연산품 A	연산품 B	부산물 R
생산량	15,000개	5,000개	2,000개
판매량	12,000개	3,000개	1,500개
추가가공비	₩45,000	₩20,000	₩4,000
단위당 판매비	₩1	₩1	₩1
단위당 판매가격	₩10	₩12	₩3.50

(6) 재료는 공정이 80% 진척된 시점에서 전량 투입되며, 가공비는 전 공정을 통하여 균등하게 발생한다.

(7) 기말재공품 평가는 평균법을 이용한다.

(8) 재료의 기초와 기말 재고액은 없으며, 기초제품의 재고액도 없다.

(9) 결합원가는 순실현가치를 기준으로 배분한다.

(10) 부산물의 평가는 원가계산준칙 제24조 ①항2에 의한 방법을 이용한다.

물.음.

1. 완성품환산량의 단위당 원가는 얼마인가?
2. 기말재공품원가와 결합원가는 각각 얼마인가?
3. 부산물 R의 순실현가치와 기말재고액은 얼마인가?
4. 연산품 A, B의 단위당 제조원가를 계산하시오.
5. 기말재고자산의 평가액은 얼마인가?
6. 제품생산 · 판매와 관련된 재고자산계정에 전기하는 과정을 보이시오.

풀.이.

* 실제적으로 공정이 80% 진척된 상태에서 원재료가 투입되는 경우는 찾아보기 힘들다.

1. 완성품환산량 단위당 원가

	물 량	완성품환산량 재료비	완성품환산량 가공비
기초재공품	5,000개(30%)		
당기착수량	15,000		
합 계	20,000개		
완성품량	16,000	16,000개	16,000개
기말재공품	4,000(60%)	–	2,400개
합 계	20,000개	16,000개	18,400개

∴ 재료비의 단위당 원가 : $\frac{₩64,000}{16,000개}$ = ₩4/개

∴ 가공비의 단위당 원가 : $\frac{(₩10,800 + ₩118,000)}{18,400개}$ = ₩7/개

2. 완성품원가(결합원가)의 계산

① 기말재공품원가

재료비* –	–
가공비 2,400개×₩7	₩16,800
합 계	₩16,800

* 기말재공품의 진척도는 60%이며, 재료의 투입시점은 진척도 80% 시점이다.

② 결합원가 : 이는 완성품제조원가이다.

재료비 16,000개×₩4	= ₩64,000
가공비 16,000개×₩7	₩112,000
합 계	₩176,000

3. 부산물의 R의 순실현가치와 기말재고액 계산

NRV = (2,000개×₩3.50) − ₩4,000 − (2,000개×₩1) = ₩1,000

기말재고액 = 500개 × $\frac{₩5,000^*}{2,000개}$ = ₩1,250

* (2,000개×₩3.50) − (2,000개×₩1) = ₩5,000 또는 NRV(₩1,000) + 추가가공비(₩4,000)

∴ 부산물 R의 단위당 제조원가 : ₩1,250÷500개 = ₩2.50 / 개

4. 연산품 A, B의 단위당 제조원가계산

배분대상 결합원가 = ₩176,000 − ₩1,000 = ₩175,000

제 품	판매가치	추가가공원가	추가판매비	NRV	결합원가배분액	총 제조원가
A	₩150,000	₩45,000	₩15,000	₩90,000	₩126,000	₩171,000
B	60,000	20,000	5,000	35,000	49,000	69,000
합 계	₩210,000			₩125,000	₩175,000	₩240,000

∴ 연산품 A의 단위당 제조원가 : ₩171,000÷15,000개 = ₩11.40 / 개

∴ 연산품 B의 단위당 제조원가 : ₩69,000÷5,000개 = ₩13.80 / 개

5. 기말재고액의 계산

항 목	기말재고량	단위당 제조원가	재고액
연산품 A	3,000개	₩11.40	₩34,200
연산품 B	2,000	13.80	27,600
부산물 R	500	2.50	1,250
기말재공품	4,000	4.20*	16,800
합 계			₩79,850

* 제품단위당 가공비(₩7)×진척도(60%)=₩4.20

6. 재고자산계정의 전기

재공품

차변	금액	대변	금액
전기이월	10,800	연산품 A	126,000
재료비	64,000	연산품 B	49,000
가공비	118,000	부산물 R	1,000
		차기이월	16,800
합 계	192,800	합 계	192,800

연산품 A

차변	금액	대변	금액
전기이월	0	매출원가	136,800
재공품	126,000	차기이월	34,200
개별원가	45,000		
합 계	171,000	합 계	171,000

부산물 R

차변	금액	대변	금액
전기이월	0	판매(현금)	5,250
재공품	1,000	차기이월	1,250
개별원가	4,000		
매출이익	1,500		
합 계	6,500	합 계	6,500

연산품 B

차변	금액	대변	금액
전기이월	0	매출원가	41,400
재공품	49,000	차기이월	27,600
개별원가	20,000		
합 계	69,000	합 계	69,000

연. 습. 문. 제.

01 **(주)청평기업은 두 개의 제조부문에서 주산물 A·B의 부산물 Y를 생산하고 있다. 부산물은 생산시점에서 순실현가치로 기록하며, 결합원가는 순실현가치를 기준으로 주산물에만 배분한다. 제품 A·B 및 부산물 Y의 단위당 판매가격은 각각 ₩14, ₩40 및 ₩50이다. 기초 및 기말 재공품은 없으며 당기의 생산자료는 다음과 같다.**

제1부문 :	
제품 A의 생산량	2,000단위
중간제품 B의 생산량	2,500단위
제2부문 :	
최종제품 B의 생산량	2,500단위
부산물 Y의 생산량	800단위

당기에 발생한 원가자료는 다음과 같다.

	제1부문	제2부문
직접재료비	₩25,000	₩0
직접노무비	40,000	16,000
제조간접비(실제)	25,000	3,000

이 회사는 정상원가계산시스템을 사용하고 있으며, 제1부문 및 제2부문의 제조간접비는 직접노무비의 50%와 25%로 각각 예정배부되고 있다.

물음

1. 제1부문과 제2부문의 결합원가를 계산하고, 공정의 흐름도를 작성하시오.

2. 결합원가를 배분하고, 제품의 단위당 제조원가를 계산하시오.

3. 원가의 흐름에 대한 분개를 하시오.

02 (주)횡성산업은 생수를 이용하여 X, Y, Z 세 가지 제품을 생산하고 있다. 부문 A에서는 생수 200m^2를 가지고 제품 I를 7단위, 중간제품 I를 10단위 생산한다. X는 더 이상의 추가공정 없이 판매된다. 부문 B에서는 중간제품 I 1단위를 가지고 Y를 2단위, Z를 1단위 생산한다. X, Y, Z의 단위당 판매가격은 각각 ₩30, ₩12, ₩36이다.

다음은 지난 달의 생산과 관련된 자료이다.

생수사용량	20,000m^2
부문 A원가	₩30,000[1)]
부문 B원가	₩46,000[2)]

1) 모두 고정원가로 이 중 ₩20,000은 생산을 중단해도 회피 불가능한 원가이다.
2) 모두 변동원가로 중간제품 I의 1단위당 ₩46이 소요된다.

X, Y, Z에 개별적으로 소요되는 원가는 없다. 그리고 생수는 무상으로 이용할 수 있다.

물음

1. 순실현가치법을 사용하여, 각 제품에 결합원가를 배분하시오.
2. I를 분리점에서 판매할 수 있다면, 원가를 어떻게 배분해야 하는가?
3. 만일 Z가 부산물이면, 원가를 어떻게 배분해야 하는가?
4. 만일 Y의 판매가격이 ₩3이라면 의사결정에 어떠한 영향을 미치겠는가?

03 (주)해남기업은 동일한 재료를 동일한 공정에 투입하여 결합제품 W와 X를 생산하고, 여기에서 생산된 X를 추가가공하여 제품 Y와 Z를 생산하고 있다.
20×1년 5월의 생산현황과 단위당 판매가격은 다음과 같다.

제 품	생산수량	판매단가
중간제품 X	3,000개	없음
완제품 W	2,500	₩40
Y	1,800	30
Z	1,200	50

5월 중 제품 W를 생산하는 데 ₩45,000의 원가가 발생하였으며 중간제품 X에 ₩26,000을 추가로 투입하여 제품 Y와 Z를 생산하였다.

제품 Y와 Z를 판매가능 상태의 완제품으로 개별가공하는 과정에서 각각 ₩27,400과 ₩10,600이 발생하였다.

물음

1. 순실현가치법에 따라 결합원가를 배분하고, 완제품의 단위당 제조원가를 계산하시오.
2. 제품 W · Y · Z가 완제품이 되기 이전에는 전혀 판매가치가 없다고 가정할 때, Y의 판매가격이 ₩15으로 하락한다면 이 회사의 경영자는 어떠한 결정을 내려야 하겠는가?

04 **(주)화천산업은 원료 Y를 이용하여 연산품 A, B, C를 생산하고 있다. 제1부문에서는 결합원가가 나타나며 제2부문에서는 분리원가가 나타난다. 이 회사의 제12기 8월 중의 원가자료는 다음과 같다.**

(1) 원료와 제품의 월초 재고량

원 료	8,400kg(@₩50)	제품 A	2,400kg
제 품 B	1,800kg	제품 C	1,560kg

(2) 월초 재공품 자료

제1부문 재공품원가 : ₩492,000 제2부문 : 없음

수 량 6,000kg

진척도 40%

(3) 8월 중 원료매입수량 61,200kg(@₩50)

(4) 제1부문의 8월 가공비 실제액 ₩4,633,200

(5) 제2부문의 8월 가공비 발생액

A제품 : ₩648,000 B제품 : ₩960,000 C제품 : ₩336,000

(6) 8월 중 제품 판매수량

A제품 : 20,400kg B제품 : 18,600kg C제품 : 16,440kg

(7) 감손은 제1부문에서만 1,200kg이 발생한다.

(8) 원료와 재공품 및 제품(최종제품)의 월말 재고량

원 료 : 9,600kg

재공품 제1부문 : 7,200kg(진척도 50%) 제2부문 : 없음

제 품 A : 3,600kg B : 2,400kg C : 1,920kg

(9) 기타 원가자료는 다음과 같다.

① 원료는 제1부문 시점에서 모두 투입된다.

② 제1부문에서 발생하는 감손은 평균적으로 발생하고 감손비는 완성품에만 부담시킨다.

③ 연산품에 대한 결합원가배분은 순실현가치를 기준으로 한다. 제2부문의 가공비는 분리 후의 가공비이다. 또한 제품의 최종판매단가는 다음과 같다.

A제품 : ₩200

B제품 : ₩230

C제품 : ₩180

④ 계산상 원 미만은 반올림한다.

물음

각 연산품의 제조원가를 계산하시오.

05 **(주)경주산업은 동일한 공정에서 A・B・C 세 가지의 결합제품을 생산하고 있다. B제품은 분리 즉시 판매할 수 있으나, A・C제품은 추가가공공정을 거쳐 판매된다. 당기의 결합원가는 ₩105,000이며, 제품 생산현황은 다음과 같다.**

제 품	생산량	분리원가	판매단가
A	10,000kg	₩9,500	₩8
B	5,000	–	14
C	2,000	16,000	12

이 회사는 지금까지 순실현가치법에 따라 결합원가를 배분하여 왔다. 그러나 이 방법은 분리점 이후의 개별원가는 이익창출에 전혀 기여하지 못하므로, 제품별 이익이 잘못 계산될 수도 있다는 사실 때문에 배분방법을 모색해 오던 중 이를 해결할 수 있는 방법이 균등이익률법이라는 것을 알게 되었다.

물음

1. 균등이익률법에 의한 결합원가의 배분과정을 설명하시오.
2. 결합원가 ₩105,000을 배분하고 제품별 매출총이익을 계산하시오.

06 **(주)제천산업은 단일공정에서 A, B 두 종류의 등급품을 생산하고 있다. 직접재료는 공정의 시점에서 전량 투입되며, 가공비는 전 공정을 통하여 균등하게 발생된다. 이 기업의 10월 중의 자료는 다음과 같다. 단, 기말재공품은 선입선출법으로 평가한다.**

(1) 기초재공품관련 자료

기초재공품	수 량	가공비완성도	직접재료비	가공비
A 제품	200개	40%	₩30,000	₩16,000
B 제품	300개	30%	₩10,000	₩8,000

(2) 기말재공품관련 자료

기말재공품	수 량	가공비완성도
A 제품	300개	60%
B 제품	400개	40%

(3) 10월 중에 완성된 제품수량 : A제품 2,900개, B제품 1,900개

(4) 10월 중에 발생한 원가 : 직접재료비 ₩280,000, 가공비 ₩400,000

(5) 회사가 설정한 등가계수

	A제품	B제품
직접재료비	1	0.5
가 공 비	1	0.8

물음

우리나라의 원가계산준칙에 의한 등급별 완성품원가를 계산하고, 원가계산표를 작성하시오.

07 (주)강원기업은 결합공정에서 세 가지 결합제품 A, B, C를 생산하고 있다. 제품 A는 분리 이후 즉시 판매되며, B는 추가가공을 거쳐야만 판매할 수 있는 최종제품이 된다. 제품 C는 분리점에서 그대로 판매할 수도 있고 추가가공 후 제품 D로 변형시켜 판매할 수도 있다. 이 과정에서 감손이나 공손은 발생하지 않는다. 이 회사는 순실현가치법에 따라 결합원가를 배분하고 있다. 당기 중 발생한 결합원가는 ₩24,500이다. 결합공정에서 분리된 각 제품 생산량과 분리점에서의 단위당 판매가치는 다음과 같다.

제 품	생산량	판매가치
A	200개	@₩100
B	100	80
C	400	25

한편 제품 B를 추가가공하는 데는 ₩3,000의 원가가 추가되며, 제품 C를 D로 변형시키는 데는 ₩8,000의 원가가 소비된다. 추가가공 후의 제품 D의 단위당 판매가격은 @₩52.50이다.

물음

1. 분리점에서 판매 또는 추가가공 의사결정(sell or process further)의 대상이 되는 결합제품은 무엇인가?
2. 이익최대화를 위해서는 어떤 제품을 생산하여야 하는가?
3. 결합원가는 위의 의사결정에 어떤 영향을 미치는가?

08 다음은 A, B, C 세 가지 등급품을 생산 · 판매하고 있는 (주)동해기업의 제5기 자료이다.

(1) 제5기의 생산자료

항 목	A제품	B제품	C제품
기초재공품 :			
재료비	₩45,600	₩28,620	₩30,600
가공비	₩4,560	₩8,100	₩16,200
수 량	400개	200개	200개
진척도	1/5	1/2	3/4
완성품량	1,700개	1,300개	1,000개
기말재공품 :			
수 량	200개	300개	400개
진척도	3/4	2/5	1/2
등가계수 :			
재료비	1	1.3	1.5
가공비	1	1.2	1.8

(2) 당기제조원가는 재료비 ₩537,600, 가공비 ₩338,238이다.

(3) 재료는 공정시점에서 투입된다.

(4) 월말 재공품 평가는 후입선출법을 이용한다.

(5) 기초제품은 없었으며, 제5기중 제품의 판매자료는 다음과 같다.

제 품	판매량	판매단가	매출액
A	1,700개	@₩240	₩408,000
B	1,000	₩300	300,000
C	700	₩360	252,000

물음

등급품 A, B, C의 단위당 제조원가를 계산하고, 제품별 매출총이익을 계산하시오.

09 **(주)인천산업에서는 세 가지 등급의 제품을 생산하고 있다. 제품의 kg당 판매가격과 최초 공정이 끝난 후 산출되는 수량의 비율은 아래와 같다.**

제 품	kg당 판매가격	생산비율(무게)	최초공정산출량
1등급품	₩40	1	
2등급품	₩30	2	
3등급품	₩25	1	
			8,000kg

그런데 하급제품은 추가가공을 거쳐 상급품으로 한단계 등급이 높아질 수 있다. 단, 동일한 무게의 상급품으로 전환된다. 당기의 제품별 생산량과 제조원가자료는 아래와 같다. 결합원가는 ₩200,000이 발생하였는데 생산량을 기준으로 배분하였다.

제 품	생산량	제조원가
1등급품	6,000kg	₩180,000
2등급품	2,000kg	₩70,000

물음

1. 하급품을 상급품으로 추가가공하는 것이 유리한지 여부를 결정하시오.

2. 이 회사가 최적의 의사결정을 하였다면 얻을 수 있는 매출총이익은 얼마가 되겠는가?

10 **(주)예천산업은 X, Y 두 가지의 주산물과 부산물 B를 동일 공정에서 생산하고 있다. 이 회사는 결합원가의 배분을 위하여 순실현가치법을 이용하고 있다. 지난 9월 중 결합원가는 ₩10,000이었다. 부산물 B의 단위당 변동판매비는 ₩0.1이었으며, 생산 및 판매자료는 다음과 같다.**

제 품	분리원가	9월생산량	9월판매량	kg당 판매가격
주산물 X	₩1,000	10,000kg	8,000kg	@₩1.5
주산물 Y	4,000	5,000	5,000	2.0
부산물 B	100	2,000	1,600	0.9

물음

1. 부산물에 대해 판매기준법을 이용하여 회계처리하는 경우 주산물 X, Y의 단위당 제조원가는 얼마인가?
2. 부산물에 대해 우리나라의 원가계산준칙에 의해 회계처리하는 경우 주산물 X, Y의 단위당 제조원가는 얼마인가?
3. 9월의 손익계산서를 작성하시오.

11 **(주)강경기업은 주산물 갑과 을을 생산하는 결합공정에서 부산물 병도 얻고 있다. 이들 각 제품은 분리점 이후 개별 가공공정을 거쳐야 비로소 판매할 수 있는 상태의 제품이 된다. 5월의 생산 및 원가 자료는 다음과 같다.**

항 목	갑	을	병
단위당 판매가격	₩40	₩24	₩8
당기생산량	8,000단위	10,000단위	4,000단위
당기판매량	6,000단위	7,000단위	2,000단위
분리 후 개별원가	₩50,000	₩60,000	₩5,000

이 회사는 순실현가치를 기준으로 결합원가를 배분하고 있으며, 5월 중 결합원가는 ₩360,000이었다. 기초재고 및 기말재공품은 없다.

물음

부산물 병을 다음과 같이 각각 회계처리한다고 가정하고 5월의 순이익과 기말재고자산 가액을 계산하시오.

1. 생산시점에 제조원가에서 차감하여 부산물의 가치를 인식하는 우리나라의 원가계산준칙에 의한 방법
2. 판매시점에 부산물의 판매가치를 잡이익으로 처리하는 방법

제10장

원 · 가 · 회 · 계

표준원가계산

제10장

표준원가계산

제1절 표준원가계산제도의 본질

1 표준원가계산제도의 의의

표준원가계산제도(standard costing system)는 원가관리 등의 경영관리활동을 위한 표준원가에 의한 제품원가계산제도를 말한다. 이는 실제원가계산제도가 갖는 문제점을 극복하기 위하여 나타난 원가계산제도이다. 실제원가계산제도는 다음과 같은 주요한 결점을 내포하고 있다.

① 부적합한 능률의 척도 : 실제원가는 제조과정중의 비능률을 포함하므로 진실한 능률 및 업적평가 등의 기준으로 부적합하다.

② 실제원가의 변동성 : 실제원가는 원재료의 소비량, 조업도,. 제조배합률, 제품구성, 우연한 제조환경변화 등에 따라 현저하게 변동한다.

③ 원가계산의 지연 : 실제원가는 원가계산시점에서 모든 실제 발생 원가를 파악할 수 있어야만 원가계산이 가능하다.

표준원가계산제도는 실제원가계산의 결함을 보충하고 원가관리활동, 특히 원가통제활동을 통한 경영합리화원동의 일환으로 나타난 원가계산제도이다. 표준원가계산제동에 의한 원가통제시스템(cost control system)은 다음의 절차로 구성된다.

① 원가표준의 설정

② 표준원가의 계산

③ 실제원가의 계산

④ 표준원가와 실제원가의 비교를 통한 원가차이 계산

⑤ 원가차이의 평가
⑥ 원가차이의 수정조치

표준원가계산제도는 생산활동을 수행하는 원가중심점(cost center)의 대표적인 원가통제 시스템이다. 원가통제는 원가관리활동의 가장 대표적인 관리제도이나 원가통제와 원가관리가 개념적으로 동일한 것은 아니다. 원가관리(cost management)란 원가를 통한 관리활동(management through cost)이며, 이는 원가통제, 원가절감, 원가의 최적화 등이 포함된다. 원가통제(cost control)는 실제원가를 계획된 목표원가 수준으로 일치화 하려는 노력이다. 원가절감(cost reduction)은 산출의 수준은 유지하면서 이미 발생한 원가수준보다 더 낮은 상태의 실제원가를 이끌어 내려는 노력이다. 원가의 최적화(cost optimization)는 주어진 원가상태 하에서 산출을 증대시켜 최대의 효익을 얻어내려는 노력이다. 즉, 동일한 원가수준 하에서 보다 좋은 제품을 생산하거나 생산량을 증대시키는 것 등은 원가의 최적화 활동이다.

표준원가계산제도가 원가통제시스템을 위한 수단으로서의 역할은 예외에 의한 관리(management by exception)를 가능케 한다. 즉 원가차이의 계산·평가를 통하여 중요한 차이, 즉 예외적인 차이에 대해서만 최고경영자는 관심의 대상으로 삼는다. 더불어 표준원가계산제도는 목표의 관리(management by objective)를 가능하게 한다. 왜냐하면 표준원가는 단순히 예정된 원가(predetermined cost)가 아니라 반드시 달성되어야 하는 목표원가(target cost)이며, 표준원가 설정시 작업자들의 참여와 수용 및 이해가 전제되어야 적합한 능률 및 업적평가 등의 척도가 될 수 있기 때문이다. 즉 작업자들이 설정되는 표준원가를 자신의 달성목표로 수용한다면 관리의욕 및 원가의식을 고취시킬 수 있게 된다.

2 표준원가계산제도의 유용성

표준원가계산제도의 유용성은 표준원가의 효익 또는 목적과 동일한 것이다. 표준원가계산제도는 계획 및 통제 등 관리활동에 필요한 원가정보를 산출함으로서 다음과 같은 네 가지 목적에 유용하게 활용될 수 있다.

(1) 원가관리

표준원가는 원가관리를 효과적으로 수행하기 위한 원가의 표준이다. 표준원가는 원가관리 중 특히 원가통제시스템 설계를 위한 출발점이다. 표준원가에 의한 원가관리활동은 원가차이 계산·평가를 기초로 수정조치(feedback)를 행하는 사후적 원가관리뿐만 아니라 실제원가를 표준원가에 일치시키도록 자극·유인하는 사전적 원가관리활동도 포함한다.

(2) 재고자산평가 및 매출원가산정

표준원가는 정상적인 원가로서 재공품, 제품 등의 재고자산가액 및 매출원가 산정의 기초가 된다. 즉 실제원가는 비능률·낭비 등이 포함된 원가이나 표준원가는 비능률·조업도의 변동·우연성 등을 배제한 진실한 원가이므로, 표준원가를 이용한 재고자산평가 및 매출원가 산정은 보다 진실된 원가정보 및 손익계산을 가능하게 한다. 또한 표준원가에 의한 손익은 원가차이의 수정을 통하여 실제원가에 의한 손익과 일치시킬 수 있게 된다.

(3) 예산편성

표준원가는 종합예산을 편성하는 데 이용된다. 즉 종합예산평성시 예산재무제표 작성에 있어서 신뢰성 있는 기초를 제공한다. 표준원가는 제조예산평성의 기초가 되며, 판매비 및 관리비의 예산에도 적용가능하다. 따라서 표준원가계산은 합리적이고 객관적인 예산편성의 기초 자료를 제공하며, 예산편성의 구체적인 결과는 예산손익계산서, 예산대차대조표, 예산현금흐름표, 예산제조원가명세서 등의 작성으로 나타난다.

(4) 기장의 간략화 및 신속화

표준원가는 이것을 계정조직 중에 편입함으로써 기장을 간략화 및 신속화 할 수 있다. 즉 표준원가를 정규적인 복식부기제도인 제도적 원가계산시스템에 이용하는 경우 기장업무를 많이 단축할 수 있으며, 실제원가를 모두 파악하기 전이라도 제품원가계산을 수행할 수 있다. 특히 표준원가계산에서는 평균법, 선입선출법 및 후입선출법 등의 원가흐름에 대한 가정을 필요로 하지 않는다. 그러나 실무적으로 표준원가계산제도를 정규회계제도로 채택하는 기업은 거의 없다. 대부분 원가관리, 예산편성, 생산성 측정 등 관리적 의사결정을 위한 것에만 표준원가제도를 한정하고 있다.

3 표준원가계산제도의 한계

표준원가계산제도는 실제원가계산제도의 문제점을 극복하며 경영관리활동을 위한 유용한 원가정보를 제공하나, 다음과 같은 한계를 갖는다.

① 작업자들이 수용할 수 있는 과학적·객관적인 표준원가의 설정은 그리 쉬운 작업이 아니다. 왜냐하면 표준원가는 과학적 조사기법의 이용을 필요로 하며, 미래의 환경에 대한 합리적인 예측을 요구하기 때문이다.

② 표준원가는 지속적인 수정을 필요로 한다. 즉 표준원가는 항상 그 적합성을 음미하여 생산의 기본조건, 재료가격 · 임률 · 경비 등에 중대한 변화가 발생한 경우에는 현실에 적응할 수 있도록 부단히 수정되어야 한다.

③ 원가차이의 중요도 판단이 어렵다. 즉 표준원가계산제도가 예외의 관리기법으로 이용될 때 어느 정도의 원가차이를 중요한 예외사항으로 볼 것인가를 결정하여야 한다.

④ 제조환경의 변화에 따라 제조원가 중 직접노무원가의 구성 비율이 줄어들고 제조간접원가의 구성 비율이 높아지고 있다. 이에 따라 직접노무원가의 원가차이는 의미를 상실하고 있으며 제조간접원가의 차이 계산을 위한 배부기준에 있어 종래의 일반적 배부기준인 직접작업시간의 의미가 상실되어 가고 있다.

⑤ 표준원가계산제도에 의하여 원가차이를 계산한 경우 그 차이의 구체적인 원인을 파악하기가 쉽지 않다. 원가차이를 계산한 경우 그 차이의 구체적인 원인을 파악하기가 쉽지 않다. 원가차이의 대부분의 원인은 단일의 원인에 기인하기보다는 다양한 이유들이 혼합된 것들이기 때문이다.

⑥ 실질적인 성과측정치(positive performance measures)의 중요한 기준인 품질 · 인력 · 납기 · 원가 등에서 표준원가계산제도는 단지 원가만을 대상으로 하므로 비재무적 측정치(non-financial performance measures)를 도외시한다.

⑦ 표준원가는 단순한 통제표준으로 이용되기 때문에 원가차이 분석에 따른 유리 · 불리의 획일적 평가는 특정한 제조활동의 성과를 대상으로 하고, 이에 따라 기업전체의 성과를 도외시하는 방향으로 행동을 유도할 수 있다.

제2절 표준원가

1 표준원가의 의의

원가계산준칙 제26조 ①에는 표준원가(standard cost)를 사전에 객관적이고 합리적인 방법에 의하여 산정한 원가로 규정하고 있다. 표준원가는 과학적 · 통계적 방법 등을 이용하여 합리적으로 면밀하게 설정된 사전원가이며 목표원가이다. 즉 표준원가는 일정한 능률을 바탕으로 제조과정에 대한 상세한 검토를 거쳐서 설정되는 예정원가(predetermined cost)이다.

일반적으로 예정원가는 표준원가와 예산원가로 구분한다. 두 원가의 차이는 다음과 같다. 표준원가는 제품 한 단위에 대하여 설정되는 단위당 개념(unit concept)인 반면에 예산원가

(budgeted cost)는 총액(total amount)으로 표현된다. 즉 예산원가는 일정기간 동안의 제품생산량에 대하여 허용할 수 있는 원가이다. 그러므로 표준원가는 제품 한 단위에 대한 예산원가이다.

표준원가는 실제원가와 비교되는 원가이다. 두 원가의 비교를 통하여 원가차이를 계산한다. 다만 실제원가와의 비교는 허용된 총 표준원가를 이용한다. 허용된 총 표준원가(total standard costs allowed)는 제품생산량에 대해 허용되는 표준원가의 총액을 말하며 이는 예산원가라고 할 수 있다.

표준원가는 예산을 편성하고, 성과를 측정하고, 제품원가의 계산으로 가격결정 등에 이용될 수 있는 유용한 원가개념이다. 표준원가의 특성을 보다 구체적으로 요약하면 다음과 같다.

① 표준원가는 경영계획, 특히 생산계획을 바탕으로 한 예정원가이다.
② 표준원가는 실제원가의 달성목표가 되는 목표원가(target cost)이며 규범원가(should cost)이다.
③ 표준원가는 고도의 능률적인 기능 · 공정 · 구매환경 등을 전제로 설정되는 원가이다.
④ 표준원가는 정상적인 상태에서 발생할 것으로 예측되는 정상원가이다.
⑤ 표준원가는 계획수립(예산편성)과 업적평가 등 원가를 이용한 경영관리 활동의 전체적인 시스템구성의 요체이다.
⑥ 표준원가는 신제품개발계획, 시설확장계획 등 전략적 경영의사결정에 필요한 정보를 제공하기도 한다.

한편 표준원가는 추정원가와는 다르다. 추정원가(estimate cost)도 예정원가의 한 종류이지만 목표로서 표준을 설정함에 차이가 있다. 즉 표준원가는 과학적 · 통계적 방법을 이용하여 능률의 기준으로 예정되는 원가이나, 추정원가는 경험적 · 개략적 방법을 이용하여 계산되는 예정원가이다. 따라서 표준원가와 추정원가는 얼마나 과학적이고 구체적인 방법을 이용하는가에 따른 구분이며, 표준원가가 추정원가보다 표준의 엄격도가 크다고 본다. 추정원가는 견적원가라고도 한다.

2 표준원가의 분류

(1) 표준의 고정성에 따른 분류

표준원가를 설정한 후 어느 정도의 기간 동안 이용하는지, 즉 어느 정도로 자주 수정하는지에 따라 기준표준원가와 당기(현행, 당좌)표준원가로 구분한다.

1) 기준표준원가

기준표준원가(basic standard cost)는 비교적 장기적으로 고정된 표준원가이다. 즉 기준원가는 제품의 종류·생산방법 등 경영의 구조적 변화가 없는 한 수정하지 않는 원가이다. 이는 장기적인 조업도·능률·가격 등을 전제한 표준원가이므로 정태적 표준원가(static standard cost) 또는 고정적 표준원가라고도 한다. 기준표준원가는 장기적인 능률척도를 위한 것이므로 재무제표작성 목적으로는 이용될 수 없는 표준원가이다.

2) 당기(현행)표준원가

당좌표준원가(current standard cost)는 현재의 제 조건에 입각하여 설정되어 단기적으로 사용되는 표준원가이다. 즉 당기(현행)표준원가는 경영의 구조적 변화가 있는 경우는 말할 것도 없고 수량·가격 등의 변화가 있는 경우에도 수정되어야 하는 표준원가이다. 따라서 이는 실제적인 원가의 달성목표로 제시되는 규범적인 원가로 재무제표작성 목적으로 이용되는 표준원가이다. 당좌표준원가는 적어도 1년에 한번 이상 수정된다. 이는 원가요소의 가격·작업능률·조업도의 조건 등에 대하여 단기적인 예측을 바탕으로 설정되는 표준원가이다.

(2) 표준의 엄격도에 따른 분류

표준원가는 경영능률의 측정수단이며, 능률수준의 정도에 따라 설정되는 표준원가는 상이해진다. 목표로서의 능률수준은 표준의 엄격도를 말한다. 표준의 엄격도는 가격수준·능률수준·조업도수준 등을 종합적으로 판단하여 결정한다. 표준의 엄격도에 따라 표준원가는 이상적 표준원가, 정상적 표준원가, 현실적 표준원가로 구분된다.

1) 이상적 표준원가

이상적 표준원가(ideal standard cost)란 최대의 조업도와 최고의 능률 수준에서 나타나는 최저원가이며, 이론적 표준원가(theoretical standard cost)라고도 한다. 이는 감손·공손·유휴시간 등의 비능률을 허용하지 않는 완전한 능률에서의 원가로 완전표준원가(perfect standard cost)이다.

이상적 표준원가는 지나치게 엄격하므로 현실적으로 달성 불가능한 표준원가이다. 따라서 이는 원가관리·재무제표작성 등의 목적에 적합하지 않으나, 기업이 도달하여야 할 궁극적인 목표가 된다는 점에 의의가 있다. 이상적 표준원가는 판매상황은 도외시하고 생산 측면만을 고려하여 설정되는 표준원가이다.

2) 정상적 표준원가

정상적 표준원가(normal standard cost)란 정상적인 수준에서의 표준원가를 말한다. 그러나 정상적이란 용어는 그 의미가 모호하다. 일반적으로 정상적이라는 것은 계절과 주기적인 용인으로 인하여 생기는 변동을 평균한 것으로 설명된다. 따라서 정상적 표준원가는 판매측면도 고려하여 장기적인 평균에 의한 정상적 조업도 및 능률수준에서의 표준원가이다. 이는 기업의 1경기변동기간(business cycle)에 있어서 평균적인 조업상태에서 예정된 원가이다. 따라서 정상적 표준원가는 경제상태가 비교적 안정되어 있는 경우에 가격결정, 단기성과평가, 원가관리, 재무제표작성 등의 목적에는 효과적이지만, 물가변동이 심하고 제조환경이 크게 변하는 상황에서는 그 타당성을 잃는다.

3) 실제 표준원가

실제 표준원가(actual standard cost)는 현재의 여건에서 불가피한 비능률을 고려하여 설정된 표준원가로 달성가능 표준원가 또는 실제기대 표준원가(actually expected standard cost)라고도 한다. 즉 실제 표준원가는 실제기대조업도수준과 달성가능한 능률수준에서의 표준원가로 작업자가 다소 노력을 하면 실현할 수 있는 목표이다. 이는 비교적 단기간에 걸친 조건을 전제로 설정된 것으로 조건의 변화에 따라 계속적으로 수정된다.

실제 표준원가는 기업의 예산을 편성할 때 주로 이용되기 때문에 예산조업도표준원가(budget capacity standard cost)이다. 이는 예산편성뿐 아니라 기간손익계산, 원가관리 등의 목적을 위하여 사용되는 표준원가이다. 표준원가계산제도하의 표준원가는 일반적으로 실제표준원가를 지칭한다. 원가계산준칙 제26조 제2항에서도 표준원가는 회사의 제반사정을 고려하여 현실적으로 달성가능하게 설정하도록 규정하고 있다.

제3절 표준원가의 설정

1 표준원가설정의 기초

표준원가는 제품 한 단위를 대상으로 설정한다. 표준원가는 직접재료원가, 직접노무원가 및 제조간접원가에 대하여 산정하고, 다시 제품원가에 대하여 설정한다. 또한 원가요소의 표준은 수량과 가격에 대하여 각각 설정한다. 즉 원가요소별 표준원가는 수량표준(또는 물량표준 : physical standard)과 가격표준(price standard)으로 구성된다.

표준원가＝수량표준×가격표준

■ 도표 10-1 원가요소별 표준원가의 설정

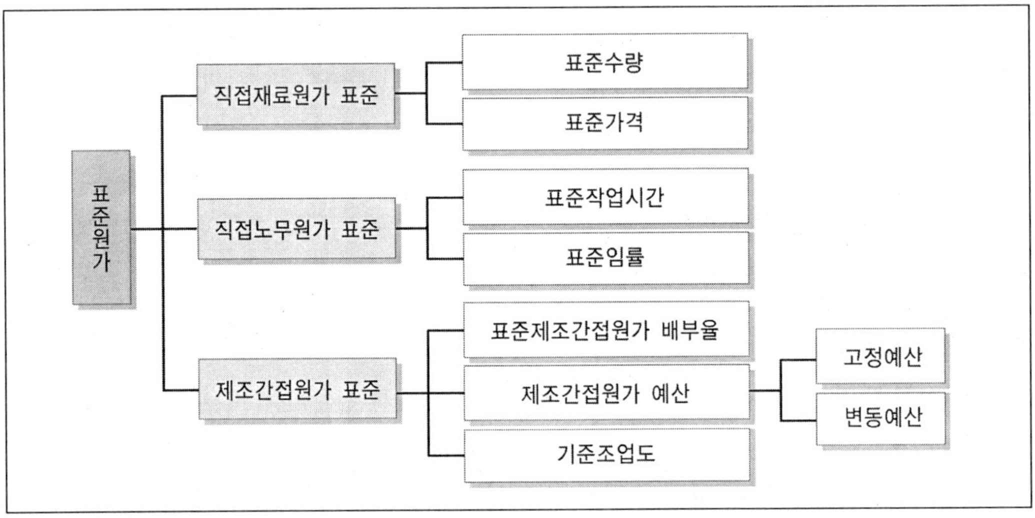

수량표준은 제품 또는 제조공정에 관한 과학적 · 통계적인 방법을 이용하여 설정하며 재료의 소비량 · 작업시간 등에 대한 표준설정이다. 가격표준은 시장가격의 장기적인 예측을 토대로 거래관습 · 주문량 · 시장상황 등을 바탕으로 설정되며, 재료의 구입가격 · 임률 등에 대한 표준설정이다.

일반적으로 수량표준은 기업의 내적인 요인에 기인하므로 통제가능성이 크고, 반대로 가격표준은 기업의 외적인 요인에 기인하므로 통제가능성이 작다.

원가표준의 설정은 원가요소별로 이루어진다. 또한 표준원가계산제도는 원가차이의 계산 · 평가를 통한 업적평가의 수단으로 이용되므로, 부문별 · 제품별 등의 책임단위(responsibility center)에 따라 설정된다. 원가요소별 원가표준의 설정은 직접재료원가, 직접노무원가, 제조간접원가로 구분하여 이루어진다. 표준원가의 설정에 따른 원가요소별 구성요소를 요약하면 [도표 10-1]과 같다.

(1) 직접재료원가 표준

직접재료원가 표준은 직접재료가격표준과 직접재료수량표준으로 나누어진다. 직접재료가격표준은 매입에누리 등을 고려한 재료의 인도원가를 반영하여야 된다. 예를 들면, 재료 A의 1kg당 표준가격을 아래와 같이 정할 수 있다.

위의 표준가격은 재료의 품질, 구매단위(500kg), 운송방법(트럭) 등을 반영하고 있다. 또한 보관, 취급에 드는 비용과 매입에누리 등의 내용도 밝히고 있다. 그러므로 모든 것이 계획대로 진행되면 재료 A의 1kg당 표준가격은 ₩400이어야 한다.

매입가격(최상품 500kg 구입시)	₩360
운임(공급업체로부터 트럭편으로)	44
보관 및 취급	5
(−)매입에누리 · 할인	(9)
1kg당 표준가격	₩400

직접재료수량표준은 각 제품을 만드는 데 쓰이는 재료의 양을 정상공손이나 감손 또는 정상적인 비능률 등을 함께 고려하여 결정한다. 예를 들어, 제품 1단위당 투입되는 재료의 표준수량은 다음과 같이 결정될 수 있다.

재료명세서에 의한 재료소요량	2.7kg
정상 공손 및 감손	0.2
불량가능성	0.1
제품 1단위당 표준수량	3.0kg

위의 재료명세서는 제품 1단위에 투입되는 재료의 질과 양을 상세하게 밝힌 표이다. 이 명세서는 제품단위당 필요한 재료를 파악하는 데 매우 편리하게 이용되지만 제품 1단위에 들어갈 표준수량을 결정하기 위해서는 위의 예에서와 같이 공손 및 불량에 대한 것을 함께 고려하여야 함을 알 수 있다. 일단 가격표준과 수량표준이 설정되면 재료 A에 대한 완제품 단위당 표준원가는 다음과 같이 계산할 수 있다.

표준원가 = 가격표준 × 수량표준
₩1,200 / 단위 = ₩400 × 3.0kg

이 표준원가를 능률의 척도로 삼고 실제원가와 비교함으로써 원가관리에 기여하게 된다. 뿐만 아니라 표준원가로써 제품원가를 계산하게 되면 자연히 원가의 변동성도 제거되기 마련이다.

(2) 직접노무원가 표준

직접노무원가의 표준은 임금제도를 시간급으로 전제한다. 시간급에 의한 노무원가는 시간당 임률×작업시간으로 계산된다. 이에 따라 직접노무원가 표준은 임률표준과 작업시간표준으로 나누어진다. 직접노무원가의 표준임률은 직접적인 임금에다 복리후생비, 기타 노동과 관련된 다른 비용들을 가산하여 계산한다. 직접노무시간당 표준임률은 다음과 같이 계산할 수 있다.

시간당 기본임금	₩1,000
복리후생비(기본급의 30%)	300
기타 노동에 관련된 비용	100
직접노무시간당 표준임률	₩1,400

대부분의 회사들은 표준원가의 설정을 간편하게 하기 위하여 종업원마다 예컨대 근속연수가 각기 다르기 때문에 실제임률이 달라질 수 있음에도 불구하고 단일표준임률(a single standard rate)을 사용한다. 이렇게 함으로써 단일표준임률은 표준원가의 이용을 간소화시킬 뿐만 아니라 관리자가 각 부문의 종업원을 능률적으로 관리하는 데 도움을 줄 수 있다.

단위당 표준작업시간(standard hours per unit)은 제품 1단위를 완성시키는데 소요되는 시간으로서 이것에 대한 표준을 설정하기가 쉽지 않다. 이를 설정하는 한 가지 방법은 제조활동을 수행하는 종업원들의 기본동작들에 대한 표준시간을 측정하고 이들을 합산하여 제품 단위당 표준노동시간을 결정하는 것이다.

또 한 가지 방법은 산업공학자들의 시간 및 동작연구 등에 의하여 설정하는 방법이다. 시간과 동작분석을 통하여 표준동작을 설정하고 표준동작에 적당한 여유(allowance)를 허용하여 표준작업시간을 설정한다. 이러한 여유는 표준설정에 있어서 매우 중요한 부분을 차지한다.

대부분의 회사에서 인적 요소는 직접노무원가에 포함시키지만 작업준비시간(set-up time), 대기시간(waiting time) 등은 직접노무원가표준보다는 간접원가표준(overhead standards)에 포함시킨다. 이러한 것은 원가관리 목적상 타당하다. 다만 일부 회사에서는 작업준비원가를 인적요소로 취급하여 직접노무원가에 포함시키기도 한다.

예를 들어, 제품단위당 표준시간은 아래와 같이 계산할 수 있다.

단위당 기본노동시간	1.9시간
휴식 및 개인시간	0.1
청소 및 기계고장시간	0.3
불량가능성	0.2
제품단위당 표준시간	2.5시간

일단 임률표준과 시간표준이 결정되면 제품단위당 표준노무원가는 다음과 같이 계산된다.

표준노무원가 = 임률표준 × 시간표준

₩3,500 / 단위 = ₩1,400 × 2.5시간

(3) 제조간접원가 표준

1) 제조간접원가 표준설정의 전제

원가표준을 설정할 때 가장 어려운 부분이 제조간접원가의 표준설정이다. 왜냐하면 직접재료원가와 직접노무원가는 변동원가이나, 제조간접원가는 변동원가와 고정원가가 혼합되어 있고 다양한 원가항목들을 포함하고 있기 때문이다. 제조간접원가의 표준은 부문별 또는 작업단위별로 일정기간에 발생할 제조간접원가의 예정액으로 산정한다.

제조간접원가의 표준설정을 위해서는 우선 조업도(capacity)의 기준을 선택하여야 한다. 조업도의 기준으로는 작업시간, 기계가동시간, 생산량, 직접노무원가 등이 이용되며, 가장 대표적인 기준은 직접작업시간이다.

제조간접원가의 표준설정을 위한 두 번째 전제는 표준설정방법의 선택이다. 제조간접원가 표준은 일반적으로 예산의 형태로 설정된다. 예산은 단일조업도를 근거로 편성되느냐 또는 복수조업도를 근거로 편성되느냐에 따라 고정예산과 변동예산으로 구분된다. 따라서 제조간접원가 표준설정을 위하여 고정예산제도와 변동예산제도 중 어느 방법을 이용할 것인가를 결정하여야 한다.

제조간접원가의 표준설정을 위한 세 번째 전제는 기준조업도를 선정하는 것이다. 기준조업도를 무엇으로 하느냐에 따라 제조간접원가 표준배부율은 달라지게 된다. 기준조업도로 이용할 수 있는 조업도는 다음의 조업도들이다.

① **이론적 조업도**(theoretical capacity) : 이는 작업자 및 기계의 비능률을 전혀 허용하지 않는 상태를 가정한 경우의 조업도로 이상적 조업도라고도 한다.

② **실제적 최대조업도**(practical maximum capacity) : 이는 회피할 수 없는 비작업시간(예 : 정규적인 수선시간, 휴가로 인한 작업중지)을 허용하고 난 후에 달성 가능한 최대의 조업도이다. 이는 실제적 조업도(practical capacity)라고 한다.

③ **정상조업도**(normal capacity) : 이는 수년간에 걸쳐 고객들의 수요에 응할 수 있는 조업도로 계절적·경기적 변동의 영향도 고려한 조업도이다. 이는 연간평준화조업도(normal annual capacity) 또는 연간평균조업도(average annual capacity)라고도 한다.

④ **실제기대조업도**(actually expected capacity) : 이는 과거의 경험으로 보아 1회계기간(1년간)의 예상 판매량를 기초로 하여 설정된 실제로 예상되는 조업도이다. 이는 종합예산의 기초가 되는 조업수준이기 때문에 예산조업도(budgeted capacity)라고도 한다.

제조간접원가에 대한 표준을 설정할 때 가장 많이 이용되는 기준조업도(denominator

volume)는 정상조업도이다. 정상조업도 외에 실제기대조업도나 실제적 최대조업도가 기준 조업도로 이용되기도 한다.

2) 고정예산에 의한 방법

제조간접원가 표준배부율을 결정하기 위해서는 조업도의 미리 예정된 수준 즉, 기준조업도를 설정하여야 한다. 고정예산(static budget)제도는 예산편성시 단일의 기준조업도를 가정하고 이 조업도에 따라 예산을 편성하는 방법이다. 따라서 고정예산제도는 제조간접원가가 고정비와 변동비로 구성되나, 이를 구분하지 않고 기준조업도에서의 제조간접원가표준배부율을 계산하고, 표준제조간접원가를 계산한다.

제조간접원가 표준배부율(standard factory overhead rate)은 일정기간의 제조간접원가 예산액을 기준조업도로 나누어 계산한다. 제조간접원가표준배부율에 제품 1단위당 표준배부기준수(즉, 표준시간)를 곱하여 제조간접원가표준을 계산한다.

- 제조간접원가 표준배부율 = 예산기간의 제조간접원가 예산액 ÷ 기준조업도*
- 제조간접원가표준 = 제조간접원가 표준배부율 × 제품단위당 표준배부기준수*

* 예 : 직접작업시간

고정예산제도에 의한 제조간접원가차이는 기준조업도하의 예산제조간접원가와 실제조업도하의 실제조간접원가를 비교하여 계산한다. 그러므로 변동제조간접원가의 조업도에 따른 변동성을 전혀 고려하지 않기 때문에 기준조업도와 실제조업도의 차이가 큰 경우 원가차이는 별 의미를 갖지 못한다. 따라서 원가관리 · 예산편성 등의 목적을 위하여 제조간접원가의 표준을 설정하는 경우 고정예산제도보다는 변동예산편성 등의 목적을 위하여 제조간접원가의 표준을 설정하는 경우 고정예산제도보다는 변동예산제도를 이용하는 것이 합리적이다.

3) 변동예산에 의한 방법

변동예산(flexible budget)제도는 예산기간 중에 예상 가능한 복수의 조업도를 기준으로 하는 반면 변동예산제도는 관련범위 내의 모든 조업도수준을 기준으로 한다. 또한 변동예산제도는 제조간접원가를 고정제조간접원가와 변동제조간접원가로 구분하며, 변동제조간접원가는 조업도가 변화함에 따라 예산액도 변화한다. 이에 따라 변동제조간접원가는 조업도가 변화함에 따라 예산액도 변화한다. 이에 따라 변동예산하의 원가차이는 실제조업도하의 예산제조간접원가와 실제조업도하의 실제제조간접원가를 비교하여 계산된다.

변동예산을 편성하는 방법은 실사법과 공식법이 있다. 실사법은 기준조업도를 중심으로 관련범위 내의 예상되는 여러 조업도를 설정하고 각각의 조업도에 대응하는 예산액을 변동

■ 도표 10-2 조립부문 제조간접원가 변동예산

작업시간(조업도)	800시간(80%)	900시간(90%)	1,000시간(100%)	1,100시간(110%)
변동원가				
공장소모품비	₩800,000	₩900,000	₩1,000,000	₩1,100,000
수선유지비	400,000	450,000	500,000	550,000
간접노무원가	300,000	337,500	375,000	412,500
소 계	₩1,500,000	₩1,687,500	₩1,875,000	₩2,062,500
고정원가				
감가상각비	₩2,000,000	₩2,000,000	₩2,000,000	₩2,000,000
보험료	150,000	150,000	150,000	150,000
세금과공과	340,000	340,000	340,000	340,000
감독자급료	1,200,000	1,200,000	1,200,000	1,200,000
소 계	₩3,690,000	₩3,690,000	₩3,690,000	₩3,690,000
합 계	₩5,190,000	₩5,377,500	₩5,565,000	₩5,752,500
표준배부율				
변동원가	₩1,875	₩1,875	₩1,875	₩1,875
고정원가	4,613	4,100	3,690	3,355
합 계	₩6,488	₩5,975	₩5,565	₩5,230

비와 고정비로 구분하여 실제 조사하여 산정하는 방법이다. 이 방법은 각 원가항목에 따라 변동비와 고정비로 구분하여 예상된 조업도들에 따라 변동비를 예측하고, 이를 고정비와 합계하여 제조간접원가예산을 편성한다.

[도표 10-2]는 목재가구를 생산하는 회사의 조립부문에 대한 제조간접원가를 변동예산으로 작성한 예이다. [도표 10-2]에서는 변동제조간접원가의 표준배부율이 일정하다. 그러나 실제로 변동제조간접원가에 조업도의 변화에 비례하지 않는 항목들이 포함될 수 있다.

한편 공식법은 제조간접원가를 변동비와 고정비로 구분하고, 원가방정식을 이용하여 각각의 조업도에 따른 예산액을 산정하는 방법이다. 공식법을 이용할 때의 원가방정식은 다음과 같다.

$$TC = a + bX$$

TC : 예산기간 중의 제조간접원가 총액
a : 예산기간 중의 고정제조간접원가 예산액
b : 조업도 단위당 변동원가
X : 조업도

변동예산에 의한 제조간접원가의 표준설정은 고정제조간접원가와 변도제조간접원가로 나누어 행하여진다. 고정제조간접원가 표준배부율은 기준조업도를 무엇으로 하는가에 따라 달라진다. 반면에 변동제조간접원가 표준배부율은 항상 일정하게 유지된다. 이를 식으로 표현하면 다음의 공식과 같다.

- 고정제조간접원가 표준배부율 = 예산기간 중의 고정제조간접원가 예산액 ÷ 기준조업도*
- 변동제조간접원가 표분배부율 = 기준조업도하의 변동제조간접원가 예산액 ÷ 기준조업도*
- 고정제조간접원가 표준 = 고정제조간접원가 표준배부율 × 제품단위당 표준배부기준 수*
- 변동제조간접원가 표준 = 변동제조간접원가 표준배부율 × 제품단위당 표준배부기준 수*

* 예 : 작업시간

변동예산에 의한 제조간접원가의 예산액은 예상되는 여러 조업도수준에 대하여 편성된다. 그 후 실제조업도가 밝혀지게 되면 실제조업도하의 예산액과 실제액을 비교하여 제조간접원가차이를 계산한다.

한편 앞에서 설명한 바와 같이 표준원가는 제품단위당의 표준원가를 말한다. 그러나 제품의 실제생산량에 따른 실제원가와 비교되는 표준원가일 경우에는 실제 생산량에 따른 표준원가를 의미하며 제품단위당의 표준원가가 아니다. 따라서 앞으로 원가차이 계산시의 표준원가는 실제 생산량에 따른 총표준원가를 의미한다는 점을 기억하도록 하자.

예제 10-1

다음 자료는 종업원 20명으로 골뱅이 통조림을 생산하는 중소기업인 (주)동해산업의 4월 중 통조림의 생산과 관련된 자료이다. 이 회사는 표준원가제도를 이용하고 있다.

(1) 통조림의 생산에 따른 제조간접비의 표준은 작업시간을 기준으로 설정한다.
(2) 통조림의 단위당 표준작업시간은 0.5시간이다.
(3) 조업률 100%(작업시간 4,000시간)의 변동제조간접비는 ₩1,200,000이며, 고정제조간접비는 ₩400,000이다.
(4) 4월중 통조림생산량은 9,000개이다.
(5) 기준조업도는 4,000작업시간이다.

물음.

1. 고정예산제도를 이용하는 경우, ① 제조간접비 표준배부율, ② 제조간접비의 표준원가는 각각 얼마인가?
2. 변동예산제도를 이용하는 경우, ① 변동제조간접비 표준배부율, ② 고정제조간접비 표준배부율, ③ 제조간접비의 표준원가는 각각 얼마인가?

3. 기준조업도가 조업률 90%, 100%, 110%인 경우를 가정하는 경우, ① 변동제조간접비 표준배부율, ② 고정제조간접비 표준배부율, ③ 제조간접비의 제품단위당 표준원가를 계산하고 비교하시오.

풀.이.

1. 고정예산제도 이용하는 경우

(1) 제조간접비 표준배부율 : $\frac{₩1,200,000 + ₩400,000}{4,000}$ = ₩400/시간

(2) 제조간접비의 표준원가 : ₩400×0.5시간×9,000 = ₩1,800,000

2. 변동예산제도 이용하는 경우

(1) 변동제조간접비 표준배부율 : ₩1,200,000÷4,000 = ₩300 / 시간

(2) 고정제조간접비 표준배부율 : ₩400,000÷4,000 = ₩100 / 시간

(3) 제조간접비의 표준원가 : (₩300+₩100)×0.5시간×9,000 = ₩1,800,000

3.

	기준조업도		
	90%(3,600시간)	100%(4,000시간)	110%(4,400시간)
(1) 변동제조간접비표준배부율	₩300	₩300	₩300
(2) 고정제조간접비표준배부율	$\frac{₩400,000}{3,600}$ = ₩111	$\frac{₩400,000}{4,000}$ = ₩100	$\frac{₩400,000}{4,400}$ = ₩91
(3) 제품단위당 표준원가	(₩300 + ₩111)×0.5 = ₩205.5	(₩300 + ₩100)×0.5 = ₩200	(₩300 + ₩91)×0.5 = ₩199.5

변동제조간접비의 표준배부율은 기준조업도에 따라 변화되지 않고 작업시간당 ₩300으로 일정하다. 그러나 고정제조간접비의 표준배부율은 기준조업도가 증가함에 따라 감소된다. 이에 따라 제품단위당 표준원가도 기준조업도가 증가함에 따라 점차 감소한다. 이와 같이 고정제조간접비의 표준배부율은 기준조업도에 영향을 받기 때문에 기준조업도의 선택은 중요한다. 기준조업도의 선택에 따른 고정제조간접비의 표준배부율이 변화하는 모습은 다음 그림과 같다.

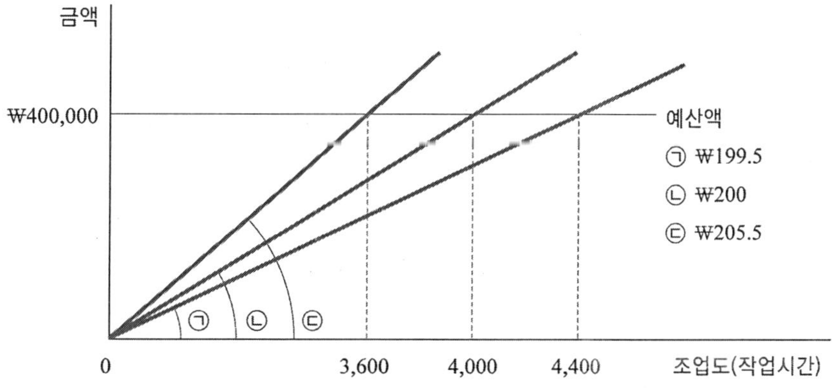

2 표준원가의 장·단점

(1) 표준원가의 장점

기업은 표준원가를 사용함으로써 여러 가지의 장점을 가질 수 있으며, 이를 요약하면 다음과 같다.

① 표준원가의 사용은 '예외에 의한 관리' 개념을 도입할 수 있다. 원가가 설정된 표준범위 내에서 발생하면 관리자의 특별한 주의가 필요하지 않지만 원가가 설정된 표준범위를 벗어나 발생하면 바로 이것을 예외로 간주하여 특별히 관심을 갖게 되고 이를 관리해야만 한다. 예외에 의한 관리는 관리자로 하여금 시간을 보다 효율적으로 쓸 수 있게 해준다.

② 표준원가는 현금계획과 재고계획을 쉽게 한다. 특정 생산량을 달성하기 위한 재료구매계획 및 재료예산을 수립하고자 하는 경우 제품단위당 재료사용량 및 가격에 대한 표준이 설정되어 있으면 재료의 양과 자금소요액을 손쉽게 계산할 수 있다.

③ 표준이 합리적인 기준에 의하여 설정되면 종업원들은 보통 원가와 시간을 중요하게 인식함으로써 경제성과 효율성을 증진시킨다. 또 표준원가제도는 시간급을 전제로 하지만 성과급제도와 결합시켜 운영할 수 있다.

④ 손익계산에 있어서 표준원가제도는 실제원가제도보다도 그것을 운영하기가 훨씬 경제적이고 단순하다. 표준원가표(standard cost cards)는 각 제품 또는 작업별로 그리고 설정된 표준에 따라 부과된 재료원가, 노무원가 및 제조간접원가를 계산할 수 있다. 이것은 계산과정을 크게 단순화시킨다.

⑤ 표준원가는 책임회계를 수행하는 데 도움을 준다. 즉 원가통제에 대한 책임이 할당되고, 책임이 이행되는 범위는 성과보고서를 통하여 평가될 수 있다.

(2) 표준원가의 단점

표준원가를 사용함으로써 얻는 장점이 여러 가지 있지만, 관리자들은 표준원가의 개념을 적용함에 있어서 몇 가지 어려운 점이 있게 된다. 더욱이 표준원가제도나 예외에 의한 관리 원칙의 잘못된 적용은 역기능적인 조직구성원의 행위가 일어날 수 있다. 몇 가지 문제점을 들어보면 다음과 같다.

① 표준과 실제의 차이들 중 어떤 차이가 중요한 차이인지 또는 중요하지 않은 차이인지를 결정하는 데 어려움이 있다.

② 일정한 수준 이상의 차이, 즉 중요한 차이에만 관심을 집중시킴으로써 허용범위(수준) 이내에서 발생하는 중요한 원가의 변동을 탐지하지 못한다.

③ 하급자는 부정적인 예외를 감출 수 있고, 상급자는 중요한 문제에만 관심을 기울여 모든 작업을 철저히 감독할 수 없다.

④ 예외에 의한 관리기법은 상급자들에게도 만족스럽지 못한 영향을 미친다. 즉 일에 대한 철저한 검토를 할 수 없다고 느낄 수 있다. 이것은 감독자(상급자)의 사기에 부정적인 영향을 끼치는 것이라 할 수 있다.

⑤ 원가차이의 구체적인 원인을 파악하는 것은 쉬운 일이 아니다. 원가차이는 단일의 원인에 기인하기보다는 다양한 이유들이 혼합되어 발생하기 때문이다.

⑥ 실질적인 성과측정치의 중요한 기준들인 품질, 인력, 납기준수, 원가 등에서 단지 원가만을 대상으로 한다. 이에 따라 표준원가제도는 다양한 비재무적 측정치를 도외시한 관리이다.

이러한 문제점들은 표준원가제도를 성공적으로 운영하기 위하여 상당한 주의가 필요하다는 것을 보여 주고 있다. 관리자들의 입장에서 부정적인 면보다 긍정적인 면, 성과가 좋은 것들을 인정해 주고 고무시켜 주는 것은 매우 중요하다고 하겠다.

제4절 표준원가의 차이 분석

1 원가차이의 본질과 분석모형

(1) 원가차이의 본질

표준원가제도(standard cost systems)를 도입하는 경우에도 기업내·외의 여러 가지 요인 때문에 실제원가와 표준원가가 일치하지 않는다. 표준원가는 흔히 기대원가(expected cost)와 동의어로 쓰이며, 마땅히 달성해야 할 것으로 설정된 단위당 원가이다. 대개는 실제원가와 표준원가 사이에는 원가차이가 발생한다. 그렇다면 여기에서 발생되는 모든 원가차이에 대하여 경영자는 주의를 기울여야만 하는가 하면 그렇지는 않다.

일반적으로 모든 차이가 예외적인 경우는 드물고, 일부의 차이만이 예외적인 경우이다. 따라서 경영자는 예외적인 경우에 주의를 기울이면 된다. 그렇다면 어떠한 차이가 예외적이고, 어떠한 차이가 일시적인가? 일상적 차이로부터 예외적 차이를 분리하는 가장 신뢰할 수 있는 방법은 통계적 방법이다. 예외적 차이를 분리하기 위한 통계적 방법은 표준을 특정한 측정치(single measure)보다는 일정한 활동의 범위(range)로 보고 있다.

또 원가차이가 기업의 외부적 요인에 의해 발생한 경우는 경영자가 통제할 수 없다. 따라서 원가차이분석은 이 두 가지 요인에 의해 발생된 것을 분리하는데 유용한 기법으로 원가통제 및 성과평가목적에 많이 이용된다.

(2) 차이분석의 일반적 모형

표준을 가격과 수량의 두 종류로 나눈 한 가지 이유는 구입가격(price paid)과 사용수량(quantity used)을 파악·통제하는 시점이 제각기 다르기 때문이다. 원재료의 예를 들면, 구입가격에 대한 통제는 구매시점에 행하여져야 한다. 사용수량에 대한 통제는 구매시점으로부터 상당한 기일이 지난 후 생산시점에서 이루어진다. 또한 구입가격과 사용수량에 대한 통제는 서로 다른 관리자들의 책임하에 있기 때문에 관리자는 그가 통제할 수 있는 원가만을 책임질 수밖에 없다. 그러므로 원가의 통제라는 측면에서, 구매부서는 가격차이(price variance)를 보고해야 하고 생산부서는 수량(능률)차이를 보고해야 한다. 이런 이유에서도 가격차이와 수량(능률 : usage, quantity or efficiency variance)차이를 구분할 필요가 있다.

[도표 10-3]은 변동제조원가에 대한 차이분석을 위한 일반모형이다. 이 모형은 여러 가지의 가격차이(price variance)와 수량차이(능률차이 또는 사용차이 : quantity variance, efficiency variance or usage variance)를 분류하고 계산하는 데 매우 중요하게 쓰인다.

[도표 10-3]의 일반모형에 나타나 있는 세 가지 점을 주목해야만 한다.

첫째, 가격차이와 수량차이가 각 원가요소마다 다소 다르게 불리지만 재료원가, 노

■ 도표 10-3 차이분석을 위한 일반모형-변동제조원가

(1) 실제수량 × 실제가격	(2) 실제수량 × 표준가격	(3) 표준수량 × 표준가격
(1)-(2) 가격차이		(2)-(3) 수량(능률, 사용)차이
재료가격차이 노무임률차이 변동제조간접원가 소비차이		재료수량차이 노무능률차이 변동제조간접원가 능률차이
총 차이		

무원가, 제조간접원가의 세 가지 변동원가들에 대한 가격 차이는 직접재료원가의 경우에 재료가격 차이, 직접노무원가의 경우에는 노무임률차이, 또한 변동제조간접원가의 경우에는 변동제조간접원가 소비차이(variable overhead spending variance)로 불린다.

둘째, 가격차이의 명칭이 다소 다르더라도 각 가격차이는 같은 방법으로 계산되고, 수량차이의 경우도 같다.

셋째, 실제로 차이분석은 투입－산출분석(input-output analysis)이다. 여기서 투입이란 직접재료, 직접노무, 변동제조간접원가의 실제사용량을 말하며, 산출이란 실제산출량을 제조하는 데 허용된 투입의 표준수량을 말한다. 허용된 표준수량, 허용된 표준시간은 당해 기간에 직접노동 및 변동제조간접원가의 수량(개수 또는 시간 등)을 뜻한다. 이것은 실제로 사용량보다 많거나 적을 수 있으며, 조업의 능률 또는 비능률을 판단하는 잣대이다.

일반적으로 가격차이는 수량차이보다 통제되기 어렵다. 그 이유는 가격차이는 주로 외부적 요인에 의해 영향을 받기 때문이다. 반면에 수량차이는 내부적 요인에 의해 통제할 수 있다.

2 직접재료원가차이

직접재료원가차이(direct material price variance)는 재료가격차이(price variance)와 재료수량차이(quantity or usage variance)로 나누어진다. 직접재료원가의 차이는 다음과 같이 산출된다.

직접재료원가차이 = 실제직접재료원가 − 표준직접재료원가

(1) 재료가격차이

재료가격차이는 재료의 실제원가와 표준원가의 차이로서 재료의 구입가격의 차이 때문에 발생한 원가차이이다.

재료가격차이 = (실제가격 − 표준가격) × 실제수량

가격차이는 차이의 계산시점에 따라 구입가격차이와 소비가격차이로 나눌 수 있다. 구입가격차이(purchase price variance)는 구입시점에서 구입량을 기준으로 계산한다. 반면에 소비가격차이(usage price variance)는 재료의 소비시점에서 소비량을 기준으로 계산한다. 일반적으로 가격차이는 사용한 부분의 가격차이가 아니라 원재료의 구입시점의 가격차이를 의미하는 것으로 원재료의 능률적 사용여부에 관계없이 실제구입수량에 대한 가격차이를 계산한다. 가격차이가 발생하는 원인은 재료구입시장의 상황이 변동함에 따라, 품질과 관련

해서 환경조건이 변화하였을 경우에 제품의 수요증가로 인한 재료구입시 발생하는 것이다. 이는 가격차이가 외부적 요인에 의해 발생되는 것으로 경영자가 통제할 수 없다는 것을 뜻한다. 그러나 구매부서에서는 부분적이나마 가격요소를 통해 통제가능하기 때문에 가격차이에 대한 책임을 구매부서에 부담시킬 수 있다.

가격차이는 가격·수량혼합차이(price-quantity mixed variance)를 포함한다. 그 이유는 통제가능성이 높은 수량차이를 보다 정확하게 계산하기 위해서이다. 그러므로 주로 외부적 요인에 의하여 발생하는 가격차이는 순수한 가격차이보다 넓게 계산된다.

(2) 재료수량차이

재료수량차이(materials quantity variance)는 재료능률차이(materials efficiency variance)라고도 불리우는데, 이는 실제수량과 표준수량의 차이에 대해 단위당 표준가격을 곱하여 산출된 금액이다.

재료수량차이 = (실제수량 − 표준수량) × 단위당 표준가격

위 식에서 표준수량(standard quantity)은 허용표준원가 개념에 의한 허용표준수량(standard quantity allowed)이다. 허용표준원가(standard costs allowed)는 다음과 같이 산출된다.

허용표준원가(혹은 변동예산) = 실제생산수량 × 제품단위당 표준수량 × 재료단위당 표준가격

이처럼 표준원가로 계산하는 이유는, 수량차이가 내부적 능률요인에 의한 부분이 크므로 외부적 가격효과를 제거하기 위한 것이다. 이 수량차이의 발생은 효율적 재료사용여부에 따라 또는 제품의 생산기술변화에 따라 발생하므로 일반적으로 재료투입에 대한 책임을 지고 있는 생산부문에서 수량차이에 대한 책임을 진다.

예제 10-2 다음 자료는 ㈜서울산업의 5월 중 제품생산과 관련된 자료이다.

- 직접재료구입량 : 5,000kg
- 실제구입단가 : @₩16
- 직접재료소비량 : 4,200kg
- 표준구입단가 : @₩15
- 제품 1단위 생산을 위한 직접재료의 표준소비량 : 5kg
- 5월 중 제품생산량 : 800개

물음.

1. 직접재료의 수량차이를 계산하시오.
2. 직접재료의 가격차이를 (1) 구입시점 (2) 소비시점에서 계산하는 경우로 나누어서 계산하시오.

3. 물음 2의 경우 직접재료의 가격차이에 대한 회계처리를 하시오.

풀.이.

차이분석을 위한 일반모형으로 문제를 분석하여 보면 아래와 같다.

① 실제수량×실제가격	② 실제수량×표준가격	③ 표준수량×표준가격
4,200kg×₩16 = ₩67,200	4,200kg×₩15 = ₩63,000	800×5kg×₩15 = ₩60,000

가격차이 = ① − ②
₩4,200(U) = ₩67,200 − ₩63,000

수량차이 = ② − ③
₩3,000(U) = ₩63,000 − ₩60,000

총(변동예산)차이 = 가격차이 + 수량차이
₩7,200(U) = 4,200(U) + ₩3,000(U)

또한 직접재료원가의 차이는 다음과 같이 그래프로 나타낼 수 있다.

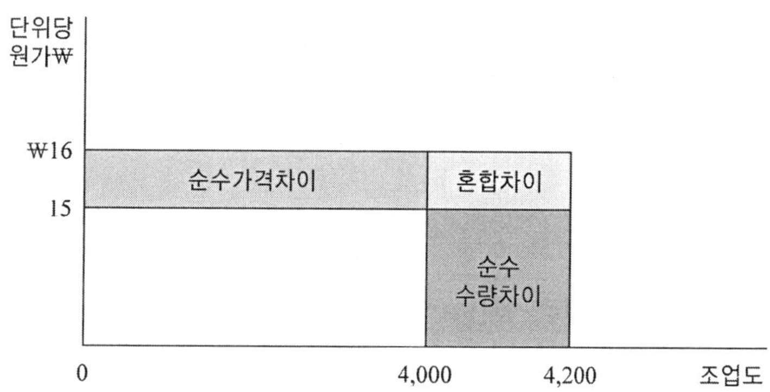

위의 도표에서 보는 바와 같이 직접재료원가차이는 순수가격차이, 순수수량차이와 가격・수량 혼합차이로 나뉜다. 여기에서 문제가 되는 것은 혼합차이이다. 이 혼합차이를 해석하기가 쉬운 일이 아니다. 따라서 해석의 어려움을 피하기 위해 가격차이나 수량차이 어느 한쪽에 포함시킬 필요가 있는데, 가격차이에 포함시킨다. 가격차이는 기업 외적 요소에 의하여 영향을 받으므로 통제할 수 없는 경우가 많기 때문이다.

반면에 수량차이는 내부적 요소에 의하여 영향을 받으므로 엄격히 통제할 필요가 있기 때문에 혼합차이를 포함시키지 않는다. 만일 구매활동을 통제하는 것이 가격차이 계산의 주요 목적이라면 가격차이의 분리시점은 빠르면 빠를수록 좋다. 그러므로 구입시점에서 분리하는 방법이 가장 효과적이다. 직접재료원가 가격차이를 재료의 구입시점에서 분리할 때의 직접재료원가차이분석은 다음과 같다.

①	②	③	④
실제구입수량×실제가격	실제구입수량×표준가격	실제사용수량×표준가격	표준수량×표준가격

① − ② = 가격차이

③ − ④ = 수량차이

총(변동예산)차이

고로, 풀이는 다음과 같다

1. 수량차이 = (실제소비량 − 표준소비량) × 표준가격

= (4,200 − 4,000*) × @₩15 = ₩3,000(불리)

* 800개×5kg = 4,000kg

2. (1) 구입가격차이 = (실제가격 − 표준가격) × 실제구입량

= (₩16 − ₩15) × 5,000kg = ₩5,000(불리)

(2) 소비가격차이 = (실제가격 − 표준가격) × 실제소비량

= (₩16 − ₩15) × 4,200kg = ₩4,200(불리)

3.

①	②	③	④
실제구입수량×실제가격	실제구입수량×표준가격	실제사용수량×표준가격	표준수량×표준가격
5,000kg× ₩16	5,000kg×₩15	4,200kg×₩15	800×5kg×₩15
= ₩80,000	= ₩75,000	= ₩63,000	=₩60,000

①−② = 가격차이
₩5,000 (U)

③−④ = 수량차이
₩ 3,000 (U)

재료원가차이 = 가격차이 + 수량차이
₩8,000(U) = ₩5,000(U) + ₩3,000(U)

① 구입시점에서 가격차이를 계산하는 경우

〈구입시〉

(차) 직접재료	75,000*	(대) 현 금	80,000
직접재료 구입가격차이	5,000		

* ₩15×5,000kg = ₩75,000

〈소비시〉

(차) 재공품	60,000*	(대) 직접재료	63,000
직접재료수량차이	3,000		

* ₩15×4,000kg = ₩60,000

② 소비시점에서 가격차이를 계산하는 경우

〈구입시〉

(차) 직접재료	80,000	(대) 현 금	80,000

〈소비시〉

(차) 재공품	60,000	(대) 직접재료	67,200
직접재료가격차이	4,200		
직접재료수량차이	3,000		

3 직접노무원가차이

직접노무원가차이(direct labor variance)는 실제노무원가와 표준노무원가의 차이이며 임률차이(labor rate or price variance)와 능률차이(labor efficiency variance)로 나누어진다.

직접노무원가차이 = 실제노무원가 − 표준노무원가

(1) 노무원가 임률차이

직접노무원가의 가격차이는 보통 노무임률차이라 부른다. 임률차이는 노무원가의 실제임률과 표준임률의 차이에 대해 실제작업시간을 곱하여 산출한다.

노무원가 임률차이 = (실제임률 − 표준임률) × 실제작업시간

이 차이는 근로자에게 지급되어진 시간당 평균임률이 표준으로부터 벗어난 정도를 가리킨다. 임률차이가 사회적 및 외부적 조건에 의한 임률의 변동에 기인한 것이라면 경영자가 통제불가능하지만, 내부적인 인사배치의 잘못에 기인한 것이면 통제가능하다. 따라서 일반적으로 대부분의 기업은 노사협약에 의한 협정임률을 표준임률로 정한다. 임률차이는 적재적소원칙에 의한 근로자를 배치하지 않은 경우, 한 기계당 많은 근로자를 배치한 경우, 고임률의 근로자를 많이 고용한 경우 등에서 발생한다. 이 임률차이에 대한 책임은 인사책임자(personal manager)가 지나, 생산부서에서 일부 책임을 부담할 수 있다.

(2) 노무원가 능률차이

직접노무원가의 수량차이는 노무원가 능률차이(labor efficiency variance) 또는 작업시간차이라고도 불리우는데 이는 실제시간과 표준시간의 차이에 대해 단위당 표준임률을 곱하여 산출된 금액이다.

노무원가 능률차이 = (실제시간 − 표준시간) × 표준임률

위의 식에서 표준시간은 허용표준원가(standard cost allowed)개념에 의한 허용표준시간이다. 허용표준원가는 다음과 같이 산출된다.

허용표준원가 = 실제생산수량 × 제품단위당 표준시간 × 표준임률

노무원가 능률차이의 원인으로는 미숙련근로자들, 작업시간을 지연시키는 낮은 품질의 재료, 조업중단을 초래하는 낙후된 기계설비, 감독자의 관리소홀 등을 들 수 있다. 직접노무원가의 능률차이는 주로 생산부문의 관리자가 책임을 지게 된다.

그러나 낮은 품질의 재료 때문에 제조시간이 길어졌다면 이에 대한 책임은 구매부서가 져야 할 것이다.

예제 10-3 지난 12월 중 (주)삼창의 원가자료는 다음과 같다.

(1) 제품생산량 : 6,000단위
(2) 단위당 표준노무원가 : ₩8(1/2시간×₩16)
(3) 실제발생 노무원가 : ₩61,500(3,750시간×₩16.40)
(4) 월말재공품 : ₩4,000단위(완성도 25%)

물.음.

노무원가차이를 계산하시오.

풀.이.

1.	노무원가차이 : (16.40×3,750) − (7,000×1/2×16)	₩5,500(U)
	임률차이 : (16.40 − 16)×3,750	₩1,500(U)
	능률차이 : [3,750 − (7,000×1/2)]×16	₩4,000(U)
	합 계	₩5,500(U)

이를 그래프로 표시하면 다음과 같다.

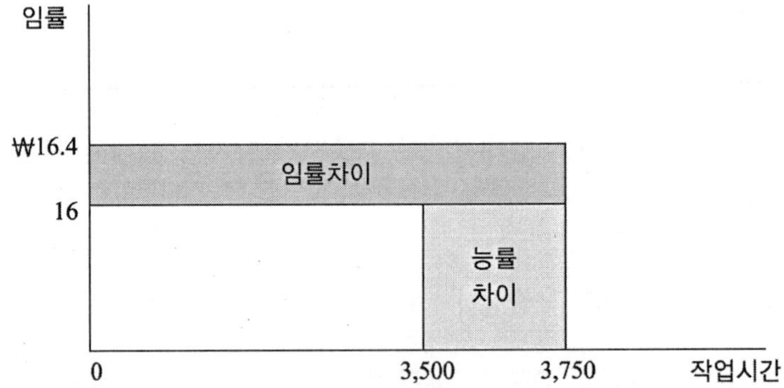

재료가격차이와 마찬가지로 노무원가의 임률차이는 순수임률차이와 임률·능률 결합차이로 구성된다. 이는 기업의 통제가능성이 높은 능률차이를 보다 정확하게 계산하기 위한 목적이다.

2

① 실제작업시간×실제임률	② 실제작업시간×표준임률	③ 표준작업시간×표준임률
3,750시간×₩16.40 =₩61,500	3,750시간×₩16 =₩60,000	7,000단위×1/2×₩16 =₩56,000

①－②＝임률차이	②－③＝능률차이
₩61,500－₩60,000＝₩1,500(U)	₩60,000－₩56,000＝₩4,000(U)
변동예산차이 : ①－③ ₩61,500－₩56,000＝₩5,500(U)	

4 제조간접원가차이

이미 앞에서 살펴본 바와 같이 직접재료원가차이와 직접노무원가차이를 가격차이와 수량(능률)차이로 세분하여 계산하였다. 이와는 대조적으로 많은 기업들은 제조간접원가차이분석을 할 가치가 없다고 믿고 변동예산차이(총차이 : flexible budget variance)만을 계산한다. 그 이유는 제조간접원가차이(overhead variance)를 가격차이와 사용차이로 분리하는 어려운 점과 계산의 복잡성, 분석가치가 없다는 점이다.

그러나 어떤 경우, 제조간접원가의 변동예산차이를 세분할 가치가 있는 경우가 있는데, 특히 변동제조간접원가의 경우이다. 그렇지만 본서에서는 변동제조간접원가차이만을 분석하지 않고 고정제조간접원가차이를 함께 분석해 보고자 한다.

제조간접원가의 차이분석방법은 다양하다. 가장 이론적인 방법은 변동제조간접원가와 고정제조간접원가를 구분하고 차이분석을 행하는 4분법(four-variance analysis)이다. 반면에 변동제조간접원가와 고정제조간접원가를 구분하지 않고 차이분석을 행하는 3분법, 2분법이 있다. 4분법에 의한 차이분석은 제조간접원가차이의 가장 상세한 분석방법이며, 3분법 또는 2분법 차이분석의 자료로 활용할 수 있다. 본서에서는 4분법만을 설명하기로 하며, 제조간접원가 차이분석방법은 다음 [도표 10－4]와 같다.

■ 도표 10－4 제조간접비 차이분석법의 상호관계

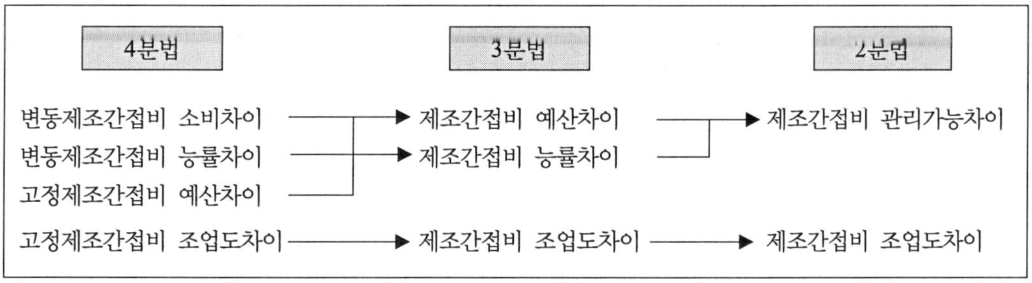

(1) 변동제조간접원가차이

변동제조간접원가는 간접노무원가, 동력비, 소모품비, 수선비 등의 많은 개별 원가항목들로 구성되어 있다. 이들 원가항목들을 통제하기 위해서는 간접작업시간, 동력사용량, 소모품 사용량, 수선시간과 같은 비재무적인 측정치를 분석하는 것이 도움이 된다. 즉 개별 원가항목에 대한 원가동인(cost driver)을 확실하게 알아야 한다.

변동제조간접원가의 변동예산차이 부분은 원가동인의 통제와 관련이 있고, 제조간접원가 소비 자체의 통제에도 관계가 있다. 따라서 변동제조간접원가의 변동예산 차이(총차이)는 소비차이와 능률차이로 분할된다.

① **변동제조간접원가의 소비차이(spending variance)** : 변동제조간접원가의 소비차이가 발생되는 원인은 물가의 변동, 계절적으로 간접원가발생액의 변동, 간접원가의 낭비 및 예산측정의 오류 등에 있다. 따라서 소비차이란 변동제조간접원가의 실제발생액과 원가동인의 조업도수준(투입량)을 기준으로 한 변동예산과의 차이를 말한다.

이것을 산식으로 표시하면 다음과 같다.

> 소비차이 = 실제발생액 − 실제작업시간에 대응하는 제조간접원가변동예산
> = 실제발생액 − (변동제조간접원가 표준배부율 × 실제작업시간)
> $= AH \times AR - AH \times SR = (AR - SR) \times AH$
> * AH : 실제작업시간(actual hour), AR : 실제배부율(actual rate), SR : 표준배부율(standard rate)

소비차이 발생원인에서 나타난 바와 같이 소비차이는 단순한 가격차이 이외의 요소들을 포함하는 복합적인 차이이다. 그래서 소비차이는 변동제조간접원가의 변동예산 차이에서 능률차이를 차감한 것이다.

위에서 언급한 소비차이의 발생원인 중 물가변동이나 계절적 변동은 직접재료원가의 가격차이와 흡사하나, 낭비나 비능률로 인한 차이의 경우는 그렇지 않다. 낭비나 비능률적 사용은 능률차이로 계산하지 않고 소비차이의 일부로 잡힌다. 그 이유는 제조간접원가계정에는 낭비나 비능률적 사용으로 인해 발생하는 원가를 포함하여 당해 연도에 발생하는 모든 제조간접원가들이 기록되기 때문이다. 소비차이는 단위시간당 표준효율과 실제발생원가와 함께 낭비적인 요소도 자동적으로 소비차이의 일부분으로 나타나게 된다. 따라서 많은 기업들은 소비차이가 매우 유용한 것으로 생각하고 또 소비차이가 제공하는 정보만으로도 제조간접원가통제가 가능하다고 생각한다.

② **변동제조간접원가의 능률차이(efficiency variance)** : 이 능률차이의 발생원인은 재료의 낭비, 부적절한 작업시간표준의 설정, 작업자의 미숙련, 태만, 부적절한 배치 노동작업의 비능률, 표준과 상이한 작업조건 및 작업방법 등이다.

능률차이는 실제원가동인조업도(actual cost driver activity)가 실제생산량에 허용된 표준과 차이가 날 때 발생되는 제조간접원가의 측정치이다. 이 능률차이를 산식으로 표시하면 다음과 같다.

> 변동제조간접원가의 능률차이
> = (실제작업시간에 대응하는 제조간접원가 변동예산) − (실제생산량에 허용된 표준작업시간에 대응하는 제조간접원가 변동예산)
> = (실제작업시간 × 변동제조간접원가 표준배부율) − (실제생산량에 허용된 표준작업시간 × 변동제조간접원가 표준배부율)
> $= (AH \times SR) - (SH \times SR) = (AH - SH) \times SR$

즉 변동제조간접원가의 능률차이는 변동제조간접원가가 원가동인인 조업도의 변동에 따라 비례적으로 변동한다는 것이다. 예컨대 제조간접원가의 내용이 수선유지비라고 할 때 만약 직접작업시간이 비능률적으로 많이 사용되었다면 이것은 수선유지활동을 위한 소모품 등이 초과사용되었다는 것을 의미한다. 변동제조간접원가차이분석과정을 요약하면 다음과 같으며, 이를 도표로 표시하면 [도표 10−5]와 같다.

따라서 변동제조간접원가 능률차이의 통제에 대한 책임은 변동예산의 토대가 되는 기준의 이용에 대한 능률성이므로, 이 기준의 통제에 책임이 있는 관리자가 책임을 져야 한다.

① 실제발생액	② 변동제조간접원가 표준배부율 × 실제작업시간	③ 변동제조간접원가 표준배부율 × 표준작업시간
$AH \times AR$	$SR \times AH$	$SR \times SH$

①−② $AH \times (AR - SR)$: 소비차이	②−③ $SR \times (AH - SH)$: 능률차이
변동제조간접원가차이	

■ 도표 10−5 변동제조간접원가차이분석

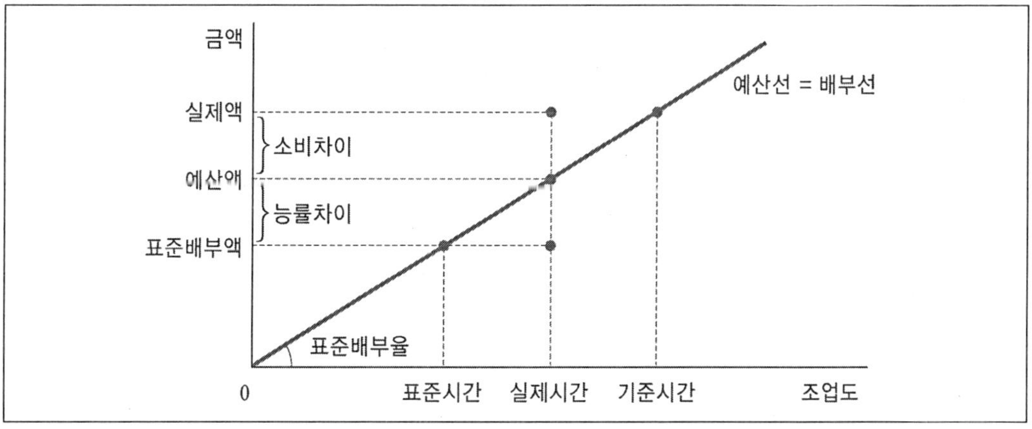

예제 10-4

(주)우진의 변동제조간접원가에 대한 자료는 다음과 같다.

- 직접작업시간당 임률 ₩300
- 제품단위당 허용표준직접작업시간 2시간
- 20,000시간(10,000개)의 변동예산 ₩30,000

(주)우진의 변동제조간접원가는 직접작업시간에 직접적으로 비례하여 변동한다.

이 회사의 지난 4월 중 생산자료를 분석한 결과 완성품수량은 10,000개, 실제직접작업시간은 22,000시간이었다.

물.음.

(주)우진에서 실제 4월 중 발생한 변동제조간접원가는 ₩32,000이었다. 이때 변동제조간접원가의 소비차이와 능률차이를 계산하시오.

풀.이.

$$\text{변동제조간접원가 표준배부율} = \frac{₩30,000}{20,000\text{시간}} = \frac{₩1.50}{\text{시간}}$$

소비차이 = ₩32,000 − 22,000×₩1.50 = ₩1,000(F)

능률차이 = (22,000×₩1.50) − (20,000×₩1.50) = ₩3,000(U)

이를 다음과 같이 나타낼 수 있다.

① 실제발생액	②실제작업시간 × 변동제조간접원가표준배부율	③ 변동예산
AH×AR	*AH×SR*	*SR×SH*
₩32,000	22,000×₩1.50 = ₩33,000	20,000×₩1.50 = ₩30,000
소비차이 = ① − ② ₩1,000(F) = ₩32,000 − ₩33,000	능률차이 = ② − ③ ₩3,000(U) = ₩33,000 − ₩30,000	
총(변동예산)차이 ₩2,000(U)		

계산의 과정을 도표로 나타내면 다음과 같다.

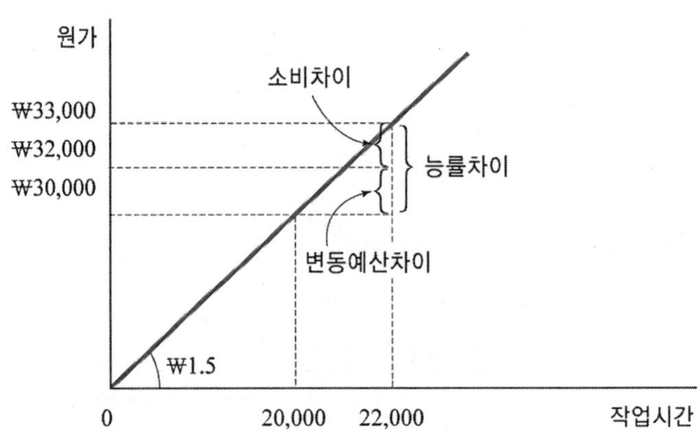

(2) 고정제조간접원가차이

제조간접원가의 원가행태가 변동제조간접원가와 고정제조간접원가는 상당히 다르다. 예산통제목적의 경우, 고정제조간접원가는 관련범위의 조업도수준에서 일정하다. 제품원가계산의 경우, 고정제조간접원가 단위당 원가는 조업도수준에 따라 증감한다.

이러한 원가행태 때문에 예정배부율(또는 배분율 : predetermined overhead rates)이 고정제조간접원가의 분석에 필요하다. 그 이유는 제품원가를 계산함에 있어서 관리자들은 단위원가의 고정원가부분을 일정하게 안정시킬 필요성이 있다. 이는 조업도의 변화와 상관없이 단일단위원가(a single unit cost)의 수치를 일정기간 안정적으로 사용할 수 있다는 데 있다. 고정제조간접원가의 예정배부율은 다음과 같은 산식으로 구해진다.

$$\text{예정(표준)배부율} = \frac{\text{고정제조간접원가의 예산액}}{\text{기준조업도}}$$

위 식의 분모인 기준조업도(denominator activity)는 추정조업도로서 당 회계연도에서 변동하지 않고 예산고정제조간접원가율(budgeted fixed factory overhead rate)을 정하기 위하여 미리 설정된 조업도수준으로, 제품원가계산을 위하여 필요한 개념이다. 이때 기준조업도의 선택문제는 주관적 선택의 문제라 할 수 있다. 기준조업도로는 기대되는 실제조업도(expected actual capacity), 3～5년 기간의 평균으로서 정상조업도(normal capacity), 최대조업도(maximum capacity) 등이 사용되고 있다. 고정제조원가의 총차이는 예산차이와 조업도차이로 구분된다.

① **예산차이**(budget variance) : 예산차이는 한 기간 동안 실제 발생한 고정제조간접원가와 변동예산에 표시된 예산고정제조간접원가와의 차이를 나타낸 것이다. 예산차이는 변동제조간접원가의 소비차이와 비슷한 것 같지만, 그것의 활용은 전혀 다르게 이루어진다고 보아야 한다. 즉 어떤 관리자도 곧바로 고정원가에 대한 관리적 통제를 행할 수 없다. 따라서 고정제조간접원가의 예산차이는 관리가능하지만 그 관리가능의 정도는 상대적으로 낮다.

② **조업도차이**(volume variance) : 조업도차이는 생산설비의 이용도를 나타내는 척도이다. 이 차이는 기준조업도와 해당 기간 동안의 생산량에 허용된 표준시간을 비교하여 그 차이에 제조간접원가예정배부율 중 고정원가부분을 곱하여 계산된다. 이 차이를 산식으로 나타내면 다음과 같다.

$$\text{조업도차이} = \text{예정배부율} \times (\text{기준조업도} - \text{허용된 표준조업도})$$

위의 산식에서 보는 바와 같이 기준조업도와 허용된 표준조업도가 같으면 조업도차이는 발생하지 않는다. 기준조업도가 허용된 표준조업도보다 크면 불리한 차이가 발생한 경우이고, 기준조업도가 허용된 표준조업도보다 작으면 유리한 차이가 발생한다. 조업도차이가 불리한 차이로 나타났을 때는 기업이 당해 기간의 계획된 조업도수준에 미치지 못한 생산활동을 행하였음을 뜻하며, 유리한 차이의 의미는 계획된 조업도수준보다 더 높은 수준의 생산활동을 행하였음을 뜻한다. 조업도차이는 관리불가능한 차이(uncontrollable variance)이다. 즉 기준조업도와 표준조업도가 일치할 경우에만 고정제조간접원가의 예산액과 표준배부액이 일치하게 된다. 이때 기준조업도와 표준조업도가 관련범위 내라면 고정제조간접원가는 표준배부액이 기대되는 것이 아니라 예산액이 기대된다.

이와 같이 변동원가의 경우 표준원가총액은 변동예산액과 동일하지만, 고정원가의 경우에는 표준원가총액과 변동예산액은 다르게 나타난다. 즉 고정원가는 관련범위 내에서 일정한 총액으로 나타나기 때문이다. 이에 따라 조업도차이는 관리할 수 없는 차이이며 그 의의를 찾기 어렵다. 다만 조업도차이가 장기적으로 계속 발생하는 경우에는 유휴설비의 대체적 사용이나 설비의 축소 등을 고려하여야 할 것이다. 고정제조간접원가차이분석과정을 요약하면 아래와 같으며, 이를 도표로 나타내면 [도표 10－6]과 같다.

① 고정제조간접원가 실제발생액 $AH \times AR$	② 고정제조간접원가 예산액 (기준조업도×예정배부율) $DH \times SR$	③ 고정제조원가 표준배부액 (허용된 표준조업도×예정배부율) $SH \times SR$
①－② : 예산차이 $(AH \times AR) - (DH \times SR)$	②－③ : 조업도차이 $(DH - SH) \times SR$	
고정제조간접원가 총차이		

■ 도표 10－6 고정간접원가차이분석

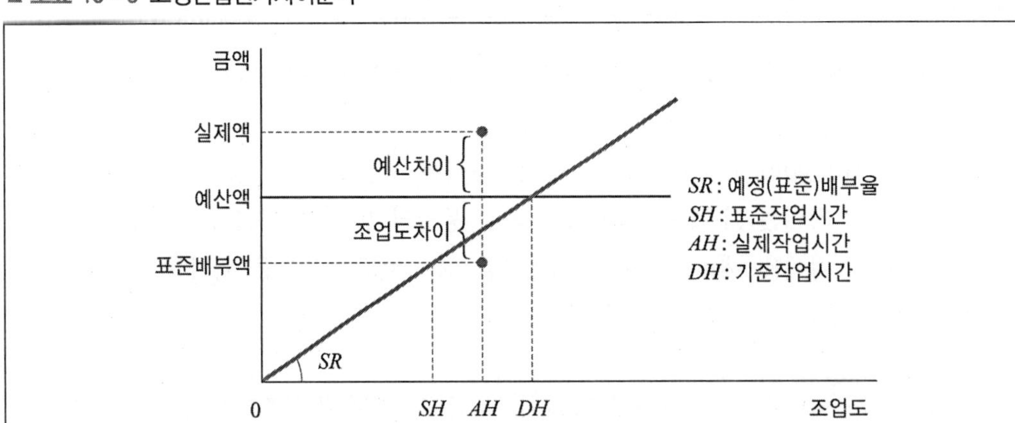

예제 10-5 다음은 (주)신흥기업의 5월중 제품A의 생산과 관련된 자료이다. 이 기업은 제조간접비 표준설정시 변동예산제도를 이용하고 있다.

(1) 제조간접비의 변동예산
　변동제조간접비 : 작업시간당 ₩100
　고정제조간접비 : 월간 ₩1,200,000
(2) 제품A의 단위당 표준작업시간 : 2시간
(3) 5월중 제품A의 총완성품환산량 : 3,000개
(4) 실제제조간접비 발생액
　변동제조간접비 : ₩880,000
　고정제조간접비 : ₩1,300,000
(5) 기준조업도 : 10,000시간
　실제작업시간 : 7,000시간

물.음.

1. 변동제조간접비 총차이를 계산하고 이를 소비차이와 능률차이로 구분하시오.
2. 고정제조간접비 총차이를 계산하고 이를 예산차이와 조업도차이로 구분하시오.

풀.이.

1. 변동제조간접비 총차이 = ₩880,000 − (3,000×2시간×₩100) = ₩280,000(불리)
   소비차이 = ₩880,000 − (7,000시간×₩100) = ₩180,000(불리)
   능률차이 = {7,000시간 − (3,000개×2시간)}×₩100 = ₩100,000(불리)

2. 고정제조간접비 총차이 = ₩1,300,000 − (3,000개×2시간×₩120*) = ₩580,000(불리)
   * 고정제조간접비 표준배부율 = $\frac{₩1,200,000}{10,000시간}$ = ₩120 / 시간
   예산차이 = ₩1,300,000 − ₩1,200,000 = ₩100,000(불리)
   조업도차이 = ₩1,200,000 − (3,000개×2시간×₩120) = ₩480,000(불리)

예제 10-6 (주)주덕산업의 제조간접원가 변동예산과 3월 중 실제발생액은 다음의 (1) 및 (2)와 같다.

(1) 변동예산

허용표준직접작업시간	8,000시간	9,000시간	10,000시간	11,000시간
변동제조간접원가 :				
재료처리비	₩8,000	₩9,000	₩10,000	₩11,000

부동시간원가	800	900	1,000	1,100
재작업원가	800	900	1,000	1,100
초과근무수당	400	450	500	550
소모품비	3,600	4,050	4,500	4,950
합 계	₩13,600	₩15,300	₩17,000	₩18,700
고정제조간접원가 :				
감독자급료	₩2,700	₩2,700	₩2,700	₩2,700
감가상각비(공장)	1,000	1,000	1,000	1,000
감가상각비(설비)	5,000	5,000	5,000	5,000
재산세	1,000	1,000	1,000	1,000
보험료	300	300	300	300
합 계	₩10,000	₩10,000	₩10,000	₩10,000

(2) 실제발생액

변동제조간접원가		고정제조간접원가	
재료취급비	₩8,200	감독자급료	₩2,700
부동시간원가	600	감가상각비 : 공장	1,000
재작업원가	850	감가상각비 : 설비	5,000
초과근무수당	600	재산세	1,150
소모품비	4,000	보험료	350
합 계	₩14,250	합 계	₩10,200

(3) ① 변동제조간접원가표준배부율 : ₩1.70/작업시간
② 기준조업도 : 10,000시간
③ 실제작업시간 : 7,900시간
④ 제품단위당 허용표준시간 : 4시간
⑤ 생산된 제품량 : 2,000개

물.음.

1. 변동제조간접원가의 총차이를 계산하고, 이를 소비차이와 능률차이로 구분하시오.
2. 고정제조간접원가의 예산차이, 조업도차이를 계산하시오.
3. 기준조업도가 12,500시간이었다면, 고정제조간접원가차이는 [물음 2]와 어떠한 차이를 보이는가?

풀.이.

1.

실제발생액	실제시간×표준배부율	변동예산
₩14,250	7,900×1.70 = ₩13,430	8,000×1.70 = ₩13,600

₩820(U) 소비차이 ₩170(F) 능률차이

총차이 ₩650(U)

2.

실제발생액	변동예산	표준배부액
₩10,200	₩10,000	₩8,000*

예산차이 ₩200(U) | 조업도차이 ₩2,000(U)

총차이 ₩2,200(U)

* 고정제조간접원가 표준배부율 = ₩10,000/10,000시간 = ₩1
₩1 × 2,000개 × 4시간 = ₩8,000

3. 고정제조간접원가 표준배부율은 ₩0.8(₩10,000÷12,500시간)이며, 고정제조간접원가의 총차이는 ₩3,800(U)이다.
₩10,200 − (₩0.8 × 8,000) = ₩3,800(U)

또한 예산차이는 ₩200(U)이며, 조업도차이는 ₩3,600(U)이다. 결국 기준조업도가 증가하여도 예산차이는 변화하지 않으나, 조업도차이는 증가한다.

예제 10-7 (주)상명기업은 단일제품을 생산하며 표준원가계산제도를 채택하고 있다. 제조간접원가는 직접작업시간을 기준으로 배부한다. 다음은 제품단위당의 표준원가이다.

직접재료원가	6kg @₩1	₩6.0
직접노무원가	1시간 @₩4.5	4.5
변동제조간접원가	1시간 @₩2.0	2.0
고정제조간접원가	1시간 @₩1.2	1.2
합 계		₩13.7

8월의 성과보고서는 다음과 같다.

	실제발생액	배부된표준원가	총차이	가격 또는 예산 차이	능률차이	조업도차이
직접재료원가	₩36,100	₩36,000	₩100(불리)	?	₩2,000(불리)	–
직접노무원가	27,950	27,000	950(불리)	₩1,300(유리)	?	–
변동제조간접원가	11,500	12,000	500(유리)	2,000(유리)	1,500(불리)	–
고정제조간접원가	8,000	7,200	?	200(불리)	–	₩600(불리)

7월과 8월 중 직접재료의 시가는 kg당 각각 ₩0.95, ₩1.2이었다. 성과보고서에 나타나 있는 직접재료원가 가격차이는 8월에 실제로 사용된 재료에 의하여 계산된 것이며, 7월 초와 8월 말 직접재료재고액은 없다.

물음.

주어진 자료를 이용하여 다음을 계산하시오.

1. 실제생산량

2. 실제직접작업시간

3. 직접노무원가 실제임률

4. 고정제조간접원가 예산액

5. 표준원가설정시 사용된 기준조업도 **6.** 직접재료사용량(kg)
7. 8월 중 직접재료구입량(kg)

풀.이.

① 직접재료원가(총차이 ₩100불리)

실제수량×실제가격	실제수량×표준임률	표준수량×표준임률
38,000kg×₩0.95 = ₩36,100	38,000kg×₩1 = ₩38,000	36,000kg×₩1 = ₩36,000

가격차이	능률차이
₩1,900(유리)	₩2,000(불리)

② 직접노무원가(총차이 ₩950불리)

실제시간×실제임률	실제작업시간×표준임률	표준시간×표준임률
6,500시간×₩4.3 = ₩27,950	6,500시간×₩4.5 = ₩29,250	6,000시간×₩4.5 = ₩27,000

가격차이	능률차이
₩1,300(유리)	₩2,250(불리)

③ 고정제조간접원가(총차이 ₩800불리)

실제발생액	예산액	배부액
₩8,000	6,500시간×₩1.2 = ₩7,800	6,000시간×₩1.2 = ₩7,200

예산차이	조업도차이
₩200(불리)	₩600(불리)

1. ₩36,000÷₩6 = 6,000개

2. ₩29,250÷₩4.5 = 6,500시간

3. ₩27,950÷6,500시간 = ₩4.3 / 시간

4. ₩8,000 − ₩200 = ₩7,800 또는 ₩7,200 + ₩600 = ₩7,800

5. ₩7,800÷₩1.2 = 6,500시간

6. (₩36,000 + ₩2,000)÷₩1 = 38,000kg

7. 위의 직접재료원가차이 분석시 사용된 실제가격이 @₩0.95인 데 반해 8월 중 가격은 @₩1.2이므로 8월에 사용된 재료는 7월 중에 구입되었으며, 이 회사는 직접재료원가 가격차이를 재료사용시 분리하는 정책을 사용하고 있음을 추론할 수 있다. 또한 8월 말의 재료재고도 없다. 따라서 8월 중에는 어떤 재료도 구입하지 않았다.

5 원가차이의 회계처리

원가차이를 어떻게 회계처리하여야 하는가에 대한 정답은 없다. 즉, 원가차이의 회계처리는 제품이 생산되는 상황에 따라서 결정하여야 한다.

표준원가계산에서 발생한 원가차이는 그 원인에 따른 통제행위와는 별도로 회계상 처리되어야 하며 원가성의 유무에 따라 다음 두 가지 방법으로 처리된다.

첫 번째 방법은 원가차이를 예외적・비정상적의 원가로 인식해서 제품원가에 포함시키지 않고 당해 기간의 기타항목에 포함시킨다.

두 번째 방법은 원가차이를 제품원가로 간주해서 재공품, 제품, 매출원가에 배분하는 방법이다.

어느 방법을 이용할 것인가는 각 차이의 성질을 판단하고 차이의 원인에 의거해서 결정하는 것이 타당하다. 그러므로 원가차이 중 정상적으로 발생한 것은 매출원가 또는 매출원가와 기말재고자산에 배부하여 기재하며, 원가차이 중 비정상적인 것은 기타손익으로 기재하는 것이 합리적이다. 이는 K-IFRS의 비용으로 인식하고 재고자산원가의 분류표시와도 부합된다.

결국 원가차이의 회계처리를 위해서는 원가차이의 정상성 여부를 판단하여야 하지만 원가차이 또한 제조원가이므로 기말재고자산과 매출원가로 처리하는 것이 논리적으로 타당하다.

예제 10-8 다음은 제품 A를 생산하며 표준원가계산제도를 채택하고 있는 (주)혜원기업의 12월 중의 자료이다.

(1) 제품 1단위당의 표준원가

직접재료원가 : 10kg @₩70	₩700
직접노무원가 : 1시간 @₩200	200
제조간접원가 :	200
합 계	₩1,100

(2) 12월 1일의 재고자산은 없었으며, 12월 31일의 재고자산은 다음과 같다.

직접재료 : 6,000kg

재공품 : 1,200단위

제 품 : 900단위

12월 중 매출량 : 1,500단위

(3) 기말재공품의 진척도는 50%며, 직접재료는 생산의 시초시점에 모두 투입된다.

(4) 12월 중의 실제임률은 시간당 ₩190이었다.

(5) 원가차이계정은 다음과 같다.

원가차이

직접재료 구입가격차이	135,000	임률 차이	?
직접재료 수량차이	210,000	변동제조간접원가차이	30,000
노무능률차이	20,000		
고정제조간접원가차이	25,000		

물.음.

1. 다음을 계산하시오.

① 12월 중 제품생산량 ② 실제작업시간

③ 임률차이 ④ 직접재료의 실제소비량과 실제단가

2. 결산시 원가차이를 기타손익으로 처리하는 경우 필요한 분개를 하시오.

3. 원가차이를 원가요소별 기준에 의한 배부법에 의하여 회계처리하고자 한다. 단, 직접재료의 구입가격차이는 수량차이에 배분하지 않기로 한다.

① 원가차이배분표를 작성하고 필요한 분개를 하시오.

② 실제원가에 의한 당기제품제조원가를 원가요소별로 계산하시오.

풀.이.

1. ① 12월 중 제품생산량 : 1,500 + 900 = 2,400단위

② 노무능률차이 : (실제시간 − 3,000시간*)×₩200 = ₩20,000(불리)

* 표준시간 = {2,400 + (1,200단위×0.5)}×1시간 = 3,000시간

따라서 실제작업시간은 3,100시간이다.

③ 임률차이 : (₩190 − ₩200)×3,100시간 = ₩31,000(유리)

④ 직접재료 수량차이 : (실제소비량 − 36,000kg*)×₩70 = ₩210,000(불리)

* (2,400단위 + 1,200단위)×10kg = 36,000kg

따라서 직접재료의 실제소비량은 39,000kg이다.

직접재료 구입가격차이 : (실제단가 − ₩70)×45,000kg** = ₩135,000(불리)

** 실제소비량 39,000kg + 기말재고량 6,000kg = 45,000kg(12월 중 구입량)

따라서 직접재료의 실제구입단가는 ₩73이다.

2.

(차) 손 익	329,000	(대) 구입가격차이	135,000
임률차이	31,000	직접재료수량차이	210,000
변동제조간접원가차이	30,000	노무능률차이	20,000
		고정제조간접원가차이	25,000

3. ① 원가배분표작성을 위하여 우선 기말재고자산 및 매출원가의 배분율을 계산한다.

구 분	직접재료		직접재료		직접노무비원가		제조간접원가	
	수 량	%	수 량	%	수 량	%	수 량	%
직접재료	6,000kg	14.3	–	–	–	–	–	–
재공품	12,000	28.6	1,200단위	33.3	600단위	20.0	600단위	20.0
제 품	9,000	21.4	900	25.0	900	30.0	900	30.0
매출원가	15,000	35.7	1,500	41.7	1,500	50.0	1,500	50.0
합 계	42,000kg	100	3,600단위	100	3,000단위	100	3,000단위	100

원가차이배분표

원가차이	합 계	직접재료	재공품	제 품	매출원가
직접재료 구입가격차이	₩135,000(U)	₩19,305	₩38,610	₩28,890	₩48,195
직접재료 수량차이	210,000(U)	–	70,000	52,500	87,500
노무능률차이	20,000(U)	–	4,000	6,000	10,000
고정제조간접원가차이	25,000(U)	–	5,000	7,500	12,500
임률차이	31,000(F)	–	△6,200	△9,300	△15,500
변동제조간접원가차이	30,000(F)	–	△6,000	△9,000	△15,000
합 계	₩329,000(U)	₩19,305(U)	₩105,410(U)	₩76,590(U)	₩127,695(U)

(차)		(대)	
직접재료	19,305	구입가격차이	135,000
재공품	105,410	직접재료수량차이	210,000
제 품	76,590	노무능률차이	20,000
매출원가	127,695	고정제조간접원가차이	25,000
임률차이	31,000		
변동제조간접원가차이	30,000		

② 실제원가에 의한 당기제품제조원가의 계산: 당기제품제조원가란 당기 중에 완성된 제품인 기말제품과 매출원가의 제조원가를 말한다.

	제품(900단위)	매출원가(1,500단위)	합계(2,400단위)
직접재료원가:			
표준원가(@₩700)	₩630,000	₩1,050,000	₩1,680,000
구입가격차이	28,890	48,195	77,085
수량차이	52,500	87,500	140,000
실제원가	₩711,390	₩1,185,695	₩1,897,085
직접노무원가:			
표준원가(@₩200)	₩180,000	₩300,000	₩480,000
노무능률차이	6,000	10,000	16,000
임률차이	(9,300)	(15,500)	(24,800)
실제원가	₩176,700	₩294,500	₩471,200
제조간접원가:			
표준원가(@₩200)	₩180,000	₩300,000	₩480,000
고정제조간접원가차이	7,500	12,500	20,000
변동제조간접원가차이	(9,000)	(15,000)	(24,000)
실제원가	₩178,500	₩297,500	₩476,000
실제원가합계	₩1,066,590	₩1,777,695	₩2,844,285

연. 습. 문. 제.

01 (주)홍성산업은 세 가지 종류의 노무용역을 투입하여 제품을 생산하고 있으며 표준원가계산제도를 채택하고 있다. 제품 1단위를 생산하기 위한 표준은 다음과 같다.

노무용역	작업시간당 표준임률	제품단위당 표준작업시간
숙련공	₩80	5시간
반숙련공	70	5
견습공	50	5

지난 6월 중 이 회사는 총 100단위의 제품을 생산하였으며 기초 및 기말의 재공품은 없었다. 6월 중 노무용역에 따른 작업시간당 실제임률은 숙련공, 반숙련공, 견습공이 각각 ₩85, ₩75, ₩48이었다. 또한 6월 중 노무용역에 따른 실제작업시간은 숙련공, 반숙련공, 견습공이 각각 550시간, 650시간, 375시간이었다.

물음

1. 직접노무비의 임률차이를 계산하시오.
2. 직접노무비의 능률차이를 계산하시오.

02 (주)여수기업은 화학제품을 생산하고 있다. 그런데 제품생산공정이 복잡하므로 투입원재료의 적정한 배합을 유지하고 원재료의 손실을 막기 위해서는 엄격한 통제가 요구된다. 만일 효과적인 통제가 이루어지지 않으면 산출물과 능률 측면에서 손실이 발생하게 된다. 이 회사의 화학제품 B는 한 번에 500ℓ 씩 생산되며 500ℓ 를 생산하는 데 투입되는 원재료의 표준원가는 ₩135이다. 화학제품 B를 500ℓ 생산하는 데 관련된 표준원재료 배합 및 투입량에 대한 자료는 다음과 같다.

한편 당월 중 이 회사는 총 140회 배치의 생산을 완료하였으며, 이를 위해 당월 중에 구입되어 사용된 원재료에 관련된 자료는 다음과 같다.

원재료	표준투입량	리터당 표준원가	총원가
E	200ℓ	₩0.20	₩40.0
P	100	0.425	42.5
B	250	0.15	37.5
C	50	0.30	15.0
합 계	600ℓ		₩135

원재료	구입량	총구입가격	사용량
E	25,000ℓ	₩5,365	26,600ℓ
P	13,000	6,240	12,880
B	40,000	5,840	37,800
C	7,500	2,220	7,140
합 계	85,500ℓ	₩19,665	84,420ℓ

물음

1. 각 원재료별로 원재료 구입가격차이를 계산하시오.
2. 각 원재료별로 원재료 능률차이를 구하시오.

03 **(주)대왕물산은 표준원가계산제도를 채용하여 갑제품을 생산하고 있다. 제조간접비에 대한 변동예산은 공식법에 의해 설정되었으며, 당월 제조간접비 차이분석에 필요한 자료는 다음과 같다.**

(1) 갑제품 1단위당 표준원가

표준재료비(5kg×@₩80)	₩400
표준노무비(4시간×@₩60)	240
표준제조간접비	800
합 계	₩1,440

(2) 공식법에 의한 월차변동예산

과목	고정비	시간당 변동비
공장감독비	₩20,000	₩25
간접노무비	42,000	45
감가상각비	18,000	–
동력비	54,000	35
소모품비	10,000	15
보험료	16,000	–
합 계	₩160,000	₩120

(3) 당월의 실제작업시간은 2,050시간이며, 변동제조간접비는 ₩230,000이고 고정제조간접비는 ₩200,000이다.

(4) 당월의 생산현황은 월초 재공품은 없으며, 당월완성품수량은 400단위이고 월말 현재 재공품수량(진척도 50%) 100단위가 있다.

물음

1. 제조간접비차이를 3분법과 4분법을 이용하여 계산하시오.
2. 기준조업도(기준작업시간)를 계산하시오.
3. 제조간접비차이를 계산하시오.

04 **(주)예산기업은 단일제품을 생산하며 표준원가계산제도를 채택하고 있다. 제조간접비는 직접작업시간을 기준으로 배부한다. 다음은 제품단위당의 표준원가이다.**

직접재료비	6kg @₩10	₩60
직접노무비	1시간 @₩45	45
변동제조간접비	1시간 @₩20	20
고정제조간접비	1시간 @₩12	12
합 계		₩137

8월의 성과보고서는 다음과 같다.

	실제발생액	배부된 표준원가	총차이	가격 또는 예산차이	능률차이	조업도차이
직접재료비	₩361,000	₩360,000	₩1,000(U)	?	₩20,000(U)	–
직접노무비	279,500	270,000	9,500(U)	₩13,000(F)	?	–
변동제조간접비	115,000	120,000	5,000(F)	20,000(F)	15,000(U)	–
고정제조간접비	80,000	72,000	?	20,000(U)	–	₩6,000(U)

7월과 8월 중 직접재료의 시가는 kg당 각각 ₩9.5과 ₩12이었다. 성과보고서에 나타나 있는 직접재료의 가격차이는 8월에 실제로 사용된 재료에 의하여 계산된 것이며, 8월말 직접재료재고액은 없다.

물음

주어진 자료를 이용하여 다음을 계산하시오.

1. 실제생산량
2. 실제직접노동시간
3. 직접노무비의 실제임률
4. 고정제조간접비 예산액
5. 표준원가설정시 사용된 기준조업도
6. 직접재료사용량(kg)
7. 직접재료구입량(kg)

05 **(주) 화천공업은 다양한 변압기를 생산판매하고 있다. 이 중 절전형 변압기를 생산하는 부문의 조업도는 직접노무시간으로 측정되며, 제조간접비의 계획과 통제를 위하여 변동예산제도를 이용하고 있다. 절전형 변압기에 대한 단위당 표준원가는 ₩5,700으로 다음과 같이 계산된다.**

직접재료비 :		
철	5kg, @₩200	₩1,000
구 리	3kg, @₩300	900
직접노무비	4시간, @₩700	2,800
변동제조간접비	2시간, @₩300	600
고정제조간접비	2시간, @₩200	400
합 계		₩5,700

제조간접비의 표준배부율은 정상적인 월간 조업수준인 4,000시간의 직접노무시간을 기준으로 계산하였다. 절전형 변압기를 생산하는 부문의 5월 중 변압기생산량은 800개이며, 실제직접노무시간은 5,000시간이었다. 5월 중 생산량이 계획보다 적은 것은 임금협상도중 일시적인 작업중단이 발생하였기 때문이다. 5월 22일 임금협상이 타결된 후 계획한 조업수준을 회복하기 위하여 초과근무를 하였다. 5월 중 발생한 실제원가는 다음과 같다.

(1) 직접재료 중 철은 kg당 ₩190씩 5,000kg을, 구리는 kg당 ₩320씩 2,700kg을 구입하였다. 월초의 직접재료재고는 없었으며 5월중 철은 4,225kg을, 구리는 2,275kg을 사용하였다.

(2) 직접노무시간 중 정규작업시간은 3,000시간이고, 초과근무시간은 500시간이다. 정규작업시간의 임률은 ₩700이며, 초과근무시간에 대한 임금은 통상임금의 150%를 지급하였다. 회사는 월간 정규작업시간을 4,000시간으로 설정하고 있다. 이에 따라 초과근무시간도 정규작업시간으로 간주하여 직접노무비를 계산하나 통상임금

에 추가된 50%는 변동제조간접비로 분류하였다.

(3) 초과근무수당을 제외한 변동제조간접비는 ₩385,000이며, 고정제조간접비는 ₩380,000이다.

물음

1. 직접재료비의 ① 구입가격차이, ② 능률차이를 계산하시오.
2. 직접노무비의 ① 임률차이와 ② 능률차이를 계산하시오.
3. 제조간접비차이를 계산하시오.

06 표준규격품 X의 롯트별 가공을 행하는 모 제조공장에서 제품 1단위의 표준제조원가는 다음과 같다.

직접재료비	2kg	@₩60	₩120
직접노무비	3시간	@₩24	72
제조간접비	3시간	@₩20	60
합 계			₩252

7월 중 롯트별 작업기록은 다음과 같다.

롯 트	가공량	소비재료	작업시간
No. 101	1,000단위	2,100kg	2,950시간
No. 102	1,500	3,250	4,530
No. 103	1,200	2,170	2,620

위의 롯드 중 No.101과 No.102는 7월 말일 현재 작업이 완료되었다. No.103에 대해서는, 7월 말일 현재 필요한 직접재료는 모두 소모되었으나 가공비에 대해서 80% 완성되었다. 또한 7월 1일 현재 재공품은 없다.

〈추가정보〉

(1) 7월 중에 직접재료 9,000kg을 ₩585,000에 구입하였다.

(2) 7월 중에 직접노무비는 ₩262,600이다.

(3) 7월 중의 실제제조간접비는 ₩216,200이며 그 중 ₩129,000이 고정비, 나머지는 변동비이다.

(4) 1기간(단, 6개월) 정상조업도는 63,000직접작업시간(제품생산량 21,000단위)이며, 이것에 따른 당 예산기간의 제조간접비 예산액은 ₩1,260,000이다. 그 중 60%가 고정비, 40%가 변동비로 추정되었다.

물음

1. 롯트별 제품의 표준제조원가는 얼마인가?
2. 직접재료 구입가격차이는 얼마인가?
3. 직접재료 수량차이를 롯트별로 계산하시오.
4. 작업시간차이를 롯트별로 계산하시오.
5. 임률차이를 롯트별로 계산하시오.
6. 제조간접비에 대해서 ① 실제조업도에 따른 예산액, ② 표준조업도에 따른 예산액, ③ 표준배부액은 각각 얼마인가?

07 **(주)영주산업은 표준원가제도를 채택하고 있으며, 재고자산의 평가는 선입선출법을 이용하고 있다. 제품단위당의 표준원가는 다음과 같다**

직접재료비 : 1kg(₩10/kg)	₩10
직접노무비 : 2시간(₩4/시간)	₩8.0
제조간접비 : 2시간(₩1.25/시간)	₩2.5

9월의 표준허용시간에 대한 제조간접비는 ₩30,000이며, 원가자료는 다음과 같다.

(1) 재공품의 월초 재고는 2,500개이며, 원재료는 100%, 직접노무비와 제조간접비에 대해서는 40% 완성되었다.
(2) 9월에 착수한 수량은 10,000개이다.
(3) 재공품의 월말 재고는 2,000개이며, 원재료는 100%, 직접노무비와 제조간접비에 대해서는 40% 완성되었다.
(4) 9월 생산에 적용된 원가자료는 아래와 같다.

항 목	실제원가	표준원가
사용직접재료(11,000kg)	₩121,000	₩100,000
직접노무비(실제작업 25,000시간)	105,575	82,400
제조간접비	31,930	25,750

물음

1. 직접재료비 · 직접노무비 · 제조간접비에 대하여 다음 사항을 계산하시오.
   ① 완성품환산량
   ② 실제원가와 표준원가에 의한 환산량단위당 원가

2. 다음 각 차이를 계산하고 유리한 것인가 불리한 것인가를 나타내시오.
   ① 직접재료비 총차이
   ② 직접재료비 가격차이
   ③ 직접재료비 능률차이
   ④ 직접노무비 총차이
   ⑤ 직접노무비 임률차이
   ⑥ 직접노무비 능률차이
   ⑦ 제조간접비 총차이
   ⑧ 제조간접비 조업도차이
   ⑨ 제조간접비 관리가능차이

08 **(주)남해산업은 1월 1일 영업을 시작하여 제품 T와 Q를 생산하기 시작하였다. 회사는 제품 T와 Q에 대한 월간 정상조업도를 각 제품별로 2,000단위로 설정하였다. 1월 31일에 간추린 1월 중의 작업에 따른 자료는 다음과 같다.**

〈표준원가자료〉

T와 Q제품은 모두 P재료만을 사용하며 P재료의 단위당 표준가격은 ₩150이다. 제품단위당 재료사용량은 Q는 2kg, T는 3kg이며, 재료는 제품수량에 비례적으로 사용된다. 직접노무비는 직접공원의 조립작업과 기계작업으로 구분되며, 직접작업시간당 조립작업비는 ₩200이고, 기계시간당 기계작업비는 ₩150이다. 그리고 표준제조간접비는 직접작업시간당 ₩350과 기계시간당 ₩100으로 설정하였다.

〈실제원가자료〉

1월 중에 P재료 10,000kg을 1kg당 ₩145에 매입하였으며, 당월의 실제 사용량은 9,600kg이다. 실제 직접작업시간은 5,000시간이며, 시간당 조립작업비는 @₩205이고, 실제 기계시간은 5,350시간이며 기계시간당 기계작업비는 @₩140이었다. 1월 중의 제조간접비 발생액은 다음과 같다.

	기계부	조립부	건물부	수선부
간접노무비	₩114,000	₩197,000	₩120,000	₩70,000
소모품비	80,000	50,000	15,000	–
건물감가상각비	–	–	40,000	–
기계감가상각비	960,000	860,000	5,000	30,000
재산세	–	–	10,000	–

〈추가정보〉

(1) 정상조업도하에서 각 제품을 완성하는 데 필요한 부문별 직접작업시간

	제품 Q	제품 T	계
(직접작업시간)			
기계부문	1,000시간	1,000시간	2,000시간
조립부문	2,000	1,000	3,000
(기계시간)			
기계부문	1,000	3,000	4,000
조립부문	–	2,000	2,000

(2) 기계부와 조립부는 제조부문이고 나머지는 보조부문이다. 수선부비는 건물부에 10%, 기계부에 70%, 조립부에 20%를 배부하고, 건물부비는 기계부에 75%, 조립부에 25% 배부하며, 계제식 배부법을 사용하여 배부한다.

(3) 1월중에 실제로 Q제품은 2,000단위, T제품은 1,800단위 생산하였으며 각 제품의 기말재공품은 없다.

(4) 기계부와 조립부의 제품별 배부는 정상조업도를 이용하고 직접작업시간과 기계시간의 합계를 기준으로 배부한다.

물음

1. Q와 T제품의 단위당 실제원가는 얼마인가?
2. 직접노무비 총차이는 얼마인가?
3. T제품의 직접재료 능률차이는 얼마인가?
4. Q제품의 직접노무비 임률차이와 작업시간차이는 각각 얼마인가?
5. 제조간접비차이를 분석하시오.

제11장

원 · 가 · 회 · 계

변동원가계산과 전부원가계산

제11장
변동원가계산과 전부원가계산

제1절 변동원가계산의 본질

1 변동원가계산의 의의

일반적인 외부보고목적의 재무제표 작성을 위한 원가계산은 원가를 기능적으로 재료비 · 노무비 · 경비로 분류하고 모든 생산원가를 제품원가에 포함시키는 전부원가계산(full costing 또는 absorption costing)이다. 즉 원가행태에 따른 고정비와 변동비 모두를 제조원가에 포함시켜 재고자산평가를 행한다. 그러나 전통적인 전부원가계산은 원가관리를 위한 충분한 원가정보를 제공하지 못하고 있어 보다 유용한 회계정보를 제공하고자 제시된 것이 변동원가계산제도이다.

변동원가계산(variable costing)은 원가행태에 따라 원가를 고정비와 변동비로 구분하고 변동제조원가만을 제품원가에 포함시키고 고정제조원가는 기간비용으로 처리하는 원가계산 방식이다.

변동원가계산은 직접원가계산(direct costing), 한계원가계산(marginal costing) 또는 공헌접근법에 의한 원가계산이라고도 불린다.

변동원가계산제도는 제품원가계산에 있어 생산원가를 변동비와 고정비로 구분하고 변동제조원가만을 재고자산화하며, 고정제조원가는 발생시점에서 기간비용화하는 원가계산 방법이다.

변동원가계산제도와 전부원가계산제도를 비교하면 [도표 11－1]과 같은 원가의 흐름도로 나타낼 수 있다.

■ 도표 11-1 전부원가계산과 변동원가계산의 원가흐름도

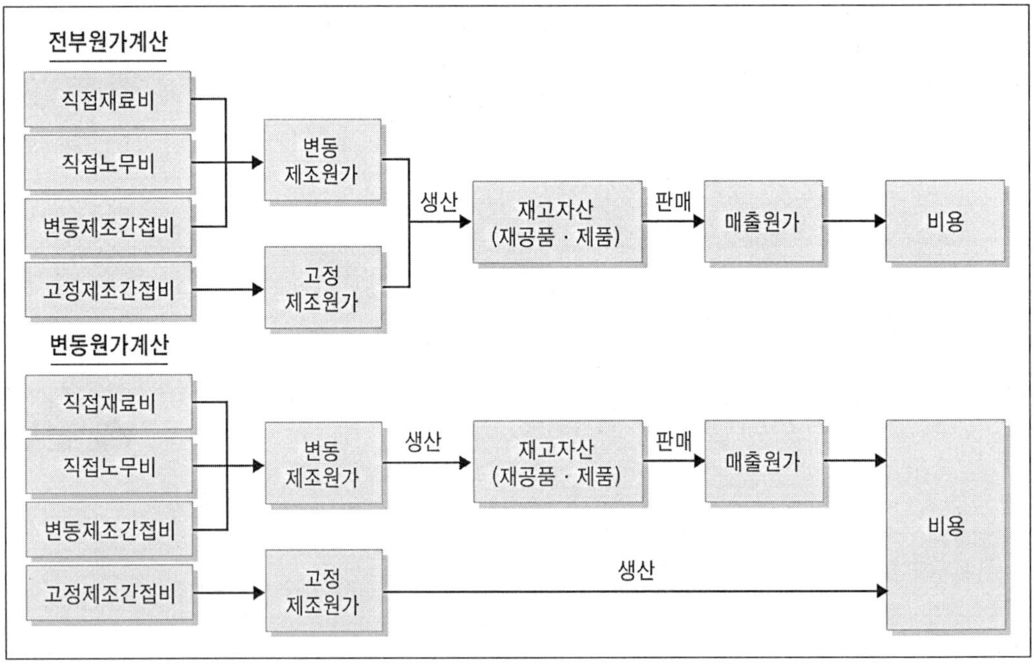

2 변동원가계산의 특징

변동원가계산은 원가를 변동비와 고정비로 구분하고 변동제조원가만을 재고자산화하는 방법이다. 고정제조간접원가를 재고자산화하지 않는 것은 고정제조간접원가는 특정 제품의 생산에 이용되지 않는 설비자산의 원가일 수도 있으며 대개 특정 제품에의 추적가능성이 없는 원가이기 때문이다. 또한 변동원가계산은 단순한 원가계산제도가 아니라 원가-조업도-이익분석(cost-volume-profit analysis) 등의 이익관리를 위한 계산제도이다. 변동원가계산은 다음과 같은 특징을 갖고 있다.

① 변동원가계산은 원가를 기록·보고하는 원가계산제도로 복식부기의 구조하에서 수행될 수 있다. 이는 손익분기점분석이나 차액원가(differential cost)분석처럼 제도적 회계시스템 밖에서 실시되어야 하는 방법이 아니다.

② 원가행태에 따라 변동비와 고정비의 구분을 한다. 이러한 구분은 제조원가뿐만 아니라 판매비와 관리비에 대해서도 행하여진다.

③ 이는 변동제조원가만을 재고자산의 원가로 하고 고정제조원가는 판매비 및 관리비와 함께 기간원가로 처리된다.

④ 고정제조원가는 그것이 발생한 기간의 수익과 대응된다. 즉 고정제조원가는 발생주

의(accrual basis)에 의하여 비용화된다.

⑤ 단기적인 이익관리를 위한 공헌이익을 나타내는 공헌손익계산서를 작성한다.

⑥ 특별주문의 수락여부, 가격결정 등의 단기적인 이익계획에 효과적인 원가정보를 제공할 수 있도록 하는 손익계산까지 수행할 수 있는 방법이다.

3 변동원가계산의 손익계산서

외부보고를 목적으로 하는 손익계산서는 전부원가계산제도에 따라 제품원가를 계산하고, 비용을 제조・판매・일반관리 등의 기능에 따라 분류하기 때문에 기능손익계산서(functional income statement)라고 한다. 기능손익계산서에서는 비용이 어느 기능을 위하여 발생하였는가에 따라 구분되고, 원가행태에 따라 변동비와 고정비로 구분되지는 아니한다.

한편 변동원가계산제도하에서는 기능손익계산서를 작성하지 않고 공헌손익계산서를 작성한다. 공헌손익계산서(contribution income statement)란 비용을 기능별로 구분할 뿐 아니라 원가행태별로 변동비와 고정비로 구분한 후 매출액에서 변동비를 차감하여 한계이익(marginal income)을 계산하고, 한계이익에서 고정비를 차감하여 영업이익을 계산하는 손익계산서이다. 따라서 공헌손익계산서는 이익을 한계제조이익・한계이익・영업이익으로 구분한다. 공헌손익계산서상의 한계이익은 공헌이익(contribution margin)이라고도 하며 이는 매출액에서 변동매출원가와 변동판매비 및 관리비를 차감한 잔액이다. 한계이익은 고정비를 회수하고 이익을 창출하는 데 공헌하는 금액이다.

전부원가계산과 변동원가계산에 따른 손익계산서의 작성양식은 [도표 11－2]와 같다.

■ 도표 11－2 기능손익계산서와 공헌손익계산서의 양식

기능손익계산서		공헌손익계산서	
매출액	×××	매출액	×××
매출원가	(×××)	변동매출원가	(×××)
매출총이익	×××	공헌제조이익*	×××
판매비와관리비	(×××)	변동판매비와관리비	(×××)
영업이익	×××	공헌이익	×××
		고정제조간접비	(××)
		고정판매비와관리비	(××)
		영업이익	×××

* 이는 제조한계이익・제조공헌이익・한계제조이익으로도 불리운다.

따라서 변동원가계산에 의한 공헌손익계산서상의 매출원가는 변동제조원가만을 집계하여 계산된 변동매출원가이며, 고정제조간접비는 발생된 시점에서 기간비용으로 기록된다. 공헌손익계산서는 외부보고목적으로 작성되는 것이 아니라 기업의 내부적 계획 · 통제활동에 이용하기 위하여 작성되는 것이다.

정규의 회계시스템으로 변동원가계산제도가 채택되는 경우에는 복식부기제도와 결합되어야 한다. 물론 외부보고목적으로 전부원가계산제도가 이용되므로 기업의 제도적 복식부기시스템에 변동원가계산제도를 도입하는 경우는 드물다.

변동원가계산제도에 따른 원가흐름을 계정을 이용하여 연결시키면 [도표 11-3]과 같이 나타낼 수 있다.

■ 도표 11-3 변동원가계산의 원가흐름

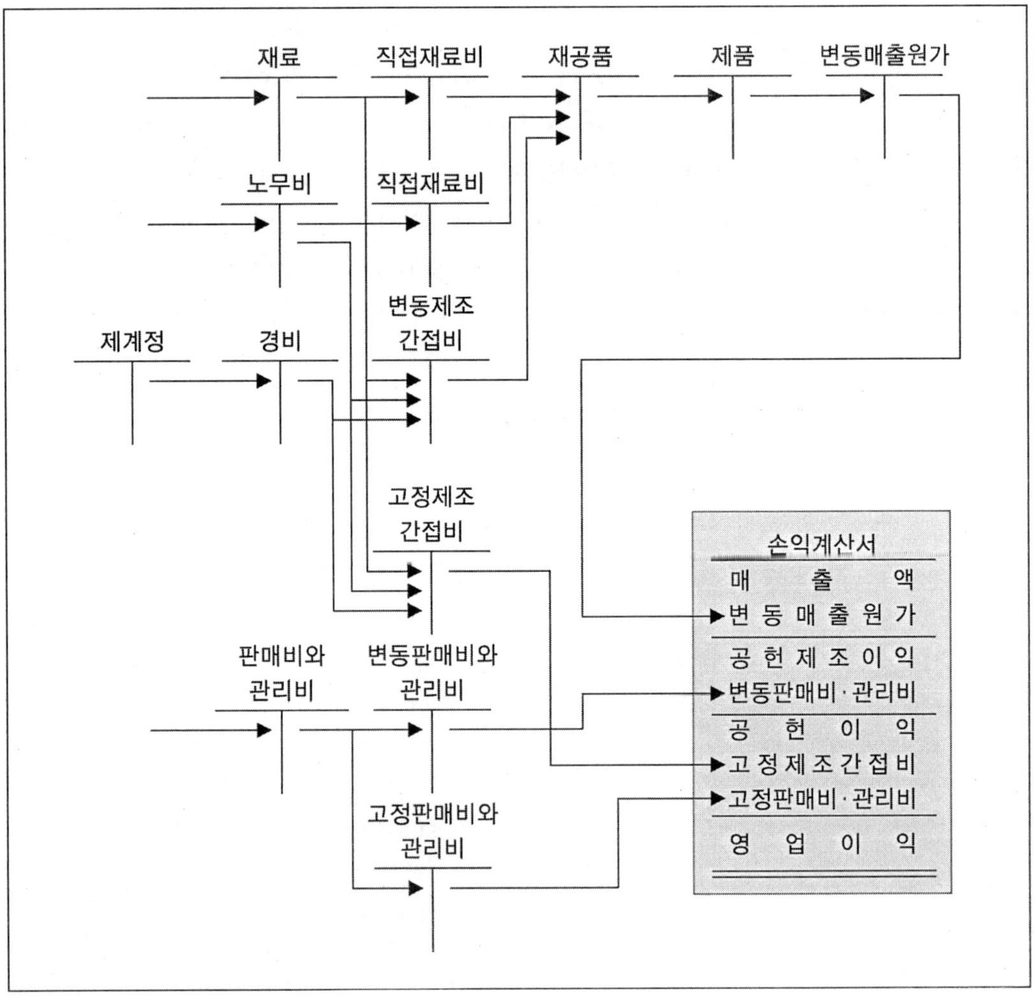

[도표 11－3]과 같은 계정흐름도를 토대로 분개를 하면 다음과 같다.

① 제조원가의 소비시

(차) 재공품	×××	(대) 직접재료비	×××
		직접노무비	×××
		변동제조간접비	×××
(차) 손 익	×××	(대) 고정제조간접비	×××

② 제품완성시

(차) 제 품	×××	(대) 재공품	×××

③ 제품판매시

(차) 변동매출원가	×××	(대) 제 품	×××

예제 11－1 다음은 (주)경인산업의 5월 중 영업활동자료이다.

제품생산량	600kg	기초제품재고량	0
제품판매량	500kg	기말 및 기초재공품량	0
변동제조원가	₩5/kg	고정제조간접비	₩1,200
변동판매비	₩1/kg	고정판매비	₩200
고정관리비	₩500	제품단위당 판매가격	₩10

물.음.

1. 전부원가계산에 따른 기능손익계산서를 작성하시오.
2. 변동원가계산에 따른 공헌손익계산서를 작성하시오.

풀.이.

1. 기능손익계산서

매출액		₩5,000
매출원가		
기초재고	₩0	
당기제조비용		
변동제조원가	3,000[1)]	
고정제조간접비	1,200	
합 계	₩4,200	

2. 공헌손익계산서

매출액		₩5,000
변동매출원가		
기초재고	₩0	
당기제조비용		
변동제조원가	3,000	
합 계	₩3,000	
기말재고	500[3)]	2,500

기말재고	700[2)]	3,500
매출총이익		₩1,500
판매비와관리비		
변동판매비	₩500	
고정판매비	200	
고정관리비	500	₩1,200
영업이익		₩300

제조공헌이익		₩2,500
변동판매비		500[4)]
공헌이익		₩2,000
고정비		
고정제조간접비	₩1,200	
고정판매비	200	
고정관리비	500	1,900
영업이익		₩100

1) ₩5×600kg = ₩3,000

2) $₩4,200 \times \frac{100kg}{600kg} = ₩700$

3) $₩3,000 \times \frac{100kg}{600kg} = ₩500$

4) ₩1×500kg = ₩500

4 변동원가계산의 종류

변동원가계산은 실제변동원가계산, 정상변동원가계산, 표준변동원가계산으로 구분된다. 특히 변동원가계산하에서 고정제조간접비는 제품원가가 아닌 기간비용으로 인식하기 때문에 고정제조간접비는 일반적으로 실제원가로 계산된다.

① **실제변동원가계산(actual variable costing)** : 이는 직접재료비, 직접노무비, 변동제조간접비를 모두 실제원가로 계산하는 방법으로 역사적 변동원가계산이라고도 한다.

② **정상변동원가계산(normal variable costing)** : 이는 직접재료비와 직접노무비는 실제원가로, 변동제조간접비는 예정원가로 계산하는 방법이다. 즉 실제변동원가계산은 변동제조간접비를 실제배부하나, 정상변동원가계산은 변동제조간접비를 예정배부한다.

③ **표준변동원가계산(standard variable costing)** : 이는 표준원가계산과 변동원가계산을 결합한 방법이다. 즉 직접재료비, 직접노무비, 변동제조간접비 모두를 표준원가로 계산하고 원가차이를 계산・조정하는 방법이다.

위 세 가시 변동원가계산방법에 따른 제품원가의 계산 내용을 비교하면 [도표 11－4]와 같다.

■ 도표 11－4 변동원가계산의 종류별 제품원가계산 내용

구 분	실제변동원가계산	정상변동원가계산	표준변동원가계산
직접재료비	$AQ \times AP$	$AQ \times AP$	$SQ \times SP$
직접노무비	$AH \times ALR$	$AH \times ALR$	$SH \times SLR$
변동제조간접비	$AH \times AR$	$AH \times PR$	$SH \times SR$

AQ : 실제소비량 　 AP : 실제단가 　 AH : 실제작업시간 　 SQ : 표준소비량
SP : 표준단가 　 SH : 표준작업시간 　 ALR : 실제임률 　 AR : 실제배부율
SR : 표준배부율 　 SLR : 표준임률 　 PR : 예정배부율 SR과 PR은 실제로 동일함

제2절 변동원가계산과 전부원가계산의 비교

1 두 계산방법의 주요 차이

변동원가계산과 전부원가계산의 주요한 차이점들은 이미 제1절에서 살펴보았다. 두 계산방법의 기본적 차이는 고정제조간접비를 어떻게 회계처리하는가이다. 전부원가계산은 변동제조간접비와 고정제조간접비 전부를 재고자산원가화하여 제품원가 및 매출원가를 구성하나, 변동원가계산은 변동제조간접비만을 재고자산원가화하여 제품원가 및 매출원가를 구성하며 고정제조간접비는 제품원가에 배부하지 않고 발생기간의 기간비용으로 처리한다.

이와 같이 제품원가를 구성하는 원가요소의 차이점 때문에 두 방법에 따른 재고자산평가액은 차이를 보이게 된다. 재고자산평가방법의 차이는 결국 기간이익에 영향을 미쳐 두 방법에 따른 영업이익의 차이가 나타난다. 두 방법은 앞에서 설명한 바와 같이 영업이익을 계산하는 손익계산서의 양식도 상이하다. 두 계산방법에 따른 주요한 차이점을 요약하면 [도표 11－5]와 같다.

■ 도표 11－5 전부원가계산과 변동원가계산의 차이 비교

항 목	전부원가계산	변동원가계산
보고목적	외부 보고	내부 보고(내부적 계획・통제활동에의 이용)
원가의 분류	기능별 분류	기능별 및 원가행태별 분류
제품원가	변동 및 고정제조원가	변동제조원가
기간비용	변동판매비와관리비 고정판매비와관리비	고정제조원가 변동판매비와관리비 고정판매비와관리비
손익계산의 과정	매출액－매출원가＝매출총이익 매출총이익－판・관비＝영업이익	매출액－변동비＝공헌이익 공헌이익－고정비＝영업이익

2 두 계산방법의 손익 차이

두 계산방법에 따른 영업이익의 차이는 일정기간중의 제품의 생산량과 판매량에 따라 변화된다. 이하에서는 생산량과 판매량의 차이에 따라 두 계산방법의 영업이익이 어떻게 차이

가 나타나는가를 살펴보고자 한다. 다만 기초와 기말의 재공품은 없거나 동일하다는 것을 전제로 한다. 상황은 ① 생산량=판매량 ② 생산량>판매량 ③ 생산량<판매량 세 가지 경우로 나눌 수 있다.

(1) 생산량과 판매량이 동일한 경우

생산량과 판매량이 같은 경우에는 전부원가계산에 의한 영업이익과 변동원가계산에 의한 영업이익은 동일하다. 다만 고정제조간접비가 기간별로 상이하고 선입선출법에 따라 재고자산을 평가하는 경우에는 비록 생산량과 판매량이 동일한 경우라도 두 계산방법에 의한 영업이익은 다르게 된다.

생산량과 판매량이 같다면 제품의 기초재고량과 기말재고량은 같게 된다. 따라서 당기제조비용은 매출원가와 동일하게 된다. 즉 전부원가계산시는 고정제조간접비 발생액이 모두 매출원가가 되고 변동원가계산시는 고정제조간접비 발생액이 모두 기간비용이 된다. 따라서 어느 방법을 이용하더라도 고정제조간접비는 기간수익에 대응되는 광의의 기간비용이 되어 영업이익은 동일하게 계산된다.

(2) 생산량이 판매량보다 많은 경우

생산량이 판매량보다 많은 경우에는 전부원가계산에 의한 영업이익이 변동원가계산에 의한 영업이익보다 많아지게 된다. 왜냐하면, 전부원가계산에서는 당기에 발생한 고정제조간접비의 일부를 당기의 기말제품재고액에 포함시켜 차기로 이연시켰기 때문이다. 반면에 변동원가계산에서는 당기에 발생한 고정제조간접비 전부를 기간비용으로 처리하기 때문이다. 따라서 전부원가계산시의 기말제품재고액은 변동원가계산시의 기말제품재고액보다 더 많다. 이 때 기말제품재고액 또는 영업이익의 차이는 생산량의 판매량 초과수량에 제품단위당의 고정제조간접비를 곱한 금액이다.

(3) 생산량이 판매량보다 적은 경우

생산량이 판매량보다 적은 경우에는 전부원가계산에 의한 영업이익이 변동원가계산에 의한 영업이익보다 적어지게 된다. 생산량이 판매량보다 적다는 것은 제품의 기초재고량이 기말재고량보다 많다는 것을 뜻한다.

따라서 전부원가계산에서는 기초재고액에 포함되어 있던 고정제조간접비가 당기의 고정제조간접비와 함께 매출원가로 전환된다. 반면에 변동원가계산에서는 당기의 고정제조간접비 발생액만이 기간비용화 된다.

■ 도표 11-6 생산량과 판매량에 따른 영업이익 비교

구 분	재고자산	기간비용화되는 고정제조간접비금액	영업이익
생산량 = 판매량	기초재고량 = 기말재고량	전부 = 변동	전부 = 변동
생산량 > 판매량	기초재고량 < 기말재고량	전부 < 변동	전부 > 변동
생산량 < 판매량	기초재고량 > 기말재고량	전부 > 변동	전부 < 변동

* 전부 : 전부원가계산, 변동 : 변동원가계산

즉 판매량이 생산량보다 더 많은 경우에는 전부원가계산에 있어서 기초재고에 포함되어 있던 고정제조간접비가 매출원가화하여 영업이익은 변동원가계산의 경우보다 적어지게 된다. 두 계산방법에 따른 영업이익의 차이는 판매량의 생산량 초과수량에 제품단위당의 고정제조간접비를 곱한 금액이다.

지금까지 살펴본 세 가지 경우에 따른 기중의 재고자산(제품)변동상황, 기간비용화되는 고정제조간접비금액, 영업이익을 전부원가계산과 변동원가계산으로 비교하면 [도표 11-6]과 같다.

(4) 두 계산방법에 따른 손익의 조정

전부원가계산과 변동원가계산에 따른 기말재고액 및 영업이익의 차이는 근본적으로 고정제조간접비를 회계처리하는 방법의 차이에 기인한다. 따라서 실제원가를 이용한 두 계산방법의 영업이익 차이는 기말재고액 차이와 항상 일치한다. 변동원가계산에서는 당기에 발생한 고정제조간접비만이 기간비용화 되나, 전부원가계산에서는 다음 식에 의하여 계산된 고정제조간접비가 매출원가에 포함되게 된다.

> 기초제품의 전기에서 이연된 고정제조간접비
> +당기에 발생한 고정제조간접비
> −기말제품의 차기로 이연되는 고정제조간접비
> ───────────────────
> 당기 매출원가에 포함되는 고정제조간접비

변동원가계산은 외부보고목적의 재무제표작성에 이용되지 않고 단지 내부적인 경영관리를 위한 회계정보 산출을 목적으로 한다. 따라서 변동원가계산에 의한 재고자산평가 및 영업이익계산의 결과는 재고자산 내의 고정제조간접비의 변화를 반영하여 전부원가계산에 의한 재고자산평가액 및 영업이익으로 전환시켜야 한다.

변동원가계산 또는 전부원가계산에 의하여 계산된 영업이익을 다른 계산방법에 의한 영업이익으로 전환하는 경우 다음과 같은 공식을 이용한다.

- 생산량 > 판매량인 경우

변동원가계산에 의한 영업이익 = 전부원가계산에 의한 영업이익 − [(생산량 − 판매량) × 제품단위당 고정제조간접비]

전부원가계산에 의한 영업이익 = 변동원가계산에 의한 영업이익 + [(생산량 − 판매량) × 제품단위당 고정제조간접비]

- 생산량 < 판매량인 경우

변동원가계산에 의한 영업이익 = 전부원가계산에 의한 영업이익 + [(판매량 − 생산량) × 제품단위당 고정제조간접비]

전부원가계산에 의한 영업이익 = 변동원가계산에 의한 영업이익 − [(판매량 − 생산량) × 제품단위당 고정제조간접비]

이상에서 설명한 생산량과 판매량의 상이함에 따른 두 원가계산방법 간의 영업이익의 차이 조정은 매기의 제품단위당 고정제조간접비가 일정하게 유지된다는 것을 전제로 한다. 따라서 매기의 제품단위당 고정제조간접비가 상이할 경우에는 두 계산방법에 따른 영업이익의 조정은 다음과 같은 공식을 이용하여야 한다. 다음의 공식에서 기초제품 및 기말제품에 포함된 고정제조간접비의 평가액은 선입선출법, 평균법 등의 재고자산평가방법에 따라 다르게 계산된다.

- 변동원가계산에 의한 영업이익 = 전부원가계산에 의한 영업이익 + 기초제품에 포함된 고정제조간접비 − 기말제품에 포함된 고정제조간접비
- 전부원가계산에 의한 영업이익 = 변동원가계산에 의한 영업이익 − 기초제품에 포함된 고정제조간접비 + 기말제품에 포함된 고정제조간접비

위 식에서 기초 및 기말제품에 포함된 고정제조간접비는 전부원가계산을 이용하는 경우의 고정제조간접비를 뜻한다. 또한 만일 재공품이 존재한다면, 제품과 같은 요령으로 계산한다. 이를 요약하면 [도표 11−7]과 같다.

■ 도표 11−7 재공품이 있는 경우 이익의 조정

변동원가계산에 의한 영업이익	전부원가계산에 의한 영업이익
− 기초제품에 포함된 고정제조간접비	+ 기초제품에 포함된 고정제조간접비
− 기초재공품에 포함된 고정제조간접비	+ 기초재공품에 포함된 고정제조간접비
+ 기말제품에 포함된 고정제조간접비	− 기말제품에 포함된 고정제조간접비
+ 기말재공품에 포함된 고정제조간접비	− 기말재공품에 포함된 고정제조간접비
전부원가계산에 의한 영업이익	변동원가계산에 의한 영업이익

예제 11-2 다음은 실제원가계산제도를 채택하고 있는 (주)안산산업의 1/4분기 중 제품생산 및 판매에 관련된 자료들이다. 회사는 재고자산평가에 선입선출법을 이용하고 있다.

(1) 1월 초 재고자산은 없으며, 월말의 재공품도 없다.
(2) 제품의 단위당 판매가격은 ₩500이다.
(3) 제품의 단위당 변동제조원가는 ₩260, 단위당 변동판매 · 관리비는 판매가격의 10%이다.
(4) 월간 고정제조간접비는 ₩30,000, 고정판매 · 관리비는 ₩20,000으로 일정하다.
(5) 월별 생산량과 판매량은 다음과 같다.

	1월	2월	3월	합계
생산량	500개	400개	500개	1,400개
판매량	400개	300개	700개	1,400개

물.음.

1. 전부원가계산에 의한 월별 기능손익계산서를 작성하시오.
2. 변동원가계산에 의한 월별 공헌손익계산서를 작성하시오.
3. 전부원가계산과 변동원가계산에 의한 이익차이를 조정하시오.

풀.이.

우선 월별 제품단위당 고정제조간접비를 계산한다.

1월 : ₩30,000÷500개=₩60
2월 : ₩30,000÷400개=₩75
3월 : ₩30,000÷500개=₩60

1. 전부원가계산에 의한 손익계산서

항 목	1월	2월	3월	합 계
매출액	₩200,000	₩150,000	₩350,000	₩700,000
매출원가 :				
기초재고액	0	32,000	67,000	0
당월제품제조원가	160,000	134,000	160,000	454,000
기말재고액	(32,000)*	(67,000)**	(0)	(0)
매출원가	128,000	99,000	227,000	454,000
매출총이익	₩72,000	₩51,000	₩123,000	₩246,000
판매비 및 관리비 :				
변동비	20,000	15,000	35,000	70,000
고정비	20,000	20,000	20,000	60,000
영업이익	₩32,000	₩16,000	₩68,000	₩116,000

* 100개×(₩260+₩60)=₩32,000
** 200개×(₩260+₩75)=₩67,000

2. 변동원가계산에 의한 손익계산서

항 목	1월	2월	3월	합 계
매출액	₩200,000	₩150,000	₩350,000	₩700,000
변동매출원가 :				
기초재고액	0	26000	52,000	0
당월제품제조원가	130,000*	104,000	130,000	364,000
기말재고액	(26,000)**	(52,000)	(0)	0
매출원가	104,000	78,000	182,000	364,000
제조공헌이익	₩96,000	₩72,000	₩168,000	₩336,000
변동판매관리비	20,000	15,000	35,000	70,000
공헌이익	₩76,000	₩57,000	₩133,000	₩266,000
고정비 :				
제조간접비	30,000	30,000	30,000	90,000
판매관리비	20,000	20,000	20,000	60,000
영업이익	₩26,000	₩7,000	₩83,000	₩116,000

* ₩260×500 = ₩130,000 ** ₩260×100 = ₩26,000

1월과 2월 : 생산량 > 판매량, 기초재고량 < 기말재고량

전부원가계산에 의한 영업이익이 변동원가계산에 의한 영업이익보다 크다. 이는 전부원가계산에 있어 매출원가로 기간비용화되는 고정제조간접비총액이 적기 때문이다.

3월 : 생산량 < 판매량, 기초재고량 > 기말재고량

변동원가계산에 의한 영업이익이 전부원가계산에 의한 영업이익보다 크다. 이는 전부원가계산에 있어 매출원가로 기간비용화되는 고정제조간접비총액이 많기 때문이다.

합계 : 생산량 = 판매량, 기초재고량 = 기말재고량

그러므로 두 가지 원가계산에 의한 영업이익은 동일하다.

3. 영업이익의 조정

항 목	1월	2월	3월	합 계
전부원가계산 영업이익	₩32,000	₩16,000	₩68,000	₩116,000
기초제품 고정제조간접비	0	6,000	15,000	0
기말제품 고정제조간접비	(6,000)*	(15,000)**	(0)	(0)
변동원가계산 영업이익	₩26,000	₩7,000	₩83,000	₩116,000

* 100개×₩60 = ₩6,000 ** 200개×₩75 = ₩15,000

예제 11-3 다음은 실제원가계산제도를 이용하고 있는 (주)수원산업의 제품 Y와 관련된 개업 후 2년간의 영업자료이다.

(1)

항 목	제1기	제2기
생산수량	1,400개	1,000개
매출수량	1,000개	1,200개
변동제조원가	₩616,000	₩440,000
고정제조원가	616,000	616,000
변동판매 · 관리비	88,000	105,600
고정판매 · 관리비	450,000	450,000

(2) 재고자산의 평가는 선입선출법을 이용한다.
(3) 제품 Y의 단위당 판매가격은 ₩1,760이다.

물.음.

1. 전부원가계산에 의한 각 기간별 손익계산서를 작성하시오.
2. 변동원가계산에 의한 각 기간별 손익계산서를 작성하시오.
3. 두 원가계산방법에 의할 경우의 영업이익의 차이를 설명하시오.

풀.이.

1. 전부원가계산에 의한 손익계산서

항 목		제1기		제2기
매출액		₩1,760,000		₩2,112,000
매출원가 :				
기초재고	–		₩352,000	
당기제품제조원가	₩1,232,000		1,056,000	
계	₩1,232,000		₩1,408,000	
기말재고	352,000	880,000	211,200	1,196,800
매출총이익		₩880,000		₩915,200
판매비와 관리비		538,000		555,600
영업이익		₩342,000		₩359,600

2. 변동원가계산에 의한 손익계산서

항 목		제1기		제2기
매출액		₩1,760,000		₩2,112,000
변동비 :				
기초제품재고	–		₩176,000	
변동제품제조원가	₩616,000		₩440,000	
계	₩616,000		₩616,000	

기말제품재고	176,000		88,000	
변동매출원가	440,000		528,000	
변동판매 · 관리비	88,000	₩528,000	105,600	₩633,600
공헌이익		₩1,232,000		₩1,478,400
고정비 :				
제조원가	₩616,000		₩616,000	
판매 · 관리비	450,000	1,066,000	450,000	1,066,000
영업이익		₩166,000		₩412,400

3. 차이발생 원인의 설명

① 제1기

전부원가계산시 기말제품재고에 배부된 고정제조간접비는 ₩176,000*이다. 그러나 변동원가계산에서는 고정제조간접비가 모두 기간비용으로 처리되었다. 따라서 전부원가계산에 의할 경우 기말제품재고액 중 고정제조간접비(400개×₩440=₩176,000)만큼 이익이 증가된다.

* ₩616,000 $\times \frac{400}{1,400}$ = ₩176,000

② 제2기

제1기에서 제2기로 이월된 기초제품 재고	₩176,000
기말제품재고에 배부된 고정제조간접비 ₩616,000 $\times \frac{200}{1,000}$	(123,200)
변동원가계산시 영업이익의 초과액	₩52,800

전부원가계산은 기초재고에 전기분 고정제조간접비 ₩176,000이 포함되어 있으며, 기말재고에는 ₩123,200만큼 계상되었다. 따라서, 변동원가계산에 비해 ₩52,800만큼 이익이 과소계상된다.

제3절 표준변동원가계산

1 표준변동원가계산의 의의

이제까지의 설명은 실제원가에 의한 실제변동원가계산에 대한 설명이었다. 그러나 앞서의 [도표 11−4]에서 제시한 바와 같이 변동원가계산에는 정상변동원가계산과 표준변동원가계산이 있다.

표준변동원가계산(standard variable costing)은 표준원가계산과 변동원가계산을 결합한 원가계산방법이다. 표준변동원가계산은 표준원가계산과 변동예산이 갖는 통제적인 장점과 변동원가계산이 갖는 계획 및 의사결정에 대한 장점을 결합하여 계획과 통제활동에 적합한 원가계산방법이다. 이는 원가관리, 이익관리 및 특수한 의사결정에 유용한 원가정보를 제공하여 준다.

표준변동원가계산하에서는 재공품과 제품의 평가는 표준변동원가를 기준으로 이루어지며, 고정제조간접비를 재고자산원가에 포함시키지 않는다. 이에 따라 표준변동원가계산은 표준전부원가계산의 경우보다 고정제조간접비만큼 재고자산이 적게 평가된다.

2 원가처리계산 및 조정

표준원가계산과 변동원가계산을 설명하면서 우리는 원가를 원가행태에 따라 변동비와 고정비로 분류하였다. 또한 표준원가계산에 의한 원가차이는 제10장에서 설명한 바와 같이 직접재료비차이, 직접노무비차이, 변동제조간접비차이 및 고정제조간접비차이로 구분계산하였다. 이러한 원가차이는 표준원가계산을 전제로 한 것이다.

표준변동원가계산의 경우 고정제조간접비는 재고자산원가화 하지 않고 기간비용화 하기 때문에 고정제조간접비에 대한 원가차이는 계산하지 않는다. 즉 원가차이는 직접재료비차이, 직접노무비차이 및 변동제조간접비차이의 변동원가차이(variable cost variance)만을 계산한다.

고정제조간접비의 예산차이가 발생하지 않는 경우에는 원가차이를 변동원가차이와 조업도차이로 구분하고 조업노차이는 세산하지 않는다.

그러므로 표준변동원가계산에 의하여 실제영업이익을 계산하는 경우 원가차이를 매출원가에서 조정하려면 표준변동매출원가에 변동원가차이를 가감하여 실제변동매출원가를 계산하게 된다.

표준변동원가계산을 이용하는 경우에는 변동제조원가차이뿐만 아니라 판매비와 관리비의 차이를 계산하기도 한다. 즉 판매비와 관리비도 표준원가에 원가차이를 조정하여 실제판매비와 관리비로 계산하기도 한다.

그러나 본 교재에서는 판매비와 관리비는 실제원가를 이용하고, 원가차이는 계상하지 않는 것을 전제한다. 표준변동원가계산을 이용하는 경우 발생하는 원가차이는 제10장에서 살펴본 매출원가조정법, 비례배분법 및 기타손익법 등의 원가차이 조정방법을 이용하여 실제변동원가계산과 일치시킨다.

예제 11-4 다음은 표준변동원가제도를 실시하고 있는 (주)강원산업의 제품 X의 생산·판매와 관련된 3월 중의 자료이다.

(1) 제품 X의 단위당 원가표준

직접재료비	10kg	@₩60	₩600
직접노무비	5시간	@₩80	400
변동제조간접비	5시간	@₩100	500
변동판매관리비			600
표준변동원가			₩2,100

(2) 월중 고정비 예산(240개를 기준으로 함)

고정제조간접비 : ₩240,000

고정판매관리비 : ₩180,000

(3) 3월 중의 실제원가 발생액

직접재료비	1,950kg @₩64	₩124,800
직접노무비	1,100시간 @₩86	94,600
변동제조간접비		11,5000
변동판매관리비		108,000
고정제조간접비		220,000
고정판매관리비		200,000
합계		₩862,400

(4) 제품수량 자료

월초 재고량 : 20개	월간 생산량 : 200개
월말 재고량 : 40개	월간 판매량 : 180개

(5) 제품단위당 판매가격은 ₩6,000이며, 기초 및 기말 재공품은 없으며, 월간 기준조업도는 240개이다. 원가차이는 매출원가조정법을 이용한다.

물.음.

1. 원가차이를 구분하여 계산하시오.
2. 재공품계정과 제품계정에 전기해 보시오.
3. 표준변동원가계산에 의한 손익계산서를 작성하여 실제영업이익을 계산하시오.

풀.이.

1. 원가차이의 계산

① 직접재료비차이

소비가격차이 : (₩64－₩60)×1,950kg ₩7,800(불리)

능률(수량)차이 : {1,950kg − (200×10kg)}×₩60	3,000(유리)
합 계	₩4,800(불리)
② 직접노무비차이	
임률차이 : (₩86 − ₩80)×1,100시간	₩6,600(불리)
능률(작업시간)차이 : {1,100시간 − (200×5시간)}×₩80	8,000(불리)
합 계	₩14,600(불리)
③ 변동제조간접비차이	
소비차이 : ₩115,000 − (1,100시간×₩100)	₩5,000(불리)
능률차이 : {1,100시간 − (200×5시간)}×₩100	10,000(불리)
합 계	₩15,000(불리)
④ 고정제조간접비차이	
예산차이 : ₩220,000 − ₩240,000	₩20,000(유리)
조업도차이 : (240 − 200)×₩1,000	40,000(불리)
합 계	₩20,000(불리)
⑤ 판매비와 관리비차이	
변동비차이 : ₩108,000 − (₩600×180)	₩0
고정비차이 : ₩200,000 − ₩180,000	20,000(불리)
합 계	₩20,000(불리)

2. 재공품과 제품계정에의 전기

재공품

기초재공품	0	제품	300,000
직접재료비	120,000[1)]	기말재공품	0
직접노무비	80,000[2)]		
변동제조간접비	100,000[3)]		
합 계	300,000	합 계	300,000

제품

기초제품	30,000[4)]	매출원가	270,000[5)]
재공품	300,000	기말제품	60,000[6)]
합 계	330,000	합 계	330,000

1) 200개×₩600　2) 200개×₩400　3) 200개×₩500
4) 20개×₩1,500　5) 180개×₩1,500　6) 40개×₩1,500

3. 표준변동원가계산에 의한 손익계산서의 공인된 양식은 없다. 그러므로 손익계산서의 양식은 작성하는 이에 따라 다소 상이하며 다음의 양식도 하나의 예에 불과하다.

손익계산서

매출액			₩1,080,000
표준변동매출원가		₩270,000	
원가차이 :			
직접재료비차이	₩4,800(U)		
직접노무비차이	14,600(U)		
변동제조간접비차이	15,000(U)	34,400(U)	

수정후(실제)변동매출원가		304,400
제조공헌이익		775,600
변동판매관리비		108,000
공헌이익		667,600
고정비* :		
고정제조간접비	220,000	
고정판매관리비	200,000	420,000
영업이익		₩247,600

* 고정제조간접비와 고정판매관리비 등 모든 고정비는 실제원가로 계상하였다.

예제 11-5 다음은 (주)영진산업의 제품 생산·판매와 관련된 제15기 중 4월의 자료이다.

(1) 제품단위당의 표준원가는 다음과 같다.

직접재료비	2kg	@₩30	₩60
직접노무비	1시간	@₩125	₩125
변동제조간접비	1시간	@₩82	₩82

(2) 고정제조간접비의 월간 예산은 ₩45,000이며, 이는 제품 1,800단위를 기준으로 한 것이다.

(3) 4월 중의 재고자산에 대한 자료는 다음과 같다.
제품의 기초재고, 재공품의 기초와 기말 재고는 없다. 4월중 제품생산량은 2,000단위이며, 판매량은 1,800단위이다.

(4) 4월 중의 실제원가는 다음과 같다.
직접재료비 : ₩140,000
변동제조간접비 : ₩160,000
직접노무비 : ₩244,000
고정제조간접비 : ₩44,000
판매비와 관리비 : ₩100,000(이 중 72%는 변동비이다)

(5) 제품단위당 판매가격은 ₩600이다.

물음.

1. 실제원가를 이용하여 손익계산서를 작성하고자 한다. ① 실제전부원가계산과 ② 실제변동원가계산에 의한 손익계산서를 작성하시오.
2. 표준원가를 이용하여 손익계산서를 작성하고자 한다. 모든 원가차이는 매출원가조정법을 이용하여 처리한다. ① 표준전부원가계산과 ② 표준변동원가계산에 의한 손익계산서를 작성하여 실제영업이익을 계산하시오.
3. 물음 1, 2에서의 전부원가계산과 변동원가계산에 의한 영업이익을 조정하시오.
4. ① 실제전부원가계산과 표준전부원가계산, ② 실제변동원가계산과 표준변동원가계산에 의한 영업이익의 차이는 무엇에 기인하는가?

풀.이.

1. ① 실제전부원가계산에 의한 손익계산서

매출액(1,800×₩600)		₩1,080,000
매출원가 :		
기초제품재고액	₩0	
당기제품제조원가	588,000	
기말제품재고액	(58,800)*	529,200
매출총이익		₩550,800
판매비와관리비		100,000
영업이익		₩450,800

$* \ 588,000 \times \frac{200}{2,000} = ₩58,800$

② 실제변동원가계산에 의한 손익계산서

매출액		₩1,080,000
변동매출원가		489,600*
공헌제조이익		590,400
변동판매비와관리비		72,000
공헌이익		518,400
고정원가 :		
제조간접비	₩44,000	
판매비와관리비	28,000	72,000
영업이익		₩446,400

$* \ 544,000 \times \frac{1,800}{2,000} = ₩489,600$

2. ① 표준전부원가계산에 의한 손익계산서

매출액		₩1,080,000
매출원가(₩292*×1,800)	₩525,600	
총원가차이(불리)	4,000**	529,600
매출총이익		₩550,400
판매비와관리비		100,000
영업이익		₩450,400

$* \ ₩60 + ₩125 + ₩82 + \frac{₩45,000}{1,800} = ₩292$

** 차이분석

직접재료비차이 : 140,000－(2,000×60)	₩20,000(불리)
직접노무비차이 : 244,000－(2,000×125)	6,000(유리)
변동제조간접비차이 : 160,000－(2,000×82)	4,000(유리)
고정제조간접비 예산차이 : 44,000－45,000	1,000(유리)

고정제조간접비 조업도차이 : (1,800－2,000)×25　　5,000(유리)
합 계　　₩4,000(불리)

② 표준변동원가계산에 의한 손익계산서

매출액		₩1,080,000
표준변동매출원가	₩480,600*	
직접재료비차이	20,000(U)	
직접노무비차이	6,000(F)	
변동제조간접비차이	4,000(F)	
실제변동매출원가		490,600
공헌제조이익		₩589,400
변동판매비와관리비		72,000
공헌이익		₩517,400
고정비 :		
제조간접비	₩44,000	
판매비와관리비	28,000	72,000
영업이익		₩445,400

* (₩60＋₩125＋₩82)×1,800＝₩480,600

3. ① 실제변동원가계산하의 영업이익　　₩446,400
기말제품에 포함된 고정제조간접비　　4,400*
실제전부원가계산하의 영업이익　　₩450,800

* 제품단위당 고정제조간접비의 실제배부율＝$\frac{₩44,000}{2,000단위}$＝₩22
생산량과 판매량의 차이 : 200단위　∴ 200단위×₩22＝₩4,400

② 표준변동원가계산하의 영업이익　　₩445,400
기말제품에 포함된 고정제조간접비　　5,000*
표준전부원가계산하의 영업이익　　₩450,400

* 제품단위당 고정제조간접비의 표준배부율＝$\frac{₩45,000}{1,800단위}$＝₩25
∴ 200단위×₩25＝₩5,000

4. ① 실제전부원가계산하의 영업이익　　₩450,800
기말제품에 포함되어야 할 원가차이　　(400)*
표준전부원가계산하의 영업이익　　₩450,400

* ₩4,000(총원가차이)×$\frac{200단위}{2,000단위}$＝₩400

② 실제변동원가계산하의 영업이익　　₩446,400
기말제품에 포함되어야 할 원가차이　　(1,000)*
표준변동원가계산하의 영업이익　　₩445,400

* ₩10,000(총변동원가차이)＝$\frac{200단위}{2,000단위}$＝₩1,000

이와 같이 실제원가계산과 표준원가계산에 의한 영업이익차이는 비례배분법을 이용하지 않고 매출원가조정법을 이용하여 원가차이에 대한 조정을 하였기 때문에 나타난 것이다.

제4절 변동원가계산의 유용성과 문제점

1 변동원가계산의 유용성

전부원가계산과는 달리 변동원가계산은 기업의 내부적 경영관리활동을 위한 목적으로 이용된다. 즉 변동원가계산은 경영자의 계획설정 및 통제활동을 위하여 유용한 원가정보를 제공한다. 변동원가계산의 유용성은 크게 이익계획설정기능 · 원가관리기능 · 특별의사결정기능 · 경영구분별 손익계산기능으로 나눌 수 있다.

(1) 이익계획설정기능

변동원가계산은 주로 단기적인 이익계획을 설정함에 유용성이 크다. 이익계획을 수립하기 위해서는 먼저 손익분기점을 파악하고 목표이익을 달성하기 위한 목표매출액을 설정하여야 한다. 변동원가계산에 의한 공헌손익계산서는 공헌이익의 계산을 통하여 손익분기점이나 목표이익의 실현을 위한 매출액을 손쉽게 계산할 수 있다.

이익관리의 대표적인 기법이 원가－조업도－이익분석법(CVP분석법 : cost-volume-profit analysis method)이다. CVP분석법은 원가 · 매출량(액) · 이익의 관계분석을 통한 이익관리 기법이다. 변동원가계산은 CVP분석을 위한 자료를 제공하여 준다. 즉 변동원가계산은 원가 · 매출액(량) · 이익의 관계에 기초한 계산이라는 특징을 갖는다. 매출수량, 판매가격, 판매제품의 구성 및 원가 등이 변화하면 이익도 변화하게 되는데 이 변화관계를 확실히 제시해 줄 수 있는 정보는 변동원가계산을 통하여 얻을 수 있다.

즉 변동원가계산은 이익에 영향을 주는 요인들의 변화와 이익변화의 관계성을 정확히 파악할 수 있어 이익계획을 설정하는 데 유용한 정보를 산출해 준다. 변동원가계산의 이익계획설정에의 적용내용은 CVP분석법을 이용한 이익관리의 내용과 유사하며 다음과 같은 예를 들 수 있다.

① 판매수량변화에 따른 이익변화의 측정
② 판매가격변화에 따른 이익변화의 측정
③ 제품의 구성변화에 따른 이익변화의 측정
④ 원가의 변화에 따른 이익변화의 측정
⑤ 목표이익 달성을 위한 판매가격의 결정

⑥ 목표이익 달성을 위한 허용원가(allowable cost)의 결정

변동원가계산은 이익계획수립에 있어 중요한 의미를 갖는 것으로 CVP분석을 위한 자료를 제공한다. CVP분석에 관한 내용은 저자의 「관리회계」 교재를 참고하기로 한다. 다만 변동원가계산에 의한 이익계획설정시 이용되는 중요한 용어들을 간추리면 다음과 같다.

- 공헌이익 = 매출액 − 변동비 = 고정비 + 이익
- 공헌이익률(P/V비율) = $\frac{\text{공헌이익}}{\text{매출액}}$ = 1 − 변동비율
- 변동비율 = $\frac{\text{변동비}}{\text{매출액}}$ = 1 − 공헌이익률
- 손익분기매출액 = $\frac{\text{고정비}}{1-\text{변동비율}} = \frac{\text{고정비}}{1-\frac{\text{변동비}}{\text{매출액}}}$
- 손익분기점(BEP)비율 = $\frac{\text{손익분기매출액}}{\text{실제(예정)매출액}}$ = 1 − M/S비율
- *M/S*비율(안전한계율, 경영안전율) = $\frac{\text{실제(예정)매출액} - \text{손익분기매출액}}{\text{실제(예정)매출액}}$ $= \frac{\text{안전한계매출액}}{\text{실제(예정)매출액}}$ = 1 − 손익분기점비율

(2) 원가관리기능

변동원가계산은 원가를 변동원가와 고정원가로 구분하기 때문에 원가에 대한 관리책임의 한계를 보다 명확히 하며, 책임회계제도에 따른 원가의 효율적인 관리를 위한 원가정보를 제공하여 준다. 물론 변동원가계산 그 자체는 표준원가계산에 비하여 그 이상으로 추가할 수 있는 유용성이 없다는 지적도 있다.

그러나 표준원가계산과 변동원가계산을 결합한 표준변동원가계산은 표준원가계산이 원가관리기능을 그대로 수행할 수 있다.

표준변동원가계산하에서 변동비는 표준에 의하여 고정비는 예산에 의하여 관리된다. 이에 따라 변동원가의 관리는 부문별 또는 원가요소별로 원가표준을 설정하고 차이를 분석하는 표준원가에 의한 원가관리방법을 그대로 이용할 수 있다. 한편 변동원가계산이 고정원가의 관리를 위하여 제공하는 효익은 고정원가 계획뿐만 아니라 고정원가 예산차이 분석의 용이화와 명료화이다. 즉 고정원가를 제품원가에 포함시키지 않음으로 그 발생상태에 의하여 관리할 수 있도록 한다. 나아가서 고정원가는 통제불능한 원가로 간주하고 그 관리를 포기하기 쉽다.

그러나 고정원가를 제약 고정원가(committed fixed cost)와 관리가능 고정원가(managed

fixed cost)로 구분한다면 고정원가의 많은 부분을 관리할 수 있다. 즉 전부원가계산하에서 제품원가에 배부하기 위하여 모호하게 취급되던 고정원가가 변동원가계산에서는 그 발생 원인에 관하여 보다 적극적으로 규명되어 원가관리의 효율성을 높일 수 있게 한다.

(3) 특별의사결정기능

변동원가계산은 비정규적이고 임시적인 특별의사결정에 필요한 유용한 정보를 제공하여 준다. 특별의사결정의 기본적 방법 중 하나가 공헌이익접근법(contribution margin approach)인바, 이 방법을 이용하기 위해서는 변동원가계산에 의한 자료를 필요로 한다. 변동원가계산에 의한 공헌이익접근법(또는 공헌접근법)에 의한 특별의사결정의 경우는 다음과 같다.

1) 판매가격의 결정

일반적으로 장기적 가격결정은 전부원가접근법을 이용하고 단기적 가격결정은 변동원가계산에 의한 공헌접근법을 이용하는 것이 합리적이다. 단기적인 가격결정에서는 대체로 생산설비 및 생산능력이 변화하지 않는 조건, 즉 고정비를 증가시키지 않는 조업도수준이 유지된다는 전제하에서 가격에 대한 의사결정이 이루어진다. 이처럼 단기적 가격결정에 있어 보상되어야 하는 원가가 변동원가와 일치하는 경우 변동원가계산에 의한 공헌이익을 기준한 가격결정이 보다 합리적이다.

예제 11-6 다음은 단일 품목으로 불꽃놀이용 폭죽을 생산·판매하는 ㈜수원산업의 9월과 10월의 자료이다.

(1) 9월 중 10,000개를 생산·판매하였으며, 단위당 판매가격은 ₩100이었다.

(2) 9월 중 제품 10,000개를 생산·판매하기 위한 원가는 다음과 같았다.

변동제조원가 : ₩300,000	변동판매비와관리비 : ₩100,000
고정제조원가 : ₩250,000	고정판매비와관리비 : ₩50,000

(3) 10월 중 단위당 변동원가는 9월보다 10% 증가할 것으로 추측된다.

(4) 고정원가가 일정하게 발생되는 관련범위는 생산·판매량이 15,000개까지이다.

물음.

1. 만일 10월 중 판매량이 9월과 동일한 경우, 10월 중 9월과 동일한 이익을 얻기 위하여는 판매가격은 얼마가 되어야 하는가?
2. 만일 10월 중 판매량이 12,000개로 증가하는 경우 이익 ₩450,000을 얻기 위하여 판매가격은 얼마로 결정되어야 하는가?

풀.이.

1. 단위당 변동비의 비교

	9월	10월
변동제조원가	₩30	₩33
변동판매 · 관리비	10	11
계	₩40	₩44

① 9월 중의 이익 : 10,000개×(₩100 − ₩40) − (₩250,000 + ₩50,000) = ₩300,000

② 10월 중 목표공헌이익 : ₩250,000 + ₩50,000 + ₩300,000 = ₩600,000

③ 10월 중 목표공헌이익(₩600,000)을 얻기 위한 판매가격 : X

10,000(X − 44) = ₩600,000 ∴X = ₩104

2. 판매가격 : X

12,000(X − 44) − (₩250,000 + ₩50,000) = ₩450,000

(X − 44) = 62.5 ∴X = ₩106.50

2) 특별주문의 수락여부결정

특별주문의 수락여부는 기본적으로 변동원가계산을 통한 공헌이익접근법에 의한 공헌이익의 계산을 통하여 결정된다. 특별주문은 대체로 유휴설비를 활용하여 주문을 이행할 수 있다. 따라서 특별주문가격이 변동원가를 초과하는 경우 특별주문을 수락한다면 기업에 단기적으로 이익을 가져다 주게 된다. 특별주문의 이행시 변동원가뿐만 아니라 증가되는 고정원가가 있다면 이 증가되는 고정비도 반드시 고려하여야 한다.

예제 11-7 ㈜충주산업은 제품A를 총원가에 15% 이윤을 가산하여 판매가격을 결정하고 있다.

(1) 제품A의 단위당 직접제조원가는 다음과 같다.

직접재료비 : ₩10 직접노무비 : ₩50

(2) 당기 중 고정제조간접비 예산액은 ₩120,000, 변동제조간접비 예산액은 ₩280,000이다. 또한 고정판매비 및 관리비 예산은 ₩240,000이며, 변동판매비 및 관리비 예산은 ₩160,000이다. 당기의 생산 · 판매 예산수량(기준조업도)은 40,000단위이다. 현재의 생산설비 및 판매설비를 이용한 최대의 생산 · 판매량은 50,000단위이다.

물.음.

1. 정상적인 주문의 경우 판매가격을 결정하시오.

2. 홍길동으로부터 제품단위당 ₩75씩에 3,000개의 특별주문이 있었다. 이 제안을 수락하는 경우, 기업의 영업이익에 미치는 영향은 어떠한가?

3. 만일 (주)충주산업의 최대생산량이 40,000단위인 경우, 물음 2의 특별주문에 대한 의사결정은 어떠한 원가를 추가로 고려하여야 하는가?

풀.이.

1.

직접재료비	₩10	
직접노무비	50	
변동제조간접비	7[1)]	1) $\frac{₩280,000}{40,000단위}=₩7$
고정제조간접비	3[2)]	2) $\frac{₩120,000}{40,000단위}=₩3$
합 계	₩70	
변동판·관비	4[3)]	3) $\frac{₩160,000}{40,000단위}=₩4$
고정판·관비	6[4)]	4) $\frac{₩240,000}{40,000단위}=₩6$
총원가	₩80	
이 익	12	
판매가격	₩92	

2. 제품단위당 변동원가 : ₩71(₩10 + ₩50 + ₩7 + ₩4)
특별주문수락시 증분수익 : ₩225,000(₩75×3,000개)
특별주문수락시 증분원가 : ₩213,000(₩71×3,000개)
추가이익 ₩12,000

특별주문 3,000개를 추가생산하더라도 고정제조간접비 및 고정판매비와 관리비는 증가되지 아니한다.

3. 정상판매를 통하여 40,000단위를 판매할 수 있으므로 특별주문수락을 위한 유휴설비가 없는 상태이다. 따라서 특별주문을 수락하기 위해서는 기존거래처의 판매를 감소시키거나(이때는 정규판매의 포기로 인한 기회원가가 고려되어야 함) 추가적인 생산설비 투자나 임차를 고려하여야 한다.

3) 최적매출구성의 결정

단일이 아닌 복수의 제품을 생산·판매하는 경우에는 매출구성 또는 매출배합을 결정하여야 한다. 매출배합(sales mix) 또는 제품구성(product mix)은 기업전체의 매출량(또는 매출액)에서 개별제품이 차지하는 매출량(또는 매출액)의 구성비율을 의미한다. 변동원가계산은 기업의 다양한 매출배합 중 최대의 이익을 가져다 줄 수 있는 최적매출배합을 결정하는데 유용한 정보를 제공하여 준다. 즉 제한된 자원을 이용하여 다종의 제품을 생산·판매하는 경우 제약자원당 공헌이익이 큰 제품부터 우선적으로 생산·판매함으로써 기업의 이익을 최대화시킬 수 있다. 또한 현재 기업이 생산·판매하고 있는 제품을 계속 생산할 것인가 아니면 폐지할 것인가에 대한 의사결정을 위해서도 변동원가계산은 유용한 정보를 제공한다. 제품라인의 폐쇄 및 추가여부 등의 제품라인결정(product-line decision)은 공헌접근법에 의한 수익과 원가의 비교를 통하여 결정하게 된다.

예제 11-8 다음은 A, B, C 세 종류의 제품을 생산・판매하고 있는 (주)오산산업의 제품 단위당 자료이다.

항 목	제품단위당		
	A	B	C
판매가격	₩1,050	₩1,200	₩800
변동제조비와 판매비	250	500	200
공헌이익	₩800	₩700	₩600
공헌이익률	76%	58%	75%
우선순위	1	3	2

세 가지 제품생산을 위한 총 고정제조비는 매월 ₩300,000이며 제품판매・관리를 위한 총 고정판매비와 관리비는 매월 ₩200,000이다. 한편 제품 1단위의 완성을 위하여 필요한 작업시간은 A : 2시간, B : 1시간, C : 1시간이다. 총작업시간은 제한되어 있기 때문에 필요하다면 어떤 제품도 생산을 중단할 수 있다.

물.음.

기업의 이익을 최대화할 수 있는 제품배합의 우선순위를 결정하시오.

풀.이.

항 목	제품단위당		
	A	B	C
판매가격	₩1,050	₩1,200	₩800
변동비	250	500	200
공헌이익	₩800	₩700	₩600
작업시간	2시간	1시간	1시간
작업시간당 공헌이익	₩400	₩700	₩600

따라서 제품생산의 우선순위는 B, C, A이다.

(4) 경영구분별 손익계산기능

경영구분(segment)이란 원가・수익 또는 두 가지 모두에 대하여 개별적인 계산을 실시하고자 하는 기업 내의 구분을 의미하며 업무구분이라고도 한다. 경영구분의 예로는 제품종류

사업부 판매지역 · 고객 · 주문 등을 들 수 있다. 경영구분별 손익계산은 경영구분별 업적평가를 위하여 경영구분별 손익계산서를 작성하는 것이다. 경영구분별 손익계산서는 부문보고서(segment reports)라고도 하며, 경영구분에 따라 제품별 손익계산서, 공장별 손익계산서, 사업부별 손익계산서, 고객별 손익계산서, 판매지역별 손익계산서 등의 형태가 있다.

경영구분별 손익계산서의 작성은 변동원가계산에 의한 손익계산서를 작성하여 기업이익에 대한 경영구분별 공헌액을 쉽게 파악하도록 한다. 경영구분별 손익계산을 위해서는 원가를 다음 세 가지 측면에서 분류한다.

① 원가행태에 따라 : 변동원가와 고정원가로 분류한다.
② 통제가능성에 따라 : 관리가능원가와 관리불능원가로 분류한다.
③ 추적가능성에 따라 : 분리가능원가와 공통원가로 분류한다.

원가행태에 따른 분류시 변동원가는 경영구분별 직접원가(direct segment costs)로 분류되며 매출액에서 변동원가를 차감하여 공헌이익을 계산한다. 변동원가는 관리가능원가이며 분리가능 원가로 파악된다.

반면에 고정원가는 경영구분별 관리자가 관리가능한 원가와 관리불능한 원가로 구분할 수 있어야 하며, 또한 경영구분별 직접원가인 분리가능원가와 공통원가로 구분되어야 한다.

일반적으로 공통고정원가(common fixed costs)는 중앙원가(central costs) 또는 본사비(headquarter expenses)로 경영구분별로 배분되지 않는 원가이다. 즉 공통고정원가는 여러 경영구분에서 공통적으로 발생하며 실제로 정확하게 배분할 수 없는 원가이다.

경영구분별 손익계산서를 작성하는 경우 세 가지 측면에 따른 원가의 분류를 요약하면 다음 [도표 11－8]과 같다.

■ 도표 11－8 원가의 세 가지 측면에 의한 분류

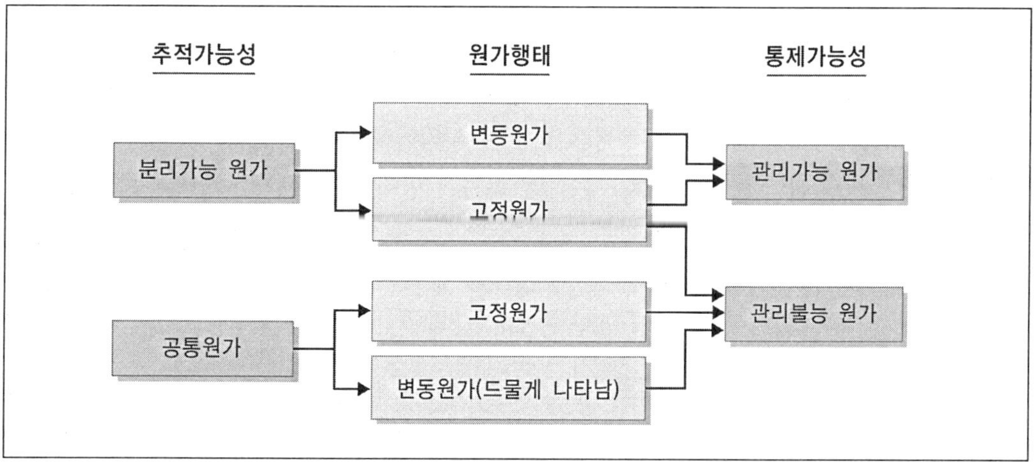

■ 도표 11-9 경영구분별 손익계산서의 예 (단위 : 백만원)

항 목	회사 전체	사업부별 분석		사업부 B의 분석				
		사업부 A	사업부 B	미배분	제품 1	제품 2	제품 3	제품 4
매출액	2,500	1,500	1,000		300	200	100	400
변동매출원가	1,780	1,200	580		120	155	45	260
제조공헌이익	720	300	420		180	45	55	140
변동판매비와 관리비	220	100	120		60	15	25	20
공헌이익	500	200	300		120	30	30	120
경영구분별 사업부 관리자 관리가능고정원가	190	110	80	45*	10	6	4	15
사업부 관리가능 이익	310	90	220	(45)	110	24	26	105
경영구분별 사업부관리자 관리불능고정원가	70	20	50	20*	3	15	4	8
사업부직접이익**	240	70	170	(65)	107	9	22	97
미배분공통원가	80							
순이익	160							

* 제품계열별로 정확하게 파악할 수 없는 원가는 배분하지 않는다.
** 사업부직접이익은 사업부 공헌이익이라고도 한다.

경영구분별 손익계산서를 공헌접근법에 따라 작성하는 예를 보면 [도표 11-9]와 같다. 이 도표에서는 경영구분을 크게 사업부(division)로 나누고 사업부 내에서의 경영구분은 제품종류(product line)로 설정하고 있다.

즉 회사전체의 경영구분은 사업부 A와 B로, 그리고 사업부 B의 구분은 제품 1, 2, 3, 4로 나누었다.

[도표 11-9]에서 손익계산서의 작성과정을 살펴보면 변동원가계산에 따른 공헌손익계산서의 양식에 따라 경영구분별 공헌이익을 계산하며 개별사업부관리자가 관리가능한 고정원가를 차감한 후 사업부(관리자) 관리가능 이익을 계산하고, 개별사업부관리자가 관리불가능한 고정원가를 차감한 후 사업부 직접이익을 계산한다. 사업부 직접이익은 개별사업부가 회사전체 이익에 이바지한 공헌의 정도를 나타내는 이익이다. 일반적으로 사업부의 업적평가시에는 사업부 직접이익을 이용하며, 사업부관리자의 업적평가시에는 사업부관리자 관리가능이익을 이용한다.

손익계산서에서 하단으로 내려갈수록 각 항목은 사업부관리자의 관리가능성이 작아진다. 또한 관리불능고정원가는 많은 부분 원가배분의 과정을 통해 계산된다. 그럼에도 불구하고 개별사업부가 이익책임단위로 영위된다면 사업부 직접원인은 보편적인 성과측정치로 이용된다.

예제 11-9 다음은 운송용역을 판매하고 있는 ㈜영남운송의 제25기 중의 경영자료이다.

(1) 매출액

총매출액은 ₩100,000,000으로 이 중 ₩90,000,000은 화물운송부에서, ₩10,000,000은 여객운송부로부터의 수익이다. 여객운송의 50%는 사업부 1로부터, 40%는 사업부 2로부터, 10%는 사업부 3으로부터의 수익이다.

(2) 변동비

총변동비는 ₩56,000,000으로, 이 중 ₩44,000,000은 화물운송으로부터 발생한 것이다. 여객운송에 해당되는 ₩12,000,000 중 ₩4,400,000은 사업부 1에, ₩3,700,000은 사업부 2에, ₩3,900,000은 사업부 3에 각각 배분될 수 있다. 나머지는 특정 사업부에 배분될 수 없는 것으로 판단되었다.

(3) 고정비

분리가능한 관리가능고정원가는 ₩10,000,000으로, 이 중 9,500,000은 화물운송에 속한 것이다. 나머지 ₩500,000은 여객운송에 관계된 것이며 사업부 1, 2, 3에 각각 ₩300,000, ₩70,000, ₩30,000이 배부되었다.

(4) 분리가능한 관리불능고정원가는 ₩30,000,000으로, 이것은 부문관리자가 관리가능한 것이 아니다. 이 금액의 90%는 화물운송에 해당하는 것이다. 여객운송에 속한 10% 중 사업부 1, 2, 3에 각각 ₩1,800,000, ₩420,000, ₩180,000이 배분되었다. 나머지는 특정 사업부에 배분될 수 없는 것으로 생각되었다. 회사 어느 사업부에도 명확히 배분될 수 없는 공통고정원가(common fixed costs)가 ₩1,000,000에 달하였다.

물.음.

경영구분별 손익계산서를 공헌접근법에 따라 작성하시오.

풀.이.

경영구분별 손익계산서 (단위 : 천원)

	두 부문으로 분할			여객운송의 분할			
	회사전체	화물운송	여객운송	미배분	1부문	2부문	3부문
매출액	₩100,000	₩90,000	₩10,000	₩ −	₩5,000	₩4,000	₩1,000
변동비	56,000	44,000	12,000	−	4,400	3,700	3,900
공헌이익	44,000	46,000	(2,000)	−	600	300	(2,900)
분리가능한관리가능고정원가	10,000	9,500	500	100	300	70	30
부문관리자관리가능공헌이익	34,000	36,500	(2,500)	(100)	300	230	(2,930)
분리가능한관리불능원가	30,000	27,000	3,000	600	1,800	420	180
부문직접이익	4,000	₩95,00	₩(5,500)	₩(700)	₩(1,500)	₩(190)	₩(3,110)
공통고정원가	1,000						
법인세차감전순이익	₩3,000						

① 여객운송부 매출액의 계산

제1부문 : ₩10,000,000×50% = ₩5,000,000

제2부문 : 10,000,000×40% = 4,000,000

제3부문 : 10,000,000×10% = 1,000,000

② 고정비의 배부

분리가능한 관리가능 고정원가 ₩10,000,000 중에서 각 부문에 배분한 후의 잔액 ₩100,000은 특정 부문에 배분이 불가능한 고정원가이다.

③ 분리가능한 관리불능원가

분리가능한 관리불능원가 ₩30,000,000 중에서 각 부문에 배분한 후의 잔액 ₩600,000은 특정 부문에 배분이 불가능한 고정원가이다.

④ 고정원가의 처리

공통고정원가 ₩1,000,000은 어느 사업부에도 명확히 배분될 수 없는 금액으로 손익계산시 기업전체의 부문직접이익에서 일괄 차감한다.

2 변동원가계산의 문제점

변동원가계산은 내부적 계획·통제활동을 위하여 관리자들에게 유용한 정보를 제공하지만 아직도 외부보고용 재무제표 작성시에는 전부원가계산이 이용되고 있다. 이는 변동원가계산이 내포하고 있는 문제점들로 인하여 많은 이들이 변동원가계산을 반대하고 있기 때문이다. 전부원가계산을 주장하는 이들이 제시하고 있는 변동원가계산의 반대 이유, 즉 문제점들을 요약하면 다음과 같다.

① 변동원가계산은 원가포괄개념(cost-attach concept)을 무시하고 있다. 즉 재고자산원가는 제조과정에서 발생한 모든 원가이어야 하기 때문에, 원가행태에 따른 고정원가를 기간비용화 하는 것은 제조원가가 포괄해야 하는 원가를 도외시 하는 것이다. 따라서 고정제조간접비도 당연히 재고자산원가에 포함시켜야 한다.

② 재고자산의 가치(inventory value)를 과소평가한다. 이는 변동원가계산시 고정제조간접비를 제품에 배부하지 않으므로 재고자산가액을 저평가하게 된다.

③ 외부보고시 변동원가계산을 인정하지 않기 때문에 정보이용자들의 이해가능성이 낮고 이에 따라 변동원가계산에 따른 재무제표를 이용하여 투자결정을 하는 경우 잘못된 방향으로 오도할 가능성이 높다.

④ 장기적으로 모든 원가는 변동원가이다. 왜냐하면 고정원가는 관련범위 내에서만 고정적이고, 관련범위는 장기적으로 보면 상이해지기 때문이다. 따라서 비록 단기적으

로 고정비일지라도 장시간이 경과하고, 이에 따라 생산량이 증가하는 경우라면, 많은 고정비가 변화될 수 있다.

⑤ 특별주문수락, 판매가격결정 등의 특수한 의사결정에 이용하는 경우도 장기적인 의사결정이 아니라 단기적인 의사결정에만 유용성을 갖는다는 것이다. 즉 장기적인 가격결정이나 기타 장기적 의사결정시에는 변동원가계산에 의한 정보는 그 의미를 상실하게 된다.

⑥ 변동원가계산은 원가행태에 따라 고정비와 변동비의 정확한 구분을 전제로 하나, 이를 구분하는 데 많은 어려움이 따른다. 제조원가 중 많은 부분이 혼합원가(mixed costs)의 행태를 띠고 있으므로 이를 다시 변동원가와 고정원가로 구분하는 작업이 쉬운 일이 아니다.

⑦ 변동원가계산은 고정제조간접비의 중요성을 무시하는 경향이 있다. 고정제조간접비는 대부분 제약설비원가(committed capacity costs)로서 생산을 위해 사용되는 물적 설비로 인하여 발생하는 원가이며, 대체로 회피불능하고 통제불능한 원가이다. 이처럼 고정제조간접비는 대규모 시설투자와 자동화에 따라 장기적으로 중요한 원가임에도 불구하고, 기간비용화하여 관리의 중요성을 부여하지 않는다.

연. 습. 문. 제.

01 **(주)이천산업은 지난 7월말 설립되어 8월초부터 제품생산을 시작하였다. 8월 중 제품의 생산 판매와 관련된 자료는 다음과 같다.**

직접재료비	₩40,000	8월말 생산량	500개
직접노무비	80,000	8월말 판매량	400개
변동제조간접비	50,000	단위당 판매가격	₩600
고정제조간접비	15,000	변동판매관리비	₩25,600
고정판매관리비	20,000	월말 재공품	없음

물음

1. 전부원가계산에 의한 영업이익은 얼마인가?
2. 변동원가계산에 의한 영업이익은 얼마인가?
3. 두 원가계산방법에 의한 이익차이를 조정하시오.
4. 재고자산이 증가하게 되면 전부원가계산하의 영업이익은 증가한다. 그러나 변동원가계산하의 영업이익은 영향을 받지 않는다. 이와 같은 결과가 나타나는 이유는 무엇인가?

02 **다음은 단일제품을 생산·판매하고 있는 (주)천안기업의 한 회계기간 동안의 경영활동에 관한 자료이다.**

(1) 기초제품재고량 1,000개(제품단위당 변동비 ₩400, 고정비 ₩200)

(2) 기말제품재고량 1,500개

(3) 당기완성품수량 5,000개

(4) 당기제품매출수량 4,500개(매출단가 @₩920)

(5) 당기제조원가

변동비(단위당) :	
재료비 및 노무비	@₩300
제조간접비	@₩100
고정비	₩1,000,000

(6) 당기판매비와 관리비

변동비(단위당)	@₩60
판매비(고정비)	₩300,000
관리비(고정비)	₩500,000

(7) 기초와 기말의 재공품재고액은 없다.

(8) 재고자산평가는 선입선출법을 이용한다.

물음

1. 전부원가계산제도에 의한 손익계산서를 작성하시오
2. 변동원가계산제도에 의한 손익계산서를 작성하시오.

03 다음은 (주)양구물산의 지난 11월 중 제품의 생산판매관련 자료이다.

(1) 기초와 기말의 재공품은 없으며, 재고자산은 선입선출법으로 평가한다.

(2) 11월 중 고정제조간접비는 ₩375,000이고, 고정판매비와 관리비는 ₩200,000, 변동판매비와 관리비는 없다.

(3) 전부원가계산에 의한 기초제품재고액은 ₩70,000이며, 이 중 ₩28,000은 고정제조간접비이다.

(4) 전부원가계산에 의한 기말제품재고액은 ₩280,000이다.

(5) 기초제품은 200kg, 기말제품은 700kg, 당기생산량은 2,500kg, 당기판매량은 2,000kg이다.

(6) 제품의 단위당 판매가격은 ₩600이다.

물음

1. 변동원가계산에 의한 기말제품재고액을 계산하시오.
2. 변동원가계산에 의한 영업이익을 계산하시오.
3. 전부원가계산에 의한 영업이익을 계산하시오.
4. 전부원가계산에 의한 영업이익은 ₩210,000이다. 후입선출법을 이용하는 경우 변동원가계산에 따른 영업이익은 얼마인가?

04 **다음은 (주)오산기업의 제품 단위당 표준원가, 판매 관련 자료 그리고 제8기와 제9기의 생산·판매에 대한 자료이다.**

(1) 제품단위당 표준원가는 다음과 같다.

직접재료비		₩130
직접노무비		150
제조간접비		
변동비	₩20	
고정비	100*	120
제품단위당 표준원가		₩400

* 연간고정제조간접비(₩15,000,000)÷연간기준조업도(150,000단위)

(2) 판매가격은 단위당 ₩500이며 매출액에 대하여 5%의 판매수수료가 지급되고, 고정비로 지급되는 판매비와 관리비는 연간 ₩6,500,000이다.

(3) 제8기와 제9기의 제품의 재고자료는 다음과 같다

	제8기	제9기
기초재고량	–	30,000
생산량	170,000	140,000
판매량	140,000	160,000
기말재고량	30,000	10,000

(4) 표준변동비의 원가차이는 없었고 고정제조간접비의 실제발생액은 연간 ₩15,000,000이었다. 모든 조업도차이는 연말에 매출원가에 가감하여 처리한다.

(5) 기초와 기말의 재공품은 없었다.

물음

1. 표준전부원가계산방법과 표준변동원가계산방법에 따른 제8기와 제9기의 손익계산서를 작성하여 실제 영업이익을 계산하시오.

2. 제8기와 제9기의 두 원가계산방법에 따른 영업이익차이를 계산하고, 영업이익차이를 조정하시오.

05 **다음의 자료는 단일제품을 생산판매하고 있는 정선산업(주)의 2월과 3월 중 영업관련 자료이다.**

(1) 이 회사가 생산·판매하고 있는 제품의 단위당 표준원가는 다음과 같다.

직접재료비	₩350
직접노무비(2시간×₩200)	400
변동제조간접비(2시간×₩225)	450
변동판매관리비	200
합 계	₩1,400

(2) 월간 고정제조간접비의 예산액은 ₩1,400,000이고 고정판매관리비의 예산액은 ₩1,000,000이다. 이들 예산액은 5,000개의 생산과 판매를 기준으로 한 것이다.

(3) 제품생산시 직접재료는 생산의 시초에 모두 투입되며 가공비는 전생산공정에서 균등하게 발생한다.

(4) 변동제조간접비는 직접노무시간에 의하여 전적으로 영향을 받는다.

(5) 제품의 단위당 판매가격은 ₩2,400이다.

(6) 재고자산의 평가는 선입선출법을 이용한다.

(7) 변동원가차이는 전혀 발생하지 아니하였다.

(8) 이 회사는 실제원가계산에 의하여 수익성을 평가한다.

(9) 고정제조간접비 예산차이는 2월 중 ₩0, 3월 중 ₩50,000(유리)이다.

(10) 월별 물량과 진척도는 다음과 같다.

	2월	3월
기초재공품	–	1,250개(80%)
기말재공품	1,250개(80%)	2,000개(50%)
기초제품	–	200개
기말제품	200개	500개
기중생산량	4,000개	4,500개

물음

1. 전부원가계산에 의한 2월의 실제 당기제조비용은 얼마인가?

2. 2월의 변동원가계산에 의한 영업이익은 얼마인가?

3. 2월과 3월의 조업도차이는 각각 얼마인가?

4. 3월의 변동원가계산과 전부원가계산에 의한 영업이익은 각각 얼마인가?

5. 3월의 변동원가계산과 전부원가계산에 의한 영업이익의 차이를 조정하시오.

06 (주) 포항산업은 단일제품을 생산·판매하고 있다. 이 제품의 단위당 표준원가는 다음과 같다.

직접재료비(10kg @₩1)	₩10
직접노무비(2시간 @₩8)	16
변동제조간접비(2시간 @₩1)	2
고정제조간접비	2
합 계	₩30

고정제조간접비에 대한 표준은 20,000단위의 기준조업도에 의거하여 설정된다. 지난 10월 중 49,000 직접노동시간을 작업하였고, 직접재료는 238,000kg을 생산에 투입하였다. 10월의 손익계산서는 다음과 같다. 즉, 이 회사는 원가차이를 매출원가에서 조정하고 있다.

매출액(20,000단위 @₩40)		₩800,000
표준매출원가		600,000
표준매출총이익		₩200,000
원가차이 :		
직접재료비차이	₩3,000(불리)	
직접노무비차이	3,000(불리)	
변동제조간접비차이	3,000(불리)	
고정제조간접비 :		
예산차이	5,000(유리)	
조업도차이	8,000(유리)	4,000(유리)
실제매출총이익		₩204,000
판매비와관리비(실제 : 고정비)		130,000
영업이익 (실제)		₩74,000

물음

1. 다음을 계산하시오.
   ① 당기생산량
   ② 직접재료비의 가격차이와 능률차이
   ③ 직접노무비의 임률차이와 능률차이
   ④ 변동제조간접비의 예산차이와 능률차이
   ⑤ 고정제조간접비의 실제발생액

2. 표준변동원가계산에 의한 손익계산서를 작성하시오.
3. 이 회사가 단위당 표준고정제조간접비를 25,000단위의 조업도를 기준으로 설정한다고 가정할 경우
   ① 단위당 표준고정제조간접비를 계산하시오.
   ② 전부원가계산에 의한 손익계산서를 작성하시오.

07 **(주) 금촌산업은 재고평가방법을 전부원가계산법에서 변동원가계산법으로 변경할 것을 고려하고 있다. 따라서 동사의 사장은 귀하에게 원가계산방법의 변경이 20×1년도 재무제표에 미치는 효과의 측정을 의뢰하였다. 연중의 영업활동을 파악한 결과 다음과 같은 자료들을 입수하였다.**

(1) 이 회사는 재료 M을 이용하여 제품 A를 생산하며 제품 A는 단위당 ₩20에 판매된다. 재료 M은 공정시작시점에 모두 투입되며 직접노무비와 제조간접비는 공정중에 균등하게 투입된다.

(2) 정상조업도하의 생산능력은 연간 110,000단위로 예정하고 있으며, 제품 A의 단위당 표준원가는 다음과 같다

M 재료(2파운드 @₩1.50)	₩3.00
직접노무비	6.00
변동제조간접비	1.00
고정제조간접비	1.10
합 계	₩11.10

(3) 20×1년의 재고자산 현황은 아래와 같다.

항 목	수 량	
	1월 1일	12월 31일
재료 M(파운드)	50,000	40,000
재공품(단위)	10,000(2/5)	15,000(1/3)
제품(단위)	20,000	12,000

* ( )는 완성도임

(4) 20×1년 동안 220,000파운드의 재료 M이 구입되어 230,000파운드가 생산에 투입되었다. 그리고 110,000단위의 제품이 완성되었다.

(5) 20×1년 중 실제 고정제조간접비는 ₩121,000이었다. 또한 동기간 중 변동원가에서는 원가차이가 발생하지 않았다.

(6) 원가차이는 매출원가조정법을 이용하여 조정한다.

물음

1. 다음을 계산하시오.

① 재료비 및 가공비에 대한 완성품환산량

② 매출량

③ 변동원가계산과 전부원가계산 제도하의 단위당 표준원가

④ 과소(또는 과대) 배부된 고정제조간접비액

2. 표준변동원가와 표준전부원가를 이용한 비교매출원가계산서를 작성하시오.

제12장 원·가·회·계

활동기준원가계산

제1절 새로운 원가회계의 필요성
제2절 활동기준원가회계

제12장

활동기준원가계산

제1절 새로운 원가회계의 필요성

원가회계는 산업혁명을 계기로 제조기업의 본격적인 출현에 따라 시작되었다. 제조기술을 비롯한 기업환경의 변화에 맞추어 원가회계시스템도 고도화되었다. 표준원가계산제도・변동원가계산제도를 대표로 하는 원가회계정보의 관리회계에의 응용은 좋은 예라고 할 수 있다.

그러나 실무에서는 전통적인 원가회계시스템이 제공하는 회계정보는 목적적합성을 상실하였다는 비판이 오랫동안 제기되었다. 이러한 비판을 요약하면 다음과 같다.

1 제조환경의 변화

산업사회의 고도화에 따라 기업은 다양한 소비자들의 욕구를 충족시켜야 생존할 수 있게 되었다. 이를 위하여 현대의 기업은 생산방식의 유연성 확보를 위해 노력하였고, 결국 소품종 대량생산에서 다품종 소량생산으로 생산방식을 변화시키게 되었다.

제조기술의 측면에서도 많은 변화가 일고 있다. 컴퓨터기술의 발전과 자동기계설비 등은 공장자동화(FA : Factory Automation)를 촉진하게 되었다. 특히 수치제어(NC : Numerical Control)공작기계, 산업용 로봇, 자동운반시스템, 자동보수점검시스템, 컴퓨터중앙관리시스템 등을 통합하여 유연생산시스템(FMS : Flexible Manufacturing System)을 구축하고 있다. 더불어 컴퓨터를 이용한 신제품의 설계인 컴퓨터지원설계(CAD : Computer Aided Design)와 컴퓨터를 이용한 완전자동화로 모든 사무 및 생산기능을 연결시키는 컴퓨터통합제조(CIM : Computer Integrated Manufacturing)는 새로운 제조환경을 창출하고 있다.

이러한 자동생산시스템은 종전의 표준품목의 대량생산체제를 다양한 품목의 소량(수주)생산으로 대체하고 있다. 자동화에 의한 다품종 소량생산체제는 자본집약적 생산형태를 전제로 한다.

2 원가구성의 변화

제조환경의 변화는 원가구조에도 많은 변화를 초래하였다. 공장자동화 및 CIM 등은 막대한 시설투자를 필요로 하고 이에 따라 감가상각비, 고정재산세, 설비보전비 등의 고정원가가 증가하였다.

반면에 산업용 로봇의 활용은 직접공을 감소시키고 이에 따라 직접노무원가가 크게 감소하였다. 직접공이 감소함에 따라 직접노무원가가 줄어들고 제조간접원가가 커지면서 직접노무원가와 제조간접원가를 묶어서 가공원가로 계산하거나, 직접노무원가를 제조간접원가에 포함시키는 경우도 생겨났다.

제조환경변화에 따른 원가구성의 변화를 보다 구체적으로 요약하면 다음과 같다.

① 노무원가의 경우 기계화 · 로봇화에 의하여 직접노무원가는 감소하며, 대규모설비투자에 따른 설비보전기능의 증대에 따라 간접노무원가가 증가한다.

② FA, CAD, CIM 등의 연구개발이나 software개발을 위한 제조간접원가가 증가한다.

③ 공손 및 작업폐물은 감소한다.

④ 재고자산관련비용은 린(Lean) 생산제도 등의 채용으로 감소한다.

⑤ 제조간접원가의 비중이 커지며, 특히 고정제조간접원가의 구성비율이 현저히 증가한다.

3 제품원가의 왜곡

전통적인 원가회계시스템에서는 생산량과 관계된 조업도인 직접노무시간, 기계시간, 직접재료원가 등을 배부기준으로 제조간접원가를 제품에 배부하고 있다. 제품의 종류가 적고 제조간접원가의 비중이 낮았던 제조환경하에서 이러한 배부기준은 제품원가의 정확성에 심각한 문제를 일으키지 않는 동시에, 절차의 단순성이라는 장점을 지니고 있었다.

그러나 제품의 종류가 다양해지고 제조간접원가의 비중이 증가함에 따라 생산량과 관계된 조업도에 의한 제조간접원가의 배분은 제품원가에 체계적인 왜곡을 초래할 수 있게 되었다.

왜냐하면 기존의 원가배분방식은 배부기준과 제조간접원가의 비례성을 가정하고 있으나, 실제로 많은 제조간접원가는 생산량과 비례관계에 있지 않기 때문이다. 예를 들어, 자동화 설비의 재조정원가(set up cost)는 생산량보다 제품의 복잡도 및 재조정횟수에 비례한다. 이러한 상황에서 기존의 원가배분방식을 적용하면 표준품과 같은 생산량이 많은 제품이 주문품과 같은 생산량이 적은 제품이 부담하여야 할 재조정원가를 부담하게 되어 원가가 과대계산될 것이다.

4 원가개념의 확대

기존의 원가회계는 제품의 제조과정에 중점을 두어 제조원가만의 계산을 추구하고 있다. 그러나 현대기업활동에서 제품과 관련된 원가는 보다 포괄적으로 정의되어야 한다. 실제로 제품과 관련지어서 제조 이전의 제품개발 및 설계비용, 그리고 제조 이후의 판매 및 사후보증활동비용이 제조원가보다 큰 비중을 차지하고 있는 경우도 많다. 따라서 이러한 비용들을 제품과 관련지어서 원가로 파악할 때, 원가회계는 보다 유용한 정보를 제공할 수 있을 것으로 기대된다.

5 재무회계중시사고의 변화

그동안 원가회계는 기업의 단기적 이익계산을 위한 재고자산의 평가에 중점을 두어 재무회계의 한 부분으로 전락하였다. 이에 따라 원가회계정보는 기업경쟁력강화에 기여할 만큼 관리적 의사결정에 이용되지 못하였다. 즉, 그동안의 원가회계정보는 전략수립, 예산편성, 원가관리, 성과평가, 단기적 의사결정 등의 관리회계 측면에 별로 유용하지 못하였다.

그러나 회계업무가 정보기술(IT : Information Technology)의 발전으로 전산처리로 대체됨에 따라 제품원가계산은 보다 간편하게 되었다. 제조환경과 시장환경의 변화에 따라 회계담당자의 역할이 단순한 자료정리자(score keeper)에서 정보를 분석하여 관리적 의사결정에의 경영조언자(business advisor)로서의 기능으로까지 발전하고 있다. 즉 단순한 재고자산평가를 통한 재무제표작성이 아니라 관리적 의사결정에 보다 유용한 정보의 산출・분석 등이 회계담당자의 주된 기능이 되고 있다.

제2절 활동기준원가회계

최근 활동기준원가회계(ABC : Activity-Based Costing) 또는 활동기준회계(activity-based accounting)가 주목을 받고 있는 것은 일본기업의 세계시장 장악 및 서구기업, 특히 미국기업의 경쟁력 약화와 무관하지 않다. 일본기업의 놀라운 성장에 자극을 받은 서구세계는 여러 방면에서 자국기업의 회복책을 강구하고 있다. 한편에서는 일본기업의 경영방식을 모방하면서, 다른 한편에서는 새로운 경영방식을 개발하는데 노력하고 있다. 이러한 상황에서 회계학계의 일각과 업계에서는 전통적인 원가계산제도의 결함을 경쟁력 약화의 원인으로 분석하고 이에 대한 해결책으로 활동중심원가회계제도의 채택을 주장하고 있다.

따라서 활동기준원가회계는 제조간접원가의 상대적 비중이 확대된 제조상황하에서 정확한 원가계산뿐만 아니라 배후에 원가정보의 전략적 활용이라는 사고를 동반하고 있다. 이러한 사고는 기업의 경영을 활동(activity)의 연속구조로 파악하여 가치창출활동의 효율을 극대화하고 가치창출불능활동을 제거함으로써 경쟁우위를 확보할 수 있다. 회계학 분야에서는 이러한 아이디어를 수용하여 회계정보의 전략적 이용을 목적으로 하는 전략회계(strategy accounting)를 발전시키고 있으며, 활동기준회계는 전략회계의 기초적인 과정으로 파악할 수 있다. 즉, 활동기준원가회계는 단순히 정확한 원가계산만을 추구하는 것이 아니라 투자관리 · 성과평가 · 원가관리 등 경영전반에 대한 종합적인 정보제공시스템으로 이해되고 있다.

1 활동기준원가회계의 의의와 구성요소

(1) 활동기준원가회계의 의의

활동기준원가회계는 기업의 목표를 달성하기 위해 수행하고 있는 각각의 활동별로 그 성과를 측정하고 관련되는 원가를 추적함으로써, 보다 정확한 원가정보를 산출하고 전사적인 관점에서 비능률을 제거할 수 있는 원가정보를 체계적으로 산출하는 시스템이다. 즉 활동기준원가회계는 활동은 자원(resources)을 소비하고 제품은 활동을 소비한다는 전제로 모든 원가를 활동을 중심으로 파악하며 제품원가계산도 활동별로 파악된 원가에 근거하여 행하여진다. 활동기준원가회계는 원가를 발생시키는 활동을 체계적으로 분석하고 활동별로 원가정보를 산출하여 궁극적으로는 보다 정확한 제품별 원가계산을 행하는 방법으로, 제조간접원가의 배부를 합리적으로 수행할 수 있다.

(2) 활동기준원가회계의 구성요소

활동기준원가회계를 구성하는 중요한 개념으로는 활동과 활동원가 그리고 원가동인을 들 수 있다.

1) 활동과 활동원가

활동(activity)이라 함은 작업(work)을 할 수 있도록 하는 하나의 과정(process) 혹은 하나의 절차(procedure)를 일컫는 것으로, 이는 원가를 발생시키는 기본적인 분석단위이며, 부문이나 제품은 활동을 수요하는 이차적 분석단위이다. 활동은 어떤 기능의 목적을 수행하기 위하여 필요로 하는 행위이며, 이는 기능(function)을 보다 세분화한 것이다. 활동은 자원의 소비를 통하여 원가를 발생시키는 원인요소이다. 활동의 일반적인 예로는 구매활동, 설비재조정활동, 제조준비활동, 기계가동활동, 재고보관활동, 품질검사활동, 예약활동, 판매촉진활동 등을 들 수 있다. 활동기준원가회계를 이용하는 경우 활동을 몇 개로 분류할 것인가를 결정하여야 한다.

활동에 따라 자원의 소비를 활동원가(activity cost)라고 한다. 따라서 활동원가의 구분은 활동의 구분을 의미한다. 활동원가는 다음 네 가지로 분류할 수 있다.

① **단위 level의 활동원가** : 제품단위 수에 비례해서 소비되는 활동의 원가이다. 이는 직접재료원가, 직접노무원가, 에너지비용, 기계사용비용(예 : 기계감가상각비, 기계수선유지비 등) 등과 같이 단기변동원가로 불리는 원가들이다.

② **벳치 level의 활동원가** : 제품벳치(batch : 정량 묶음) 수에 비례하여 소비되는 활동의 원가이다. 예를 들어, 기계가동준비비용 · 작업준비비용 · 구매비용 등이다. 즉 원재료의 1회 주문량이 많든 적든 간에 동일한 구매주문서 작성비용이 발생한다.

③ **제품 level의 활동원가** : 제품종류 수에 비례하여 발생하는 활동의 원가이다. 공정설계비용 · 제품개선비용 등은 특정 제품라인을 추가할수록 증가하나 제품생산량이나 벳치 수에 상관 없이 일정하게 발생한다.

④ **설비 또는 공장 level의 활동원가** : 설비수준 또는 공장의 관리에 따른 활동의 원가이다. 공장의 일반관리비 · 공장건물과 토지의 유지비 및 재산세 등이 이에 포함된다. 이들 원가는 다소 주관적 기준을 이용하여 배부하며, 일괄배부하는 것이 일반적이다.

2) 원가동인

원가동인(cost driver)은 활동별로 집계된 원가를 제품에 배부할 때의 배부기준이다. 원가동인은 원가를 발생시키거나 또는 발생 정도에 영향을 미치는 요소이며, 활동의 측정치(measure of activity)이다.

활동기준원가회계에서는 활동에 따라 상이한 다양한 배부기준을 이용하여 제조간접원가를 제품별로 배부한다.

활동과 원가동인의 구분이 자세하면 자세할수록 정확한 원가계산을 행할 수 있다. 원가동인의 수는 원가시스템의 정확성과 제품이 다양성에 의하여 결정한다. 원가동인의 선택시에는 활동별 원가와 상관성을 갖는 비재무적 변수인 거래기준원가동인이 많이 이용된다. 거래기준원가동인의 예로는 발주횟수, 선적횟수, 주문처리횟수, 생산준비횟수, 작업지시서수, 검사횟수 등이 있다.

2 활동기준원가계산

(1) 활동기준원가회계의 특징

활동기준원가계산(activity-based costing)은 모든 원가를 활동(activity)을 중심으로 파악한다. 즉 기본적인 원가대상(cost object)을 활동으로 설정하며 부문・제품・고객 등 전형적인 원가대상의 원가는 활동별로 파악한 원가에 근거하여 계산한다. 활동은 원가를 발생시키는 기본적 분석단위라고 정의할 수 있으며, 부문이나 제품은 활동을 필요로 하는 이차적인 분석단위라고 할 수 있다.

활동의 일반적인 예로는 구매활동, 설비재조정활동, 기계가동활동, 재고보관활동, 판매활동 등을 들 수 있다. 물론 기업의 특성에 따라 또는 분석의 요구수준에 따라 활동의 세뷰화 정도는 상이해진다.

기본적인 원가대상을 활동으로 설정함에 따라 기본적인 원가대상을 제품중심으로 하는 전통적인 원가계산과는 다음과 같은 점에서 비교가능하다.

① 원가의 분류방식이 상이하다. 전통적인 원가계산은 원가를 형태별로 구분하여 직접재료원가, 직접노무원가, 제조간접원가로 분류한다. 활동기준원가계산에서는 원가를 활동별로 분류하여 재료관련활동원가, 노무관련활동원가, 구매활동원가, 설비재조정활동원가, 기계가동활동원가, 재고보관활동원가, 판매활동원가 등으로 세분한다. 즉 전통적인 원가계산에서의 제조간접원가를 활동에 따라 독립적인 원가범주로 구분한다.

② 활동기준원가계산은 장기적인 관점을 취한다. 전통적인 원가계산에서는 단기의 생산량변화와 원가수준과의 관계에서 변동원가와 고정원가의 분류를 채택하고 있으나, 활동기준원가계산에서는 제품생산량의 변동이 아니라 활동의 관점에서 원가를 파악하므로 모든 원가는 원칙적으로 활동수준에 의하여 변동하는 변동원가이다.

③ 제조간접원가의 배부기준이 상이하다. 전통적인 원가계산에서는 제조간접원가의 배부시 대개 재무적인 수치인 직접노무시간·직접재료원가 등 생산량과 관계된 단일 혹은 소수의 기준만을 사용한다. 그러나 활동기준원가계산은 각각의 활동 또는 활동원가마다 고유의 배부기준인 원가동인을 사용함으로써 제조간접원가의 배부과정을 정교화한다. 또한 제조간접원가의 배부기준으로 제품의 부품 수, 검사기간, 주문횟수 등과 같은 비재무적인 변수들이 자주 이용된다.

④ 원가집합(cost pool)의 수가 확대된다. 전통적인 원가계산은 부문별 또는 공장전체에 대하여 제조간접원가집합이 하나 또는 둘에 불과하다. 그러나 활동기준원가계산에서는 가급적 세분화된 활동별로 제조간접원가집합을 설정하기 때문에 제조간접원가집합이 상당히 증가한다.

⑤ 제품뿐만 아니라 제품 이외의 것도 원가계산대상으로 삼을 수 있다. 예를 들어, 고객에 대한 서비스원가를 개별고객을 대상으로 하여 고객별 수익성 분석을 행할 수 있다. 활동기준원가계산은 병원, 항공사, 회계법인 등과 같은 서비스기업에도 적용 가능하다.

결국 활동기준원가계산에서의 활동은 원가와 동전의 양면과 같은 동일물이라고 할 수 있나. 즉, 원가란 활동에 필요한 자원의 소비량을 화폐로 평가한 것에 불과하다. 따라서 활동기준회계에서는 원가와 원가대상 간의 인과관계가 본질적으로 만족된다고 할 수 있으며, 전통적인 원가계산에서 발생하는 조업도기준원가배분의 임의성으로 인한 제품원가의 왜곡가능성 문제를 해결할 수 있다.

(2) 활동기준원가계산의 구조

활동기준원가계산과 전통적인 원가계산을 비교하면 [도표 12-1]과 같이 요약할 수 있다. 활동기준원가계산은 제조원가뿐만 아니라 판매원가와 일반관리원가도 대상으로 한다. 그러나 설명을 간편화하기 위하여 제조원가만을 대상으로 하기로 한다.

이미 제5, 6장에서 살펴 보았듯이 전통적인 원가계산제도하에서 제조간접원가는 공장전체 배부율을 이용하거나 부문별 계산시 부문별 배부율을 이용하여 제품별로 나누어진다. 그러나

■ 도표 12-1 활동기준원가계산의 모형

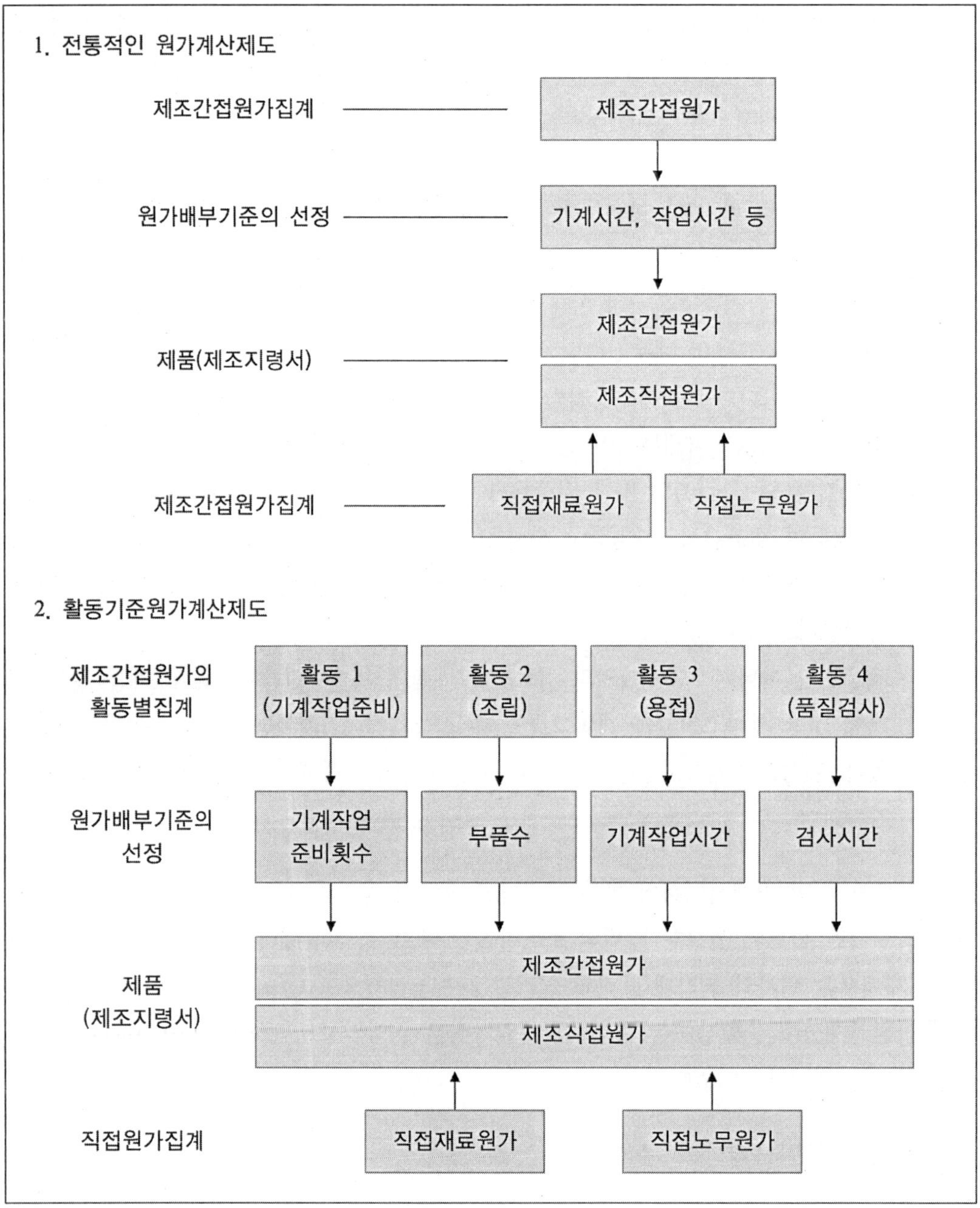

활동기준원가계산은 제조간접원가를 활동별로 구분하여 활동원가집합(activity cost pool)을 만들고, 이를 각 제품의 활동량에 따라 배부한다. 따라서 전통적인 원가계산제도와 활동기준원가계산제도의 근본적인 차이는 제조간접원가를 어떻게 파악 및 집계하고 어떻게 배부하는가에 있다.

(3) 제조간접원가의 배부

제조간접원가배부방법의 선택은 원가 대비 효익에 바탕을 두고 의사결정을 해야 한다. 활동기준원가계산시 제조간접원가의 배부절차를 살펴보기 위하여 전통적인 원가계산의 제조간접원가배부구조를 비교목적으로 도시하면 [도표 12－2]와 같다. 전통적 원가계산시 제조간접비의 배부는 대체로 부문별 원가계산(departmental costing)을 따른다. 부문별원가계산시 제조간접원가의 배부절차는 다음과 같다.

① 제조간접원가는 그것이 발생한 제조부문과 보조부문별로 분류・집계한다. 즉 제조간접원가를 원가중심점별로 파악한다.

② 보조부문으로 집계된 원가는 적당한 기준에 따라 제조부문에 배부한다.

③ 제조부문으로 집계된 원가는 당해 제조부문을 통과한 제품별로 일정한 기준에 따라 배부한다.

■ 도표 12－2 전통적 제조간접비의 배부과정

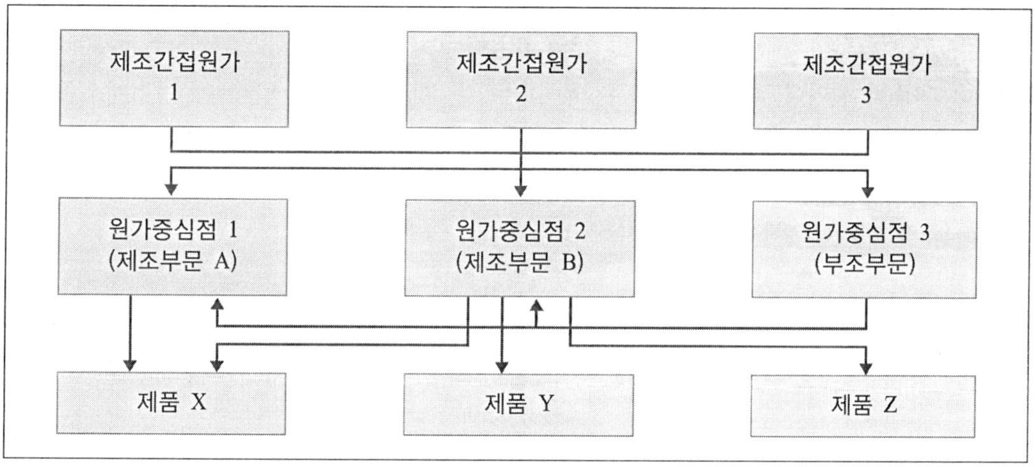

반면에 활동기준원가계산의 제조간접원가배부과정은 [도표 12－3]과 같다. 즉 활동기준원가계산의 첫 단계는 활동을 수행하는 데 필요한 자원을 파악하고 활동단위별로 자원의 소비액, 즉 원가를 측정한다. 두 번째 단계는 각 활동원가의 원가동인을 파악하고 활동단위별 배부율을 계산한 후 각 제품이 소비하거나 수요한 만큼의 활동에 비례하여 각 제품에 배부한다.

활동기준원가계산은 공정별 원가계산(process costing)이나 개별 원가계산(job order costing)과 결합하여 사용될 수 있다. 특히 활동기준원가계산은 공정별 원가계산과 아주 흡사하다. 공정별 원가계산시의 공정을 보다 세분화된 활동으로 구분하고 세분화된 활동별로 간접원가를 파악한 후 제품별 원가계산을 수행하는 것이 활동기준원가계산이다.

활동기준원가계산시 제조간접원가의 배부절차를 보다 구체적으로 나누어보면 다음과 같다.

① 활동을 구분하고 각 활동을 분석한다. 활동분석(activity analysis)은 활동의 원가와 성과를 정확히 측정하기 위한 기초가 된다. 활동분석은 거대하고 복잡한 조직을 개별 세부활동으로 나누어 분석함으로써 각 활동이 어떤 자원을 사용하는지, 기업의 목표를 달성하는 데 얼마나 기여하는지를 파악하도록 해준다.

② 활동의 원가를 결정한다. 활동원가는 활동을 수행하는 데 필요한 모든 자원의 원가를 추적함으로써 얻어진다.

③ 활동원가의 원가동인을 결정한다. 원가동인은 활동원가를 가장 직접적으로 변동시키는 활동이며, 이는 활동원가배부기준이다. 제품원가계산을 위해서는 소비된 활동의 수량을 파악하여야 하는데, 이는 원가동인의 단위로 측정된다.

④ 활동원가를 활동수량으로 나누어 활동의 단위당 원가를 계산한다.

⑤ 원가동인에 의하여 제품이 소비한 활동의 수량을 측정하고 이에 활동의 단위당 원가를 곱하여 제품별 배부액을 계산한다.

⑥ 제품별 원가를 계산한다. 즉 ⑤에서 계산된 제조간접원가배부액과 직접제조원가를 합계하여 제품별 또는 제조지령서별 총 제조원가를 계산한다.

■ 도표 12-3 활동기준원가계산의 제조간접원가 배부과정

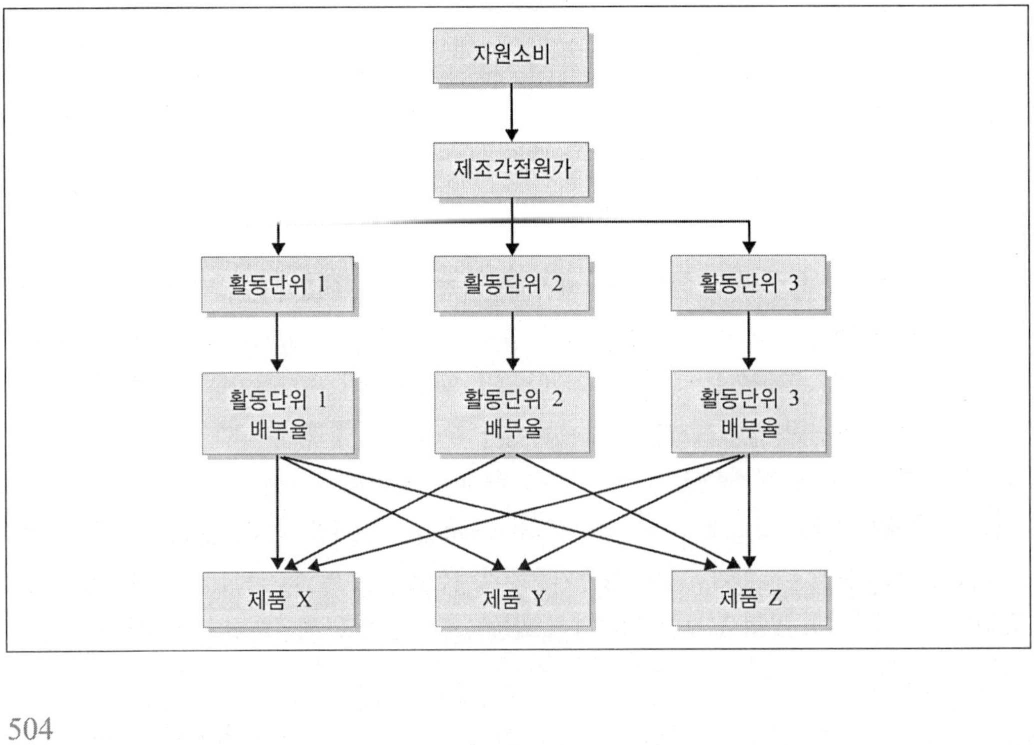

예제 12-1 (주)나뭇골가구는 화장용 경대를 생산하고 있다. 이 회사의 제조작업활동은 재료처리, 절삭, 조립, 도색 등 네 가지로 구분되며 제8기의 제조작업활동관련 자료는 다음과 같다. 이 회사는 직접노무원가 비중이 작아서 제조원가를 직접재료원가와 가공원가로 구분하여 원가계산하며, 가공원가를 작업활동별로 배부하고 있다.

작업활동	제8기의 가공원가 예산액	배부기준	배부기준단위당 가공원가
재료처리	₩2,000,000	부품의 수	@₩2.50
절 삭	20,000,000	부품의 수	25.00
조 립	50,000,000	직접작업시간	250.00
도 색	10,000,000	도색된 제품 수	220.00

화장용 경대는 도색작업을 하는 표준형과 도색작업을 하지 않고 원목의 색깔을 그대로 유지하는 고급형 두 가지 스타일로 구분된다. 제8기 8월 중의 생산관련 자료는 다음과 같다.

제 품	생산수량	직접재료원가	부품의 수	조립직접작업시간
표준형	5,000개	₩6,000,000	100,000	7,500시간
고급형	1,000	6,850,000	15,000	1,100

물.음.

표준형 경대와 고급형 경대의 단위당 제조원가를 계산하시오.

풀.이.

	표준형	고급형
직접재료원가	₩6,000,000	₩6,850,000
가공원가 :		
재료처리	100,000개×₩2.5＝₩250,000	15,000개×₩2.5＝₩37,500
절 삭	100,000개×₩25＝2,500,000	15,000개×₩25＝375,000
조 립	7,500시간×₩250=1,875,000	1,100시간×₩250＝275,000
도 색	5,000단위×₩220＝1,100,000	–
총 제조원가	₩11,725,000	₩7,357,500
생산량	5,000개	1,000개
단위당 제조원가	@₩2,345	@₩7,357.50

예제 12-2 (주)경기중공업은 세 종류의 엔진부품 A, B, C를 생산판매하고 있다. 이 회사는 제조간접원가를 활동별로 분석한 결과 재료처리, 생산일정계획, 작업준비, 기계가동, 마무리, 포장, 선적 등의 일곱 가지 주요 활동으로 구분하였다. 제8기 중의 연간 활동별 원가발생액과 활동별 배부기준은 다음과 같다.

활 동	연간원가	배부기준
재료처리	₩1,500,000	부품수
생산일정계획	58,500	제조지령서의 수
작업준비	320,000	작업준비횟수
기계가동	5,280,000	기계시간
마무리	810,000	직접노동시간
포 장	80,000	제품생산량
선 적	151,800	선적횟수

한편 제품 A, B, C에 대한 제8기의 자료는 다음과 같다.

항 목	제품 A	제품 B	제품 C
생산량	1,000개	5,000개	2,000개
단위당 직접재료비	₩250	₩180	₩330
단위당 부품수	30개	50개	110개
단위당 직접노동시간	4시간	5시간	8시간
단위당 기계시간	6시간	8시간	10시간
제조지시서 수	20매	125매	50매
작업준비횟수	10회	50회	20회
선적횟수	40회	100회	80회

물.음.

1. 활동별 제조간접원가배부율을 계산하시오.
2. 제품단위당 제조간접원가를 계산하시오.
3. 직접노동시간을 기준으로 제조간접원가를 일괄 배부하는 경우의 제품단위당 제조간접원가를 계산하시오.

풀.이.

1. ① 재료처리활동

   부품수 : (30×1,000)+(50×5,000)+(110×2,000)=500,000개

   ₩1,500,000÷500,000개=₩3/개

   ② 생산일정계획활동

   제조지령서 수 : 20+125+50=195매

   ₩58,500÷195매=₩300/매

   ③ 작업준비활동

   작업준비횟수 : 10+50+20=80회

   ₩320,000÷80회=₩4,000/회

④ 기계가동활동

기계시간 : (6×1,000) + (8×5,000) + (10×2,000) = 66,000시간

₩5,280,000÷66,000시간 = ₩80/시간

⑤ 마무리활동

직접노동시간 : (4×1,000) + (5×5,000) + (8×2,000) = 45,000시간

₩810,000÷45,000시간 = ₩18/시간

⑥ 포장활동

생산량 : 1,000 + 5,000 + 2,000 = 8,000개

₩80,000÷8,000개 = ₩10/개

⑦ 선적활동

선적횟수 : 40 + 100 + 80 = 220회

₩151,800÷220회 = ₩690회

2.

활 동	제품 A	제품 B	제품 C
재료처리	₩90,000	₩750,000	₩660,000
생산일정계획	6,000	37,500	15,000
작업준비	40,000	200,000	80,000
기계가동	480,000	3,200,000	1,600,000
마무리	72,000	450,000	288,000
포 장	10,000	50,000	20,000
선 적	27,600	69,000	55,200
합 계	₩725,600	₩4,756,500	₩2,718,200
생산량	1,000개	5,000개	2,000개
단위당 제조간접원가	₩725.6	₩951.3	₩1,359.1

3. 제조간접원가 : ₩1,500,000 + ₩320,000 + ₩5,280,000 + ₩810,000 + ₩80,000 + ₩151,800 = ₩8,200,300

총직접노동시간 : 45,000시간

제조간접비배부율 : ₩8,200,300÷45,000 = ₩182.229/시간

	제품 A	제품 B	제품 C
직접노동시간	4,000시간	25,000시간	16,000시간
제조간접비배부율	₩182,229	₩182,229	₩182,229
제조간접원가	₩728,916	₩4,555,725	₩2,915,664
생산량	₩1,000개	5,000개	2,000개
단위당 제조간접원가	₩728.92	₩911.15	₩1,457.83

(4) 활동기준원가계산의 특징

활동기준원가계산은 자본 및 기술집약적 생산시스템하에서 제조간접원가의 상대적 비중

이 크거나, 다품종 소량생산형태의 경우, 전통적원가계산방법보다 정확한 원가계산을 수행할 수 있다. 즉 활동기준원가계산은 고객의 욕구에 부응하여 다양한 제품을 생산하는 시스템을 유지하기 위한 원가를 활동별로 파악하고 적합한 원가동인을 이용하여 적절하게 제품이나 고객별로 배부하는 제도이다.

활동기준원가계산의 특징을 파악하기 위하여 여러 가지 측면을 전통적 원가계산과 비교하면 [도표 12-4]와 같다.

■ 도표 12-4 전통적 원가계산과 활동기준원가계산의 비교

항 목	전통적 원가계산	활동기준원가계산
① 제조환경	노동집약적	자본·기술집약형
② 생산제품	소품종 대량생산	다품종 소량생산
③ 제조원가구성	직접노무원가가 큼	제조간접원가가 큼
④ 원가계산초점	제품	활동
⑤ 원가추적	제품별로 추적	활동별 추적 후 제품별 추적
⑥ 간접원가배부기준	재무적 기준(직접노무원가, 직접재료원가, 직접노동시간 등)	비재무적 기준의 강조 (부품수, 검사시간, 주문횟수 등)
⑦ 간접원가집합	공장 전체 또는 부문별로 소수의 원가집합	다수의 활동영역별로 다수의 원가집합
⑧ 원가행태	단기조업도에 따라 변동원가와 고정원가로 구분	변동원가는 단기변동원가, 고정원가는 장기변동원가로 구분. 원가는 장기적으로 모두 변동원가임
⑨ 원가계산대상	제조원가	제조원가 및 판매원가와 일반관리원가
⑩ 원가발생주체	각 제품은 자원을 소비함	활동이 자원을 소비함

예제 12-3 (주)단양산업은 그 동안 개별원가계산제도를 채택하였으나, 이를 활동기준원가계산제도로 변형하려고 한다.

이 회사의 작업활동을 재료처리, 선반, 절삭, 연마 및 선적활동으로 구분하였으며 제20기 중의 예산편성 자료는 다음과 같다.

활 동	배부기준	배부기준단위당 예정원가
재료처리	부품의 수	₩50
선반작업	선반기계회전수	20
절삭작업	기계시간	500
연마작업	부품의 수	100
선 적	선적횟수	20,000

개별원가계산시 제조간접원가는 단일의 제조간접비계정으로 집계되어 직접작업시간을 기준으로 배부되며, 직접작업시간당 배부율은 ₩5,000이다. 새로운 원가계산제도하에서 제조지령서 #101과 #102에 대한 원가계산을 하고자 한다. 제조지령서 #101과 #102의 자료는 자료는 다음과 같다.

항 목	지령서 #101	지령서 #102
직접재료원가	₩1,150,000	₩3,890,000
직접노무원가	₩120,000	₩580,000
직접작업시간	50시간	250시간
부품의 수	500	2,000
기계시간	100시간	900시간
선반기계회전수	4,000	6,000
선적횟수	1회	1회
제품 생산량	20개	100개

물.음.

1. 전통적 개별 원가계산제도에 의한 제조지령서별 단위당 제조원가를 계산하시오.
2. 활동기준원가계산제도에 의한 제조지령서별 단위당 제조원가를 계산하시오.
3. 물음1과 물음2의 계산결과를 비교하고, 제품단위당 제조원가가 상이한 이유를 설명하시오.

풀.이.

1. 개별 원가계산

	지령서 #101	지령서 #102
직접재료원가	₩1,150,000	₩3,890,000
직접노무원가	120,000	580,000
제조간접원가	250,000	1,250,000
총 제조원가	₩1,520,000	₩5,720,000
생산량	20개	100개
단위당 제조원가	₩76,000	₩57,200

2. 활동기준원가계산

	지령서 #101	지령서 #102
직접재료원가	₩1,150,000	₩3,890,000
직접노무원가	120,000	580,000
제조간접원가		
재료처리	₩25,000	₩100,000
선반작업	80,000	120,000

절삭작업	50,000	450,000
연마작업	50,000	200,000
선 적	20,000	20,000
합 계	₩225,000	₩890,000
총 제조원가	₩1,495,000	₩5,360,000
단위당 제조원가	₩74,750	₩53,600

3. 두 방법의 비교

제품단위당 제조원가가 다르게 계산되는 이유는 다음과 같다.

① 개별 원가계산은 단일의 제조간접원가배부율을 모든 활동에 일괄하여 적용하나, 활동기준원가계산은 활동별로 상이한 제조간접원가배부율을 적용한다.

② 개별적인 활동의 배부기준으로 가장 합리적인 원가동인을 적용하는 것이 활동기준원가계산이므로, 이 방법이 전통적인 제조간접원가의 일괄배부법보다 바람직하다.

3 수준별 활동원가의 구분에 따른 계산

우리는 앞서 활동원가를 수준(level)에 따라 단위수준(unit level)활동원가, 뱃치수준(batch level)활동원가, 제품수준(product level)활동원가, 설비수준(facility level)활동원가 등 네 가지로 분류하였다.

이러한 구분은 제품원가는 생산량의 단기적인 변동에 의해서만 변화하는 것이 아니라 제품의 설계 및 배합 그리고 제품라인의 다양성 등에 따라 변화하는 것으로 파악한다.

원가를 원가행태에 따라 분류하면 변동비와 고정비로 나눌 수 있다는 것은 이미 배웠다. 변동원가계산은 생산량(조업도)에 따라 변동비와 고정비로 구부하였다. 이때의 변동비는 단위수준원가를 전제한 것이다. 단위수준원가는 생산수량에 비례하여 발생하는 자원의 소비원가를 말한다.

그러나 제품원가에는 단위수량에 의하여 비례적으로 변화하지 아니하는 변동비들이 포함된다. 이에 따라 제품의 제조원가는 각 수준에서의 활동원가를 파악하여 계산할 수 있으며 각 수준에서의 활동에 대한 원가동인은 상이하다.

수준별 활동원가를 구분하여 계산하는 원가계산과정은 [도표 12－5]와 같이 요약할 수 있다.

■ 도표 12-5 수준(level)별 활동원가의 계산

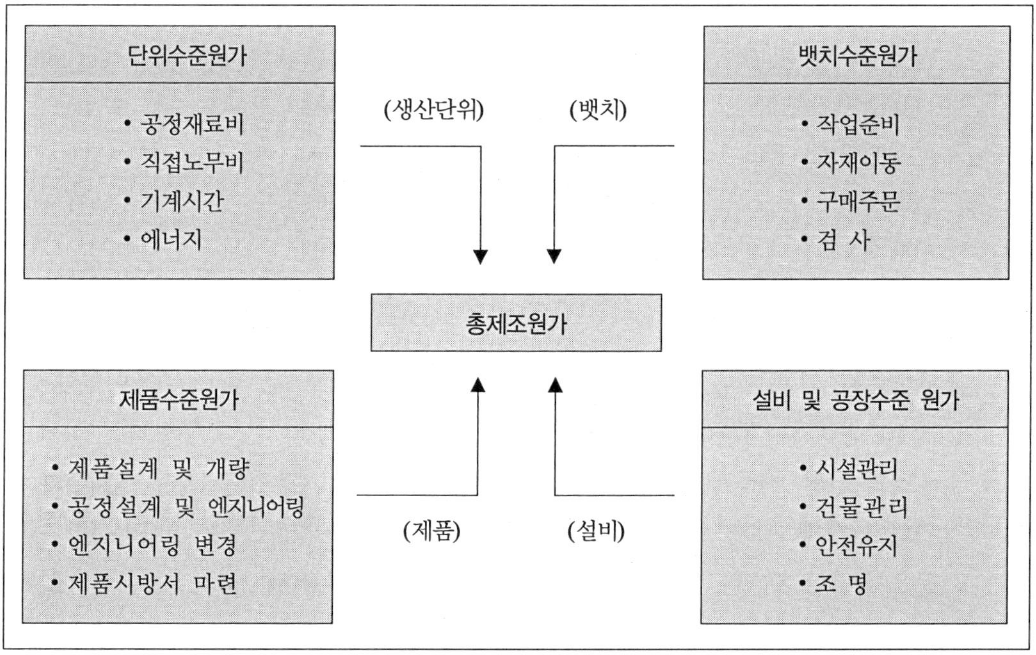

* ( )는 원가동인의 기준임.

수준(level)별로 활동을 구분하고 활동기준원가계산을 행하는 경우 개별제품에 대한 원가계산모형을 다음과 같이 요약할 수 있다.

$$TC_i = V_iQ_i + Ab_i + LP_i + Cf_i$$

TC_i : 제품 i의 총제조원가	L : 제품라인당 원가
V_i : 제품 i의 단위당 원가	P_i . 제품 i의 라인수
Q_i : 제품 i의 생산량	C : 공장수준원가의 배부율
A : 뱃치당 원가	f_i : 제품 i의 배부기준수(액)
b_i : 제품 i의 뱃치수	

이 모형을 보면 제품에 배부되는 원가 중 많은 부분은 생산량에 따라 변화하는 것이 아니라 뱃치 수, 제품라인 수 등에 따라 변화되고 있다. 이에 따라 전통적인 원가계산에서 고정비로 취급되던 원가($Ab_i + LP_i + Cf_i$)는 수준별 활동을 기준으로 하여 개별제품에 직접 할당될 수 있다. 이러한 원가계산모형은 수준별 활동에 따른 원가의 변화를 정확하게 계산해낼 수 있다.

예를 들어, 어느 회사는 A, B, C 세 가지 제품을 생산하고 있으며 지난 8월의 원가자료는 다음과 같다고 하자.

① 제품별 원가, 생산량 등

구 분	제품 A	제품 B	제품 C
단위당 직접재료비	₩100	₩800	₩400
단위당 직접노무비	₩400	₩700	₩200
총 생산량	80개	50개	300개
1회 생산량	40개	10개	100개
총 직접작업시간	1,600시간	1,749시간	3,000시간

② 작업준비, 재료관리, 검사, 포장 및 발송 등 뱃치수준원가는 ₩150,000이었다.

③ 제품수준원가는 ₩60,000이며, 대부분 제품라인별로 생산되는 뱃치에 따른 장비 및 공정의 설계, 제품개선 등과 관련되어 발생한 것이다. 제품수준원가는 뱃치수와 상관없이 발생하는 것으로 파악되었기 때문에 제품별 공정향상 및 검사방식의 개발 등을 위하여 지원한 시간에 따라 A, B, C 제품에 각각 40%, 30%, 30%를 배부하기로 하였다.

④ 공장설비의 유지 등 기타 공장원가는 ₩40,000이며 이는 직접작업시간을 기준으로 배부하려고 한다.

⑤ 그 동안 제조간접비는 직접노무비를 기준으로 제품별 배부를 행하였다.

[도표 12-6]은 전통적 원가계산에 의한 계산이며, [도표 12-7]은 활동기준원가계산에 의한 결과이다.

■ 도표 12-6 전통적 원가계산에 의한 단위당 제조원가

	제품 A	제품 B	제품 C
직접재료비	₩100	₩800	₩400
직접노무비	400	700	200
제조간접비	800	1,400	400
합 계	₩1,300	₩2,900	₩1,000

$$\text{제조간접비 배부율} = \frac{₩150,000 + ₩60,000 + ₩40,000}{₩32,000 + ₩35,000 + ₩60,000} = ₩2$$

A : ₩2×₩32,000 = ₩64,000　　₩64,000÷80개 = ₩800/개

B : ₩2×₩35,000 = ₩70,000　　₩70,000÷50개 = ₩1,400/개

C : ₩2×₩60,000 = ₩120,000　　₩120,000÷300개 = ₩400/개

■ 도표 12-7 활동기준원가계산에 의한 단위당 제조원가

	제품 A	제품 B	제품 C
직접재료비	₩100	₩800	₩400
직접노무비	400	700	200
제조간접비			
뱃치수준원가[1)]	375	1,500	150
제품수준원가[2)]	300	360	60
공장수준원가[3)]	126	220	63
합 계	₩1,301	₩3,580	₩873

1) 제품 A, B, C의 뱃치수는 각각 2, 5, 3이다.

뱃치당 원가 $= \dfrac{₩150,000}{2+5+3} = ₩15,000$

A : ₩15,000×2=₩30,000　　₩30,000÷80=₩375/개
B : ₩15,000×5=₩75,000　　₩75,000÷50=₩1,500/개
C : ₩15,000×3=₩45,000　　₩45,000÷300=₩150/개

2) A : ₩60,000×0.4=₩24,000　　₩24,000÷80=₩300/개
B : ₩60,000×0.3=₩18,000　　₩18,000÷50=₩360/개
C : ₩15,000×0.3=₩18,000　　₩18,000÷300=₩60/개

3) 직접작업시간당 배부율 $= \dfrac{₩40,000}{1,600+1,749+3,000} = ₩6.3/\text{시간}$

A : ₩6.3×1,600=₩10,080　　₩10,080÷80=₩126/개
B : ₩6.3×1,749=₩11,018　　₩11,018÷50=₩220/개
C : ₩6.3×3,000=₩18,900　　₩18,900÷30=₩63/개

두 도표에서 보면 제품 A의 단위당 제조원가는 거의 일치한다. 그러나 제품 B와 C는 두 원가계산에 의한 결과가 아주 상이하다. 두 도표의 분석에 의하면, 전통적인 원가계산은 대량으로 생산되는 제품의 원가를 너무 높게 계산하고 소량으로 생산되는 제품의 원가는 상대적으로 낮게 계산하고 있음을 알 수 있다.

한편 제품 C는 제품 B에 비하여 전통적인 원가계산방법에 의할 경우 약 1.7배 $\left(\dfrac{3,000\text{직접작업시간}}{1,749\text{직접작업시간}}\right)$만큼 더 제조간접비를 부담받게 되지만, 활동기준 원가계산에 의할 경우 뱃치수준 원가액은 오히려 0.6배$\left(\dfrac{300\text{개} \div 100\text{개} = 3\text{회}}{50\text{개} \div 10\text{개} = 5\text{회}}\right)$만큼 줄어들게 된다.

4 활동기준원가회계의 관리적 유용성과 한계

(1) 활동기준원가회계의 관리적 유용성

활동기준원가회계는 보다 정확한 제품원가의 계산을 통하여 경영관리활동에 기여를 할

수 있다. 활동기준원가회계는 많은 장점을 갖으나, 가장 실질적인 유효성은 활동기준관리, 수익성의 정확한 분석, 비부가가치활동의 배제, 실질적 성과평가 가능 등을 들 수 있다.

1) 활동기준관리

활동기준원가계산(ABC : Activity-Based Costing)에 의한 원가정보는 경영관리활동에 이용되며, 활동기준원가정보를 이용한 관리를 활동기준관리(ABM : Activity-Based Management)라고 한다. 즉 활동기준원가계산은 개별 활동에 따른 원가정보를 산출하여 제품 및 용역의 생산・판매에 불필요한 비부가가치활동(non-value added activity)을 제거하고 꼭 필요한 활동만을 수행하도록 유인하는 활동기준관리시스템에 필요한 원가정보를 제공한다. 활동기준관리는 활동기준원가계산에 의한 원가정보를 활용하여 영업을 개선시키는 것이다. 즉 고객들을 만족시키고 이익을 개선시키기 위하여 활동기준원가계산정보를 활용하는 의사결정을 말한다.

활동기준관리는 활동기준회계(ABA : Activity-Based Accounting)를 의미한다. 활동기준회계는 보다 정확한 원가계산뿐만 아니라 원가정보의 전략적 활용이라는 사고를 동반하고 있다.

활동기준관리 또는 활동기준회계는 활동을 중심으로 한 원가계산뿐만 아니라 활동별 원가정보를 이용한 투자관리, 성과평가, 원가관리 등을 포괄하는 종합적인 관리시스템이다. 활동기준관리모형을 보면 [도표 12－8]과 같다.

■ 도표 12－8 활동기준관리 모형

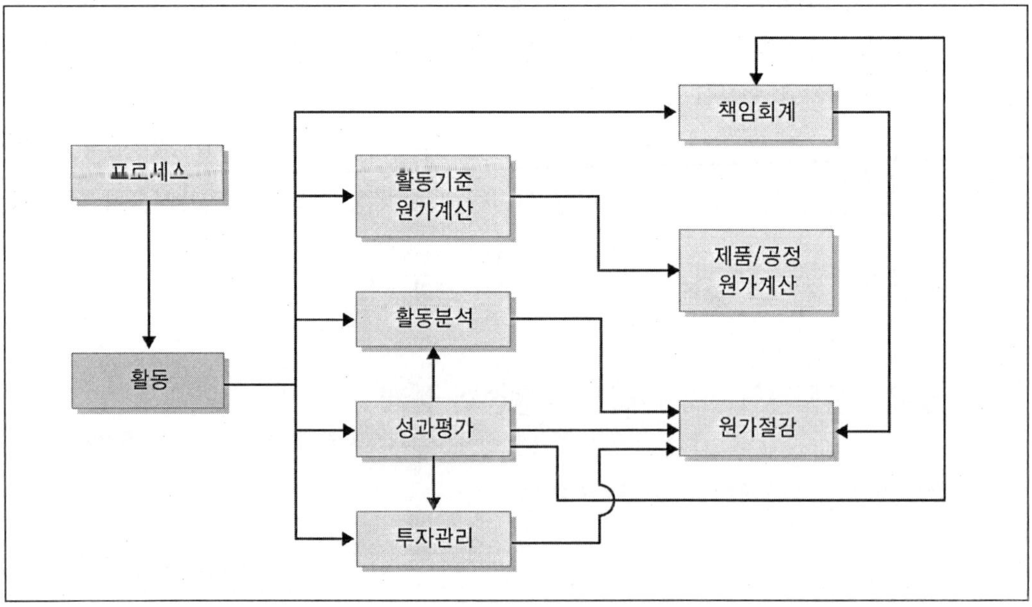

활동기준관리는 활동분석을 통한 활동별 원가정보, 원가발생요인 분석을 통한 비부가가치 정보 등을 필요로 한다. 이들 정보를 이용하여 낭비의 지속적 제거, 고객을 위하여 불필요한 지체의 감소, 품질의 개선, 원가의 절감, 인력의 개발, 지속적 노력 등을 이루어 내려는 것이 활동기준관리의 핵심이다. 결국 활동기준관리는 제품의 설계부터 판매 후 보증까지의 모든 과정에서 고객의 욕구를 충족시키는 부가가치만을 산출함으로써 기업의 수익성을 향상시키려는 관리시스템이다.

2) 수익성의 정확한 분석

활동기준원가계산은 다품종 생산시 보다 유용하다. 다품종 생산시 제품 및 고객별 정확한 수익성 분석은 필연적이다. 제품 및 고객별 수익성분석은 강조해야 할 제품 및 고객계층에 대한 전략적 의사결정을 할 수 있도록 한다.

제품 및 고객별 수익성 분석(product or customer profitability analysis)은 기업의 수익과 비용을 그것을 유발한 제품 및 고객별로 배부하여 원가관리 · 고객관리 등에 유용한 정보를 얻는 것이다.

이러한 분석은 제조원가뿐만 아니라 제품개발원가, 유통원가, 마케팅원가, 고객서비스원가, 보증 및 책임이행원가 등 제품설계부터 고객에의 사후보증(A/S : After Service)활동까지의 원가를 대상으로 한다.

전열기를 생산 · 판매하는 K회사의 고객에 대한 수익성 분석의 예를 살펴보기로 하자.

K회사의 자료

① 고객관련원가는 회사비용의 34%이다.
② 1회 고객주문의 이행은 구입수량에 관계없이 거액의 고정원가가 발생한다. 예를 들어, 100단위씩 10번의 주문이행은 1,000단위로 1회 일시주문고객보다 10배의 주문이행원가가 발생한다.
③ 만일 고객이 주문한 품목에 대한 재고가 없다면 주문품목 생산에 추가원가가 발생한다.
④ 1회당 주문원가는 ₩700, 보유하고 있는 품목의 처리비용은 ₩300, 재고부족품목의 처리비용은 ₩2,300이다. 따라서 판매관련원가는 재고보유품목은 ₩1,000(₩700 + ₩300)이며, 재고부족품목은 ₩3,000(₩700 + ₩2,300)이다. 이 비용은 순수변동비이다.
⑤ 지난 한 해 동안 80회의 주문이 있었다. 주문 중 30회는 재고보유품목의 주문이었으며, 50회는 재고부족품목에 대한 주문이었다.
⑥ 지난 해 주문에 따른 제조원가는 ₩680,000, 매출액은 ₩890,000이었다.

K회사의 자료를 이용하여 영업이익을 계산하면 ₩30,000이다.

매출액		₩890,000
비 용		
매출원가	₩680,000	
재고보유품목의 판매관련원가	30,000	
재고부족품목의 판매관련원가	150,000	860,000
영업이익		₩30,000

이러한 분석 결과 K회사는 재고부족품목에 대한 구입이 빈번한 고객의 판매관련원가가 매우 크다는 사실을 확인하였다. 또한 활동기준원가계산을 이용하여 고객의 10%가 회사영업이익의 120%에 상당하는 영업손실을 발생시키고 있음도 확인하였다. 이에 따라 고객별 매출액이 비슷한 경우에도 고객별 수익성은 그들의 주문형태에 따라 현저한 차이를 보이고 있다는 결론을 얻었다.

이와 같은 분석을 토대로 이 회사는 원가경쟁력을 제고하기 위하여 다음과 같은 정책을 마련하였다.

① 1회 주문당 고정원가와 판매관련원가를 절감한다.

② 고객에게 주문회수를 줄이고 1회 주문량을 늘이도록 유인책을 제시한다.

③ 고객으로 하여금 정상적인 재고보유품목의 구입을 장려한다.

예제 12-4 (주)태평양산업은 콘덴서를 생산하여 전기회사에 판매하고 있다. 이 회사는 고객 A, B, C전기회사를 대상으로 수익성 분석을 실시하고자 한다. 제5기의 고객별 매출자료는 다음과 같다.

항 목	고객 A	고객 B	고객 C
매출액	₩18,000	₩15,000	₩15,000
매출원가	13,760	11,500	12,000

그동안 이 회사는 고객에 대한 판매관련비용은 매출액의 18%를 배부하고 수익성 분석을 행하였다. 그러나 이 회사의 심사부장은 이러한 분석은 문제가 있어 대학에서 공부한 활동기준원가계산을 이용하기로 하였다.

심사부장은 고객관련원가가 고객별 수익성에 크게 영향을 미칠 것으로 판단하고 판매관련비용의 두 가지 주요한 요인은 주문횟수와 주문품목의 재고보유여부라고 확신하였다.

심사부장의 분석결과 1회 주문당 비용은 ₩20이며, 재고보유품목의 처리비용은 ₩40, 재고부족품목의 처리비용은 ₩280임을 발견하였다. 이들 원가는 모두 주문횟수에 정비례한다. 고객 A, B, C의 제5기 중 주문내역은 다음과 같다.

	고객 A	고객 B	고객 C
재고보유품목주문횟수	4회	20회	3회
재고부족품목주문횟수	20	4	3
총 주문횟수	24회	24회	6회

물.음.

1. 매출액의 18%를 판매관련비용으로 배부하는 방법을 이용하는 경우 고객별 영업이익을 계산하시오.
2. 활동기준원가계산을 이용하여 고객별 영업이익을 계산하고 수익성을 비교하시오.

풀.이.

1.

	고객 A	고객 B	고객 C
매출액	₩18,000	₩15,000	₩15,000
매출원가	(13,760)	(11,500)	(12,000)
판매관련비용	(3,240)	(2,700)	(2,700)
영업이익	₩1,000	₩800	₩300

2.

	고객 A	고객 B	고객 C
매출액	₩18,000	₩15,000	₩15,000
매출원가	(13,760)	(11,500)	(12,000)
재고보유품목 처리비용*	(240)	(1,200)	(180)
재고부족품목 처리비용**	(6,000)	(1,200)	(900)
영업손익	(₩2,000)	₩1,100	₩1,920

* (₩20 + ₩40)×주문횟수
** (₩20 + ₩280)×주문횟수

따라서 전통적인 판매관련비용 배부시와 활동기준원가접근법을 이용하는 경우의 고객별 수익성은 정반대로 나타나고 있다. 즉 활동기준원가접근법 이용시 1회 주문량을 많이 하여 주문횟수가 적은 고객 C의 수익성이 가장 크다. 고객 A, B의 비교에서도 재고부족품목의 주문이 많았던 고객 A의 수익성이 보다 나쁘게 계산된다.

3) 특수 의사결정

특수 의사결정(special decison making)은 대개 전략적 의사결정이며 비일상적(non-routine)으로 행하여진다. 특수한 의사결정은 장기적 의사결정과 단기적 의사결정으로 분류된다. 시설투자에 따른 장기적 의사결정은 자본예산(capital budgeting)의 기법을 이용한다. 반면에 설비규모의 변동을 고려하지 않는 기간(대개 1년 이내)을 전제로 한 단기적 의사결정이다. 단기적 의사결정에는 특별주문의 수락 또는 거절, 부분품의 자가제조 또는 외부구입, 제품라인의 추가와 폐쇄 등이 포함된다.

전통적인 특수의사결정을 위해서는 원가를 변동비와 고정비로 구분하고, 고정비는 회피가능원가와 회피불능원가로 구분한다. 그리고 대체안에 따른 차액(증분 또는 감분)수익과 차액(증분 또는 감분)원가를 비교하여 의사결정을 행한다. 활동기준원가계산을 특수한 의사결정에 적용하는 경우보다 정확한 의사결정이 가능하다. 즉 전통적으로 단위수준의 변동비만이 차액원가를 구성하거나 회피가능한 고정비가 존재하더라도 그 금액은 크지 않다고 전제한다. 그러나 활동기준원가계산에서는 전통적으로 회피불능하거나 변화하지 않는다고 전제한 많은 고정비들이 변화될 수 있는 것으로 파악한다. 이에 따라 대체안에 대한 평가시 고려해야 하는 관련원가(relevant cost)의 범위가 보다 확대된다. 특별주문에 대한 의사결정에 있어 전통적 원가계산과 활동기준원가계산이 어떻게 차이를 보이는가를 살펴보기로 하자. (주)아산은 제품 A, B를 생산판매하고 있다. 회사는 제조간접비를 직접재료비를 기준으로 개별제품에 배부하고 있다. 회사는 지난 7월 중 A제품 100개와 B제품 200개를 생산하였으며 제품단위당 직접재료비는 A제품이 ₩1,300, B제품이 ₩2,000이다. 각 활동별 원가동인과 금액은 다음과 같다.

활 동	원가동인	금 액
재료처리	부품의 수	₩150,000
절삭작업	기계작업시간	180,000
선반작업	선반기계회전수	80,000
연마작업	부품의 수	210,000
부품조립	조립시간	120,000
선적작업	선적횟수	161,000
합 계		₩901,000

또한 7월 중 제품 A, B의 원가동인별 자료는 다음과 같다.

제 품	부품의 수	기계작업시간	선반기계회전수	조립시간	선적횟수
A	1,000개	50시간	150회	150시간	1회
B	4,000	40	250	250	1
합 계	5,000개	90시간	400회	400시간	2회

(주)아산은 (주)사천으로부터 A제품을 개량한 AA제품과 B제품을 개량한 BB제품에 대한 특별주문을 AA제품 100단위, BB제품 200단위를 받았다. (주)사천이 제시한 특별주문의 단위당 구매가격은 AA제품이 ₩3,800, BB제품은 ₩5,500이다. 개량된 제품의 단위당 직접재료비는 변화하지 않는다. 특별주문제품의 생산과 관련하여 제품단위당 각 활동별 자료는 다

음과 같이 예상된다.

활 동	원가동인	제품 AA	제품 BB
재료처리	부품의 수	10개	20개
절삭작업	기계작업시간	0.5시간	0.2시간
선반작업	선반기계회전수	1.5회	1.25회
연마작업	부품의 수	10개	20개
부품조립	조립시간	2시간	1.25시간
선적작업	선적횟수	1회	1회

(주)아산의 자료를 이용하여 전통적인 원가계산제도를 이용하여 단위당 제조원가를 계산하면 [도표 12－9]와 같다. 즉 제품 AA는 ₩3,510, 제품 BB는 ₩5,400으로 계산된다.

한편 활동기준원가계산을 이용하면 [도표 12－10]과 같이 제품 AA는 ₩4,725, 제품 BB는 ₩5,642.5으로 단위당 제조원가가 계산된다.

■ 도표 12－9 전통적 원가계산에 의한 단위당 제조원가

항 목	제품 AA	제품 BB
직접재료비	₩1,300	₩2,000
제조간접비(@₩1.7)*	2,210	3,400
합 계	₩3,510	₩5,400

$$*제조간접비배부율 = \frac{₩901{,}000}{₩1{,}300 \times 100 + ₩2{,}000 \times 200} = ₩1.7$$

■ 도표 12－10 활동기준원가계산에 의한 단위당 제조원가

항 목	제품 AA	제품 BB
직접재료비	₩1,300	₩2,000
제조간접비 :		
재료처리비	300[1)]	600
절삭작업비	1,000	400[2)]
선반작업비	300[3)]	500
연마작업비	420	840[4)]
부품조립비	600[5)]	900
선적작업비	805	402.5[6)]
합 계	₩4,725	₩5,642.5

* 1) ₩150,000÷5,000개×10개＝₩300　　2) ₩180,000÷90시간×0.2개＝₩400
3) ₩80,000÷400회×1.5회＝₩300　　4) ₩210,000÷5,000개×20개＝₩840
5) ₩120,000÷400시간×2시간＝₩600　　6) ₩161,000÷2회÷200개＝₩402.5

(주)아산의 특별주문에 의한 의사결정은 전통적인 원가계산에 의할 경우 두 제품 모두를 수락하게 된다. 그러나 활동기준원가계산의 경우에는 두 제품 모두 특별주문을 거절하여야 한다. 이는 활동별로 보다 정확한 원가계산을 한 경우 제조간접비의 부담액이 보다 커지고 있기 때문이다. 특별주문의 의사결정을 요약하면 다음과 같다.

① 전통적 원가계산의 경우

제 품	특별주문가격		관리부	의사결정
AA	₩3,800	>	₩3,510	수 락
BB	₩5,500	>	₩5,400	수 락

② 활동기준원가계산의 경우

제 품	특별주문가격		관리부	의사결정
AA	₩3,800	<	₩4,725	거 절
BB	₩5,500	<	₩5,642.5	거 절

4) 비부가가치활동의 배제

활동기준원가회계의 전제는 활동분석이다. 활동분석(activity analysis)은 제품의 기능·품질·인지된 가치 등 제품의 속성(attributes of product)을 유지하는 데 필요한 부가가치활동과 불필요한 비부가가치활동을 구분할 수 있다. 비부가가치활동(non-value added activity)이란 생산·판매되는 제품의 가치를 증대시키지 못하면서 불필요한 원가를 발생시키는 활동이다. 이는 재화에 가치를 부가하지 않는 모든 활동이나 절차이며, 낭비를 의미한다.

활동분석은 공정가치분석(process value analysis)이다. 공정가치분석은 제조과정에서 이루어지는 모든 활동을 대상으로 각 활동들이 왜, 무엇 때문에, 얼마만큼 자원이 필요한가를 분석하는 과정이다. 일반적인 제조소요시간(lead time)은 공정시간(process time), 검사시간(inspection time), 이동시간(move time), 대기시간(queue time)의 네 단계로 구성된다. 그러나 진정한 가치증대시간은 공정시간뿐이다. 나머지 세 단계의 시간은 본질적으로 비부가가치활동시간이다.

비부가가치활동은 소비자기호를 충족시킬 제품의 설계, 생산계획의 적절한 수립, 원재료 취급의 효율화, 제품에 사용되는 부품수의 절감, 작업준비시간의 단축 등을 통하여 제거될 수 있다. 비부가가치활동의 파악과 제거는 활동의 개선을 필요로 한다. 이러한 활동의 개선은 종전의 재무적 측정치와는 다른 비재무적 측정치를 이용한 성과평가를 통하여 이루어질 수 있다.

■ 도표 12－11 비부가가치활동과 그 원가동인

비부가가치활동	원가동인의 예
원재료와 재공품 재고	창고위치, 구입·출고 절차, 조립가공순서, 제품당 부품수
원재료의 긴급주문	재고량추정오류, 주문오류, 재료수율차이, 생산일정의 변경, 원재료품질, 납품업자의 성실도
원재료의 이동(운반)	공장의 배치, 공정의 배치, 운반장비
재작업	조립오류, 파손의 처리, 원재료품질
검사와 확인	제품설계, 종업원 교육·훈련, 품질문제

GE(General Electric)사의 의료기구를 조립하는 공장에서의 부가가치 / 비부가가치 접근법은 다음과 같은 3단계로 수행되고 있다.

① 제1단계 : 소비자에게 가치 있다고 판단되는 제품의 속성을 확인한다. 이러한 속성들은 품질, 신뢰성, 가격 등이다.

② 제2단계 : 제조공정에서 작업을 유발하는 활동을 확인, 각 활동이 가치를 부가하는 활동인지 여부를 평가한다. 즉 각 활동은 부가가치활동(예 : 조립시간), 비부가가치활동(예 : 재작업시간), 중간영역(gray area)(예 : 품질검사, 작업배정)으로 분류한다.

③ 제3단계 : 비부가가치활동의 원인을 분석하고 이를 제거한다. [도표 12－11]은 GE사가 확인한 주요한 비부가가치활동과 그 원가동인의 예이다.

5) 새로운 성과평가

활동기준원가회계는 전통적인 회계제도와는 다르게 성과평가의 기준과 방법을 변화시킨다. 즉 활동기준원가계산에 의한 성과평가는 원가자체의 통제보다는 장기적·전략적 성과지표인 품질, 탄력성 등 비재무적 측정치에 대한 강조로 회사 전체의 유효성을 강조한다.

전통적인 성과평가제도와 활동기준성과평가제도를 비교하면 [도표 12－12]와 같다.

■ 도표 12－12 전통적 성과평가제도와 활동기준성과평가제도의 비교

항 목	전통적 성과평가	활동기준성과평가
주된 형태	표준원가계산, 예산부문별, 공정별	활동분석
최적화	부문별·공정별 최적화	전사적 최적화
기 준	원가·이익 등 재무적 측정치	품질·탄력성·리드타임의 단축 등 비재무적 측정치
관리초점	원가통제	장기적 원가절감, 지속적 개선
평가대상원가	주로 제조원가	제품개발원가부터 판매 후 원가까지의 제품수명주기원가
목 표	정태적 표준	과정의 개선

활동기준성과평가는 성과측정 자체보다는 성과관리과정에 초점을 맞춘다. 따라서 바람직한 성과측정치의 선택은 다음과 같은 점을 고려하여 마련되어야 한다.

① 성과측정치는 활동원가에 대한 통제가 어느 정도 이루어지고 있는가를 측정할 수 있어야 한다.

② 대부분의 원가동인이 제품설계 및 제조작업에 관련되어 있기 때문에 성과 측정치의 대다수가 비재무적인 성격을 띤다.

③ 성과측정치는 환경변화에 적응하여 정기적으로 추가 또는 수정될 수 있도록 검토되어야 한다.

④ 성과측정치들은 장기적인 원가절감 등과 같은 지속적 개선(continuous improvement)을 추구할 수 있어야 한다.

⑤ 성과측정은 종업원의 행동에 영향을 미치는 주요요소이므로 성과측정치는 모호함 없이 이해하기 쉬워야 한다.

⑥ 성과측정치의 수는 가급적 적어야 한다.

⑦ 성과결과는 적절한 시기에 수시로 보고될 수 있어야 한다.

⑧ 성과평가의 결과는 가시적이어야 한다.

⑨ 성과측정치에 대한 최고경영자의 전폭적인 지지가 있어야 한다.

⑩ 성과측정치는 종업원의 평가과정과 명백한 관련을 맺어야 한다.

(2) 활동기준원가회계의 한계

활동기준원가회계는 생산성 향상을 목적으로 회계시스템을 개선하기 위하여 1980년대 후반부터 주로 미국 기업에서 시작되었다. 이 제도는 전통적 회계제도보다는 많은 유용성을 갖지만, 그 실행에 있어서 몇 가지 한계를 내포하고 있다. 활동기준원가회계의 적용시 나타날 수 있는 한계점은 다음과 같다.

① 활동을 명확히 정의하고 구분하는 기준이 존재하지 않는다.

② 원가동인의 선택이 여전히 자의적일 수밖에 없으며, 공장자의 급료와 같이 본질적으로 원가동인을 발견하기 어려운 활동원가도 있다.

③ 이는 모든 기업이 활용할 수 있는 제도가 아니라 다품종 제품을 생산・판매하는 기업이나 높은 제조간접원가를 갖는 기업 등에 유용하다.

연. 습. 문. 제.

01 **활동기준원가계산제도는 전통적인 원가계산제도와는 많은 차이를 보이고 있다. 활동기준원가계산제도의 특징을 중심으로 이를 전통적인 원가계산제도와 비교하여 설명하시오. 또한 활동기준원가계산제도를 이용하여 산출된 원가정보는 관리적 의사결정에 어떻게 활용될 수 있는가를 설명하시오.**

02 **(주)동진물산은 원심펌프에 사용되는 부품인 모터를 생산하는 사업부를 운영하며, 활동기준원가계산제도를 채택하고 있다. 다음 자료는 이 회사의 8월 중 원가자료이다.**

(1) 8월 중 모터생산량은 200단위이며, 모터 단위당 재료원가는 ₩25,000이다.

(2) 모터 한 단위당 생산・소비되는 부품수량은 70개, 기계작업시간은 2시간이다.

(3) 이 회사는 제조원가를 재료원가와 가공원가로 구분하고 있다.

(4) 제조활동에 따른 원가동인과 원가동인 단위당 가공원가는 아래와 같다.

제조활동 구분	원가동인	원가동인 단위당 가공원가
재료처리활동	부품의 수	₩250
기계작업활동	기계작업시간	4,800
조립작업활동	부품의 수	600
품질검사활동	세품의 수	1,500

물음

1. 8월 중 생산된 모터의 단위당 제조원가와 총 제조원가를 계산하시오.
2. 이 회사는 판매가격을 결정하기 위하여 총원가를 계산하려고 한다. 회사는 연구개발・시장조사 등의 상위활동(upstream activities)을 분석하여 모터사업부에 ₩2,500,000을 배부하고, 유통・판매촉진・고객서비스 등과 같은 하위활동(downstream activities)을 분석하여 모터사업부에 ₩6,000,000을 배부하기로 하였다. 모터의 단위당 판매가격은 총원가에 20%의 이익을 가산하여 설정된다. 모터의 단위당 판매가격은 얼마인가?

03 (주)안산기업은 세 가지 제품 X, Y, Z를 생산 · 판매하고 있다. 이 회사는 그동안 채택하였던 원가계산제도를 활동기준계산으로 전환하였다. 이는 활동기준원가계산이 제품원가에 대한 정확한 인식을 가능하게 하고, 보다 의사결정에 적합한 원가정보를 제시할 수 있을 것으로 판단하였기 때문이다. 다음은 제20기 동안의 작업활동에 대한 자료이다.

작업활동	연간 예산액	배부기준
재료배합	₩2,584,000	부품의 수
생산설계	1,140,000	생산주문수
작업준비	800,000	작업준비횟수
기계가동	3,510,000	기계가동시간
마무리	1,092,000	직접작업시간
포장 및 선적	500,000	주문선적수

제20기 동안의 각 제품에 대한 예산은 다음과 같다.

	X	Y	Z
예정생산단위	1,000개	500개	80개
단위당 직접재료비	₩80	₩50	₩110
단위당 부품의 수	30개	50개	120개
단위당 직접작업시간	2시간	5시간	12시간
단위당 기계가동시간	7시간	7시간	15시간
생산주문수	300회	70회	30회
작업준비횟수	50회	25회	25회
주문선적수	50회	40회	10회

물음

1. 작업활동별 원가배부율을 계산하시오.
2. 제품별 제조간접비예산액을 계산하시오.

04 (주)보신제약은 제품별 사업부제도를 채택하고 있으며 드링크사업부를 보유하고 있다. 드링크사업부는 원삼정, 힘톤, 알지오의 세 가지 제품을 생산 · 판매하고 있다. 세 가지 제품은 동일한 생산과정을 거쳐 완성되며, 활동기준원가시스템에 의하여 원가계산을 행하고 있다.

생산공정은 자동화되어 컴퓨터통제시스템에 의하여 운영되기 때문에 제조원가는 재료원가와 제조간접원가로 구분하고 있다. 제조간접원가는 아래와 같은 6가지 활동으로 구분된다. 지난 3월 중의 드링크사업부의 원가계산자료는 다음과 같다.

(1) 제조간접원가의 활동별 원가동인 및 배부율

활 동	원가동인	배부율
생산일정계획	제조지시서수	지시서당 ₩600
원료투입	원료수	원료당 10
분 쇄	분쇄기계시간	시간당 180
충 진	충진기계시간	시간당 300
검 사	생산량	리터당 40
포장 · 선적	제조지시서수	지시서당 760

(2) 3월 중 원삼정은 700ℓ, 힘톤은 500ℓ, 알지오는 300ℓ를 생산하였다.

(3) 3월 중 원삼정과 알지오의 제조활동관련자료는 다음과 같다.

항 목	원삼정	알지오
제조지시서수	20매	15매
L당 원료수	25가지	30가지
분쇄기계시간	300시간	180시간
충진기계시간	301시간	500시간

물음

1. 제품 중 원삼정과 알지오의 리터당 제조간접원가는 얼마인가?
2. 만일 충진기계시간의 배부율이 시간당 ₩300에서 ₩150으로 감소되었다면 원삼정과 알지오의 제조간접원가는 어떻게 변화할 것인가?

05 (주)상명은 단일 제품을 생산하여 A, B, C 세 고객에게 판매하고 있다. 회사는 제조간접원가를 직접노무원가에 기초하여 제품에 배부하여 왔다. 제27기 중에 이 회사의 경영자는 새로운 원가회계시스템을 구축하기 위하여 활동기준원가계산을 도입하기로 하였다.

이에 따라 당기의 제조간접원가 중 기계가동, 조립 활동비는 기계작업시간을 기준으로 제품에 배부하며 마무리, 선적 활동비는 직접노무원가에 비례하여 제품에 배부하게 된다.

당기 영업활동에 관한 자료는 다음과 같다.

	A고객	B고객	C고객	합 계
매출액	₩3,500	₩2,750	₩2,500	₩8,750
원 가				
직접재료원가	₩800	₩700	₩500	₩2,000
직접노무원가	400	300	300	1,000
제조간접원가 :				
기계가동	500	200	300	1,000
조 립	400	300	100	800
마무리	500	600	100	1,200
선 적	300	200	500	1,000
기계작업시간	600시간	200	200	1,000시간

물음

1. 전통적 원가계산과 활동기준 원가계산을 각각 적용하여 순이익과 매출액 이익률을 계산하시오.
2. 주어진 자료를 이용하여 물음에 답하시오. A고객에게 배부된 제조간접원가의 기계가동원가 중 ₩300, 조립원가 중 ₩200이 고정원가라고 한다면, 회사가 A고객에게 제품을 판매해야 하는가? 그 이유는 무엇인가?
3. 활동기준 원가계산을 적용하는 경우 고객담당부서에서 이를 꺼려한다면 그 이유는 무엇이겠는가?

06 (주)정주기업은 제조부문 1에서 제품 A와 B를 생산하고, 제조부문 2에서 제품 C와 D를 생산하고 있다. 이 회사의 보조부문은 구매부 · 운송부 · 동력부로 구성되어 있다. 3월 중 생산관련 원가자료는 다음과 같다.

	제조부문 1		제조부문 2	
	제품 A	제품 B	제품 C	제품 D
생산량	1,000개	800개	1,000개	500개
직접재료원가	₩2,000,000	₩1,280,000	₩3,000,000	₩1,500,000
직접노무원가	600,000	320,000	600,000	1,000,000

이 회사는 활동기준 원가계산제도의 적용을 위하여 다음의 자료를 수집하였다.

활 동	원가동인	제품별 배부기준수				
		A	B	C	D	합 계
기계조정	기계조정시간	15	3	6	3	27시간
감 독	기계시간	50	150	20	30	250시간
기계가동	기계시간	50	150	20	30	250시간
원재료구매	제품단위당 원재료량	2	5	5	4	–
주문처리	주문처리건수	10	10	30	50	100건
운 송	운송횟수	10	40	20	30	100회
동 력	기계시간	50	150	20	30	250시간

또한 제조부문의 공통적 제조간접원가는 기계조정원가 ₩270,000, 감독원가 ₩50,000, 기계가동원가 ₩100,000으로 나타났다. 보조부문비는 운송부비 ₩250,000, 동력부비 ₩150,000, 구매부비 ₩320,000이다. 구매부는 원재료 구매활동뿐만 아니라 주문처리활동도 수행하며, 구매부비중 20%는 주문처리비용이다.

물음

1. 전통적인 원가계산제도를 이용한 제품별 단위당 제조원가를 계산하시오. 단, 제조간접비는 기계시간을 기준으로 배부한다.
2. 활동기준원가계산제도에 의한 제품별 단위당 제조원가를 계산하시오.

07 (주)삼청산업은 A, B 두 제품을 생산하고 있다. A제품은 소량생산품목으로 연간 5,000단위를 판매하고, B제품은 대량생산품목으로 연간 20,000단위를 판매하고 있다. 두 제품 모두 완성품으로 만드는 데 소요되는 직접작업시간은 2시간이며, 연간 총 직접작업시간은 다음과 같다.

제 품	시 간
A제품 : 5,000단위×2시간	10,000시간
B제품 : 20,000단위×2시간	40,000
총직접작업시간	50,000시간

또한 제품별 직접재료원가와 직접노무원가는 다음과 같으며, 연간 제조간접원가는 ₩875,000이다.

	A제품	B제품
직접재료원가	₩25	₩15
직접노무원가(시간당 ₩5)	10	12

물음

1. 직접작업시간에 의해 제조간접원가를 배부한다면 A제품과 B제품 1단위에 대해서 배부되는 제조간접원가는 얼마인가?
2. (주)삼청산업은 활동분석을 실시한 결과 제조간접원가는 5개의 활동을 하는 과정에서 발생한다는 것을 알았다. 5개의 활동과 관련된 자료는 다음과 같다.

		사건 또는 거래수		
활 동	추적가능원가	합 계	A 제품	B 제품
기계작업준비	₩230,000	5,000	3,000	2,000
품질검사	160,000	8,000	5,000	3,000
제조지령서	81,000	600	200	400
기계작업시간	314,000	40,000	12,000	28,000
재료인수	90,000	750	150	600

활동기준에 의해 제품 A와 B, 1단위에 대해서 배부되는 제조간접원가는 각각 얼마인가?

3. 물음1과 2에 의한 단위당 원가를 비교하시오.
4. 활동기준원가계산에 의할 때 A제품에 배부되는 단위당 제조간접원가가 상대적으로 많이 계산되었다. 그 이유는 무엇인가?

08 **(주)광명정수기의 수원공장은 표준형과 고급형 두 가지 모델의 정수기를 제조 · 판매하고 있다. 고급형 정수기는 3년 전에 새로 도입되어 해를 거듭함에 따라 판매량이 증가하고 있는 실정이며, 지난 해의 제품별 손익계산서 및 생산 · 판매량은 다음과 같다.**

제21기 회계연도 제품별 손익계산서

	표준형	고급형	계
매출액	₩3,000,000	₩3,000,000	₩6,000,000
매출원가	₩1,950,000	₩1,900,000	₩3,850,000
매출총이익	₩1,050,000	₩1,100,000	₩2,150,000
판매비와 관리비	₩625,000	₩625,000	₩1,250,000
영업이익	₩425,000	₩475,000	₩900,000
생산판매량	3,000단위	2,000단위	5,000단위

(주)광명정수기의 제21기 회계연도 매출원가 ₩3,850,000에는 제조간접원가 ₩1,800,000이 포함되어 있다. (주)광명정수기의 현행 원가제도에서 제조간접원가는 직접 노무시간을 배부기준으로, 판매비와 관리비는 매출액을 배부기준으로 각 제품에 배부된다.

각 모델의 제21기 회계연도의 생산과 관련하여 각 모델이 실제로 사용한 직접노무시간의 각각 18,000시간이었다. 직접노무임률은 시간당 ₩25이며, 단위당 직접재료원가는 표준형의 경우 ₩200, 고급형의 경우 ₩275가 발생하였다. 표준형 정수기에 대한 고객의 평균 주문수량은 50단위이며, 고급형은 20단위이다. 각 고객 주문마다 한 번의 배치생산이 필요하며, 각 배치생산마다 표준형은 3시간의 작업준비시간, 고급형은 5시간의 작업준비시간이 소요된다.

고급형 정수기의 성공적인 도입으로 고급형 정수기의 시장점유율이 상승했음에도 불구하고, 지난 3년 동안에 걸쳐 (주)광명정수기의 수익성이 하락하고 있는 것으로 나타났다.

이와 같은 수익성의 지속적인 감소에 대한 원인을 파악하기 위해 제22기 1월초 (주)광명정수기의 재무담당이사 정회계 씨는 제21기 회계연도의 실제원가 및 운영자료를 이용하여 활동기준 원가계산을 통해 제품별 수익성분석을 하고자 한다. 이를 위해 그는 제21기 회계연도 제조간접원가 ₩1,800,000에 대한 활동분석을 수행함으로써, 다음과 같은 활동별 원가집합과 원가동인을 파악할 수 있었다.

활 동	활동원가	원가동인
품질검사	₩480,000	생산량
작업준비	680,000	작업준비시간
고객주문처리	640,000	고객주문처리횟수
합계	₩1,800,000	

또한 제21기에 발생한 총판매비와 관리비를 면밀히 분석한 결과, 총 판매비와 관리비에는 표준형 정수기 매출액의 5%에 해당하는 판매수수료와 10%에 해당하는 관리비가 포함되어 있음을 알 수 있었다. 제21기 중에 표준형 정수기와 관련하여 발생한 광고 및 판매촉진비는 ₩120,000, 고급형의 경우에는 ₩200,000으로 추정되었다. 그리고 나머지 판매비와 관리비 ₩480,000은 각 제품에 대한 고객주문횟수에 비례하여 발생하는 것으로 나타났다.

물음

1. (주)광명정수기의 재무담당이사 정회계 씨가 적용하고자 한 활동기준원가계산을 이용하여 제21기 회계연도의 각 모델별 단위당 제조원가 및 영업이익을 계산하시오.
2. (주)광명정수기의 현행 원가제도 하에서 각 모델의 단위당 제조원가 및 영업이익이 왜곡될 수 있는 주된 이유를 설명하시오.
3. (주)광명정수기의 재무담당이사 정회계 씨가 적용하고자 한 활동기준원가계산 제도를 이용하여 어느 모델의 정수기가 보다 수익성이 높은지 영업이익률에 입각하여 평가하시오.
4. 3번에서 제시한 수익성 분석에 입각하여 (주)광명정수기의 수익성 증대를 위해 당신은 생산과 관련된 어떠한 권고 사항을 제시하겠는가?
5. 3번에서 제시한 수익성 분석에 입각하여 (주)광명정수기의 수익성 증대를 위해 당신은 판매와 관련된 어떠한 권고 사항을 제시하겠는가?

제13장 원 · 가 · 회 · 계

전략적 원가회계

제13장

전략적 원가회계

전략적 원가관리는 원가정보를 전략경영 순환과정의 각 단계마다 구체적으로 전략적 요구와 상황에 맞추어 생산하고 이용하려는 노력이다. 전략경영의 순환과정은 전략의 수립, 조직구성원에게 수립된 전략의 전달, 전략의 실행을 위한 전술의 개발과 수행, 각 실행절차의 달성과정을 감시 확인하여 전략적 목표가 성공적으로 달성되도록 하는데 필요한 통제방법의 개발과 운용 같은 순환과정의 연속이다.

이 장에서는 기업의 성과를 증진시키고 제품 또는 용역을 구입하는 고객들의 품질에 대한 욕구를 충족시키기 위하여 원가관리의 차원에서 JIT원가계산, 목표원가계산, 카이젠원가계산, 품질원가계산과 제품수명주기원가계산 등을 다루고자 한다.

제1절 전략적 원가회계의 인식

1 전략과 원가회계

최근 경제 환경이 국제화와 더불어 전통적 원가관리의 사고에도 근본적인 변화가 있어야 한다는 주장들이 제기되어 오고 있다. 또한 관리회계시스템은 기업가치의 극대화는 물론 고객, 소비자, 납품업자 등과 같은 기업 외부의 이해관계자들을 만족시켜야 하는 기업의 활동들을 연계시키는 데 중점을 두어야 한다고 한다. 이러한 관점에서 볼 때 전략이란 기업내부의 강점 및 약점들을 면밀하게 분석 평가하여 끊임없이 변화하는 환경에 잘 적응하고 대처하는 동시에 지속적인 경쟁우위를 확보하려는 통합되고 조정된 장기적인 계획과 이를 달성하기 위한 수단들의 집합을 말한다.

전략을 수립하여 경영목표를 달성하기 위해서는 전략적 계획 설정과 전략적 원가분석, 가치사슬분석이 있어야한다.

전략적 계획(strategic planning)이란 기업이 경쟁우위를 확보할 목적으로 장기적인 목표들을 수립하고 이 목표들을 성공적으로 달성하기 위한 효율적이고 능률적인 수단들을 결정하는 것이다. 즉 전략적 계획 설정은 지속적인 경쟁우위를 달성하기 위한 가장 중요한 계획과 이를 실행하기 위한 수단을 마련하는 것이다.

전략적 원가분석(strategic cost analysis)이란, 경쟁우위를 모색하는 가운데 실시되는 원가분석을 일컫는다. 전략적 원가분석의 기본개념은 비부가가치 활동을 제거하고, 원가를 개선하여 가격우위(cost advantage)를 확보함으로써 타 회사와의 경쟁에서 우위를 확보하는 것이다. 즉 원가구조에 대한 분석과 이해는 실질적 경쟁우위를 확보하여 기업의 가치를 증대시키는 것이다. 또한 전략적 원가분석은 가치사슬분석과 밀접한 관계를 맺고 있다. 가치사슬 분석은 이미 1장에서 설명한 바와 같이 기업 가치를 가치사슬의 모든 단계에서 어떤 활동들이 창출되는지 분석하는 것이다.

2 전략적 원가회계의 의의

원가관리회계란 지속적으로 원가를 절감하고 통제하는 가운데 고객을 만족시키기 위해서 경영자가 취하는 일련의 행동으로, 경영자의 원가에 대한 장·단기적 계획과 통제의 활동으로 정의할 수 있다. 이와 같은 새로운 개념의 원가관리회계 기법들 중에 대표적인 것을 전략적 원가관리(strategic cost management) 또는 전략적 관리회계(strategic management accounting)라 한다.

전략적 관리회계는 기존의 관리회계가 관심을 보였던 단기적인 관점뿐만 아니라 장기적인 관점에서 재무적 우위와 경쟁적 우위를 달성하기 위한 원가정보의 활용에 관한 것이다. 전략적 관리회계는 기존의 관리회계에 활동기준 원가계산, 품질원가, 원가기획, 수명주기원가, 가치사슬분석, 제약이론 등을 도입하여 기업의 경영목적을 달성하고자 하는 회계적 분석도구이다.

전통적 관리회계와 비교한 전략적 관리회계의 특징은 다음과 같다.

① 부분적인 최적화가 아닌 전체적인 최적화를 꾀한다. 기업의 규모에 상관없이 모든 관리기능을 통합하여, 각 기능의 임무를 시장에서의 전사적 경쟁 관점에서 부여한다. 또한 전략과 전술 모두 기업의 장·단기 목표와 균형을 이룰 수 있도록 한다.

② 경쟁우위 확보를 위한 전략을 추구한다. 이는 부품공급업체에 대한 지원 및 관리, 활동과 프로세스의 분석을 통한 비부가가치활동의 제거, 철저한 원가절감의 달성

등을 실현하고자 한다.

③ 외부 지향적인 정보를 중시한다. 기업환경의 불확실성 증대에 따라 기술과 시장, 경쟁의 변화와 동향 등 외부 지향적인 정보의 수집, 해석, 정리, 활용을 강조한다.

④ 제품계획을 먼저 세운다. 그동안은 현재기간의 이익계획이 제품계획보다 우선하였으나, 이제는 제품수명주기의 단축으로 인하여 수명기간 동안의 목표이익실현을 위하여 원가기획(cost planning)이 활용되어 제품계획이 우선한다.

⑤ 회계기능을 생산 및 마케팅기능과 통합한다. 원가동인의 정확한 파악은 경쟁적 우위를 결정하므로, 재무적 지표와 더불어 비재무적 지표를 성과지표로 이용하여 생산성 및 수익성 향상을 추구한다.

이들 내용의 요약은 [도표 13－1]과 같다.

■ 도표 13－1 전통적 관리회계와 전략적 관리회계의 비교

구 분	전통적 관리회계	전략적 관리회계
정보초점	내부 지향적	외부(시장・고객 등) 지향적
정보내용	과거지향적 정보	미래지향적 정보
원가분석목적	기록유지, 주의환기, 문제해결	세가지 역할＋전략적 포지셔닝의 분석
관 점	이익 또는 부가가치 창출	납품업에서 소비자에 이르기까지 연계된 전체활동의 개선
원가동인	조업도(생산량, 작업시간 등)	다양한 원가동인(규모, 기술, 품질, 공장수준 등)
원가행태	생산량의 함수 : 변동비와 고정비	원가는 선택된 전략을 실행하는 경영기술의 함수
성과평가지표	재무적 지표(이익, 매출액 등) 중심	비재무적 지표(품질, 납기준수, 고객만족 등) 중심

전략적 관리회계시스템의 중요한 특징은 제품의 생산활동 이외의 활동들, 즉 생산 이전 활동인 연구개발, 제품설계, 시장조사 등과 생산 이후 활동인 제품의 보관 및 취급, 판매, 고객서비스, 보증 등과 같은 활동을 강조하며 모든 기능들은 상호 종합적으로 잘 연결되어야 가치를 증대시킬 수 있다고 본다. 즉 모든 활동은 가치사슬(value chain)로 연결되고 있다.

3 전략적 원가관리회계의 영역

회계의 중심적 기능은 외부의 이해관계자에 대해 기업 내부와 외부의 요구사항에 대한 만족을 충족시켜 주는, 즉 고객만족을 위한 핵심적인 성공요소와 고객만족을 위한 가치사슬 전체단계를 분석하여 효율성을 도모하는 것, 지속적인 프로세스 개선, 고객을 제외한 기업의 이해관계자집단의 만족에 이용되는 자료들을 집합하고 유지하는 것이다.

이처럼 급변하는 사회환경에 효율적으로 대응할 수 있는 전략적 정보를 끊임없이 제공해 주는 기능을 수행할 것이 요구되는데 이것이 전략적 관리회계가 수행해야 할 역할들이다.

[도표 13－2]에서 보는 바와 같이 협의의 전략적 관리회계는 내・외부의 환경분석을 통해 경쟁우위 확보를 위한 내부관리용 기초정보를 제공해 주는 기능만을 의미한다. 그러나 좀 더 광의의 개념으로는 정보분석 기능을 넘어서 경쟁우위 확보를 위한 전략의 수집과 실행을 위한 정보를 통합・활용까지를 포함한다.

■ 도표 13－2 전략적 관리회계의 영역

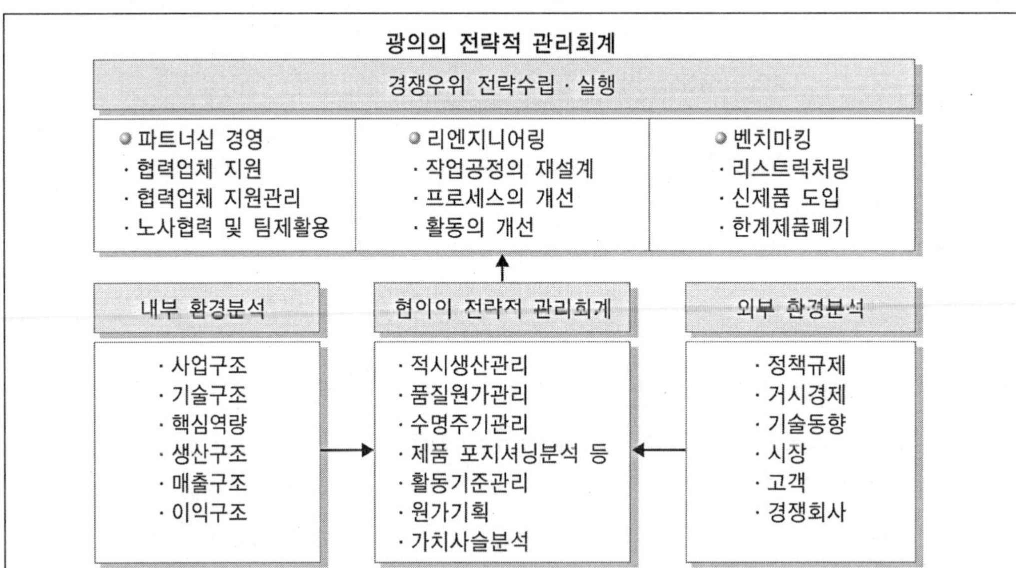

제2절 JIT원가계산

1 JIT의 본질과 영향

(1) JIT의 본질

린 사고 모형은 경영과정의 흐름을 둘러싼 자원을 조직화하는 5단계의 경영접근방법이다. 이 사고에 따르면 재고감소, 불량감소, 낭비요소제거, 신속한 고객대응 등이 가능하다는 것이다. 이 사고모형은 다음 [도표 13－3]에 나타나 있다.

■ 도표 13－3 린 사고 모형

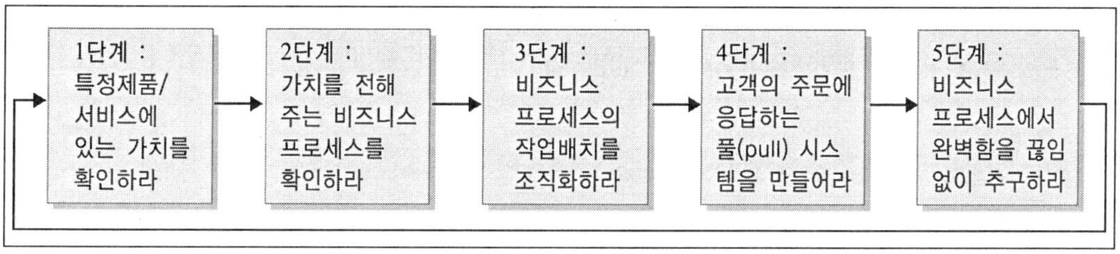

출처 : James P. Womack and Daniel T. Jones, *Lean Thinking : Banish Waste and Create Wealth in Your Corporation, Recised and Updated*, 2003 Simon & Schuster, New York, NY.에서 인용

린 사고에 따른 린 생산(간소화 생산 또는 감량생산 : Lean Production)은 수요요인(demand- pull) 생산시스템으로서 생산라인의 각 부품은 생산라인의 다음 단계에서 필요할 때, 필요한 경우에만 생산하는 것으로 총체적으로 생산공정을 개선하는 방식이다.

린 생산방식의 일부인 적시생산방식(JIT : just-in time)은 필요한 품목을 필요한 수량만큼, 필요로 하는 시점에 생산・판매하는 시스템을 말한다. 이는 기업의 모든 활동에 있어 최소한의 원재료, 설비 및 인력을 이용하도록 하여 불필요한 활동을 줄이는 것을 목표로 한다. 따라서 JIT시스템은 요구되는 활동을 적시에 최소한으로 수행하려는 관리기법이다.

일반적으로 JIT시스템은 린 생산시스템을 뜻하며 이는 생산과 관련된 JIT구매(JIT purchasing), JIT납품(JIT delivery), JIT수송(JIT transportation) 등을 포괄한다. JIT시스템은 Zero Inventory, Stockless Production, Kan-ban방식, Toyoda생산방식 등으로 불리우는 무재고생산시스템이다. JIT시스템은 원재료의 구입에서부터 제조를 거쳐 판매에 이르는 전공정의 합리화를 통해 낭비를 제거하고 필요한 시기에 필요한 양만큼을 생산할 수 있도록 통제하는 시스템이다.

제조시간은 생산하는 재화의 가치를 증대시키는 활동시간과 전혀 가치를 증대시키지 못하는 활동시간으로 구성된다. JIT시스템하에서는 원재료의 주문에서 완성품을 생산하기까지의 제조소요시간을 최대한 단축시킨다.

제조소요시간(manufacturing lead time), 대기시간(queue time) 및 저장시간(storage time) 등의 5단계를 거치지만 진정한 가치증대시간은 공정시간뿐이다. 따라서 나머지 4단계의 시간은 본질적으로 비부가가치활동시간이다.

JIT시스템하에서는 종래 제조활동에서 당연한 것으로 간주되어 오던 검사 · 대기 · 이동 · 저장 등의 활동을 최소화하도록 한다.

즉, JIT시스템은 원재료의 구매시점부터 제품을 고객에게 인도하는 시점까지의 시간을 최소화할 수 있도록 결함(defect)없는 제품을 필요한 시기에 필요한 양만큼 최저의 원가로 생산하려는 것이다.

이 제도를 처음 고안한 Toyoda사는 JIT생산방식과 더불어 불량품의 자율적 관리(autonomous control of defect), 집단(group 또는 team)적인 업적평가, 탄력적 작업인력(flexible work force) 등의 관리기법을 병용하였다. JII시스템의 체계를 요약하면 [도표 13-4]와 같다.

JIT시스템은 재고는 낭비라는 인식에서 무재고와 비부가가치 활동시간의 제거 및 고품질을 추구한다. JIT시스템이 원가관리활동을 수행하면서 목표로 추구하는 것은 다음 네 가지로 요약된다.

① 재화에 가치를 부가하지 않는 비부가가치활동(non value added process)의 제거
② 비부가가치활동을 인식하기 위한 통찰력과 단순화의 강조
③ 높은 품질수준의 유지
④ 활동의 효율성을 위한 지속적인 개선

■ 도표 13-4 JIT시스템의 체계

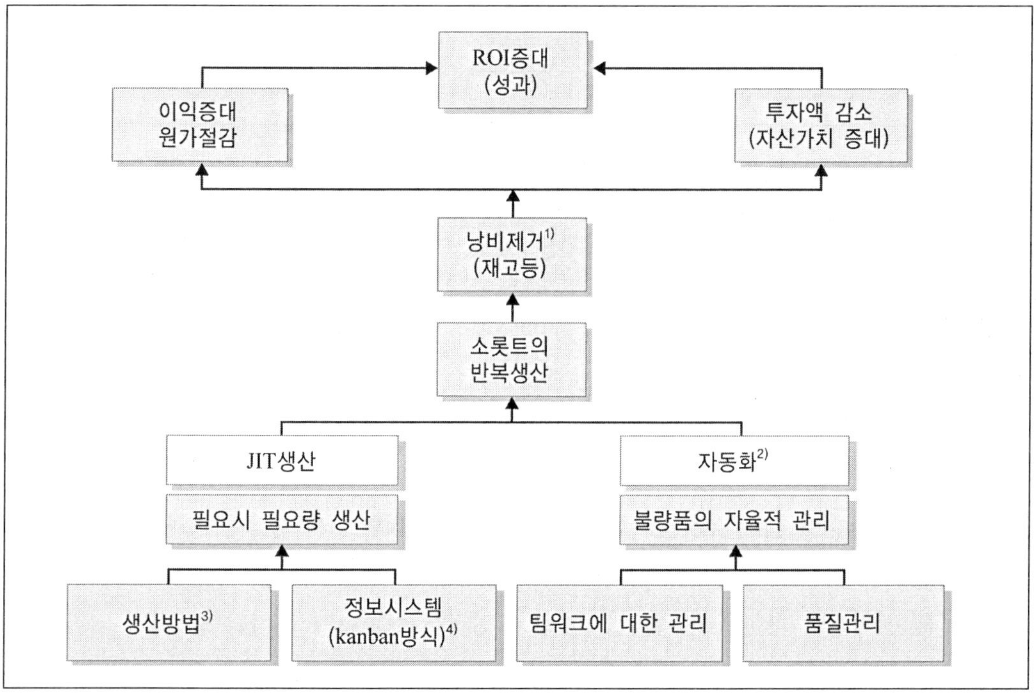

1) 불필요한 생산요소를 제거하는 것이 곧 낭비를 제거하는 것이다. 여기에는 불량의 낭비, 재고의 낭비, 과잉생산의 낭비, 이동·검사·저장 및 대기의 낭비 등의 제거가 포함된다.
2) 자동화(jidoka)란 현장의 자율적 품질관리시스템을 말한다.
3) JIT생산시스템의 특징으로는 생산평준화, 작업표준화, 다기능작업자의 활용, 공정의 연속적 설계 등을 들 수 있다.
4) 간반방식(kanban system)은 JIT생산의 핵을 이루는 정보시스템이다. JIT생산에서 어떤 제품(부품)이 언제 얼마나 필요한가를 알려주는 역할을 하게 되는 것이 바로 간반(Kanban)이다.

(2) JIT가 원가회계제도에 미치는 영향

JIT시스템은 원가회계제도에도 많은 영향을 주었다. JIT시스템하의 원가계산제도는 전통적인 원가회계제도에 비하여 몇 가지 상이한 측면을 보이고 있는데 이를 요약하면 다음과 같다.

① 원가의 추적가능성의 증대 : 전통적인 생산환경하에서는 다양한 원재료의 구매·취급·보관 등의 활동에 관련한 원가는 다양한 제품 라인을 지원하는 다목적 시설의 이용이나 공통적인 활동의 결과에 따라 발생한다. 그러므로 전통적으로 이들 원가는 제조간접비로 분류되었다. 그러나 JIT시스템하에서는 원재료구매·취급·보관 등의 활동이나 설비는 단일의 생산 라인을 위해 사용되고 이들 원가는 개별 생산 라인의 직접비로 분류하게 된다. 따라서 전통적인 생산환경하에서 제조간접원가로 분류되는 항목들이 JIT시스템하에서는 제조직접원가로 분류하게 된다. [도표 13-5]는 전통적 생산환경하에서와 JIT시스템하에서 개별적인 비용들이 제조직접원가와 간접원가의 구분에 있어 어떻게 차이가 있는가를 나타내고 있다.

■ 도표 13-5 제조환경에 따른 직접원가와 간접원가의 비교

항 목	전통적 환경	JIT 환경
수선유지비	직접원가	직접원가
재료취급비	간접원가	직접원가
동력비	간접원가	직접원가
운영소모품비	간접원가	직접원가
감독비	간접원가	직접원가
감가상각비	간접원가	직접원가
건물점유비	간접원가	간접원가
보험료와 제세공과금	간접원가	간접원가
생산지원 서비스원가	간접원가	대체로 직접원가

② **원가중심점의 감소** : 전통적 환경하에서는 개별적인 원가중심점이 구매·원재료취급·품질검사·창고부문 등에 대하여 설정되었다. 그러나 JIT환경하에서는 창고부문은 제거될 것이고 원재료취급원가도 현저히 감소하여 원가단위로서의 의미를 잃게 된다. 이는, JIT생산시스템하에서는 재화에 가치를 부가하지 않는 모든 낭비활동은 제거의 표적이 되고 이에 따라 구매활동·검사활동·보관활동 등을 위한 설비 및 인원은 최소화되거나 제거되기 때문이다.

③ **원가특성의 변화** : JIT상황에서는 원가가 생산량의 변화에 따라 변화된다는 변동원가에 대한 고정인식을 변화시켜야 한다. JIT상황에서는 단기적인 변동원가 성격을 갖는 항목은 별로 없으며 실제 제조활동이 이루어지는 관련범위 내에서 고정원가 성격을 갖는 원가항목 역시 드물다. 이는 JIT시스템하에서는 생산량보다는 거래(transaction)수에 따라 변화하는 항목들이 상당히 많기 때문이다. 따라서 많은 제조간접원가들은 준고정원가나 준변동원가의 성격을 띠게 된다. 조업도에 따른 원가의 분류에 있어 애매모호함은 전통적 생산환경하에서도 나타나지만 JIT시스템하에서는 이러한 현상이 매우 강하게 나타난다.

④ **제조간접원가 배분기준의 변화** : 제조간접원가의 배분기준으로 일반적인 직접노무원가·직접노동시간·기계시간 등의 단일배분기준에 의한 제조간접원가배분은 JIT상황에서는 잘못된 원가계산결과를 초래하게 됨으로 따라서 JIT상황하에서 제조간접원가 발생과 별반 상관성을 갖지 않는 노무용역 사용관련기준은 제조간접원가의 제품별 배분을 오도하게 되므로 JIT시스템하에서는 원가동인(cost driver)에 대한 규명을 제조원가배분의 출발점으로 하게 된다. 원가동인이란 왜 그런 수준의 원가가 발생하게 되었는가를 설명해 주는 요인이다. 또한 JIT상황에서는 원재료·재공품 등

의 보관을 위한 창고부문이 존재하지 않거나 최소화되기 때문에 구매와 창고관련원가 등은 창고면적을 배분기준으로 이용할 수 없다. 따라서 구매 및 원재료 취급원가는 원재료액이나 운반회수와 같은, 보다 합리적인 인과관계를 제공하는 원가동인을 파악하고 이를 기준으로 배분하게 된다.

⑤ **재공품평가의 단순화** : 종합원가계산의 경우 완성품제조원가의 계산을 위하여 기초 및 기말재공품수량을 완성품환산량으로 환산하는 과정을 거쳐야 한다. 기말재공품 평가시 무평가법을 사용할 수도 있으나 전통적 생산환경하에서는 기말재공품이 존재하는 것이 보편적이고 따라서 정확한 원가계산을 위하여 전부평가법을 이용하게 된다. 그러나 JIT시스템하에서는 기초 및 기말재공품이 거의 의미를 갖지 못한다. 따라서 완성품수량과 당기작업분 완성품환산량은 차이가 없다. 이에 따라 기말재공품에 대한 평가과정은 무시할 수 있어 재공품 평가를 위한 노력을 절감할 수 있게 된다. 더불어 JIT는 통상 무결점운동으로 불리우듯 전사적 품질 관리활동을 수반함으로써 파손품·불량품 등이 줄어들게 되어 원가계산상 공손품 및 감손품 원가에 대한 계산의 노력도 절감하게 된다.

⑥ **구매가격차이의 중요성 감소** : JIT시스템하에서도 표준원가제도는 중요한 통제기법이 된다. 다만 재무적 측정치와 함께 비재무적 측정치에 대한 중요성이 한층 강조될 뿐이다. 일반적으로 원재료구입가격차이는 다량의 원재료를 일괄 구입함으로 가격할인을 받거나 저품질의 원재료를 구입함으로 유리하게 나타난다. 그러나 JIT상황에서는 원재료의 품질과 이용가능성은 아주 중요하다. 따라서 품질과 이용가능성의 요건이 원재료의 유리한 구입가격 차이보다도 우선된다. 다만 JIT구매시스템하에서는 원재료공급자와 장기적인 계약을 체결함으로써 구입가격의 절감을 달성하려고 노력한다.

2 JIT원가계산제도

(1) JIT원가계산제도의 위치

JIT(Lean)원가계산제도는 JIT시스템하에서 이용되는 혼합원가계산제도(hybrid costing)의 일종이다. 생산시스템의 형태는 덩어리생산시스템(batch production system)과 계속생산시스템(constant flow manufacturing system)으로 구분할 수 있으며 이러한 생산시스템에 따라 원가계산시스템을 구분할 수 있다.

JIT생산시스템은 계속생산시스템의 형태이며 고정적인 제품생산율을 바탕으로 한다. 고정

■ 도표 13-6 혼합형제조에 따른 원가계산제도의 구분

생산시스템의 형태	제품 생산율	제품원가계산제도	
덩어리 생산	변동성	작업별원가계산	개별원가계산
계속 생산	고정성	JIT원가계산	공정별원가계산

적 제품생산율은 일정률로서 원재료의 선형적 흐름을 전제하고 개별작업장의 업무량과 조업능력이 일정률로 균형을 이루는 경우를 뜻한다. 생산시스템에 따라 원가계산제도를 구분하면 [도표 13-6]과 같이 나타낼 수 있다. 따라서 제품원가계산제도는 네 가지 형태의 원가계산제도 중 하나이거나 혹은 이를 적절히 변형시킨 형태를 취한다.

(2) 물량과 원가의 흐름

JIT시스템하에서의 물리적 흐름(physical flow)은 작업별 원가계산의 경우와 유사하다.

JIT시스템하의 원가계산제도 중 가장 대표적인 것은 HewlettPackard(HP)사에서 이용한 모형이다.

HP모형은 JIT시스템하에서의 원가계산을 최대한 단순화시킨 모형이다. HP모형에 따른 JIT원가계산경우의 실물흐름과 원가흐름은 [도표 13-7]과 같이 나타낼 수 있다.

■ 도표 13-7 JIT시스템하의 물량과 원가의 흐름

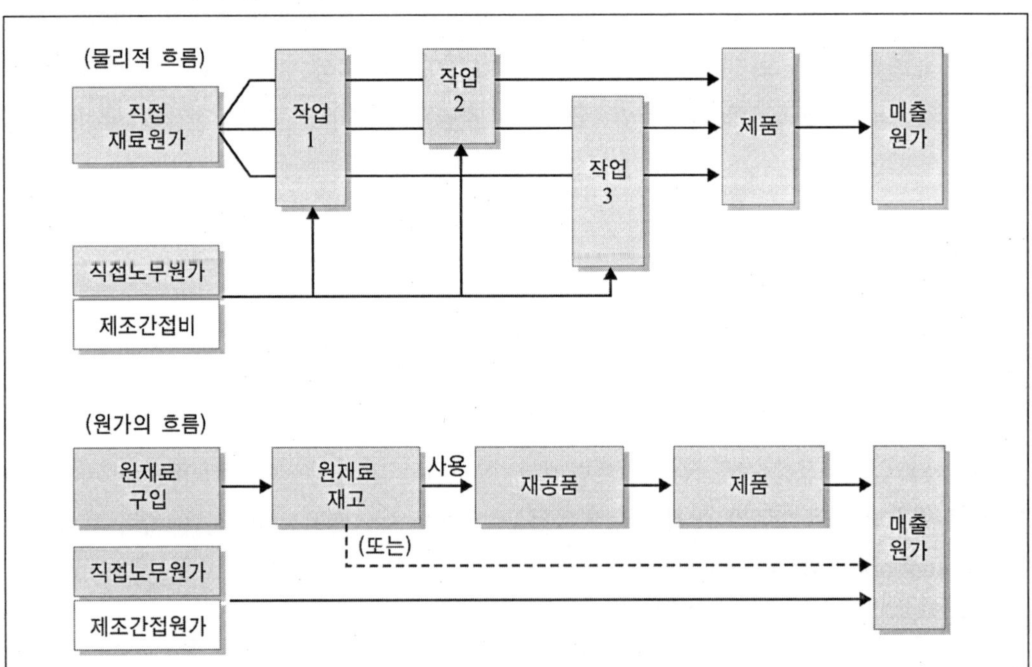

(3) 회계처리

JIT원가계산의 특징은 다음 몇 가지로 요약된다.

첫째, 원재료(raw materials)와 재공품(work-in process)계정을 구분하여 설정하지 않고 재공원료(raw and in process) 또는 재공자원(resource in process)이라는 단일계정을 이용하여 기록한다. 따라서 원재료계정 → 재공품계정 → 제품계정으로의 흐름이 아니라 재공원료계정 → 제품계정으로의 흐름이 된다.

둘째, 직접노무원가와 제조간접원가는 발생기간에 매출원가화된다. 즉 직접노무원가와 제조간접원가는 재공품계정, 제품계정을 거쳐 판매시점에서 매출원가화하는 것이 아니라 발생시점에서 그 기간의 매출원가로 전환된다.

셋째, 기술집약적인 JIT환경하에서는 직접노무원가의 비중이 작기 때문에 이를 제조간접원가에 포함시키기도 한다. 이 경우 원가요소별 계산은 직접재료원가와 제조간접원가로의 구분만을 요하며 따라서 제조간접원가는 곧 가공비가 된다.

넷째, 제조간접원가는 매출원가로 직접 대체되므로 복수제품생산의 경우 제조간접원가는 제품별 배부의 과정을 거쳐 제품별 매출원가를 결정하게 된다.

JIT시스템하에서는 제조간접원가의 비중이 크므로 제조간접원가의 합리적 배부가 정확한 제품별 원가계산의 초점이 된다. 제조간접원가배부는 실제배부법 또는 예정배부법을 이용할 수 있다.

이와 같은 JIT원가계산의 특징을 토대로 원가의 흐름을 계정 간의 연결로 나타내면 [도표 13－8]과 같다.

■ 도표 13－8 JIT원가계산의 원가흐름

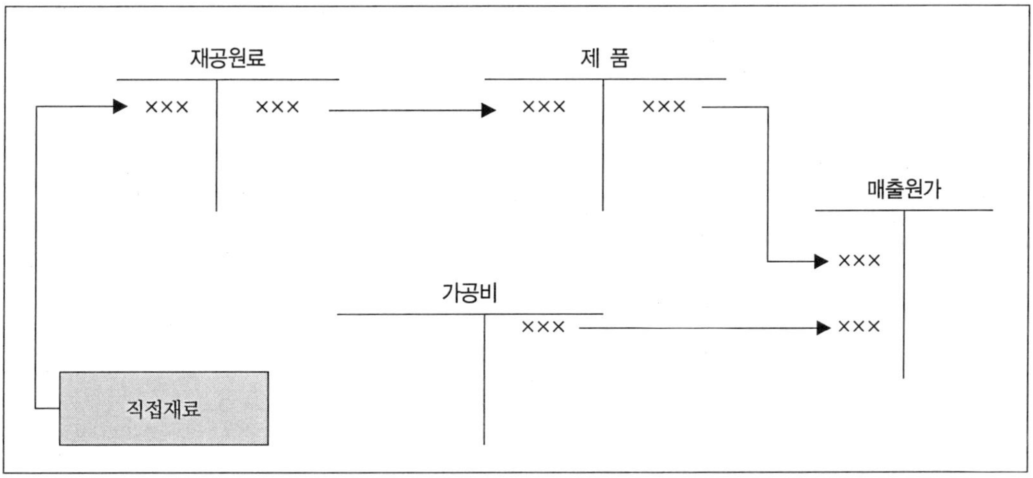

JIT원가계산제도하에서의 분개과정을 요약하면 다음과 같다.

① 원재료구입시

(차) 재공원료	×××	(대) 현 금	×××

② 원재료소비시

(차) 제 품	×××	(대) 재공원료	×××

③ 가공비발생시

(차) 가공비	×××	(대) 제 좌	×××

④ 기말시점

(차) 매출원가	×××	(대) 제 품	×××
		가공비	×××

예제 13-1 (주)오성은 JIT생산시스템을 구비하고 있다. 5월 중 생산판매된 제품의 원가계산을 하고자 하며, 5월 중 원가자료는 다음과 같다.

(1) 월 초 재고자산은 없다. (2) 제조간접원가 발생액 : ₩3,000
(3) 원재료구입액 : ₩9,800 (4) 생산량 : 100개
(5) 원재료소비액 : ₩8,500 (6) 판매량 : 80개
(7) 직접노무원가 발생액 : ₩1,200 (8) 기말재공품은 없다.

물.음.

1. 제품의 총 제조원가와 단위당 원가를 계산하시오.
2. 분개와 전기를 하시오.
3. 만약 기말재공품 수량이 10개이고 진척도가 80%인 경우의 매출원가를 계산하시오.

풀.이.

1. 원재료 소비액 : ₩8,500
   생산량 : 100개
   그러므로 제품의 총제조원가는 ₩8,500이며 단위당 원가는 ₩85이다.

2. 분개와 전기

① (차) 재공원료	9,800	(대) 매입채무	9,800

② (차) 제 품	8,500	(대) 재공원료		8,500
③ (차) 가공원가	4,200	(대) 직접노무원가		1,200
		제조간접원가		3,000
④ (차) 매출원가	6,800	(대) 제 품		6,800
⑤ (차) 매출원가	4,200	(대) 가공원가		4,200

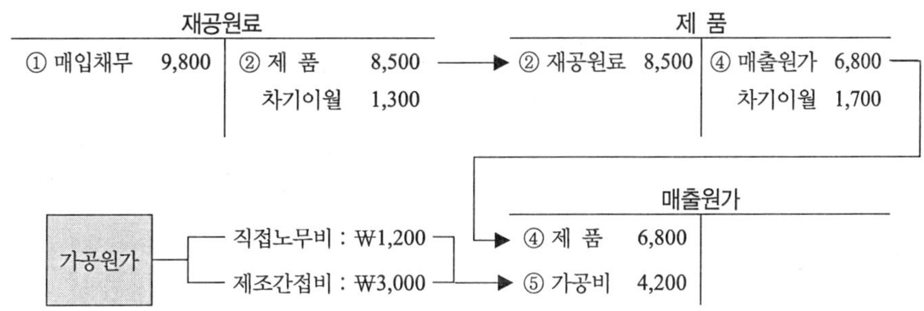

3. 기말재공품의 완성품환산수량 : 10개×80% = 8개

완성품원가 : $₩8,500 \times \frac{100}{108} = ₩7,970$

원재료비(₩8,500) 기말재공품원가 : $₩8,500 \times \frac{8}{108} = ₩630$

완성품원가 : $₩4,200 \times \frac{100}{108} = ₩3,889$

총 가공원가(₩4,200) 기말재공품원가 : $₩4,200 \times \frac{8}{108} = ₩311$

① 가공원가를 기말재공품원가에 포함시키는 경우

매출원가 $= (₩7,870 + ₩3,889) + \frac{80}{100} = ₩9,407$

② 가공원가를 기말재공품원가에 포함시키지 않는 경우(가공비는 모두 발생기간에 매출원가화하는 JIT원가계산의 경우)

매출원가 $= (₩7,870 \times \frac{80}{100}) + ₩4,200 = ₩10,496$

예제 13-2 (주)홍지산업은 휴대폰을 생산・판매하는 기업으로 JIT생산시스템을 채택하고 있다. 기초재고자산은 없으며 제8기 상반기 중의 원가자료는 다음과 같다.

(1) 매입된 원재료 : ₩30,000

(2) 소비된 원재료 : ₩28,500

(3) 예정배부된 제조간접원가(가공원가) : ₩22,500

(4) 실제 발생한 제조간접원가(가공원가) : ₩24,000

(5) 기말재공품의 평가액

원재료 ₩1,300 제조간접원가 ₩3,000

물.음.

1. JIT원가계산에 필요한 분개와 전기를 하시오.
2. 재고자산의 기말잔액과 매출원가를 계산하시오.

풀.이.

1.

	차변	금액	대변	금액
①	(차) 재 공 원 료	30,000	(대) 매 입 채 무	30,000
②	(차) 제 품	28,500	(대) 재 공 원 료	28,500
③	(차) 매 출 원 가	23,500	(대) 제 품	23,500
④	(차) (실제)제조간접원가	24,000	(대) 제 좌	24,000
⑤	(차) 매출원가	22,500	(대) (예정)제조간접원가	22,500
⑥	(차) 재공원료	1,300*	(대) 매출원가	1,300

* 기말재공품평가시 제조간접원가는 제외하고 계산한 금액이다.

재공원료 (직접재료비)

차변	금액	대변	금액
→① 매입채무	30,000	② 제 품	28,500
⑥ 매출원가	1,300	* 기말잔액	2,800

제 품

차변	금액	대변	금액
② 제공원료	28,500	③ 매출원가	23,500
		* 기말잔액	5,000

제조간접비 (제조간접비)

차변	금액	대변	금액
→④ 제 좌	24,000	⑤ 매출원가	22,500
		* 배부차이	1,500

매출원가

차변	금액	대변	금액
③ 제 품	23,500	⑥ 재공원료	1,300
⑤ 제조간접비	22,500	* 손 익	44,700

2. 풀이 1의 각 계정에서 보면 다음과 같다.

기말재공원료 : ₩2,800*

기말제품 : ₩5,000

매출원가 : ₩44,700

* ₩1,500과 재공품 ₩1,300으로 구성되어 있다.

(4) JIT원가계산의 특징

JIT원가계산제도도 기존의 원가계산제도에 의한 제품원가계산의 과정을 거치게 된다. 다만 JIT생산환경은 연속적인 작업, 고정 또는 평균율의 선형적인 원재료흐름, 원재료 및 재공품의 무재고수준의 유지, 결함발생시 생산흐름의 중단 등의 특성을 갖기 때문에 이에 부응하여 기존의 원가계산제도를 보다 단순화시키는 원가계산제도를 이용하게 된다.

또한 JIT원가계산제도는 변동원가계산제도(variable costing)를 보다 변형한 형태이기도 하다. 변동원가계산제도에서는 제조간접원가 중 변동제조간접원가만을 재고자산화하고 고정제조간접원가는 기간비용화한다.

JIT원가계산제도는 직접노무원가의 비중이 낮은 생산환경을 전제로 하고 이를 제조간접원가에 포함시키기도 한다. 이에 따라 직접재료원가만을 재고자산원가화하고, 직접노무원가와 제조간접원가를 합한 가공원가는 발생기간의 매출원가로 하여 손익계산의 과정을 거치게 된다.

제3절 목표원가계산

1 원가기획

(1) 원가기획의 의의

원가기획(cost planning)은 1970년대 이후 일본의 자동차・전기・기계산업을 중심으로 이용되고 있는 원가관리기법으로, 목표원가관리(target cost management)라고도 한다. 즉 원가기획은 목표원가와 밀접한 관련을 갖는다.

원가기획은 원가발생의 초기단계인 개발・설계 내지 제품기획단계에서 원가를 조성・관리하는 활동을 말한다. 이는 제품의 기획・설계단계에서의 원가에 대한 계획활동이며 목표원가를 달성하려는 관리기법이다.

목표원가(target cost)는 기업이 경쟁기업과의 경쟁을 통하여 수익을 실현하면서 시장에 계속 머물러 있거나, 새로이 진출할 수 있도록 해주는 장기추정원가(estimated long-run cost)를 말한다. 즉 목표원가는 경쟁환경하에서 기업이 생존하기 위하여 달성해야 할 원가수준을 의미한다.

예를 들어, 자동차회사가 판매가격 500만원 정도의 국민차(public car)를 계획한다면 제품의 기획・설계단계에서 판매가격 이하의 목표원가를 설정하여야 수익을 실현하면서 생존할 수 있을 것이다.

따라서 목표원가는 허용원가(allowable cost)라고도 한다. 원가기획활동은 크게 두 가지 관리활동을 위한 전제가 된다. 하나는 원가유지활동으로 목표원가를 산정하고 이를 달성하려는 제활동이다.

다른 하나는 원가개선활동을 기존의 제품에 대한 제조 및 판매단계에서 행하여지는 원가절감활동을 말한다.

■ 도표 13-9 원가기획의 과정

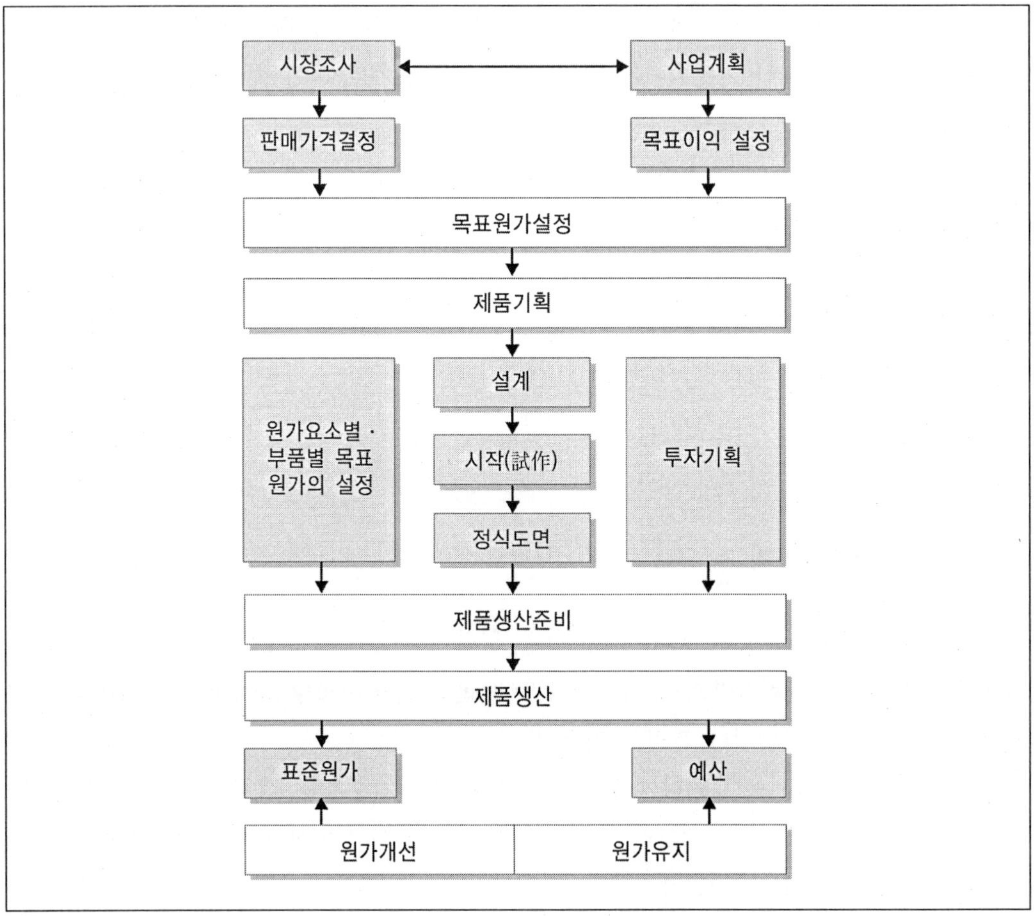

원가기획은 제품의 수명주기(life-cycle)단축에 따라 제품의 연구개발 · 기획 · 설계단계에서의 원가관리가 생산단계에서의 원가관리보다 더 중요하게 됨에 따라 그 중요성이 증대하고 있다. 또한 공정자동화에 따른 막대한 설비투자는 추후의 생산단계에서 소요되는 원가의 발생을 필연적으로 결정짓게 되므로 기획단계에서의 원가관리가 보다 중요하게 되었다. 원가기획활동은 [도표 13-9]에서와 같은 절차로 이루어진다.

(2) 원가기획의 특징

원가기획은 사전적인 원가관리를 통하여 이익을 확보하려는 노력으로 다음과 같은 특징을 갖는다.

① 원가기획은 생산이전단계인 제품의 연구 · 기획 · 설계단계에서 행하여지는 활동이다.

② 원가기획은 생산 · 판매활동의 원가관리활동인 원가유지와 원가개선을 위한 출발로

서 목표원가를 설정하고 이를 달성할 수 있도록 계획을 수립하는 과정이다.

③ 원가기획은 소품종 다량생산체제보다 다품종 소량생산체제에 더욱 적합하다.

④ 원가기획은 설계방법이나 생산방법 등을 결정하는 관리기법이며 설비투자의 방법을 결정하게 된다.

⑤ 원가기획은 목표원가달성을 위하여 가치공학(VE : Value Engineering), 종합적 품질관리(TQC : Total Quality Control), 적시생산(JIT : Just-In-Time) 등의 공학적 기법과 함께 원가테이블(cost table) 등의 회계적 관리기법을 활용한다.

⑥ 원가기획은 회계부문을 조정자로 하여 제품기획 · 개발 · 설계 등의 기술 부문, 생산부문, 판매부문 등의 협력을 이끌어 내는 통합관리시스템이다.

⑦ 원가기획 도입 초기에는 원가절감의 목적이 강하나, 점차 고객의 욕구를 충족시킬 수 있는 제품개발, 품질개선 및 신제품의 적시도입 등 단순한 원가절감뿐만 아니라 이익증대를 위한 목표활동으로 전환된다.

⑧ 원가기획은 자동차산업에서 처음 시작되었으나, 가공조립형 산업뿐만 아니라 장치형 산업이나 건설업 및 소프트웨어 산업에서도 유용한 관리기법으로 이용될 수 있다.

2 목표원가계산

(1) 목표원가계산의 의의

기업이 신제품시장에 참여할 것인가의 의사결정에 있어 중요한 고려요소는 신제품에 대한 경쟁기업의 판매가격이다. 목표원가(target cost)란 기업이 경쟁기업과의 경쟁을 통하여 이익을 남기면서 제품시장에 참여하거나 또는 남아있게 할 수 있도록 추정된 장기적 원가를 말한다.

목표원가계산(target costing)은 초기의 제품개발단계에서부터 원가관리를 시작하며, 기업의 전후방에 존재하는 전체 가치사슬의 원가관리과정에 참여시키는 과정에 제품수명주기 전체에 걸친 총원가를 원가절감대상으로 보는 장기추정원가로서의 목표원가를 계산하는 절차이고 제품의 수명주기 전반에 걸친 원가분석을 기초로 목표이익을 달성할 수 있도록 허용하는 목표원가를 계획하는 과정이다.

목표원가계산의 목적은 이익계획 및 원가관리를 위한 새로운 전략을 수립하고, 또한 이익계획과 원가관리를 동시에 수행하면서 기업의 생존에 필요한 적정이익을 확보하는 데 있다.

(2) 목표원가의 설정

목표원가를 설정하는 방법은 크게 누적법과 공제법으로 나눌 수 있다.

① **누적법** : 누적법은 신제품 개발 · 생산 · 판매에 따른 원가를 현행제품의 원가자료를 이용하여 계산하는 방법이다. 즉 현행제품의 제조원가(ongoing cost)를 기준으로 신규로 추가되는 기능을 실현함에 따라서 증가되는 원가를 더하고, 삭제하게 될 기능의 원가와 배제할 수 있는 원가를 차감하여 신제품의 달성가능목표원가를 계산한다. 따라서 누적법은 현행제품의 기능을 개선하는 경우 기존제품의 원가를 출발점으로 목표원가를 계산하는 방법이다. 즉 신제품의 달성가능목표원가(as-if cost)는 다음과 같이 계산된다. 기능추가에 따른 증분원가에서 기능삭제 및 낭비요인제거에 따른 절감가능원가를 차감한 금액이 순수한 원가절감목표액이 된다.

목표원가 = 현행제품원가 + 기능추가원가 − 절감가능원가

② **공제법** : 공제법은 목표원가를 이익계획에 따라 계산하는 방법이며, 목표원가는 희망판매가격에서 목표이익(target profit)을 차감하여 계산한다. 이에 따라 목표원가는 예정판매가격하에서 목표이익을 달성하기 위하여 허용할 수 있는 최대원가이다.

목표원가 = 예정판매가격 − 목표이익 = 예정판매가격 × (1 − 목표이익률)

목표원가계산의 보편적 방법은 공제법이다. 또한 두 방법을 병행하는 경우에도 궁극적인 목표원가는 공제법으로 계산된 원가이다. 현행제품을 개선하는 경우, 신제품의 목표원가는 다음과 같은 과정을 거쳐 계산된다.

㉠ 현행제품의 제조원가(ongoing cost)를 계산한다.

㉡ 현행제품에 대하여 실행되지 아니한 원가절감영역을 탐색하고 절감가능원가를 파악한다.

㉢ 현행제품에 대한 기능의 추가로 인한 기능추가원가를 파악한다.

㉣ ㉠, ㉡, ㉢을 이용하여 달성가능목표원가(as-if cost)를 계산한다.

㉤ 예정판매가격과 목표이익에 따라 목표원가를 계산한다.

㉥ ㉤에서 공제법으로 계산된 목표원가(target cost)와 ㉣의 누적법으로 계산한 달성가능목표원가(as-if cost)를 비교하여 장래의 절감필요원가(future cost reduction needed)를 계산하고, 달성가능목표원가를 목표원가수준으로 결정한다.

예제 13-3 (주)삼창은 신제품 AA를 생산・판매할 것을 고려하고 있다. 이미 경쟁기업들은 신제품 AA와 유사한 제품을 판매하고 있다.

신제품 AA의 제품단위당 가공원가는 다음과 같은 5개 영역으로 구분되며, 영역별 배부기준과 배부율은 아래와 같다.

가공원가	배부기준	배부율
재료처리	부품수	₩10/부품수
기계에 의한 부품조립	기계 조립된 부품수	₩50/부품수
종업원에 의한 부품조립	종업원 조립된 부품수	₩80/부품수
용 접	생산수량	₩1,400/생산단위
품질검사	품질검사시간	₩500/시간

신제품 AA의 최초설계작품인 AA−101모델은 경쟁기업들보다 가격경쟁력을 가질 수 없는 것으로 판단하고, 많은 연구 끝에 AA−201모델을 개발하였다. AA−201모델은 AA−101모델보다 제조원가를 월등히 절감할 수 있을 것으로 판단된다. 각 모델 생산에 따른 배부기준별 자료는 다음과 같다.

배부기준	AA−101모델	AA−201모델
부품수	200	160
기계에 의한 부품조립수	140	150
종업원에 의한 부품조립수	60	10
품질검사시간	3	2

이 회사는 목표이익률을 15%로 설정하고 있으며, 경쟁기업들의 제품단위당 시장판매가격은 ₩35,000이다. 모델별 직접재료비는 AA−101이 ₩15,000, AA−201은 ₩17,000이다.

물.음.

1. 신제품 AA의 목표원가를 공제법을 이용하여 계산하시오.
2. 두 모델의 제조원가를 계산하고 목표원가로 채택될 수 있는지를 확인하시오.
3. AA−101모델보다 AA−201모델이 제조원가를 낮출 수 있는 이유를 분석하여 보시오.
4. AA−101모델의 제조원가를 목표원가를 설정하고자 한다면 목표이익률을 얼마로 설정하여야 하는지 계산하시오.

풀.이.

1. 목표원가 : ₩35,000×(1−0.15)=₩29,750

2.

	AA-101모델	AA-201모델
직접재료원가	₩15,000	₩17,000
가공원가 :		
재료처리	2,000	1,600
부품의 기계조립	7,000	7,500
부품의 종업원조립	4,800	800
용 접	1,400	1,400
품질검사	1,500	1,000
총 제조원가	₩31,700	₩29,300
채택여부	기 각	채 택

3. 제품설계시 AA-101모델과 비교하여 AA-201모델은 다음과 같은 특징을 갖도록 고려해야 한다.

① 전체적인 부품의 수를 줄일 수 있도록 제품설계가 이루어져야 한다.

② 종업원에 의한 수작업보다 기계작업에 의하여 조립되는 부품의 수를 늘일 수 있도록 제조공정이 설계되고 배치되어야 한다.

③ 기계작업에 의한 부품조립으로 품질검사시간을 단축시킬 수 있도록 해야 한다.

4. ₩31,700 = ₩35,000×(1-x) ∴ x = 9.43%

제4절 카이젠원가계산

1 카이젠원가의 의의 및 원가계산

카이젠원가계산(kaizen costing)은 원가절감을 목표로 하고 있다는 점에서 목표원가와 비슷하지만, 제품의 수명주기 중 생산단계의 원가절감에 초점을 맞추고 있다는 점에서 차이가 있다.

카이젠(Kaizen)이란 거대한 혁신을 통해서가 아니라 소액·증분액의 원가 절감을 통하여 지속적인 공정개선을 도모하는 일본 용어이다. 원가를 절감하기 위해 제조(생산)단계의 변경은 어렵고 비용이 많이 든다.

카이젠원가는 의사결정과 동시에 제품을 설계하도록 하며, 큰 변화를 가져오는 목표원가와 이러한 점에서 차이가 난다.

카이젠원가는 이익계획시스템과 연계된다. 연간 예산이익목표는 전년도 실제발생원가를 기준원가로 하여 설정한다.

원가절감은 이 기준원가를 출발점으로 한다. 즉 경영자는 변동원가의 실제 절감액과 설정된 목표절감액을 비교하여, 원가계산의 목표를 실제 발생원가가 기준원가보다 적게 발생하도록 하는 데 있다.

카이젠원가계산은 다음과 같이 이루어진다.

원가절감은 고정원가와 변동원가요소 모두를 포함하지만 기업성장에 고정원가요소는 필수적이기 때문에 변동원가요소를 절감하려고 한다.

- 전기의 단위당 실제발생원가 = 전기의 실제발생원가 총액 ÷ 전기의 실제생산량
- 당기 추정 실제원가 = 전기 단위당 실제원가 × 추정원가에 대한 원가절감목표비율

추정원가에 대한 원가절감목표비율은 당기의 목표이익달성에 근거를 둔다. 각 공정부문의 목표 카이젠원가는 다음과 같이 결정된다.

- 배분(할당)비율 = 각 공정부문의 직접통제원가 ÷ 모든 공정부문의 직접통제 원가 총액
- 각 공정부문의 카이젠원가 = 당기 목표카이젠원가 × 배분비율

2 전통적인 원가절감과 카이젠원가의 비교

카이젠원가시스템은 불리한 차이를 회피하면서 표준원가를 만족시키는 것을 목적으로 하는 전통적인 표준원가시스템과는 구별된다. 카이젠원가의 목적은 목표원가절감액을 달성하는 것이다.

표준원가시스템에서 차이분석은 실제원가를 표준원가와 비교한다. 그러나 카이젠원가계산시스템에서 차이분석은 목표원가(target cost)를 실제원가절감액(actual cost-reduction amounts)과 비교한다.

표준원가와 카이젠원가의 또 다른 중요한 차이점은 전통적인 표준원가시스템은 공학자와 경영자들이 공정을 개선하고 원가를 절감시키는 데 대한 전문지식을 갖고 있다고 가정하지만 카이젠원가시스템은 종업원(worker)들이 실제로 공정을 개선할 수 있는 지식을 갖고 있다고 가정하고, 종업원들에게 공정의 개선과 원가절감에 대한 책임을 부여하는 것이다.

표준원가와 카이젠원가계산의 차이점은 [도표 13－10]과 같다.

■ 도표 13-10 표준원가와 카이젠원가계산의 비교

	표준원가계산	카이젠원가계산
개 념	• 원가통제시스템 현 제조공정의 안정성 가정 • 표준성과달성 목적	• 원가절감시스템 제조공정의 지속적인 개선 가정 • 표준원가 절감달성 목적
원가계산기법	• 표준설정은 1년 또는 반기별로 수립 • 원가차이분석은 실제원가와 표준원가와의 비교 • 차이조사는 표준에 미달될 때	• 매월 원가절감 목표가 수립되고 목표달성을 위해 지속적인 개선이 일년 내내 시도됨 • 원가차이분석은 목표 카이젠 원가와 실제 원가절감액과 비교 • 목표원가절감액에 미달될 때
원가절감에 대한 전문지식소유자	• 경영자와 공학자	• 종업원

3 카이젠원가계산의 문제점

카이젠원가는 목표원가와 같은 이유로 비판된다. 이 시스템은 종업원이 원가절감에 대한 압력을 과중하게 받는다. 이 문제를 완화하기 위해 신제품이 시장에 진입하기 직전, 생산기간을 원가유지기간(cost-sustainment period)으로 한다. 즉 이 기간에 종업원이 새로운 생산공정을 학습할 수 있는 기회를 제공함으로써 목표 카이젠원가에 대한 부담을 덜 수 있도록 한다. 또 다른 문제점은 카이젠원가는 급진적인 공정개선보다는 점진적인 개선이기 때문에 전체시스템보다는 세부시스템관리에 초점을 두는 경향이 짙다는 데 있다.

제5절 제약이론과 재료처리량 공헌이익

1 제약이론의 본질

제약이란 어떤 주체가 원하는 것을 얻고자 할 때 방해가 되는 요인이다. 모든 조직과 개인은 다양한 형태의 제약(constraints)하에 놓여 있다.

모든 경영관리시스템에는 그 능력(capacity)에 제약이 있다. 따라서 시스템의 종합적인 총

산출물(overall output)을 제한할 수도 있는 과정(process)이나 자원을 뜻하는 것을 말하며 시스템제약을 병목(bottleneck)이라고도 한다. 경영관리시스템의 능력을 향상시키려면 병목의 능력을 향상시켜야 한다.

제약이론(TOC : theory of constraints)이란 기업이나 개인이 목표로 하는 개선을 달성하기 위해서는 이와 같은 개인 또는 기업이 당면한 제약조건, 병목현상을 잘 관리하여 경영의 효율과 능력을 향상시킴으로써 개인이나 기업의 이익을 증가시키려는 이론이다.

가치사슬(value chain)은 가치창조활동(value-creating activities)의 연결집합(linked set)이다. 즉 가치사슬이란 제품 및 서비스에 가치를 부여하는 기업의 제반기능을 말한다. 이것에 속하는 기능에는 연구 및 개발, 제품설계, 제조활동, 판매활동, 운송, 소비자 고충처리 등이 있다.

기업의 가치사슬의 능률과 수익성을 향상시키려면 취약한 연결고리(사슬마디)를 발견해 내고 그 취약한 연결고리의 능력을 증진시켜야 한다. 제약이론에 따르면 경영자는 취약한 연결고리를 튼튼하게 하는 조치를 취하도록 한다.

2 제약이론과 재료처리량 공헌이익

원가관리회계에서 제약이론을 도입한 E. M. Goldratt 등은 제약이론은 기업목표에 대한 초점을 정확하게 제공하고, 목표달성을 제한하는 제약에 초점을 맞추어, 제약현상에 직면하였을 때 이 제약을 합리적으로 해결하고 수익과 원가관리를 최대한 효율적이고 능률적으로 할 수 있도록 도움을 주는 이론이라고 하였다. 이 이론은 장기적이 아니라 단기적인 경영관리측면에서 조명한 이론이다.

제약 혹은 병목이란, 가장 취약한 연결고리로서 기업의 성과(업적)를 제한하는 것이다.

연결고리의 형태에 따라 기업의 내부적인 제약(internal constraints)과 외부적인 제약(external constraints)으로 나눌 수 있다. 기업의 성과달성을 제한하는 것, 예컨대 사용가능한 기계시간이나 노동시간을 제한하는 것과 같은 자원제약(resource constraints)을 내부적인 제약이라 하고, 시장규제와 같은 제한을 외부적인 제약이라 일컫는다.

제약이론을 원가·관리회계에 접목시킨 도구는 재료처리량 공헌이익(throughput contribution)이다. 재료처리량 공헌이익은 매출액에서 직접재료원가를 차감한 것이다.

재료처리량 공헌이익 = 매출액 − 직접재료원가
(공헌이익 = 매출액 − 직접재료원가 − 직접노무원가 − 변동제조간접원가)

제약이론은 병목현상에 직면했을 때 이것을 극복하고 영업이익을 증가시키는 것으로 단기간 경영활동을 관리·개발하는 이론이다.

이 제약이론의 목적은 재고를 감소시키는 동시에 재료처리량 공헌이익을 증가시키는 것이다. 병목(bottleneck : 장애)현상자원을 관리하기 위한 단계는 다음과 같다.

① 제1단계 : 제약(병목)현상을 일으키는 자원이 재료처리량 공헌이익을 결정한다는 것을 경영자는 인식한다.

② 제2단계 : 제약(constraints)현상을 일으키는 자원을 발견한다.

③ 제3단계

- 제약현상이 없는 자원(비병목자원)을 제약현상자원(병목자원)에 종속시킨다.
- 제약된 자원의 재료처리량공헌이익(throughput contribution)을 최대화시킴으로써 기업의 재료처리량공헌이익을 최대화시킨다.
- 제약현상이 일어나지 않는 제품을 생산하는 것은 재고를 누적시킨다.

④ 제4단계 : 제약현상의 자원(병목자원)의 효율성 및 능률을 증가시키기 위한 조치를 취한다. 예컨대 기계시설을 증가함에 있어서 재료처리량 공헌이익에서 추가적 기계시설원가와의 차액을 증가시키는 것이다.

예제 13-4 (주)명성은 일반냉장고와 김치냉장고를 제조·판매하는 회사이다. 이 회사의 생산용 기계작업시간에 관한 정보는 다음과 같다.

기계작업시간에 관한 정보 (단위 : 분)

냉장고 / 기계	일반 냉장고 75대	김치 냉장고 30대	총소요시간	백분율(%)
절 삭	180	240	420	70%(420/600)
연 마	300	420	720	120%(720/600)
도 장	315	165	480	80%(480/600)

또한 냉장고의 판매가격과 직접재료원가에 관한 정보는 다음과 같다.

가격정보 (단위 : 천원)

냉장고 / 단위당가격	일 반	김 치
판매가격	1,800	2,760
직접재료원가	750	1,500

물.음.

1. 어떤 기계가 제약자원 현상을 일으키는 것인가?
2. 이익을 최대화시키기 위하여 어떤 제품의 수량을 얼마만큼 생산하는 것이 적합한가?

풀.이.

1. 자원능력을 20% 초과한 것으로 연마기계임

제약을 해결하기 위한 분석 (단위 : 천원)

	일반냉장고	김치냉장고
단위당 판매가격	₩1,800	₩2,760
단위당 직접재료원가	750	1,500
재료처리량 공헌이익	1,050	1,260
제약시간(제품 한 단위당 소요되는 연마기계작업시간)	4분*	14분
제약시간 1분당 재료처리량 공헌이익	₩262.5	₩90

* 300대/75대=4분

2. 우선적으로 일반냉장고에 시간자원을 배분하고 나머지 시간 300분으로 김치냉장고 21대를 생산하는 것이다. 21.4대=나머지 시간 300분÷대당 제조소요시간 14분

제약이론과 재료처리량 공헌이익에 따른 손익계산서

일반냉장고 매출액	(75대×₩1,800)		₩135,000
김치냉장고 매출액	(21대×₩2,760)		57,960
매출합계			192,960
일반냉장고 직접재료원가	(75대×₩750)	₩56,250	
김치냉장고 직접재료원가	(21대×₩1,500)	31,500	87,750
재료처리량 공헌이익			₩105,210

3 재료처리량 원가계산

재료처리량 원가계산 또는 제조소요량 원가계산(throughput costing)은 오직 재료원가만을 제품원가(product cost)로 하는 원가시스템을 말한다. 즉 직접재료원가만을 재고가능원가(inventoriable cost)로 보는 원가계산방법을 뜻한다.

이 방법은 재고자산이 없거나 매우 작은 JIT생산시스템하에서 이용되기 때문에 앞서 설명한 JIT원가계산과 유사하다.

이미 알고 있는 바와 같이 변동원가계산에서 공헌이익은 매출액에서 직접재료원가, 직접노무원가, 변동제조간접원가를 차감하여 계산하지만, 재료처리량 공헌이익을 산출할 때에는 직접노무원가와 제조간접원가를 기간원가로 처리한다. 따라서 재료처리량 원가계산을 극단적 변동원가계산 또는 초 변동원가계산(super-variable costing)이라고 한다.

예제 13-5 (주)삼창은 A 공정부문과 B 공정부문을 거쳐 공산품을 생산·판매하고 있다. 두 개 부문에 대한 원가정보는 아래와 같다.

각 부문의 원가정보

각 부문의 생산량 및 원가	A 공정부문	B 공정부문
연간 조업도	100,000단위	70,000단위
연간 생산량	70,000단위	70,000단위
고정운영원가(직접재료원가 제외)	₩490,000	₩350,000
제품 단위당 고정운용원가	단위당 ₩7 (₩490,000÷70,000)	단위당 ₩5 (₩350,000÷70,000)

이 제품의 단위당 판매가격은 ₩70원이며 단위당 직접재료원가는 ₩31으로서 이것은 A 부문의 공정처리가 시작될 때 발생한다. 이 회사는 직접노무원가의 액수가 얼마 되지 않기 때문에 이것을 고정제조간접원가와 합쳐서 고정운영원가라고 부르고 있다. (주)삼창은 직접재료원가 이외의 다른 변동원가는 없다. 이 회사는 생산된 모든 제품들을 전부 시장에서 판매할 수 있다. 다음 물음은 위의 자료에 바탕을 둔 것이다. 물음들 간에는 어떤 관계도 없다.

물음

1. (주)삼창은 B 공정부문에서 최신식 장비들 및 새로운 도구들을 사용할 것을 고려하고 있다. 이렇게 하면 B 공정부문의 연간 생산량은 1,000단위 증가하게 될 것이다. 이 최신식 장비들 및 도구들에 대한 연간 원가는 ₩30,000이다. 이 회사는 이 장비 및 도구들을 취득하여야 할 것인가? 계산근거를 제시하시오.
2. (주)삼창회사의 A 공정부문 부장은 최고경영자에게 생산준비를 지금보다 더 신속하게 할 수 있는 안(proposal)을 제출하였다. 이 제안에 의하면 삼창회사는 A 공정부문의 연간 생산능력을 10,000단위 증가시키는 것으로 되어 있으며 여기서 소요되는 원가는 연간 ₩5,000이다. 이 회사의 최고경영자는 A 공정부문 부장의 제안을 받아들여야 할 것인가? 계산 정보를 제시하시오.

풀.이.

1. B 공정부문에는 초과생산능력이 존재하지 않으므로 병목(bottleneck)현상이 발생하게 된다. 따라서 1,000단위를 더 생산한다면 이것은 추가적인 Throughput 공헌이익 및 추가적인 영업이익을 창출하게 될 것이다.

Throughput 공헌이익의 증가	
(₩70－₩31)×1,000	₩39,000
장비 및 도구의 증분원가	(30,000)
장비 및 도구를 투자함에 따른 순이익	₩9,000

2. A 공정부문에는 초과생산능력이 존재하며 따라서 A 공정부문에는 병목적 경영을 하지 않고 있다. 이러한 경우에는 생산능력을 추가적으로 더 증가시켜도 Throughput 공헌이익은 증가되지 않는다.

제6절 품질원가계산

통계적 공정통제가 어떤 공정이 언제 통제불능상태로 되었는가를 결정하기 위한 방법을 제공할 수 있다 해도 경영자가 품질유지에 소요되는 원가 또는 부적합제품의 제조에 따른 원가를 평가하는 데에는 도움을 주지 못한다. 이러한 원가들을 평가하고 분석하기 위해서는 품질원가에 대한 계획이 필요하다. 이 계획의 기본 목적은 조직의 이익을 향상시키는 데에 있다. 최고경영자는 화폐금액으로 표시된 자료에 익숙하기 때문에 품질원가계획은 품질원가의 형태 및 금액을 나타내주는 보고서를 제공하여야 한다.

1 품질의 개념

일반적으로 제품의 품질이란 '사용에의 적합성'(fitness for use)으로 정의되어 사용되고 있다. 그러나 사용에의 적합성이란 다음과 같은 두 가지 관점에서 해석되어야 할 것이다. 첫째는 설계시방(design specification)에의 적합성(conformance of specification), 둘째는 성능, 외관, 신뢰성, 사용의 용이성, 가격, 사용환경에의 적합성 등과 같은 소비자 욕구의 충족도

■ 도표 13－11 소비자의 욕구충족도와 품질의 관련성 품질(소비자 기대와의 일치)

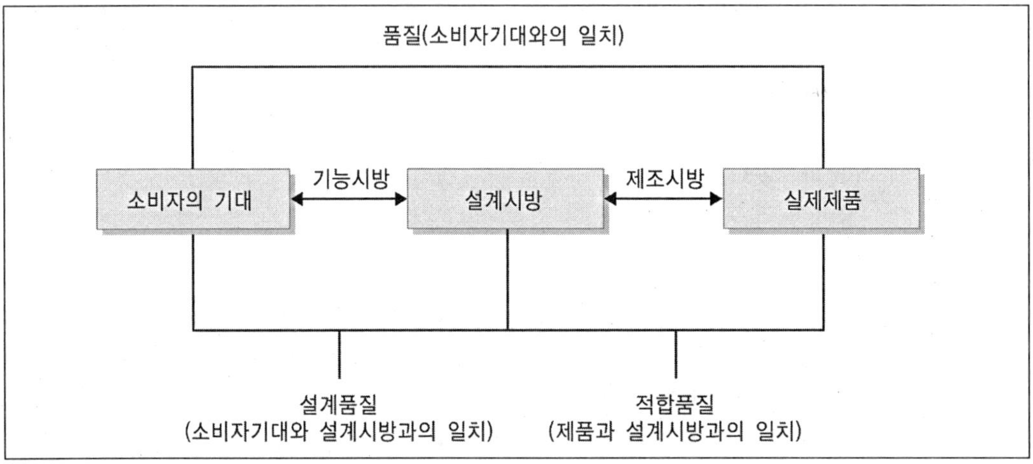

로서 이러한 제품의 품질은 크게 설계품질(quality of design)과 적합품질(quality of conformance : 합치품질, 제조품질)의 2단계를 거쳐서 형성된다.

설계품질이란 어떤 제품의 특성을 살리기 위해 의도적으로 설계된 품질특성을 말하고 적합품질이란 어떤 제품이 그것의 설계규격을 어느 정도 충족시키는가에 관한 것이다. 제품의 품질은 실제 소비자의 욕구충족도에 따라 결정되기 때문에 이를 다음 [도표 13－11]과 같이 나타낼 수 있다.

그리고 품질에 대한 여러 가지 개념이 있지만, 제품 및 용역의 품질은 '동일한 품질등급(quality grade) 내에서 소비자의 기대에 부응하는 정도'로 측정할 수 있으며, 품질원가이론에서 의미하는 품질개념도 실제로 제품이 얼마나 제조시방을 만족시키고 있느냐의 측정수단이 되는 적합제품을 의미하는 것으로 정의한다.

2 품질원가의 개념

앞에서 정의한 품질개념과 관련지어 품질원가의 개념을 정의할 수 있다. 품질원가(quality cost)의 개념은 제품을 처음부터 올바르게 생산하였더라면 불필요한 원가의 지출이 발생하지 않는다는 것으로, 물품이나 용역의 품질과 관련하여 발생되는 원가로서 제품이나 용역이 처음부터 목표품질수준을 만족시키지 못하거나 또한 그러할 가능성이 존재함에 따라 발생되는 추가비용으로 생산자, 사용자 및 일반소비자의 부담을 포함하는 모든 원가를 의미한다. 즉 품질원가는 품질요구수준미달에 따른 부적합원가이다.

3 품질원가의 분류

이미 앞에서 논의한 바와 같이 품질원가는 제품의 품질과 제조원가 간의 부의 상관관계가 존재하는 적합품질을 의미한다. 품질원가를 분류하기 위해서는 우선 품질원가의 범위를 어떻게 규정지을 것인가 하는 문제를 고려해야 한다. 단순히 제품생산과 관련한 원가만을 품질원가로 볼 것인가 아니면 제품설계 · 생산 · 판매 등에 관계된 모든 비용을 포함할 것인가를 결정해야만 한다. 그러나 일반적으로 모든 원가를 포함하는 총체적 품질원가분류는 다음 [도표 13－12]와 같이 나타낼 수 있다.

본서에서는 기업이 회계제도에서 원가자료의 수집이 가능한 생산자품질원가에 초점을 두어 논의를 전개하고자 한다.

생산자품질원가(producer's quality costs)를 직접품질원가라고도 부르는데, 이 원가는 처음부터 올바로 생산되지 못함으로써 생산자가 부담해야 할 원가를 의미한다. 반면 이용자품질원가(user's quality costs)는 사용적합성이라는 개념하에서 제품이 제기능을 발휘하지 못함으로써 소비자가 부담해야 할 원가를 지칭한다.

품질원가계산에 대한 일반적 견해는 생산자품질원가만을 대상으로 하는데, 생산자품질원가를 보다 자세히 설명하면 다음과 같다.

① 불량방지원가(prevention cost : 예방원가) : 생산공정 중에 불량품이 발생하는 것을 예방하기 위하여 소비되는 원가이다. 예를 들어, 품질공학, 품질관리담당자의 교육, 문서화된 품질검사절차 등과 관련된 원가를 말한다.

■ 도표 13－12 품질원가의 분류체계

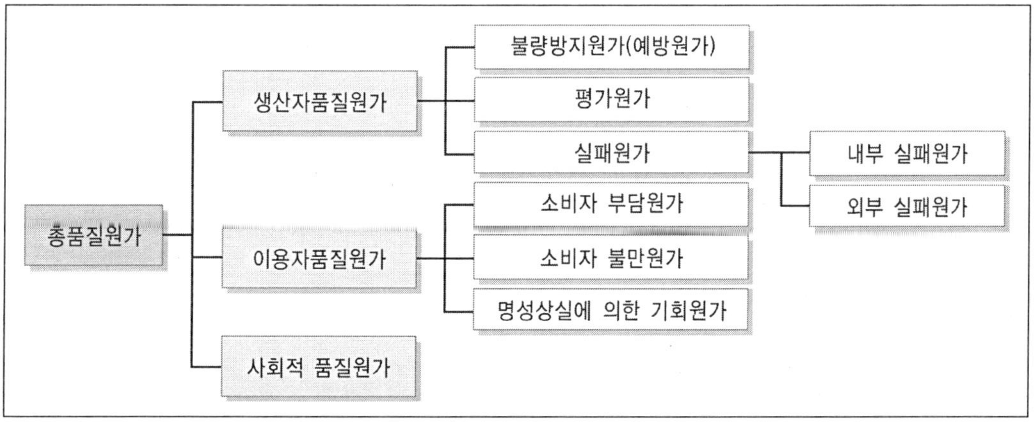

② 평가원가(appraisal cost) : 원재료와 제품이 설계규격에 적합한 정도를 결정하는 데 소요되는 원가이다. 예를 들어 구입한 재료의 검사, 검사용 설비의 정확성 유지, 제품품질검사, 현장조사 등에 발생한 원가를 말한다.

③ 실패원가(failure cost) : 부적합한 제품이 생산되었을 때 발생하는 원가로 내부 실패원가와 외부 실패원가로 분류된다.

- 내부 실패원가(internal failure cost) : 제품, 부분품, 재료 등이 품질요구 조건을 충족시키지 못하고 공장 내부에서 손실을 유발하기 때문에 발생하는 원가이다. 예를 들어 작업폐물, 수선, 재작업, 유휴시간 등으로 인하여 발생한 원가를 말한다.
- 외부 실패원가(external failure cost) : 제품이 고객에게 인도된 이후에 설계규격을 충족시키지 못했을 때 발생한다. 예를 들어 고객불만처리, 보증수리 및 교환, 고객에 대한 영업권의 상실, 기업평판의 실추, 매출환입 및 에누리 등으로 발생한 원가를 말한다.

이상의 품질원가 중에서 불량방지원가와 평가원가는 경영자의 판단에 따라 지출규모를 통제할 수 있는 관리가능원가라는 의미에서 자발적 원가(voluntary cost)라고 부르며, 실패원가는 실수의 결과 발생하는 원가로 비자발적 원가(involuntary cost)라 부른다. 품질원가의 형태분류과정은 다음의 [도표 13-13]과 같이 요약할 수 있다.

■ 도표 13-13 품질원가의 형태별 분류

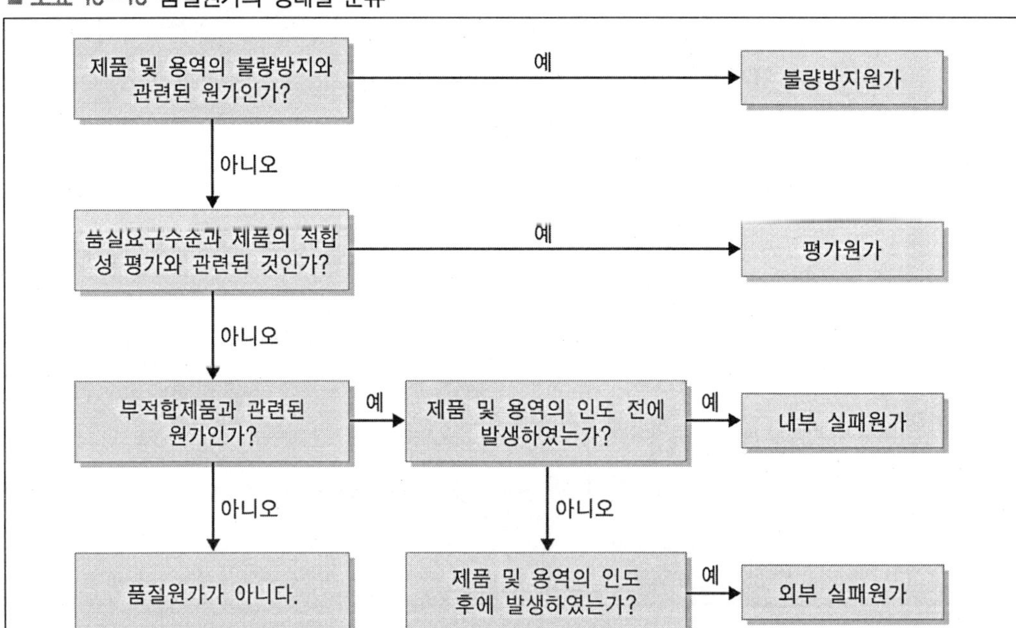

4 품질원가보고서

(1) 품질원가보고서의 양식

만일 기업이 품질관리계획을 수립하려면 이미 앞에서 언급한 품질원가의 형태에서 발생한 원가를 식별해야 한다. 그 다음에 이 원가들은 품질원가보고서에 집계하여 경영자에게 보고되어야 할 것이다. 하나의 예를 [도표 13－14]에 표시하였다. 제시된 예는 실제결과만을 보고하나, 품질원가의 예산과 실제를 비교하는 형식으로 작성하기도 한다. 또한 부문별 품질원가보고서는 부문관리자가 관리가능한 요소와 관리불능요소를 구분하도록 하는 것이 합리적이다.

시간의 흐름에 따라 일련의 품질원가보고서가 작성되었다면, 경영자는 이 자료를 분석하여 품질원가가 발생하고 있는 장소와 품질원가를 감소시키기 위한 방법을 파악할 수 있다.

■ 도표 13－14 품질원가보고서

품 질	원가 항목	현 월간원가	구성비율
불량방지원가 :	품질계획	₩3,000	1.5%
	품질공학	5,000	2.5
	품질훈련	1,000	0.5
	품질관리	2,000	1.0
	총불량방지원가	₩11,000	5.5
평가원가 :	제품의 적합도검사	₩4,000	2.0
	제품의 검사	10,000	5.0
	제품품질검사	4,000	2.0
	검사용 장비의 유지	7,000	3.5
	현장검사	6,000	3.0
	총평가원가	₩31,000	15.5
내부 실패원가 :	작업폐물	₩15,000	7.5
	재작업 및 수선	30,000	15.0
	재검사	5,000	2.5
	유휴시간	8,000	4.0
	총내부 실패원가	₩58,000	29.0
외부 실패원가 :	고객의 불평	₩10,000	5.0
	보증 및 교환	50,000	25.0
	보증수선	20,000	10.0
	부적합제품에 대한 충당금	15,000	7.5
	환입된 제품의 가공	5,000	2.5
	총외부 실패원가	₩100,000	50.0
총품질원가 :		₩200,000	100.0

[도표 13－14]를 보면 실패원가가 품질원가의 주요부분을 차지하고 있음을 알 수 있다. 불량방지 및 평가에 대한 원가가 증가하면 실패원가는 감소될 수 있을 것이다. 총품질원가의 절감액(즉 이익증가액)은 불량방지 및 품질평가활동에 대한 원가의 증가로부터 발생하는 원가－효익의 상반관계에 따라 달라진다.

특히 소비자들의 품질에 대한 인식증가로 인하여 제품의 안전성 요구가 높아지고 제품결함으로 인한 손해배상을 규정한 제조물책임(PL : Product Liability)법이 2002년 7월 1일부터 시행되면서 외부 실패원가의 관리는 그 중요성이 한층 증가되었다.

(2) 품질원가 계산범위

품질원가계산서 작성시 가장 중요한 의사결정이 품질원가계산시스템을 이용하여 집계하고자 하는 품질원가의 범위를 결정하는 과정이다. 의사결정의 과정은 크게 다음 두 가지로 나누어진다.

첫째, 품질원가의 일반적 구성요소인 예방원가 · 평가원가 · 내부 실패원가 · 외부 실패원가 중 어느 원가를 계산의 범위로 할 것인가에 대한 결정이다. 가장 바람직한 것은 네 가지 원가를 모두 포함하는 것이다. 그러나 품질요구수준에 미달함에 따른 직접적인 원가는 실패원가이기 때문에 내부 실패원가와 외부 실패원가만을 대상으로 하는 것도 합리적이다. 왜냐하면 예방원가와 평가원가는 품질생산 및 품질평가활동에 따른 원가이며, 이 원가들은 경영자의 의사에 따라 직접 통제가능한 원가이기 때문이다.

둘째, 품질원가의 각 구성요소에 어떠한 원가항목을 포함시킬 것인가에 대한 결정이다. 특히 제도적 원가계산에 의하여 계산되는 품질원가는 따로 계산할 필요성이 없으나, 제도적 원가계산에 의하여 계산되지 않는 기회원가(opportunity cost)로서의 품질원가는 따로 계산을 하여야 한다. 예방원가, 평가원가는 모두 객관적인 측정이 제도적 원가계산상 계산되지 않는 범수가 있다. 따라서 기업은 제도적 원가계산상 측정 · 보고되는 품질원가를 대상으로 한 품질원가계산서는 반드시 작성하도록 하여 관리적 의사결정 및 성과평가에 활용할 수 있어야 한다.

그러나 품질원가서에 포함시킬 품질원가항목의 구체적 결정은 기업의 특성, 제품의 종류, 관리의 엄격도 및 기업의 환경 등을 고려하여 할 수밖에 없다. 따라서 학자들이 제시하는 품질원가항목은 일반적인 예에 불과하여, 기업 나름대로의 품질원가범위를 결정하여야 할 것이다.

품질원가 계산범위를 결정하기 위해서는 다음의 세 가지 과정을 반드시 포함하여야 할 것이다.

① 불량품과 관련된 모든 원가를 확인하여야 한다.
② 정규적 회계시스템에 의하여 계량화되고 손익계산서에 나타나는 원가인지를 확인한다.
③ ②에 의하여 확인되지 않는 기회원가로서의 품질원가 중 객관적인 측정이 가능한 원가를 확인한다.

예제 13-6 사랑기업에서는 200×년 중 ₩100,000의 실패원가가 발생하였다. 경영자는 불량방지 및 품질평가활동에 대한 원가를 증가시킴으로써 실패원가를 감소시킬 수 있다고 결정하였다. 만일 불량방지와 품질평가에 대한 ₩20,000의 지출이 실패원가를 ₩50,000만큼 감소시킨다면 사랑기업의 이익은 ₩30,000 (₩50,000－₩20,000)만큼 증가하게 될 것이다.

예제 13-7 (주)산청기업은 품질원가의 측정을 위해 품질관련 활동원가를 계산하고 있다. 관련 자료는 다음과 같다.

활 동	활동원가	활 동	활동원가
품질방침기획 및 선포활동	₩10	제품품질검사 및 시험활동	₩60
선적 전에 발견된 부적합제품 재작업활동	20	원부자재공급사 평가활동	70
반품 재작업활동	30	반품 재검사활동	80
예방적 설비보수 및 유지활동	40	품질교육 및 훈련활동	90
미래 판매기회상실에 따른 기회비용	50		

물.음.

예방원가를 계산하시오.

풀.이.

예방원가는 품질공학, 품질관리담당자의 교육, 문서화된 품질검사절차 등과 관련된 원가로서 품질방침기획 및 선포활동, 예방적 설비보수 및 유지활동, 원부자재공급사 평가활동, 품질교육 및 훈련활동이 포함된다. ₩10＋₩40＋₩70＋₩90＝₩210

5 품질원가의 경영학 : 품질원가의 최적화이론

품질원가의 최적화문제는 각 품질원가의 형태를 파악하고 이를 기초로 하여 총 품질원가가 최소가 되는 품질원가의 적정배분문제를 모색하는 것으로 요약될 수 있다. 일반적으로 불량방지 및 품질평가활동에 대한 원가를 증가시켜 품질수준을 향상시키면 실패원가는 감소된다.

따라서 품질원가행태들 사이에 상반관계(trade-off)가 존재한다. 이 상반관계를 [도표 13－15]와 같이 나타낼 수 있다.

[도표 13－15]에서 보는 바와 같이 총품질원가는 점 A에서 극소가 된다. 품질원가를 최소화시키는 점으로 최적 수준을 나타내 준다. 만일 어떤 회사가 점 A의 좌측에서 품질원가가 발생한다면 불량률을 감소시키기 위해 불량방지 및 품질평가에 대한 원가를 증가시킴으로써 총품질원가를 감소시킬 수 있다.

■ 도표 13－15 전통적 품질원가의 경제학

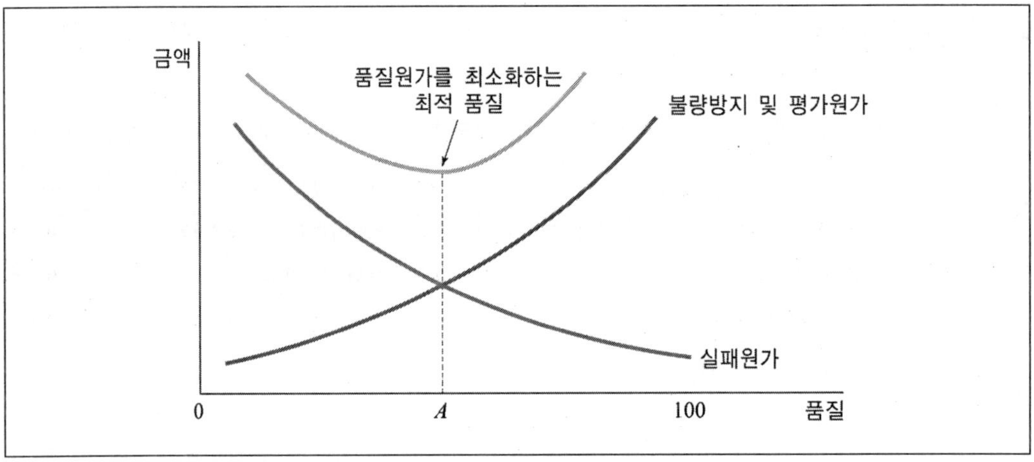

어떤 기업에 대하여 품질원가의 최적 수준을 결정하는 것은 다음과 같은 이유에서 상당히 어렵다.

첫째, 품질원가를 측정할 때 상실된 고객영업권과 같은 실패원가를 파악할 수 없으므로 보고된 실패원가가 과소계산되는 경향이 있다. 만일 실패원가가 포함된다면 [도표 13－15]에서 실패원가선의 기울기가 급하게 나타나며 불량품의 최적 수준은 A보다 낮게 될 것이다.

둘째, [도표 13－15]는 특정 수준의 품질원가를 나타내고 있으나 품질원가행태는 시간의 흐름에 따라 변화한다. 따라서 한 시점에서의 최적 수준이 다른 시점에서의 최적 수준과 일치하지 않는다.

이와 같은 이유에서 품질원가의 수준을 결정할 수 없다. 총 품질원가의 개념을 생산자,

이용자, 사회적 품질원가로 확대시키면 불량수준이 '0'수준이 된다. 따라서 어느 기업이 품질원가의 최적화를 달성하고자 하면 품질원가의 개념을 확장시키고, 지속적으로 품질개선활동을 하여야만 한다. 이는 재작업, 손실, 유휴시간, 안전사고, 종업원 및 기업의 잠재력 미발휘 등을 포함한 모든 형태의 낭비를 제거하기 위하여 지속적인 개선노력을 행한다는 것을 뜻한다.

제7절 제품수명주기 원가계산

1 제품수명주기 원가계산의 의의

이제까지의 원가계산은 모두 제품의 생산과정에서 발생하는 원가만을 대상으로 월 단위 또는 연 단위의 원가계산을 대상으로 하였다. 일반적으로 제품의 수명은 제품의 기획부터 시작하여 쇠퇴기에 이르러 생산설비를 처분할 때까지이다. 여기서의 제품수명주기는 마케팅에서 설명하는 도입기, 성장기, 성숙기, 쇠퇴기라는 개념과는 다소 상이하다. 즉 제품수명주기(product life cycle)는 제품의 기획부터 연구개발, 설계, 생산설비의 취득, 제조, 판매, 생산설비의 보수 및 생산설비의 처분에 이르기까지의 기간을 말한다. 생산제품에 따라 상이하나, 기술혁신의 속도가 빠르고 소비자들의 제품에 대한 욕구 및 선호도가 빠르게 변하고 있어 대체로 제품수명주기가 짧아지고 있다.

제품수명주기 원가계산(PLCC : Product Life Cycle Costing)은 제품의 수명주기 동안의 모든 원가를 대상으로 한 계산이다. 수명주기원가(life cycle cost)는 제품의 기획활동비・연구개발비 및 생산・건설원가, 운용 및 지원원가, 처분원가 등이다.

즉 수명주기원가는 자산을 활용하여 제품의 생산・판매에 따른 수익을 창출하는 전 기간 동안에 발생될 수 있는 모든 원가를 포함한다. 따라서 제품수명주기 원가계산은 '요람에서 무덤까지(cradle to grave)' 발생하는 모든 원가를 측정하려는 것이다. 즉 이는 장기프로젝트(project)의 원가계산이다.

2 제품수명주기 원가계산의 절차

(1) 제품수명주기 원가계산의 구분

제품수명주기 원가계산은 제품의 생산단계 이전에서 발생하는 연구개발비, 설계비, 제조엔지니어링비 등의 원가에서부터 제품을 판매한 후 발생하는 유통 및 마케팅원가와 설비의 처분비용까지를 포함하여 전 수명주기 동안 발생하는 원가를 대상으로 한다. 이에 따라 제품수명주기를 연구 및 개발, 설비취득, 제조, 운용, 지원, 폐기 등의 단계로 구분하여 원가를 계산하게 된다.

제품수명주기 원가는 그 구성요소를 연구 및 개발원가, 제조원가, 마케팅원가, 운용 및 보전원가, 폐기원가 등으로 나눌 수 있다. 다만 이러한 구분이 유일한 것은 아니다.

① **연구 및 개발원가** : 이는 제품에 대한 시장조사비, 기획비, 연구개발비, 기술적 설계비, 연구개발 및 설계를 위한 시험장치 · 기구비, 시험용 소모품비, 제품의 평가비, 시험생산비 등 제품에 대한 연구개발, 설계, 시험생산 등을 위하여 발생한 원가이다.

② **제조원가** : 이는 일반적인 원가계산의 대상이 되는 원가이다.

③ **마케팅원가** : 이는 판매 및 판매 후에 발생하는 원가로 수송비, 판촉비, 유통비, 고객서비스 등이 포함된다.

④ **운용 및 보전원가** : 이는 설비의 운용과 보전활동을 위한 원가이다. 에너지비, 특허사용료, 수선용 재료비, 수선부문 교육훈련비 등이 포함되며 대부분 제조간접원가로 파악되는 원가들이다.

⑤ **폐기원가** : 이는 설비 및 제품의 회수, 기존설비의 철거, 부지(site)의 복원 등으로 발생하는 원가이다. 이 원가는 잔존가치가 있을 경우에는 회수액 만큼 원가를 차감하는 항목이 된다.

이러한 원가는 제조단계를 기준으로 앞 단계인 전방단계(up-stream)에서 발생하는 연구 및 개발원가와 다음 단계인 후방단계(down-stream)에서 발생하는 마케팅원가, 운용 및 보전원가, 폐기원가로 구성된다. 또한 제품수명주기원가는 제품수명주기초기단계에서 발생할 원가의 대부분이 결정된다는 것이고, 원가보고는 대부분 제품이 판매되고 난 이후에 이루어진다.

[도표 13－16]은 제품수명주기에 따라 원가가 결정되는 비율을 나타내고 있다. 이 도표에 따르면 제조이전단계까지의 현금지출액은 약 10% 정도에 불과하지만, 제품수명주기원가의

95% 정도가 제조이전단계에서 확정되고 있음을 알 수 있다. 이는 경영의 중점 또는 제품원가의 절감이 수명주기 초기 단계에서 결정되기 때문에 이 단계에서 주의와 노력이 필요하다는 것을 의미한다.

■ 도표 13-16 제품수명주기 동안의 원가의 확정, 보고 및 현금흐름

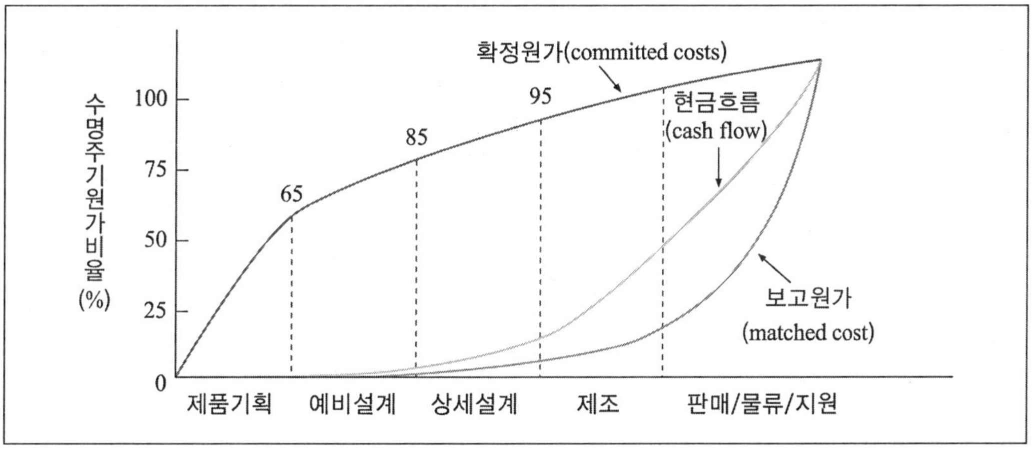

(2) 제품수명주기 원가계산의 과정

제품수명주기원가계산은 제품수명기간에 걸쳐 발생하는 모든 원가를 원가요소별, 제품별, 기능별, 활동별 원가자료를 집계하는 과정이다. 그러나 아직까지 제품수명주기원가계산은 전 수명주기 동안의 장기간에 걸친 원가계산을 행하게 되며 화폐의 시간적 가치를 고려하는 것이 바람직하다. 제품수명주기 원가계산의 과정을 간략히 소개하면 다음과 같다.

① 수명주기를 통하여 원가를 발생시키는 모든 단계를 명확하게 파악하고 세분화한다.

② 각 단계에 따라 발생할 원가를 파악하여 연도별 총액을 계산한다.

③ 각 연도별 원가에 대하여 적절한 할인율을 고려하고 현재가치계수를 적용하여 현재가치로 환산한다.

④ 각 대체안별로 각 연도의 현재가치를 합산하여 수명주기 원가총액에 대한 현재가치를 계산한다.

■ 도표 13-17 제품수명주기 원가의 비교

연 도	현가계수 (할인율 6%)	제품 A		제품 B	
		금 액	현재가치	금 액	현재가치
1	0.94	₩30,000	₩28,200	₩180,000	₩169,200
2	0.89	150,000	133,500	200,000	178,000
3	0.84	260,000	218,400	230,000	193,200
4	0.79	250,000	197,500	180,000	144,200
5	0.75	250,000	187,500	180,000	135,000
6	0.71	200,000	142,000	170,000	120,700
합계		₩1,140,000	₩907,100	₩1,140,000	₩940,300

예를 들어, 어느 회사는 제품 A와 B 중 어느 것을 생산·판매할 것인가를 결정하고자 한다. 두 제품의 판매에 따른 매년의 수익과 제품수명주기는 6년으로 동일하다고 가정한다. 그리고 할인율은 6%이다. 앞의 [도표 13-17]에서 보면 제품 A는 초기의 연구·개발·생산원가 등이 적게 발생하지만 후기에 운영·지원 및 폐기원가는 오히려 많이 발생하고 있다. 반면에 제품 B는 초기의 연구·개발·생산원가는 비교적 높으나, 후기의 운영·지원 및 폐기원가는 적게 발생하고 있다. 두 제품의 수명주기 동안의 총원가는 ₩1,140,000으로 동일하나, 현재가치는 제품 A가 보다 작다. 따라서 제품 B보다는 제품 A를 선택하는 것이 유리하다.

예제 13-8 (주)그린정보통신은 회계프로그램과 법률프로그램 중 어느 제품을 개발하여 판매할 것인가를 결정하고자 한다. 두 제품에 대한 제품수명주기원가예산은 다음과 같다.

연 도	단 계	회계프로그램	법률프로그램
1	연구개발	₩200,000	₩300,000
2	제품설계	150,000	850,000
3~6	생 산	50	40
3~6	유 통	20	15
3~6	판 매	25	10
3~6	고객서비스	30	20

3차 연도부터 6차 연도까지의 단계별 원가는 프로그램당 원가를 의미한다. 두 프로그램의 단위당 판매가격은 ₩500으로 일정하며, 연간 평균판매량은 5,000개로 예상되며 할인율은 6%로 가정한다.

물.음.

제품별 총 수명주기원가를 계산하시오.

풀.이.

연 도	현가계수 (6%)	회계프로그램		법률프로그램	
		금 액	현재가치	금 액	현재가치
1	0.94	₩200,000	₩188,000	₩300,000	₩282,000
2	0.89	150,000	133,500	850,000	756,500
3	0.84	625,000	525,000	425,000	357,000
4	0.79	625,000	493,750	425,000	335,750
5	0.75	625,000	468,750	425,000	318,750
6	0.71	625,000	443,750	425,000	301,750
합 계		₩2,850,000	₩2,252,750	₩2,850,000	₩2,351,750

3 제품수명주기 원가계산의 유용성

제품수명주기 원가계산은 제품의 연구·개발부터 시작하여 이에 따른 설비 자산의 사용으로부터 최적의 가치를 얻으려는 것을 목적으로 한다. 즉 제품생산·판매에 따른 수명원가를 최적화시켜 설비자산의 전 사용기간 동안의 효율을 극대화시킬 수 있는 대체안을 탐색하고자 하는 목적에서 행하여진다. 이러한 목적은 전 수명기간에 걸친 대체안의 원가를 파악하고 최소의 수명원가를 갖는 제품이나 설비자산을 선택하려고 하는 것이다. 따라서 제품수명주기 원가계산은 회계기간의 확대에 따라 보다 거시적인 원가정보를 제공할 수 있게 된다. 제품수명주기 원가계산은 계획과 통제 측면에 모두 활용될 수 있으나 특히 계획수립, 즉 의사결정에 그 유용성이 크다.

제품수명주기 원가계산은 다음과 같은 용도에 이용될 수 있다.

① 장기계획수립 및 예산편성

② 입찰업체의 비교 및 선택

③ 구 설비의 대체 의사결정

④ 전략적 결정과 설계상의 상충관계(trade-off) 분석

⑤ 진행 중인 프로젝트의 통제 및 관리

⑥ 경영프로젝트 간의 비교분석

⑦ 새로운 기술의 응용평가

⑧ 원가동인의 파악

⑨ 훈련 필요량의 최적화

⑩ 미래 소요예산에 대한 장기적 예측

⑪ 제조이전 및 제조이후단계의 원가에 대한 중요성 인식 및 관리의 강화

다품종 소량생산체제, 소비자기호의 단기적 변화, FMS 및 CIM 등에 의한 투자규모의 거대화 등은 제품수명주기를 단축하면서 제품의 개발·기획·설계단계에서의 원가관리의 중요성을 증대시키고 있다. 또한 제품생산을 위한 설비투자액 및 제조원가뿐만 아니라 제품개발에서 조업, 마케팅, 설비의 운용 및 보전, 폐기에 이르기까지의 모든 수명원가의 비중이 커짐에 따라 그 중요성이 높아지고 있다. 따라서 제품수명주기원가계산은 보다 장기적인 관점에서 대체안에 대한 평가를 가능하게 하며, 보다 확대된 원가관리의 영역을 강조하고 있다.

연. 습. 문. 제.

01 필요한 제품을 필요할 때 필요한 양만큼 생산하는 시스템을 적시생산(JIT)시스템이라고 한다. (주)명성은 제조순환주기의 효율성을 개선하기 위해 JIT제조시스템을 도입할 것을 고려 중이다. 전통적 시스템과 JIT시스템에 의해 제품을 생산할 때 자료는 다음과 같다.

활 동	전통적 시스템	JIT시스템
저 장	4시간	1시간
검 사	40분	5분
이 동	80분	20분
공 정	2시간	75분

물음

1. 전통적 시스템과 JIT시스템에서의 제조순환주기의 효율성을 계산하시오.
2. 물음1의 제조순환주기의 효율성에 의거, (주)명성은 JIT시스템을 도입해야 하는지 설명하시오.
3. JIT시스템은 풀(pull)시스템 형태이다. 왜 그런가를 설명하시오.

02 (주)창원전자는 휴대폰을 생산하고 있는 제조업체이다. 이 회사는 표준원가계산제도를 채택하고 있다. 또한 공장 자동화로 이 회사는 JIT생산시스템을 구축하고 있다. 원가계산시 직접노무원가는 비중이 작으므로 별도의 계정에 기록하지 않고 가공원가에 포함시킨다. 월 초 재공품은 존재하지 않았으며, 지난 10월 중의 자료는 아래와 같았다. 또한 당월 생산에 착수된 작업은 95%가 완성되어 5%만이 기말재공품으로 남아 있다.

원재료구입액	₩35,000,000
원재료사용액	30,000,000
가공원가발생액	22,000,000
가공원가배부액	20,000,000
완성품원가	47,500,000
매출원가	40,000,000

물음

1. JIT원가계산의 특징을 설명하고, 어떠한 생산환경에서 의미가 있는가를 서술하시오.
2. JIT원가계산시 필요한 분개와 전기를 행하시오(단, 원가차이에 대한 기록은 생략한다).
3. 월 말 재고액을 계산하고 전통적 원가계산의 결과와 비교하시오.

03 **(주)진주산업은 신제품 AA를 생산·판매할 것을 고려하고 있다. 이미 경쟁기업들은 신제품 AA와 유사한 제품을 판매하고 있다. 신제품 AA의 제품단위당 가공원가는 다음과 같은 6개 영역으로 구분되며, 영역별 배부기준과 배부율은 아래와 같다.**

가공원가	배부기준	배부율
재료처리	부품수	₩10/부품수
기계에 의한 부품조립	기계조립 부품수	₩50/부품수
종업원에 의한 부품조립	종업원조립 부품수	₩80/부품수
용접	생산수량	₩1,400/생산단위
품질검사	품질검사시간	₩500/시간

신제품 AA의 최초설계작품인 AA－101모델은 경쟁기업들보다 가격경쟁력을 가질 수 없는 것으로 판단하고, 많은 연구 끝에 AA－201모델을 개발하였다. AA－201모델은 AA－101모델보다 제조원가를 월등히 절감할 수 있을 것으로 판단된다.

각 모델생산에 따른 배부기준별 자료는 다음과 같다.

배부기준	AA－101모델	AA－201모델
부품수	200	160
기계에 의한 부품조립수	140	150
종업원에 의한 부품조립수	60	10
품질검사시간	3	2

회사는 목표이익률을 15%로 설정하고 있으며, 경쟁기업들의 제품단위당 시장판매가격은 ₩35,000이다. 모델별 직접재료원가는 AA－101이 ₩15,000, AA－201은 ₩17,000이다.

물음

1. 신제품 AA의 목표원가를 공제법을 이용하여 계산하시오.
2. 두 모델의 제조원가를 계산하고 목표원가로 채택될 수 있는지를 확인하시오.
3. AA－101모델보다 AA－201모델이 제조원가를 낮출 수 있는 이유를 분석하여 보시오.
4. AA－101모델의 제조원가를 목표원가로 설정하고자 한다면 목표이익률을 얼마로 설정하여야 하는가?

04 **(주)평창은 TV제조회사이다. 이 회사는 카이젠원가계산제도를 도입하여 대당 TV원가를 10% 절감하려고 한다. 전년도 말 대당 TV제조원가는 ₩500,000이었고, 금년도 대당 TV제조원가를 다음과 같이 추정하였다.**

월	대당가격	월	대당가격
1	₩500,000	7	₩485,000
2	500,000	8	470,000
3	495,000	9	460,000
4	492,000	10	460,000
5	490,000	11	450,000
6	485,000	12	440,000

물음

카이젠원가계산도표를 작성하시오. 도표상에 금년도 기준원가, 카이젠원가목표의 원가절감률과 절감액, 내년도 기준원가 등을 상세하게 표시하시오.

05 **(주)정원은 기계공정과 도장공정에서 사무용 철제책장을 제조하고 있다. 이에 관련된 각 공정의 원가정보는 다음과 같다.**

	기계공정	도장공정
연간 조업도	100,000개	80,000개
연간 생산량	80,000개	80,000개
고정운영원가(직접재료원가 제외)	₩640,000,000	₩400,000,000
단위당 고정운영원가	개당 ₩8,000	개당 ₩5,000

철제책장은 ₩72,000에 판매하고 기계공정 초기에 ₩32,000의 직접재료원가가 발생한다. (주)정원은 직접재료원가 이외의 다른 변동원가는 없다. 이 회사는 각 공정에서 생산된 제품을 전부 시장에서 판매할 수 있다. 다음 물음들 간에는 서로 관련성이 없다.

물음

1. (주)정원은 도장공정의 산출물을 1,000단위 증가시킬 수 있는 첨단설비를 도장공정에서 사용할 것을 검토하고 있다. 이 첨단설비의 연간 원가는 ₩30,000,000이다. 이 회사는 이 첨단설비를 설치해야 하는가? 계산적 근거를 제시하시오.
2. 기계공정부문의 생산부장은 생산준비를 신속하게 하는 새로운 방안을 제안하였다. 이 제안에 의하면 기계공정부문의 연간 생산능력은 10,000개가 더 증가한 반면 연간 ₩8,000,000의 원가가 발생한다. 이 회사는 이 방안을 시행해야 하는가? 계산정보를 제시하시오.
3. 외부 납품업체로 (주)정원이 내부에서 도장공정을 실시할 때 발생하는 원가인 ₩5,000의 두배 가격인 개당 ₩10,000에 12,000개를 도장공정에 납품하겠다는 제안을 하였다. (주)정원은 외부 업체의 이 제안을 수락해야 하는가?
4. (주)평창은 (주)정원이 내부에서 기계공정을 실시할 경우 발생하는 원가인 ₩8,000의 절반가격인 ₩4,000에 4,000개를 기계공정에 납품하겠다는 제안을 했다. (주)정원은 이 외부 업체의 제안을 수락해야 하는가?

06 **대규모 가구제조업을 영위하는 종로회사는 적시(JIT)구매 생산시스템을 채택하고자 한다. 높은 재고수준을 요하는 업종의 특성으로 이 회사의 평균재고액은 ₩75,000,000이다. 종로회사가 JIT시스템을 채택하면 현재 사용 중인 가구 보관창고 2개가 더 이상 필요 없게 되며, 이 가구보관창고를 다른 회사에 임대할 경우 한 개당 연간 ₩4,000,000의 임대료를 받을 것으로 예상한다. 추가적인 원가절감요인으로 창고운영비와 재고자산손해보험료 등 연간 ₩500,000을 절감할 수 있으며, 재고수준감소에 따라 재고자산파손비와 기업의 자금비용으로 각각 평균재고액의 1%, 5%를 원가절감할 수 있다. 그러나 JIT시스템은 가구의 주문횟수를 증가시켜 주문원가 ₩5,000,000이 추가적으로 발생한다. 또한 수요가 일시적으로 증가할 경우 수요에 감당하지 못하여 연간 200단위의 재고부족원가가 예상된다. 재고자산의 단위당 공헌이익은 ₩20,000이다.**

물음

종로회사가 JIT시스템을 채택할 경우 절감할 수 있는 원가를 구하시오.

07 **다음은 (주)아름의 2010년도 제품생산 관련 자료이다.**

판매량(백만개)	4	단위당 변동제조간접원가(원/개)	50
판매가(원)	500	총 고정제조간접비(백만원)	450
생산량(백만개)	5	단위당 변동판매관리비(원/개)	30
단위당 직접재료원가(원/개)	80	총 고정판매관리비(백만원)	550
단위당 직접노무원가(원/개)	10		

물음

(주)아름에 대한 재료처리량공헌이익계산서(초변동원가계산서)를 이용할 때, 영업이익을 계산하시오.

08 **S회사는 수요가 무한한 제품을 다음의 두 단계에 걸쳐서 생산한다. 완성품의 단위당 판매가격은 ₩320이다. A공정에서는 수요가 무한하므로 최대생산량을 생산하고 있다. 또한 B공정에서는 최대생산량이 A공정 생산량을 모두 수용할 수 있으므로, A공정에서 가공된 것을 모두 추가가공한다.**

구분	A공정	B공정
최대생산량	5,000개	7,000개
단위당 변동원가	₩120	₩30
고정제조원가	₩700,000	₩120,000
공손율 투입량기준	4%	5%

공손품은 종점에서만 분리되며 모든 공손원가는 비정상공손으로 처리한다.

물음

1. 각 공정의 공손품원가를 구하시오.
2. A의 반제품을 외부에서 100개를 개당 ₩200에 구입할 수 있다면 이 대안을 수락할 것인가 답하시오.
3. A공정의 공손율을 4%에서 2%로 낮추는 프로그램을 실행하는 데 ₩15,000이 소요된다. 프로그램 도입여부를 결정하시오.
4. B공정의 공손율을 5%에서 2%로 낮추는 프로그램을 실행하는 데 ₩20,000이 소요된다. 프로그램 도입여부를 결정하시오.

09 (주)한스는 제품 X와 제품 Y를 생산 · 판매한다. 제품 X는 유독성 폐기물을 배출하지 않지만 제품 Y는 유독성 폐기물이 배출된다. 유독성 때문에 환경영향평가, 폐기물안전처리 등과 같은 조치를 하여야만 한다. 제품 Y가 제품 X보다 품질특성면에서는 우수하다. (주)한스의 제조간접원가배부방법은 기계사용시간에 따른 공장전체배부율에 기초하고 있다. 제조원가에 대한 자료는 다음과 같다.

	제품 X	제품 Y
직접재료 및 노무원가	₩9,000,000	₩4,000,000
제조간접원가 :		
단위수준별	₩2,000,000	₩1,000,000
묶음수준별	₩15,000,000	₩20,000,000
제품수준별	₩5,000,000	₩20,000,000
설비수준별	₩1,000,000	₩2,000,000
총 기계 작업시간	10,000,000시간	6,000,000시간
수 량	100,000,000개	40,000,000개

물음

1. 공장 전체 제조간접원가배부율을 사용하여 제품 X와 제품 Y에 대한 제조원가를 계산하시오.
2. 활동기준원가계산방법을 이용하여 제품 X와 제품 Y에 대한 제조원가를 계산하시오.
3. 물음 1과 물음 2의 원가계산방법의 차이점을 설명하시오.
4. (주)한스는 공장 전체 제조간접원가배부율에 의해 계산된 제조간접원가를 1.5배하여 제품 X와 제품 Y를 판매하려고 한다.

   가격변동에 따른 이익개선과 제조개선을 통한 원가절감효과를 (주)한스의 경영자에게 추천하는 이유를 제시하시오.

10 **(주)장성산업은 회사가 생산하는 제품의 품질원가에 대한 분석을 실시하고자 한다. 회사는 매출액대비품질원가의 비율을 10% 이하로 낮추는 것을 목표로 하고 있다. 제11기부터 제13기까지 과거 3년간의 매출액은 각각 ₩600,000, ₩700,000, ₩900,000이다. 또한 품질원가 자료는 다음과 같다.**

품질원가	제11기	제12기	제13기
예방원가	₩12,000	₩21,000	₩31,500
평가원가	18,000	21,000	27,900
내부 실패원가	18,000	14,000	10,800
외부 실패원가	24,000	14,000	6,300
합 계	₩72,000	₩70,000	₩76,500

물음

1. 과거 3년간의 매출액대비 품질원가비율의 변화를 설명하시오.
2. 연도별 품질원가의 구성비를 계산하고 그 변화가 총품질원가의 발생에 어떻게 영향을 미치고 있는가를 설명하시오.
3. 경영자들은 품질원가의 관리를 위하여 품질성과보고서(quality performance report)를 필요로 한다. 품질성과보고서가 담아야 하는 정보를 설명하시오.

11 **(주)삼천포산업은 자동차부품을 생산하여 (주)대우자동차와 (주)현대자동차에 납품하고 있다. 다음의 항목들은 자동차부품의 품질과 관련하여 나타나는 원가들이다.**

(1) 부품품질검사원들의 인건비
(2) 품질검사를 위한 장비의 감가상각비 및 보험료
(3) 무결점운동을 위한 교육비용
(4) (주)대우자동차에 불량부품을 납품함으로 인한 출장여비
(5) 불량부품의 재작업원가
(6) 보다 고품질의 부품개발을 위한 연구개발비
(7) 불량부품의 반환에 따른 운반비
(8) 품질불량으로 인한 기계가동의 중단에 따른 원가
(9) 불량부품의 판매에 따른 매출에누리
(10) 반품된 불량부품의 원인조사비용

(11) 부품생산을 위한 원재료의 입고시 검사비용

(12) 구입된 원재료의 반품과 이에 따른 재구매의 원가

물음

1. 위의 품질원가항목을 예방원가, 평가원가, 내부 실패원가, 외부 실패원가의 네 가지 영역으로 분류하시오.
2. 이 회사가 전사적 품질관리 노력의 일환으로 고려할 수 있는 비재무적 성과측정치의 예를 들어 보시오.
3. 이 회사는 무결점(zero defects)운동을 추구하고 있다. 이에 따른 품질원가와 품질수준의 관계를 도표로 나타내고 총 품질원가의 행태를 설명하시오.

12 **(주)재능정보는 소프트웨어를 판매하는 회사이다. 회사는 엔지니어들을 위한 소프트웨어제품을 개발하고 있다. 회사는 최근 환경기사를 위한 소프트웨어(EES), 기계기사를 위한 소프트웨어(MES), 품질기사를 위한 소프트웨어(QES)에 대한 장기적 수익성을 평가하려고 한다. 모든 소프트웨어는 제품수명이 2년밖에 되지 않으며 판매·생산 등과 관련하여 다음의 정보를 얻었다.**

(1) 판매관련정보

소프트웨어 상품	단위당 판매가격	예정판매량	
		1차년도	2차년도
EES	₩2,500	200개	800개
MES	3,000	200	300
QES	2,000	500	300

(2) 소프트웨어의 연구개발에서부터 고객서비스까지의 제품수명주기 원가정보

(금액단위 : 천원)

단 계	EES		MES		QES	
	1년	2년	1년	2년	1년	2년
연구개발	₩700	–	₩450	–	₩200	–
제품설계	185	₩25	100	₩20	80	₩20
제 조	75	215	115	95	150	50
판 매	140	300	130	140	230	150
유 통	25	120	30	45	50	40
고객서비스	40	325	35	110	200	380

물음

1. 화폐의 시간적 가치를 고려하지 않고, 제품별 수명주기손익계산서를 작성하고자 한다. 어떠한 소프트웨어가 가장 수익성이 높으며, 어떠한 소프트웨어가 가장 수익성이 낮은가?
2. 세 가지 제품의 원가구조는 어떠한 특징을 보이고 있는가?
3. 제품수명주기원가를 계산함에 있어서 화폐의 시간적 가치를 고려하는 것이 합리적이다. 그 이유는 무엇인가?

13 **(주)양평정보통신은 중소기업용 임금처리프로그램을 개발하려고 한다. 이 회사는 임금처리소프트웨어제품에 대하여 다음과 같은 예산을 편성하였다.**

(1) 연구개발 및 제품설계는 1, 2차 연도에 이루어진다.

	1년	2년
연구개발	₩200,000	₩40,000
제품설계	60,000	100,000

(2) 생산, 유통, 판매 및 고객서비스의 원가는 아래와 같이 구성되며, 3～6차 연도에 발생한다.

	총 작업준비원가	프로그램당 원가
생 산	₩100,000	₩40
유 통	50,000	16
판 매	70,000	24
고객서비스	80,000	30

(3) 작업준비원가는 매년 균등하게 발생한다.

(4) 임금처리 프로그램의 예상판매가격은 단위당 ₩480이며, 3차 연도부터 6차 연도까지 매년 1,000개씩 판매될 것으로 예상된다.

물음

1. 화폐의 시간적 가치를 고려하지 않을 경우의 제품수명수익원가계산서(life-cycle revenue and cost statement)를 작성하시오.
2. 화폐의 시간적 가치를 고려하여 제품수명수익원가계산서를 작성하시오. 단, 할인율은 10%이다.

14 최근 우리나라는 2002년 7월 1일부터 본격 시행되는 제조물책임(Product Liabilities)법에 대하여 국내 기업들은 제품결함관련 손해배상의 부담을 안게 되었다. 그 결과 경영자들은 품질경쟁력을 높이기 위한 방안을 신중히 검토하고, 품질관리와 신제품개발에 총력을 기울여야 하는 상황에 직면하게 되었다. 두 가지 형태의 냉장고를 생산·판매하고 있는 (주)신림전자도 이러한 상황을 고려하여, 품질관리에 대한 전면적인 검토를 하게 되었다. 즉, 경영자는 두 가지 냉장고의 품질을 믿을 수 없어 품질관리를 위하여 원가를 계산하고, 전사적 품질관리를 시도하게 되었다.

품질원가에 대한 전반적인 자료를 수집한 결과 일반적으로 품질원가는 네 가지 범주로 구분된다는 것을 파악하고, 품질원가를 요약하여 품질원가보고서를 작성하기로 하였다.

(주)신림전자의 각 냉장고와 관련된 품질관리 자료를 요약하면 다음과 같다.

구 분	A 형	B 형
생산 및 판매수량	10,000단위	5,000단위
단위당 판매가격	₩200,000	₩150,000
단위당 변동원가	₩120,000	₩80,000
설계개선에 소요된 시간	6,000시간	1,000시간
단위당 품질검사시간	1시간	0.5시간
재작업수량비율	4%	10%
냉장고당 재작업원가	₩50,000	₩40,000
고객의 요구에 따른 수선비율	3%	8%
냉장고당 수선원가	₩40,000	₩50,000
불량품으로 인하여 상실된 추정매출수량	–	300단위
손해배상추정액	₩10,000,000	₩5,000,000

품질관리와 관련하여 설계 개선에 참가한 직원과 품질검사원의 임률은 각각 다음과 같다.

(1) 설계 개선에 참가한 직원 : 시간당 ₩7,500

(2) 품질 검사원 : 시간당 ₩4,000

물음

1. (주)신림전자의 품질원가를 네 가지 범주로 구분하여 A형과 B형 냉장고에 대한 품질원가와 매출액 대비 범주별 원가비율을 나타내는 품질원가 보고서를 작성하시오 (비율은 %로 나타내고, 소수점 셋째 자리에서 반올림 하시오).
2. (주)신림전자의 매출액 대비 각 범주별 품질원가의 비율에 기초하여 냉장고 A형과 B형에 대한 품질원가를 비교 설명하시오.
3. 무결점(zero defects)을 추구하는 현대기업의 품질원가형태를 품질원가와 품질수준(quality of conformanace)의 관계를 이용하여 도표로 나타내시오.

원가계산준칙

제　정 1998. 4. 1
개　정 1999.12. 8

제1장 | 총 칙

제1조(목적) 이 준칙은 기업회계기준 제90조의 규정에 의하여 회사가 재무제표를 작성하기 위하여 제품의 원가를 산정함에 있어 준거해야 할 세부사항에 관하여 정함을 목적으로 한다.(개정 1999.12.8)

제2조(적용범위) 이 준칙은 회사가 제품의 생산과 관련하여 발생한 원가(이하 "제조원가"라 한다)를 산정하는데 적용한다.

제3조(원가계산제도의 확립 등) ① 회사는 제조원가를 계속적으로 수집·측정·배분·보고하기 위한 계산절차로서 실제원가계산제도 또는 표준원가계산제도를 확립하여야 한다.

② 회사가 채택한 원가계산제도는 매기 계속하여 적용하여야 하며, 정당한 이유없이 이를 변경하여서는 아니된다.

제4조(제조원가의 범위) ① 제조원가는 제품의 생산과 관련하여 소비된 경제적 자원의 가치만을 포함한다.

② 비정상적으로 발생한 경제적 자원의 소비는 제조원가에 포함하지 아니한다.

제5조(원가계산기간) 원가계산기간은 회사의 회계연도와 일치하여야 한다. 다만, 필요한 경우에는 월별 또는 분기별 등으로 세분하여 원가계산을 실시할 수 있다.

제6조(원가계산의 일반원칙) 제조원가의 계산은 다음 각 호에 따른다.

1. 제조원가는 일정한 제품의 생산량과 관련시켜 집계하고 계산한다.
2. 제조원가는 신뢰할 수 있는 객관적인 자료와 증거에 의하여 계산한다.
3. 제조원가는 제품의 생산과 관련하여 발생한 원가에 의하여 계산한다.
4. 제조원가는 그 발생의 경제적 효익 또는 인과관계에 비례하여 관련제품 또는 원가부문에 직접부 하고, 직접부과가 곤란한 경우에는 합리적인 배부기준을 설정하여 배부한다.

제7조(제조원가요소의 분류) ① 제조원가요소는 재료비, 노무비 및 경비로 분류하거나, 회사가 채택하고 있는 원가계산방법에 따라 직접재료비, 직접노무비 및 제조간접비 등으로 분류할 수 있다.

② 제조원가요소와 판매비와 일반관리비요소는 구분하여 집계한다. 다만, 그 구분이 명확하지 아니한 경우에는 발생원가를 비목별로 집계한 후, 일정한 기준에 따라 제조원가와 판매비와 일반관리비로 구분하여 배부할 수 있다.

제2장 | 실제원가계산제도

제8조(실제원가계산의 절차) 실제원가계산은 원가요소의 실제발생액을 비목별 계산을 거쳐 원가부문별로 계산한 후 제품별로 제조원가를 집계한다.

제9조(재료비의 계산) ① 재료비는 기초재료재고액에 당기재료매입액을 가산하고 기말재료재고액을 차감하여 계산한다.

② 재료의 소비수량은 계속기록법에 의하여 계산하며 필요한 경우에는 실지재고조사법 또는 역산법에 의하여 계산할 수 있고, 2 이상의 방법을 병행하여 적용할 수 있다.

③ 재료의 소비가격은 취득원가에 의하여 계산하며, 동일재료의 취득원가가 다를 경우에는 개별법·선입선출법·후입선출법·이동평균법 또는 총평균법 등의 방법을 적용하여 계산한다.

제10조(노무비의 계산) ① 노무비는 그 지급기준에 기초하여 당해기간에 실제로 발생한 비용을 집계 하여 계산한다.

② 작업시간 또는 작업량에 비례하여 발생하는 노무비는 실제작업시간 또는 실제작업량에 임률을 곱하여 계산한다. 이 경우 임률은 개별임률 또는 평균임률에 의한다.

③ 상여금 또는 특별수당 등과 같이 월별·분기별로 지급금액 또는 지급시기가 일정하지 아니한 노무비는 회계연도중의 원가계산기간에 안분하여 계산한다.

제11조(경비의 계산) ① 경비는 제조원가중 재료비와 노무비를 제외한 모든 비용을 포함하고 그 내용을 표시하는 적절한 세부과목으로 구분하여 기재한다.

② 경비는 당해기간에 실제로 발생한 비용을 집계하여 계산한다.

③ 시간 또는 수량에 비례하여 발생하는 경비는 실제시간 또는 실제수량에 단가를 곱하여 계산한다.

제12조(외주가공비의 계산) ① 당기제품제조와 관련하여 발생한 외주가공비는 당해기간에 실제로 발생한 비용을 집계하여 계산한다.

② 외주가공비는 그 성격에 따라 재료비 또는 경비에 포함하여 계상할 수 있으며, 그 금액이 중요한 경우에는 별도의 과목으로 기재할 수 있다.

제13조(예정가격 등의 적용 특례) 제8조의 규정에 불구하고 제조원가는 재료의 가격, 임율 및 경비를 예정가격 또는 예정액으로 계산할 수 있으며, 제조간접비는 예정배부율을 적용하여 계산할 수 있다.

제14조(원가부문별 계산) ① 원가계산은 원가의 발생을 관리하고 제품원가의 계산을 정확히 하기 위하여 부문별로 계산할 수 있다. 이 경우 원가의 비목별 계산에서 집계된 원가요소는 그 전부 또는 일부를 다시 원가부문별로 집계한 후, 이를 다시 제품별로 배분할 수 있다.

② 원가부문은 원가요소를 분류·집계하는 계산상의 구분으로서 제조부문과 보조부문으로 구분한다.

③ 제조부문은 직접 제조작업을 수행하는 부문을 말하며 제조활동 등에 따라 세분할 수 있다.

④ 보조부문은 직접 생산활동을 수행하지 아니하고 제조부문을 지원·보조하는 부문으로서 그 수행하는 내용에 따라 세분할 수 있다.

제15조(부문비 계산의 절차) ① 원가의 부문별 계산은 원가요소를 제조부문과 보조부문에 배부하고, 보조부문비는 직접배부법·단계배부법 또는 상호배부법 등을 적용하여 각 제조부문에 합리적으로 배부한다.

② 제조부문에 집계된 원가요소는 필요에 따라 그 부문의 소공정 또는 작업단위별로 집계할 수 있다.

제16조(부문개별비와 부문공통비) ① 원가요소는 발생한 원가의 직접적인 집계가능성여부에 따라 부문개별비와 부문공통비로 구분한다.

② 부문개별비는 원가발생액을 당해 발생부문에 직접부과하고, 부문공통비는 인과관계 또는 효익관계 등을 감안한 합리적인 배부기준에 의하여 관련부문에 배부한다.

제17조(원가의 제품별 계산방법) 원가의 제품별 계산은 원가요소를 제품단위에 집계하여 단위 제품의 제조원가를 산정하는 절차를 말하며, 이는 생산형태에 따라 개별원가계산방식과 종합원가계산방식 등으로 분류한다.

제18조(개별원가계산) ① 개별원가계산은 다른 종류의 제품을 개별적으로 생산하는 생산형태에 적용하며, 각 제조지시서별로 원가를 산정한다.

② 제조간접비의 제품별 배부액은 각 제조부문별·소공정별 또는 작업단위별로 예정배부율 또는 실제 배부기준에 의하여 배부한다. 다만, 필요한 경우에는 제조부문에 배부하지 않고 직접 제품에 부과할 수 있다.

제19조(종합원가계산) ① 종합원가계산은 동일 종류 또는 다른 종류의 제품을 연속하여 반복적으로 생산하는 생산형태에 적용한다.

② 종합원가계산의 단위당원가는 발생한 모든 원가요소를 집계한 당기총제조비용에 기초재공품원가를 가산한 후 그 합계액을 완성품과 기말재공품에 안분계산함으로써 완성품총원가를 계산하고, 이를 제품단위에 배분하여 산정한다.

③ 종합원가계산에 있어서 완성품원가와 기말재공품원가는 완성품환산량에 의하여 선입선출법·후입선출법 또는 총평균법 등 기타 합리적인 방법을 적용하여 계산한다.

④ 기말재공품의 완성품환산량은 재료의 투입정도 또는 가공정도 등을 고려하여 직접재료비와 가공비로 구분하여 산정할 수 있다.

⑤ 종합원가계산은 생산되는 제품의 형태 및 공정에 따라 공정별원가계산, 조별원가계산, 등급별원가계산 및 연산품원가계산 등으로 분류한다.

제20조(공정별원가계산) ① 공정별원가계산은 제조공정이 2 이상의 연속되는 공정으로 구분되고 각 공정별로 당해 공정제품의 제조원가를 계산할 경우에 적용한다.

② 전공정에서 다음 공정으로 대체되는 제조원가는 전공정대체원가로 하여 다음 공정의 제조원가에 가산한다.

③ 재료가 최초 공정에 전량 투입되고 다음 공정 이후에는 단순히 가공비만이 발생하는 경우 완성품총원가는 각 공정별로 가공비를 집계하고 여기에 재료비를 가산하여 계산할 수 있다.

제21조(조별원가계산) ① 조별원가계산은 다른 종류의 제품을 조별로 연속하여 생산하는 생산형태에 적용한다.

② 조별원가계산에서는 당해기간의 제조원가를 조직접비와 조간접비로 구분하여 조직접비는 각 조에 직접부과하고, 조간접비는 일정한 배부기준에 의하여 각 조별로 배부하여 조별총제조원가를 산출한다.

제22조(등급별원가계산) ① 등급별원가계산은 동일 종류의 제품이 동일공정에서 연속적으로 생산되나 그 제품의 품질 등이 다른 경우에 적용한다.

② 등급품별단위당원가는 각 등급품에 대하여 합리적인 배부기준을 정하고, 당해 기간의 완성품총원가를 동 배부기준에 따라 안분하여 계산한다.

③ 등급품별로 직접원가를 구분하는 것이 가능할 경우 직접원가는 당해 제품에 직접부과하고 간접원가는 제2항의 배부기준에 따라 배부할 수 있다.

제23조(연산품원가계산) ① 연산품원가계산은 동일재료로 동일공정에서 생산되는 다른 종류의 제품으로서 주산물과 부산물을 명확히 구분하기 곤란한 경우에 적용한다.

② 연산품원가계산은 제22조제2항 및 제3항의 규정을 준용한다.

제24조(부산물과 작업폐물의 평가) ① 부산물은 제22조의 규정을 준용하여 평가하거나, 다음 각 호의 방법에 의하여 그 가액을 산정하여 이를 발생부문의 주산물 총원가에서 안분하여 차감한다.

1. 부산물을 그대로 외부에 매각할 수 있는 경우에는 추정매각가격에서 판매비와 일반관리비 및 정상이윤을 공제한 가액
2. 부산물로서 추가가공 후 매각하는 경우에는 가공제품의 추정매각가격에서 추가가공비, 판매비와 일반관리비 및 정상이윤을 공제한 가액

3. 부산물을 그대로 자가소비하는 경우에는 그 추정매입가격

4. 부산물로서 추가가공 후 자가소비하는 것은 그 추정매입가격에서 추가가공비 발생액을 공제한 가액

② 부산물의 추정매각가격 또는 추정매입가격은 최근의 거래가격 또는 권위 있는 물가조사기관의 물가조사표에 의한 시가를 적용한다.

③ 판매비와 일반관리비 및 정상이윤은 유사제품의 최근 평균매출원가율을 적용하여 계산한다.

④ 작업폐물은 제1항 내지 제3항의 규정을 준용하여 평가하고, 이를 발생부문의 제조원가에서 차감하거나 필요에 따라 당해 제품의 제조원가에서 차감할 수 있다.

제25조(공손비의 계산) ① 공손비는 다음 각 호에 따라 계산하여 당해 제품의 제조원가에 부과하거나 원가발생부문의 간접비용으로 한다. 다만, 비정상적인 공손비는 영업외비용으로 한다.

1. 공손이 보수에 의하여 회복될 경우 공손비는 그 보수비용으로 한다.
2. 공손이 보수로서 회복되지 않고 그 전부를 다시 생산할 경우 공손비는 기발생된 공손품 제조원가에서 공손품의 평가액을 차감한 가액으로 한다.
3. 공손이 보수로서 완전 회복되지 않고 그 일부를 다시 생산할 경우 공손비는 추가적으로 발생하는 제조원가에서 공손품의 평가액을 차감한 가액으로 한다.

② 제1항 제2호 및 제3호의 규정에 의한 공손품의 평가는 제24조의 규정을 준용한다.

제3장 | 표준원가계산제도

제26조(표준원가계산의 적용) ① 표준원가계산은 사전에 객관적이고 합리적인 방법에 의하여 산정한 원가(이하 "표준원가"라 한다)를 이용하여 제조원가를 계산하는 경우에 적용한다.

② 표준원가는 회사의 제반사정을 고려하여 현실적으로 달성가능하도록 설정한다.

제27조(표준원가의 산정) ① 표준원가는 직접재료비, 직접노무비 및 제조간접비에 대하여 산정하고, 다시 제품원가에 대하여 설정한다.

② 원가요소의 표준은 수량과 가격에 대하여 각각 설정한다.

제28조(표준직접재료비) ① 표준직접재료비는 직접재료의 종류별로 재품단위당 표준소비수량과 표준소비가격을 설정하고, 이 양자를 곱하여 산정한다.

② 표준소비수량은 과학적·통계적 조사에 의하여 제품의 생산에 필요한 각종 재료의 종류, 품질, 가공방법 등을 고려하여 정한다. 이 경우 표준소비수량에는 정상적인 공손 및 감손을 포함한다.

③ 동일한 기능을 수행하는 여러 종류의 재료가 대체적으로 사용되는 경우 표준직접재료비는 각 재료의 표준배합비율을 설정하고, 이에 각 재료의 표준소비수량과 표준소비가격을 곱하여 산정한다.

④ 표준소비가격은 과거 및 현재의 시장가격과 장래에 예측되는 가격동향이나 거래관습 등 제반 경제적 여건을 고려하여 정한다.

제29조(표준직접노무비) ① 표준직접노무비는 직접작업의 구분마다 제품단위당 표준작업시간과 표준임율을 설정하고, 이 양자를 곱하여 산정한다.

② 표준작업시간은 과학적·통계적 조사에 의하여 작업의 종류, 사용기계공구, 작업방식, 노동의 등급을 고려하여 정한다.

③ 표준임률은 과거 및 현재의 임률과 장래에 예측되는 변동 등 제반 여건을 고려하여 정한다.

제30조(제조간접비의 표준) ① 제조간접비의 표준은 부문별 또는 작업단위별로 일정기간에 발생할 제조간접비의 예정액으로 산정한다.

② 부문별 제조간접비 표준의 산정방법은 제14조 내지 제16조의 규정을 준용한다.

제31조(표준원가의 수정) 표준원가는 생산의 조건 등에 변화가 있는 경우 이를 적절히 수정한다.

제32조(원가차이의 산정) 표준원가와 실제발생원가와의 차액(이하 "원가차이"라 한다)은 원가계산기간별로 산정한다. 이 경우 실제발생원가의 산정은 제8조 내지 제16조의 규정에 의한다.

제33조(원가차이의 회계처리) ① 원가차이는 일정한 기준에 따라 회계연도의 매출원가와 기말재고자산에 배부하며, 원가차이의 배부를 보다 정확히 하기 위하여 원가요소별로 다른 배부기준을 적용할 수 있다.

② 비정상적으로 발생한 원가차이는 영업외수익 또는 영업외비용으로 한다.

③ 실제원가계산제도에 있어서 원가의 일부를 예정가격 등으로 계산할 경우 발생한 원가차이는 제1항 및 제2항의 규정을 준용하여 처리한다.

제4장 | 보 칙

제34조(준용규정) 이 준칙은 제조업 이외의 업종을 영위하는 회사가 원가계산을 함에 있어서도 이를 준용할 수 있다.

부 칙

제1조(시행일) 이 준칙은 1998년 4월 1일부터 시행한다.

제2조(종전준칙의 폐지 및 이에 따른 경과조치) ① 종전 증권관리위원회의 원가계산준칙(이하 "종전준칙"이라 한다)은 이 준칙 시행일부터 이를 폐지한다.

② 이 준칙 시행 전에 종전준칙에 의하여 회계 처리한 경우에는 이 준칙을 적용한 것으로 본다.

제3조(다른 규정과의 관계) 이 준칙 시행당시 다른 규정에서 종전준칙을 인용하고 있는 경우에 이 준칙 중 그에 해당하는 규정이 있는 경우에는 종전준칙에 갈음하여 이 준칙 또는 이 준칙의 해당규정을 인용한 것으로 본다.

부 칙

이 준칙은 1999년 12월 9일부터 시행한다.

일반기업회계기준

한국회계기준원 회계기준위원회
의결 2009.11.27

제7장 | 재고자산

제1조(목적) 이 장의 목적은 재고자산의 회계처리와 공시에 필요한 사항을 정하는 데 있다. 재고자산 회계에 있어서 가장 중요한 과제는 보고기간 말 현재 재고자산의 장부금액을 적절하게 결정하는 것이다.

제2조(적용범위) 이 장은 다음을 제외한 모든 재고자산의 회계처리에 적용된다.

① 건설형 공사계약에서 발생하는 진행 중인 건설공사

② 금융상품

③ 농림어업활동과 관련된 생물자산과 수확시점의 농림어업 수확물

제3조(재고자산의 정의) '재고자산'은 정상적인 영업과정에서 판매를 위하여 보유하거나 생산과정에 있는 자산 및 생산 또는 서비스 제공과정에 투입될 원재료나 소모품의 형태로 존재하는 자산을 말한다.

제4조(재고자산의 장부금액 결정) 재고자산은 취득원가를 장부금액으로 한다. 다만, 시가가 취득원가보다 낮은 경우에는 시가를 장부금액으로 한다(이하 '저가법'이라 한다).

제5조(취득원가의 측정) 재고자산의 취득원가는 매입원가 또는 제조원가를 말한다. 재고자산의 취득원가에는 취득에 직접적으로 관련되어 있으며, 정상적으로 발생되는 기타원가를 포함한다.

제6조(매입원가) 재고자산의 매입원가는 매입금액에 매입운임, 하역료 및 보험료 등 취득과정에서 정상적으로 발생한 부대원가를 가산한 금액이다. 매입과 관련된 할인, 에누리 및 기타 유사한 항목은 매입원가에서 차감한다. 성격이 상이한 재고자산을 일괄하여 구입한 경우에는 총 매입원가를 각 재고자산의 공정가치 비율에 따라 배분하여 개별 재고자산의 매입원가를 결정한다.

제7조(제조원가) 제품, 반제품 및 재공품 등 재고자산의 제조원가는 보고기간말까지 제조과정에서 발생한 직접재료원가, 직접노무원가, 제조와 관련된 변동 및 고정 제조간접원가의 체계적인 배부액을 포함한다.

제8조 고정제조간접원가는 생산설비의 정상조업도에 기초하여 제품에 배부하며, 실제 생산수준이 정상조업도와 유사한 경우에는 실제조업도를 사용할 수 있다. 단위당 고정제조간접원가 배부액은 비정상적으로 낮은 조업도나 유휴설비로 인하여 증가하여서는 아니된다. 그러나 실제조업도가 정상조업도보다 높은 경우에는 실제조업도에 기초하여 고정제조간접원가를 배부함으로써 재고자산이 실제원가를 반영하도록 한다. 변동제조간접원가는 생산설비의 실제 사용에 기초하여 각 생산단위에 배부한다.

제9조 단일 생산공정을 통하여 여러 가지 제품을 생산하거나 주산물과 부산물을 동시에 생산하는 경우에 발생한 공통원가는 각 제품을 분리하여 식별할 수 있는 시점이나 완성한 시점에서의 개별 제품의 상대적 판매 가치를 기준으로 하여 배부한다. 다만, 경우에 따라 생산량기준 등을 적용하는 것이 더 합리적이라고 판단될 때에는 그 방법을 적용할 수 있다. 중요하지 않은 부산물은 순실현가능가치를 측정하여 동 금액을 주요 제품의 제조원가에서 차감하여 처리할 수 있다.

제10조 재고자산 원가에 포함할 수 없으며 발생기간의 비용으로 인식하여야 하는 원가의 예는 다음과 같다.

① 재료원가, 노무원가 및 기타의 제조원가 중 비정상적으로 낭비된 부분

② 추가 생산단계에 투입하기 전에 보관이 필요한 경우 외의 보관비용

③ 재고자산을 현재의 장소에 현재의 상태로 이르게 하는 데 기여하지 않은 관리간접원가

④ 판매원가

제11조 서비스기업의 재고자산 원가는 서비스의 제공에 직접 종사하는 인력의 노무원가와 기타 직접 관련된 재료원가와 기타원가로 구성된다. 서비스 제공과 직접 관련이 없는, 판매 및 일반관리 업무에 종사하는 인력의 노무원가와 기타원가는 재고자산 원가에 포함되지 않으며 발생한 기간의 비용으로 인식한다.

제12조(재고자산의 원가결정방법) 통상적으로 상호 교환될 수 없는 재고항목이나 특정 프로젝트별로 생산되는 제품 또는 서비스의 원가는 개별법을 사용하여 결정한다. 개별법은 각 재고자산별로 매입원가 또는 제조원가를 결정하는 방법이다. 예를 들면, 특수기계를 주문 생산하는 경우와 같이 제품별로 원가를 식별할 수 있는 때에는 개별법을 사용하여 원가를 결정한다. 그러나 이 방법을 상호 교환 가능한 대량의 동질적인 제품에 대해서 적용하는 것은 적절하지 아니하다.

제13조 문단 7.12가 적용되지 않는 재고자산의 단위원가는 선입선출법이나 가중평균법 또는 후입선출법을 사용하여 결정한다. 성격과 용도 면에서 유사한 재고자산에는 동일한 단위원가 결정방법을 적용하여야 하며, 성격이나 용도 면에서 차이가 있는 재고자산에는 서로 다른 단위원가 결정방법을 적용할 수 있다.

제14조(표준원가와 소매재고법에 의한 원가 결정) 표준원가법이나 소매재고법 등의 원가측정방법은 그러한 방법으로 평가한 결과가 실제 원가와 유사한 경우에 편의상 사용할 수 있다. 표준원가는 정상적인 재료원가, 소모품원가, 노무원가 및 효율성과 생산능력 활용도를 반영한다. 표준원가는 정기적으로 검토하여야 하며 필요한 경우 현재 상황에 맞게 조정하여야 한다.

제15조 소매재고법은 판매가격기준으로 평가한 기말재고금액에 구입원가, 판매가격 및 판매가격변동액에 근거하여 산정한 원가율을 적용하여 기말재고자산의 원가를 결정하는 방법이다. 이 방법은 실제원가가 아닌 추정에 의한 원가결정방법이므로 원칙적으로 많은 종류의 상품을 취급하여 실제원가에 기초한 원가결정방법의 사용이 곤란한 유통업종에서만 사용할 수 있다. 다만, 유통업 이외의 업종에 속한 기업이 소매재고법을 사용하는 예외적인 경우에는 소매재고법의 사용이 실제원가에 기초한 다른 원가결정방법을 적용하는 것보다 합리적이라는 정당한 이유와 소매재고법의 원가율 추정이 합리적이라는 근거를 주석으로 기재하여야 한다. 소매재고법은 이익률이 유사한 동질적인 상품군별로 적용한다. 따라서 이익률이 서로 다른 상품군을 통합하여 평균원가율을 계산해서는 아니된다.

제16조(저가법의 적용) 재고자산의 시가가 취득원가보다 하락한 경우에는 저가법을 사용하여 재고자산의 장부금액을 결정한다. 다음과 같은 사유가 발생하면 재고자산 시가가 원가 이하로 하락할 수 있다.

① 손상을 입은 경우

② 보고기간말로부터 1년 또는 정상영업주기 내에 판매되지 않았거나 생산에 투입할 수 없어 장기 체화된 경우

③ 진부화하여 정상적인 판매시장이 사라지거나 기술 및 시장 여건 등의 변화에 의해서 판매가치가 하락한 경우

④ 완성하거나 판매하는 데 필요한 원가가 상승한 경우

제17조 재고자산을 저가법으로 평가하는 경우 재고자산의 시가는 순실현가능가치를 말한다. 생산에 투입하기 위해 보유하는 원재료의 현행대체원가는 순실현가능가치에 대한 최선의 이용 가능한 측정치가 될 수 있다. 다만, 원재료를 투입하여 완성할 제품의 시가가 원가보다 높을 때는 원재료에 대하여 저가법을 적용하지 아니한다.

제18조 재고자산 평가를 위한 저가법은 항목별로 적용한다. 그러나 경우에 따라서는 서로 유사하거나 관련 있는 항목들을 통합하여 적용하는 것이 적절할 수 있다. 이러한 경우는 재고항목이 유사한 목적 또는 용도를 갖는 동일한 제품군으로 분류되고, 동일한 지역에서 생산되어 판매되며, 그리고 그 제품군에 속하는 다른 항목과 구분하여 평가하는 것이 사실상 불가능한 경우를 말한다. 재고자산의 평가에 있어서 저가법을 서로 유사하거나 관련 있는 항목들을 통합하여 적용하는 경우에는 계속성을 유지하여야 한다. 저가법은 총액기준으로 적용할 수 없다. 저가법을 적용하여 소매재고법을 사용하는 경우에는 원가율을 계산할 때 가격인하를 매출가격에 의한 판매가능액에서 차감하지 아니한다.

제19조 시가는 매 회계기간 말에 추정한다. 저가법의 적용에 따른 평가손실을 초래했던 상황이 해소되어 새로운 시가가 장부금액보다 상승한 경우에는 최초의 장부금액을 초과하지 않는 범위 내에서 평가손실을 환입한다. 재고자산평가손실의 환입은 매출원가에서 차감한다.

제20조(비용의 인식) 재고자산은 이를 판매하여 수익을 인식한 기간에 매출원가로 인식한다. 재고자산의 시가가 장부금액 이하로 하락하여 발생한 평가손실은 재고자산의 차감계정으로 표시하고 매출원가에 가산한다. 재고자산의 장부상 수량과 실제 수량과의 차이에서 발생하는 감모손실의 경우 정상적으로 발생한 감모손실은 매출원가에 가산하고 비정상적으로 발생한 감모손실은 영업외비용으로 분류한다.

제21조(분류와 공시) 재고자산은 총액으로 보고하거나 상품, 제품, 재공품, 원재료 및 소모품 등으로 분류하여 재무상태표에 표시한다. 서비스업의 재고는 재공품으로 분류할 수 있다.

제 22조 재고자산과 관련된 다음의 사항은 재무제표의 주석으로 기재한다.

① 재고자산의 원가결정방법

② 재고자산을 총액으로 보고한 경우 그 내용

③ 재고자산의 저가법 적용기준 및 평가 내용

④ 담보로 제공한 재고자산의 종류와 금액

제23조 후입선출법을 사용하여 재고자산의 원가를 결정한 경우에는 대차대조표가액과, 선입선출법 또는 평균법에 저가법을 적용하여 계산한 재고자산평가액과의 차이를 주석으로 기재한다.

제24조 후입선출법을 사용하여 재고자산의 원가를 결정할 때 기초재고의 전부 또는 일부가 판매된 경우(기초재고청산)에는 판매된 기초재고자산의 수량에 당 회계기간 중 평균취득단가를 곱한 금액과 판매된 기초재고자산의 장부상 원가와의 차액을 주석으로 기재한다.

용어의 정의

재고자산 정상적인 영업과정에서 판매를 위하여 보유하거나 생산과정에 있는 자산 및 생산 또는 서비스 제공과정에 투입될 원재료나 소모품의 형태로 존재하는 자산

순실현가능가치 제품이나 상품의 정상적인 영업과정에서의 추정 판매가격에서 제품을 완성하는 데 소요되는 추가적인 원가와 판매비용의 추정액을 차감한 금액

현행대체원가 재고자산을 현재 시점에서 매입하거나 재생산하는 데 소요되는 금액

정상조업도 정상적인 유지 및 보수 활동에 따른 조업중단을 감안한 상황 하에서 평균적으로 달성할 수 있을 것으로 기대하는 생산수준

고정제조간접원가 공장건물 또는 공장설비의 감가상각비나 공장관리비와 같이 생산량에 관계없이 거의 일정하게 발생하는 제조간접원가

변동제조간접원가 간접재료비 또는 간접노무비와 같이 생산량에 비례하여 발생하는 제조간접원가

찾.아.보.기.

ㅇ

ㅈ

ㅊ

ㅋ

ㅌ

ㅍ

ㅎ

저자 약력

안일준

고려대학교 학사·석사·박사(경영학박사)학위
미국 University of Illinois at Urbana & Champaign 연구
경영학 및 회계학 관련학회 임원
정부부처 자문위원 및 평가위원
상장회사 사외이사
각종 시험출제위원 및 선정위원
상명대학교 학생처장, 학생복지처장, 인문사회과학대학장, 대학원장
현, 상명대학교 경영대학 교수

저서 및 논문

현대 관리회계(공저, 1995)
현대 원가회계(공저, 1997)
관리회계원론(공저, 2004)
회계정보의 이해(2006)
IFRS 회계정보의 이해(2008)
관리회계(2009)
"정부예산시스템(GBS)의 모형설계와 기본분석", "전문감사인의 판단에 관한 연구", "퇴직급여제도 정책변경이 이익관리에 미치는 영향", "감사인과 경영자의 전략적 의존성에 관한 연구" 외 다수

유희경

고려대학교 경영학과 졸업
뉴욕주립대학교(Buffalo) 대학원 졸업(경영학석사)
경희대학교 대학원 졸업(경영학박사)
경영학, 회계학 및 관광경영학 관련 학회 임원
(재)한국관광연구원, (사)웰컴투코리아시민협의회 감사
공인회계사, 감정평가사, 행정고시 등 시험위원
경원대학교 총무처장, 기획처장, 사회교육원장
공인회계사·세무사
현, 가천대학교 경영대학 교수

저서

현대 관리회계(공저, 1995)
현대 원가회계(공저, 1997)
호텔회계원리(제5판) (공저, 2002)
최신 원가관리회계연습(공저, 2005)
관광산업 회계학원론(제3판) (공저, 2009)
호텔업 관리회계론(공저, 2011) 등

IFRS 원가회계[제2판]

초 판 1쇄 발행 / 2012년 2월 20일
제2판 1쇄 발행 / 2014년 2월 17일
제2판 6쇄 발행 / 2025년 2월 28일

공저 안일준·유희경
발행처 형설출판사
경기도 파주시 회동길 37-23·전화 (031) 955-2361~4·팩시밀리 (031) 955-2341
발행인 장진혁
등록 라-제9호·1962년 5월 1일
홈페이지 http://www.hyungseul.co.kr
e-mail hs@hyungseul.co.kr

정가 36,000원

ISBN 978-89-472-7449-4 93320

이 도서의 국립중앙도서관 출판시도서목록(CIP)은 서지정보유통지원시스템 홈페이지(http://seoji.nl.go.kr)와 국가자료공동목록시스템(http://www.nl.go.kr/kolisnet)에서 이용하실 수 있습니다.(CIP제어번호 : CIP2014001705)